普通高等教育“十一五”国家级规划教材

新编21世纪史学系列教材

考古学概论

第3版

马利清 主编
马利清 朱光华 窦旭耀 著

Archaeology:
An Introduction

中国人民大学出版社
·北京·

内容简介

《考古学概论》为普通高等教育“十一五”国家级规划教材，入选2020年“北京高等学校优质本科教材课件”。全书共八章，包括考古学发展简史、考古学理论与方法，以及旧石器时代、新石器时代、夏商周、秦汉三国两晋南北朝、隋唐五代、宋元明清各个历史时期中国考古学的考古发掘成就与研究成果。

本教材第3版修订本立足于大学本科教学的需要，力求系统、扼要地阐述考古学的基本理论及田野调查、研究方法，全面反映中国当代考古学的发展状况，充分吸收中国考古学界最新考古发现与研究成果。适于高校考古学、历史学、文物与博物馆学专业教学使用，也适于相关专业人员及初学者阅读参考。

作者简介

马利清　女，历史学博士，中国人民大学历史学院教授、博士生导师，中国人民大学“古文字与中华文明传承发展工程”协同创新平台研究员。主要研究方向为秦汉考古、北方民族考古。

朱光华　男，历史学博士，首都师范大学历史学院副教授、硕士生导师。主要研究方向为夏商考古、中国古代青铜器研究。

窦旭耀　男，历史学硕士，文物出版社科技保护图书编辑中心编审。

前言

1921 年中国第一个考古学文化——仰韶文化的发现和命名，标志着中国考古学的诞生。筚路蓝缕一百年，中国考古学取得了举世瞩目的辉煌成就，建立起中华文明五千年不断裂的文化发展谱系，探索出考古学理论与中国考古实践相结合的具有中国特色的田野考古方法与技术，抢救和保护了大批优秀的文化遗产，为夏商周断代工程和文明起源的探索提供了坚实的材料支撑，在科技考古、边疆考古、多学科综合考古、国际协作考古和文物保护修复等各个领域都得到突飞猛进的发展，考古新发现和新的研究成果层出不穷，日新月异，不断丰富和更新着我们的历史认知。今天，中国考古学正以前所未有的蓬勃之势，以马克思主义的基本理论为指导，以科学的世界观和方法论为基础，走向真正的黄金时代。

站在历史与未来的交界点上，考古学架起了沟通古今的桥梁。通过田野调查和发掘，考古学生动直观地重现历史文化遗产，对于凝聚民族力量，增强民族自信心，提高民族文化素质，发挥着其他学科无法替代的重要作用。中国考古学以独特的学科优势，为实现中华民族伟大复兴的目标、铸牢中华民族共同体意识贡献着自己的力量。在过去一百年的发展历程中，考古学从未像现在这样在广大公众中特别是年轻一代中受到如此热情关注，通过文学作品、电视节目和新闻报道等各种非专业渠道的广泛传播，考古学走出象牙塔，走向广大公众。但与此同时，“挖宝”“鉴宝”“盗墓”的观念充斥其间，迫切需要专业的、正确的、科学的教育和引导。目前，高等院校历史、文博类相关专业大多开设考古学基础课程，面向非历史类专业大学生开设的考古学通识类课程也已十分普遍，但是，适合初学者的考古学入门教材的建设却依然远远地落后于社会需求。这部《考古学概论》第 3 版，建立在编著者二十多年的教学实践和田野工作基础之上，经过五十多所高校较长时期的教学实践检验，充分吸收中国考古学界最新考古发现与研究成果，力图全面反映中国当代考古学的发展状况，系统阐述考古学的基本理论和研究方法，是一部既系统全面又深入浅出的考古学入门教材。

这部教材定位明确，主要是作为历史学专业本科生开设的同名课程的配套教材，并适用于大学通识类课程教学。在编写体例、资料选择、章节安排、图文搭配和文字表述等方面，追求在课堂教学中的适用性，尤其注重讲述实物资料的发现和由此得出的历史学认识。在突出学术性的同时，兼顾思想性，注重将大学生文化素质教育和思想政治教育融进考古与历史的教学之中，以生动直观的考古发现引导学生热爱祖国的优秀传统文化，增强民族自豪感和自信心。

本教材列入普通高等教育“十一五”国家级规划教材，由中国人民大学出版社于 2010 年初版，2015 年修订重版，列入“新编 21 世纪史学系列教材”，2020 年入选“北京高等学校优质本科教材课件”。此次为第 2 次修订。

编者

2023 年 5 月 1 日

目录

插图目录

第一章

考古学与考古学史

第一节　考古学研究的对象、功用

一、什么是考古学

如果说历史是被时间的迷雾重重掩盖的真相，那么考古所做的就是细细拂去时间的尘埃，拨开迷雾，将逝去的文明重现于我们眼前。虽然遗迹和遗物是片段的、残缺的，但它们穿越时空，使人类的视野不断向远方延伸。在许多人心目中，考古总是与古代帝王陵墓、稀世珍宝以及失落的远古文明等激动人心的伟大发现联系在一起的，而考古学者就像侦探一样，在纷繁复杂的线索中寻觅和破解来自远古的蛛丝马迹，这为考古学涂上了一抹令人遐想的浪漫主义色彩。但事实上，考古学者更多的时候面对的是古代人类遗留下来的各种废弃物、先民们日常生活的垃圾和残留在大地中的细微的痕迹，并从中搜寻有价值的信息，以复原文化历史和人类的生活方式。故英国考古学家皮戈特戏称，“考古学是一门研究垃圾的学科”。近代考古学诞生于 19 世纪初的欧洲，并迅速发展成为一门严谨的、具有自身规律的科学，有自己独特的理论和方法。

“考古学”（archaeology）一词，源于古希腊语。最初泛指一切古代科学，后又指对古物和古迹的研究。到 18 世纪，欧洲人用以指对含有美术价值的古物和古迹的研究。到 19 世纪初，随着欧洲近代考古学的产生，才专指近代考古学。中文里“考古”一词最早出自北宋金石学著作《考古图》，但与近代考古学完全无关。近代考古学是在20世纪20年代从欧美传入我国的。

什么是考古学？到目前为止，世界上没有一个明确、公认的定义。人们从各自不同的认识角度为考古学下定义，有的将其归入广义历史学科，有的将其视为艺术史的分支，而欧美学者则更多地将其作为人类学的一部分。张光直对其下的定义是：考古学是一门通过古代遗存来研究古代文化及其文化史的学科。① 阿尔波特・斯波尔丁认为：考古学是一门研究古代遗存的形式、时间及空间分布规律的科学。② 我国考古学家夏鼐在《中国大百科全书・考古学》中定义：考古学是“根据古代人类通过各种活动遗留下来的实物以研究人类古代社会历史的一门学科”③。

在中国，考古学被看作历史学的一个分支，其目的是为历史研究服务。而西方所谓人类学的考古学，是指从考古学文化遗存来研究、解读古代社会和人类行为方法的科学。人类学是一门广义的、研究现代和古代人类的人文科学，主要包括文化人类学、体质人类学、考古人类学和语言人类学等分支学科。人类学的考古学与历史学的考古学，学科目标并没有根本区别，它们都是从古代人类的物质文化遗存来解读古代人类活动的各种信息。然而考古学的研究对象既不是文字记载，也不是可以直接观察到的人类行为，因此，从理论、方法和技巧上看，考古学与历史学、人类学均不同。近代考古学是建立在田野调查发掘基础之上，通过搜集资料、整理资料、阐释资料等一系列研究方法，将所获调查发掘资料用于历史研究的科学。

二、考古学研究的范围、对象和目的

考古学研究的时间范围限于一定时间以前的古代，包括史前时代（没有文字记载的时代）、原史时代（文字刚出现的时代）和历史时期人类的文化遗存，近现代文化遗存则不属于考古学研究的范畴。对于漫长的史前时代，考古学是人类赖以恢复和构建史前史的唯一手段，有着其他任何学科都无法替代的地位和作用。考古学研究的年代下限各国亦不尽相同，如英国为诺曼人入侵（1066年），法国为加洛林王朝覆灭（987年），美洲各国为哥伦布发现新大陆（1492年），中国长期以来以明朝灭亡（1644年）为下限。但随着学科的发展，考古学研究的深度和广度都在不断延伸，时间范围也在不断扩展。近年来，英国出现的中世纪考古学则把时间下限推进到1640年，而美洲各国的工业考古学则研究近代工业初期的遗物，中国考古学在实

---

① 张光直．考古学：关于其若干基本概念和理论的再思考．曹兵武，译．沈阳：辽宁教育出版社，2002：前言．

② SPAULDING A C. The dimensions of archaeology//DOLE G E，CARNEIRO R L. Essays in the science of culture. New York：Thomas Y. Crowell Company，1960：437.

③ 中国大百科全书・考古学．北京：中国大百科全书出版社，1986：2.

践中也已延及清代甚至更晚。

考古学的研究对象是实物资料，是通过科学的考古调查和发掘所获的实物及其包含的信息的总和。这里的实物包括遗迹和遗物。遗迹是古代人类所遗留下来的生居死葬、从事各种生产活动的设施，诸如洞穴、房屋、聚落、城堡、贝丘、宫殿、寺观、道路、运河、矿坑、作坊、窖藏、墓葬等古代人类的建筑和设施，其中大多属于不可移动的文化遗存。遗物是古代人类活动遗留下来的物质遗存，多属于可移动的器物。按其用途，可分为生产工具、生活用具、武器和礼乐器等，包括日常生活中各种实用器物以及装饰品、艺术品，如雕塑、壁画、画像石、画像砖、铜镜、车马器、日用器皿、货币、铭刻、文书等；按其质料，可分为石器、玉器、铜器、铁器、金银器、陶器、瓷器、骨角器、牙器、贝器，以及竹器、木器、漆器和纺织品等。人类自身的化石或骨骸，既是古人类学研究的对象，也是史前考古学研究的对象。上述遗迹和遗物统称为文化遗存。此外，一些与人类生活密切相关的、能够反映人类活动的自然物，如采集、狩猎所获得的植物和动物，也属于考古学研究的对象，称之为生态遗存。

上述遗迹、遗物资料一部分保留在地上，大部分埋藏在地下，需要通过科学的考古调查和发掘揭示出来，这就决定了考古学研究的方法——田野考古调查和发掘。田野考古调查和发掘需要特殊的器材和设备，以地层学和类型学为核心，形成了一整套完整系统的操作方法，并采用各种自然科学的手段，最大限度地科学获取古代遗存的信息资料。考古调查和发掘所获得的资料要经过室内整理，再编写成报告，才能成为综合研究资料。现代科技手段在考古学测年、分析和勘探中的广泛应用，使得考古学从古代实物遗存中获得的研究信息和资料也日益增多。张光直在《考古学专题六讲》中指出："一件木器是资料，它的碳十四年代也是资料，一件玉器是资料，它的产地分析也是资料，它们彼此之间与其他遗迹、遗物之间的关系，也都是资料。"当今考古学研究的资料远不限于那些看得见、摸得着的实物遗存，还要通过这些物质遗存来探究人类的精神领域，研究其社会组织结构、婚姻家庭、宗教信仰、风俗习惯、意识形态等，这是更具挑战性的课题。正如英国考古学家霍克斯所说，研究技术和经济较为容易，研究社会结构比较难，研究意识形态最为困难。考古学研究的对象是反映人类社会性的器物群，而不是单个的文物。其关注的对象不是某一个人，而是这个人所处的社会与文明。所有非考古调查、非考古发掘所获得的都不是考古学的研究对象，也不是真正的考古学，而只能称为"金石学"和"古器物学"。

关于金石学与考古学的关系，一些学者将金石学视为近代考古学的前身，这是不准确的。事实上，中国人对古代历史和古器物的探索有深厚的传统，相关的文字记载可以追溯到春秋战国时期，宋以后走向兴盛，发展成为"金石学"，涌现出一大批金石学著作，收集整理和保存了许多有价值的铭刻资料，考证出不少古器物的名称和用途。但宋人的“考古”指的是考证古文字与古文章，仅限于对古代的青铜彝器和石刻资料的著录和考据，其研究对象属零星出土文物或传世品，未经科学发掘，时间范围仅限于历史时期，而未能容纳史前时代；研究方法偏重于铭文的著录和考证，未深入分析古器物的器形和花纹，未进行断代研究；研究目的是证经补史，而未上升到复原历史、揭示历史与文化发展规律的层次。相对于考古学，金石学的研究对象、范围、目的都有很大的局限性，始终没有形成完整的学科体系。二者最本质的区别是金石学的研究缺乏考古学以科学的田野调查发掘为基础的一套理论和方法。李济先生认为，金石学与考古学正如“炼丹学之于现代化学，采药学之于现代植物学”。炼丹、采药自有其在学术史上的价值，然而绝没有人说它们就是化学或植物学。清末民初，金石学的研究对象从青铜彝器、石刻、画像砖石、瓦当、封泥、玺印、钱币扩大到其他古物，新发现的甲骨、简牍、经卷、帛书等也被纳入金石学的研究范畴。这一时期，出现了罗振玉、王国维等金石学大家，他们曾倡导将金石学改称为“古器物学”，但“古器物学”仍非近代意义上的考古学。

关于考古学的研究目的，传统认识就是拼合、复原远古时期的物质文化和历史图景。国内对考古学目标的定位即“重构国史”，认为考古学的目的在于阐明历史发展过程的客观规律，为历史学科服务。因此，考古学与狭义历史学均属于广义历史学科的范畴。这一学科定位导致中国考古学者在研究中往往忽略了考古材料所蕴藏的更多的信息。考古学的研究对象是实物资料，尽管其仍然需要利用文献，但与狭义历史学在研究方法上有着根本的不同。欧美考古学界流行的观点认为，“复原文化历史”只是考古学最基本的目标之一，这是远远不够的，在此基础上考古学还应该致力于“重建相关人群的生活方式”和“复原文化发展进程”。

复原文化历史。就是以时空分布为背景，研究古代遗址、器物、工具和建筑，建立起一个区域内的人类文化在千百年甚至上百万年里的发展序列。这项工作主要包括对考古发现材料的罗列和描述，对零乱、有限的考古材料加以梳理，以复原某种文化的发展过程。这一研究主要集中在器物类型的演变及年代学研究，一些学者批评其仅仅是类似集邮的工作。

重建相关人群的生活方式。生存环境决定生存策略，人类的生活方式和行为方式在很大程度上反映了当时的生态环境以及生产力发展水平，并蕴含了古代人类的社会意识等方面的丰富信息，同时也反映了人类本身的产生和发展。人类过去的生活方式、行为方式以及对环境的开发是一幅怎样的图景？人类是在非洲最早出现的吗？最早的人类是出色的猎手还是食腐者？这些重大问题成为考古学家关注的焦点。于是许多欧美考古学家开始与孢粉分析专家、动物学家、植物学家等共同合作，将文化的时空变化和人类的栖居形态、生存策略和古生态环境结合到一起考察，试图从动物骨骼、炭化的种子及其他人类文化的残迹入手，重建古代人类的生活方式。

复原文化发展进程。这是考古学的最高目标。这一目标是20世纪60年代“新考古学派”提出的。该学派反对拼接考古材料撰写“伪历史”的方法，认为考古学的目的，不仅仅是重建历史，还必须对主导历史文化发展的动力或原因做出理论的阐释。人类为什么以某种特定的方式生活？其物质文化和行为方式是怎样形成的？而文化的变化又是什么使然？考古学家应当透过种种现象深入探究其潜在的主导因素。“新考古学派”提出，考古学应当用更加严谨的、经过仔细设计的考古发掘和研究方式来收集材料，用精确的量化分析来分析材料，应试图去解释而不单单是描述材料，推论应借助于科学的逻辑构架，发展一套明确的、可以被检验的理论体系，而非过去泛泛的、理论上的朦胧解释，结论必须接受检验，而非依靠权威。

三、考古学的功用

任何学科的产生和发展都起因于社会的需要。考古学在短短的一个多世纪里，取得了举世瞩目的辉煌成就，成为一门世界性的独立学科，为探索人类的起源、促进人类对自身的认识、保护人类文化遗产等做出了巨大的贡献。

首先，考古学作为历史科学的重要组成部分，对历史研究发挥着重要的“补史”“证史”“正史”作用。史前考古学补充了文献记载所没有的绝大部分的历史知识，历史时期考古学证实了文献记载的真伪，修正了文献记载的错误，大大扩展了历史科学的内容，引发了历史研究方法的变革。人类历史源远流长，其中大部分由于文字记载的缺失使得今人对其茫然未知或知之不详，对于漫长的史前史是这样，即使是有文字记载的历史也会遇到缺环和空白。在中国，考古学的发展，已经使我们对人类历史的认识至少上溯到170万年前或更早。在非洲，早期人类的历史甚至上溯到400万～300万年以前。文献记载中许多被遗漏的、散佚的历史，特别是少数民族的历史，也因考古发现而得以补证并大大地拓展和深入。如嘎仙洞的发现使得鲜卑早期历史变得清晰起来，大量鲜卑墓葬的发现使鲜卑人的辽徙路线和过程日益清晰。历史是由当时及后世的史家书写记录的，史家个人的观点、立场不可避免地影响着历史记载的客观性。而统治者的高压政策、“文字狱”，也迫使史家的记载曲折隐晦，或为尊者讳，文过饰非，往往造成记录不清或不详、歪曲或混乱。此外，由于历史传说的久远或个人视野的局限，即使最优秀的史家也难免出现差错，使后人产生困惑或误解。考古学在一定程度上可以起到澄清是非、修正史实的作用。如二里头文化的发现使关于夏代的传说成为信史；中外匈奴考古的进展使《史记》中关于匈奴民族的起源和丧葬习俗的记载发生动摇，数千年的疑团随着考古发现水落石出。英国考古学家柴尔德说，考古学引起了历史科学的变动，扩大了历史科学的空间范围，与望远镜扩大了空间视野一样，它把历史视野向古代延伸了成百上千倍，好像显微镜为生物学揭示了巨大生物躯体内的微小的细胞，又如放射性研究给化学带来的变化一样，改变了历史科学的内容。

其次，考古学为其他学科的研究提供了实物资料。考古揭示的实物资料涉及人类生活的各个方面，出土资料不断丰富着我们对古代社会政治、经济、文化、军事、科技、外交等领域的认识，特别是对于农业史、畜牧史、陶瓷史、建筑史、纺织史、冶金史、美术史、医药史、天文史、中外关系史等，考古发现不断扩展这些学科的研究领域，并一再改写某些学科的学科史，包括对考古学科本身的认识也因新材料的出土而不断得到发展和修正。

最后，考古学还发挥着保护和继承历史文化遗产、为今天的物质文明和精神文明建设服务的作用。考古学如同一个窗口，揭示出一个民族的文明进步程度。考古所揭示的历史文化遗产，是我们进行爱国主义教育的最生动的教材。通过考古发掘，我们重现历史文化遗产，宣传祖国文化成就，振奋民族精神，凝聚民族力量，增强民族自信，提高民族文化素质。今天，随着经济建设的发展，城市化和全球化的浪潮席卷世界的各个角落，古朴的乡村民居正日益为现代化的城市高楼所侵吞，无数的古代遗存被破坏，色彩斑斓的民族文化、历史传统正在迅速消亡。当一个又一个古老的民族群体在现代文明的冲击下放弃自身的文化传统和生活方式时，一个有责任感的考古学家面临的已不仅是揭示和复原过去的历史，他还必须抢救和保护现存的濒危文化，为了人类的未来而保存人类的今天。考古事业绝非少数人的职责和工作，它是我们每一个人寻找自己的文化之根、民族血脉和归属感，满足我们内心深层次的精神需求的有效方式，考古学跨越时空架起了一座今人与先祖沟通的桥梁，它揭开了人类童年时代的神秘面纱，让我们正视传统文化中的精髓和糟粕，继承祖先遗留给我们的优秀文化遗产，更好地开创未来的美好生活。

第二节　考古学的分支

一、考古学的分支学科

当代考古学研究的领域越来越广，分支越来越细。按照研究的年代范围，考古学一般可分为史前考古学、历史考古学，一度还曾将史前时代向历史时期过渡的阶段称为原史考古学。根据地域的不同，又有诸如欧洲考古学、中亚考古学、东北亚考古学之说，以及埃及考古学、中国考古学、日本考古学等分支。根据研究对象、手段和方法的不同，考古学可以划分为田野考古学、航空考古学、水下考古学、美术考古学、宗教考古学、边疆考古学、动植物考古学、农业考古学、环境考古学等。史前考古学、历史考古学和田野考古学，被公认为考古学的三个主要学科分支。此外，还有专门研究古希腊和古罗马文明的古典考古学、研究考古学与公众关系和沟通的公众考古学、研究欧美工业革命及其以后的建筑和遗迹的工业考古学等各种特殊门类的分支。

1. 史前考古学

史前时代指从人类产生直到文字产生以前漫长的历史时期，在整个人类历史进程中占百分之九十九以上。史前考古学就是以史前时代为研究范围的考古学。“史前”这一概念是英国学者丹尼尔·威尔逊在1851年出版的《苏格兰考古及史前学年鉴》中首次提出的。文字的有无是划分史前时代和历史时期的标志，而世界各地文字的出现早晚不同，所以各地史前考古学研究的下限也不同。中国的史前考古学，大体上包括旧石器时代考古和新石器时代考古。欧洲的大部分地区和非洲的大部分地区，史前考古学研究的范围从石器时代一直延续到早期铁器时代。由于史前时代没有任何文字记载，考古学就成为人们了解这段历史的唯一可靠的手段。史前考古学关注的重要课题是人类的起源和人类体质特征的演化、农业的起源、家畜的驯化、文明与国家的起源等，与第四纪地质学、动植物学、古人类学、民族学等学科的联系非常密切，需要这些相关学科的共同参与和合作研究。从判断绝对年代与相对年代的手段来说，史前考古学必须依靠地层学、类型学以及物理、化学等自然科学技术。

2. 历史考古学

历史时期是指有了文献记载以后的人类历史，其年代上限在世界各地早晚不一。历史考古学主要研究青铜时代和铁器时代的文化遗存，需要参考历史文献来研究考古发现，或者说是用考古发现来修正和补充历史文献的错漏、局限和缺佚。同时还要借鉴古文字学、铭刻学、古钱学、古建筑学方面的研究成果。历史考古学判定绝对年代主要依靠文献记载和年历学，有纪年文字的墓志、碑石和其他铭文材料具有特别的价值。过去曾有“古不考三代以下”的说法，认为夏商周以后的文献记载已经十分丰富，考古研究就不重要了。这种观点是错误的。其一，任何文献记录都有时代的、阶级的、认识的局限，甚至发生错误。即便晚近时期有非常详细的历史文献，但由于主客观原因导致的误差以及文字与实物之间差距的存在，考古学研究仍能为历史研究提供极为重要的信息。其二，文献记载偏重于历史上的重大事件和人物，而考古资料展现的是具体生动的、反映各阶层普通民众日常生产生活的遗留物，它们是两种不同的信息库，只有二者相结合才能真实地还原历史。没有考古资料确证的历史是不完整的，甚至可能是被歪曲的，而脱离了文献记载，仅限于考古材料的堆砌和拼接，反映的往往只是器物的发展史，而不是人和人类社会的发展史。

3. 田野考古学

田野考古学是20世纪初期形成的一个考古学分支。其主要特点是注重田野调查和发掘，注重田野发掘的技术。探方法和探沟法、垂直发掘和水平发掘是常用的方法；讲求层位关系，按单位全面揭示、收集和记录、整理遗迹遗物是其原则。田野考古学运用地层学和类型学进行研究。1904年，美国考古学家彭北莱和德国的赫伯特·施密特主持发掘中亚科佩特山北麓的安诺遗址，在考古发掘史上第一次采用挖掘大型探方的方法，每件器物都用纵横坐标标明其出土位置，大部分挖掘出的泥土都要过筛以避免漏掉细微遗物。此后，世界各地的田野考古逐步转入以发掘为中心，并扩大了调查的对象和范围，发掘方法逐步完善，发掘技术快速进步。田野考古调查和发掘以及后期的室内整理形成了一整套完整的方法，它除要使用许多专业的、特殊的器材和设备外，还要采用各种自然科学的手段，使田野考古学有别于其他考古学的分支而具有相对的独立性。

4. 水下考古学

水下考古学是以沉没在江河湖海底部的沉船和古代遗址作为调查、勘测和发掘研究对象的考古学分支。历史上由于地震、海啸、火山喷发等自然灾害，一些近水的居址、港口、墓葬等沉没于水中；一些古航线下，还保存有大量古代沉船和文物。水下考古学是田野考古学在水域的延伸，具有自身独特的工具装备、技术和方法，用来发掘、打捞、记录和研究水底文物，为研究古代造船术、航海术、水文变化、海上交通和贸易等提供资料。水下考古除具备专业知识的潜水员外，一般装备有工作船、供气管、提举浮带、摄影水平架、探方架、抽泥管和提举筐等。水下考古最早可以追溯到16世纪的意大利人探寻海底沉船。第二次世界大战以后，由于潜水技术和装备的发展，水下考古学逐渐发展为一个相当独立的考古学分支。中国的第一个水下考古研究机构是1987年在中国历史博物馆下设的“水下考古学研究室”。几十年来，中国水下考古队的足迹遍及渤海、黄海、东海和南海等海域，特别是2007年对“南海Ⅰ号”宋代沉船的成功打捞，标志着我国水下考古事业迈入了一个新阶段。

5. 航空考古学

航空考古学是指利用航空摄影，通过分析高空俯拍地面照片上土色、阴影和植被的特点来探寻古代文化遗存、解释考古现象的考古学分支学科。其优势是可以观察到人在地面上无法了解的大遗址全貌，探寻到在地面上无法发现的被掩藏和淹没的古代遗迹。航空考古需利用飞机、无人机、热气球等航天器在高空拍摄，通过对照片因土质不同而产生的土色明暗程度的分析，可判别坑穴、壕沟、道路等遗迹；通过观察阳光斜射时产生的阴影，可判别堤坝、坟丘、城墙等遗迹；一般夯土、道路、墙基等遗迹处由于土质坚硬、水分缺失，植物长势不好，颜色较黄，而河流、壕沟、护城河、灰沟、农田所在地点往往由于土质肥沃、水分充足，植物长势良好，颜色深绿。由此可判断大范围的遗迹遗物的形状、种类及分布。最早应用空中摄影进行考古研究的是1906年英国皇家陆军工兵中尉夏普。20世纪20年代，英国人克劳福德对航空摄影技术加以改进，航空考古学应运而生。随着人造卫星的发明和摄影技术的发展，航空考古的效果大为提高，应用更加广泛。没入海中的遗址也可通过航空摄影发现。如腓尼基的两个海港推罗和西顿就是通过航空摄影而发现的。

6. 美术考古学

美术考古学是将古代各种美术作品作为实物资料来研究、复原古代社会文化与历史的考古学分支。研究对象包括古代建筑、绘画、雕塑、工艺美术和宗教美术作品，对其样式、风格、年代、建筑技术以及保存状况等问题，做出判断和说明。美术考古学研究对象的年代上起旧石器时代，下到各历史时代，主要是经田野考古调查和发掘所获的具有美术性质的古代文化遗迹和遗物，传世和流散文物中的艺术品，也可以作为美术考古的研究对象。具体地讲，建筑包括地下、地上的所有古代建筑，如居址、陵墓、宫殿、城市、宗教建筑、桥梁、园林等；绘画包括史前彩陶和彩陶上的纹饰、岩画，历史时期各种材质的绘画作品，如战国及两汉帛画、漆画、壁画及其派生出的画像石和画像砖等；雕塑包括原始社会的玉、石、陶等质料的雕塑作品，不同历史时期风格各异、材质多样的雕塑作品，如商周时期的玉、石人物或动物形象的雕塑作品和各种造型的青铜器及其装饰等，春秋战国以后流行起来的陶俑、木俑、铜俑等，汉唐以来的陵墓雕刻等；工艺美术包括陶器、青铜器、玉石器及其他工艺品，如瓷器、漆器、金银器、编织及纺织物等；宗教美术是与原始崇拜和宗教信仰有关的古代遗迹和遗物。

7. 宗教考古学

宗教考古学是以原始崇拜、宗教信仰及相关文化遗存作为研究对象的考古学分支。其研究对象主要包括岩画、图腾、壁画、神殿、寺庙、道观、石窟寺、祭坛、祭具、造像、经幢、经卷、符箓、法器以及其他一些相关的宗教崇拜对象等。其中相当一部分与美术考古的研究领域有交叉。早在旧石器时代，万物有灵的原始崇拜就出现了，人类对天地日月、山川河流及各种自然现象因敬畏而崇拜，新石器时代，占卜、巫术、祭祀等活动遗迹十分普遍。进入文明时期，宗教崇拜进入高级阶段，基督教、伊斯兰教、佛教、道教等成为最具影响力的宗教。此外，一些地区性的宗教，如印度教，以及一度流行而后来逐渐衰落或消亡的宗教，如萨满教、祆教、摩尼教等，都或多或少留下了相关的遗存。

8. 古钱考古学

古钱考古学也称古钱学，是以古代钱币为研究对象的考古学分支。古钱考古学主要通过对古钱的形制、大小、重量、质料、铭文、图纹、铸造技术与风格的考察，判断其铸造年代和特征演变，探究古钱的铸造者和发行地，从而为经济史、文化史和美术史的研究提供资料。同时，对古钱出土和分布范围的考察，也有助于研究世界各地经贸和文化交流情况。此外，古钱考古学还研究古钱的作伪与鉴别。古钱的铸造年代明确，时代特征鲜明，往往被作为考古断代的依据之一。

9. 古文字学和铭刻学

古文字学和铭刻学，是以铸、刻或书写在遗迹遗物上的文字为研究对象的考古学分支。其内容包括识别古文字，考证其内容，研究字体、书法、语法特点及其风格流派，分期断代，与其他资料进行比较研究。常见的文字材料包括墓志、碑碣、印章、甲骨、简牍、盟书、帛书和纸书，及见于其他文物载体上的附属文字材料，如纪念性建筑物、雕塑、绘画、货币、度量衡器、镜鉴、工具、兵器和容器等。由于铭文是当时人留下的，其记载的可靠程度是后世的文献记载无法比拟的，往往可以纠正和补充文献记载的错漏。对铭文的研究还可以判明遗迹遗物的制造者、所有者、所在地、用途及目的等。世界上已发现的古文字主要有：埃及象形文字、苏美尔文字、迈锡尼文字、古印度文字和玛雅文字等。中国的古文字包括商周甲骨文、金文以及一些少数民族的文字，如西夏文字、契丹大小字、女真文字、八思巴蒙古文字等。目前对于古印度文字、玛雅文字、契丹文字等，仅能识别一些单字，尚不能完全释读其含义。而已释读的文字对研究古埃及文明、苏美尔文明、迈锡尼时代的希腊文明和中国的殷商文明，复原已消失了的古代文化等，都起到了极大的推动作用。

二、考古学与其他学科的关系

考古学是一门多学科交叉的边缘学科，它与自然科学和人文社会科学以及工程技术科学中的许多学科都有着密切的关系，这种关系既包括学术思想的相互渗透、研究方法与成果的相互借鉴，也包括科学技术手段的应用。一方面，考古学本身的研究有赖于其他学科在理论、资料、方法和技术上的支持和协助；另一方面，考古发掘和研究成果也为其他学科提供了许多珍贵的实物资料，拓宽了这些学科的研究领域，充实了这些学科的研究内容。

与考古学有着密切联系的自然科学主要有化学、物理学、地质学、地理学、气象学、生物学、数学和电子计算机科学等。化学、物理学等自然科学技术在考古学文化年代的测定和器物成分分析中具有无可替代的作用；地质学、地理学、气象学、生物学等学科，主要是协助研究文化遗存所在地区的历史与自然资源，目的是复原古人类的自然生态环境。在年代测定、成分分析、野外探测、人种及动植物种属鉴定中，现代科技手段也得到广泛应用。考古学研究的首要问题就是确定年代，“相对年代”指文化遗存的时间先后关系，“绝对年代”指文化遗存形成的具体年代即距今年代。绝对年代的测定在历史时期考古中主要依靠文献和出土的纪年材料，如墓志、碑碣、简牍、铭文等，在史前考古中则主要依靠自然科学手段，碳十四、热释光、加速器质谱仪、电子自旋共振、穆斯堡尔谱学等断代法是主要方法。相对年代的判断主要依靠地层学和类型学，这是近代考古学的两大理论基石。考古地层学借用地质地层学的基本原理，根据地质上地层堆积的先后顺序，研究遗存的早晚顺序，在不同时期，按时间早晚，遗存自下而上依次堆积，下层早于上层。考古地层学是田野考古发掘确立层位关系、判定相对年代的重要手段之一。考古类型学用生物进化论和生物分类的原理，通过对考古发掘出土的遗迹遗物形态的分类排比，研究遗存的早晚关系、变化规律、逻辑发展序列。动物考古学、植物考古学主要用生物学的技术、方法，鉴定发掘出土的与人类文化遗存共存的动植物遗存，并根据动物种群的特征、组合与灭绝比例，判断其相对年代，研究古代植被的特点和古气候、古地理的变化，探索农业和家畜饲养业的起源及其地域分布与传播、人类的食物结构和农作物种类、经济生产门类、发展阶段及其比重等问题。对器物的化学成分和物理结构的分析，则采用扫描电子显微镜、红外吸收光谱、穆斯堡尔谱学、X 射线荧光分析、中子活化分析、热分析、原子吸收和原子发射光谱、X 射线或衍射法、质谱和色谱及同位素分析等技术。研究史前时期的生态环境、研究农业文明的起源，可使用土壤硅酸盐分析、植硅石检测、植物孢子花粉分析等方法。了解人类的食物结构，可用浮选法、硅酸体分析、孢粉分析等方法。确定性别、种属、食谱、遗传基因及病理病变，探索族群的分布与迁徙，则可以用碳十三、DNA 等技术。如今，遥感技术、探地雷达、地球物理方法、声呐技术在考古遗址的调查和勘探中开始普遍使用。GPS 卫星定位、3D GIS 也在考古探测中广泛应用，为我们了解聚落分布规律提供了必要的帮助。数学方法、计算机技术在类型学研究、器物统计、绘图、资料保存和检索等方面广泛使用，使考古的定量研究成绩斐然，还初步形成了一门分支学科——计量考古学。

人文社会科学中的历史学、人类学、民族学、民俗学、语言学、古文字学、人文地理学、社会学、宗教学、经济学、政治学、法学以及美术史学、建筑史学、绘画、摄影等均与考古学研究关系密切，在研究内容上与考古学相互交叉，在研究方法上互相借鉴。广义的历史学包含考古学，而考古学扩大了历史学研究的视野，修正和补充了历史文献记载的不足；反过来，历史学除为发掘揭露的种种遗迹和遗物提供文献上的解释并帮助判断其年代以外，还广泛地为古代的政治组织、社会结构、经济制度以及涉及精神文化方面的各种问题提供文献佐证，弥补考古学在这些方面的欠缺。体质人类学和文化人类学包括民族学和民俗学为研究人类起源、墓葬，进行性别、年龄、人种的鉴别以及由此推测人类平均寿命及死亡率，为研究两性劳动分工、人口比例、社会组织结构、人口迁徙和征战、婚姻制度、风俗习惯、宗教信仰、民族分布、现代疾病的起源等提供重要参照。今天的后进民族正如“活的化石”，为研究古代社会提供信息、模式和方法上的参考借鉴。绘画和摄影在考古学研究中是记录出土遗物、遗迹的重要手段。此外，某些古代文学作品也会为考古发现提供重要线索，如《荷马史诗》造就了特洛伊古城的伟大考古发现。

建筑学和土木工程学应用于对古遗址、古建筑的发掘、测量、制图、复原和现场的保护过程中。采矿冶金学、陶瓷学和染织学应用于对工场址、矿址、窑址等遗迹的考察和对铜器、铁器、陶瓷器、玻璃器、纺织品等遗物的分析、鉴定、研究和保护。造船学则专门应用于对发掘出来的造船工场遗址和船舶遗物进行考察和研究。

对当代考古学来说，单纯依靠直观的经验、传统的方法技术，已无法满足其发展要求。考古学必须与各有关学科密切合作，广泛借鉴其他学科的理论方法和新成果，才能不断突破。多学科综合性考古是当代考古学的发展方向。

第三节　考古学发展简史

考古学史的研究是考古学发展到一定阶段对自身发展道路的全面总结、回顾与反思。在西方，关于考古学史的研究和阐述是颇为活跃的，学者们认为它不仅是重大考古发现的历史，而且是考古研究中新方法和新技术的发展史，还应该是考古思想观念的进步史。英国学者格林·丹尼尔的《考古学一百五十年》《考古学简史》对世界考古学研究产生了深刻的影响。中国考古学史的研究近年取得了突破性的进展，除了陈星灿的《中国史前考古学史研究（1895—1949）》，2021年王巍主编的《中国考古学百年史（1921—2021）》四卷12册出版。

一、考古学诞生的历史背景

近代考古学是在近代科学技术发展的基础上产生的。15世纪以来，欧洲文艺复兴运动推动了人们对古代语文、美术史的研究，从而掀起了一个搜求古希腊、罗马雕刻、美术作品的热潮，并逐步扩大到巴勒斯坦、埃及、古巴比伦。在欧洲上层社会，收集和研究古物成为浪漫的时尚。16—18世纪，英国的古物学研究盛极一时，先后成立了伦敦皇家学会、古物学家协会等一批学术团体，创办了《考古学》等刊物，开展了一些初步的田野调查活动，为考古学的产生奠定了基础。但基督教和《圣经》束缚了人们的想象力，妨碍了当时人们对古物时间和空间的科学衡量。

地质学和生物学的发展是近代考古学诞生的催化剂。18世纪末到19世纪，詹姆斯·赫顿和查尔斯·赖尔的均变论取代了乔治·居维叶的灾变论。此前风行的灾变论将地球上生物的灭绝和进化都归因于上帝发动的周而复始的灾难，而均变论提出地球是由自然和持续的地质运动所塑造，从而推翻了上帝创世的神话。人们对史前史的认识开始突破教会宣扬的公元前4004年上帝七日创世的时间表，逐渐向前延伸，人类的古老性得以确认。19世纪中期，地质学中根据岩层证据解释生物进化规律的地层学成熟。地层学原理与考古遗存的堆积具有相似性，因而很快被移植运用到考古学中，运用地层断代，进而发展为考古地层学。受均变论的影响，达尔文提出生物进化和自然选择理论，暗示人类是由某种动物进化而来的。进化论的普及，激发了人们探索自身起源和发展的兴趣。1785年詹姆斯·赫顿的《地球理论》、1833年查尔斯·赖尔的《地质学原理》、1859年达尔文的《物种起源》、1863年赫胥黎的《人在自然界中的位置》等著作对考古学的产生影响巨大。

二、考古学的产生和发展

1. 考古学的萌芽

18世纪末到19世纪初，是近代考古学萌芽、产生的重要时期。在欧洲，寻访搜求古迹古物的古物学盛行，以攫取古物为目的的发掘、盗墓成风。英、法、意等国以各种手段大肆掠夺各文明古国的文化遗产，并在释读古埃及文和古波斯文方面取得突破。最早的发掘始于1748年意大利人对庞贝古城的发掘。1798年拿破仑远征埃及，揭开了古埃及历史之谜，最大的收获是得到了著名的由希腊文、古埃及俗体文和象形文字写成的罗塞达石碑。1822年商博良成功释读埃及象形文字，奠定了埃及学的基础。1837年罗林生释读了古波斯的楔形文字。1821年法国大使秘书马艾律买到维纳斯像，存放于卢浮宫。1812年英国驻君士坦丁堡外交官埃尔金将雅典帕提侬神庙前的雕像运回英国。当时，意大利人贝尔佐尼曾经记录下他在埃及底比斯盗墓的情形："我每走一步就压碎一件木乃伊。我完全掉在木乃伊之中，骨头、大腿、胳膊、人头从我头顶上滚落……"这段文字是当时恶劣的盗墓行径的真实见证。

在美洲，人们对印第安人的来源进行了大量实地调查，提出了多种推测和假说，并用考古实践加以验证。考古学从开始萌芽就与民族学和人类学紧密相连。1784年，美国第三届总统托马斯·杰斐逊采用探沟法发掘弗吉尼亚土丘，第一次认识到地层在发掘中的重要性。这被誉为"历史上第一次科学的发掘"。

与此同时，一些学者开始利用古物研究历史。18世纪末，德国的J. 温克尔曼利用罗马美术资料从事欧洲古代史研究，写成《古代艺术史》，对考古学产生很大影响。但这一时期的研究仍处于实物时期。以田野发掘为基础的考古学，大约到19世纪中叶才出现。经过数百年的积淀，考古学逐渐摆脱贵族和有闲阶层对珍宝艺术品的嗜好和闲情逸致而走上科学发展的道路，成为一门严谨的科学。

2. 考古学的产生

19世纪初的古物学家们面对超出历史记载的化石与杂乱无章的文物无从下手，只知道它们早于基督，但对究竟早多少一无所知，它们属于无法衡量的时间和空间，丹麦皇家博物馆馆长汤姆森在布展时就遇到了这样的难题。"三期说"的提出，创造了一种不依靠文字记载的年代学方法，成为考古学与古物学的分水岭。很多学者把从19世纪40年代考古学分期、定名的提出，到1867年前后考古学国际会议和展览的举行这一时段称为考古学的形成期。

第一个提出三期说的人当为韦代尔·西蒙森，但一般人将之归于丹麦皇家博物馆馆长汤姆森。早在1819年，汤姆森按照石器、青铜器、铁器分组布置展览，对公众开放。其后在1836年出版的《北欧古物指南》一书中把史前文化分为三期：石器时代、铜器时代、铁器时代，并详加阐述。他的学生沃尔赛又把三期说用于野外古迹的分期，用地层关系加以科学证明。1843 年沃尔赛出版《丹麦的远古古物》，三期说成为史前考古学的研究基础。1865 年英国的艾夫伯里（原名“鲁伯克”）在《史前时代》一书中把石器时代分为“旧石器”和“新石器”两期，法国考古学家拉尔泰又分“旧石器”为早（河马）、中（洞熊/猛犸）、晚（驯鹿）三期。

比较科学的田野发掘也始于这一阶段。法国、英国、德国和意大利的一些学者在埃及和西亚进行了许多调查发掘工作，对古希腊、古罗马的城址和墓地的发掘同时展开。1837 年法国的布歇·德·彼尔特在索姆河畔首先发现旧石器与绝灭动物化石共出，直到 1858 年这一发现的古老性才在福尔柯纳、伊文思爵士、赖尔的推动下被学术界接受。1842 年开始，法国人在两河流域发掘尼尼微、尼姆鲁德等亚述帝国遗址，发现大量楔形文字铭刻。1848 年在直布罗陀首次发现尼安德特人头骨化石，1856 年在德国杜塞尔多夫附近的尼安德特河谷的一个山洞里，发现一具人骨化石。尼安德特人由此得名，属旧石器时代中期早期智人，开旧石器时代考古之先河。1850 年法国人马里埃特开始在埃及进行科学发掘，在 30 年中发掘了 30 多处重要遗址，并致力于埃及文物保护，创办了近东第一个国家博物馆。1853 年在瑞士苏黎世发现一处以新石器时代遗存为主的湖居遗址。1863 年意大利人 G. 菲奥雷利改进庞贝古城的发掘方法，以复原遗址的原貌为目的，采取科学的分层揭露方法，所有遗迹都按单元进行全面揭露，全面采集遗物，富人的邸宅和穷人的小屋，精美的物品和普通遗物，都作为历史的见证而受到同等的重视。与此同时，一些考古学著作纷纷出版，考古学国际学术会议召开。1858 年波特尔发表《英国考古学手册》。1866 年在瑞士召开了第一次“人类学和史前考古学国际会议”，考古学作为一门科学在国际学术界得到了普遍承认。1867 年在巴黎博览会上展示了考古学研究成果。

3. 考古学的成熟

标志着考古学进入成熟期的是 19 世纪末欧洲各地旧石器时代分期方案的提出和类型学的发展。1869 年法国的莫尔蒂耶创立欧洲旧石器时代考古分期，将法国旧石器时代由早到晚分为舍利、阿舍利、莫斯特、梭鲁特、马格德林各期。步日耶在此基础上完善了这一分期，并用工具分组代替了莫尔蒂耶的单线进化的分期方案：早期阿舍利期和克拉克当期、中期莫斯特期、过渡期奥瑞纳期、晚期梭鲁特期和马格德林期，并将奥瑞纳期、梭鲁特期各分三期，马格德林期分为六期，每期文化序列不是简单的衔接而是归组划分。1892 年艾伦·布朗提出“中石器时代”的概念。1877 年意大利的 G. 基耶里克等提出了“铜石并用时代”的概念。1912 年步日耶把上旧石器时代调整为三期，连同下旧石器时代的三期，将旧石器时代共分为六期。他的“六期说”体系被考古学界长期沿用，但其后被证明只适用于欧洲。欧洲史前考古学的整个体系得到确立。

瑞典考古学家蒙特柳斯 1903 年出版《先史考古学方法论》，是第一部系统论述考古类型学方法的著作。类型学建立在进化论基础上，按照器物形态的变化把器物排比成“系列”，根据出土的地层关系来确定系列中各器物类型的年代先后。他在长期研究欧洲和近东考古资料的过程中，不断改进和完善类型学研究方法，使器物类型的划分更为细密准确。强调遗存的特征和组合，排比不限于某一种器物，而是将许多不同种类的器物分别排比成系列而互相参照。经过排比之后，各种不同类型的器物组合往往可以代表某一考古学文化。

这一时期，遍及欧洲、非洲、小亚细亚、美洲、中国等地的田野考古调查与发掘的展开，产生了一批重大考古发现。1868 年法国多尔多涅省的克罗马农洞发现克罗马农人，属晚更新世晚期智人。1875 年索图拉侯爵发现西班牙桑坦德的阿尔塔米拉洞穴壁画。其后法国、西班牙陆续发现旧石器时代洞穴壁画。1871 年德国人 H. 谢里曼在土耳其希沙立克发掘特洛伊古城，首次大规模地运用地层学原则进行考古发掘；1874—1876 年谢里曼在希腊发掘迈锡尼文明，发现所谓“阿伽门农金面具”。1899 年伊文思发掘克里特岛的米诺斯王宫，揭开了这个存在于公元前 2300—前 1500 年的神话王国的面目。1875 年奥林匹亚遗址发掘，希腊的历史从古典时代上推到传说中的“荷马时代”，又进而追溯到史前时代。在埃及，马斯伯乐发掘第五王朝末代法老乌纳斯金字塔，发现“亡灵书”；1881 年起，F. 皮特里开始埃及考古发掘，1894—1895 年在埃及涅伽达发现王朝时代以前的墓地，后经过他的分期排比，列为第三十期到八十期，其中第七十六期和七十七期相当于历史时期的第一朝，从而使史前文化和历史时期的文化衔接起来。在小亚细亚东部和叙利亚北部，德国人发掘了赫梯帝国的首都哈吐沙，发现了数千片公元前 14 世纪的泥板文书，捷克斯洛伐克的 B. 赫罗兹尼考释出赫梯语的楔形文字，并将泥板文书翻译出来。在两河流域，1874 年法国人萨泽克发掘泰洛赫建筑遗址（苏美尔拉伽什城），相继发掘乌尔、瓦尔卡、埃里都等苏美尔文化遗址；1884 年美国考古队在尼普尔的风神庙发现 5 万件泥板文书；1899—1914 年德国人发掘巴比伦和亚述城，清理出用土坯砌成的墙壁，还利用探井法搞清地层。在美洲，大规模发掘了洪都拉斯科潘地方的玛雅文化遗存。被称为“美洲的谢里曼”的汤普森于 1909 年发掘了奇琴・伊察的圣井，出土了金器、玉器和 40 多具尸骨，证实了《尤卡坦半岛纪事》记载的当地传说中人们为了祈雨，每年向井中投入少女和卫士以及大量的金银饰品的真实性。日本以 1868 年的明治维新为开端，在欧美考古学的影响下开始在国内进行考古调查和发掘。19 世纪末至 20 世纪初，欧美等国纷纷派遣探险队到中国新疆、额济纳一带，日本和俄国也派人在中国的东北、西北地区进行考古调查发掘，以掠取古物。当时的中国还停留在金石学阶段，没有人到野外去做考古发掘工作，近代考古学以帝国主义者的掠夺性考古的方式第一次走进中国。

考古学的成熟，不仅表现为大量的田野调查发掘的开展及许多重要遗迹遗物的发现，还表现为发掘方法与研究方法的改进与完善。1871 年谢里曼在发掘特洛伊城时，特别注意划分地层和分层采集全部遗物，强调及时照相、绘图和做好文字记录，创造了一套较为科学的田野作业方法。1881—1926年，英国考古学家F. 皮特里在埃及考古40年，发掘中按照“循序渐进”的原则，将类型学和地层学结合起来，创建了交叉断代法和序列断代法，建立了赫西遗址的年代序列，1904年他出版的《考古学的目的和方法》，是田野考古学的奠基之作。在研究方法上，考古学开始大量吸收和借鉴体质人类学、比较语言学、民族学的成果。1871年英国人类学家爱德华·泰勒在《原始文化》中提出通过现代民族中的孑遗类比分析史前人类的习俗，并将人类历史划分为蒙昧、野蛮、文明三个阶段；美国人类学家摩尔根的《古代社会》运用民族学材料和历史材料、考古材料对人类历史的蒙昧阶段、野蛮阶段和文明阶段的生产力水平加以衡量。考古学家尝试应用自然科学方法进行史前考古学的绝对年代的判定，将旧石器时代与地质学冰期和间冰期相联系进行分期。各冰期的绝对年代最初是根据地层的厚度来推测的，极不可靠。1910年瑞典人德耶尔提出了季候泥层分析法，判定斯堪的纳维亚地区泥层的绝对年代可以上推到1万年左右。不过这一分析法的应用只限于一定的地区，而且必须将考古资料与地质年代学的泥层联系起来。

4. 考古学的发展

第一次世界大战结束到第二次世界大战结束，是考古学在全世界得到普遍发展的时期。考古学在地域上进一步扩展，成为世界范围的考古学，在印度、中国、日本、非洲、美洲都有一批重要的考古发现。在印度发掘了哈拉帕和摩亨佐·达罗古城址，揭示出印度河流域在吠陀时代以前约公元前2350—前1750年已存在发达的古代城市文明。日本的考古发现，建立起无土器时代—绳纹时代—弥生时代—古坟时代—历史时代的文化序列。中国的考古学在五四新文化运动的推动下，由西方传入并初步发展起来，一批先进的中国学者首次将考古学作为西方启蒙思想介绍进中国。从20世纪20年代开始，中外学者先后发现了北京周口店旧石器时代遗址和仰韶文化、龙山文化、齐家文化等一系列新石器时代文化。1926年中国学者李济第一次独立主持了山西夏县西阴村的考古发掘。1927年开始，中外合作的西北科学考察团在中国西北进行了大规模的调查活动。同年，周口店遗址发现了丰富的北京人化石和石器等文化遗存，受到全世界的瞩目。1928—1937年系统发掘河南安阳殷墟商代青铜文化遗存，大大丰富了对中国古代文明的认识。到新中国成立前，中国考古学已初具规模。在两河流域，1922年英国考古学家吴雷发掘欧贝德苏美尔神庙；1926年吴雷发掘乌尔王陵，出土了精美奢华的随葬品和人殉。在埃及，1922—1933年英国人卡特和卡纳冯发掘了图坦卡蒙（公元前1361—前1352年）法老墓，出土5 000余件珍贵文物；同一时期，还发掘了第十八王朝法老埃赫那顿（公元前1379—前1362年）的都城阿玛尔纳土丘。塔萨遗址、巴达里和涅伽达遗址的发掘，建立了埃及前王朝序列。苏联发掘了巴泽雷克文化巨石冢、花剌子模史前到中世纪遗存，建立了西伯利亚考古谱系。在美洲，则主要是墨西哥玛雅文明和秘鲁古文明的发现。秘鲁的J.C.特略发现了年代约从公元前900—公元300年的查文遗址，是秘鲁最早的文明。墨西哥的A.卡索发现了蒙特阿尔万遗址，年代约在公元前600—公元600年，它是萨波特克文化的中心。在美国境内，主要是研究史前时代的印第安文化，在研究方法上坚持考古发掘与现存的印第安人部落民族志调查相结合。1926年在新墨西哥州的福尔瑟姆发现美洲当时所知的最早石器，年代约在公元前9000—前8000年，并提出中石器时代北美洲人类可能是末次冰期以后从亚洲东北部迁移而来的学说。非洲迦太基发现罗马时代遗迹，20世纪40年代步日耶开始研究非洲的旧石器，还临摹了南非的岩画。

考古学理论和调查发掘方法也得到长足发展。“考古学文化”的概念被普遍引入考古学研究中，从而使人们对不同时期、不同地区的考古学遗存的特点，给予了更充分的关注和更精密的分析。英国考古学家戈登·柴尔德的研究可视为这方面的杰出代表。1925年柴尔德在《欧洲文明的黎明》一书中提出“考古学文化”的概念，将器物组合镶嵌在时间、空间概念中，从而为考古学研究提供了一个更合理的突出地域特征的时空框架，摆脱了年代的束缚，将考古学研究引入了新的历史文化研究时期。当时的苏联考古学界则明确以马克思主义为指导，运用生产力水平的发展变化解释文化突变和社会发展的原因，试图利用生产工具的遗存推测上层建筑，用物质文化解释社会关系，否定文化传播论。30年代，因为片面地理解和套用马克思主义，忽视传统因素对物质文化的影响和全面收集整理资料，否定类型学的研究，苏联考古学重返描述性工作。柴尔德在一定程度上接受了马克思主义的影响，吸收借鉴了唯物主义和社会内部经济基础对文化演变影响的观点，并将之用于研究世界各地文明的兴衰与历史的变迁，提出了“农业革命”与“城市革命”的概念。同时，他对一些坚持运用考古材料验证马克思主义的偏激观点提出批评。这一阶段，欧洲旧石器时代分期由步日耶进一步划分，中石器时代研究取得重大进展，对新石器时代的认识也有发展，新石器时代被划分为早、中、晚三期。随着学科的发展，人们也开始认识和反思考古学的局限性，如因发掘的偶然性所导致的资料的不完整性、对未留下物质遗存的文明的认识的局限、对物质以外的知识发展的认识的局限等。

在调查发掘方法上，英国考古学家惠勒出版的《从土中发掘出来的考古学》，代表了这一时期最高水平的考古发掘方法的总结：探方发掘方法、留关键柱和隔梁、准确记录、细致观察和全部发表材料，强调考古发掘是挖“人”而不是“物”。书中认为，调查发掘工作应更加系统化，强调发掘前制订计划，全面收集遗物，包括与人类生活相关的自然物，对所有考古现象进行研究，发掘报告要涉及一切遗存及其分布。这一时期，考古学家开始更多地依靠自然科学的手段扩大自己研究对象的范围和信息量，如地图的运用、地抗力探测、人工制品的物理和化学分析、动植物学研究等，为考古探测和遗物的成分分析以及史前环境研究等服务。1906年，英国军人夏普利用热气球在空中拍摄古迹。第一次世界大战中，空中摄影技术得到发展。1924 年，克劳福德拍摄了 300 多张考古遗址的航空照片，远程的田野调查技术开始在考古探测中发挥重要的辅助作用。

5. 考古学的黄金时代

第二次世界大战后，考古学进入了一个新的发展时期，主要表现在观念的进步和技术的革新。观念的进步可追溯至战前。从 20 世纪 30 年代中期开始，苏联考古学界不满于传统的器物研究，倡导要为马克思主义服务，重视社会研究，“二战”后逐渐形成了苏联考古学派。他们主张考古是历史的一个部门，以马克思主义为指导，通过实物遗存探讨古代人类的物质生产能力，而忽视了历史传统、精神生活及社会关系状况等在考古学研究中的重要性。柴尔德对马克思主义的应用则为欧洲考古学研究树立了新的模式，使欧洲考古学从描述性考古转向解释性考古，“农业革命”和“城市革命”的提出，为考古学研究社会发展提供了可以用实践验证的标准。考古学观念的进步在美洲体现得更为激进。1948 年美国人瓦特·泰勒首先在博士论文《考古学研究》中向传统的考古学提出挑战。他反对过分注重人工制品而忽视非物质方面的内容，主张考古学的研究应该重视人工制品反映的人们的生活、行为及文化，提出将所有考古现象联系起来、将年代学与功能联系起来进行推测和研究的“缀合法”。40 年代，斯图尔特和戈登·威利开始聚落形态研究。60 年代，在美国兴起了“新考古学派”，也称为“过程考古学”，提出“作为人类学的考古学”，强调考古学要从历史学的阴影中走出来，注重研究人类活动的行为和过程，主张考古学的目标就是人类学的目的，即“试图说明和阐释整个时空内的人类生存之物质及文化上的异同现象”，并运用系统论、生态学、环境考古等方法，试图揭示出一种“已经消失的文化系统的图画”。在研究方法上的一个重要倾向是运用可验证的科学的方法进行深层次的解释。新考古学自 80 年代初介绍到中国，立即引发了热烈的争论。随着近年来考古学的长足发展，西方考古学理论走向多元化，后过程考古学、社会考古学、新马克思主义考古学等纷纷兴起，世界考古学界均在考虑考古学的重新定位问题，考古学作为一门学科，其独立性已经被越来越多的学者承认。

自然科学技术在考古学中得到广泛应用，对考古学的发展产生了空前的影响。1950 年放射性碳素测年法的应用，使年代学的研究取得了划时代的突破。目前，在绝对年代和相对年代的测定，各种遗迹和遗物的提取、修复与保存，成分分析，产地探测，制造工艺乃至某些器物功能的研究方面，都应用了当代的许多先进技术。树木年轮法、钾氩法、铀系法、热释光法、光释光法、古地磁法、黑曜岩水合法、骨骼含氟量测定法等多种测年手段普遍应用。在遗址调查和探测方面，普遍利用电阻测量法、磁学法、潜望镜探墓法等手段，探地雷达、航空考古、卫星和遥感技术、全球定位系统和地理信息系统等现代科技手段也时有应用；不断改进的电子潜水设备也在水下考古中发挥作用；各种物理化学等分析测试手段如浮选法、黑曜石分析技术、X射线荧光分析法、电子探针法、中子活化法日益普及。这些技术的应用增加了考古资料的信息含量，大大提高了考古学研究的深度和广度。

考古学在时间和地域上不断扩展，在世界各国受到高度重视。非洲成为探索人类起源的最重要的地区。20世纪50年代，路易斯·利基等在南非、东非发现南方古猿、奥杜韦文化以及能人化石等，将最早的人类遗存的年代上溯到100多万年前。60年代，理查德·利基继其父之后，在肯尼亚发现了更多的早至距今约250万年的南方古猿化石。70年代的新发现将非洲古人类的起源上溯到400万～300万年以前。在中国也发现了丰富的古人类遗址和化石材料，周口店北京猿人距今70万～50万年；云南元谋人距今约170万年；重庆巫山人距今200多万年；安徽繁昌县人字洞遗址距今250万～200万年。新石器时代早期文化和农业起源的探索，在西亚、中国和中美洲等地也都取得重大进展。历史时期的考古得到更多的重视，许多新独立国家的考古工作也逐步开展起来，考古发现成为全人类的共同财富。在当今国际考古学界，各种新的考古学派和理论层出不穷，70年代以来出现的研究遗物象征意义的认知考古学、后过程考古学，以及新马克思主义考古学、社会考古学等，百花齐放。张光直总结当今考古学的特点是：理论多元化、方法系统化、技术国际化。

这一时期，中国考古学得到了空前的发展，取得了举世瞩目的巨大成就，建立了马克思主义的考古学体系，成为世界考古学中的重要一环。新中国成立后，考古学研究和管理体制逐步建立健全。1950年中国科学院考古研究所成立，中科院古脊椎动物与古人类研究所、国家文物局、地方各级文物管理委员会、各地学术机构和管理机构陆续建立。50—60年代，《文物》《考古》《考古学报》等专业期刊创刊。1952年国家文物局和北京大学先后联合举办了三届共四期全国考古工作人员短训班，北京大学设立考古专业。之后，西北大学、山东大学等十几所大学开设了考古专业，为全国各地文物考古专业机构培养了大批专业人才。同时，配合大规模的基础建设，抢救性的考古调查和发掘大规模展开，重大考古发现层出不穷，积累了丰富的出土资料，初步建立了中国考古学文化谱系。新中国成立之初，恢复对周口店遗址、安阳殷墟的发掘，清理武官大墓。50—60年代发掘的重大考古遗址有半坡遗址、北首岭遗址、庙底沟遗址、大汶口墓地、屈家岭遗址、北阴阳营遗址、崧泽遗址、二里头遗址、郑州商城遗址、丰镐遗址、洛阳东周城址、侯马晋城遗址、信阳楚墓、汉唐长安城和洛阳城、元大都遗址和明定陵等。经过“文化大革命”期间的短暂停顿后，各地学术机构恢复工作，“文化大革命”后期三大杂志复刊。1979年中国考古学会成立。其后陆续新增了20多种专业杂志。70—80年代末期，中国考古学进入繁荣期，在新石器时代考古以及夏商周、秦汉、隋唐考古方面都有一系列震惊中外的大发现。1972年公布首批碳十四数据。1977年夏鼐先生运用碳素年代数据，全面系统地排列了中国新石器时代考古学文化序列。各种断代、分析和鉴定技术开始应用，还开展了体质人类学研究、兽骨鉴定、孢粉分析。田野调查发掘更加科学化和规范化，1982年出版了《考古工作手册》，1984年颁布《田野考古工作规程》。70年代以来的重大发现有姜寨遗址、大河村遗址、河姆渡遗址、草鞋山遗址、圩墩遗址、石峡遗址、新乐遗址、大地湾遗址、王因遗址、陶寺遗址、柳湾遗址、关庙山遗址、红花套遗址、卡若遗址、王城岗遗址、平粮台遗址、新砦遗址、二里头宫殿基址、小屯南地甲骨遗址、琉璃河燕国墓地、偃师商城遗址、盘龙城遗址、周原遗址、周公庙遗址和墓葬、三星堆遗址、大洋洲墓葬、纪南城遗址、曲阜鲁城遗址、殷墟妇好墓、曾侯乙墓、包山楚墓、淅川楚墓、平山中山王墓、秦公1号大墓、秦兵马俑、阿房宫遗址、汉阳陵、满城汉墓、马王堆汉墓、临沂汉墓、洛庄汉墓、狮子山楚王陵、广州南越王墓、安阳曹操墓、陕西扶风法门寺地宫等。

田野考古工作的全面开展促进了学术研究的空前繁荣，中国考古学的理论建构和学科体系逐步完善。50年代末期考古学界致力于建立一个马克思主义的中国考古学体系，但盲目片面地照搬苏联模式，摈弃了近代考古学的科学理论，考古地层学、考古类型学、文化人类学被认为是西方资产阶级的伪科学。“文化大革命”结束后，人们开始了对学科的反思，考古类型学、地层学重新得到认可和应用；苏秉琦提出了具有中国特色的多元论的区系类型学说；大型聚落与城址发掘研究及学科理论的建立受到重视。随着西方现代考古学理论、方法与技术的引进，80年代末90年代初掀起了理论方法的探讨热潮，对新考古学派及聚落考古、环境考古的讨论尤多。文明起源、国家起源、农业起源等重大学术课题相继展开。国际学术思潮的冲击与本土丰富的考古资料促进了中国考古学从形式到内容的转变。当代中国考古学展现出空前兴盛的势头和崭新的面貌，年青一代考古学者成为主力，新的观念和视野引发新的课题，资料的封锁被打破，聚落考古与环境考古方兴未艾。探索性观点与实践十分活跃，人类起源、史前文化序列、文明与国家起源、中国青铜器文化、城市的起源与发展等研究课题受到关注，相继开展了夏商周断代工程和探源工程等重大科研项目，多学科综合性发掘研究成为新趋势。1993年河南渑池班村遗址的多学科综合性发掘与研究就是这一实践的范例。科技考古学勃兴，研究方法逐步多样化，充分利用自然科学技术手段获取古代社会信息，拓展了考古研究的视野，提升了现代考古学研究的理论技术水平，与国际考古学的发展日益接轨。大范围的交流与研讨成为主流，对外合作展开，1991年《中华人民共和国考古涉外工作管理办法》公布，与美国、德国、英国、意大利、日本、法国、加拿大、澳大利亚等发达国家在资金和技术上的合作为我国开展大规模考古调查发掘开创了新路，中国考古学者也开始参与国外和我国港台地区的大规模联合考古发掘。综上所述，当代考古学可以概括为：力量新、观念新、视野新、课题新、方法新。

本章要点

考古学的定义；考古学研究的目的及其在中外学术界的不同认识；考古学的功用及其现实意义；考古学的主要分支学科；考古学诞生的历史背景与标志；考古学的基本发展历程；中国近代考古学与金石学的本质区别。

推荐阅读书目

1. 保罗·巴恩．当代学术入门：考古学．覃方明，译．沈阳：辽宁教育出版社，1998

2. 科林·伦福儒，保罗·巴恩．考古学：理论、方法与实践．中国社会科学院考古研究所，译．北京：文物出版社，2004

3. 马修·约翰逊．考古学理论导论．魏峻，译．长沙：岳麓书社，2005

4. 中国大百科全书·考古学．北京：中国大百科全书出版社，1986

5. 格林·丹尼尔．考古学一百五十年．黄其煦，译．北京：文物出版社，1987

6. 杨建华．外国考古学史．长春：吉林大学出版社，1995

7. 陈星灿．中国史前考古学史研究（1895—1949）．北京：三联书店，1997

8. 文物出版社，编．新中国考古五十年．北京：文物出版社，1999

9. 中国文物报社，编．大考古．济南：济南出版社，2006

10. 孙英民，李友谋，主编．中国考古学通论．开封：河南大学出版社，1990

第二章

考古学理论与方法

第一节　西方考古学理论的发展历程

在考古学理论探索方面，欧美考古学家远远走在了前面。最初人们是以进化论为指导进行研究的，并致力于以考古材料支持进化学说，随着研究的深入和多学科理论与方法的参与，许多无法解释的文化现象迫使考古学家朝着纵深的理论阐释和对社会演变原因探索的新方向发展。从 19 世纪末至 20 世纪上半叶，西方考古学理论经历了从进化考古学、文化传播论、文化历史考古学到文化生态学的争论与探讨。不同时期的科学思潮和科技手段极大地影响和制约着考古学理论的发展，特别是 20 世纪上半叶由于树木年轮断代法和放射性碳素断代法（碳十四法）的相继发明和普及，年代学研究有了关键性的突破，考古学理论研究跨入了一个新的历史阶段。60 年代，新考古学的诞生将考古学理论带入了全新的转折；70 年代以后，欧美国家进入了考古学理论多元发展的时代。2004 年出版的《当代考古学》一书系统介绍了当代西方考古学理论的状况。①

一、从进化考古学到文化生态学

1. 进化考古学与文化传播论

19 世纪，生物进化的科学思潮逐渐向哲学领域延伸。人们把社会文化的发展看

① 陈淳．当代考古学．上海：上海社会科学院出版社，2004.

作生物演化的延续，而人类社会总是经由简单的狩猎采集进化到现代文明，蒙昧、野蛮、文明被视为人类社会直线演进的序列，各地文化的差异被解释为发展的快慢和速率不同，这种文化发展理论被称为“直线进化论”。人们当时尚未充分注意到文化发展的多样性和复杂性，亦未充分注意到文化之间以及文化与自然之间的相互作用关系。19 世纪下半叶至 20 世纪初，民族学家也加入文化研究的行列，并注意到文化的传播现象，从而形成了文化传播论。

所谓文化传播论，是指一种文化从其发源地扩散到不同地区而被模仿、借鉴和接受的理论。以人口的移动和文化的传播来解释史前文明的演变，在世界各地发现的诸多文化的相似性就是其依据。传播论者认定，一个地区如果不是文明的发源地就是文化的受传者，文化可以跨越空间，层层推动向四周扩散。这种思想的极端形式就是极端传播论。1911 年英国人史密斯出版《古埃及人和文明的起源》，提出全世界的文化都是尼罗河流域的古代居民在寻找金子的路途中四处传播的结果。传播论者热衷于寻找文明的起源中心。当遇到一种新的考古发现时，不试图解释其产生的原因，而仅仅简单地归因于外来因素的影响。安特生解释中国中原地区彩陶文化的“西来说”即是这一思想影响下的产物。这种传播思想不但从意识形态领域遭到了许多国家的抵制，而且实践也表明并非全球所有的文化发展现象都可以用传播论解释。于是，在反思和总结以往研究缺陷的基础上，又形成了“新进化论”，即多线进化论思想。该理论也特别重视生态学的影响，提出了“文化生态学”的概念，注意对自然环境和人文环境的考察。

2. 文化历史考古学

19 世纪末 20 世纪初，大量的考古发现需要断代分期更加细化，类型学提供了一种较三期论更为完善详细的考古学编年方法。瑞典考古学家蒙特柳斯从现代火车车厢的设计中保留着源于马车车厢的演化痕迹受到启发，用器物排序的方法来释读器物类型的历时变化，解决了判断考古发现同时性和历时性的问题。而日益复杂的文化现象也使进化论和传播论的阐释模式受到挑战，人们逐渐认识到不同地理单元的隔绝对文化的影响。1905 年丹麦考古学家米勒首先用类型学方法来概括一批发现物，以体现“考古学文化”这一特点。此后，考古学文化即被用以描述广大地域范围内分布的具有共同特点的、重复出现的考古发现。

20 世纪上半叶，国际形势动荡，欧洲民族主义运动高涨，公众开始关注用考古证据来寻找自己民族的渊源和分辨自己的民族身份。类型学、考古学文化与民族群体被联系起来，文化历史考古学随之诞生，并成为宣扬民族主义情绪和争取领土所有权的手段。1911 年德国人科西纳提出“文化群即民族群，文化区即民族区”的命题，考古学文化的分布代表了特定社会群体的分布，文化的延续代表了民族群体的延续，文化的差异反映了民族的差异，种族特征决定了文化的进步与落后。科西纳声称德意志是世界上最优秀的民族，这种种族主义观点后来被纳粹德国所利用。这一时期考古学的一个最大亮点是英国考古学家柴尔德对“考古学文化”概念的发展和普及。柴尔德先后在1925年和1929年出版的《欧洲文明的黎明》《史前的多瑙河》中阐释了科学的考古学文化概念，将考古学文化和类型学结合起来，以时空镶嵌分布模式来安排考古资料。一批总是反复共生的遗存类型——陶器、工具、装饰品、葬俗、房屋结构的组合可以构建起一个考古学文化，它们各自不同的功能可以用来分析人们的习俗和审美品位：陶器、装饰品、葬俗相对比较稳定，不易改变，可以用以分辨不同的文化特征和民族群体，而工具、武器等具有使用价值的器物则容易被仿效和传播，可以用来分析文化之间的交流和关系。他倡导在考古分析中运用唯物主义立场，并提出了“新石器时代革命”和“城市革命”的论断。

3. 文化生态学

文化生态学是美国人类学家斯图尔特于20世纪上半叶提出的一种新的解释史前社会文化发展演变的模式，强调生态环境对人类文化和社会的演变具有强大的影响力和制约力，而文化被看作人类对环境的特殊的适应手段和生存策略。在人类文化和环境的关系中，生态环境、技术经济、社会结构以及意识形态层层作用，相互制约，构成一个动态的、复杂微妙的系统，在这一系统运行过程中，生态环境是制约其他因素发展演变的基本因素，同时人类的技术、社会组织和意识形态等文化方面的因素也起到积极作用，伴随这一运行过程，文化逐渐形成较为稳定的特色且不断进步。对于不同考古学文化具有相似的器物特征，以及同一文化经过几百年发展的历时性差异甚至超过了同一时期两个相邻不同文化之间的差异等考古现象，文化生态学提供了一种解释框架，即相似的自然环境可能使不同地区的不同群体为适应它而创造相似的物质文化；自然环境的变迁则可能导致同一文化在发展过程中变得面目全非。而面对这些问题，文化历史考古学以类型学的典型器物分析推论，将会把不同文化视为同一文化，而将同一文化的历时性差异当作不同文化看待。

4. 聚落考古学

聚落考古学是以聚落为单位来研究社会关系及人与生态环境关系的考古学方法，也称为“聚落形态研究”“空间位置分析”等，是20世纪40年代在文化生态学理论的影响下产生的。斯图尔特发现美国西部印第安土著人群在一个地点居住时间的长短和群体的大小、生计方式是经常根据环境和资源的状况不断调节的，在不同的季节变换不同的居址并调整群体规模，同一群人在不同的季节或地点可能从事不同的劳动和利用不同的资源。这样，遗址在适应功能上的差别可能造成同一文化的不同地点器物类型的差异，认识不到这一点，就可能误以为是不同人群创造的不同文化。考古学家戈登·威利将这一思想发展为聚落考古学方法，风靡世界考古学界。

聚落是人类在特定区域活动的中心和基础。聚落的构成因素和研究内容包括：房屋建筑（聚落的核心）、防卫设施（壕沟、城墙等）、经济设施（窖穴、圈栏等）、公共墓地（排列有序、葬俗相同）、生产区（手工作坊、采集渔猎生产区）。聚落考古学不仅研究典型遗址，而且关注功能各异的普通遗址，甚至临时营地遗迹，将它们看作史前人类适应和改造环境的生存网络系统。同时，聚落考古学不仅研究单个聚落形态及其内部结构与功能，还研究聚落分布和聚落之间的关系（中心聚落与聚落群的空间分布特征）以及聚落形态历史的演变，在一定程度上也包含文化生态学或者环境考古学的研究内容。通常，聚落的布局形态都是按照人的需求预先规划设计的，也是按照聚落内部的社会组织结构规划设计的，其中应包括婚姻家庭形态的影响。也就是说，社会组织结构是决定聚落布局形态的原因，而聚落布局形态则是社会组织结构导致的必然结果。所以聚落形态就成为研究社会组织结构的有效途径，通过观察聚落形态的布局规划和演变可以窥见当时人类的技术水平、生存手段和社会关系的变化。相比过去传播论者简单地以外来影响解释文化的演变，聚落考古学者更关注社会内部的动因。所以张光直说，“聚落考古是在社会关系的框架之内来做考古资料的研究”。20 世纪 80 年代聚落考古研究方法传入我国，引发了人们对史前城址与文明起源、人口规模、灌溉系统、农业、战争、贸易、政治体制以及婚姻家庭的演变等深层领域的探讨，并取得一系列开拓性进展。

二、考古学理论的变革——新考古学派

20 世纪 60 年代兴起的新考古学派是国际考古学理论与方法重大变革的转折点。其代表人物有美国的路易斯·宾福德、英国的大卫·克拉克。这些年轻的考古学家对传统的考古学局限于单纯的描述和“拼合历史”提出质疑和批判，倡导考古学应该从历史学的描述转向人类学那样更为科学的研究，采用精确的、量化的、经过采样和数据分析而且可以验证的理论框架，代替过去理论上的朦胧解释和泛泛而谈。新考古学研究的方法是提出假说、建立模式、推导结果，再通过仔细设计的考古发掘和研究来进行检验。它较多地借用和吸收社会学、生态学、生物学、地质学、地理学、经济学等其他学科的原理和方法，开创了实验考古学、民族考古学、环境考古学的研究方法，通过对土著的行为与生活方式的观察和亲自制作史前人类的生产工具、模拟其使用和废弃的过程，来解释和验证考古遗存的形成过程的各种可能性和文化发展演变的动力，探索用模式解释人类行为，用数理进行分析。宾福德根据对阿拉斯加一群因纽特人在围坐火塘吃骨头时掉落骨渣和抛弃骨头的区域范围的观察，以“露天火塘模式”更为合理地解释考古遗存中的现象，而排除了复杂帐篷结构的猜想，即是民族考古学应用的一个成功范例。新考古学派对考古学重建社会组织和认知系统充满信心，提出考古学的目标有三：复原文化历史、复原人类的生活方式、研究文化的进程。因此，新考古学也称为进程考古学。新考古学派在学术定位上对历史学研究进行全盘否定，走向了一个极端。

三、多元理论时代

20世纪70年代以后，越来越多的欧美考古学家认识到考古材料的局限，认识到今天的考古学家总是凭借自己的经验、知识和背景去认识已经消失了的异己的社会，难免掺杂了自己的立场和价值观，认识到不同社会群体观念的不同，导致有“多种声音”、多种解释存在，因此正确做出考古推论的方法绝不是单一的，有多少研究者就有多少可能的“解读”，客观的研究目标是难以企及的。特别是在阐释人类认知因素和世界观方面，考古学面临着极大的挑战。新考古学派的盲目乐观受到质疑，新的理论、方法不断涌现。

1. 后过程主义考古学（象征考古学等）

80年代，英国考古学家伊恩·霍德等提出，人类的物质文化不仅仅是被动地对环境适应的产物，人类作为行为的主体，其价值观念、知性特征在文化形成过程中发挥着与生存环境同样积极的作用。后过程考古学将人类的思想观念作为研究主体，重视对其精神意义的探求。他们对宾福德过于“唯物”的物质主义研究，其在文化生态学的研究中过分强调环境的决定作用，排斥文化传播论，忽视人类意识形态或主观能动性对社会文化发展所起的作用表示反对。同时对进化论过分强调技术是适应环境的手段，单从适应的角度机械地推论人类社群的行为也提出批判，反对以功能主义解释一切文化现象。后过程主义考古学表现为一些松散的分支和探索领域，并没有形成统一的学派，支派众多。如象征考古学关注社会和个人的意识，关注物质如器物纹饰、葬俗、奢侈品、纪念性建筑的文化现象中所蕴含的思维和象征意义。如墓葬就具有丰富的象征意义，社会各阶层的墓葬构成了该群体死后观念的象征系统，当观念改变时，象征系统也会随之发生变化。象征考古学强调将过去视为文本，解读其中的信息。认知考古学试图了解早期人类智慧的发展，以及蒙昧时代人类世界观的认知水平，并探索这种认知对社会文化发展的影响和制约，强调人类的主观意识及抽象层面，例如宗教、宇宙观等对文化的作用。批判考古学对考古学家以本身经验为基础判读过去历史的正确性持质疑态度，其批判观点为当今世界考古学界提供了充分的反思空间。性别考古学从理论角度批判将女性作为第二性的人类社会结构，也反对民族学者和考古学者所谓男性——狩猎者、女性——采集者的基本认识。这一支派强调了解社会文化发展中的性别特点，以及过去被忽视的女性的地位和作用，颇具女性主义色彩。结构考古学认为文化类似语言，有一套潜在的法则主宰着其千变万化的表现形式，世界不单单是由物体所构成，而且是由物体之间的关系或结构所组成。后过程主义考古学在精神和观念领域拓展了对考古学的认识，但其困境是许多观点在实际应用中往往难以与考古数据相配合，在解决具体问题方面不切实际。

2. 新马克思主义考古学

唯物主义哲学思潮和辩证法在考古学领域的影响巨大。早在20世纪30年代，苏联的考古学家就运用古典马克思主义理论来解释考古学文化的变化。同时欧洲考古学家如柴尔德也把马克思主义原理应用于对考古学文化的解释，特别是对生产和经济问题的研究多用此理论。新马克思主义考古学也称为“结构马克思主义考古学”，代表人物有安东尼奥·吉尔曼、米切尔·罗兰多和苏姗·弗兰克斯丁等。他们认为社会历史的演变和进步是由于社会内部的矛盾与冲突引发的，生产力和生产关系、经济基础和上层建筑的矛盾是引起社会变化的根本原因所在。这与新考古学派学者所持的社会系统内部功能协调才能适应和保证社会系统运转的观点完全相反。他们强调系统内部的冲突和竞争，认为社会内部矛盾是社会文化发展的主要动力。新马克思主义者还认为上层建筑与经济基础的地位相同，上层建筑有时也会起决定作用。他们强调意识形态的能动作用，认为人类的主观能动性也可以改造世界。

3. 社会考古学

80年代，欧洲“社会考古学”理论流派形成，其代表人物是科林·伦福儒、史蒂芬·申南、彼特斯·博古斯基等，包括过程主义者、后过程主义者和文化历史考古学者，他们采用马克思主义的基本观点来反对新考古学。社会考古学研究最突出的特征就是采用多种方法，如利用聚落考古、遗存的空间资料、贸易交换方式以及墓葬材料试图建立和重构过去的社会、社会结构及社会的相互作用，常用因素分析法、聚类分析法等等。社会考古学强调社会生产关系的决定作用，避免生态决定论的片面解释。其研究的首要问题是社会规模，它涉及社会与空间的关系，如何划定社会单位以便确定它是独立的还是从属的。其次是社会的内部结构，是平均主义社会还是等级社会？有没有手工业专业化分工？有没有行政管理机构？社会考古学认为社会的内部结构与社会规模有密切关系，社会规模与社会发展阶段有关。再次是各个社会单位之间的关系，如婚姻、贸易、宗教等关系。美国学者塞维斯将人类社会划分为游团、部落、酋邦和国家。游团社会多处于狩猎采集经济水平，研究内容为洞穴和开阔地遗址、狩猎区、采集区、季节性迁移路线。部落社会多处于前国家农业部落发展水平，研究遗址布局、公共纪念性建筑、单人墓葬有无等级差异、社会各部分之间的关系、农业生产的方法和手工业专业化问题。酋邦社会和国家需要确定中心址（首都）及其各种功能、中心以外的行政管理情况、社会等级分化情况（墓葬、住房）、经济专业化、独立社会单位之间关系等。

第二节　考古学文化

文化是人类独有的特性，文化内涵与传统一旦形成就具有相对稳定的特点，通过一种复杂的交流系统代代相传。教育、宗教信仰和日常生活、社交都承载着文化，所有人类的知识、经验、信仰、习俗、法律和所有其他能力和习惯都属于文化的范畴，日常生活中的衣食住行之任何一种时尚均可冠之以文化。一般意义上的“文化”是文化艺术、科学技术、教育、政治、军事的总和，比较抽象。而田野考古实践中，人们观察的是看得见、摸得着的有形的物质文化。物质遗存在不同时期具有不同特征，同一时期在不同地区也存在差异，而在一定的时空范围内，往往表现出一致性。为了表现这一客观事实的存在，考古学借鉴民族学和人类学而引入“文化”这一词汇，逐渐形成了具有特定含义及作用的考古学文化理论，用以区分和揭示人类文化的多样性和发展的不平衡性。考古学中的“文化”概念不同于一般意义上的文化，属于考古学研究中的特定概念。

一、考古学文化及其命名

考古学文化指存在于一定时期、一定地域范围内，具有一定特征的实物遗存的共同体。[①] 一定时期、一定地域、一定特征，三者缺一不可。其中物质遗存共同体的内涵特征是核心要素，因为时间和空间因素并非考古学文化特有的构成要素。但文化特征又是以时空坐标为前提，通过比较而总结出来的。许多分散的群体以相同的生存方式和居住形态维系在一起，这种共生系统及从中反映出来的人类活动信息，构成一个完整的考古学文化。“文化”代表了某个时间范围里，居住在某一区域的人的活动，即某一具体的考古学文化实际就是时间和空间因素基础上的全部物质遗存的总和。相似的文化遗存，即使分布于邻近地区或同一地区的不同地域，如果不属于同一时代，也不能称为一个“考古学文化”。“一定特征的实物遗存的共同体”指在实物遗存中可以观察到的、一群具有明显特征的类型品，它们经常地、成群地出现在同一地区同一地层中。考古学文化物质遗存共同体的内容和成分是极为复杂的，大致可概括为以下几个方面：反映生产力发展水平的工具和武器，其中武器是由工具发展演变而来，二者最初是很难区分的；反映日常生活状态的生活用具，旧石器时代的情况不甚清楚，新石器时代绝大部分陶器属于生活用具；反映精神文化的装饰品或宗教艺术品，装饰或宗教意义明显；房屋建筑与聚落形态，其中房屋建筑是聚落的核心要素，与窖穴等共同构成聚落的完整形态；墓葬与埋葬方式，墓葬是有意识地安葬死者的设施，墓葬区在聚落遗址中具有相对的独立性。[②]

考古学文化研究的对象是有形的物质文化，对于语言、习俗和宗教等无形的非物质文化的了解一直是考古学面临的挑战。考古无法发掘出一种政治结构、宗教系

---

① 夏鼐．关于考古学上文化的定名问题．考古，1959（4）．

② 严文明．关于考古学文化的理论//走向21世纪的考古学．西安：三秦出版社，1997.

统或一种语言，但考古学研究的物质文化是人类文化的产物，其制作、使用和共存方式是人类文化的一个缩影，透过物质本身，考古学家可以分辨出它反映的技术水平、用途和价值以及人类的文化行为。这样，在分期编年研究的基础上，可以有效地利用“考古学文化”这一概念，把同一地区不同时期、同一时期不同地区特征差异比较显著的物质文化遗存区分开来，不仅可以充分揭示物质文化的发展演变历程，而且可以充分展示人类文化的多样性和发展的不平衡性等特点。

每个考古学文化都有其特定的时空范围。由于考古学文化需要一个材料积累和认识过程，历史的局限造成早期中国考古学研究中有关文化划分的时空范围普遍较大，表现在考古学文化特征上就出现同一文化内部横向和纵向上的差异。一方面，由于时间早晚的变化，文化特征不可避免存在阶段性的差异；另一方面，由于自然环境特征、人文环境特征及文化传统或观念等往往不尽一致，特别是中心区域与边缘地带的差异较大，而导致文化特征的地域性差异明显。因此，有必要从纵横两方面对文化内涵的差异进一步加以区分，严文明先生将考古学文化的层次结构由大到小划分为：文化、期别、类型、文化小区。

期别，用以表示一个考古学文化所经历的几个不同发展阶段，主要内涵特征基本一致，但阶段性差异比较显著。如果说考古学文化是以物质遗存共同体或器物群为标准而划分的，期别的划分标准或可理解为考古类型学中的组合。如果遗迹遗物的组合发生了变化，就代表着考古学文化进入了一个新的发展阶段。类型，指考古学文化的地方性变体，即基于空间位置等因素造成的较为明显的特征差异。同一个考古学文化，因分布地域不同而产生文化面貌上的差异用“文化类型”来区分，如仰韶文化一般分为半坡类型、庙底沟类型和西王村类型等。这里需要指出的是，由于最初对半坡类型和庙底沟类型内涵特征和先后关系的认识比较模糊，致使“类型”既用以表示考古学文化的阶段性变化，又用来表示地域性变化，造成概念及时空关系混乱不清，这是历史原因造成的，需要特殊对待。另一种情况是：某一文化遗存发现初期，在尚难把握和确定它是否属于一种新的考古学文化的情况下，通常暂时被命名为“文化类型”，一旦这类文化遗存被较多地发现并得到考古学界的公认，就要改称“考古学文化”。有学者主张应把类型划分置于文化分期之下，不仅概念上的层级关系更显清楚，而且有利于把握考古学文化的发展过程及其阶段性变化。[①] 文化小区属于比类型更小的范畴，指在考古学文化的某一类型中，因地域等因素而形成的文化特征的细微差异。有学者提出在文化小区之下，聚落（群）应是考古学文化最小的独立单元和最基本的层次。聚落指人们曾经聚居的地方或村落遗址，由相互独立又具有不同功能的房屋建筑、经济设施、防御设施和墓地等设施构成人群赖以生产生活的基本单元。若干相邻且集中分布的聚落遗址，经过较长时期的相互作

① 张宏彦．中国史前考古学导论．北京：高等教育出版社，2003.

用，就可能形成一个相对独立的聚落群。进而，由若干相邻的聚落群构成一个文化小区。[①]

考古学文化的定名是考古学研究的基础问题，科学的命名应该遵循以下原则：首先应在经过较大规模发掘并获得比较丰富的遗迹遗物、在全面可靠地了解物质遗存的基础上，与其他文化进行深入细致的比较分析，充分认识和把握这一考古学文化所具有的内涵特征，并且这种内涵特征一般应具相对的稳定性；其次要尊重考古学的历史传统，不轻易改变考古学文化的名称，克服小地域色彩过重或个人思想过浓的倾向，尽量避免由此而造成的麻烦和混乱。[②]

历史上考古学文化的命名主要有如下方式：第一，以文化最突出的特征来命名。如彩陶文化、绳纹文化、细石器文化。20 世纪 60 年代以前这种命名方式被经常采用。但由于具有特征性的遗物会在几种不同文化中存在，往往使文化概念不清、时间界限无法划分、范围扩大。因为在所处自然环境相同、经济发展水平一致的情况下，不同时期和不同族属的不同文化内涵可能表现出某种共同的特征。目前已基本不使用这种命名方式。第二，以小地名命名。存在两种情况：一是以首次发现或发掘的典型遗址的地点来命名。首次发现的文化遗存往往成为认识该考古学文化的标尺和基点，直接影响对该文化起止时间、发展过程乃至分布范围的认识和划分。以首次发现地点来命名，一般不容易出现分歧和混乱，如仰韶文化、马家窑文化等，是目前公认比较科学的命名方式。二是以最典型遗址的发现地点来命名。应该注意的是，所谓典型遗址随着学科发展不断有新发现，如此，一个文化的命名是否需要不断地随着更典型遗址的发现而改变？历史上这样的争执人为地造成了命名分歧，显然这种方式不可取。第三，以族别命名。如吴越文化、巴蜀文化、秦文化、楚文化等。以这种方式命名的考古学文化一般时代较晚，适用的范围较小，前提是必须首先搞清文化创造者所属的族。此外，个别也有以大地域命名的，如陕西龙山文化等，这种命名方式很少使用。由于历史上考古学文化的命名问题长期得不到统一，一个文化往往有不同的命名。如仰韶文化、马家窑文化、齐家文化，它们是以地名命名的，同时其文化遗存又都含有彩陶，因此又可称之为“彩陶文化系统”；“湖熟文化”（地名）同时又属于江南“几何印纹硬陶文化”（文化特征），几何印纹硬陶又可能是“吴越文化”（族名）的一个组成部分。

二、影响和制约考古学文化形成与发展的因素

考古学文化是人类创造的，它是人类用以适应环境的特殊手段。建筑、工具、

---

① 张宏彦．中国史前考古学导论．北京：高等教育出版社，2003.

② 严文明．关于考古学文化的理论//走向 21 世纪的考古学．西安：三秦出版社，1997.

武器和装饰品等物质文化都是人类创造性劳动的产物，它们身上深刻地打下了其创造者所处的自然环境、生产力水平、社会关系、历史文化传统和人文环境的烙印。如果这些因素中的一种或几种发生了变化，物质文化的特征就会随之发生变化，当这种因素的变化达到质变的程度，就会形成新的考古学文化。所以，考古学文化不是一成不变的，它的形成、发展和演变受到各种内外部因素的推动、影响和制约。

第一，经济文化发展水平（生产力水平）的制约。考古学文化是由人所创造的，而人不仅拥有改善生活质量的强烈愿望，而且具有认知和学习的能动性。人类的劳动富有极强的创造性，绝非同一动作或同一现象的简单重复。基于人的社会性特征，这种创造性的劳动也具有明显的社会性特点，能够得到广泛的继承、传扬和发展。所以，人总是在创造性的生产活动中不断地改进生产方式，从而使生产力成为最活跃的社会因素。

第二，社会关系的影响。生产关系必须与生产力水平相适应，当生产力发展到一定阶段，必然引起生产关系的变革，从而引起一系列社会关系的变化，包括社会组织结构、婚姻、家庭形态、思想道德水平、宗教信仰和风俗习惯等。而生产力与生产关系、经济基础与上层建筑的矛盾统一，则是推动人类文化发展的内部动力。

第三，历史文化传统的制约。文化传统是早期社会中各地区部族群体特定的生活习俗、宗教观念、审美因素等思想意识在物质文化上的集中反映。特定族群的共同心理、习俗、传统、宗教和审美观念等都深刻影响着物质文化特征的形成和发展。同一时期、同一生产力水平下，具有同样功能的器物，在形式上、装饰上却不尽相同，且不存在早晚、先进与落后的关系，不存在前后继承演变的关系，那么，对此最合理的解释就是由于其族属不同、风俗习惯和历史文化传统不同。因此，研究一个考古学文化的形成发展还需要重视当时人们的文化传统、意识形态和宗教观念的影响。

第四，自然环境的影响和制约。从考古学的角度来看，自然环境因素及其变化常常影响考古学文化的存续过程与发展方向，直接关系到人类的居住方式、生产方式和生活方式，以及为寻找水源、觅食、追捕野兽而进行的迁徙。在文化生态学研究中，自然环境是考古学文化形成和发展的决定性的因素。史前时代，不同考古学文化系统是由人类对环境的不同的适应方式造成的。在生产力水平极低、劳动工具极其简陋的史前时代，人类的生存几乎完全依赖自然的恩赐，生产力发展在很大程度上受到自然环境因素的制约，人类被动地为适应不同的生态环境而采取不同的生活方式、行为方式，形成不同的生活习俗和物质文化。在潮湿的环境下修筑干栏式的建筑，而在干燥的环境下建筑半地穴式的房屋；在温暖的环境中从事采集，而在寒冷的环境中经营狩猎。一般来说，自然环境过于严酷，人类基本的生存条件和物质资源都难以得到满足，当劳动者的智慧和创造力不足以克服这些困难时，生产力的发展就会长期停滞；反之，如果自然条件过于优越，人们无须花费很多时间和精力就能轻易获得足够的食物，维持物质资料的再生产，就无须寻求新的经济活动，也无须改变生产工具，这样就抑制了劳动者的主观能动性和创造力，从而阻碍了古文化的发展。民族学的资料显示，很多地区都存在一些土著民族，它们由于所处自然环境十分优越，直到近代仍然过着采集狩猎生活。如南非的布须曼人生活的环境中可供采集的食用植物有86种，可经常捕猎的哺乳动物有17种，成年人平均每天劳动两个小时即可吃饱穿暖，直到近代，布须曼人仍然过着采集渔猎生活。印度安达曼群岛的安达曼人、巴西亚马孙河流域的瓦苏苏人，情况基本类似。

第五，人文环境的影响。任何一种文化的发展都不可能是孤立的，每一种文化都可能处在一个极其复杂的人文环境中，相邻文化之间的交流和影响在所难免。人类总是通过经济交流、迁徙和战争的形式在文化方面相互影响。通常情况下影响的强弱与主客体文化的空间分布和政治、经济实力相关，处于政治中心地位的文化，对周围地区的影响较大，而对边远地区的影响相对较小。相邻文化的影响造成文化发展演变的一些外部动力。即便是暴力冲突式的交流，文化也不可能完全被摧毁，如后进民族作为征服者却常常为被征服者的先进文化所征服。所以，无论具体交流方式如何，特定的人文环境也会影响文化的发展演变。①

三、考古学文化的研究内容

考古学文化的研究，一般可从以下几个方面入手：其一，考古学文化的分布范围，包括中心地区和波及范围。需要特别注意的是，不同时期文化的分布范围并不一致，时大时小，文化面貌也不断发生变化，这是文化分期的基础，当这种变化达到质变时，就应当划分为新的考古学文化。其二，文化的基本面貌及其特征，即“文化内涵”。可从一两处典型遗址入手，进行全面、深入的研究，在此基础上把握整个考古学文化的内涵。其三，文化的断代和分期。利用自然科学手段或纪年材料等进行断代，根据遗存组合变化，通过地层学和类型学研究将文化的存续过程分为若干阶段，总结不同时期的特征。其四，文化的性质。通过成分分析确立该文化因素中的主体因素和外来因素，对于一个文化内不同地点的遗存的归属进行辨别，防止把不属于该文化的遗存划入，也要避免将属于该文化的遗存另立为新的文化。需要特别注意区分两个相邻文化之间的“过渡地带”的文化归属，过渡地带的考古学文化除受相邻地区的影响外，一般具有自身的文化特征，不能将过渡地带的文化归属于相邻地区的文化系统，而应根据其自身的文化特征来确立文化系统。其五，文化的渊源、发展及其演变。文化的来源可能不止一个，通过与周围已知文化及与其有渊源关系的文化比较，搞清各种成分的比例，探索文化之间的交流、传播与迁徙

---

① 严文明．关于考古学文化的理论//走向21世纪的考古学．西安：三秦出版社，1997.

及融合演变，探讨导致文化衰亡的原因，与后续文化的关系是同一文化的演变还是另一文化的取代。其六，文化内涵所反映的社会性质与经济形态。通过分析主导经济形态和其他辅助成分，对当时生产力和技术水平进行衡量与推测，通过聚落形态分析和墓葬研究探讨其反映的婚姻家庭、社会组织结构、宗教信仰、风俗习惯等。其七，考古学文化所反映的创造者即人类共同体或者族群的活动，对于传说时代或原史时代文化还要结合文献记载研究其族属。特定范围的考古学文化及其地域类型，应是由历史上在此范围内存在过的族群创造的，对物质文化的研究最终要归结到人的活动。在某种程度上，文化的发展演变都应和古代的民族形成过程有关。考古学文化与族群、民族之间究竟存在什么样的联系，二者能否完全对应起来，这些问题始终极具挑战性。因为一个民族与他民族的区别主要体现在意识形态领域即精神文化方面，而精神因素的物质转化通常是部分的和片面的。尤其对于一个历史上已经消失了的民族，可供探讨其精神文化的依据十分零散，考古学文化本身不完整的物质遗存中能够体现族群意识的载体如图腾、服饰等往往比较贫乏且不太确定。此外，季节性的迁徙、族群的分化、人们对不同环境的不同适应策略，都可能使同一文化的遗存表现出不同的特征，基于文物遗存的考古学文化研究很可能把同一民族所创造的文化一分为二。要寻找考古学文化和族群共同体的联系，则必须确定各考古学文化及其不同区域类型的分布范围、期别和来龙去脉，同时必须搞清楚古代各部落集团的活动区域、基本经济内容及大致时代与迁徙情况等。①

四、考古学文化的区系类型研究

基于中国考古学已初步建立起自身体系，人们对史前文化复杂性和多样性的认识日益加深，20 世纪 70 年代学者们开始对中国新石器时代文化进行全面的分区研究。1980 年石兴邦首先在《关于中国新石器时代文化体系的问题》② 一文中把中国的新石器时代文化分为三大系统，即北方沙漠草原地带以细石器为特征的文化系统、西北的粟作农业文化系统、东南以稻作农业为主的文化系统，每个系统又细分为若干个地域性文化类型。这一提法极大地推动了考古学界区、系、类型研究的开展。明确提出考古学文化区、系、类型概念的是苏秉琦。区是指考古学文化的空间分布区域，即所谓“块块”；系是指考古学文化的发展演变序列，即所谓“条条”；类型是指考古学文化的“分支”。③ 区、系、类型的划分，有利于对分布于不同文化区的考古学文化之间的相互联系进行研究，便于从宏观上把握考古学文化发展演变的阶

① 张宏彦．中国史前考古学导论．北京：高等教育出版社，2003.
② 石兴邦．关于中国新石器时代文化体系的问题．南京博物院集刊，1980（2）.
③ 苏秉琦，殷玮璋．关于考古学文化的区系类型问题．文物，1981（5）.

段性和规律性，从而为探讨诸如中国文明的起源、民族的形成等重大问题奠定基础。1981年苏秉琦等在《关于考古学文化的区系类型问题》一文中，将中国史前文化分为六大区系，即陕豫晋邻近地区、山东及邻省一部分地区、湖北和邻近地区、长江下游地区、以鄱阳湖—珠江三角洲为中轴的南方地区、以长城地带为重心的北方地区。六大区系内，还可划分出不同的地方类型。每区有各自的发展系统。不同地区的文化，彼此的渊源、发展道路、发展水平等不尽相同，但相互间也存在着交流与渗透。之后陆续有佟柱臣的七个文化系统中心说[①]和严文明的三大经济文化区十二个文化区系的划分[②]，对中国史前文化的统一性和多样性发展格局及以中原为中心的分层次向心结构进行了细致的论述。

第三节　考古地层学

考古学作业的内容包括调查发掘、室内整理和编写报告，即收集遗存、分析遗存、解释遗存。存在于这个过程中的以一定理论为基础的方法组合即考古学方法论，它们共同构架起了认识者和被认识者之间的桥梁。地层学、类型学是近代考古学的两大理论基石，是考古学作为一门独立的学科所特有的、区别于其他学科的方法论。近年来人们又提出了年代学和阐释学的方法论，目前尚未形成系统的理论框架。所谓年代学，主要包括相对年代、绝对年代，主要依据地层、器物分类排序、古生物学和一些自然科学方法，确定物质文化遗存的年代早晚关系和确切的距今时间。在考古学萌芽及形成过程中，首要任务就是确立所发现的物质文化遗存的年代序列，考古学就是通过分期编年研究才逐渐由古物学发展演变而来。地层学和类型学的研究目的就包含了年代学的相关问题，许多自然科学方法被用来判定年代，年代学也并非考古学这门学科独有的方法论。所谓阐释学，主要是受西方新考古学派的影响在国内出现的一种思维模式，目前还没有一个普遍认同的说法，大致就是根据实物资料来解释遗存的状态及其形成原因，恢复历史原貌。历史学、民族学也使用这一方法论。

一、考古地层学

“地层”是地质学的一个重要概念，它是有一定时间和空间含义的一切成层岩石的总称。在正常情况下，自然界地层形成的顺序是自下而上依次堆积，即老的在下，

---

① 佟柱臣．中国新石器时代文化的多中心发展论和发展不平衡论．文物，1986（2）．

② 严文明．中国史前文化的统一性和多样性．文物，1987（3）．

新的在上，上层的年代晚于下层的年代。

考古地层学是借用地质地层学对地层的研究原理，在田野考古发掘中，科学取得研究资料、区分地层堆积并确定其先后次序的学说。它是考古学研究中最基础的方法之一。需要说明的是，考古地层学的研究对象、方法、目的与地质学中的地层学是有区别的。地质地层学以各种自然堆积为研究对象，目的在于探索地球形成的历史，自然堆积具有厚度大、时间久、面积广、有大面积的升降断裂位移现象等特点；而考古地层学则以人为活动而形成的各种文化堆积为研究对象，目的在于究明不同时间不同性质的文化堆积层形成的原因和过程，区分不同文化层与遗迹单位之间的相互关系，确定其时间的先后关系即相对年代，探讨文化堆积的时间与空间即历史发展中的纵与横的关系。考古地层包含人类活动留下的遗迹遗物等，区别于自然堆积的生土层，称之为文化层或熟土层，其堆积薄、面积小，仅占据地球表层适合人类生存的部分区域，时间上则限于地质时代的晚期人类开始产生和繁衍的第四纪，由于人为扰动和自然破坏，文化层也存在层位的颠倒、位移等次生堆积现象。

文化层形成的最基本的原因，是人类的各种活动。一般说来，人类对居住地的选择有一定的共同要求，如近水、向阳、安全和生活资源丰富等，一些符合上述条件的理想地点，往往被历代居民选作居住地。人类居住在一个地域，一般都会在原来的天然堆积或者沉积的生土上面，堆积起一层熟土，这种熟土常夹带着当时人类无意遗留下来的或有意埋藏、废弃掉的各种器物残片或垃圾、建筑废墟、动物骨骼等。当人类的生产生活方式与自然环境处于相对稳定的条件下，文化层堆积大体呈现基本一致的颜色和质地。当人类的活动或自然环境有所变化而使堆积成分也有显著改变时，新的文化层与旧的文化层的颜色和质地都会产生差别，这样就形成了考古工作中可以辨别的不同文化层。文化层被埋藏在地下的原因是多方面的，除人类有意识的行为如开挖墓葬和窖藏外，地震、火山爆发、洪水、海啸、风沙等自然灾害，人为的战争、翻修改建、倾倒垃圾都可以导致城市和村庄在短时间内被毁、埋没于地下。但更多的情况是，遗址被废弃后，在漫长的自然侵蚀、风沙河流的搬运、自然下沉的作用下，缓慢地消失在地下。后来的人们又在这种文化层上面生产生活，这就在原来的文化层之上，堆积起另一个文化层。这样，经过长期的埋藏堆积，在同一个遗址中，常常包含有不同时代不同文化或同一文化不同时期的堆积层，构成了这一遗址不同时期人类活动过程的编年记录。如果没有扰乱，居住于同一地点的历代居民活动形成的堆积，也是按时间的早晚，自下而上依次堆积而成的，下层包含的遗迹遗物的年代也应早于上层包含的遗存。如果有一段时期没有人类生活在上面，就会形成一层天然堆积物，如水流冲积的淤土、风吹来的沙尘、草木朽烂的腐殖土等。这种在文化层上面的天然堆积地层，考古学上称为间歇层。

二、考古地层学的基本原理

考古地层学是考古学最基本的方法论。考古地层学的基本原理源自地质学，同时又有自身的规律。

（1）不同时期形成的文化层和遗址单位总是按照时间早晚自下而上依次堆积，文化层下层早于上层，这是最基本的原理。这种未经后代扰动的最初形成的地层堆积，称为原生堆积。

（2）文化层不是水平叠压的。因为自然地面本身不平，同一时期人类活动形成的地层深度和厚度并不相同，同一深度的堆积其时代不一定相同。人为力量挖坑、挖井渠、筑墙、平整土地等往往使晚期地层削低、破坏早期文化。现在的地层交界面不一定是下层堆积的原有表面，遗迹的开口层面也不一定是原先的开口层面。人类改造自然的能力越强，文化堆积越复杂。

（3）不同文化层在土质、土色与包含物等方面的差别是由于各个时期堆积形成的原因不尽相同而形成的。不同文化层的成因在于堆积内容的变更，由于居民生活内容的变化导致垃圾成分不同或取土来源发生变化都可以形成新的地层，而文化层的堆积厚度，不是估计地层形成时间长短的尺度，还必须同时考虑堆积的速度和受破坏的程度。同时期的堆积水平深度不一定相同，同一水平深度的堆积时代也不一定相同。一个遗址可以有许多文化层，有时一个文化层代表一段不长的历史时期，有时一段不算长的历史时期却可以形成好几个文化层，有时一个文化层是经历了很长的历史时期才形成的。

（4）遗迹本身形成的时间与遗迹内文化堆积形成的时间不同。遗迹的建造、使用、修补和废弃通常存在时间差距。遗迹形成的时间早于遗迹内堆积的时间。房屋、窖穴、灰坑、水井在使用若干年后废弃，堆积才逐渐形成。遗迹本身的建筑年代只能依据地层关系判断，房屋的基底和坑穴的开口所处的层面是它们形成年代的标尺。遗迹内文化堆积不能判断其建造年代，只能确定其废弃年代，且同一遗迹堆积也有早晚之分。

（5）晚期堆积可以出早期遗物，早期堆积不能出晚期遗物。在早期堆积形成时，晚期遗物还没有出现，因而早期的原生文化层不存在埋入晚期堆积的可能。晚期堆积在形成时会破坏扰动早期堆积，会把早期遗物翻到晚期堆积中。有些物品是早期制造的，流传到晚期才埋入晚期堆积，所以晚期堆积可以出早期遗物。所谓扰乱层主要是由人为翻动早期文化层而形成的对原生堆积的破坏。如平整、深耕土地会把早晚期遗物混在一起，实际是晚期人类活动形成的一个新的层次，这一层很可能包含下层的东西。

（6）次生堆积形成早晚颠倒的倒装地层。通常在坡度较大或断崖陡壁地带，由于长期的雨水冲刷、地壳运动、水流冲击等自然力的作用或人为破坏，出现地层崩塌、位移、断层、倒层现象，处于高地的文化层会向低地坍塌移动，新暴露的文化层不断重复这一过程，致使原在上面的堆积物首先到达低凹处，而原在底部的堆积物最后到达低凹处，这样在低凹处形成一种倒置的分层堆积，即次生堆积。次生堆积中的包含物是基本失去了层位关系的物品，包含物的实际年代是下层晚上层早。

三、文化层的划分与层位关系

由于不同时期人类生产生活的方式、生存环境等有所不同，故不同时期的文化堆积，在土质、土色和包含物等方面也会产生差异。土质、土色是划分文化层的最主要依据。由于人类文化总是不断地发展变化的，不同时期的人类文化遗存的内涵和形态有差异，故文化遗存的变化也是划分文化层的依据之一。不同地层可能代表了不同的时代。考古地层研究的主要任务，就是依据地层学原理，采用科学严谨的发掘方法，在文化层的揭露过程中，始终以正确而清晰的断面来控制发掘进程。在探方或探沟的断面上，准确划分各层之间的界限，以及因扰乱和打破而形成的破坏情况及其范围，根据它们之间的关系判断地层、遗迹及包含物的相对年代。

土质，即堆积物的岩性，如颗粒成分（黏土、粉砂土、砂土等）、结构（疏松、紧密等）、质地（软、硬等），是划分地层的重要依据之一。有些层次的土色虽相近，但结构或颗粒成分不同，即可划分为不同的层次。土色，指堆积物呈现的颜色，由于不同时期堆积中的包含物或形成的原因、气候等不同，土色也常有区别。常见的土色有灰色（浅灰、深灰）、黑色（浅黑、深黑）、褐色（黄褐、红褐、灰褐）、红色（浅红、深红）、黄色（浅黄、棕黄）等，可依据土色区分出不同的堆积层次。每一文化层均含有数量不等的人类遗物，随着文化的发展变化，遗物的形态、制法、质地等也会发生变化。在发掘中，如果包含物发生了明显的变化（特别注意本层最晚的器物），则表明堆积的时代已经发生了变化，应注意文化层的区分。而每一遗迹（如窖穴、地穴式房屋、水井、墓葬等）都应开口于当时的地面，即使当时的地面被晚期破坏，现在发现的遗迹开口部位也应是被破坏时的平面，与叠压于其上的地层不应属同一个层次。故每当遗迹开始露头时，应特别注意土质、土色等的变化，以确定遗迹的开口层位。

所谓层位关系，指的是不同时期人类活动而形成的地层之间的相对年代关系。地层关系包括叠压关系和打破关系。考古发掘中的一切遗迹、遗物，都要依据其所处的地层关系来确定它们的相对年代。在墓葬的发掘中，墓葬与居住址的文化层之间，墓葬与墓葬之间，乃至墓葬本身的各部分之间，也往往存在层位关系。叠压关系是指两层或两层以上的堆积自下而上依次叠压而形成的地层关系，在这一地层关系中，叠压者及其包含物要晚于被叠压者。就一个遗址的整体来看，文化层的早晚依次叠压是绝对的，但就局部而言，则常常呈现出跳跃式的地层叠压关系。打破关系指晚期人类活动的遗迹打破早期的地层或遗迹而形成的地层关系，如人们在挖井、建屋、修墓、筑渠时，可能会挖穿同一地点早期的堆积层次或打破早期的遗迹，从而形成打破关系。在有多层文化堆积并代表了不同时期几个聚落的遗址中，尤其常见遗迹间或遗迹与地层间的打破关系。被打破者的形成年代显然早于打破者的形成年代，被打破者包含的遗物的年代一般也应早于打破者。

在上述地层关系中，每一地层或遗迹单位中包含的各种遗物，构成了共存关系。共存者可能同时也可能不同时。从地层学的角度来看，凡属有共存关系的遗物，其年代可视为是同时的，收集遗物时应按遗迹单位的共存关系分别收集。但实际上，晚期地层或遗迹单位如墓葬、废弃的窖穴水井在填埋过程中，往往包含有数量不等的早期遗物，地层学在这种情况下无法判断其先后关系，需要依据考古类型学来识别。而墓葬中的随葬品和被毁弃房屋居住面上共存的器物，特别是易碎的陶器，同时的可能性较大。

第四节　考古类型学

一、考古类型学及其基本原理

考古类型学是借用生物进化论和生物分类的原理，通过对考古发掘出土的遗迹遗物形态的分类排比，研究遗存变化规律、逻辑发展序列和相互关系的学说。考古类型学是断定文化遗存相对年代和文化传承、交流的重要途径之一，也称“器物形态学”“标型学”“型式学”。

一般来说，任何器物流行的时间都是有限的、短暂的，都有其产生、发展和衰落的过程。在考古实践中，不同的共同体由于生产方式和生活方式的不同，其生产的器物也不完全一样；同一共同体在不同时期随着生产技术的进步，新材料的使用，人们生活方式、审美观念、价值观和时尚的变化，甚至工匠的创意，器物的形态和样式也随之而变化；而同一共同体在同一时期由于生产方式和生活方式的一致性，生产的器物形态应该具有相对稳定的共同特征。总之，器物形态的稳定性是相对的，变化性则是绝对的，变化的速度有快有慢，变化的方向有的进化，有的退化，有的沿一条线渐变，有的则沿多线演化，既有分流也有合流。并且这种变化受到器物用途和传统观念的制约而限定在一定范围之内，是循序渐进的，新的器形往往保留着旧器形的痕迹。因此，可以根据器物类型和形态的变化，找出其从早到晚的演变系列，研究其演变规律。把器物分类排序，不同类型的器物组合往往可以代替某一

"考古学文化"，辅以地层关系，排出相对年代关系。科学的排序将成为断代的标尺。一旦建立起这种器物类型的排序，就可以将新发现的遗址及器物归入已编排的器物排序中去，从而确定其相对年代。在一定的地域范围内，含有相似器物频率的遗址，其年代应当是一致或接近的。

二、类型学研究的基本方法

类型学研究就是挑选典型器物进行分类排序。任何器物的演变都遵循某种渐变的规律，将类型学分析的标本按照可能的演变规则进行排序，所得每一列由早到晚变化的结果称为序列，类型学分析就是通过反复排序来寻找器物的演变规律。用来排序的标本要有代表性，必须是一种考古学文化或同一时期文化遗存中最常见的、构成最基本组合的器物。细致精密的标本采集是决定类型学研究科学性的最重要的前提。

类型学排序的基本方法是将同类遗存按其形态的差异程度不同排成序列，从中推断其中最早或最晚的一环。一般抽取具有年代依据或有组合关系的器类，按照早晚顺序排出一个或若干个序列，总结其可能的演变规则，再将无年代依据的标本插入序列中。另一种情况是首先确定两种不同形式的器形的出现年代，将其视为一个演变序列的两端形式，通过有纪年或层位关系的器物形式，排序找出两个形态之间的过渡环节，从中找出一个形式上合理的演变序列，再根据这一演变规则把无年代依据的器物形式加入序列之中。排序方案必须经过反复修正、补充、验证才可得出合理可靠的结果。排序的过程是划分序列和划分环节反复交替验证的过程，只有序列划分正确，才能找准演变环节，排出演变规律。而序列划分准确，必须建立在对各环节的深刻认识的基础上，且序列的正确与否要看按该序列划分的环节是否成功。排序必须借助地层层位关系和组合关系或者纪年证据和测年数据，以确定相对早晚，按照这一线索可以找到众多形态近似者的演变脉络。因此年代证据的多少及其精确程度决定着排序的科学性，但由于大多数考古材料是无纪年的，测年数据又往往跨度很大，所以层位关系和组合关系往往被作为排序的主要条件。在田野发掘中，遗物出土单位划分得越细致，获得的层位关系越多，单位时间跨度越短，越有利于类型学的精细化。①

类型学排序是建立在分类基础上的。在考古地层学确定了遗迹遗物的早晚关系的基础上，对每一文化层的出土物进行分类。在类型学分类的体系中，通常有类、型、式三级分类，分类的依据是器物特征，包括器物的造型、结构、大小、装饰、颜色、原料、制作方法及用途。分类必须按照统一的标准，确定明确的类别概念，

---

① 冯恩学，主编．田野考古学．长春：吉林大学出版社，2003.

同一级层的类别概念，在外延上不能交叉。对单体对象而言，分类有两种方式，一种是由单项属性进行分类，另一种是按两项以上属性的组合关系进行分类。更复杂的分类是对成组的对象进行分类或归类。

“类”是最大的分类单位，类型学中的分类通常用来划分用途相同或相近而形态各异的器物，一般是沿袭通行的器类划分并以通用的器名称之，如文献记载或器物铭文中的自名，其余的则根据与现在器物的相似性命名。把一类器物划分出若干演变序列，每一序列的器物就是一“型”。一“型”包括了若干不同阶段的演化特征，分别称之为“式”，反映一个完整的器物演变序列。造成器物“型”的差异的原因在于用途不同、制作的文化传统不同以及工匠师承（工艺传统）不同等。而“式”的差异则是由于时间的变迁。型是器物的不同发展序列，式是某一个系列的阶段性变化。如平底钵与圜底钵在同一地层单位中伴出，同时使用，则可称A型、B型，如果上层仍为此二类，但有变化，则分式，如A型Ⅰ式、A型Ⅱ式。通常的理解是，把同类器物中具有平行关系者叫型，同类器物中具有先后（上下）关系者叫式，即型是横的关系，式是纵的关系。这种理解实际上并不十分确切，两个型不一定完全等同发展，其开始、结束时间可能不同，中间环节也可能不同，构成两个发展系列——平行系列。从制造角度来看，Ⅰ式和Ⅱ式也可以并存。在具体进行型式分析时，为表示平行序列的亲疏关系，还可将“型”进一步划分“亚型”，如Aa型、Ab型；“式”下也可分“亚式”，如Ⅰa式、Ⅰb式。不论分得多么细，型、式只是对当时一部分具有共同特征的器物或花纹的共名，非指个体。

划分型式通常用“直观特征法”和“演变序列法”两种方法。直观特征法是只从器物形态的直观特征差异上划分型式，并不考虑遗物之间的内在联系，给定的型式序号当然也不表示器物的演变关系。这种方法的分类标准容易把握，因而比较常用。演变序列法是从类型学角度划分型式，先分出若干演变序列，每一序列为一型，型下分式，每一式是一个发展阶段。具体步骤是按照单位的叠压或打破关系，将最早的单位抽出来，考察单纯的、不含混杂物时期的器物，以此为准划分型式，并以较晚的（上层）单位器物加以校正。

在型式分析中，器物群和器物组合比单个的器类更具可靠性。器物组合是指器物、花纹或遗迹最突出特征的一定组合，如西周时期的鬲、簋，春秋时期的釜、鬲、簋，战国时期的鼎、豆（敦）、壶，汉代的鼎、簋、壶等，为各时期最普遍、稳定的组合。如果确定型式也为组合，比单个器物要可靠得多。共存于同一地层或遗迹单位的器物类别越多、组合关系越稳定，其同时性的可能越大。这种型别器物组合一般变化较慢，是一个时代特征的集中反映。而在以后的发展过程中或较晚的时期，型别器物组合发生了变化，在原有的组合中某些型别器物消失，而一些新的型别器物出现。型别器物组合的变化，反映了较大的文化期别的差异。以器物群做比较比器物组合能更确切地反映事实。器物群指某时期所有器物的总类，但要分标准器物与非标准器物。“祖型”与“遗型”借用生物学概念表示器物类型学演变的最早和最晚形态。祖型是一种器物开始产生的形态，往往留有其前身的痕迹，认识祖型只能根据排比的结果，而非先验地从形状上识别。遗型则通过地层学和类型学的排比，确定原始遗存的衰退形式。

三、类型学的应用

类型学研究的目的是判断遗迹遗物的相对年代，揭示遗存的发展过程，从而为分期、判断各期的亲疏远近关系提供依据，帮助划分考古学文化或确定遗存的文化性质，研究不同地区文化的传播和相互影响，判断两种不同时期形成的文化堆积是否有内在的联系，通过揭示遗存变化的历史过程，为研究其演变规律和影响演变的因素提供重要信息。

在类型学研究中，不同遗存的断代价值是不同的。其中遗迹的断代价值可分三级：一级为墓葬，堆积时间短、范围清楚、随葬器物完整、共存性好，特别是专为死者制造的明器，通常是整套制作并一次性埋葬的，因此其同时性最大，断代准确性高；二级为灰坑、井、窖穴、半地穴式房子，堆积时间较长、范围不如墓葬明确；三级为地层，堆积时间长，范围界限都不甚明确。共存于同一地层或遗迹单位中的某一器物的年代有早于或晚于另一器物年代的可能性，若这种关系重复的次数多，则可能性变为客观性。共存器物越多，重复次数可以越少。一级单位中需要的共存次数可以较少，三级单位需要寻找多组共存关系，才能判断其是否同时。遗物的类型学断代价值也有差别。非耐用品比耐用品价值高。耐用品不易打碎，故可用较长时间，不论有意或无意进入地层单位，其进入的时间非确定性大。而非耐用品因为易碎，制造时间与抛弃时间相隔较短，更新变化快，时代特征很明显。普通品比珍贵品断代价值高。珍贵品不见得十分耐用，如玉器、石器，但珍贵品不易损坏或抛弃，而普通品易损坏抛弃。此外，形态构造复杂的器物比简单的器物变化明显，更适于类型学分析断代。从年代学角度讲，普遍性大的器类更具可比性，易于找出规律性，但要了解各地区间的关系，则特殊性比普遍性好。一般来说，以陶器判定相对年代的准确性高于铜器，同类的陶器，生产和使用的年代相同的可能性最大，如陶鬲就是一种常用的标型器物，既属非耐用品，又是普通用品，中国新石器时代和商周时期发现普遍，地域特征鲜明，形态复杂，划分谱系的特殊性也好，能很好地反映文化发展的谱系关系。骨器的使用时间也不长，但其缺点是器形简单，变化缓慢，时代特征不明显。石器由于器形的变化比较缓慢，一般不能反映时代的变化，不宜用来断代，但石器中一些时代特征较明显的器形，如有段石锛、穿孔石刀等，还是较好的断代材料。古钱的铸造年代虽然明确，但因其可以长期沿用，所以用它来断定地层或墓葬的年代时必须慎重。古钱以外的金属制品，使用时间虽比陶器长，但一般有一定的限度，时代特征显著，仍具相当高的断代价值。

类型学分析在个别遗迹遗物和花纹的研究、遗址墓葬的分期研究甚至考古学文化的区系类型研究中已广泛使用，它可以将没有明确地层关系和不同遗址不同地点的遗存纳入已有的编年序列，补地层学断代之不足。

第五节　考古调查与发掘方法

考古学的研究对象是古代的遗迹和遗物，考古学活动的全部内容都是围绕遗迹和遗物展开的——调查发掘、室内整理、编写报告。考古学研究的第一个步骤就是通过考古调查发掘，收集遗迹和遗物两类实物资料。田野调查发掘法是近代考古学的最基本方法。用科学的方法进行调查发掘，这便是田野考古学，是考古学的一个重要的分支。

一、考古调查与考古发掘

1. 考古调查

对于普通大众来说，考古学家的神奇在于他们似乎总是能够很准确地知道何处有古代的文化遗存，哪里埋藏着古代的珍宝和陵墓。他们是如何知道古代的遗址分布在某地、用什么办法找到它们的？考古发掘又是从何入手的？这些问题的答案就是细致的、严谨的、艰苦的寻觅过程——考古调查。

考古调查是田野考古的重要组成部分。它从面上掌握文物分布的概况和性质，以便确定有目的、有计划的发掘和有重点的保护，以免造成不可弥补的损失。在过去很长一段时间内，人们通常把考古调查看作确定考古发掘的价值、选择考古发掘地点和范围并决定采用什么方法进行发掘的准备工作。现在，人们越来越深刻地认识到，调查本身也是一项科学性很强的工作，调查工作做得广泛深入，纵使不进一步发掘，也可以解决一些考古学上的问题。调查所得的资料，在某种程度上与田野发掘具有同等意义。当代西方越来越多的考古学家认识到成本高昂的考古发掘对遗址所造成的破坏是巨大的，即使是最科学严谨的发掘也是以摧毁发掘对象来获取信息的，因此考古调查的重要性日益被强调，甚至出现了以区域内全面系统的地面调查取代考古发掘的新趋势。除非必须通过发掘来验证某些问题或需要了解较小范围的大量密集深入的信息，否则应尽可能以非破坏性的调查方法达到研究目的，减少仓促草率的发掘。

观念的变革使人们对考古调查的意义有了新的认识。运用高科技手段如航空、遥感、卫星设备等进行的无损地下探测，大大增强了调查所获的信息量。聚落形态研究的发展也使得考古调查有了更大的用武之地。整个区域内广泛的调查比孤立的小面积发掘对聚落考古研究更具价值。通过调查，可以确定某一文化的空间分布范围，了解该文化与它的地理环境的关系等。考古调查也不仅仅是确定发掘地点、做发掘前的准备工作。一些古代遗址和墓葬的存在是众所周知、显而易见的，如埃及的金字塔、中国古代的许多帝王陵墓和石窟寺等，正因为如此，这些醒目的古迹和古墓自古就是盗贼疯狂劫掠的目标。在这种情况下，考古调查的重要任务就是论证、评估保护和抢救发掘这些遗存的重要性和必要性。总之，考古调查虽达不到发掘那样集中、深入地获取信息，但可以以最少的花费、最小的破坏性获取大面积的、分散的信息，便于了解遗址的整体结构，可以发现新的遗存地点，并且可以重复进行。

根据调查目的的不同，考古调查大体上分为普查、专题调查、复查和发掘前调查等。普查是对地上地下不同时代不同性质的遗存进行全面调查，目的是从面上掌握该地区的古代遗存分布情况，了解其性质、保存状况，以便有计划地保护或发掘。专题调查是为了解决某一学术问题，有针对性地集中调查某类文化遗存，如石窟寺调查、长城调查、区域调查（聚落形态研究）等。复查则是在上述调查基础上进一步详细地重点调查，以便分清轻重缓急、采取措施。发掘前调查专为发掘做准备工作，摸清发掘区域的文化性质、保存状况、周围环境、堆积层次特点。

调查的方法和步骤因调查的目标不同而各异。考古调查方法主要有传统的地面踏查、钻探，以及使用科技手段的航空勘查和地面物探与化探等。传统的地面踏查首先从访问入手，要向当地居民特别是文物干部多方了解古物分布和出土情况，并查看当地的文化馆或博物馆以及私人收藏的古物，询问其出土的地点和情况，在此基础上，决定具体的调查路线，划定每天的调查范围。现场实地勘查时，要注意观察地形，特别注意河流两岸、两河交汇处、泉水附近、渡河的津口、平地上高起的地方、台地地貌地形等，仔细观察地面上的现象。通常泉水附近、河流的交汇处及黄土地带的台地可能分布有居住址，石灰岩山坡往往有洞穴居住址，湖滨、海边往往有贝丘遗迹，植物长势好的地方可能有古代的灰坑、壕沟，植物长势不好的地方有可能是古代的夯土、路土。要充分利用断崖、沟渠、河流、田头凹地、路边人工动土地区（深耕土地、打井、挖墓、盖房、修渠、取土）地层剖面，寻找遗物和遗迹的露头，了解文化层的情况。在调查之前，要广泛查阅历史、地理、游记、地方志、传说、考古资料文献，充分利用地图和地名学的研究成果，以便得到探求各种遗迹遗物的线索。航空照片和卫星照片等遥感资料，也能为考古调查提供线索。依据文献资料在地图上找出要调查的地点，并根据地形、地名，判断出哪些地点可能有古代遗址或墓葬，在地图上标出记号，以便重点调查。根据调查目的、规模大小、地区自然环境，事先确定人员、工具配备和路线规划，分地段、沿河流、循山脉和主干道，划定大致调查范围。调查常用的工具有手铲、度量工具（皮尺、钢尺）、罗盘、照相机、地图、标本袋、专用记录本、复写纸、袖珍日记本、表格、标签本、笔、刀、望远镜、拓片工具、绘图仪器等。

一般地下遗址的调查，常采用“洛阳铲”打孔的方法来勘探。“洛阳铲”是新中国成立后河南洛阳地区的考古工作者对清末当地盗墓专用工具“连箍铲”进行改造而成的考古钻探工具（见图 2－1）。利用探铲的垂直冲击力，切割垂直方向的土样，观察土质与土色的变化，能在较短时间内直观准确地取得较大面积的地下堆积资料，且破坏性小、省工。在钻探过程中，正确识别土样、合理布孔是关键。通常灰坑、灰沟等遗迹内的土样为灰土，由于废弃堆积中含有腐殖质和灰烬而呈现斑驳的多色，一般土质松软，含各种杂质。墓葬填土一般为五花土，类似灰土，但分布范围的形状较规整。夯土、路土、居住面土样平整、坚硬、分层。红烧土一般为灶或窑的所在，经火长期烧烤后呈砖红色、烟熏的黑色，夹杂植物燃烧后的炭化白色粉末。生土是未经人为扰动的天然土，纯净、致密、颜色均匀，不含人类活动的遗物。普通钻探一般用于大范围勘探，以确定遗存的存在与否及大致范围，一般采用梅花点式布孔法，范围以 2 米×2 米为佳（见图 2－2）。重点钻探用于发现遗存后，确定遗存的精确位置、布局及性质。如墓葬的钻探。当发现探孔有五花土，则以此孔为中心，以小孔距布十字孔，找出墓葬范围，在可能是墓葬边缘的部位，以更小的孔距布三角式探孔，卡边定形（见图 2－3）。

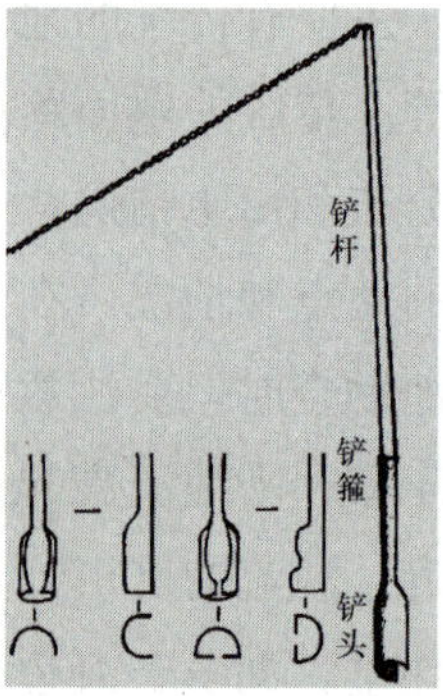

图 2－1　洛阳铲

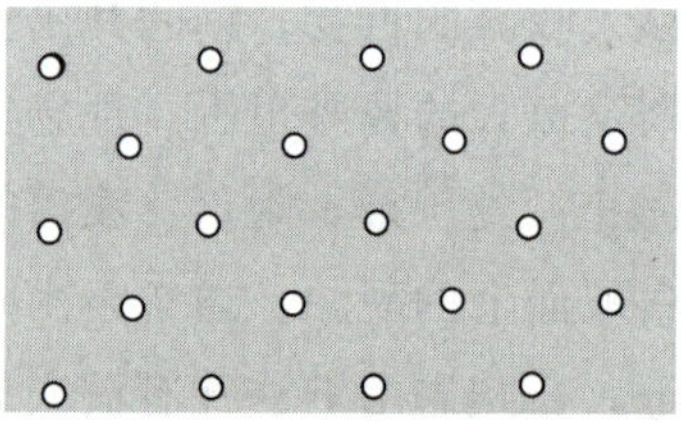

图 2－2　普通钻探

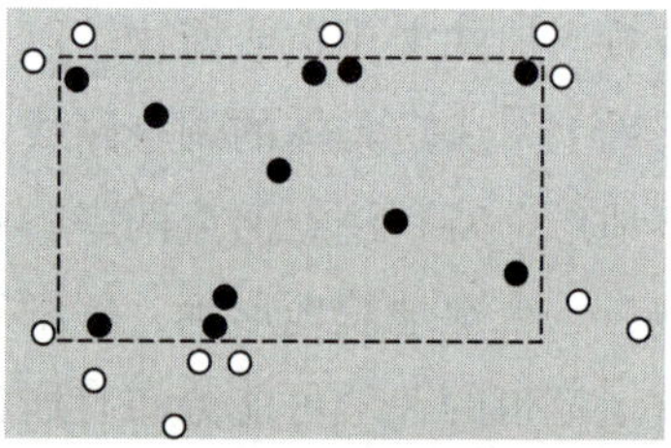

图 2－3　重点钻探

资料来源：冯恩学，主编．田野考古学．长春：吉林大学出版社，2003.

对于某些大型遗址和沙漠地区的调查勘测，有时也应用现代遥感勘测技术（如航空摄影）、物探法（如电阻率法、电磁探测法）、磷酸盐分析法等物理化学勘测手段。遥感勘测实际上是空中摄影勘测技术的扩展，不仅可以做到人眼视觉功能，获取来自物体辐射或反射的可见光，而且可以取得微波、红外线、X 射线等在遥感设备中所产生的反应。物探是借助地球物理勘探技术，使用专业的、高灵敏度的物理仪器检测地下是否有反常现象，其原理是大地埋藏的文化遗存与天然土石存在着电阻、磁性、弹性、放射性等物理性质的差异。这种方法速度快，劳动强度低，不损伤遗存，在岩层、水中、沙层、冰上均能作业；缺点是受到自然条件的干扰，有时会出现偏差。磷酸盐分析法通过检测土壤中含磷、钾、氮成分的高低判断是否有人类活动。人类居住地因遗弃大量动物骨骼，腐烂后土壤中磷酸钙含量会增高。这种方法通常与土壤中人工栽培作物品种的孢子花粉结合进行分析。一些特殊领域如水下考古探测还有自身特殊的调查勘测手段。

在调查过程中要做好文字、绘图、照相以及测量的各种记录，并采集标本，以供进一步分析研究和评估。记录的内容包括：遗址位置、地形、海拔高度、行政隶属关系，遗址面积、文化堆积厚度、侵蚀情况、暴露的遗物种类，附近的河流、湖泊、池沼等，以及农作物情况、文化性质、年代初步判断。其中钻探记录应详尽，包括：钻探探孔的分布、编号，可以观察到的地层、土质土色及厚度、遗迹遗物等情况，以及绘图号、照相号、调查日期、记录者。这些内容也可用表格形式填好。考古调查中可能发现的遗存，大体有地面上暴露的居住址、洞穴遗址、都邑和城寨址、墓葬、矿穴和采石坑、岩画、摩崖造像和题刻、雕塑、经幢、碑刻，以及散布在田间地头、崖壁剖面的石器、骨器、陶器等各种人工制品及残片等。需要全面采集的标本包括基本完整的各类小件器物、彩陶片、有代表性陶器残片；土样、骨骼等标本可部分采集。

当然，并非所有的考古发现都归功于考古学家的调查。在考古学史上，相当数量的古文化遗址都是在偶然情况下被发现的。因地理环境的变动或人工作业，如打井、挖地基、深耕土地、修公路、建水库等施工过程中，偶然的发现使许多伟大的古代遗址和墓葬重见天日。如因湖水水位下降暴露的瑞士湖居遗址、1875年被索图拉侯爵的小女儿发现的西班牙阿尔塔米拉洞穴壁画、在兴修水利工程中被发现的河姆渡遗址、农民打井偶然发现的秦始皇陵兵马俑、部队施工发现的满城汉墓等等。

2. 考古发掘

尽管考古调查的优点日益凸显，但田野考古发掘仍然是检验地表材料的可信度和精确度以及获取密集可靠的地下材料的唯一手段。近代田野考古已形成一套较为完整的方法及严格的发掘规程，需要使用多种特殊的器材和设备，各种自然科学手段相继采用。

在早期的田野考古中，遗址通常是全面发掘的。其优点在于可以比较全面和完整地了解遗址的面貌，缺点是费用昂贵，受到当时发掘技术和研究水平的局限，且未留下任何可供后人评价检验的参照。现在，我们完全可以预见未来的发掘技术会更先进、分析方法会更精密、研究水平会更高、提取的信息会更多，而且许多史前遗址规模庞大，难以完全发掘，也没有必要全面发掘。因此，有选择的发掘更为常见。选择具有典型意义的遗址进行局部发掘，既可获得地层与年代学证据，说明遗址的生态、经济和社会状况的陶片、石器、动植物样本，以及墓葬、房屋等，亦可比较科学地反映该文化的主要特征。发掘对象的确定一般根据重大学术课题研究需要，选择具有典型性、代表性和重大历史价值的地点，或因施工紧迫、面临自然和人为破坏，需要保护和抢救性发掘，或开发旅游事业等需要。考古发掘要把埋没在地下的遗迹和遗物揭露出来，在揭露过程中，遗迹和遗物不可避免地会受到不同程度的损坏，埋藏古遗址的地层在发掘中被完全挖掉，出土的文物被搬到实验室或博物馆里，永远脱离了它们原来的埋藏背景。在具体的考古发掘过程中，因受到种种条件的限制，大多数发掘的科学程度不够理想，无法完整严密地采集和分析各种遗存样本，而且可能会无意中忽视和丢失古代人类社会的许多信息与背景。从这个意义上说，任何发掘工作都是对遗迹和遗物的破坏。考古工作者的责任在于采取最妥当、最严密的方法，使这种损坏降到最低限度。

我国《文物保护法》规定，具有发掘资格的专业机构必须向国务院文物行政主管部门申请发掘许可证。发掘前需制定发掘计划预算，组成具有相关资质的发掘队，事先准备发掘工具以及仪器装备、文具（包括照相、测量、绘图、修补器材等）、地图等。

二、探沟法与探方法

考古发掘是科学揭露地下遗存并收集原始资料的过程，发掘方法的科学性是决定考古资料科学性的关键，一般来讲，现场观察分析比室内研究更为重要，关系到研究工作的成败。但田野发掘无法避免受到发掘对象、经费、人力、技术和时间条件的制约。因具体的遗址大小、特点差异很大，发掘的具体方法依发掘对象而定，大体可分为两类：居址的发掘、墓葬的发掘。

居址的发掘相对复杂，正式发掘前常采取探沟法进行试掘，一般是开挖一条狭长的探沟，局部解剖遗址以了解文化堆积的厚度、年代、范围和文化内涵，为正式发掘提供有价值的观察和决策依据。探沟法还广泛用于对大型遗址如城墙、道路、壕沟、土墩遗址进行局部解剖，观察大型聚落和墓地的外围结构等。探沟法方便灵活，规模大小可依据实际情况掌握，尽管提供的信息有限，但却是正式的大规模发掘必不可少的基础工作。

正式考古发掘中最常用的发掘方式是探方法，就是将发掘区域划成若干正方形的方格，按单位进行挖掘。这种方法适用于发掘整片遗址，了解遗址的平面布局与结构。具体发掘方法和步骤是：先布方、编号，再自上而下、由晚及早进行揭露。

布方就是将发掘区域划分为若干方格。在发掘区以西南角为坐标基点，依据发掘规格沿正南北、正东西方向拉线，布置发掘主体、隔梁、关键柱的界限。一个方格就是一个探方，探方的规格一般有 5 米×5 米、10 米×10 米等。以 5 米×5 米探方为例，具体操作方法是：沿西边线和东边线向北，每隔 4 米、1 米、4 米、1 米……拉一条东西向的线；以同样方式沿南边线和北边线，拉一条南北向的线。在每一个十字交叉点上插小木桩或铁钎，把工程线固定在桩或钎上。通常发掘的主体范围为 4 米×4 米，相邻的两个探方之间要保留一条宽 1 米的隔梁，每个隔梁面积为 4 米×1 米，作为控制垂直剖面的框架，以便对各种现象进行控制和记录，并可留出剖面，以观察文化层的堆积，同时作为取土和运土的通道。隔梁交角处 1 米×1 米的部位称为关键柱。到发掘过程的末尾，主体部分发掘完成后，再发掘隔梁，关键柱一般保留。每个探方西南角为探方测量的坐标基点。探方法在具体操作中也有采用边长灵活控制、扩方的情况。

探方（T）或探沟（TG）以及遗迹遗物必须统一编号。探方编号方法有两种：单一排列法是从西南角开始，按横向或纵向顺序依次编号，如 T1、T2、T3……；坐标法也叫双重编号法，由横坐标、纵坐标两部分构成，如 T0101 表明其位置在横排第 1、纵排第 1，T0205 表示其位置在横排第 2、纵排第 5（见图 2-4）。在编号中各种遗迹经常采用代号，如灰坑或窖穴：H，壕沟：G，墓葬：M，房屋：F，瓮棺：W，道路：L，窑址：Y。工地号与器物号的编号方法通常包括年份、遗址地名、地层或遗迹单位编号，后者增加器物编号。如：2009 年在延庆西屯村 T0501 的第 3 层出土的 2 号器物，编号为：09YXT0501③：2。

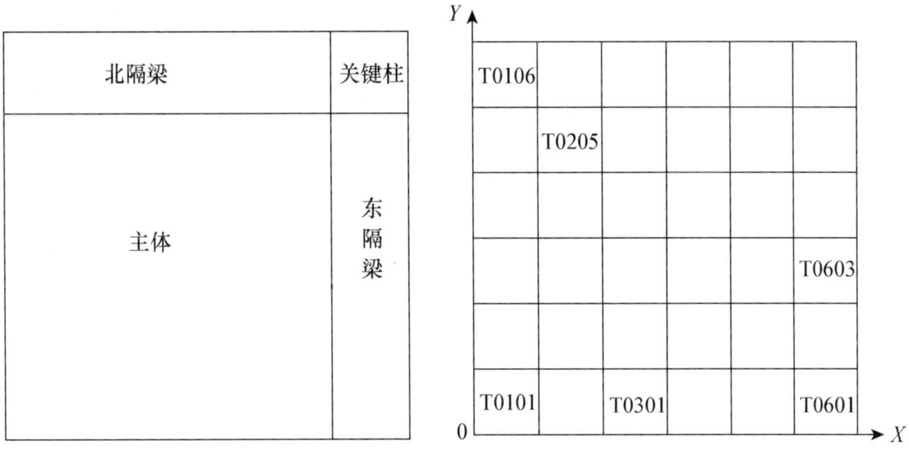

图 2-4　探方与编号

资料来源：冯恩学，主编．田野考古学．长春：吉林大学出版社，2003.

探方发掘的步骤是：先去掉表土层。在布方线绳所划定的探方主体部分的边缘线内 5 厘米处开始向下挖土。当探方主体部分挖掘到 10～20 厘米深时，开始“切边”即修整四壁，使壁面垂直平整。为确保测量绘图的准确性，在发掘过程中要随时切边，并严禁过往人员踩踏探方边缘，以免损坏探方壁和发生塌方事故。下挖至文化层，一般以 5 厘米为一层向下挖，至地层底部时应按地层的实际厚度挖，尽量不破坏该层下的遗迹或地层。挖下的土块要打碎后运出探方。

探方发掘的方法有垂直发掘与水平发掘。实际发掘中，两种方法往往并用。垂直发掘即向下发掘，是在地层或遗迹的某一局部范围内纵向发掘，有利于确定复杂的层位关系和分期，适用于堆积层次多且关系复杂的遗址。水平发掘即平面发掘，是把某一地层全部揭掉再挖下一层，或把遗迹的整体面貌清理出来，适用于堆积层次简单的大面积单个或小型遗址，有利于整体观察、分析遗迹群之间的空间关系。判断遗迹的性质与关系是发掘的关键。无论是垂直发掘还是水平发掘，无论是探沟法还是探方法，都要按自然层和文化层分层下挖。为避免在发掘过程中大面积地打破层次的底部，应在每个探方中划出一个边长1米的控制坑，先在控制坑中垂直下挖一薄层，以便了解地层情况，然后从控制坑的坑壁向外扩展，将整个探方都挖到同一文化层的底部。

发掘中出现的各种遗迹，诸如房屋、窖藏、灰坑、道路、沟渠、水井、城墙和城壕等，要按其不同特点，采取不同的操作方法。在发掘过程中，必须始终恪守地层学的原则，根据土质土色区分地层堆积，平剖面结合，观察叠压、打破关系，确定早晚关系；先晚后早，分层试掘，每10～20厘米刮出平面，判断遗迹开口，从错综复杂的文化堆积和层位关系中将居住址的历史井然有序地按原貌揭露出来。对出土遗物，则要详细记录其层位和坐标位置，究明其相互之间的关系，按单位完全收集标本。发掘过程中，要及时、客观、全面记录发掘进程与现象，照相并绘图，填写房址、灰坑和器物登记表。

墓葬的发掘为研究古代人类种族的体质特征、葬制、葬俗提供直接的材料，并可通过墓中的随葬品了解当时的工艺水平与技术状况。因为随葬品相对较为完整且能保留原始的放置状态与组合方式，不同程度地再现了当时人类的社会经济形态与意识形态的真实情况，对探讨当时的社会习俗、宗教信仰、思想观念都是极为重要的珍贵资料。墓葬的发掘方法较为灵活，不同形制与不同葬式的墓葬，发掘方法也有所区别。常见的墓葬形制有竖穴土坑墓、洞室墓、砖室墓、凿山为葬的洞穴陵墓、陪葬坑（如人殉坑、兽殉坑、粮仓坑、车马坑）等，其中长方形竖穴土坑墓最为多见，流行时间长，分布广泛。发掘前，先要用洛阳铲钻探，弄清层位关系、分布位置及墓葬的确切周边范围，墓口找到以后，即可进行发掘。

地面有封土的墓葬一般从封土开始发掘，通常采用十字“四分法”或平行“条分法”获得剖面并分区逐层解剖，搞清封土高度、大小、形状变化和遗迹遗物的埋藏情况等。较大的封土，可留设十字隔梁，其原理与开探方或探沟相似。在墓葬的发掘中，地层学的重要性虽然不如居住址的发掘，但墓葬与居址地层之间、墓葬与墓葬之间乃至墓葬本身的各部分之间，也往往存在层位关系。无封土墓的层位关系主要依据墓口开口层位来确定，有封土墓还要参考封土与地层、封土与其他遗迹之间的叠压、打破关系来确定。

填土的发掘从墓边缘内5厘米处分层下挖，先清理墓道，再清理墓室，在发掘填土的同时找出墓坑侧壁。需要注意：是否已经清理到了墓壁；填土中是否有埋祭遗存，记清层位和迹象并分析其意义；是否有晚期墓打破早期墓的情况；是否有盗坑以及被扰乱部分的界线，盗坑中的出土物要另行编号，绝不能与墓葬本身的出土物混杂；采集填土中所包含的陶片及其他遗物；接近底部时，要注意区分随葬品与填土中的杂物；是否合葬墓，合葬墓中是否有二次葬的迹象；等等。

墓室与墓底是发掘的重点，要仔细清理和记录葬具及其痕迹、人骨及其葬式、随葬品及其组合关系，尤其要注意墓室的结构。对于竖井墓要注意有无二层台，二层台是生土还是熟土；对于洞室墓则要注意洞室的形状。棺椁保存较好的，先清理顶部和周围的填土，对棺椁顶部进行绘图、照相、文字记录之后，打开棺椁；木质葬具已腐朽的，需细致观察其灰烬痕迹，搞清葬具及其痕迹的大小与形状。清理人骨架要使用竹签、竹刀和软毛刷从头至脚小心清除泥土，切勿移动骨骼和改变其姿势，要注意衣物的残留和葬俗遗物，观察其葬式，如仰身、俯身、直肢、屈肢、头向和面向等，注意随葬品的摆放位置及相互关系。发现每件器物，都要注意寻找附近是否还有与之相关的资料。如发现箭头时，要注意有无箭杆、弓或箭箙的痕迹。骨架收集后须谨慎清理墓底。墓室或墓圹使用夯土、砖、木、石等材料的，应做适当的拆除解剖，了解其剖面形态和修建过程。无论是发掘墓葬或其他遗迹，都不能放过任何细微的迹象，如夯土中的杵痕、坑壁上的锹迹、房屋中的柱穴、道路上的车辙、田地中的脚印之类，都要一一清理出来。[①]

墓葬清理完毕，要填写墓葬登记表，做好全面的文字、绘图和照相记录，并对各种遗存现象形成的原因做出正确的解释。墓葬及其相关遗迹遗物的编号要统一，以每座墓为单位收集、记录和整理。完整的人骨架要全部采集，以便留作标本。残缺的人骨架可以不采集，但要在野外做性别和年龄的鉴定和记录。

考古发掘现场的状况复杂多变，必要的防护措施不能少。有时要根据现场需要建立不同形制的应急保护棚，目的是防雨、防晒、防尘、防风、防盗。在发掘工作进行中，由于埋藏环境的变化，往往有许多特殊的迹象或物品会迅速改变原状，出现褪色、变形、毁坏甚至毁灭性的结果，所以除应尽快进行绘图、照相、文字记录，尽快将文物从现场提取出来和采取现场临时保护措施外，还必须在工地附近设置临时存放文物的库房，要具备防火、防盗、防虫条件。要按文物对环境的不同要求分类保存，对于一些特殊材质的文物，如丝、竹、木、皮革等有机质文物，要有专门的存放空间，控制温湿度变化，减少文物受损的风险。尽早将文物妥善运送到实验室里，避免由于保管不善而对文物造成损失。大型墓葬的发掘应当有专门安保人员。对于规模大而深的墓葬及引起现场群众围观的遗址，要圈定适当的防护范围，禁止闲杂人员进入。若土质不佳或有裂缝或墓室结构不稳定有安全隐患的，应在墓壁四周做支撑体，以防坍塌。

---

① 冯恩学，主编．田野考古学．长春：吉林大学出版社，2003：39-40.

三、标本采集与记录

凡出土的人类文化遗物、动物及人骨、有人工痕迹的物质一般都要求全部采集，分单位存放。采集时，注意严格分层，以出土先后编号，填写标签，小件器物要记录坐标位置。植物枝叶、果实、烧土、粪土、墙壁土、硫渣等根据需要部分采集。一些需要进行科学试验和检测的遗物则根据要求适当取样。采集的标本首先是明确层位和遗迹共存的遗物，这样可以保证对标本相对年代有所了解和它所反映年代的真实性。如果有可能，标本的选取应尽量挑选层位或遗迹中部的，这样可以减少晚期扰动的影响；采样尽量选择残器或破损器物不被注意的部位，注意不要对器物纹饰和重要部位造成损伤。采样的同时，进行照相、绘图并记录采样部位，在图像记录中采样部位要明确标记。必须科学采集保管样品，避免外界因素干扰、污染而失去科学研究价值。如孢粉分析标本、碳十四标本、热释光标本等的采集，各有特殊的要求。孢粉是指植物的孢子和花粉，是肉眼难以观察的物质，通过对孢粉进行分析，可以了解当时当地的植物分布状况，复原当时的自然环境。孢粉的采集比较复杂，应由专业人员来操作，取样时要除去表土，擦净工具，采用蛇形法取土样，密封保存，每层至少10立方厘米。采集碳十四标本，要求不同物质按量采集，置于塑料、金属、玻璃瓶中，忌接触纸张、布等含碳物。一般木炭采集量为50克，木头100克，贝壳300克，种子100克，毛发100克，编织物100克，泥炭500克，骨头1 000克，碳石灰1 000克，铁器1 000克等。热释光标本必须是经过高温烧过的制品，如陶器、瓷器、砖瓦以及红烧土等，标本应当距地表30厘米以上，同时附近没有灶、窑等使标本受热的可能，附近最好没有石头。提取标本时最好不要完全清除附带的泥土。热释光标本实验用量少，如陶片采集量一般按照每一个堆积单位一组6～12块，最好各种质地的陶片都选取一些，应立即用双层塑料袋包装密封，保管和运输中要避免受热或日光直射。

在全部发掘过程中，都要做好记录工作。记录的方式主要分文字、照相和绘图三种，要求准确、详细、客观、实事求是、简明扼要地反映发掘过程及观察到的一切现象，据此可以复原遗迹的原貌。必要时还要制作模型。

文字记录内容包括发掘过程中的探方日记和发掘完成后总结性的探方发掘记录以及各种遗迹（灰坑、房址、墓葬）发掘记录。探方记录大致包括：（1）工作情况。发掘地点（包括遗址名称、位置和探方编号）、发掘面积、布方规格、发掘进程、起止时间、发掘人员。（2）地层堆积。地层划分及叠压打破关系、土质土色及成因分析。（3）遗迹现象及出土物。按地层和遗迹单位先后顺序分类描述，各层的时代与断代的依据和说明，遗址的大小和结构，重要遗物的三维坐标、编号、层位及特征等。坐标记录的方法是：一般以探方的西南角为基点，测量遗物距纵横坐标的垂直距离及深度。(4) 小结。本方地层与其他方地层的对应关系、触及而未发掘的遗迹、存在问题等；对遗址进行分期并推断各期的年代或文化性质，写出推断依据。(5) 备注与附录。上述各项未能包含的内容都可在这条内记述，为以后整理和再次发掘提供参考。附录绘图号与图名、摄影号，以及器物标本登记表和统计表。(6) 记录者、记录日期。文字记录要求一式两份。

考古摄影是田野考古调查和发掘过程中一种重要的资料记录手段。考古摄影要求及时、准确、真实地记录遗迹和遗物的特点，通常需拍摄遗址的地形地貌、自然环境，整个发掘现场的全貌，考古发掘过程中各个环节的进展情况，发现的异常情况（如遗址中的打破关系及其相关迹象、墓坑填土中发现殉葬物和人骨架等），地层的剖面，遗迹的平面分布，遗物的出土情况，主要遗迹遗物的整体特征和细部特点，如墓葬、灰坑或居址的形制、结构，葬具、人骨姿势、装饰品的佩戴组合、随葬品的分布和叠压情况，房屋的布局和屋内陈设物的保存状况等细部特写等，遗迹、遗物清理后的整体景观及遗迹的相互关系等，都要用照相的方式记录下来。拍摄时要将现场清理干净，突出主题。拍摄接片，远景可在同一地点水平转动相机即可，近景则需拉一条水平横线，让相机沿横线与地面平行移动，按50%的叠压率拍摄。室内的文物摄影要突出文物质感、轮廓造型、纹饰和铭文，背景简单，器体不可出现阴暗面，投影不可杂乱。

图表记录通常包括探方四个侧壁的剖面图，每一个文化层的平面图，探方总平面图，主要遗迹遗物的平剖面图，以及墓地地形和墓葬的分布图、墓葬平剖面图、随葬品或人骨的细部详图、室内的器物图等。平面图上的指北针要放在右上角，图号、图名、比例、绘图者和日期放在图的右下部。器物图一般左半部绘剖视图，右半部绘器物外表的正视图。复杂结构器物有时要绘制背视图、左视图、右视图、顶视图、底视图等。考古绘图不同于绘画艺术创作，不讲究透视和明暗，而是以实测为基础，按照正投影原理，将物体的各点在平行光线下垂直投影到一个假想平面的影像，按照一定比例，用铅笔缩绘在米格图纸上，绘出的图形缺乏立体感，并非眼睛所见的真实影像，但是能真实反映物体的尺寸大小、形状和结构。目前一些计算机图像处理软件如 photoshop 已广泛应用于考古绘图。对于主要遗迹单位如房屋、墓葬、灰坑、窑址等要制作各种统计表以及出土器物（完整或可修复）登记表。

各种考古记录都离不开测量，考古测量有其专门的要求，以罗盘仪、平板仪、皮尺、米绳等测量工具为主，测量对象是发掘区、墓葬、遗址和考古勘探范围，包括方向测量、倾斜角与斜率测量、水平距离测量、高低差测量等。

空间与位置

测量遗物的精确的空间位置，为确定它和其他的遗物、发掘的原点、遗址周围固定的自然景观等等之间的距离提供了必要的依据，而通过它们之间的距离分析，可以进一步探讨这些距离的性质和意义，用来重建有关过去的经验实体。以一只陶杯和一柄短剑为例，二者间的平面距离2英尺，垂直距离是6英寸。对于二者间的关系，没有什么比“2英尺”和“6英寸”更为重要。但其他的信息可以帮助考古学家判断它们的具体性质。通过仔细研究二者的时空特征和器形等信息可以得到几种可能性。

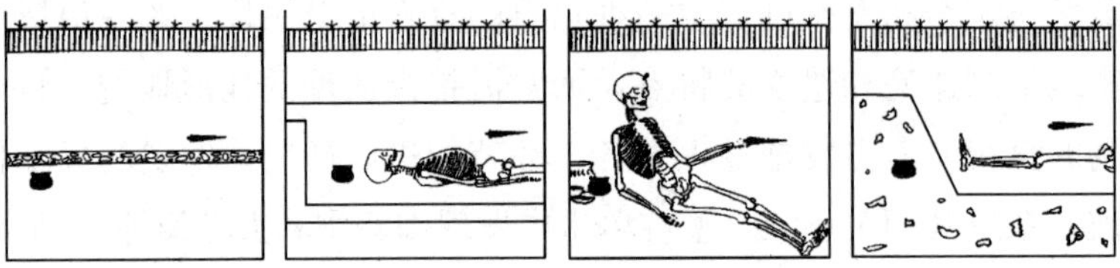

1. 陶杯与剑属于不同的文化层，两个文化之间的那条分界线可以意味着几年也可以意味着几个世纪的时间间隔。这种情况下，陶杯与剑参与的是两个不同遗址中的文化活动，6英寸的垂直空间距离比6或60英里的平面距离所意味的差距还要大。

2. 陶杯和剑与一具人骨架共存于一座墓葬中，分别位于墓主人的头部和腰部，显然都是墓主人的随葬品，是同一文化事件的参与者。陶杯与剑从它们被制造出来以后可能分别参与过一系列我们无从推断的事件或行为，但最终二者共同参与了墓主人的葬礼这一事件。此时，6英寸的垂直距离在文化结构中等于0，2英尺甚或更远的水平距离仅表明它们的文化关系实际上很近。

3. 出土时剑、陶杯与其他的饮食器中的残剩食物，分别位于骨架两旁，骨架的头部嵌着一枚石箭头，表明墓主人可能死于敌箭。这样的埋葬状况及碳十四断代显示的人骨架与残食的完全相同的年代，使我们有理由推测，可能墓主人进食之际，一支飞来的敌箭击中了他的头部。当时剑正在（或准备）随之参加一场战斗，而陶杯是战争中使用的食器，二者同属于一场更大的文化行为而且大致同时。

4. 陶杯出在一个灰坑的靠近坑壁处，剑出在一座墓葬中，灰坑和墓葬属于同一个考古学文化，但不是同时制造的，陶杯与剑在同一个考古学文化的不同时期参与了不同的文化事件。

5. 剑与陶杯的出土情况与第二种情况相似，只是敌人用此剑刺死了墓主人并把它留在了墓主人身体上。在这种情况下，两种文化行为在同一时间同一地点同时发生，但陶杯属于墓主人的文化系统，而剑属于敌人的文化系统。

——张光直：《考古学：关于其若干基本概念和理论的再思考》

四、室内整理

田野考古不仅仅是单纯的技术工作，其最终目的是要把田野调查、发掘所得资料进行系统梳理、登记、撰写研究报告并予以公布发表，供进一步综合性理论研究之用。田野考古的后期工作是室内整理，要对所有器物，包括陶片进行分类统计并对遗存进行必要的处理、鉴定、检测、记录和分析研究，将实物资料转化成记录资料，便于更长久地保存其价值。整理完毕后，遗物要按照严格的交接程序入库管理。

室内整理是一项严谨细致的工作，关系到发掘材料能否转化为有价值的记录资料。室内整理的具体步骤包括：检阅核对各种调查发掘记录和图表、照片，对照原始资料纠正错误、补充遗漏。对出土器物进行清洗、去锈、修补、复原，为防止遗物出土单位和编号混乱，在遗物上用笔写上器物号。对所有采集的标本进行详细统计分类。选出器物标本，做出登记卡片，并绘图、照相，按类型学分类排队，划分型式，对照地层确定相对年代，并依据遗存组合变化将遗存共同体的存在过程划分为若干阶段，进行分期研究。用自然科学手段和纪年材料确定其绝对年代。对一些标本进行测试、分析、鉴定，以备各种专题性研究的开展。包括对遗物的成分、原料、质地等进行测定，对各种器物的制法、用途进行分析，研究当时生产技术发展水平；对遗迹，如壁画的颜料、岩画成分及颜料来源等进行分析，为复制和保护服务；对土壤植物孢粉进行检测，研究生态环境及人地关系；进行动植物鉴定，研究农业和畜业的起源；对人骨进行年龄、性别、种族等鉴定，考证墓主，研究其族属等等。进而开展遗迹复原、聚落形态研究，以及宗教观念、装饰美学、人类学、人文地理学等研究。

经过整理的考古资料最终以报告的形式予以发表，以便他人研究使用。发掘报告的种类有综合报告和简报；考古调查也要编写调查报告或简报予以发表。如果考古报告的编写需要时间较长，那就应先发表简报。编写报告的基本要求是系统、全面、准确、客观。通常体例包括：(1) 遗址的地理位置与地理环境及古今地理沿革。(2) 发现经过与研究简史。(3) 保存现状。(4) 田野工作概况。介绍发掘经过、工作起止时间、发掘单位及参加发掘的人员、发掘方法等。(5) 遗址堆积介绍。对文化层的堆积和地层叠压、打破关系进行描述。(6) 遗迹介绍。对房屋、灰坑、墓葬等遗迹进行描述。(7) 遗物介绍。对出土各类器物进行描述。(8) 专业技术鉴定报告。如石料（器）的鉴定报告、放射性碳素测定年代的数据、动物标本鉴定报告、土壤植物孢粉分析报告、人骨的人类学研究报告等。(9) 认识与总结。一般包括文化遗存的时代和性质、年代和分期、发掘收获和尚需解决的问题等。近年来，科技考古在考古学中的应用及取得的各项成果在考古报告中得到充分体现，所占的分量和比重日趋增加，这大大增强了考古报告的科学性和客观性，极大地拓宽了考古学的研究范围，深化了考古学的研究内容。

考古调查和发掘所获的材料是要说明某个学术问题和社会问题，揭示人类社会历史的发展规律。考古学综合理论研究课题的开展是田野考古学的最终目的。把分散的、零星的资料集中梳理，在廓清基本材料的基础上，对文化性质或文化关系进行分析，通过与已知周围文化之间的比较，研究它们之间的联系和交流、影响，分析构成考古学文化的各种复杂因素，包括本土的和外来的，主要的和次要的，探索文化源流及传承关系、文化的衰落及其原因、社会组织结构、发展阶段、经济技术水平、宗教观念、婚姻状况、族属、与古文献记载的衔接等问题。

五、年代学研究

考古学是时间的科学。考古学家获取资料之后，首先要做的就是找到它们在时间长河中的位置——测年断代。如果没有时间尺度，考古学家面对的将是一堆杂乱无章的器物、遗存和文化。考古学自诞生以来，首要的任务就是寻找一个可以将文化遗物镶嵌其中的时间框架和年代序列。“三期说”就是对史前年代关系所做的第一次尝试，为欧洲史前史确立了一种编年的基础。文字记载可以给出一些历史事件和遗迹遗物的时间位置，但是非常有限，而且必须保证遗物未经搬迁移动或长期沿用，往往是比较晚近的，必须慎用。如何建立一个不依赖文字的年代学体系，成为考古学诞生初期最重要的工作。

相对年代指各种遗迹遗物在时间上的先后关系，一般利用考古地层学和类型学来推定。此外，也可以利用某些自然科学手段来断定相对年代，如黑曜岩水合法、含氟量分析断代法等。利用地质结构或者古生物学的证据，也可断定年代。

地层学断代的要旨，是先确认各文化层次序的先后以断定它们的相对年代，然后再以各层所含的遗物断定各层的绝对年代。地层学断代必须遵守以下基本原则：(1) 各地层或各墓葬所含年代最晚的一件出土遗物，代表该层或该墓可能的最早年代；(2) 各地层或各墓葬的年代，可以以该层所压和被压的上下两层的年代分别作为它的上限和下限。以层位关系断定年代，要依遗迹性质的不同而做不同的解释。压在城墙（或屋墙）墙基下的遗物年代要比墙的筑成年代为早，或与墙的筑成年代基本相同；土堆（包括坟丘）所压地面上的遗物，其年代一般要比土堆的筑成年代早，但土堆周沿低处所压遗物的年代则往往反比土堆的筑成年代为晚，因为它们是后来土堆逐渐崩塌时才被压埋的；墓坑填土中的遗物年代比墓的埋葬年代为早或基本相同；壕沟中初填土层的年代与壕沟的使用年代相同，但次填土层的年代有可能与壕沟的使用年代相同，也可能较晚。地层学断代也有一定的局限，对于同一层位的遗存，地层学无法判定它们之间的早晚关系。文化层堆积的厚度与其时间长度不成正比，地层直接叠压的关系并不能反映时间的连续和间隔的长短；同时地层学直接确定的是堆积形成的先后关系，据之确定的遗物早晚只是遗物被埋藏的先后关系，并不能绝对准确地反映出遗物制造和使用时的先后关系。由于地层划分的依据是人类生活内容变更造成的土质土色的变化，不同阶段在堆积成分不变的情况下，难以区分层次，所以地层断代与历史分期不是一一对应的关系。同期的同一文化的人类在不同地点的堆积不一致，因而无法进行两个遗址以上的大范围的地层先后关系的比较和判断。

类型学断代的基本方法是根据器物的演化规律，将遗物或遗迹按型式排比，把用途、制法相同的遗物或遗迹归为一类，并确定它们的标准型式，然后按照型式的差异程度的递增或递减，排出一个“系列”，这个“系列”可能代表该类遗物或遗迹在时间上的演变过程，反映它们之间的相对年代。遗物或遗迹在型式上的演变既有进化，也有退化，所以，若能设法断定这个“系列”中最早的或最晚的一环的绝对年代，其在断代上的效果就会更好。存在于不同种类的遗物或遗迹中的平行的“系列”越多，断代越可靠。由于类型学研究受到资料丰富程度的限制和主观认识及分类方法的影响，其排序结果存在一定的假定成分，也影响其断代的科学性，往往需要反复排序验证。而且它只能确定典型器物的相对早晚关系，不能确定各式器物具体存在的年代及它们之间时间间隔的长短。对于资料贫乏或形态特异的器形、突变的器形，类型学断代则无能为力。①

绝对年代指遗迹遗物的存在距今的具体年代，但并不表示绝对精确的年代，而是给出遗存在历史过程中存在的一个时间位置，以“年”“世纪”“千年”“万年”甚至更大计算单位来表示，一般利用自然科学手段测定或纪年铭文、文献记载和年历学的研究确定。对于没有文字记载的史前遗存，绝对年代的断定必须借助于自然科学的测年方法。这方面的第一个进展要数 1929 年美国天文学家道格拉斯完成的树木年轮断代法，而为年代学做出革命性的突破的是 1949 年美国化学家利比发明的放射性碳素测年技术，利用含碳量的半衰期（5730± 40）测定生物体的死亡年代，目前已广泛应用。除此之外，绝对年代测年技术还有热释光断代、光释光断代、古地磁断代、钾—氩法断代、树木年轮断代、裂变径迹法断代、氨基酸外消旋法断代、铀系法断代等方法。自然科学测年方法具有准确性高、取样少甚至不破坏样品等很多优点，为建立史前考古学的年代框架奠定了基础。但这些测年方法也有各自的局限性和适用的年代范围，很多情况下，使用多种方法互相校正才能获得较为准确的年代数据。使用文字材料作为断代依据的一般包括出土物本身的文字材料和史书、地方志的文字材料两种。碑碣、墓志、简牍以及其他各种器物的纪年铭文是断定绝对年代的较为可靠的内证，但也需注意一些特殊情况。如作为纪年铭文载体的器物，若是被长期沿用的，就不能据以判断其所由出土的文化层或墓葬的绝对年代；石碑和墓志，有时是从别处移来的，抑或建筑物经过多次重修而旧碑却长期保留的，那么碑上所刻的纪年便不足以断定建筑物的年代。尤其需要注意的是，不能用个别出土物的孤证来断定地层或墓葬的年代。文献中有关建制、地名、职官、历史事件、人物传记的资料常用来帮助断代，但根据文献记载或口头传说来断代应更审慎，因

---

① 冯恩学，主编．田野考古学．长春：吉林大学出版社，2003：30－40.

为书籍记载未必都客观真实，口头传说尤其如此。采用有明确纪年的器物作为标准器，对类似的器物的绝对年代进行推断，也是常用的一种断代方法。

本章要点

进化考古学、文化传播论、文化历史考古学、文化生态学、聚落考古学、新考古学派、后过程主义考古学、新马克思主义考古学、社会考古学；考古学文化及其层次结构；影响和制约考古学文化的主要因素；考古地层学和类型学的基本原理、方法与应用；田野调查与发掘的优点与缺陷；探沟法与探方法；居址与墓葬发掘的要领；室内整理的内容与步骤。

推荐阅读书目

1. 科林·伦福儒，保罗·巴恩．考古学：理论、方法与实践．中国社会科学院考古研究所，译．北京：文物出版社，2004

2. 陈淳．当代考古学．上海：上海社会科学院出版社，2004

3. 马修·约翰逊．考古学理论导论．魏峻，译，长沙：岳麓书社，2005

4. 中国大百科全书·考古学．北京：中国大百科全书出版社，1986

5. 苏秉琦．关于考古学文化的区系类型问题//苏秉琦考古学论述选集．北京：文物出版社，1984

6. 张宏彦．中国史前考古学导论．北京：高等教育出版社，2003

7. 严文明．关于考古学文化的理论//走向21世纪的考古学．西安：三秦出版社，1997

8. 张之恒，主编．中国考古学通论．南京：南京大学出版社，1991

9. 俞伟超．关于“考古地层学”问题//考古学是什么．北京：中国社会科学出版社，1996；关于“考古类型学”问题//考古类型学的理论与实践．北京：文物出版社，1989

10. 严文明．考古遗址的发掘方法//考古学研究（二）．北京：北京大学出版社，1994

11. 冯恩学，主编．田野考古学．长春：吉林大学出版社，2003

12. 中国社会科学院考古研究所，编．考古工作手册．北京：文物出版社，1982

第三章

旧石器时代考古

第一节　旧石器时代考古的特征与分期

一、旧石器及其相关概念

人类的出现是以制造出第一件古老石器为开端的。在考古学上，用制造和使用工具来定义人类，并以劳动工具作为划分时代的尺度。1819 年汤姆森首次以石器、铜器、铁器这些生产工具作为划分考古学时代的主要标志，一方面生产工具是社会生产力的集中体现，能够代表一段时期生产力的发展水平，另一方面生产工具本身也是考古学研究中最主要的物质遗存。1865 年英国的鲁伯克在《史前时代》一书中提出了“旧石器”和“新石器”的概念，用以区分石器时代的两个阶段。“旧石器”指用燧石、石英岩或砾石直接打制，未经磨制加工，较为粗糙的石质生产工具。“新石器”指除经打制外，进一步磨制加工的石质生产工具。书中采用三项标准划分旧石器时代和新石器时代：一是动物群。旧石器时代存在灭绝动物，新石器时代均为现生种。二是经济形态。旧石器时代是采集、渔猎，新石器时代部分依赖农业生产。三是技术。旧石器时代采用纯打制技术，新石器时代出现了磨制技术。

考古发现和研究表明，旧石器时代大约从 300 万年前开始，结束于距今 1.2 万～1 万年，占据了整个人类历史的 99%以上。在这漫长的史前时代，人类的生产活动使用的主要工具就是打制石器。中国的旧石器时代起于距今200万年前后，止于距今1.2万年左右，大体相当于地质学上的新生代第四纪更新世。第四纪属于新生代，新生代有“哺乳动物时代”之称。发生在第三纪的造山运动，使得哺乳动物勃兴，迅速演化，散布到世界各地。从古新世开始，地球上出现了原始的灵长类动物，如低等的狐猴、眼镜猴等；始新世演化出高等的阔鼻猴和狭鼻猴；渐新世演化出最早的猿类，如在埃及发现的原上猿、埃及猿等；中新世和上新世出现了森林古猿、腊玛古猿、南方古猿等，并逐步向人类演化。在第四纪，人类出现，开始了“人的时代”。第四纪在地质学上代表地球发展史上最近的一个时期，包括更新世和全新世两个阶段。旧石器时代考古研究的时间范围即地质学的第四纪更新世（见表3-1）。

表3-1　地质年代表

地质年代				代号	距今时间（百万年）	生物进化	
						动物	植物
显生宙	新生代	第四纪	全新世	Q4	0.01	人的时代	被子植物时代
			更新世	Q	3.0～2.0		
		第三纪	上新世	N2	5.0	哺乳动物时代	
			中新世	N1	25		
			渐新世	E3	40		
			始新世	E2	60		
			古新世	E1	70		
	中生代	白垩纪			137	爬行动物时代（恐龙时代）	裸子植物时代
		侏罗纪			195		
		三叠纪			230		
	古生代	二叠纪			280	两栖动物时代	蕨类植物时代（孢子植物时代）
		石炭纪			350		
		泥盆纪			400	鱼的时代	
		志留纪			440	海生无脊椎动物时代	
		奥陶纪			500		
		寒武纪			600		
隐生宙	元古代	震旦纪			800	海生无脊椎动物出现	海生菌藻类植物时代
					2 500		
	太古代				4 500	细胞、细胞群、细菌 生命开始	

旧石器时代考古在判断古人类化石和文化遗存的相对年代时，主要依据第四纪地层的划分和对伴出哺乳动物化石的分析研究。对遗址分布规律及其埋藏过程，更新世地理环境的研究，石器的岩性鉴定和产地的推定，均需依赖地质学、矿物学的理论和成果支持。

旧石器时代考古的最主要的研究对象之一就是打制石器，其原料一般是燧石、石英岩等坚硬矿物，通常取自河滩上的砾石，方便易得，经过简单加工即可使用，它是最能反映当时人类采集、狩猎等经济活动和生产力水平的工具。其他如骨器、木器、角器、牙器和蚌器在旧石器时代晚期有增加的趋势。竹器、木器原料也容易取得，亦当为旧石器时代重要的工具，中国古代史籍中有“伐木杀兽”的记载，但由于木器不易保存而缺少实物发现。旧石器时代的遗迹种类少而规模小，主要有居住遗迹（洞穴、岩棚遗址、旷野遗址、房址、生活面等）、埋葬死者的墓葬、用火遗迹（成堆的灰烬及其包含的炭屑、烧骨、烧石、烧土等）、旧石器制造场、屠宰场、狩猎时的临时营地、狩猎活动中挖掘的陷坑和陷阱等。人类化石及与之共存的动物化石也是旧石器时代考古的重要研究对象，通过各个时期人类体质特征的差异研究原始人类的发展演变过程，旧石器时代早期人类体质特征处于早期猿人、晚期猿人阶段；旧石器时代中期发展到早期智人阶段；旧石器时代晚期基本和现代人相似，处于晚期智人阶段。而不同时期的动物化石也具有不同的种类与组合，灭绝的比例也不同，在旧石器时代考古中具有重要的断代价值。

旧石器时代既是人类起源并向现代人演进的时代，又是社会文化产生的时代。旧石器时代先民以采集、狩猎和捕鱼为生，依赖自然的恩赐生活，他们只能以天然的产物为食，生产性的经济尚未出现，这种经济称为“掠夺性经济”或“攫取性经济”，在社会发展阶段上属于低级落后的蒙昧时代。旧石器时代属于原始社会早期阶段，其主要标志是生产工具为打制石器，人类体质特征具有原始特征，社会生产力极其低下，物质文化十分不发达。

二、旧石器时代的考古学分期

依据石器制作技术的进步和人类体质的演进以及地质年代的划分，可把整个旧石器时代分为早期、中期和晚期，分别与古代人类体质发展的三个阶段相一致，即“三分法”（见表 3－2）。

早期：距今 300 万～20 万年。根据人类体质形态的发展，早期又划分为前、后两个阶段。前段：距今 300 万～100 万年，相当于地质年代的更新世早期。人类刚从其动物祖先中分离出来，还保留有较多猿的性状，脑容量仅约 700 毫升，属早期直立人（早期猿人）阶段。这一时期的人类已能用直接打击法制作原始、粗糙的石器，用途分工不明确；从事采集与狩猎经济；尚未发现可靠的用火证据。此时，人类处于原始群阶段。后段：距今 100 万～20 万年，相当于地质年代的更新世中期的大部分时间。这一时期，人类体质上有了一定的进步，以北京猿人为代表的古人类，脑容量有所增加，但仍保留有较多的原始性，属晚期直立人（晚期猿人）阶段。石器的制作仍较粗糙，但类型增多，已经有了可靠的用火证据，营群居生活，实行血缘群婚，处于前氏族公社阶段。

中期：距今20万～5万年，相当于地质年代的更新世中期之末到更新世晚期前一阶段。这一时期的人类体质有了较大的进步，以大荔人、丁村人等为代表的古人类，体质特征介于直立人和现代人之间，属于早期智人（古人）阶段。在石器制作方面，虽然仍沿用传统的直接打击技术，但显得更为熟练，表现为石器加工较为规范化和类型多样化，有了固定的形状和用途。采集和狩猎经济有了一定的发展，并可能有了捕鱼活动和发明了人工取火方法。在社会组织方面，开始向氏族公社过渡。

晚期：距今5万～1.2万年，相当于地质年代的更新世晚期后一阶段。以山顶洞人、柳江人为代表的人类，已基本完成了体质上的进化，与现代人没有明显差别，属于晚期智人（新人）阶段。在石器制作方面，除沿用直接打击法外，还发明了新的剥片与加工技术——间接打击法，出现了主要用于装备复合工具的细石器。在骨器和装饰品制作方面，开始采用刮、磨、钻孔等新技术。采集和狩猎业都发展到了高级阶段，捕鱼业可能已成为社会经济的组成部分之一。人类的活动范围大大扩展。在社会组织方面，也发展到了一个全新的阶段——氏族公社时期。

表3-2 中国史前考古学分期表

旧石器文化分期		距今时间（万年）	人类发展阶段划分	第四纪划分
旧石器时代	晚期	5～1.2	晚期智人	更新世晚期后段
	中期	20～5	早期智人	更新世晚期前段
	早期后段	100～20	晚期直立人	更新世中期
	早期前段	300～100	早期直立人	更新世早期

三、旧石器的制作技术与功能研究

通过对旧石器如石核、石片等石器及在加工石器过程中剥落石片时产生的废片碎屑进行观察、拼合、废片分析、微痕分析以及打制实验，并以民族学材料予以验证，我们可以大致了解旧石器制作的过程和技术水平，并对其原料、制法、打击痕迹及其特征等有一个总体把握。

选择石料是石器制作的第一步。人类在长期的实践中发现某些石料更适于制造出某种用途的工具，更容易打制出所需的形状，这些石料具有适当的硬度和韧性，其硬度一般为6～7度，至少在5度以上，太硬或太脆不易打出需要的形状，太软不符合制作石器的用途。常见的制作旧石器的原料有长石、石英岩、脉石英、砂岩等，优质的石料包括燧石、玛瑙、黑曜石等。不同原料对石器制作技术和石器特点有着很大的影响。

石器的制作通常包括制作台面、剥落石片、修整石片等程序。制作石片的过程会留下很多人工的痕迹，不同质地的原料和不同的打击法在石片上遗留的痕迹不尽相同。台面是为了便于着力事先在石核（制作工具毛坯的原料）上预制、修整出来的，也有利用自然平面的。用石锤打击石核会产生有规则的破碎，剥离的石片上出现贝壳状的破裂面——劈裂面（阳面），在劈裂面上靠近台面和打击点下侧会留有半锥形的突起——半锥体（打击泡），在质地细腻的优质石料上，还可见到明显的锥疤、辐射线（在石片尾部显现的辐射状的纹路）、波浪纹（从打击点向外扩散的一系列同心圆裂纹）等人工制作的痕迹。石片背面（与劈裂面相对的面）的变化往往反映了剥片的过程（见图 3-1）。未经修理的石核上剥下的石片，背面应为原石料的自然面；在多次剥落石片后的石核上再次剥片，背面上往往留有凹陷的原石核阴面。有时，还可以观察到剥落的石片与石核的拼合关系。

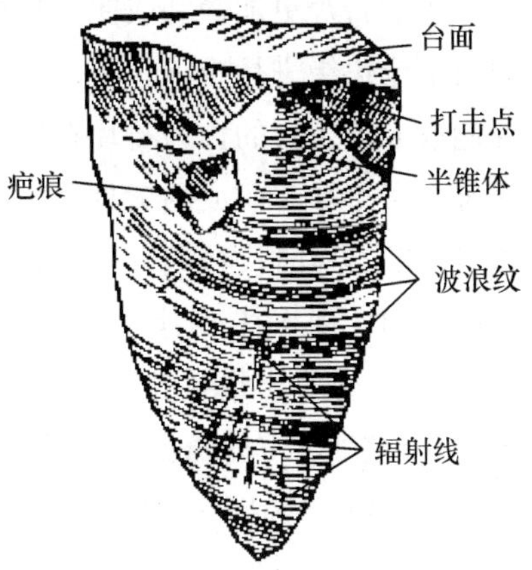

图 3-1 人工打击石片的特征

打击石片的方法随着技术的改进而由简单到复杂。依据对各类标本的打击和加工痕迹的观察，打片的方法可区分出直接打击法（锤击法、砸击法、碰砧法）和间接打击法（压剥法、击钎法），加工修整方式则有单面加工、双面加工（交互加工、错向加工）等。采用最早、最简单的打片方法是锤击法，即一手握石锤直接敲击石核剥落石片。砸击法是将石核置于石砧上，然后用石锤砸击剥落石片，往往石片两端都有剥落碎屑的疤痕。这种方法广泛见于中国北方地区，适于小型的、质地差的石料。碰砧法是用双手持大石片或石核向岩石敲击以剥落石片，适于加工个体较大、边缘较薄的石核，打出的石片一般很厚，半锥体明显。摔击法不常用，是将石料投击向另一石头而剥落石片，石片角（劈裂面与台面的夹角）往往较大，常有双生半锥体。当人类掌握了使用骨器、角器、木器等作为媒介的技术时，就发明了间接打击法，可以根据需要控制石器的形状（见图 3-2）。旧石器时代晚期打制技术日臻成熟，可以制作出规整精美的细小石叶、几何形细小石器。不同文化传统的旧石器文化，在石器制作技术上既表现出地区差异又有时代差异。华北地区旧石器时代早中期的石器均为直接打击加工而成，晚期出现了大量的用间接法剥落、加工的石叶（石片薄而长）和细石器。[①]

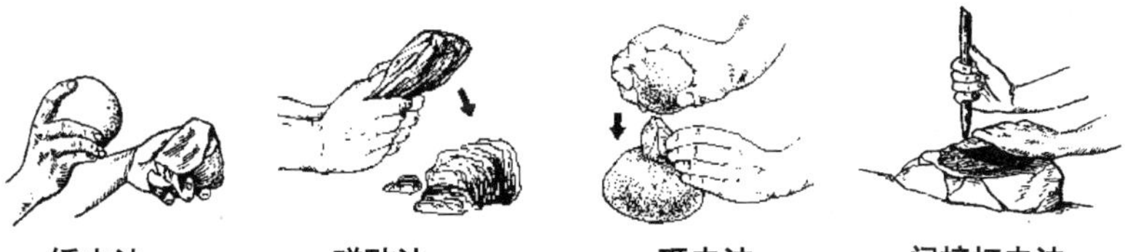

图 3-2 旧石器主要制作方法

① 参见张宏彦《中国史前考古学导论》的相关内容。

为使石片更加锋利或便于持握使用，需要进行二次加工，即对剥落下来的石片刃口部或边缘进行修整。经过二次加工或有使用痕迹的标本称为石器。以打下的石片制成成品工具的称为石片石器；直接以石核制成工具的称为石核石器；也有用天然砾石直接加工而成的工具，称为砾石石器。二次加工的方法也有时间和地域上的差异。旧石器时代早期，是用石锤直接敲击修整，产生的石片疤短而深；旧石器时代中晚期，用木棒或骨棒修整，产生的石片疤浅而长；旧石器时代晚期，开始用“亚剥法”修整出精致的细小石器。二次加工的方法有单面加工（从一面向另一面打击）、交互加工（轮流翻转石片向两面打击）等，前者修整出的边缘平直，后者则较为弯曲。我国境内许多地区发现的旧石器，加工修整时多为正向加工，即由劈裂面向背面打击，而我国西南云贵等地旧石器时代晚期的猫猫洞、穿洞等遗址的石器多为反向加工，具有浓厚的地域色彩。未经加工的自然石块或边缘锋利的石片被直接用作工具使用的，往往留下凹陷性的细小疤痕等使用痕迹。用作石锤的两端常由于砸击而破损，用作石砧的平整大石块中部常留下集中的凹坑，用作刮削器的边刃部常留有细小的疤痕。

鉴别人工制作的旧石器与自然石块的差别，首先要观察人工打制品的特征，如石质有一定的硬度和韧性，有一定的形状和刃口，有台面、打击点、辐射线、半锥体、波浪纹。其次要确定打击痕迹是否有规律，是否符合人类制作石器的目的，是否重复出现。人工制作的石器有一定的加工方式，加工和修整痕迹有一定的规律性，要特别注意是否经过二次加工和有无使用痕迹，尤其要注意标本埋藏的地层的自然环境，有无其他人类活动遗迹，如化石、遗物、用火的痕迹、墓地、居住址等。自然力造成的碎片各有其特点，由于河流与泥石流推动使石块相撞造成的碎片，有时可以看到半锥体但不明显，往往有多次撞击，遍体鳞伤且有新有旧，无一定规律，棱角由于流水的冲磨而较平滑；山坡岩石滚动造成的石片，偶然可见打击点的痕迹，但看不到台面；由于地壳运动挤压造成的碎片，往往看不到半锥体，边缘部分留下一些无规律的疤痕，且岩石种类比较单纯；冰川的运动可以使压在冰川上的砾石层受到挤压，形成无打击点和半锥体的石片；昼夜温差和霜冻酷寒引起石块内外不一致的膨胀和收缩也会使岩石破裂，剥裂的石片一般为圆形，往往破裂面上有环绕的同心波纹，但没有台面、打击点和半椎体；啮齿类动物啃咬石块形成的假石器，一般比较软，硬度在5度以下，标本留下的痕迹为弧形的槽，两条一组很有规律。

旧石器的类型学研究即根据典型石器的大小、形状、刃口、加工及使用痕迹的特征，对石器进行类型式的划分，并总结各类石器数量的增减和组合的变化规律。参与分类统计的标本数量须达到100件以上才具有分析的价值，数量太少则无法准确有效地反映该文化的面貌。统计内容主要包括：原料分类、加工技术分类、器形分类、测量值等，按文化层或遗迹单位分别制定统计表。中国旧石器有自身的传统特征，缺乏优质石料，打制技术相对简陋，工具比较单调。常见的旧石器类型一般有砍砸器类、刮削器类、尖状器类、雕刻器类、球形器类、石镞和细石刃等。

近 30 年来，对旧石器的研究从类型学分析转向探讨石料的质地、生产程序以及加工、使用和废弃等人类行为的特点。人们关注石器上的使用和破损痕迹是如何形成的，石器的功能和用途如何，不同石质、不同打击或加工方法产生的碎屑的特征如何等。通过实验复制和使用旧石器再现痕迹产生的过程，利用高倍显微镜和扫描电镜等进行微痕分析，被作为观察和解释旧石器各种特征及其成因的重要手段。通过观察史前人类遗留在石器上的细微痕迹，我们了解到工具作用于不同物质对象（如骨、角、木头、皮肉等）时，遗留下的使用痕迹是不同的。而通过实验对不同质地材料的石器的使用痕迹的观察可以确立对比的标准，然后与旧石器上的磨损痕迹进行比较，即可解释产生这些微痕的可能的原因，并确定工具的用途。遗址中的一些被废弃的细小石片或碎屑，由于是人类剥落石片或加工石器的过程中产生的，包含了大量有关石器生产过程和人类行为的信息，可以用“浮选法”和“水选法”将其收集，把剥落下的废片、碎屑和剩余的石核拼接起来，恢复石料的原状，再现石片生产的全过程。而根据废片、碎屑的集中丢弃位置，可以判断石器制作的具体地点，在一定程度上也可以了解工匠在打片过程中的策略和活动，比如工匠坐过的位置和挪动过几次等等。通过对石器的观察，还可间接认识整个遗址的利用、人类的栖居方式及流动迁徙等生存背景。①

第二节　环境考古学研究

人类是地质历史的产物。第四纪一系列大规模的冰川进退活动，形成了寒冷的冰期和较温暖的间冰期，二者的多次交替导致了海平面的大幅度升降、气候带的转移、动植物的迁徙与灭绝。而地理环境和生物变迁都极大地影响了早期人类的产生、体质演变、古文化的发展以及居住范围的变化。因此，研究第四纪地质学、第四纪哺乳动物的演化对于旧石器时代考古学相对年代的确立、人类的起源、古环境的变迁等课题具有十分重要的意义。史前时期人类本身的遗骸及其文化遗存，大都深埋在第四纪的堆积之中。对旧石器时代遗址的田野考古调查和发掘，只有在掌握第四纪地质学知识的基础上才可顺利进行。分析第四纪地层沉积环境和与人类居住遗址共存的动植物遗存，可获得更多的有关当时人类生存环境的信息，为复原古人类生存环境、研究早期人类文化与所处环境的关系提供依据。

---

① 陈淳．当代考古学．上海：上海社会科学院出版社，2004：142.

一、第四纪地层堆积

第四纪地层堆积可分为河湖堆积、洞穴堆积、土状堆积。由河流湖泊搬运沉积交互形成的沉积物，统称河湖堆积物。沉积物在流水冲磨作用下，形成没有棱角的光滑砾石。这类堆积在我国北方地区分布相当广泛，南方地区仅零星分布于一些山间盆地或大盆地的边缘。西侯度、匼河、丁村、大荔甜水沟和许家窑、峙峪等旧石器时代文化遗址都埋藏在河湖堆积中。洞穴堆积物指在不同成因或类型的洞穴及裂隙之内，由于地下水、风力及化学沉积作用形成的堆积。我国的洞穴数以万计，云、贵、川、湘、桂、粤、闽、浙、赣、苏、皖等南方省区尤为多见；北方的洞穴主要分布于秦岭、太行山、燕山、沂蒙山及长白山区。已知的史前人类文化遗存，约一半出自洞穴之中。土状堆积物在我国主要有北方的黄土、秦岭以南的红土和东北的灰黑色土。黄土是更新世最主要的土状堆积，主要分布在黄河流域的甘、宁、内蒙古、陕、晋、豫、冀、鲁等省区，界于北纬34°～45°，呈东西带状，覆盖面积达63万平方公里。黄土的沉积厚度从数米到数百米不等，以黄河中游的泾、洛河流域最厚，达180～200米，形成著名的黄土高原。红土主要分布于华南、东南地区的低山丘陵和盆地之中，呈酸性，很难保存生物化石。在南方第四纪红土中迄今几乎没有发现过人类或动物化石，仅发现过打制石器，难以断定年代。

由于成因不同，各类沉积物具有不同特点，主要有碎屑沉积、有机沉积和少量的火山沉积物，而以碎屑沉积为主。碎屑沉积按其粒径分为砾石、砂、粉砂、黏土四类，是岩石在自然力的作用下分化成碎屑，又经风和水的作用，再次沉积下来的堆积。黄土的岩性成分主要是黄色黏土、粉砂、细砂等，区域性变化不大；其间常夹杂埋藏土和钙质结核；组织结构松散，很容易粉碎，遇水易崩解；所含矿物质成分在大范围内无明显差异。关于黄土的成因是一个争论已久的问题，学界主要有“风成说”和“水成说”等观点。20世纪60年代初，中国科学院地质研究所的刘东生等的研究提供了“风成说”的大量证据，如黄土的矿物成分在大面积范围内具有高度的一致性；从西北到东南，呈现出粒度由粗变细的规律，距离荒漠越远颗粒越小；黄土覆盖在形态起伏显著的各种地貌类型上，并保持相似的厚度；黄土中含有较多的陆生草原性动植物化石等。因此，他认为黄土是在干旱的气候条件下，由强大的风力将西北荒漠地区的黄土物质（粉砂和尘土等）悬运而来、沉积而成的。黄土生成之后，受流水的作用，在一些局部地点产生再次堆积，称为“次生黄土”。

中国的黄土沉积从更新世开始，经历了整个第四纪。根据黄土中所包含的动植物化石和地层岩性，中国的黄土堆积可分为三种类型：

午城黄土（300万～100万年）。标准地点位于山西隰县午城镇。分布在黄河中游的泾、洛河流域及山西中西部的隰县一带。其岩性特征为：土色较红、黏土较多、土质较硬，故也被称为石质黄土；堆积较薄，未见清楚的层理，常夹有数层红棕色的埋藏土，所含砾石及砂极少；包含的动物化石有长鼻三趾马、三门马、中国貉等，时代为更新世早期。

离石黄土（100 万～5 万年）。标准地点在山西吕梁市离石区陈家崖村附近。分布面积广，西起甘青，东到山东，南达秦岭，北至长城沿线，厚度大，是构成黄土高原的主要基础。离石黄土直接覆盖在午城黄土之上或覆盖在其他不同时代的基岩之上，顶部被马兰黄土叠压或直接裸露于地表。离石黄土一般可分为上下两部分。下层离石黄土的土色较红、黏土较多、土质较硬，其中含有十多层埋藏土和钙结核，但埋藏土一般较薄，间距较小；包含的动物化石有肿骨鹿、丁氏鼢鼠等，时代为更新世中期前段（100 万～20 万年）。上层离石黄土为棕黄色，土质亦较硬，有 5～6 层埋藏土；埋藏土的土层较厚，间距较大；包含的动物化石有肿骨鹿、方氏鼢鼠等，时代为更新世中期末段到更新世晚期前段（20 万～5 万年）。

马兰黄土（5 万～1 万年）。标准地点在北京西山斋堂马兰村附近。分布更为广阔，其岩性特征也与前期有明显的区别，土色一般呈淡灰黄色，含有较多的粉砂或细砂；土质较为松软，遇水易崩解；无明显层理变化，垂直节理发育，包含有黑褐色的埋藏土（黑垆土）；所含动物化石一般石化程度不高，常见赤鹿、斑鹿、安氏鸵鸟等，时代为更新世晚期后段。

二、第四纪哺乳动物化石

伴随第四纪剧烈的冰川活动和气候变化，地球上的动植物也发生了巨大变化，物竞天择，适者生存，许多生物就此灭绝，另一些随着时间的推移不断进化，而人类随着生物进化而产生。研究人类起源离不开与之共生的第四纪哺乳动物。动物界分为无脊椎动物和脊索动物两大门类，其中脊索动物中的脊椎动物又可细分为鱼纲、两栖纲、爬行纲、鸟纲、哺乳纲。脊椎动物是动物界最高等的门类，哺乳动物又是脊椎动物中最高等的动物，且与人类的关系最为密切。现代人类属脊椎动物亚门、哺乳纲、灵长目、人科、人属、智人种、现代智人，这就是人在自然界中的位置。从人类产生起，动植物就一直是人类重要的生活资料，与人类的体质进化、社会经济发展息息相关。动植物学与考古学相结合，衍生出考古动物学与考古植物学等分支。

由于生物的演化具有进步性、阶段性和不可逆性，因此不同属种的动物的出现，有其先后顺序；保存在地层中的化石，随着地层形成的早晚，相应地具有不同的种类。即不同时代的地层中含有不同种类的化石，同一时代的地层在一定范围内，可有相同种类的化石。这样，我们就可以根据化石的种类及其特征来划分地层的相对年代。研究第四纪哺乳动物和划分第四纪地层时，不仅应注意那些分布广、演化快、数量多、易鉴定的标准化石，而且应特别注意动物群体的组合与更替，尤其是新生种与残余种的比例关系。通过对更新世各阶段动物绝种比例的统计和绝灭种属与现代种属的对比研究，断定其生存的年代，为考古学划分地层和确定人类文化的相对年代提供参考。

第四纪哺乳动物和植被的演变，根本原因是环境和气候变化。特别是华北位于寒温带、中温带与亚热带过渡地带，受冰期、间冰期交替变化的影响尤其强烈。据孢粉分析的结果，从更新世早期到晚期，这里至少可划分出 5 个冷期和 4 个暖期。冷期的年平均气温低于今 4℃～7.5℃或更多，而暖期的年平均气温高于现在。在冷期，以云杉、冷杉或松林为主的暗针叶林发达，由北向南蔓延，在极干冷阶段则代之以草原性植被；在暖期，针叶阔叶混交林或阔叶林十分发达。更新世时，我国南北方气候开始有了显著的差异，由此引起南北动物的分异，因此，中国第四纪哺乳动物可分为北方和南方两种类型。以动物化石断代，要注意南北方动物群的差异。

华北地区第四纪哺乳动物群包括更新世早期的“泥河湾动物群”，中期的“公王岭动物群”和“周口店动物群”，晚期的“萨拉乌苏动物群”。泥河湾动物群主要分布在山西和河北北部的泥河湾盆地、黄河中游的汾渭地堑区。遗址有山西芮城的西侯度以及河北阳原县泥河湾盆地的小长梁、东谷坨等旧石器地点。该动物群包含有第三纪的古老属种，如三趾马、剑齿虎等；出现了更新世早期的代表性动物，如三门马、板齿犀、步氏大角鹿、桑氏鬣狗、直隶狼、中国貉等；有一定数量的现生种，如骆驼、羚羊、麋鹿等；绝种动物所占比例达 93.55%。泥河湾动物群主要是北方型动物，反映的是比较凉爽的疏林草原环境。该期地层以由砾石、砂、泥灰岩及黏土构成的河湖相堆积为代表。地层埋藏环境表明当时人们是沿湖滨、河岸活动的。公王岭动物群分布于陕西蓝田县公王岭村、山西芮城的匼河等地。该动物群含有巨剑齿虎、奈王爪兽等一些第三纪的种属；较多为更新世种属，其中包含一批过去在秦岭以北未曾发现过的南方种类，如大熊猫、东方剑齿象、巨貘、中国貘、中国爪兽、毛冠鹿和苏门羚等；现生种属仅占整个动物群的 13%。公王岭期地层以午城黄土为代表，其中一批南方动物种属的发现，表明当时蓝田地区的气候比较温暖湿润，具有亚热带的特点。从埋藏环境看，当时人们似多活动于河谷地带。周口店动物群包括肿骨鹿、中国鬣狗、裴氏转角羚羊、纳玛象、居氏大河狸、杨氏虎、三门马、梅氏犀、披毛犀、剑齿虎、熊猫、德氏水牛、葛氏斑鹿、李氏野猪、洞熊、竹鼠、丁氏鼢鼠、羚羊、野牛、貂、獾、鸵鸟、豺、褐熊、变种狼等近 100 种哺乳动物。该动物群中有少数第三纪古老属种或更新世早期的代表属种，如剑齿虎、三门马、梅氏犀、居氏大河狸等；出现了更新世中期的代表属种，如肿骨鹿、中国鬣狗、杨氏虎、洞熊、李氏野猪、德氏水牛等；有相当数量的现生属种，如豺、貂、獾、竹鼠、熊猫、羚羊等；绝种比例为 63%。在周口店时期，华北广泛形成离石黄土。周口店动物群所反映的气候和生态环境非常复杂，总体上接近温带气候，但其间曾有过多次冷暖、干湿的明显波动，气候的大陆性程度逐渐加强。萨拉乌苏动物群主要见于内蒙古鄂尔多斯地区，主要成员有河套大角鹿、野马、野驴、赤鹿、普氏羚羊、原始牛、野猪、骆驼、纳玛象、最后鬣狗、转角羚羊、王氏水牛、鸵鸟、披毛犀等。这一动物群中不见第三纪的古老属种和更新世早期的代表属种；有更新世的一些广布种，如披毛犀、纳玛象等；主要成员中多为现生种，如野驴、野马、赤鹿、骆驼、羚羊、鸵鸟等；绝种比例为32%。该期地层以分布极广的马兰黄土和河流相或河湖相堆积为主，多数动物适应草原生活，也有一些喜欢在水边、林边生活，所反映的气候比前期寒冷干燥。东北地区更新世晚期动物群与华北的萨拉乌苏动物群非常相像，主要成员有猛犸、披毛犀、河套大角鹿、原始牛、最后鬣狗、普氏野马、狼、麋鹿、麝、野牛、野猪。二者的绝种比例也很接近，故它们的时代也应大体相当。区别在于萨拉乌苏动物群中没有冰期动物猛犸。而猛犸—披毛犀这一动物群几乎遍及东北全区，仅在黑龙江、吉林两省就发现化石地点200余处。该动物群代表的气候属寒冷类型。

华南地区第四纪哺乳动物化石因多发现在石灰岩洞穴中，故常被叫作“洞穴动物群”，又因这一动物群的主要成员中常见大熊猫和剑齿象，所以也叫“大熊猫—剑齿象动物群”。同华北动物群相比，华南动物群有以下特点：古老属种延续时间较长，如桑氏鬣狗延续到更新世中期，中国鬣狗延续到更新世晚期；现生种出现较早，如果子狸、猪、豪猪、豹豺等在更新世早期就已出现；动物群的变化不如华北明显，更新世早期动物群绝种比例为80%左右，更新世中期动物群绝种比例为70%左右，更新世晚期动物群绝种比例为44%左右。

第三节　史前人类学研究

一、体质人类学基础与应用

“人类学”一词，源于希腊语，意为“研究人的科学”。人类学是一门综合学科，其研究范围包括体质人类学和文化人类学两方面，前者偏重于研究人类的生物属性，后者则偏重于社会属性。考古学是文化人类学的过去时态，同时关注作为动物的人的体质演变。体质人类学即研究人类的起源及其变化规律的科学，分为人体形态学、古人类学和人种学，关注从猿到人的演变和人类体质的发展过程，世界各主要人种的形成、地理分布及相互关系，人种差异的形成原因及意义等问题。人类自身及其文化的起源和发展，是一个十分复杂的问题，它通过考古发掘出土的古代人类骨骼、古人类及与之近似的动物化石来研究人类的产生、进化、演变过程，从考古学和生物学角度探讨人类在自然界中的位置、人类与其他灵长类动物在体质和行为上的异同。

成年人的全身骨骼共有206块，每块骨头都有一定的位置、形态和功能。人体骨骼可分为颅骨、躯干骨、上肢骨、下肢骨四个部分。其中颅骨29块，包括脑颅14块，位于颅骨后上方，构成颅腔，起容纳和保护大脑的作用；面颅15块，位于颅骨的前下方，构成口腔，并与脑颅共同构成鼻腔和眼眶，以维持面部形态。男性的颅骨较大、厚重而粗壮，女性的颅骨较小、光滑而细致。躯干骨共51块，包括椎骨26，计有颈椎7、胸椎12、腰椎5、骶骨1、尾椎1；肋骨24，是细而长呈弓形的扁骨，分别与胸椎和胸骨相连，构成胸腔；胸骨1，位于胸前部正中，是浅居皮下的扁骨。上肢骨64块，包括锁骨2、肩胛骨2、肱骨2、尺骨2、桡骨2、手骨54。下肢骨62块，包括髋骨1、骶骨1、股骨2、髌骨2、胫骨2、腓骨2、足骨52（见图3-3）。在从猿到人的演化过程以及不同时期人类体质发展过程中，一些部位骨骼形态的变异成为重要的界定标尺，而在同一族群中不同性别和不同年龄人体的骨骼形态也有明显差异，这为性别和年龄鉴定提供了参考。

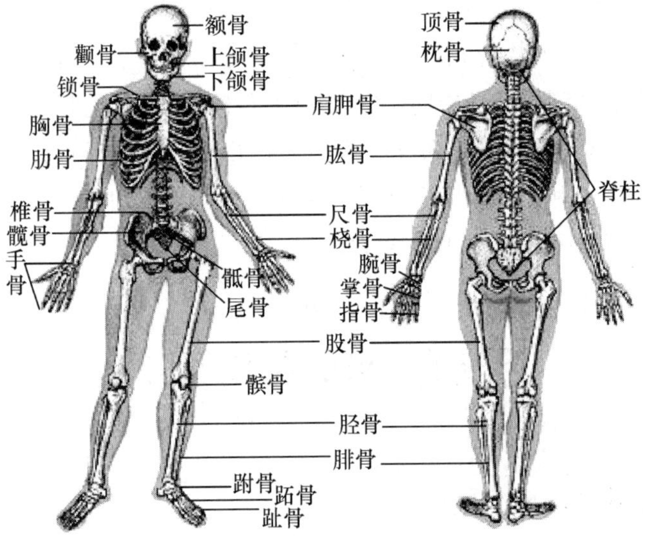

图3-3　人体骨骼形态与各部位名称

眉弓。在额骨鳞部的下缘，可分为三个部位：位于鼻根上方、两眉之间的叫“眉间”；眶上缘上部突出的骨脊叫“眉弓”；额骨眶上缘外侧三角形部分叫“眶上三角”。猿人的眉弓异常发达，眶上缘、眶上三角合为一体，且左右眉弓相连，呈横行而突出的屋檐状，称为“眶上圆枕”；早期智人的眉弓也较发达，并与眶上缘和眶上三角合并，但左右眉弓不相连；晚期智人和现代人的眉弓与眶上缘、眶上三角区分离，多数种群眉弓的突出度减弱，但澳大利亚土著居民仍较显突。眉弓也是鉴定性别的重要标志之一。在同一族群中，男性的眉弓一般比女性显突，其长度超过眶上缘的二分之一，眶上缘圆钝，前额较倾斜；女性眉弓不发达，长度一般不超过二分之一，眶上缘锐薄，前额较陡直。

中矢脊。颅骨正中从额结节中点开始到顶孔区附近消失的一条隆起的骨脊，也叫“矢状脊”。猿人的中矢脊很显著；早期智人减弱，只在额骨及囟门附近清楚，至顶骨处渐消失；晚期智人和现代人一般没有或不显著，只有澳大利亚人和因纽特人仍较明显。

枕骨。枕外隆凸：位于颅后枕骨正中。在同一族群中，男性较显突而女性较弱，幼儿缺乏。枕骨大孔：头骨基部的开口，脊髓与大脑在此相连，其位置与直立行走有关。人类由于采取两足直立行走的姿势，头平衡于脊柱的顶端，枕骨大孔便位于颅底中央；猿的头则向前倾，枕骨大孔在颅底相对靠后的位置。

颞骨。分列颅两侧。颞骨鳞部：位于耳孔上方。类人猿颞鳞上缘很低平；猿人颞鳞上缘也较低且呈三角形；智人阶段、特别是晚期智人和现代人颞鳞上缘较高而呈圆弧形。乳突：位于颞鳞后下方。低等猴类完全没有乳突，类人猿的乳突很小，猿人的乳突也较小，智人阶段的人类乳突逐渐发达。在同一族群中，男性的乳突较女性发达。

下颌骨。下颌体：在同一族群中，男性较高大厚重而女性较低小。颏形：男性多方形或方圆形，女性多尖形或尖圆形。下颌角区：男性较粗糙且外翻，下颌角较小，一般小于120°；女性较光滑圆润而不外翻。颏孔：位于下颌体两侧。现代人的下颌体两侧多各有1个颏孔，2个颏孔者只占约5%，3个颏孔者仅占1%；猿人的颏孔数目较多，如北京猿人的下颌骨每侧有3～5个颏孔；猴、猿类的数量更多。下颌骨也随着年龄发生变化，老年人由于牙齿脱落，齿槽突因缺少功能性刺激而发生废用性萎缩乃至消失，下颌角的角度增大，与儿童期相似。

髋骨。性别特征突出的部位，常用来鉴定性别（见图3-4）。男性的盆骨粗壮，高而窄，盆骨上口纵径大于横径，下口狭小，呈心脏形；女性的盆骨浅而宽，骨面细腻，上口横径大于纵径，呈椭圆形，下口宽阔。坐骨耻骨支：男性外翻不明显，女性外翻较明显。坐骨大切迹：男性窄而深，夹角常为锐角；女性宽而浅，夹角接近于直角（见图3-5）。耻骨弓：男性呈“V”形，夹角约70°；女性呈“U”形，夹角约110°。耻骨联合：男性较高，耻骨下角小；女性较低，耻骨下角大，常有耳前沟。耻骨联合面也随着年龄而变化，中部由凸出逐渐变平到中年下凹，隆嵴由高到低成年后完全消失，侧缘从无到有到中年以后逐渐扩张。到老年后骨质疏松，出现散在性小凹和粟粒样小孔。背侧缘向后扩张显著如唇形。腹侧缘常断裂破损。

牙齿。这是鉴定年龄的主要依据。依臼齿的磨损程度可分为：Ⅰ级，齿尖顶和边缘部分略有磨耗，22～23岁；Ⅱ级，齿尖磨平或咬合面中央凹陷，26～29岁；Ⅲ级，齿尖大部分磨去，齿质点暴露，28～36岁；Ⅳ级，齿质点扩大，互相连成一片，39～43岁；Ⅴ级，齿冠部分磨去，齿质全部暴露，48～57岁；Ⅵ级，齿冠全部磨耗，齿髓腔暴露，57岁以上。

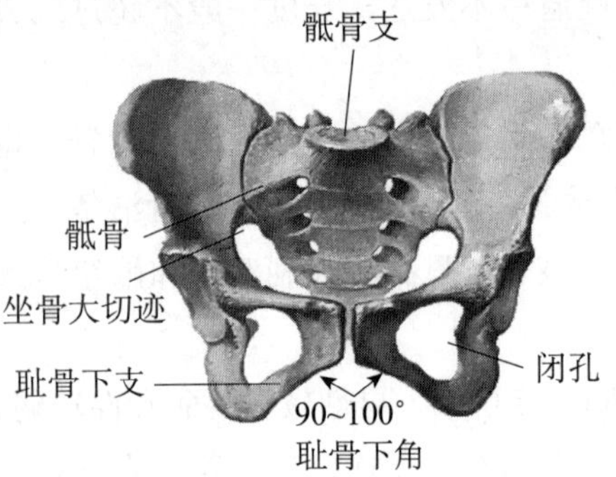

图3-4 髋骨结构示意图

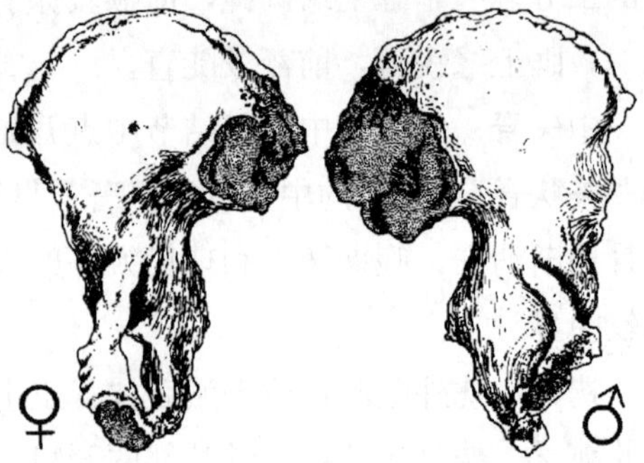

图3-5 男（右）女（左）坐骨大切迹比较

根据颅骨骨缝的愈合情况亦可推断年龄。新生儿的颅骨发育未全，骨骼之间存在很大的间隙而由结缔组织所填充。婴儿颅顶骨骼之间的结缔组织膜称为囟，后囟在出生后两个月闭合，蝶囟在出生后三个月闭合，乳突囟在出生后一岁闭合。成年人颅骨骨缝的愈合过程开始时是缝隙间结缔组织消失，缝隙缩小，以后波纹的深度逐渐变浅，波线呈断断续续的曲形波，进而仅见波纹残迹以至完全消失。同一骨缝在愈合过程中，一般是颅内缝先于颅外缝愈合，男性颅缝的愈合早于女性。以上仅为体质人类学最基础的应用，更进一步的研究则可根据人体骨骼测量和计算所得各项指数，确定不同人种或民族，探索人种的形成、差异、分布与交流等。①

二、人类起源与化石材料

1. 关于人类起源的理论

人类的起源是一个古老的命题。世界各民族中都曾流传各种人类起源的神话，中国古代有女娲抟土造人的传说，古希腊人认为人是由鱼变来的，中世纪的欧洲教会宣扬上帝七日创世造人的神学观，其影响直到今天在某些地方依然存在。到19世纪，随着地质学和生物进化论的普及，人类在自然界中的位置、人猿同祖学说被逐步接受，人类的古老性得以确认，人们开始重新探索自身起源和发展问题。人与猿的根本区别是什么？从猿到人的转化最初发生在什么时间、什么地点？早期人类是强大的狩猎者还是跟在食肉动物后面拣拾残羹剩饭的食腐者？这些问题一直困扰着人们。

关于人与猿的区别最著名的学说，是19世纪末恩格斯在《劳动在从猿到人的转变中的作用》中提出的，以直立行走、制造和使用工具、脑容量增加和使用语言作为人区别于猿的主要标志。直立行走解放了上肢和手，从而使制造工具、使用工具

① 朱泓．体质人类学．北京：高等教育出版社，2004：93-100.

成为可能；而劳动促进了猿人体质的进步，大脑和上肢的配合使类人猿的脑容量增加，协同劳动促进了语言的产生。具备了这几个要素，真正的人类开始形成。在从猿到人的转变中，劳动起到决定性作用，恩格斯提出“劳动创造了人本身”和“没有一只猿手曾经制造过一把哪怕是最粗笨的石刀”的论断。看似相互矛盾的概念引发了哲学领域长期以来关于先有劳动还是先有人的争论。创造人的“劳动”应该只是猿的本能活动，而只有人才能进行的是有目的、有计划、有意识的生产劳动，真正的劳动从制造工具开始。能够将人和猿区分开的是劳动手段的不同，一些高级灵长类动物偶尔使用天然工具，只有人类能够制造工具并依赖使用工具作为生存手段。但早期人类的生产劳动能力达到何种水平？最早的人类的生存能力和狩猎能力比猿和其他动物的猎食能力高出多少？出土的人类化石往往与石制工具和动物骨骼共存这一现象，一度成为早期人类具有强大的狩猎能力这一重大理论构想的基础，然而不少学者通过对动物行为的研究和动物骨骼上的切痕的观察，指出很多遗址中出土的动物骨骼是其他食肉动物猎食后的残余，早期人类并非一开始就是出色的猎手，而是纯粹的食腐者。近代有人曾提出以脑容量是否达到750毫升作为人猿的分界线，即“界河说”。黑猩猩的脑容量：350～450毫升；南方古猿：400～650毫升；猿人（直立人）：750～1 200毫升；智人：1 400～1 500毫升。这种说法也是难以成立的，如已发现的非洲早期人类化石——能人已具备相当熟练的制作工具的能力，但其脑容量仅680毫升。

根据考古发现，古人类学家将从猿到人的进化过程排出了一个基本的序列：类人猿—猿人—智人—现代人。迄今发现的最早的猿类化石材料是埃及法尤姆地区的埃及猿，最早的猿类从低级的猴中分化出来，大约发生在新生代第三纪渐新世，距今3 000万年。与树化石共存的森林古猿，距今2 000万～500万年，最早发现于法国，可能是现代类人猿的直系祖先。而所谓的“类人猿”主要包括腊玛古猿和南方古猿，前者是第三纪上新世从古猿进化系统中逐渐分化出来的一支，最早发现于印度、巴基斯坦交界处，距今在400万年以上；后者发现于非洲南部，距今500万～100万年，根据体质可分为粗壮种和纤细种两类，平均脑容量近500毫升，具备直立行走能力，在抓握天然工具抵御猛兽袭击和获取食物的过程中，上肢和手变得灵巧。南方古猿纤细种在距今300万年前最终演化为人类。“猿人”又称“直立人”，生活于距今300万～20万年前后，已经能够并适应直立行走，以学会用火为标志分为早（300万～100万）、晚（100万～20万）两个阶段。距今20万～1.2万年前后，经过不断进化，晚期直立人发展为“智人”，智人的体质和大脑都较直立人有了明显的进步，并以距今5万年前后为界分为早期智人、晚期智人两个阶段。经过漫长的发展和进化，在第四纪全新世以后，人类的体质发生重大变化，与现代人基本接近，泛称“现代人”或“今人”。

人类最先起源于哪些地区？人类是只有一个共同的进化源头，还是有多条线索并进？目前发现的古人类化石和遗址遍布亚、非、欧、美各大洲，覆盖了二十多个国家的五六十处地点，但各地发现的古人类化石在数量和年代上并不平衡。欧洲是最早进行考古活动的地区之一，但迄今发现的最早的旧石器文化，不过是距今约100万年前后的罗马尼亚的布加勒斯特遗址和法国的瓦隆内遗址，此外没有更早的人类活动的证据。美洲新大陆也不可能是人类的发源地，迄今在北美洲所发现的人类文化遗迹，年代早不过5万年，而拉丁美洲的古人类文化遗迹年代则更晚。有人推测很可能是由于冰川作用在晚更新世发生海退处于低海平面时，人类由东亚大陆、沿海岛屿追踪野兽而进入阿拉斯加。亚洲和非洲都有较多的早期人类化石和遗址，其中非洲的发现不仅时代早且数量大，目前占世界总数90%以上的早期猿人化石都发现于非洲，十分引人瞩目。古人类学家根据不同的研究依据分别提出了人类起源的“一元论”和“多元论”两种观点，“非洲说”和“亚洲说”各持己见。

“一元论”主要指“走出非洲理论”和“夏娃理论”。“走出非洲理论”认为：早期类人猿与非洲现生猿类的祖先在距今600万～500万年前分化，此后非洲东部、南部的南方古猿进化为直立人，在距今约150万年时直立人走出非洲，成为各大洲现代人类的祖先。“夏娃理论”是以遗传学和分子生物学研究为依据的关于现代人类起源的学说。20世纪80年代以美国的艾伦·威尔逊为首的分子人类学家根据对147名各大洲不同人种妇女胎盘细胞中的线粒体DNA的分析，将所有现代人的起源追溯到20万年前生活在非洲的一位女性，称之为“夏娃”。夏娃的后代大约在13万年前开始走出非洲，扩散到世界各地，取代了各大洲原生的古人类，成为现代黑、黄、白、棕各色人种的祖先。其原理是：线粒体DNA只通过母系遗传，根据其突变速率可测算不同人群分化的年代和亲疏关系。近年中国基因多样性课题组对中国28个民族群体的基因样本进行了分析，并将其与其他亚洲和非亚洲群体进行了比较，得出的结果是“源自非洲的现代人构成了目前亚洲人口基因库的主体”，在某种程度上印证了“夏娃理论”。因此中国遗传学家认为，现代中国人的祖先在6万～4万年前从非洲出发，向东经印度洋，取道东南亚进入中国华南地区。按照上述观点，中国境内的早期猿人，并不是现代中国人的直系祖先，由此传统的观点受到了严峻的挑战。

然而很多学者并不赞同“一元论”，并提出尖锐质疑。亚非大陆都发现了大量早期古人类化石和遗址，从形态和时空分布来看，两地区古人类的进化分别具有连续性，各自独立演变，并不存在外来人种替代的现象，因此至少亚非大陆人类有各自不同的起源。有学者指出，在人类起源问题上，遗传学不应处于仲裁者的位置上，基因研究毕竟是间接的证据，化石才是直接的证据。还有学者指出“夏娃理论”在DNA研究中计算机程序和计算中的错误。研究现代人类的起源，需要距今10万～3.5万年早期智人向晚期智人转变期间、形态上足以说明问题的头骨化石来进行细致研究。2002 年，对具有现代人特征的柳江人化石重新测年，得出的年代是 13 万～7 万年，也就是说早在 7 万年以前柳江人就已经生活在华南地区，而不是此后从非洲迁来。这对中国现代人起源于非洲的说法是一个沉重打击。2007 年在河南许昌灵井旧石器遗址出土距今 10 万～8 万年的人类头盖骨化石 16 块，这是世界人类学研究上最敏感的时段，许昌人头盖骨的研究将为探索中国现代人类的起源提供重要的新证据。

“多元论”以体质人类学和考古学研究为主要依据，认为东亚地区和非洲大陆是现代人类祖先的发祥地，两地区在进化过程中相互影响，但根本上各具独立的进化线索。论据一：考古发现表明东亚和非洲都有较为丰富的类人猿化石，如非洲大陆发现有南方古猿化石，中国云南发现有森林古猿和腊玛古猿化石。论据二：东亚和非洲都发现有年代较早的古人类化石，如非洲的发现最早可以追溯到 300 万年以前，在中国几十个地点发现包括直立人、早期智人和晚期智人的化石，较早的如重庆巫山人化石距今 200 多万年、云南元谋猿人化石距今约 170 万年等，构成了完整的中国古人类进化链，中国古人类有着明显的体质特征的连续性，如铲型门齿、长方形眼眶、扁平脸等特征的延续性。而且中国的旧石器文化也显示出传统的延续，旧石器制作技术没有发生中断和突变，缺乏人口替代经常伴随发生的外来进步文化的取代。中国人的主体是东亚大陆的土著居民。“多地区进化附带杂交学说”是近年出现的一种新观点。2002 年美国圣路易斯华盛顿大学的坦普莱顿教授提出人类三次“走出非洲”（190 万年前、84 万～42 万年前、15 万～8 万年前），但不是取代了欧亚地区的原住民，而是与当地人群的基因相互交融，25 万～8 万年之后，有几次人群的回流和扩张。亚欧大陆现代人就是由当地的古人类进化而来的，这些地区发现的人类化石在形态上是延续的。

2. 非洲说与亚洲说及其化石材料

早在 1871 年，达尔文就提出人类的诞生地是非洲，其理由是与人类最相近的两种猿——大猩猩和黑猩猩都生存于非洲。当时，非洲尚未发现早期人类化石，加之人们对非洲大陆的偏见，达尔文的观点没有被普遍接受。自 1924 年起陆续在非洲发现多个属种的南方古猿化石，即非洲种、阿法种、粗壮种、鲍氏种和埃塞俄比亚种以及湖畔种、始祖种等，其中非洲种和阿法种属于纤细型，其他均属粗壮型。经过多年的争论，南方古猿已被人类学界一致归于人的系统，是目前已知最早的人科成员。其形态远比亚洲的猿人原始，年代也比后者要早。即在非洲最古老的人类化石至少可以追溯到三四百万年以前。非洲还发现很多 2 000 万～1 500 万年前的古猿化石。由于比南方古猿更古老的化石在人类演化系统上的地位还不确定（目前的趋势是否定的），而且，在非洲以外的地区，迄今还没有发现可以肯定是南方古猿的化石，所以，“非洲说”目前因拥有大量的化石材料依据而影响渐广。特别是非洲的东部，法国古人类学家科庞将人类演化模式称为“东边的故事”，提出地质运动引发的环境和气候的变化是促使人类在非洲东部起源的主因。1200万年前后，非洲东部地壳沿红海经埃塞俄比亚、肯尼亚、坦桑尼亚一线裂开。这条弯曲的南北大裂谷不仅改变了非洲的地貌，也改变了非洲的气候。埃塞俄比亚和肯尼亚的陆地隆起上升，形成了海拔270米以上的高地。从西到东一贯的气流被破坏，使东部成为少雨区，丧失了森林生存的条件，两侧动物群的交流也受阻，使人和猿的共同祖先的群体分成两部分。大裂谷西部的群体生活在湿润的树丛环境，最终演化为现代非洲猿类。而大裂谷东部的群体，为适应开阔环境中的生活，被迫发展出一套全新的技能，如两足直立行走、开始使用和制造工具，且脑容量扩大，从而经过南方古猿向人属方向转化。

最早发现的南方古猿化石，是1924年达特在非洲南部贝专纳兰地区汤恩采石矿发现的幼儿（相当于现代3～6岁）头骨化石，即南方古猿非洲种。脑容量约500毫升，如成年大猩猩，颌骨向前突出似猿，而牙齿很小接近人类，已能直立行走。之后南非多个地点陆续发现70多件与汤恩头骨相似的化石，被归为一个属两个种，即南方古猿之非洲种（或称纤细种）和粗壮种。

东非的发现集中于坦桑尼亚、肯尼亚和埃塞俄比亚等地。在坦桑尼亚，1959年路易斯·利基与妻子玛丽·利基在奥杜韦峡谷，发现距今180万～175万年的南方古猿鲍氏种化石，是粗壮种的东非变体。1960—1963年乔纳森·利基在附近发现距今178万年更为进步的“能人”化石。1976年玛丽·利基在莱托里地区发现一组相当完好的凝结于火山灰中的人类足迹，距今约370万年，是人类直立行走的最早证据。在肯尼亚，1968年理查德·利基在古湖相沉积中发掘出许多保存完整的人科化石。其中有12个雌性粗壮南方古猿的标本，从而证明纤细型和粗壮型并非两性的差别。1972年在特卡纳湖东岸发现编号为KNM-ER1470的能人头骨化石。1995年米芙·利基在特卡纳湖西岸发现420万年前的南方古猿湖畔种化石，可能是阿法种的祖先。2000年底，法国的皮克福德等在肯尼亚中部的图根山区的纽基诺组化石地点发现距今600万年的“原初人图根种”（千禧人）化石，已经适应在陆地上两足行走，但同时具有攀缘功能。埃塞俄比亚从20世纪60年代开始，在奥莫河谷和阿法地区的哈达尔，发现大量南方古猿化石，包括距今350万～150万年的人科化石。1967年发现的250万年前的一块下颌骨被命名为南方古猿埃塞俄比亚种，或认为应归入鲍氏种。1973年美国学者约翰森在哈达尔地点发现距今350万～340万年的一具女性的大部分骨架，身高近0.92米，完全具备两足直立行走能力。发现者将其命名为“露西”，归入南方古猿阿法种。其性状介于猿与人之间，但明显在向人的方向转变。一些学者认为阿法种既是南方古猿非洲种的祖先，又是“能人”的祖先。阿法种的一支经过南方古猿非洲种变成粗壮种和鲍氏种，最终灭绝；另一支发展成“能人”，再到直立人和智人。1992—1993年，美国学者怀特在阿法盆地的阿拉米斯地点的上新世地层中，发现距今约440万年的南方古猿始祖种（地猿始祖种始祖亚种）化石。2000 年在同一地点发现了更早的距今 580 万～520 万年的南方古猿化石，命名为地猿始祖种家族祖先亚种，这一发现在人类起源中的地位尚有不同意见，有学者认为地猿始祖种可能是向非洲大猿方向演化的。2007 年埃塞俄比亚和日本研究人员在亚的斯亚贝巴附近发现距今约 1 000 万年的类人猿臼齿化石。他们认为这进一步证明非洲是人和现代非洲猿的发源地，而大猩猩和人由共同祖先分道扬镳的时间，可能距今已有 2 000 万年，大大早于之前的普遍认识。

南方古猿多个属种化石材料的发现，确立了其在整个人类演化系统中的地位，也使人类学家认识到人类演化过程的复杂性。在相同的时间范围内，南方古猿几个种同时生存，但只有一个种群向人属的方向演化，而其余的种群最终都灭绝了。这说明人类的演化是以"树丛"的方式进行的，而不是以直线状方式进行的。当今遗传学家运用生物化学和分子人类学的方法，推算出人类与非洲大猿分离的时间在 700 万～600 万年前，与猩猩分离的时间在 1 200 万～1 100 万年前，与长臂猿分离的时间在 1 300 万～1 200 万年前。进入 21 世纪，非洲的新材料似乎正在逐渐接近这一分界，关于人猿分离的时间在非洲不断有新突破。但非洲起源说也有不完善之处。目前在非洲发现的能确立的人类化石最早仅为三四百万年前，早于这个年代的人类化石的鉴定还有争议，而且在非洲至今还没有找到介于南方古猿属和人属之间的过渡类型，所以还不能肯定非洲是人类最早的起源地，并不能排除还有其他的可能性。

"亚洲说"也有其拥趸。19 世纪后期，德国学者海克尔提出，亚洲的长臂猿、猩猩与人的相似程度大于非洲猿类与人的相似程度，因此，人类可能起源于亚洲。在亚洲很早就有古人类化石发现，1891 年荷兰古人类学家杜布瓦在印尼爪哇岛发现一个完整的人头骨化石；在中国，1921 年发现周口店北京猿人洞穴堆积及两枚牙齿化石，1929 年发现第一个北京猿人头盖骨化石，1965 年在云南元谋发现距今 170 万年的猿人牙齿化石，之后陆续发现重庆巫山人（200 多万年）、湖北郧县人（60 万年）、山东沂源人（50 万～40 万年）、江苏南京人（35 万年）、安徽和县人（20 万年）等化石。中国境内 200 余处旧石器地点 60%发现于长江中下游，1998 年在安徽繁昌县发现距今 250 万～200 万年的古人类文化遗址和生产工具。此外，第三纪的古猿化石在云南等地也有发现，如云南开远县发现距今约 800 万年的森林古猿牙齿化石，禄丰县发现距今 1 000 万年的腊玛古猿头骨化石。从第三纪中新世末期到第四纪更新世早期，中国存在着从猿到人的完整进化系统，因此中国也是早期人类起源的重要地区，中国西南可能是人类发源地之一。理由有三：其一，青藏高原的隆起所造成的环境和气候的变化与东非极为相似；其二，根据古哺乳动物的研究，在过去的 1 000 万年里，东非和东亚有许多相同的动物门类，表明两地的古环境、古气候相当接近；其三，在中国特别是西南地区的云贵高原已发现多种古猿化石、丰富的直立人及其以后阶段的人类化石和文化遗迹。

第四节　中国旧石器时代考古发现与研究

一、中国旧石器时代考古简史

20世纪20—40年代末，是中国旧石器时代考古的发端期。最初是由西方地质学家、古生物学家及传教士在中国西北、东北地区所进行的一些初步调查和发掘揭开序幕，虽然这时期所做的考古工作十分有限，但发掘出土了一批珍贵的旧石器和古人类化石，证明了中国旧石器时代的存在，为亚洲地区人类起源的研究提供了重要资料。1920年法国人桑志华在甘肃庆阳县城北的赵家岔和辛家沟，发掘出一件打制石核和两件石片，这是中国首次发现有地层记录的旧石器遗存。1922—1923年桑志华与德日进在宁夏灵武水洞沟和内蒙古鄂尔多斯萨拉乌苏河沿岸，发掘出一批晚期旧石器和哺乳动物化石及一枚“河套人”牙齿化石。20世纪20年代前后，瑞典人安特生、美国人格兰阶、奥地利人师丹斯基先后到北京西南的周口店龙骨山调查发掘，1921年发现周口店北京猿人洞穴堆积及两枚牙齿化石。1927—1937年，中国地质调查所正式组织发掘周口店遗址，1929年裴文中发现第一个北京猿人头盖骨化石，此后不断有新发现问世，至1937年，周口店遗址共出土5个完整的猿人头盖骨、140余枚猿人牙齿化石、大量的猿人骨骼化石和石质工具及用火遗迹。这一时期，还在周口店第十五地点发现数以万计的、年代较晚的石制品及一枚早期智人牙齿化石；在山顶洞遗址发掘出土3个完整的晚期智人头骨化石和数量丰富的打制石器、骨角器、蚌壳、鱼骨等。此外，1929年杨钟健和德日进在山西河曲县的长城内外以及陕西神木县北、榆林县、米脂县、吴堡县、石楼县之间发现零星的旧石器材料。中国第一批本土考古学者出现，在早期考古活动中做出了难能可贵的贡献。

20世纪50—70年代末，是中国旧石器时代考古的发展期。1929年成立的中国地质调查所新生代研究室几经调整扩充，成立了中国科学院古脊椎动物与古人类研究所。从周口店猿人遗址恢复发掘开始，旧石器时代考古逐步扩展到全国各地，华北、东北、西北、西南地区都有重要的考古发现，中国旧石器时代的面貌逐渐清晰起来，相关研究也取得重大突破，1972年贾兰坡提出华北旧石器文化发展的“两系说”。这一时期古人类化石的重要发现有：云南元谋人、陕西蓝田人等直立人化石，山西丁村人、山西许家窑人、陕西大荔人、广东马坝人、湖北长阳人等早期智人化石，以及广西柳江人、四川资阳人等晚期智人化石。旧石器时代遗址的发现主要有：早期的贵州黔西观音洞遗址、辽宁营口金牛山遗址、辽宁本溪庙后山遗址，中期的辽宁省喀左鸽子洞遗址，晚期的山西朔县峙峪遗址、河南安阳小南海遗址。

80年代至今，是中国旧石器时代考古的繁荣期。这一时期旧石器时代考古的区域和规模不断扩大，新的发现使中国境内旧石器时代遗址的分布范围较前明显拓展，在研究上注重多学科相结合，古人类学、考古学与古生物学、古地质学、遗传学等学科的综合研究催生出丰富的学术观点和理论模式。这一时期古人类化石的重要发现有：重庆巫山人、安徽和县人、湖北郧县人、南京汤山人、安徽巢县人、辽宁金牛山人等。旧石器时代遗址的发现主要有：早期的安徽繁昌人字洞遗址，重庆巫山县龙骨坡遗址，河北阳原县泥河湾盆地的小长梁、东谷坨、岑家湾等遗址；中期的湖北江陵鸡公山遗址；晚期的辽宁海城仙人洞遗址等。

二、中国旧石器时代考古发现

20世纪初发现的北京人、河套人和山顶洞人化石已经为中国的早期人类进化史勾画出一个大致的轮廓。新中国成立以来，发现的人类化石材料和旧石器时代文化遗址大大增加，逐渐充实了各个进化的环节。目前中国已拥有代表人类进化各主要阶段的标本，在世界上占有重要的地位。

1. 云贵高原地区

中国目前发现的年代较为确凿的早期直立人元谋人即发现于这一地区，较为重要的发现还有观音洞遗址，是南方地区规模最大的旧石器时代遗址之一。旧石器时代中期有贵州的桐梓人，晚期则有云南丽江人、贵州猫猫洞遗址。

元谋人。1965年发现于云南省元谋县东南约5公里的上那蚌村西北，1973—1975年发掘，石器、动物化石与人类化石共存。人类化石为2枚直立人门齿，同属一青年男性，另出土打制刮削器3件、部分哺乳动物化石及炭屑、烧骨等。炭屑多掺杂在黏土和粉砂质黏土中，常和哺乳动物化石伴生。炭屑大致分3层，厚约3米。此外还发现2块可能是被烧过的黑色的骨头。研究者认为这些是当时人类用火的痕迹，但很多学者提出质疑。出土动物化石29种，有云南马、剑齿虎、桑氏鬣狗、山西轴鹿等，绝种动物几乎占100%。根据动物群和植物孢粉分析，气候为亚热带气候，呈森林—草原景观。据古地磁测定元谋人距今170万±10万年，也有人认为不应超过73万年，但多数学者认为元谋人生活的年代属更新世早期，因为共存哺乳动物化石地质年代大致为第四纪更新世早期。

甘棠箐遗址。1984年发现于云南省玉溪市江川县，1989年后多次发掘。出土2万多件土石制品，及少量骨、木制品。发现用火遗迹，其木柴向心堆积，火塘中心积炭，此类用火遗迹在我国旧石器早期遗址中首次发现。石制品以小型为主，包括刮削器、凹缺器、尖状器、雕刻器等，其中以刮削器占绝对主体，岩性多为硅质岩和石英岩。以砸击法加工石器毛坯，多为锤击法制作而成。骨器以锤击法加工，木器用刮削法制成。甘棠菁遗址文化遗存及伴生动植物丰富，文化面貌原始而独特，地质时代为更新世早期，是云南省继元谋人遗址之后发现的又一个旧石器时代早期文化遗址，对研究早期人类生存模式、演化历史具有重要意义。

蝙蝠洞遗址。位于云南大理白族自治州鹤庆县金墩乡境内的羊龙潭水库西南，2019 年发现并发掘。地层堆积分为洞穴上、下两部分，上部堆积厚约 2.3 米，主要由局部胶结的红色砂质黏土沉积构成，下部文化层主要由胶结紧密的青灰色钙质胶结层与红褐色砂质黏土层交替沉积构成，发现 600 余件石制品与 500 余件动物化石。石器的类型有刮削器、砍砸器、凹缺器和石锤等，其中以刮削器为主。上、下两层遗址石制品尺寸、加工技术有一定变化，代表早晚两个阶段。遗址上、下两层的动物化石无明显变化，均以偶蹄类动物（牛和鹿）为主，骨骼以颌骨、牙齿和肢骨为主。蝙蝠洞遗址地层堆积连续，时代跨度较大，文化遗存丰富，对金沙江中游地区地层和史前文化序列的建构意义重大，其石器技术面貌为西南地区史前文化研究提供了重要实物材料，初步判断下层年代早于十万年。

观音洞遗址。1964 年发现于贵州省贵阳市西北的黔西县沙井村，先后进行四次发掘，出土石制品 3 000 多件，包括砍砸器、刮削器、尖状器、雕刻器、石锥等器形，石器原料为燧石。发现 20 余种哺乳动物化石，初步推断遗址年代大体从更新世中期末段延续至更新世晚期晚段，距今 20 万～4 万年。大部分石片用锤击法产生，少数可能用碰砧法；石器大多用石片加工而成，尺寸一般较小；单面打制的石器占大多数，多半有两个以上的刃缘；器形以刮削器为主，兼有端刃刮削器、砍斫器、尖状器，少量石锥、带凹口刮削器和雕刻器。其石器工艺与北京人在许多方面相同或相近，但也有明显的区别，说明当时已经形成了不同的技术传统。观音洞遗址发现的勒瓦娄哇技术，是东亚古人类在中晚更新世拥有预制石核技术的可靠证据，改变了以往学术界对东亚古人类石器技术发展水平的认识，从而奠定了中国旧石器时代中期在世界史前文化中的地位，对完善古人类在东亚的交流进化的认知较为重要，反映出中国旧石器时代早期文化在不同地区呈现出复杂化和多样化的面貌。

桐梓人。1971—1972 年于贵州省桐梓县城西北云峰岩灰洞内，发现 2 枚牙齿和 12 件打制石器及烧骨、炭屑。石器有刮削器、尖状器等，均为锤击法制造，其中的一件尖状器经过精细的二次加工，刮削器大多加工粗糙，与观音洞石器存在文化上的联系。牙齿分属于老年和青年两个个体，门齿呈铲形，齿冠和齿根粗壮，嚼面纹理复杂，有与北京人一样的指状突，但齿根颈不甚明显，较北京人进步。年代为更新世晚期早段，属于早期智人。同出的动物化石约 25 种。此外在贵州省水城县西北发现水城人牙齿 1 枚，有打制石器刮削器、尖状器及灰烬层。牙齿形态较北京人进步。化石年代在更新世晚期早段。

猫猫洞遗址。发现于贵州省兴义县猫猫洞，是一处洞穴遗址。1974 年开始发掘，出土 7 件人类化石、大量石制品及部分骨角器、大面积用火遗迹。打制石器多以粉砂岩、泥页岩、燧石为原料，用“锐棱砸击法”和锤击法打片，有刮削器、尖状器、砍砸器、石锤等，形体较大，器类稳定，修理精致。骨角器有骨锥、骨刀以及一种可用于挖掘播种的角铲。距今 1.4 万～1.2 万年。

2. 长江流域

三峡地区巫山直立人的发现表明，在长江流域中国猿人的历史有可能追溯到 200 万年以前，是中国目前发现的年代最早的直立人。此前在长江中游地区发现了与北京人年代相当的郧县人，1993 年又在南京市江宁县汤山镇发现了距今 35 万年左右的汤山人。旧石器时代中期遗存有湖北的长阳人和鸡公山下层遗址，晚期有湖南的燕儿洞遗址。

巫山人。1985 年在重庆市巫山县龙坪村一处洞穴发现一段带有 2 枚臼齿的直立人左下颌骨化石，1986 年又发现 1 枚直立人上门齿化石，并出土打制石器 20 多件，大小不一，多为石灰岩加工制成，但打制痕迹不十分明显。发现哺乳动物化石 92 种。关于牙齿化石属于猿类还是人类，石器是否人工制作尚有争议。所在地层据古地磁法测定距今 204 万～201 万年。

郧县人。1975 年发现于湖北郧县青曲镇梅龙铺龙骨洞，次年发掘出土较为完整的直立人颅骨化石 2 件和 20 多种动物化石，以及一些石制品。从体质形态看，头骨骨壁厚重，前额较为低平，眉脊粗壮，脑容量可达 1 100 毫升，具备某些智人特征。是智人承袭了郧县直立人的特征，还是郧县人骨化石本身就属于智人，尚有争议。1989 年在湖北郧县青曲镇弥陀寺村曲远河口出土石器 200 多件，包括石英岩和砂岩打制的石核、石片、石器等，主要有砍砸器、尖状器、刮削器。据电子自旋共振测年距今 58.1 万±9.3 万年。

鸡公山下层遗址。1984 年发现于湖北省荆州市郢北村荆州古城东北约 5 公里处，1992 年初步发掘。遗址地层堆积分为上下两层，其中下层文化内涵丰富，包括古人类活动面、石堆、石圈等遗迹，由砾石圈成的 5 个石圆圈最重要，外径 4 米，内径 1.5～2 米，周边堆积大量石器、砾石和石制品，中间的空白区可能为窝棚。在石圈南有 2 个石器加工区，出土大尖状器、砍砸器、手斧、石球、刮削器等大量石制品。距今 20 万～10 万年。

长阳人。位于湖北长阳县西南 45 公里下钟家湾村堰龙洞。1956 年由贾兰坡发掘，仅存一上颌骨和 3 枚牙齿。梨状孔下部较宽，颌骨倾斜度没有北京人显著，牙齿粗大，齿根较长，齿冠较低，咬合面纹理复杂，整体上较北京人进步。时代接近更新世晚期早段，归入早期智人。

燕儿洞遗址。位于湖南省石门县阳泉乡。该遗址发现古人类股骨、颌骨化石，股骨粗壮，形态接近山顶洞人。还发现石、骨制品，打制石器以砂岩、石英岩、燧石为原料，多采用锤击法打制，形制较小，有刮削器、石锤等。遗址年代属于更新世晚期。

澧县摩天岭遗址。位于湖南常德市漫县的道水附近，地层堆积属道水沿岸的三级阶地。遗址出土石制品近百件，石料以石英砂岩、石英岩、硅质岩为主，类型包括石料、石核、石片、断块和工具，工具有石锤、砍砸器、手镐、刮削器等。从石器特征观察，遗址的石器工业属于简单的奥杜威技术体系。根据埋藏地层与所处地貌分析，遗址的时代为晚更新世早期。

3. 黄河流域

20世纪60年代在山西芮城西侯度及匼河遗址都发现了旧石器时代早期的大型石器，当时在西侯度发现了我国最早的一批石器，但两地都未发现人类化石。华北和西北地区年代最早的直立人属蓝田人。早期智人化石的发现以黄河中游及其支流渭河、汾河流域最为集中，重要的有大荔人、丁村人、许家窑人和许昌人。晚期智人化石及遗址较为丰富，发现有河套人、山东新泰人，以及水洞沟、峙峪、下川、灵井、小南海、蓝田涝池河遗址等。

西侯度遗址。1961—1962年发现于山西芮城西侯度，发现32件石制品，打制方法多样，类型明确。有烧骨、碎骨（敲骨吸髓）现象。共存动物有剑齿虎、披毛犀等，100%为灭绝种。西侯度遗址最新同位素测年数据距今约243万年，遗址人工打制石器表明，在直立人走出非洲之前，东亚地区已经出现了一种利用砾石打制石器的早期人类。

匼河遗址。位于山西芮城风陵渡，在11处地点出土100余件石器及13种动物化石，石器加工方法以投击法最具特色，石片体积大，长宽分别20～30厘米，器形有大三棱尖状器、小尖状器、砍砸器和石球。距今约60万年。

沁水县下川遗址。位于山西省沁水县的下川乡，华北旧石器时代晚期遗址。20世纪70年代发现并初步发掘，2014年重新发掘，石制品发现有鸡冠状石叶、细石叶、锥型石核、琢背小刀、圆头刮削器、楔形器，发现火塘及用火遗迹，以及火塘与石磨盘、赤铁矿粉共存的现象。遗址时代距今4万～1万年。

蓝田人。1963—1964年在陕西蓝田发现，包括在蓝田县洩湖镇陈家窝附近发现的下颌骨化石，以及在蓝田县城东公王岭发现的头盖骨化石。还发现有大量石英岩和脉石英打制的石器，有尖状器、刮削器、砍砸器、石球等器类。两地发现的猿人化石测年数据并不相同，其中公王岭头盖骨化石附有3枚牙齿，属于30岁左右女性个体，脑容量780毫升，头骨低平，眉脊粗壮，骨壁较厚（16毫米，北京猿人7～9.9毫米），古地磁测年数据为80万～75万年，甚至早到115万～110万年；陈家窝完好的下颌骨附有13枚牙齿，为老年女性个体，距今65万～53万年。蓝田人的体质特征较北京人更为原始。公王岭出土石制品13件，原料为石英、脉石英、砂岩，方法为砸击法，器类有大三棱尖状器、刮削器、石球，有较多的原始性，但类型有一定分化。发现几处炭粒，可能用火。动物化石41种，具有南方更新世中期早段动物群特征。

龙岗寺遗址。位于陕西省汉中市南郑区，汉中盆地旧石器时代早、中期遗址，

20 世纪 80 年代经初步调查，2015 年、2016 年发掘。出土各类石制品近万件，类型包括石核、石片、石器工具以及断块和碎屑等，石器工具有砍砸器、刮削器、尖状器等，石制品以中、小型为主，大型砍砸器等重型工具少见。发现旧石器时代古人用火遗迹。该遗址时代跨度较大，其中遗址早期地层年代超过 100 万年，第三级阶地遗存形成于距今 60 万～10 万年。

大荔人。1978—1980 年发掘于陕西大荔县段家公社甜水沟。出土一个完整的青年男性头盖骨，缺下颌骨。头骨骨壁较厚，颅穹较低，眉脊厚重，但矢状脊不明显，颧骨细弱，吻部不甚前突，脑容量 1 120 毫升。属早期智人中的古老类型，体质特征属于直立人与早期智人之间的过渡阶段。伴出 560 多件石制品和大量的哺乳动物化石，30%为石器，打制石器以单刃的小型石片石器为主，加工简单，包括刮削器、尖状器、雕刻器、石球、石锥等。哺乳动物主要是适于灌木丛林、草原及森林环境的物种，植物多针叶树种，未见阔叶树种，说明当时气候干燥凉爽。发现丰富的鱼类、蚌类、河狸等水生动物化石。属于更新世中期晚段，据铀系法测定距今 23 万～18 万年。

疥疙洞遗址。位于陕西省汉中市南郑区梁山镇南寨村西的梁山余脉上，2017 年调查发现，2018 年、2019 年发掘，发现火塘、人类活动面、石器加工点等遗迹，出土人类化石，以及大量的石制品、烧骨、动物化石等遗物。其中石制品原料大部分为石英，类型包括石核、石片、工具、断块、碎屑等。石制品个体多中小型，剥片主要采用锤击法，工具以小型刮削器为主，有少量尖状器、砍砸器和重型刮削器，属中国北方小石片工业类型。动物化石有剑齿象、犀、野猪、大熊猫、熊、狼、豪猪及小型食肉类、啮齿类动物，绝大多数为鹿科、牛科动物。遗址为更新世晚期晚段，距今 10 万～1.5 万年。

丁村人。1954 年贾兰坡主持发掘，分布于晋中南、豫西、陕东一带。在山西襄汾县南丁村 14 个地点发现有古人类化石及动物化石和 2 000 多件石制品。1 件古人类顶骨化石属于一个两岁幼童，比北京人骨壁薄，共存的 3 枚牙齿同属一个十二三岁的儿童，铲形门齿，齿根、齿冠细小，门齿舌面低凹，有指状突，比北京人的牙齿结构简单。体质较为进步，属于北京猿人和现代蒙古人之间的过渡类型。石器原料主要是来自河滩的黑色角页岩，有加工痕迹的仅占 6.6%，器类包括砍砸器、尖状器、手斧、石球、刮削器以及石核、石片等，加工方法主要为碰砧法和摔击法，以石片石器为主，个体粗大，三棱大尖状器为其特色，制作规整、类型明确。距今 21 万～16 万年。2015 年在丁村遗址群东北部发现旧石器时代遗址 50 余处，并对老虎坡、过水洞、九龙洞遗址进行发掘，出土石制品 2 000 余件，原料以角页岩为主，其次为燧石、石英等，类型包括石片、石核、工具、断片、砾石等。动物化石可见食草类、啮齿类动物的头骨、牙齿、肱骨等，另发现有鸵鸟蛋壳、植物种子、炭屑等。石制品基本不见磨蚀，为原地埋藏，呈现出选料、剥片、废弃完整的操作流程，年代以旧石器时代中、晚期为主。

许家窑人。1973年发现于山西阳高许家窑与河北阳原县交界处。1974—1977年经三次发掘，发现古人类化石20余件，分属11个男女老幼不同个体的头骨碎片。头骨骨壁较厚，牙齿巨大，齿冠咬合面纹理复杂，接近直立人，但顶骨、枕骨、上颌骨较为进步，具有早期智人特征。伴出石器3万余件，打制石器属于典型的小型石器文化传统，有刮削器、尖状器、雕刻器、石锥、石球、砍砸器等，其中刮削器数量较多，大约占石器总数的一半以上，石球数量达1 079个。有些石器已具备先进的细石器的雏形，还出土少量骨器、角器。所出普氏野马、披毛犀、河套大脚鹿等动物化石基本上是适应寒冷气候的草原性物种。年代约为更新世中期末段至更新世晚期之初，距今12.5万～10万年。

许昌人。2007年在河南许昌灵井旧石器遗址距今10万～8万年的地层中，出土人类顶骨、枕骨、颞骨断片化石等16块，2008年发现12块属同一个体的头骨断块，据此可复原出一个较为完整的人类头盖骨，其眉脊较突，前额低平，枕突隆起，骨壁较厚。同时出土大量打制的骨器。2014年灵井遗址出土27块古人类头骨化石断块，化石断块有完整的枕骨、部分顶骨、眉脊、面骨和颅底骨等，其中面骨和颅底骨属首次发现，骨骼多数可拼接复原，确认这些化石是来自同一个体的头骨。年代经测定距今10万年左右。该遗址第五层出土大量的细石器、微型鸟雕和早期陶片，时代距今1.35万年。2015年5月发现2块古人类肢骨化石，均属未成年个体，可能属同一个体。发现早期陶器可辨器形仅有钵一类，纹饰以素面为主，偶见绳纹、刻划纹，烧造温度普遍偏低，制作方法为泥条盘筑、泥片贴筑，部分标本的内外壁残留有炭化物痕迹，一些陶片还有烟熏痕迹，应是烧造或使用时留下的。通过对许昌人遗址出土的石磨盘（残块）与陶片残留淀粉粒的分析，发现40多粒小麦族、山药、粟属等作物。遗址的发现对研究华北地区陶器起源、新旧石器时代过渡以及东亚古人类演化和中国现代人起源具有重要意义。

河套人。1922年发现于内蒙古乌审旗萨拉乌苏河沿岸。出土人类化石23件，并见大量石制品及骨器、角器。石器多以石英岩和燧石为原料，间接锤击法打制，有刮削器、尖状器、雕刻器、钻具等器形，较为细小，刮削器是最主要的工具。河套人的体质特征接近现代人，但仍保留一些原始性质，头骨骨壁较厚，下颌粗壮，牙齿粗大，髓腔较小，属于晚期智人，距今5万～3.5万年。

水洞沟遗址。位于宁夏银川东南28公里处，西距黄河18公里，该遗址由12个地点组成，1923年桑志华和德日进在宁夏灵武水洞沟以东14公里的黄土断崖上发现了一条黑色的灰烬层，其中含有石制品和破碎的动物骨骼，并发现了石核、石片和大量的石器。水洞沟石器包括大量的石叶和三角形石片，尖状器、刮削器数量较多。另外还发现1件骨锥、1件鸵鸟蛋壳制成的装饰品。2015—2019年发掘出土大量石制品、哺乳动物化石、鸵鸟蛋壳碎片，发现火塘数十座。鸵鸟蛋壳少量为装饰品成品或半成品，有的表面残存钻孔痕迹，有的表面还有染色或火灼痕迹。石制品包括典型勒瓦娄哇技术的石叶、石核等。地质时代从距今约 4 万年的更新世晚期晚段直至全新世早期，涵盖了旧石器时代晚期之初至新石器时代早期的不同文化堆积。

鸽子山遗址。位于宁夏青铜峡市西部贺兰山台地中段鸽子山盆地周边，自 20 世纪 90 年代起共发现 15 个地点，2015 年发掘，发现灰烬、火塘、灶等遗迹。出土石制品以红色砂岩、石英岩为主，主要有石锤、石核、石叶以及有磨制痕迹的石制品，其中石锤、石核、石叶主要材料为石英岩，而磨制痕迹的石制品为红色砂岩。发现一件经打制且磨光的石斧毛坯，另见管状装饰品以及钻孔的鸵鸟串珠等。年代在旧、新石器时代过渡期。

峙峪遗址。1963 年发现于山西省朔县城西北峙峪村，出土古人类枕骨化石 1 件，形态接近晚期智人。发现有烧石、灰烬层，出土石制品、半成品、原料达万余件，以及骨器、动物骨骼等，推测可能是原始人营地。石器有刮削器、尖状器、雕刻器、石镞、砍砸器等，以细小石器为主，刮削器数量巨大，还发现燧石制成的箭头及作为复合工具的刃部的小石刀，多以脉石英、硅质灰岩为原料，采用锤击法和砸击法，二次加工采用进步的间接打击法，石片疤浅。其中的圆头刮削器、雕刻器、石镞和扇形石核当属典型细石器工艺的先驱。还发现 1 件穿孔的石墨装饰品、1 件骨制尖状器以及有刻划痕迹的骨片等。动物群属于适应低温干旱环境的草原性物种。属于更新世晚期晚段，距今 3 万～1.5 万年。

下川文化。1973 年发现于山西沁水中条山的下川盆地，经多次发掘获得数以千计的石制品。石器中除一小部分用砂岩、石英岩打制，尺寸较大的尖状器、刮削器、砍砸器、砾石和磨盘外，其余主要是以燧石为原料，用先进的间接打击法和压制法生产的细石核、细石叶、石叶及用石叶加工的工具。细石核包括锥状、半锥状、柱状、楔状、漏斗状。石叶工具有边刮器、尖状器、钻、箭头、雕刻器、锯齿刃器和琢背小刀等。因用压制法加工，石器形状规整，制作精美，工艺水平极高。距今 2.4 万～1.6 万年。

灵井遗址。发现于河南省许昌市灵井砦，出土古人类头骨、股骨化石，以及大量石器、骨器和用火遗迹。股骨粗壮，骨壁较厚，骨嵴突出，具有一定原始性。打制石器多以石英、燧石为原料，分砾石石器、石片石器、细石器三类，采用直接或间接打击法，有尖状器、雕刻器、刮削器等。属于更新世晚期晚段，距今约 2 万年。

龙泉洞遗址。位于河南洛阳市栾川县龙泉山公园内的山坡南麓，2014—2016 年发掘，出土石制品、动物化石和疑似骨器等。石制品的原料以脉石英为主，打片以锤击法为主，砸击法很少使用，修理则全为锤击法。石制品类型有石核、石片、工具、断块、碎片和搬运石材等，其中工具以刮削器为主，另有少量尖状器、锯齿刃器、凹缺器等。动物化石经鉴定主要有鹿、牛、羊、犀以及食肉类动物等种属。石制品体现出中国旧石器时代晚期北方石器的特点，属简单石核石片技术传统。

小南海遗址。1960年在河南安阳发现，是一处有着多层堆积的洞穴遗址，发现有石制品、动物化石以及用火遗迹。属于旧石器时代晚期。

石峡口遗址。位于甘肃省天水市张家川回族自治县川王乡石峡口村，2009年发现，2014—2015年发掘。发现火塘等遗迹，出土石制品、动物化石等标本5 000余件。石制品类型主要有石锤、普通石核、细石核、石片、细石叶、石器、断块以及经人工搬运的砾石。原料多为河滩砾石，总体以石英为主，燧石次之，另有少量石英岩、凝灰岩、砂岩、页岩、玛瑙、白云岩及粗面岩等。主要采用锤击法剥片，多用砾石的砾面与打击面为台面剥片，有少量修理台面。石器类型以边刮器、端刮器为主，细石核类型主要有楔形、锥形、柱形及不规则细石核，整体尺寸细小，开发利用程度较高。多数细石叶形态规范，部分细石叶台面背缘存在琢磨痕迹，体现出相对娴熟的工艺技术。动物种类以普氏羚羊、马科等为主，发现犀牛及少量鸵鸟蛋壳化石。遗址距今3.3万～1.7万年。

白石崖1号洞遗址。位于甘肃省甘南藏族自治州夏河县甘加乡白石崖村西北的达力加山，由长达数十米的洞穴入口及高度差异较大的4个洞室组成。2018年发掘出土石制品1 300余件、动物骨骼500余件。石制品以打制石片为主，同时有石核、工具与断块，石片多未经修整，但有使用痕迹，较多石片具有砾石面，石料主要为变质石英砂岩、角岩、石英、板岩。出土动物骨骼有犀牛、野牛、野马、野驴、鬣狗、羚羊等。旧石器堆积年代不晚于4万年。该遗址是目前青藏高原已知最早的旧石器时代遗址。

4. 淮河流域

中国目前发现的年代最早的旧石器时代早期遗址——人字洞遗址，和年代最晚的直立人化石——和县人，构成这一地区早期人类进化史的完整链条。旧石器时代中晚期的遗存尚缺少资料，仅有零星发现。

人字洞遗址。1998年发现于安徽省繁昌县西南约10公里的孙村镇人字洞，是一处裂隙。经多次发掘出土石质标本500多件，骨器10余件，其中石器原料多为铁矿石，少数为石英岩，毛坯、石核占绝大多数，缺乏稳定的器形。主要器类为刮削器、雕刻器等小型石器，用锤击法打片、修整。有学者认为该遗址所出石器质地坚硬，很难人工打击；骨器是人工制作还是大型食肉动物啃咬形成，目前争议很大；甚至认为裂隙内的堆积并非原生，可能属于流水搬运。发现哺乳动物化石67种，灭绝比例76.1%，尚未发现古人类化石。属更新世早期早段，距今256万～200万年。

和县人。1980年发现于安徽省和县陶店镇汪家山龙潭洞堆积层中。发现至少3个个体的头骨化石、下颌骨碎块以及牙齿。一个头骨保存完好，属于男性个体，是我国目前所见的直立人头骨中最完整的一个标本。其形态特征和北京人相似，但比北京人进步，属晚期直立人，被认为是直立人中最进步的典型。出土大量石器、成批骨角器、烧骨、灰烬和大量碎骨，伴出动物化石 40 多种，多属更新世哺乳动物。其时代不晚于更新世中期，距今 19 万～15 万年。

巢县人。1982 年在安徽省巢县岱山乡银山村发现早期智人的枕骨化石，骨壁较薄，较直立人内曲度更大。距今 20 万～16 万年。

华龙洞遗址。位于安徽省池州市东至县尧渡镇汪村梅源山南麓，2006 年以来发现多件古人类头骨、牙齿化石，动物化石发现 30 余种，包括东方剑齿象、巴氏大熊猫、谷氏大额牛、中国犀、中国鬣狗、貘、熊、鸟类、陆龟化石等共计 6 000 余件，部分动物化石表面保存有古人生存活动的证据，即切割和砍砸痕迹，另有若干石制品。确定古人类化石属于直立人，其生存时代在更新世中期。

5. 华北、东北地区

北京人是中国考古发现资料最为丰富的直立人，而河北省西北部桑干河畔的泥河湾及其附近小村庄的地层和哺乳动物化石自 20 世纪 20 年代起就已引起地质学者的关注，最近 20 多年以来，重又成为早期人类考古发掘和研究的热点。在距今 100 万年的地层中相继发现一批旧石器时代早期地点，其小型石器传统与较晚的北京人石器有许多相似之处，被认为是北京人文化的先驱。东北地区较为重要的发现有金牛山和庙后山两处洞穴堆积，直立人化石年代较晚。旧石器时代中期，以北京周口店第十五地点和辽宁鸽子洞文化为代表。旧石器时代晚期遗存十分丰富，以山顶洞遗址和哈尔滨阎家岗遗址最富特点，此外还有辽宁海城小孤山遗址、吉林安图县明月镇的安图人、河北阳原虎头梁遗址等。

泥河湾遗址群。1978 年发现，集中于河北省张家口市阳原县泥河湾盆地的东部边缘，重要的地点有小长梁、东谷坨、岑家湾等。在东谷坨村的湖成地层中，发现大量石制品和三趾马、古菱齿象等动物化石。石制品以火成岩、燧石、玉髓等为原料。器形有边刮器、端刮器、凹缺器、钻具等。尺寸小，属轻小型工具传统，在其西北约 1 公里的小长梁村的同时代地层中，发现了基本相同的石制品。据古地磁法测定距今 100 万～90 万年，新的测年数据甚至可以早到 160 万或 190 万年。

东谷坨遗址。位于河北省阳原县大田洼乡东谷坨村，2019 年发掘，出土石制品 2 000 余件，动物化石 1 000 余件。石制品类型主要有普通石核、石片、石器、断块，石制品原料多选自遗址附近基岩出露的燧石。东谷坨石制品技术面貌从整体上呈现旧石器时代早期简单的石核石片模式，但也发现少量的盘状石核、以石片为毛坯的石核，石器中存在数量较多的加工精致的刮削器等。动物化石初步鉴定有食肉类、马、牛、犀和象类等。东谷坨遗址是泥河湾盆地更新世早期河湖相堆积中的重要遗址。

马圈沟遗址。位于河北省阳原县大田洼乡岑家湾村西南的马圈沟南段，1992 年以来经过多次发掘，共发现7个地点，确认15个文化层，时代在距今176万～120万年，是东北亚地区时代最早、文化遗存最丰富的旧石器时代遗址。遗物埋藏于泥河湾的湖相地层，地质年代为更新世早期。石制品原料有燧石、火山岩、硅质灰岩、石英、石英砂岩等，类型有石核、石片、断块、残片等，石制品简单原始，类型单调，剥片不成功的石料或者废弃品比例较高，经过第二步加工修理的石器仅有刮削器，比例非常低，属于石片石器时代传统。出土动物化石种类有马、羚羊、鹿、牛、犀牛和少量食肉类动物等。

周家山岩厦遗址。位于河北省阳原县大田洼乡油房村南的周家山东坡，2015年发掘，发现丰富的用火遗迹，包括灰烬层及火塘。出土石制品、动物化石8 851件，石制品以石片制品为主，表现出明显的小石器工业技术传统，发现有极少量细石器，主要为楔形石核。时代为更新世晚期末段的旧石器时代晚期。

南家沟遗址。位于河北省怀来县桑园镇辛窑村东南，2014调查发现，2016年发掘，发现灰堆、炭屑、烧骨等用火遗存。出土的石制品以丰富的细石器遗存为特色，出土大量的楔形细石核与细石叶，以及加工精致的端刮器、尖状器、锛状器。此外，发现骨针及鸵鸟蛋壳制作的串珠装饰品、动物化石等遗物共2 000余件，并筛选出大量石制品碎屑和动物碎骨。年代为旧石器时代晚期晚段。

北京人。1921年发现于北京市西南约48公里的周口店龙骨山，1927—1937年经发掘共出土5个完整的猿人头盖骨、140余枚猿人牙齿，以及大量的顶骨、下颌骨、肱骨、肢骨化石，共代表40多个个体。其肢骨与现代人差异较小，而头骨表现出更多的原始性状，头骨骨壁厚重，前额较低平，牙齿粗大，平均脑容量约1 075毫升。出土打制石器10余万件，石片一般较小，包括尖状器、砍砸器、石锥、雕刻器、石球等。北京人遗址堆积层厚40多米，反映出当时人类群体已经有相对稳定的活动区域和较为固定的住地；发现烧骨和灰烬等用火遗迹，确认其已具有控制和管理火的能力；所出土的动物骨骼化石，表明北京人可以猎取鹿、野马等大型动物。石器工艺已达到比较成熟的阶段，其一表现在针对周口店附近丰富的脉石英性脆的特征，采取适当有效的砸击法打制石片，从而能够充分有效地就近利用这种劣质石料；其二是出现了一批打制方法和器形都比较稳定的石器，如大三棱尖状器、手斧、石球和多种刮削器等。在北京人文化的后一阶段，还出现了同期其他地区罕见的雕刻器和石锥等先进器形。北京人公认的年代为距今50万～20万年。2009年最新公布的早期测年数据为距今77万年。

金牛山人。位于辽宁省营口市西南8公里的永安乡西田屯村，1974年普查发现洞穴堆积。发掘出土一批直立人化石、石制品、用火遗迹和丰富的哺乳动物化石，其中有较完整的头骨（缺下颌骨）、脊椎骨、肋骨、髋骨、尺骨、腕骨等共50余件，经鉴定为一刚成年的男性个体，属晚期直立人向早期智人过渡的类型。打制石器以刮削器最多，另有尖状器、砍砸器、雕刻器等，原料多为脉石英和脉质灰岩，采用锤击法、砸击法，以单面加工为主。发现有打制的两极石核和石片，其石器的打片方法、加工方法或类型都与北京人相似。在地层中发现有厚约 30 厘米的灰烬层，其上有两处圆形灰堆，含大量烧骨和烧石，烧骨中多兔类、鼠类和鹿类的肢骨。距今 31 万～20 万年。

庙后山文化。1978 年发现于辽宁省本溪县山城子村，出土有古人类化石、石制品和哺乳动物化石。经过鉴定，1 枚牙齿为直立人化石，1 段幼儿股骨为早期智人化石。石器有刮削器、砍砸器、尖状器等，与华北旧石器文化关系密切。遗址堆积可以分为上下两层，其中上层年代属于更新世晚期，下层年代距今 24 万～14 万年。

周口店第十五地点。1932 年发现于北京周口店龙骨山，1934—1937 年发掘。主要发现人类牙齿化石 1 枚，比北京猿人进步，应属早期智人。出土石制品数以万计，包括刮削器、尖状器、雕刻器、砍砸器等，制作技术多用锤击法，形体细小。年代为更新世中期末段或更新世晚期初段。

鸽子洞遗址。1956 年发现于辽宁省喀左县，1973 年、1975 年两度发掘，发现 200 多件石制品，及烧骨、木炭等用火遗迹和哺乳动物化石，石器以刮削器为主，还有尖状器、雕刻器、砍砸器、石锤等。年代为更新世晚期早段，属旧石器时代中期晚段。

山顶洞人。1930 年发现于北京市房山县周口店龙骨山山顶洞，1933—1934 年发掘，出土丰富的人类化石和文化遗物，并发现了中国迄今所知最早的埋葬。山顶洞分为洞口、上室、下室和下窨 4 部分。洞口向北，高约 4 米。上室在洞穴的东半部，东西约 14 米，南北约 8 米，是山顶洞人居住的地方，在地面中间发现一堆灰烬，底部的石钟乳层面和洞壁有烧炙痕迹。文化层中发现有婴儿头骨碎片、骨针、装饰品和少量石器。下室在洞穴的西半部稍低处，深约 8 米，发现有 3 具完整的人头骨和一些躯干骨，人骨周围散布有赤铁矿粉末及一些随葬品，应是葬地。下窨在下室深处，是一条长 3 米、宽约 1 米的裂隙，发现许多完整的动物骨架，推测它们是在人类入居以前偶然坠入这个天然“陷阱”中的。出土石制品 25 件，以石英岩、绿色砂岩、燧石为原料，沿用北京人的锤击法和砸击法打片，有刮削器、砍砸器两类，其中一件凹刃刮削器制作较精致。骨角器有骨针和鹿角，骨针残长 82 毫米，直径仅 3.3 毫米，针身微弯，几乎完好，仅针孔残缺，针孔是用细锐的尖状器对挖而成的，很光滑，是中国发现最早的旧石器时代的缝纫工具。1 件赤鹿角的枝杈被截去，表面经过刮磨，尖头残缺，推测可能是做矛头使用的。装饰品有钻孔的小砾石坠、石珠以及海蚶壳、兽牙、鱼骨、骨管等，已采用钻孔、磨制、切割和染色技术。山顶洞人类化石有代表不同年龄和性别的 8 个个体，其中 5 个是成年人，包括男女壮年和超过 60 岁的老人，1 个少年，1 个 5 岁的小孩，1 个婴儿。属于正在形成中的原始蒙古人种。前额较高，头骨最宽处位于顶结节处，骨壁较薄，矢状脊消失，牙齿较小，齿冠增高，下颏突出，脑容量 1 300～1 500 毫升，形态接近现代人，男性身高约 1.74 米，女性约 1.59 米，应属晚期智人。出土脊椎动物化石共 54 种，其中哺乳动物有 48 种，大多属华北、内蒙古和东北地区的现生种，绝灭动物只有洞熊、最后斑鬣狗和鸵鸟 3 种，仅占动物总数的 12.1%。年代属于更新世晚期后段，距今 1.9 万～1 万年。

小孤山遗址。1980 年发现于辽宁省海城县小孤山。出土石制品千余件，原料为脉石英，器形较小。发现磨制精美的骨针、带有倒刺的骨鱼叉、穿孔兽牙制作的装饰品，并有用火遗迹。

阎家岗遗址。1982 年发现于黑龙江省哈尔滨市附近约 25 公里处。经连续三年发掘，发现两处用动物骨骼垒叠成的围圈：一处东西长 4 米，南北宽 3 米，由 200 多块骨头叠成；另一处是用 300 多块骨头叠成的半圆圈，围圈内发现炭屑。推测是古代猎人构筑的宿营地围墙。出土头骨残片 1 件、石制品 6 件和大量动物骨骼。动物的种类包括狼、鬣狗、野驴、披毛犀、猛犸、东北野牛、马鹿、大角鹿和羚羊等，多为适应寒冷气候的动物。年代距今约 2.2 万年。

6. 华南地区

华南地区缺少早期猿人化石的发现，旧石器时代早期文化遗存近年在广东省郁南县、罗定市境内有所发现，但旧石器时代中晚期的人类化石与遗址逐渐丰富。主要发现有旧石器时代中期的马坝人、晚期的柳江人、台湾的左镇人和长滨洞穴遗址等。

磨刀山遗址。位于广东省云浮市郁南县河口镇和都村，2014 年发掘，出土近 400 件石制品，以砂岩、石英与石英岩为主，类别包括砍砸器、手镐、手斧、刮削器、石锤等，其中以砍砸器数量为多，此外还有大量的石料、断块、碎屑、石核等。石器加工技术以单面硬锤修理为主，少量手斧使用两面加工技术，石器的修理较为简单粗糙，刃部普遍不规整。此外多见直接使用砾石做工具的现象。遗址年代为更新世中期偏早阶段，属旧石器时代早期。

马坝人。1958 年发现于广东曲江马坝乡狮子山的一个溶洞中。残存一头骨，属于一中年男性个体，眉脊粗壮突出，颧骨长度超过顶骨，较原始，但头骨骨壁较薄，额骨不及猿人倾斜，脑容量可能较大，具有智人的进步性状。时代为更新世晚期早段，属早期智人较晚的类型。

英德青塘遗址。位于广东清远市所辖英德市青塘镇，包括黄门岩 1 号至 4 号洞、朱屋岩、吊珠岩及仙佛岩等多处洞穴地点。2016—2018 年发掘，清理出墓葬、火塘等重要遗迹，出土古人类化石、石器、陶器、蚌器、骨角器、动植物遗存等 1 万余件，建构起距今 2.5 万～1 万年连续的文化序列。石制品 3 000 余件，包括打制石器、石锤、使用砾石、石片、断块、碎屑、石料及少量穿孔石器、局部磨光石器，其中最具代表性的是单面硬锤加工的各类陡刃砾石石器，形态特征与加工技术都开始定型化。动物化石以鹿为大宗，此外还有食肉类、鸟类及啮齿类动物等，螺蚌、龟鳖等水生动物数量较多。遗址发现植物果核产于多个地层，出土的石制品表面检测到禾本科淀粉粒。黄门岩 1 号洞发现墓葬一座，出土保存较为完整的人骨化石 1 具，其葬式为蹲踞葬，人骨旁发现骨针 1 枚，可能为随葬品，年代距今约 13 500 年，是中国迄今发现年代最早的可确认葬式的墓葬。

柳江人。1958 年发现于广西柳江县新兴农场东面的通天岩洞穴。出土一个较为完整的头骨以及椎骨、肢骨等化石，属同一个体。已具现代人特征，与现代华南人和东南亚人接近，面部短宽，颧骨前突，眼眶低平，眉脊粗壮，鼻部宽敞，髓腔较小，上门齿呈铲形结构，身高约 156.69 厘米。具有一定原始性，是晚期智人的较早类型，是迄今为止在中国境内发现的最早的晚期智人标本。最初的测年数据为距今约 6.7 万年，2002 年重新测定为距今 13 万～7 万年。

娅怀洞遗址。位于广西南宁隆安县乔建镇博浪村博浪屯，2014 年发现，2015—2016 年发掘，洞厅后部发现用火遗迹，遗迹内有成层的灰烬、被火烧过的兽骨及石制品。出土石制品达 10 000 多件，包括打制石器、磨制石器，其中打制石制品占绝大多数，包括石锤、石核、石片、断块、石器等工具。工具类型有砍砸器、刮削器、尖状器、切割器、穿孔石器等，以刮削器为主。石制品原料多样，除常见的砂岩、石英岩、石英外，还有燧石、玻璃陨石、水晶等。石器面貌独特，多用石片加工而成，还有许多锋利的石片直接就做工具使用。磨制石器很少，只发现于地层堆积上部。遗址出土若干夹砂绳纹陶片、少量骨器、植物遗存，以及水生动物遗存、哺乳动物遗骸等，包括螺壳、蚌壳、鱼骨、龟鳖甲等。年代距今 3 万～1 万年。

左镇人。1970 年在台湾台南县左镇乡发现古人类顶骨、额骨、枕骨及牙齿化石共 8 件。年代属更新世晚期后段，距今 3 万～2 万年。

长滨洞穴遗址。1968 年发现于台湾台东县长滨乡八仙洞，发现大量石制器以及丰富的骨角器等。距今约 1.5 万年。

7. 巴蜀地区

巴蜀地区近年在旧石器时代考古领域取得举世瞩目的新成果，皮洛遗址的发现填补了该地区乃至青藏高原旧石器时代考古的一项空白，出土大批典型的阿舍利手斧标本，将有力推动早期人类对青藏高原的开发过程、早期人类适应高海拔环境的能力、东亚手斧的分布与源流、东西方人群迁徙与文化交流等重大学术问题研究。旧石器时代晚期遗存发现有资阳人及富林遗址。

皮洛遗址。位于四川省甘孜藏族自治州稻城，2020 年调查发现，2021 年发掘，遗址范围南北长约 2 000 米，东西宽约 500 米，已发掘面积 200 平方米，调查新发现 60 余处旧石器遗址点，是迄今发现的青藏高原面积最大、地层保存最完好、堆积连续、文化类型丰富多样的旧石器时代遗址，也是世界上首次在高海拔地区发现的典型阿舍利技术体系，出土了数量丰富、形态规整、技术成熟的手斧和薄刃斧，属典型的阿舍利技术石器组合。在 7 个文化层中出土石制品6 000余件，展示了“砾石石器—手斧组合—石片石器”的旧石器时代文化发展序列。阿舍利技术体系被公认为人类历史上第一种标准化加工的重型工具，代表了古人类进化到直立人时期石器加工制作的最高技术水平。遗址年代距今 20 万～13 万年，这意味着我们对现代人之前古人的生活方式、生产能力、东西方人类迁徙、文化交流的认识都需要重新评估。

资阳人。1951 年发现于四川省资阳县城西黄鳝溪。在桥墩基坑中发现不太完整的颅骨 1 块、腭骨 1 件，以及少量石制品和骨器等；1 件骨锥底部缺失，残长 10.82 厘米，锥身有刮削加工的条痕。化石属一老年女性个体，体质特征接近现代蒙古人种，头骨较小，颅顶较高，表面平滑圆润，额结节和顶结节都明显突起，额部较丰满，头骨内面骨缝几乎全部愈合，也保留了若干较原始的特征，如眉弓发达，脑容量不大。属于较晚的晚期智人，年代属于更新世晚期。

富林遗址。1960 年发现于四川省汉源县富林镇。发现打制石器及用火遗迹，其石器多以燧石、石英岩为原料，采用锤击法、砸击法，有刮削器、尖状器、雕刻器、石锤等器类，大小不超过 3 厘米。年代属更新世晚期。

8. 西藏地区

尼阿底遗址。位于青藏高原核心区的西藏那曲申扎县雄梅镇，分布范围东西逾 500 米、南北逾 2 000 米，地表有大量打制石器。2016 年发掘，出土遗物 4 000 余件，包括石片、石叶、石片石核、石叶石核，工具包括刮削器、尖状器、雕刻器、凹缺器。旧石器面貌独具特色，石叶技术典型，棱柱状石叶石核数量较多，勒瓦娄哇预制石核有少量发现。该遗址是青藏高原腹地首次发现的有确切地层与年代依据的遗址，距今超过 3 万年。

三、中国旧石器时代考古研究

1. 中国旧石器时代各期文化特征

中国境内分布着丰富的旧石器时代遗址和古人类化石，已发现旧石器的地点 2 000余处。综合各遗址出土石器特征及各时期人类体质的进化，学术界一般将我国旧石器时代划分为三期。各期地理分布范围、旧石器工业传统、人类体质特征的演化，既有差异又有明显的继承性。

目前中国境内发现直立人化石及旧石器时代早期遗址时代跨度从距今 200 多万年延续到距今 20 万年。主要集中分布于四个地区：（1）云贵高原地区，如云南元谋人、贵州黔西观音洞等遗址；（2）长江中游地区，如重庆巫山人，湖北郧县人、郧西人、湖南摩天岭等遗址；（3）黄河中游地区，如陕西蓝田人，山西西侯度、匼河遗址，河北泥河湾的小长梁、东谷坨等遗址，河南南召人；（4）华北与东北地区，如北京周口店猿人，辽宁金牛山人、本溪庙后山等遗址。此外在长江下游还发现南京人、湖北大冶石龙头遗址，淮河流域有安徽和县人、巢县人及繁昌人字洞遗址等。有学者依据石器的特征，进一步将中国旧石器时代早期文化分为前、中、后三个阶段。前期：巫山人、元谋人及人字洞、西侯度、小长梁、东谷坨遗址；中期：蓝田人、郧县人、淅川人及匼河遗址；后期：北京人、郧西人、南召人、和县人、南京人、金牛山人及观音洞、庙后山遗址等。旧石器时代早期大致相当于地质年代的更新世早期晚段到更新世中期晚段。从年代来看，云贵高原地区猿人化石与旧石器时代早期遗址普遍较早，长江中游与黄河中游地区年代次之，长江下游和东北地区年代普遍较晚，金牛山人处于晚期直立人向早期智人过渡时期。这种分布规律在一定程度上反映了直立人在中国境内进化与迁徙的过程，因此有学者推测，中国早期人类是由南向北逐步扩散和发展的，更新世早期主要居于秦岭、淮河以南地区，更新世中期早段扩大到淮河以北、黄河以南地区，更新世中期中段以后越过黄河向华北和东北地区扩展，在长江流域则是从中上游向下游迁徙。

旧石器时代早期生活在中国境内的直立人较为原始，据直立人体质特征的差异，分为早期直立人（200 万～100 万年）和晚期直立人（100 万～20 万年）。从考古发现的古人类化石看，中国直立人具有以下特征：(1) 前额低平，头骨骨壁厚达 10 毫米（比现代人头骨厚 1 倍），脑容量较小，早期直立人平均 804 毫升，晚期直立人平均 980 毫升；(2) 眉脊粗大，眶上圆枕高达 15 毫米，下颌骨与牙齿粗壮，多为铲形门齿；(3) 身材矮小，平均身高 1.52 米左右。

旧石器时代早期中国猿人已经能够加工和使用石器、骨器、木器等生产工具，以石制品为主。早期阶段他们常用砾石或石块加工简单粗糙的打制石器，类型简单，往往一器多用；后来他们渐渐学会多种打制石器的方法，如锤击法、砸击法、碰砧法等，制作出种类丰富、功能不同的各类打制石器。年代较早的西侯度文化已使用锤击、砸击和碰砧三种方法生产石片，体积较小的漏斗状石核和利用台面上脊棱为打击点的石片的存在，表明打片技术已达到一定的水平。石器有刮削器和砍斫器，还有一件脱离了地层的大三棱尖状器，前两种石器的加工比较简单。该遗址出土的烧骨经化验，发掘者认为可能是当时人类用火的遗迹，但有的学者主张对此应持慎重态度。处在前段末期的东谷坨和小长梁遗址，采用锤击和砸击两种方法生产石片，有些锤击石片长而薄，表现出较熟练的打片技术。石器包括多种类型的刮削器、尖状器和钻具等，尺寸都很小，可见加工技术已经达到较高的水平。直立人主要居住在自然形成的山洞和岩棚中，并且可能已学会建造简单的房屋或隐蔽所，早期人类的居住形式可能有多种，文献记载有树栖，如《庄子·盗跖》："古者禽兽多而人少，于是民皆巢居以避之。昼拾橡栗，暮栖木上，故命之曰'有巢氏之民'。"穴居则是考古发现多见的一种形式。采集和狩猎是他们获取食物的主要方式，在劳动中已产生自然的分工，男性可能主要从事劳动量较大的狩猎活动，女性则主要从事劳动量较小的采集和家务。直立人过着群居的生活，据民族学研究推测，直立人族群中可能实行“族内婚”，因而形成人类早期阶段的第一个婚姻家庭形态——“血缘家庭”。用火和管理火是直立人的重要文化成就，元谋人、北京人等遗址中都发现灰烬或用火遗迹，至迟在晚期直立人阶段已能够用火，在食物结构的转换过程中，直立人的体质也在不断地进步。

更新世中晚期之交，距今20万～15万年，人类完成了由晚期直立人向早期智人的转变，历史进入旧石器时代中期，这一阶段结束于距今四五万年前后。就世界范围而言，早期智人较晚期直立人的分布范围有所扩大，中国境内早期智人和旧石器时代中期遗址的分布范围与前一阶段基本保持一致。1934年北京周口店第十五地点首次发现旧石器时代中期文化遗存，1953年山西襄汾丁村遗址第一次发现早期智人化石。总体上南方地区发现数量较少，仅见于贵州桐梓岩灰洞、水城硝灰洞、毕节扁扁洞及广东马坝、福建漳州等地；长江流域和黄河中游地区发现数量较多，如长江流域的湖北长阳、荆州鸡公山、安徽巢县、湖南新晃大溪桥及澧县鸡公垱等地都发现有这一时期的遗存；黄河流域的山西襄汾丁村和阳高许家窑、陕西大荔、河南许昌等地都发现有早期智人化石，周口店第3、4、15、22地点，河北阳原县板井子，陕西长武鸭儿沟，甘肃镇原县姜家湾，山西交城、太原、永济、曲沃等地发现旧石器时代中期文化遗存；东北地区发现辽宁喀左鸽子洞等遗址。这一时期石器制作技术较为进步，修整台面技术得到广泛应用，二次加工普遍，工艺较精细，出现了间接打制石器的技术——击钎法，石器的种类增多，功能逐渐分化，一器多用的现象已很少见到。采集狩猎经济有较大发展，表现在尖状器和大型石球的大量发现，前者用于挖掘，后者可投掷较远的距离，猎取大型草原动物。许家窑和鸽子洞出现相当规整的薄长石片、棱柱状石核，预示着旧石器时代晚期技术的萌芽。此外，骨器的制造与使用较前一阶段增多，出现骨凿、骨鱼叉、骨锥等器类。在生产劳动中人们学会并掌握了人工取火的技术，这一时期的遗址中普遍发现用火遗迹。

早期智人体质特征较直立人有显著进步：（1）脑容量增大，为1 200～1 400毫升；（2）头骨骨壁较薄，大脑结构较直立人复杂；（3）额骨较现代人低平，眉脊突出，牙齿较为粗壮。人类学研究表明，旧石器时代中期同一地区的不同人群体质特征也有较大差异，如许家窑人和丁村人同为山西境内更新世晚期早段早期智人，但二者体质特征明显不同，许家窑人牙齿粗大，头骨骨壁较厚，其特征与晚期直立人接近，而丁村人头骨骨壁较薄，齿根和齿冠较小，显示出明显的进步性，反映出早期智人体质发展的不平衡性，大荔人头骨形态与许家窑人接近，而马坝人与丁村人相似。因此有学者提出，中国旧石器时代可能同时存在粗壮型和纤细型两个不同的种群。中国早期智人颧骨突出、眉脊平直而非前突弧状，已显示出蒙古人种的基本特征，但作为人种尚未最后形成。这一时期幼儿成熟期延长，人的寿命与之成正比。早期智人仍居于洞穴中或河流湖泊旁，如汾河沿岸丁村文化遗址分布密集，在不到

10 公里的范围内发现石器地点近 20 处。随着社会生产力水平的提高，人口增殖，活动地域不断扩大，从而促进族群的分化和原始家庭的不断分裂，民族学研究表明这一时期可能已经实行“族外婚”，早期的血缘家族开始向氏族公社发展。欧洲旧石器时代中期的尼安德特人已经懂得埋葬死者并安放随葬品，目前已发现这一时期的墓葬 30 余座，有的在死者周围发现大量花粉，有的围绕一圈山羊颅骨，原始宗教也开始出现。

旧石器时代晚期从距今四五万年至 1.2 万年前后，大体相当于地质年代的更新世晚期之末至全新世初期。第四纪冰期使海平面下降，大陆架暴露，人与动物的远途迁徙成为可能。这一时期人类进入北极圈并穿过白令海峡抵达美洲。随着生产力的提高和人口的增加，人类的活动范围大为拓展，除南极洲外世界各大洲都发现了晚期智人遗存。中国境内除新疆尚无确切的发现，各地区晚期智人化石和旧石器时代晚期遗址发现十分普遍，主要有广西柳江人、来宾麒麟山人、台湾左镇人、四川资阳人、内蒙古河套人、北京山顶洞人等晚期智人化石，以及贵州兴义猫猫洞、四川汉源富林、河南安阳小南海与许昌灵井、山西峙峪和沁水下川、宁夏灵武水洞沟、黑龙江哈尔滨阎家岗、辽宁建平与丹东及海城小孤山、甘肃泾川、云南丽江等遗址。晚期遗址遍布于华南地区、长江流域、黄河流域、西北地区及北方草原地区，并向东北辽河与三江流域高寒地区、西部青藏高原和东南沿海岛屿迁移扩散。远及北纬 53°的黑龙江漠河、呼玛十八站和嫩江流域的昂昂溪，海拔 4 000 米以上的西藏以及台湾等地均发现了晚期智人化石和文化遗物。晚期智人一般体质形态较为进步，与现代人没有明显区别，世界三大人种基本形成。中国发现的晚期智人化石都具有明显的蒙古人种特征，其脑容量近 1 400 毫升，基本达到现代人脑容量范围，脑动脉分支接近现代人；颅骨变高，颅壁变薄，头骨最大宽度上移，吻部后缩，眉脊减弱，牙齿变小。唯年代较早的晚期智人体质特征仍保留一定的原始性，如柳江人、河套人仍与早期智人形态较为接近。柳江人面部短宽，眼眶低扁；河套人的头骨骨壁较厚，骨缝简单，下颌骨粗壮，股骨壁较厚，髓腔较小。

旧石器时代晚期石器制作技术明显进步，不仅此前出现的修理台面技术、间接打片技术得到更为广泛的运用，骨器、角器、牙器的制作也较为复杂，还发明制造了很多新型的生产工具，如投矛器、弓箭、鱼镖等复合工具。晚期智人采用锯、切、削、磨、钻孔等一系列技术，加工骨针、骨锥、骨铲、骨刀、鱼叉、角铲等新型骨角生产工具，出现了用兽牙、贝壳、石块制作的串饰。随着人类生活范围的扩展，不同生态环境以及由此而产生的人类生产方式、生活习俗的差异，使得旧石器时代晚期文化呈现出更为多样的区域性特征。华北地区石器的细小化趋势明显，砍砸器渐趋消失，石器一般只有 2～3 厘米，重 1～2 克，形成以峙峪文化、小南海文化、山顶洞文化为代表的小石器文化传统和以水洞沟文化、下川文化为特色的典型的细石器文化传统；华南地区以小型石器为特色的富林文化和以大型砾石工具为特色的百色盆地石器并存；西南地区石器类型始终较为简单，砍砸器比例一直较大，未见间接打击法和压制法修整石器。

晚期智人的生活资料来源扩大，不仅从事采集和狩猎，还经常捕捞鱼类。高级阶段的狩猎和采集表现为弓箭对石球的取代和镰刀、磨盘的出现。华南地区由于气候温暖，旧石器时代之末，农业首先在此萌芽，然后由南向北推进。人们学会缝制衣服和制作装饰品，这反映出晚期智人较为丰富的精神生活和原始审美观念的产生。居住形态不仅有前期的洞穴、岩棚，而且已开始建造半地穴式房屋。哈尔滨阎家岗遗址发现两座用大型动物骨骼、象牙、鹿角作为建筑材料，以兽皮盖顶的房址，山顶洞遗址的天然洞穴也有了居住区、墓葬区和仓库等功能上的分化，有些学者认为这是早期氏族公社聚落结构的雏形，中国史前聚落的基本构成要素以及布局规划思想等已处在萌芽与形成过程中。这一时期我国境内埋葬习俗已经出现，山顶洞遗址发现有晚期智人的墓葬，有意识地放置一些生产工具和装饰品作为随葬品，并在死者身上或墓坑底部撒赤铁矿粉末，表现出原始宗教的某些特征。旧石器时代晚期世界各地都发现了一些表现狩猎和巫术的岩画。生产力的发展必然促进家庭和社会形态的变化，母系氏族公社在旧石器时代晚期得到了进一步的发展。

2. 中国旧石器时代文化传统与区域差异

中国旧石器时代文化和古人类发展具有多样性和不平衡性，不仅同一时期南北方旧石器时代文化存在明显差异，而且同一时期同一地区也存在不同的文化传统。自1972年贾兰坡提出华北地区旧石器发展的“两系说”以来，学术界对相关问题进行了深入研究，又分别提出了华南、北方地区旧石器发展的“两系说”。

华北“两系说”指华北地区旧石器时代以来形成的两个彼此相对独立的文化系统：(1)“匼河—丁村系”，或称“大石片砍砸器—大三棱尖状器传统”；(2)“周口店第一地点—峙峪系”，或称“船头状刮削器—雕刻器传统”。“匼河—丁村系”的基本特征是：打片主要用碰砧法，兼用锤击法；利用宽大石片制造各种大砍砸器，富有代表性的石器是砍砸器、大三棱尖状器、手斧和石球。有时含有小型石器，但数量有限，类型也很少。属于这个文化技术传统的旧石器地点有：匼河旧石器地点群、丁村旧石器地点群、三门峡旧石器诸地点、大同鹅毛口旧石器地点等。该系统的典型石器大三棱尖状器，是用于采集的工具，所反映的经济生活以采集为主，辅以渔猎。“周口店第一地点—峙峪系”的基本特征是：打片多采用砸击法和锤击法，产生的石片长宽多在4厘米左右；在石器成分中，利用不规则小石片制造的细小石器的比例大、类型多、加工痕迹细小；石器类型有刮削器、尖状器、雕刻器、石锥、石球、砍砸器等，以刮削器为主，尖状器也占有重要地位。代表性遗址有：周口店第1地点和第15地点、山西许家窑和峙峪、陕西大荔、内蒙古乌审旗萨拉乌苏、河南安阳小南海等遗址。这一系统是华北以细石器为显著特征的文化的先驱。“小型石器系统”的石器大多数为狩猎工具和与渔猎有关的用具，所反映的经济生活以渔猎为主，采集为辅。两个系统的分化可能在更新世早期就已发生。河北阳原小长梁旧石器地点，经中国科学院地球物理研究所测定，年代为距今160万年前。[①] 最新的磁性地层学研究表明，其年代可早到距今190万年。[②] 该地点的旧石器与西侯度遗址、蓝田猿人旧石器有明显的差异，同北京猿人文化有较多的联系。而西侯度遗址、蓝田猿人石器则与“匼河—丁村系”有较为密切的关系。[③]

华南“两系说”指华南地区旧石器时代晚期形成的两个文化系统：（1）以富林文化为代表的小石器文化系统；（2）以百色盆地为代表的大型砾石文化系统。

北方“两系说”指北方草原地区旧石器时代晚期以来形成的两个文化系统：（1）以山西朔县峙峪和阳高神泉寺、河北阳原白马营、内蒙古萨拉乌苏等遗址为代表的小石器文化传统；（2）以山西阳高尉家堡和神泉堡、河北阳原虎头梁、宁夏灵武水洞沟等遗址为代表的细石器文化传统。

中国旧石器文化“两系说”的提出，把相关研究从单一文化或单纯器物分析提高到区域文化传统的综合比较研究这一层次上来，是对早期人类社会发展模式的卓越创见，对正确理解早期人类社会的发展具有非常重要的意义。

也有学者将旧石器时代文化分为三大文化区：第一文化区，属旷野型遗址，即“大石片砍砸器—大三棱尖状器系统”，以西侯度和匼河文化为代表。第二文化区，洞穴遗址发达，也有旷野遗址，属“船头状刮削器—雕刻器系统”，以周口店第1地点为代表。第三文化区，以洞穴遗址为主，分布于西南，如黔县观音洞遗址，石器个体大小悬殊，类型多但不固定，且多数有较细的加工。

各地区不同系统的旧石器时代文化，在发展过程中又出现一定程度的融合与交流，至旧石器时代晚期，呈现出细小化的共同趋势，地域色彩也更加浓厚。华北地区遗址分布最为密集。小型化的趋势不仅表现在“周口店第1地点—峙峪系”所分布的领域，也表现在以大型石器著称的“匼河—丁村系”分布的领域，如晋南下川遗址就有许多很小的细石器。华北各地也有明显的地方差异。如萨拉乌苏石器特别小，多数仅长2～3厘米、宽1厘米。峙峪石器复杂，石制品中有扇形小石核、石锯、斧形小石刀和石镞等前所未有的新类型，同时又有明显承袭许家窑文化系统的刮削器、尖状器和雕刻器。下川石器大小并存，种类十分复杂，有锥状石核、棱柱状石核、扇形石核、漏斗石核，以及大量小石叶、石镞、石钻等细石制品。虎头梁石器似比下川更晚，已向中石器时代过渡。安阳小南海石器接近细石器，菱形和三角形尖状器最有特色。水洞沟石器更具特色，以中型器为主，有刮削器、端刮器、尖状器和砍斫器等，修理痕迹较深，刃缘不平似锯齿状，有些器形具有欧洲莫斯特文化

① 贾兰坡．小长梁遗址的年代测定说明了什么．中国文物报，1994-06-12（3）．

② 卫奇，陈淳．泥河湾盆地旧石器考古展望．文物世界，1995（1）．

③ 贾兰坡，黄慰文，卫奇．三十六年来的中国旧石器考古//文物与考古论集．北京：文物出版社，1986．

和奥瑞纳文化特征。华北还发现了石器制作场，在呼和浩特东北33公里的大窑村附近，发现成片成层的石渣、石核、石片和石器半成品堆积，已制成的少量石器有砍斫器、尖状器、刮削器等，其中龟背刮削器最具特色。东北地区石器总体特征近于华北，一般个体较小，以刮削器为主。其中小孤山洞穴遗址出土大批动物化石和1 000余件石制品。除刮削器、尖状器和雕刻器外，还有较多钻具，同时出土了一批精美的骨器、蚌器和牙器。一件有双排倒刺的骨鱼叉，为中国旧石器遗址中仅见；另有骨针，针鼻系两面穿孔而成，比山顶洞骨针更进步。蚌器、牙器也有穿孔，系装饰品。阎家岗在松花江右岸第二阶地上，是一处十分难得的猎人宿营地，发现两处用兽骨垒成的窝棚式露营遗迹。华中地区遗迹少，主要在湖南澧县、湖北一带。湖北房县樟脑洞为一洞穴遗址，出土石制品2 000余件，以中小型为主，有刮削器、尖状器、砍斫器和钻具等，以边刃刮削器数量最多。湖北江陵鸡公山分上下二层，上层出小型刮削器100余件，距今2万~1万年；下层发现的砾石圈可能属于窝棚一类的建筑遗存。东南地区发现甚少，仅有江苏东海大贤庄、台湾长滨等。长滨文化以小型石片石器为主，也有不少骨角器。由于更新世晚期气候变冷，海平面下降，台湾海峡变为陆地，人和动物可以从大陆过去，长滨动物化石与大陆的基本相同。西南云、贵、川地区晚期遗存十分丰富，如汉源富林遗址、贵州兴义猫猫洞遗址、普定县穿洞、柳州白莲洞等。富林石器个体较小，有的可称为细石器。猫猫洞多用砸击法加工，并有制作精细的骨角器。而穿洞之上文化带似猫猫洞，下文化带似富林，总体上加工粗糙，类型复杂而不固定，并无华北那样普遍变小的趋势。西北地区旧石器晚期地点见于甘肃庆阳巨家塬、甘肃环县楼房子、甘肃刘家岔、青海霍霍西里、新疆塔里木盆地南缘等地。最近在青海柴达木盆地发掘一处湖滨遗址，出土石制品160件，中等偏小。西藏发现旧石器时代晚期的地点有那曲地区申扎县雄梅区奇林乡珠洛勒、色林错、多格则乡和阿里地区日土县扎布乡，这些地区海拔近5 000米，所出主要为石片石器，用锤击法，个别用碰砧法，并以单面反向修整，器形以刮削器为主，雕刻器、尖状器和砍砸器均较少，刮削器种类繁多，主要用来处理兽肉兽皮，似富林和小南海技术，推测属旧石器时代晚期。定日等地也有发现，石片厚大，加工细致。

3. 关于中国的手斧研究

手斧是形似斧而便于手握的一种多用途工具。手斧通常以石核加工，较晚的也有用石片加工的。基本形状呈梨形，一端略尖，一端略圆，两面大部分经过加工。一般长在100毫米以上；通常两侧对称，围绕器物的周边有连续规整锋利的刃（有时跟部例外）；截面比较薄，纵截面和横截面通常成稍稍扁平的双凸透镜体形，或是比较薄的平凸形；制作典型或比较精致的手斧，先粗制成雏形，然后进行去薄和最后成型，器物的两个刃面广泛修整。一般认为手斧用于挖掘根茎、加工木头，特别是作为切割工具，用于宰杀猎物和割剥兽皮。最早的手斧源于奥杜韦峡谷发现的砾石工具，距今140万～120万年，奥杜韦文化中出现锯齿形刃口的简陋手斧，以后在欧洲旧石器时代文化中广为传播。“莫维斯理论”认为旧大陆的旧石器时代早期，存在着东西方两个不同的文化传统和文化区。一个是东方的砍斫器文化传统，包括东亚、东南亚和印巴次大陆北部；另一个是西方的手斧文化传统，包括非洲和欧洲的南、中、西部以及中东与印度半岛。据此在欧亚大陆的中部划出一条著名的“莫氏线”。西方的手斧文化也曾向东扩散，在西南亚和南亚的一些地方，也曾有少量手斧发现。关于中国是否有手斧的问题，曾在学界引发长期的争论。早在20世纪50年代中国就曾有过零星的报道。80年代以来围绕莫维斯理论的争论中，持中国有手斧论者认为，包括中国、朝鲜半岛、巴基斯坦、马来半岛在内的东亚、南亚地区均不缺少手斧，在中国广西百色盆地发现38件，其次为长江中下游的汉水上游、湖南和安徽部分地区及黄河中游的晋豫陕交界地带，被认为是手斧的标本共69件，表明旧石器时代初期存在东西方文化交流的可能性。反对者认为，中国境内手斧数量微乎其微，甚或根本就存在鉴别上的不严格和错误，在中国，砍砸器、尖状器工业在旧石器工业中始终稳定地占据主导地位，一直持续到更新世结束乃至更晚，其间看不出来自旧大陆西侧的多少影响，认为零星的手斧无法说明来自西方的影响，手斧文化未能远及东南亚和中国。[①] 还有学者提出，按照严格的鉴别手斧的标准，中国境内过去鉴别为手斧者缺少可靠的标本，很多都应该归属于中国较为常见的砍砸器、石核斧等器类。[②] 因此在中国旧石器时代文化中，手斧即使不是完全缺乏，也是极为稀少的。就中国的材料而言，莫维斯的理论仍然是适用的。[③] 而2021年四川稻城县皮洛旧石器时代遗址大批典型阿舍利手斧的出土，彻底颠覆了莫维斯理论，对认识东西方人群的迁徙和文化交流传播意义重大。

本章要点

旧石器与旧石器时代；旧石器时代考古分期；旧石器的鉴别；第四纪地质学与生物学在旧石器时代考古中的运用；体质人类学与旧石器时代考古；人类起源及其证据；“夏娃理论”；中国旧石器时代考古的主要发现与研究成果；中国旧石器时代文化传统的“两系说”。

推荐阅读书目

1. 张森水．中国旧石器文化．天津：天津科学技术出版社，1987

① 戴尔俭．旧大陆的手斧与东方远古文化传统．人类学学报，1985（3）．
② 林圣龙，何乃汉．关于百色的手斧．人类学学报，1995（2）．
③ 参见张宏彦《中国史前考古学导论》一书的相关内容。

2. 王幼平．旧石器时代考古．北京：文物出版社，2000

3. 王兵翔，编著．旧石器时代考古学．开封：河南大学出版社，1992

4. 张之恒，吴建民．中国旧石器时代文化．南京：南京大学出版社，1991

5. 张之恒，黄建秋，吴建民．中国旧石器时代考古．南京：南京大学出版社，2003

6. 张宏彦．中国史前考古学导论．北京：高等教育出版社，2003

7. 朱泓．体质人类学．北京：高等教育出版社，2004

8. 吴汝康．人类的诞生与进化．北京：清华大学出版社，2002

第四章

新石器时代考古

第一节　新石器时代文化特征与分期分区

一、旧石器时代向新石器时代的过渡——中石器时代

距今1.2万年左右，最后一个冰期——维尔姆冰期结束，更新世结束，全新世开始。全球气候转暖，动植物分布发生变化，人口急剧增加，人类文明迈进了大发展的新石器时代。广义的新石器时代还包括中石器时代和铜石并用时代两个相对短暂的过渡期。

中石器时代或称续石器时代，即旧石器时代到新石器时代的过渡时期。所谓中石器时代只能作为某些特定地区的一种石器文化，并非世界各地区普遍存在。中石器时代的物质文化特征是：以打制石器为主，有不少打制的石斧、砍砸器，个别局部磨光，比旧石器时代晚期更加细化，地域色彩浓厚。细石器占绝对比重，更加规范化，但并非所有形体较小的石器均为细石器。细石器是用硬度较大而质地细腻的原料，如燧石、火石、硅质岩、石髓、水晶、玛瑙等，以间接打击法产生的细石核、细石叶及其加工而成的石刃、石镞、小型尖状器或刮削器等。严格地讲，细石核本身并不属于工具，细石器应指有使用痕迹的石叶或用石叶加工而成的石器，大部分作为复合工具的刃部。箭头作为具有代表性的武器和工具，在旧石器时代晚期已经出现，到中石器时代已普遍使用，工艺更加成熟。中石器时代的经济生活仍是狩猎、

采集、捕鱼，与旧石器时代的攫取性经济无本质区别，但因工具改进、效率提高，一些地方出现狗的骨骼，推测已驯养了狗，巴勒斯坦发现燧石镰刀，中国、日本、丹麦发现陶片、贝丘，说明农业已萌芽。

旧石器时代向新石器时代的过渡，时间是短暂的，距今1.2万～1万年。欧洲中石器时代遗存发现较多而明确，法国、意大利、西班牙、丹麦和波兰等地都有发现。但有些地区如西亚，前陶新石器时代开始于距今1万年以前，中国的长江流域，水稻的栽培和陶器的出现都早于距今1万年前，旧石器时代的结束和新石器时代的开始，二者几乎是衔接的，看不到中石器时代的痕迹。中国是否存在中石器时代的问题，早在20世纪30年代就已提出。1935年在广西武鸣苞桥、芭勋、腾翔和桂林附近发现4处洞穴遗址，因打制石器和磨制石器共存而不见陶片，共生的动物群也是现代的种属，一度被推定为中石器时代遗存。黑龙江哈尔滨顾乡屯和内蒙古满洲里札赉诺尔两个地点，都出土有更新世晚期的动物化石和旧石器时代晚期遗物，但同时存在具有中石器时代特征的精致的细石器和少量磨光物品。这些遗存因有的缺乏可靠的地层依据、有的发现陶器共生而无法确认其文化分期。50年代以来，陕西大荔沙苑、河南许昌灵井、山西沁水下川、河北阳原虎头梁、山东临沂凤凰岭、内蒙古海拉尔松山、新疆哈密七角井等遗址，以及西藏藏南聂拉木、藏北申扎、双湖和云南元谋大那乌、广东南海西樵山等多处地点，发现不与陶片共生的细石器遗存，也不见农业的痕迹，被认为可能属中石器时代。

二、新石器时代的标志

经历了漫长的旧石器时代，人类积累了许多经验，基本上摆脱了自然的枷锁，经济生活发生了巨大变革。旧石器时代向新石器时代过渡，并非一种形式。在华北地区，旧石器时代的两大传统分别走上不同的道路。大型石器传统（砍砸器—大三棱尖状器）发展为磨制石器，采集经济向农业经济过渡；小型石器传统（刮削器—雕刻器）发展为细石器，狩猎经济向渔猎、游牧经济过渡。前者以山西怀仁鹅毛口遗址为代表，既出三棱大尖状器和砍砸器等挖掘、砍伐工具，又出打制石斧和石锄等农具；后者以萨拉乌苏、虎头梁和峙峪遗址为典型，多出石镞、投射器等狩猎工具以及小尖状器和小刮削器等割剥兽皮和切割肉类工具，伴出野马、野驴和普氏小羚羊一类草原或森林组合的哺乳动物化石。

新石器时代的开始，大多以陶器、磨制石器、农业和家畜饲养业的产生为标志。新石器时代开始和结束的年代在世界各地不一致，文化特征也不尽相同。中国的新石器时代大致始于1.2万年前，湖南道县玉蟾岩遗址已经出现水稻栽培和制陶术，但石器仍为打制，未见磨制石器。而江西万年仙人洞遗址出土了迄今所知世界上最早的陶器，距今约2万年，远早于农业的出现。西亚新石器时代遗存首先出现的既非陶器，也非磨光石器，而是畜牧业和农业，陶器的出现晚于畜牧业 2 000 年，故把陶器出现以前称为“前（无）陶新石器时代”，大约始于公元前 9000 年，终于公元前 7000 年。在日本陶器出现较早（早期绳纹文化），大约在公元前 10000 年，而磨光石器出现较晚且一直不发达，主要使用大型打制石器，经济生活以渔猎为主，到绳纹文化晚期才出现水稻栽培。欧亚大陆北部同日本接近，新石器时代早期，磨光石器较少，农业、畜牧业没有出现，以渔猎经济为主。新石器时代晚期出现少量铜器，称为“铜石并用时代”，预示着文明即将到来。中国中原地区一般以龙山文化最晚年代、二里头文化最早年代为下限，在公元前 2000 年左右。新石器时代，人类主要使用磨制石器从事种植和养殖业，并开始制作和使用陶器。

1. 磨制石器的出现

旧石器时代末期出现的局部磨光、钻孔技术，到新石器时代随着农耕的需要逐步普及。凡农业经济发达的地区如黄河流域和长江流域，新石器时代文化的磨制石器都比较发达。而以狩猎为主的北方草原和渔猎采集为主的华南地区，磨制石器则始终不发达，分别以细石器和大型的打制石器为主要生产工具。磨制技术适应和促进了农耕文化的发展。其制作步骤是：选料、打坯、琢磨成型、穿孔、切割、抛光等。磨制石器的特征是：形体规整，器表光滑，刃部锋锐，用途明确。常见的器形：农具有斧、锄、铲、刀、镰、磨盘、磨棒等，手工工具有锛、凿，狩猎工具有矛、镞等。

2. 制陶技术的发明

制陶术是人类继用火之后的又一大发明。被烧过的土地逐渐变色而且质地坚硬，这可能给了人们最初的灵感。此前，人类对自然的改造仅是形态上的改变，陶器的出现标志着人类不仅改变了物质的形，而且改变了质。在制陶的过程中，黏土经过加热，发生一系列的物理化学变化，聚结起来成为有一定强度和硬度、结构较为致密的一种新物质。过去普遍以为陶器的产生源于定居农业和日常生活的需要，是为适应炊煮谷物类食物而产生和发展起来的，而考古发现证明在采集经济下一些地区可能已经发明和使用了陶器。据中美学者共同研究测定，我国江西万年县仙人洞遗址出土的陶器超过 2 万年，日本的陶器也早于农业；但有些地方如西亚，农业和畜牧业有一定发展而陶器却并未产生。就全球来看，东方的广大地区，包括东亚、东南亚、东北亚在内，是种植小米和大米的起源地和主要分布区，陶器起源明显早于西方，有的同稻作农业一起出现，有的早于农业而出现。而西方的广大地区，包括西亚、北非和欧洲在内，是种植小麦和大麦的起源地，陶器起源较晚，一些地区有所谓“前陶新石器时代”。可见陶器的发明与农业无必然的联系。但陶器的发明大大丰富了人类的生活用具，改善了炊煮方式。陶器通常被用作炊具、食器和盛储器，适应了农业经济的需求，随着农业的发展，陶器的需求量不断增加。而农业不发达地区，陶器往往也不发达。关于陶器的起源有不同的说法，民族学资料也显示不同族群的人类制作陶器有不同的途径。如印第安人将黏土涂抹在易燃的木制炊具、木编和草编的器物上以防火烧，美洲早期人类可能就是在此基础上，发现单用黏土本身也可达到目的，于是世界上出现了制陶术。这是1865年泰勒在《人类早期历史和文明发展研究》中引用戈奎的说法。而印度的安达曼人制作陶器时，先将陶土揉成半球形，然后用贝壳挖去内部即可。我国云南的佤族则把陶坯插入泥团挤压成型，在篝火中烧成。中国古代史籍中多有关于陶器起源的记载。如《吕氏春秋》记：黄帝有陶正，昆吾作陶；《周礼·考工记》记：有虞氏上陶；《逸周书》记：神农作瓦器；《物原》记：神农作瓮，轩辕作碗碟；等等。陶器的发明是人类长期生产生活实践的产物。前提是人类必须掌握陶土的性能，并充分了解水、火、土的特性，可以制造600℃左右的高温。

3. 学会栽培农作物和饲养家畜

农业和畜牧业的出现被认为是新石器时代最重要的特征，标志着人类和自然界的关系发生了革命性的转折。农业产生前，人类的食物取决于自然恩赐，每增加一个人，一定地区内的食物就减少一份；农业产生后，人成为食物的生产者，投入的劳动力越多，就会获得越多的食物。实验分析显示，在同样范围内，农业经济下可养活的人数是采集经济下可养活人数的200倍。人类由被动适应环境转变为利用和改造环境，攫取性经济变为生产性经济，人类第一次以人工方式增加天然产物，控制了自己的食物供给，因此柴尔德称其为“新石器革命”或“农业革命”。关于农业的起源，早期曾有过的为适应家畜饲养需要而产生农业的说法，遭到彻底否定。环境决定说和人口压力说曾一度流行，前者认为气候的干旱恶化迫使人们去采集耕种野生禾本科植物以保证足够的食物。饥饿的野山羊、绵羊、牛等也被吸引来吃庄稼地里割剩的草，人与野生动物共生，最终发展至家养动物的起源。后者认为人口的增长导致生活资源短缺，迫使人类不断寻求新的觅食方法，在一些野生食物贫乏的边缘地带，就需要通过栽培植物和驯化动物来改进生产力。而文化自然进化说则认为，农业的产生是人类经验和技能积累的自然结果，在长期采集狩猎过程中人类对动植物的生长规律有了较为客观的认识，加上生产力水平的不断提高以及间冰期温暖的气候，这些条件综合促进了农业的产生。最早的农业革命发生在公元前8000年左右，西亚的山地居民将收集的植物栽培成了小麦、大麦，将猎获的动物驯化成家畜绵羊、山羊；中美洲栽培了玉米；中国的黄河流域栽培了粟、黍两种小米，长江流域栽培了粳稻和籼稻两种水稻，可能还驯养了最早的猪，然后由此向周围地区扩展。低地绿洲说认为农耕的起源地不一定要在高地上，在约旦河河口的耶利哥等地也有可能发生最早的农业革命。对于如何判断初期农业是否发生，在理论和实践上仍有较大难度，西方学者提出农业的发生应具备两个标准：一是有永久性住房；二是必须发现有农作物的种子，包括野生祖本的种子。在田野考古实践中，要从形态上区别人类最初的栽培作物与其野生祖本的差别几乎是不可能的，一旦二者之间出现了明显的差别，则应是经过了长期栽培的农作物标本。而拥有永久性房屋建筑的遗址也不一定就有农业，农业产生的初期也未必出现定居。人们也常以工具作为判断一个史前遗址是不是农业村落的标志。但因农具源自采集工具，最初的农具很难达到专门化的程度，一器多用应是普遍现象，从形态上很难区别其用途。

家畜的起源除与狩猎有关外，还与农业密切相关，人类应是在自身食物得到保障并有剩余的前提下，开始驯养动物。达尔文曾推测狗是人类最早驯养的动物之一，狗的祖先可能是豺，也有人认为是灰狼。出土材料表明世界各地人类最早驯养的动物是杂食的狗和草食的羊，中国可能最早驯化了猪。目前所知最古老的狗化石，是距今 3.17 万年的比利时古耶特洞穴旧石器时代晚期狗头骨化石。德国、俄罗斯等地发现有距今 1.5 万～1.4 万年的狗化石。我国河北武安磁山和浙江余姚河姆渡都发现有距今 7000 年左右的狗残骨，表明当时我国已开始普遍饲养狗。此外，我国河南新郑裴李岗、陕西西安半坡、辽宁大连郭家村、山西夏县东下冯、云南元谋、江苏邳县大墩子、甘肃永靖大何庄等遗址均发现有狗的残骨，山东胶县三里河遗址还出土了形似狗的陶鬶。如何区别考古遗存中的家畜和野生动物始终是一个难题。一般认为人工驯养的家畜幼畜占比例较大，因其食量小，易成活、驯化和管理；家畜雌雄有一定比例，这是人为选择的结果；从骨骼解剖学看，家畜的骨密度下降，骨质比较疏松，牙齿变小，并可能由于饲养条件差、活动范围拥挤、近亲繁殖等原因导致退化和外形变小。但用这种方法鉴别出的家畜往往已经不是最原始的标本，因为经过人类相当长时间的驯养之后，才可能产生家畜体质特征的明显变化。另有以幼畜死亡率来分析判断是否家畜的假说，其理论依据是，当时的条件下，猎人不可能在一次或较短时间内捕获那么多的幼畜，所以这些被杀的幼畜很可能是家养繁殖的，由于缺乏食物或饲料以及祭祀活动的需要而在短时间内被大批屠杀。但在史前遗址中，发现动物骨骼以幼畜为主的并不多。这种假说虽有一定的合理性，但在实践中缺乏可行性。①

三、中国新石器时代文化的分期与分区

“文化分期”与“区域类型”是研究中国新石器时代考古的重要的时空线索，目前学术界一般采用三期分法，也就是把距今 12 000～4 000 年前的整个中国新石器时代划分为早、中、晚三期，其中早期又包括前后两段；也有学者采用四期分法，将中国新石器时代划分为早、中、晚、末四期，或把最末一期归属于铜石并用时代。虽然分期方案有所不同，但二者对中国新石器时代发展阶段的认识是基本一致的，如果把三期说中的早期前、后段看作两期，则与四期说不仅期段划分大体相同，而

① 参见张宏彦《中国史前考古学导论》的相关内容。

且各期段绝对年代也基本吻合。

新石器时代早期前段，距今12 000～9 000年，以河北张家口尚义四台、徐水南庄头、江西万年仙人洞及吊桶环、湖南道县玉蟾岩等遗址为代表。这一时段直接承袭旧石器时代晚期，但生产工具、生产方式和生活方式都发生了显著的变化，经过简单磨制加工的石器和制作原始、烧成温度较低的陶器较多出现，农业、畜牧业的分工已基本完成，渔猎和采集在生产活动中仍发挥着较为重要的作用。在南方，洞穴、贝丘遗址仍以打制石器或细石器为主，开始使用磨制石器。广东阳春独石仔和封开黄岩洞、广西柳州白莲洞遗址等，均发现有局部磨制石器，并开始制作陶器。

新石器时代早期后段，距今9 000～7 000年，以内蒙古赤峰兴隆洼、河北武安磁山、河南新郑裴李岗、陕西华县老官台、山东滕县北辛、浙江余姚河姆渡、湖南澧县彭头山等遗址为代表。这一时段社会生产力进一步发展，磨制石器的种类和数量较前段都大量增加，打制石器仍然占一定比例。陶器已成为日常生活的必需品，种类较多，以红陶为主，陶色多不纯正，陶质较粗疏。陶制容器如鼎、钵、罐等广泛应用于社会生活，原始农业和畜牧业获得初步发展，北方地区的粟作农业和南方地区的稻作农业逐渐发展起来。

新石器时代中期，距今7 000～5 000年，以内蒙古赤峰红山后、河南渑池仰韶村、郑州大河村、山东泰安大汶口、安徽潜山薛家岗、四川巫山大溪等遗址为代表。磨制石器种类丰富，制作精美，制陶技术显著进步，出现慢轮修整口沿的技术。以红褐陶为主，仰韶文化的彩陶、大汶口文化的磨光黑陶成为典范，出土大量日用陶器。农业和畜牧业也获得了高度发展，人口增加，聚落规模不断扩大。遗址增多，有大小之分，开始出现一些规模较大的中心聚落，有大规模的公共墓地，反映出社会组织向心、凝聚、平等的特点；黄河流域普遍发现粟类作物遗存，长江流域普遍发现稻类作物遗存。距今约5 500年进入铜石并用时代早期。

新石器时代晚期，距今5 000～4 000年，以山东历城龙山镇城子崖、山东日照两城镇、河南洛阳王湾、河南陕县庙底沟、陕西长安客省庄、山西襄汾陶寺、甘肃临洮马家窑、甘肃广河齐家坪、湖北京山屈家岭、湖北天门石家河、浙江余杭良渚等遗址为代表。这一时期磨制石器普遍使用，切割、管钻技术提高，玉器发达，小型红铜、青铜工具开始出现，陶器种类丰富，日用陶器数量庞大，以灰、黑陶为主，轮制流行，烧陶的火候较高，陶质较硬。农业和畜牧业高度发展，人口急剧增加，社会复杂化程度不断提高，出现大规模的中心聚落和城邦，在黄河中下游的龙山时代诸文化，长江流域的屈家岭文化、石家河文化和良渚文化以及成都平原等各遗址中，发现数十座原始城堡、城垣和大型建筑，防卫设施进一步加强，有了阶级及贫富分化，人类社会向国家文明时代迈进。

受各地地理环境和文化传统的影响，考古学文化的发展表现出一定的区域性。不同地区因古代气候、地貌不同，其生产方式、生活方式和居住形态会表现出不同的特征，生产工具和日用品也会有不同的形式。同时，族群的心理、精神特质与审美观念、宗教习俗、文化传统也在考古学文化的发展演变过程中扮演重要角色，这些现象综合起来就形成了各地区不同的考古学文化面貌。就中国新石器时代而言，区域类型的划分主要根据考古学文化特征的比较，并结合自然地理环境的考察来进行。这一研究肇始于 20 世纪 80 年代初石兴邦提出三大板块的划分：长江流域及以南的稻作农业文化区，用骨耜等工具挖泥，陶器有釜、甑，居干栏式建筑；黄河流域的旱作农业文化区，种粟、黍等耐旱作物，用爪镰取穗，用磨盘去皮，以窖穴储藏粮食，居半地穴式房子；长城以北地区的狩猎采集文化区，基本没有农业，树木少，逐水草而居，遗址小而多，文化层浅。之后有不少学者针对中国新石器时代考古学文化分区问题，提出各自的分区方案，如苏秉琦系统提出著名的“考古学文化的区系类型”的概念，并将中国史前考古学文化划分为六大区系，佟柱臣分为七大区系，严文明分为三大系统十二区系等。张宏彦等在《中国史前考古学导论》中根据中国自然地理环境特征和史前文化的区域性特点，将中国史前文化的分布划分为：以西辽河流域为中心的东北区，以燕山南北长城地带为中心的北方区，以黄河上游甘肃、青海为中心的甘青区，以山东、关中、晋南、豫西为中心的华北区，以环洞庭湖、环太湖、环鄱阳湖为中心的华中区，以四川盆地为中心的西南区，以珠江一线为中心的华南区，以及青藏区等八个文化区。其中，青藏区及北方区的新疆地区由于地处寒冷干旱地带，史前文化出现较晚，遗存发现较少，尚需进一步探索。在各分区方案中，不少学者采用黄河流域、长江流域、北方地区、华南地区等四大自然地理分区的概念，形式简洁明了，与考古学文化客观发现也较吻合。本章即依此阐述中国新石器时代考古发现情况。

第二节 中国新石器时代考古发现与研究

一、中国新石器时代考古简史

中国新石器时代考古是伴随着近代考古学传入中国开始的，至今已走过近百年的历程。1921 年瑞典人安特生发掘河南渑池县仰韶村遗址，出土大量彩陶片、磨制石器等史前遗物，这是中国境内首次有目的、有计划的考古发掘，被视为中国近代考古学诞生的标志。以仰韶村遗址为代表的中国史前彩陶文化后被命名为“仰韶文化”，这是中国第一个田野考古确定的新石器时代文化。1923 年安特生根据他在黄河流域的考古发现，写成《中华远古之文化》一书。20 世纪 20—30 年代，以瑞典人斯文·赫定、中国学者徐旭生为首的一批中外学者组成“西北科学考察团”，在中国西北地区甘肃、宁夏、内蒙古、新疆等地进行大规模的学术调查活动，其间发现一批石器时代和青铜时代的遗址与文物。同一时期，日本人鸟居龙藏在中国东北的旅顺、大连以及内蒙古东部地区调查发现一批史前遗址。1926年中国学者李济主持发掘山西夏县西阴村遗址，这是中国境内首次由中国本土学者独立主持的考古发掘。1928年中央研究院历史语言研究所考古组吴金鼎在济南附近历城（今章丘）龙山镇城子崖发现龙山文化遗址，命名为"龙山文化"，因其磨光黑陶最具特征，也称"黑陶文化"。1930—1931年进行发掘，梁思永等参与并编写了《城子崖》的考古报告。这一时期造就了以李济、梁思永、尹达、夏鼐为代表的中国第一代考古学者。50年代以前，较为重要的考古活动还有：1931年梁思永等在安阳后岗遗址发现著名的"后岗三叠层"，第一次从地层上确定了仰韶文化、龙山文化和商代文化的时代先后关系，这是中国学者成熟运用地层学的标志；1944—1945年夏鼐在甘肃宁定县阳洼湾遗址发掘两座齐家文化墓葬，在填土中发现马家窑文化彩陶片，为推定甘青地区史前文化序列提供了确凿的证据。

50—70年代末，新石器时代考古取得长足进展，无论是田野发掘还是相关的理论研究都取得丰硕的成果。据统计，60年代全国发现新石器时代遗址累计3 000多处，各地区各阶段新石器时代考古都有较为重要的发现，如仰韶文化，发现陕西西安半坡、华县元君庙，河南陕县庙底沟、三里桥、安阳后岗和大司空村等遗址；大汶口文化，发现山东泰安大汶口、曲阜西夏侯及江苏邳县刘林等遗址；还有重庆巫山大溪文化遗址、湖北京山屈家岭文化遗址、湖北天门石家河文化遗址等。新的考古学文化命名不断被提出，文化序列基本清晰。历史学研究与考古发现相结合，学术界对于仰韶文化、龙山文化的考古学分期、社会性质等问题展开了热烈的讨论。

70年代末以来，国外现代考古学理论与技术传入中国，促进了中国新石器时代考古步入全面繁荣阶段。新石器时代考古无论在考古材料运用的层面，还是在理论、方法与技术的应用层面都逐渐与国外考古学研究接轨。全国各地新石器时代遗址发现数量大为增加，据不完全统计，迄今已累计发现新石器时代遗址7 000余处，已命名的考古学文化近70个。无论是北方地区、黄河流域，还是长江流域、华南地区，都发现并提出很多新的考古学文化或类型，各地区考古学文化的发展脉络逐渐清晰，学术界在对各地区考古学文化序列展开纵向分期研究的同时，也注意到了文化发展的横向区域类型问题，前者以"三期说"为代表，后者以"考古学文化区系类型"学说为代表，中国新石器时代考古学文化发展的时空框架基本完备。

二、北方地区的新石器时代文化

北方地区，包括东北和西北两部分，指黑龙江、吉林、辽宁、河北燕山以北地区、新疆及内蒙古大部。这一地区古气候干燥寒冷，遍布沙漠与草原，其中西北地区适宜农业、捕猎经济，东部适宜农业、渔猎经济。目前西北地区考古资料较少，新石器时代文化面貌尚不清晰，东北地区考古资料相对丰富，文化发展序列较为清晰。总体来看，北方地区新石器时代早期前段文化最早出现于河北西北部及北京周边地区，早期后段以内蒙古东部和辽西地区的兴隆洼文化、沈阳附近的新乐文化较为典型；中期以内蒙古东部和辽西地区的赵宝沟文化、红山文化、富河文化，辽东地区的小珠山下、中层文化，东北嫩江流域的昂昂溪文化以及黑龙江东南的新开流文化较为典型；晚期以辽东地区的小河沿文化、小珠山上层文化为代表。

1. 新石器时代早期前段文化

河北阳原于家沟遗址。1995—1998 年在阳原县泥河湾盆地虎头梁遗址群中发现有更新世末期至全新世中期的地层剖面，为研究这一地区旧、新石器时代的过渡提供了科学依据。该遗址出土少量陶片和细石器，陶器为夹砂黑褐、黄褐陶，陶土中掺杂云母片、石英粒等，质地粗糙，装饰细绳纹或植物叶茎压痕，胎厚重，烧制温度低，保留制作痕迹。细石器有尖状器、雕刻器、端刮器、细石叶、锛状器、楔形石核等。距今 14 000～8 000 年。

河北张家口尚义四台遗址。总面积约 15 万平方米。2020 年以来，发掘面积 1 700平方米，揭示房址 40 余座，出土了陶、石、骨、贝类遗物 800 余件，石器的制作采用成熟的压剥法，发现碳化的粟、黍等农作物。可区分为年代不同的五组文化遗存，在第一组遗存中发现了距今一万年左右的 6 座半地穴房址，是迄今中国境内考古发现的最古老的定居性房屋。在第五组出土一件大口尖圜底罐，纹饰和器形与俄罗斯贝加尔地区出土的陶罐具有相似性。距今 10 400～6 400 年。

北京门头沟东胡林遗址。1966 年发现，1999 年以后多次发掘。发现数座墓葬、灰坑及十几处用火遗迹。陶器均为夹砂红褐色或灰褐色陶，泥条盘筑法手制，可复原的器形有罐、碗、盆等，火候不高，颜色斑驳，质地松软。多素面，少数饰附加堆纹、压印纹。骨器主要有锥、笄、鱼镖、骨梗石刃刀等，皆用动物肢骨制成。石器以打制石器为主，次为细石器和小型磨制石器，有斧、锛和石磨盘、石磨棒。火塘为不规则圆形，出土石器、兽骨和灰烬。墓葬为屈肢葬，随葬有小型磨制石器、蚌壳或螺壳项链、骨镯等。距今 11 000～9 000 年。

北京怀柔转年遗址。1992 年发现于怀柔宝山寺乡转年村，1995—1996 年发掘。共有四个文化层，其中第四层为新石器时代早期。出土遗物 1 800 余件，陶器以夹砂褐陶为主，火候不均，陶土中含有大量的石英颗粒，内壁粗糙，外壁经过打磨多为素面，有筒腹罐、盂等。石器有磨制、打制和细石器三类，磨制石器多见石斧、石磨盘、石磨棒等，体现出集原始农业、狩猎和采集于一体的特征。距今 9 800～9 200 年。

黑龙江小南山遗址。位于黑龙江双鸭山市饶河县城东南的小南山上，总面积 40 余万平方米，20 世纪 50 年代发现，2015—2019 年发掘。出土大量的玉器、石器、陶器，玉器超过 200 件，包括玦、环、管、珠、扁珠、璧饰、链形坠饰、斧等，其中软玉超过半数。石器有双面尖状器、端刮器、石叶及其制成的长镞、磨制的镞等。早期陶器主要为罐与小杯类，夹砂黄褐色，内芯多为黑色，质地非常疏松，外表饰有斜向压印梳齿纹条带，晚期陶器仅见罐类，纹饰以篦点之字纹为基底，再饰曲线、圆圈等划纹和压纹，部分表面涂红彩。遗迹发现保存完整的圆形堆石墓，墓葬为竖穴墓，在山体基岩上开凿，墓葬上方均有封土积石。早期遗存距今 17 000～13 000 年，晚期遗存距今 9 200～8 600 年。

2. 新石器时代早期后段文化

兴隆洼文化。1983 年发掘，位于内蒙古赤峰市敖汉旗兴隆洼，主要分布于西辽河上游、大凌河上游。陶器多夹砂褐陶，有筒形罐、钵，火候较低，陶色不纯，采用泥条盘筑法手制，胎厚重，多饰繁密的压印“之”字形纹，器口常附有泥条。出土大量农具，有打制的双肩石铲和锄形器，磨制的石磨盘、石磨棒、石斧、石锛及复合工具骨柄石器等。骨器有锥、匕、镞和带倒刺的鱼镖。发现近椭圆形的大型环壕聚落遗址，东北—西南向，长约 183 米，宽约 166 米，周长约 570 米，总面积约 24 000 平方米。外围环绕一圈封闭的围沟，围沟内发现排列整齐有序的半地穴式房屋近百座，共十一二排，每排 10 座，房屋一般呈方形或长方形，每间面积 50～80 平方米，在聚落中心地带发现 2 处大型房屋，面积达 140 平方米。聚落内部还发现有 30 多座居室葬。这是北方地区较为典型的农耕文化定居村落。距今 8 200～7 400 年。

南湾子北遗址。位于内蒙古赤峰市翁牛特旗广德公镇关东铺子村南湾子组西北。发掘兴隆洼文化时期房址 9 座，灰坑 4 座，小河沿文化时期灰坑 5 座。房址保存状况较好，为圆角方形半地穴式，近正南北向，大致可分 5 排，房址内均发现灶址，多为圆形或方形的石板灶，房址活动面保存较好，可见烧烤面及生土踩踏面，F1、F3 发现保存完好的门道。兴隆洼文化时期灰坑共 4 座，集中分布于 F1 南侧，平面形状为圆形，近直壁圜底，出土物很少。小河沿文化时期灰坑除 H7 为袋形坑外，其余皆近直壁平底，包含物仅见少量陶片。出土器物主要为陶器、石器，绝大部分出土于房址内。陶器可见筒形罐、陶杯、陶盅等，石器有大量的磨盘、磨棒、饼形器、圆窝石器，另有少量的石铲、环状石器等。南湾子北遗址兴隆洼文化遗存属白音长汗类型。

新乐文化。1973 年发现于沈阳市北郊新乐遗址下层。出土陶器以夹砂红褐陶为主，有筒腹罐、鼓腹罐、斜口罐、钵等。火候较低，陶质疏松，但器形规整，厚薄均匀，多用泥片贴塑法，可能使用了慢轮修整，常饰以压印“之”字形纹、弦纹、篦纹等。有磨制的石磨盘、磨棒、斧、镞、网坠，打制石器和细石器工具、骨器及煤精制小饰品等。发现半地穴式房基 10 余座，呈圆角方形或长方形，大多面积不到 30 平方米，最大者达 100 余平方米，发现居住面、灶、柱洞、斜坡门道等，房内出土大量石器、陶器、炭化的植物种子和果壳。属定居农业文化，渔猎经济也占一定比重。距今 7 200～6 800 年。

3. 新石器时代中期文化

赵宝沟文化。1986 年发现于内蒙古敖汉旗赵宝沟，分布于内蒙古西拉木伦河以南、河北省燕山以北。陶器以夹砂褐陶为主，泥质陶较少，有筒腹罐、鼓腹罐、盆、钵、盂、尊、器盖等。火候不高，器表颜色不匀，常饰压印的三角形、菱形纹、“之”字形纹以及鹿、猪、鸟等动物纹。石器有磨制的斧、铲、耜、凿、磨盘、磨棒等农具和打制的工具，骨器、蚌器较少，多为小型工具。发现半地穴式房基数十座，呈圆角方形或长方形，面积多不足 30 平方米，少数较大者近百平方米，居住面有平地和两级阶梯状两类，有方形灶、柱洞及红烧土堆积。距今 7 000～6 600 年。

乌兰图嘎遗址。位于赤峰市巴林右旗大板镇乌兰图嘎嘎查，总面积约 2 万平方米。2021 年发掘遗址面积 4 000 余平方米，揭露房址 70 余座，灰坑 40 余座，墓葬 1 座。遗迹分布密集，包含兴隆洼文化、赵宝沟文化、红山文化三个时期的遗存。兴隆洼文化遗存包括房址 10 余座和部分灰坑，较为集中地分布于遗址中部。房址皆为方形或长方形半地穴式，面积在 30 平方米左右。房址呈东北—西南向成排分布，最大的一座房址位于这一时期聚落的中心，面积 100 平方米以上。赵宝沟文化遗存包括房址约 20 座和部分灰坑，除发掘区域东北部以外均有分布。这一时期的房址多为长方形半地穴式建筑，面积一般不过 30 平方米。出土陶器或陶片的纹饰多为窄细的“之”字纹或带有篦点的几何纹。陶器的可辨器形主要有筒形罐或假圈足钵。红山文化遗存包括房址 30 余座和部分灰坑。除发掘区域西北部以外均有分布。这一时期的房址多为圆角长方形半地穴式建筑，出土遗物极少，有夹砂灰陶弧线“之”字纹筒形罐、磨盘、磨棒、石耜等。本次发掘的兴隆洼文化和赵宝沟文化房址保存相对较好，出土遗物较多，是此次发掘的主要收获，为探索兴隆洼文化与赵宝沟文化的关系提供了重要的材料。

红山文化。1935 年发现于内蒙古赤峰红山后，主要分布于内蒙古东部的西辽河、大凌河流域，辽宁西北以及河北省燕山以北地区，以赤峰红山后、蜘蛛山、水泉村、巴林左旗南杨家营子，辽宁喀左东山嘴、建平牛河梁等遗址为代表。2021 年在建平县太平庄镇石台沟村南约 800 米的一道称为“马鞍桥”的小山梁上，发现一处保存完好的红山文化早期聚落。经过精心规划和布局，东侧有人工挖掘的形制规整的壕沟围绕，房址成排分布其内，北部发现一座与祭祀活动相关的人工堆积的大型土台遗迹，环壕外侧分布有墓地和窑址等。陶器以夹砂褐陶、泥质红陶为主，器形有大口罐、斜口罐、钵、曲腹盆、壶、瓮、器盖等，纹饰以压印的“之”字形纹较典型，有黑、红两种颜色绘制的线纹彩陶。石器有磨制、打制和细石器三类，磨制石器有斧、锛、刀、凿、镞、磨盘、磨棒等，细石器有长条形石刀、椭圆形刮削器、尖状石叶、三角形石镞等，打制石器有锄、铲、耜、斧、桂叶状石器等。玉器多出于大型墓葬，器形有斧、刀、璧、环、璜、动物形佩、勾云形佩、猪龙、钺等，琢制精美。发现房基、陶窑、墓葬、祭坛、女神庙等遗迹。房基多为半地穴式，长方形，有门道、灶坑、柱洞。陶窑有单室窑和连室窑两种。墓葬有单室石棺、多室石棺两类，多仰身直肢，随葬品多见陶器、玉器等。地处喀左、凌源和建平交界处的牛河梁“女神庙”是由“庙、坛、冢”构成的群体建筑，山顶有两组半地穴式土木建筑，被积石冢群环绕。建筑墙壁为木骨泥墙，墙壁发现红、黄、白色颜料绘的壁画，出土泥塑小型人物像和动物像，一件真人大小的头像，人像均为女性。近年在牛河梁遗址第一地点发掘对称布局的建筑、完备的排水设施和与祭祀活动相关的遗迹、遗物。牛河梁后面有边长100米的方形大坛和13座积石冢，墓上有石堆，大墓位于中心，每座积石冢内有数十人列棺而葬，多有石棺或石椁，随葬大量猪骨、彩陶筒形罐以及猪龙等10件玉器。辽宁喀左东山嘴发现方形石砌祭坛，南北长60米，东西40米，中部有10米见方的基址，其南是直径2.5米的圆形台基，发现有泥塑小型孕妇像和大型人物坐像。祭坛和神庙可能是祭祀女性氏族祖先的场地或是存放塑像处。这些现象在“庙、坛、冢”等重要发现的基础上，将中华文明典型特征的“礼”的形成时间向前推进了近千年。内蒙古敖汉旗积石冢墓地达600平方米，用红、黄两色琢制方正的大石块筑成三层石阶，其上有红陶筒形无底罐，有的罐内刻有“米”“十”等符号，出土2件用红砂岩雕刻成的女神头像，1件红陶女子群雕像，3个裸体女性呈蹲坐状，手臂交叉相拥，造型十分精美。红山文化距今5 600～5 000年。

半拉山积石冢。位于辽宁朝阳市龙城区召都巴镇尹杖子村大杖子组东北的半拉山的顶部，2009年发现，2014年发掘。积石冢平面略呈长方形，南北长约33米，东西宽约22米，面积约726平方米，方向176度。冢为平地起建，由纯净的黄色黏土堆积而成，中部最高，四周稍低，冢边缘用大小不一的石块垒砌护坡墙体，冢的北、东、南三面均见护坡墙体，冢北部有大量的封石，中部局部有零散的封石，封石周围分布大量的筒形器残片，地表发现有陶器、石器、玉器三大类器具。陶器数量最多，以泥质红陶为主，少量夹砂红褐陶与夹砂黑褐陶，器形有筒形器、扁钵式筒形器、“塔”形器、罐、陶人头像等。石器以打制为主，器形有石斧、石锄、饰件和人头像等。出土玉器2件，玉璧、玉环各1件。年代应为红山文化晚期。

富河文化。1962年发现于内蒙古巴林左旗富河沟门，分布于内蒙古西拉木伦河流域，重要遗址有巴林左旗的金龟山和南杨家营。陶器以夹砂褐陶为主，多筒形深腹罐。烧成温度较低，陶质疏松，纹饰多见压印的“之”字形纹、附加堆纹、划纹等。石器有磨制、打制和细石器三类，细石器种类丰富，数量多，有较多石叶、桂叶形石镞、锥状和扁体石核等。骨制品较多，有锥、针、镞、鱼镖、鱼钩和卜骨等。发现有方形或圆形半地穴式房屋，面积约二三十平方米，有灶坑、柱洞。村落往往由数十座房屋建筑组成。距今5 400～5 200年。

哈民忙哈遗址。位于内蒙古通辽市科左中旗舍伯吐镇东南，2010—2014年发掘。发现数十座半地穴式房址，布局严整，排列有序，双环壕结构，房址平面呈“凸”字形、圆角长方形或圆角方形，门道朝东南，出土陶、玉、石、骨、蚌器及动物骨骼等。北区发现一座墓葬，为长方形竖穴土坑墓，三人葬，骨骸保存差，可见三头骨与部分肢骨，葬式为侧身屈肢，头向西南，墓内仅见几枚蚌壳，无其他随葬品。灰坑大都位于房址附近，平面呈圆形、椭圆形，平底或圜底，出土遗物有陶片、动物骨骼、蚌壳等。陶器以细砂陶为主，少量泥质陶，器形有斜直壁筒形罐、小口双耳溜肩壶、敞口弧壁浅腹钵、敞口斜壁平底盆，少见纺轮、斜口器等。陶器素面或饰以“麻点纹”，有少量刻划纹、彩陶片。石器制法以琢制与磨制为主，器类有磨盘、磨棒、饼、斧、链、耜、砍砸器、环状器、镞、叶等。玉器出土一件三联璧。骨器大多以大型动物肢骨、角等劈削、磨刻加工而成。蚌壳经钻孔、磨刻形成刀、饰件。距今 5 500～5 100 年。

小珠山下、中层文化。1978 年发现于辽宁长海县广鹿岛小珠山，分布于辽东沿海地区。陶器以夹砂黑褐陶为主，部分泥质红陶，有筒形罐、鼓腹罐、双耳壶、深腹碗、敛口钵、盘、盂、豆、鼎、器盖等。器表多饰压印纹和刻划纹，有“之”字形纹、席纹、斜线三角纹、叶脉纹、人字纹等。中层出现彩陶，一般为红地黑彩或红彩，图案多为斜线三角、弧线三角等。石器有磨制的锛、斧、镞、磨盘、磨棒和打制的尖状器、刮削器、砍砸器、石刀、石球等。玉器常见小型管、环、珠等装饰品。骨器有锥、凿、针、镞等。还有大量的陶塑或石雕的动物、人物像。房基为圆形或方形半地穴式，面积 10～50 余平方米，发现居住面、柱洞及石砌的灶。贝丘遗址大量堆积贝壳、鱼骨、兽骨等遗物，表明渔猎经济较发达。距今 6 400～4 800年。

4. 新石器时代晚期文化

小河沿文化。1973 年发掘内蒙古敖汉旗小河沿遗址，分布于内蒙古东部和辽西地区。陶器以夹砂灰褐陶为主，少量红陶，常见筒形深腹罐、尊形器、双耳壶、盆、豆、钵等，纹饰有绳纹、附加堆纹、刻划纹等，还有部分彩陶，以黑、红彩较多，图案多为平行线、回字纹、三角纹、菱形纹等。石器包括磨制、打制和细石器三类，磨制石器有铲、刀、镞等。骨器有锥、针、刀、骨片等。还发现刻划在陶器上的成组的文字符号，结构较为复杂并有一定的形式。房基多为椭圆形半地穴式，有单室和双室两种结构。发现氏族墓地，一般为竖穴土坑墓，多单人仰身直肢葬，少数为侧身屈肢葬，有成年男女合葬墓，有些墓中有火烧痕迹，随葬陶、骨、石质生活用具和生产工具及石、蚌质的小型装饰品。一般认为其承袭红山文化而来，距今 5 000～4 000 年。

小珠山上层文化。1978 年发现。陶器以夹砂黑褐陶为主，有筒腹罐、鼓腹罐、三足盆、圈足盘，及鼎、豆、壶、碗、钵、器盖等，流行刻划纹，有三角纹、曲折纹、叶脉纹、人字纹，还有附加堆纹、弦纹等。石器以磨制为主，穿孔石斧、有肩石斧、长方形石锛、有段石锛、半月形石刀较为典型，还有磨盘、磨棒、凿、镞、石球。骨器有锥、凿、镞、针等。半地穴式房基多方形或圆形，有用火烧烤的草拌泥居住面、柱洞、灶坑。墓葬一般为多室积石墓，随葬品多见陶罐、盆、豆、杯、壶以及石质工具和小件装饰品等。距今 4 600～4 300 年。

三、黄河上游地区的新石器时代文化

黄河上游地区包括甘肃、青海东部及宁夏西部地区，古气候温暖干燥，属于典型的农耕文化区。20 世纪 20 年代安特生及“西北科学考察团”即开始在该地区进行考古活动，安特生总结了黄河上游新石器至青铜时代的文化发展序列。但迄今这一地区新石器时代早期文化面貌尚不清晰，有学者曾提出早于马家窑文化的“石岭下类型”或“阳洼坡类型”，但缺乏充分的考古证据；中晚期以马家窑文化为代表；晚期以齐家文化为代表。

马家窑文化。1923 年发现于甘肃临洮马家窑，1948 年由夏鼐命名。已发现遗址数百处，主要分布于甘肃和青海境内，以甘肃临洮马家窑、永靖范家村、东乡林家，青海贵南尕马台、和政半山、乐都柳湾、民和马厂等遗址为典型。因延续时间较长，一般将其划分为早、中、晚三期，或分别称为马家窑类型、半山类型、马厂类型。也有学者认为石岭下类型介于仰韶文化庙底沟类型与马家窑类型之间，应归属于马家窑文化的早期类型。以红陶为主，多饰以附加堆纹、绳纹，彩陶极为发达，占全部陶器的 50%～80%，而此时其他地方彩陶已衰退。内外画彩，有黑、红、白三色，图案常见条带纹、旋涡纹、网格纹、锯齿纹、波浪纹、三角纹、变体蛙纹、小鸟纹等，其中石岭下类型以几何纹和鸟纹为特色；马家窑类型以黑色条带纹、弧线旋涡纹为特色；半山类型彩陶数量激增，以黑、红两色锯齿组成的涡纹和网格纹为特色；马厂类型以黑彩折线三角纹和大圆圈纹为特色，发现人像、人面纹及蛙纹，彩陶上还发现有一百多种彩绘文字符号。均为平底器，常见瓮、罐、壶、盆、豆等，口部或腹部带耳。马家窑人已掌握青铜冶铸技术，发现有青铜刀、铜片等小型工具。石器以磨制为主，打制较少，另有骨器、骨柄石刀及小型蚌饰。房基包括半地穴式、地面建筑两类，有圆形或方形、长方形，还发现带有门房的多室建筑，居住面多用草拌泥和胶泥涂抹，室内有柱洞、灶坑，室外分布窖穴，马厂类型室内普遍有窖穴。甘肃东乡林家和青海乐都柳湾遗址发现有装满粟的陶罐和储藏粮食的窖穴，出土不少家畜和野生动物骨骼。陶窑一般为长方形。墓葬发现较多，有一次葬和二次葬，其中马家窑类型多竖穴土坑墓，少数有木棺葬具或瓮棺，葬式多仰身直肢。半山类型和马厂类型有竖穴土坑墓、洞室墓两类，葬具有石棺、木棺，葬式有仰身直肢、侧身屈肢，还有男女合葬墓，马厂类型晚期发现人殉、人祭现象。一般男性墓多随葬斧、锛、刀、凿等生产工具，女性墓多随葬陶器。马家窑文化距今 5 300～4 200 年，三期的年代分别距今 5 300～4 700 年，4 700～4 400 年，4 400～4 200年。

齐家文化。1924年发现于甘肃广河县齐家坪，20世纪80年代由裴文中命名。主要分布于甘肃、青海东部，在马家窑文化基础上发展而来。典型遗址有甘肃永靖大何庄、秦魏家，青海乐都柳湾、贵南尕马台等。齐家文化可分为两个并行发展的类型：一为甘肃中部的大何庄类型，一为甘肃西部、青海东部的柳湾类型。陶器以夹砂和泥质红陶为主，多见鬲、罐、盆、簋、豆、瓮等，陶罐的形式丰富多样，代表器形为双大耳罐和高领双耳罐、单耳罐。常饰以绳纹、篮纹、附加堆纹，另有少量彩陶，以黑、红彩较多，图案有三角、直线、菱形与曲折纹等。普遍出现铜器，有红铜、青铜两类，制作方法有冷锻和浇铸，种类有镜、刀、凿、锥、匕、斧、钻头、指环等。玉器有璧、璜、镯、串饰等，石器以磨制为主，有少量细石器、打制石器以及骨器和卜骨。房基有半地穴式和地面建筑两类，平面方形或长方形，面积一般10～30平方米，室内一般加工涂抹白灰地面。有圆形灶台和成排的柱洞，室外常见储藏粮食的窖穴。墓葬以竖穴土坑墓为主，葬具有木棺、独木棺，葬式有仰身直肢葬、侧身屈肢葬和俯身葬，成年男女合葬墓较为普遍，并发现有人殉现象和灰坑葬、祭祀石圈。随葬品包括生产工具、生活用具、食物、装饰品、卜骨等，随葬品数量悬殊，少者仅一两件，多者达上百件，并有用玉璧、小石块、猪羊下颌骨随葬的习俗。齐家文化距今4 200～3 600年，已进入中原夏纪年范畴。尕马台出土的青铜镜形制纹饰与殷墟妇好墓所出者近似，有学者认为其年代下限或可晚到商代。

东方的庞贝——青海喇家遗址

青海省民和县南的喇家村地处青藏高原边缘，黄河北岸，海拔相对较低，气候温暖。村民们经常从农田里挖出一些身首异处的人骨，既没有墓坑，也无法判断其所处的环境，像是无意地被裹挟在泥土之中，充满了远古的神秘。这一带早年即因出土齐家文化的大型玉璧和玉刀而闻名。距今4 000年前后，齐家文化衰亡，整个黄河上游地区史前文明突然衰落，这一地区的人类活动也消失了。是什么原因造成这一切？从1999年起对喇家遗址进行了8年的发掘，揭露面积近3 000平方米，出土丰富的陶、石、骨、玉质遗物。而2000年喇家考古揭开了一场令人震撼的史前大灾难。在遗址东北角高地发现的4座普通的半地穴式房址，残留的墙面抹有白灰面，恐怖的集中死亡场面出现在其中3座房址内。F4是一座大约14平方米的方形建筑，中心有圆形灶址，门朝北。房内发现的人骨多达14具，其中9个是未成年人，有的匍匐在地，有的相拥而死，有的伫立而亡，姿态各异。中心灶址处一成年人双手高举过头顶，双腿作弓步，像是要托起将要倒塌的房顶，又像是在奔跑中被突然冲倒在地，至死时身体也未完全着地；门口的中年男子仆卧在地，像是要挡住什么；靠西壁是斜倚在地上的母亲怀抱婴儿；西南部5人头颅聚拢在一起，死在一处，其中有一年长者似用双手护卫着身下的几个未成年的孩子。这些骨骸可观察到骨折等非正常死亡现象，对其亲缘关系有待进一步的DNA分析。距此不过2米的F3，房址已经严重变形，室内四壁放满陶器等遗物。房内东墙边发现一对母子，母亲双膝跪地，怀中搂着一幼儿，幼儿依偎着母亲，双手紧搂母亲的腰部。母亲仰头向天，仿佛在绝望中祈求苍天赐其孩子一条生路。在F4东部的F7，也发现一对母子，母亲坐在地上，用身体保护着孩子，最终还是双双死于非命。时间在那一刻凝固，这些房子成了他们共同的坟墓。

发掘出土的遗存和地层堆积情况以及对喇家村遗址古环境状况的调查，为解释这场史前大灾难提供了线索。研究者推测这里曾遭受了地震和洪水的多重打击，最终可能是一场特大洪水夺去了地震幸存者的生命。在2001年的发掘中发现多处地震遗迹：地裂缝、地面起伏褶皱、地面塌陷和砂管砂脉、喷砂、灾难坍塌堆积等现象，以及先民活动的小广场和奠基、杀祭遗迹。在F10发现2具异常骨折的人骨，推断其死因是房屋坍塌被砸而死。房址内的地层堆积显示，强烈的地震导致房屋坍塌，随后又遭受大洪水的侵袭，共同导致了喇家的毁灭。喇家村所在官亭盆地的黄河二级台地上，都有棕红色黏土层发育，几座房址内也充填有大量棕红色黏土层，中间还夹有波纹沙带，这都是黄河洪水泛滥的产物。由此推测在三四千年前此地处于洪水多发期。喇家遗址的这几座房屋地势相对较高，或许就是当时人们最后的避难所。F4一屋之中有9个未成年人，不太可能出自同一个家庭，很可能是应急躲避到了这座房子里。但最终都未能在这场来势凶猛的灾难中幸免。

——中国社会科学院考古研究所甘青工作队、青海省文物考古研究所编：《青海喇家遗址齐家文化的重要发现》

四、黄河中游地区的新石器时代文化

黄河中游地区包括今河南、陕西两省大部，以及山西中南部、河北中南部，即所谓“中原”。该地区古气候温暖湿润，土壤肥沃，物产丰饶。自1921年安特生发掘河南渑池仰韶村开始，近一个世纪以来中原地区新石器时代考古发现层出不穷，文化发展序列较为清晰，新石器时代早期前段仅见于冀中的徐水南庄头，新石器时代早期后段以豫中的裴李岗文化、冀南的磁山文化和关中的老官台文化为代表；中期以关中的仰韶文化、郑洛地区的大河村文化、豫北冀南的后岗—大司空村类型为代表；晚期以河南的龙山文化、陕西的客省庄二期文化和山西中南部的陶寺文化为代表。渭河流域包括豫西北、晋西南地区文化发展谱系为：老官台文化（大地湾文化）→仰韶文化（半坡类型→史家类型→庙底沟类型→西王村类型）→庙底沟二期文化→客省庄二期文化（豫西北、晋西南为河南龙山文化）；豫中地区：裴李岗文化→大河村文化→秦王寨类型→王湾三期；冀中南和豫北地区：南庄头遗址→磁山文化→后岗一期→大司空一期→后岗二期。

1. 新石器时代早期前段文化

河北徐水南庄头遗址。1986 年发现于徐水县南庄头村东北，1987 年、1997 年两次发掘。该遗址分布于华北平原西部。所出陶器多为夹砂深灰陶或夹砂红褐陶，陶胎厚重，陶质疏松，火候较低，以平底罐为主要器形。出土有加工粮食用的石磨盘、石磨棒，石锥、骨锥、骨镞等，大量兽骨、螺壳、植物种子等，发现水沟、灰坑、用火等遗迹。距今 10 500～9 700 年。

2. 新石器时代早期后段文化

裴李岗文化。1977 年发现于河南新郑裴李岗，分布于以郑州、洛阳为中心的豫中地区。经发掘的主要遗址还有密县莪沟和马良沟、临汝中山寨、长葛石固、巩县铁生沟、舞阳贾湖等数十处。一般分为两个类型，即北部的裴李岗类型和南部的贾湖类型。陶器以泥质、夹砂红陶为主，常见双耳壶、三足钵、碗、盘、罐、鼎、盂、杯及小型泥塑陶人像、动物像等，其中三足钵、乳丁纹鼎较为典型，泥条盘筑法手制，陶胎厚薄不均，火候较低，陶色多不纯正，多为素面，10%有装饰，纹饰有绳纹、附加堆纹、指甲纹、篦纹等。石器大多通体磨光，加工精致，其中石镰弧背，刃部有细密锯齿，一般不见于其他地区。石磨盘为椭圆形，四足，颇具特色。贾湖类型发现有数十件骨笛及刻有符号的龟甲。房基多为圆形半地穴式，直径 3 米左右，少数为方形，带有阶梯或斜坡式门道，居住面经加工夯打，并有放置石块、红烧土块的灶坑，边缘有柱洞，附近常见窖穴。陶窑仅见横穴窑一座，平面呈瓢形。发现相当规模的公共墓地，一般为长方竖穴土坑墓，无葬具，多单人仰身直肢，少数双人合葬，头向多偏南，随葬品多者达 20 多件，少者三四件，常见石器、陶器和少量石珠、绿松石装饰品，一般随葬石磨盘、石磨棒者不随葬铲、斧、镰，大约已有性别分工。距今 8 000～7 000 年。

磁山文化。位于河北武安磁山，1976—1978 年发掘，分布于豫北冀南地区。一说该文化与裴李岗文化属于同一文化。出土遗物以陶支座和石磨盘最具特色。陶器以夹砂红、褐陶为主，器类有鼎、盂、罐、钵、盘、壶、碗、杯、器座等，手制或泥条盘筑，陶胎厚薄不均，常见变形现象，火候较低，陶色不纯，器表常饰绳纹、附加堆纹、指甲纹、编织纹、划纹等。石器有磨制、打制两类，石铲、锛、镰较多，磨制的石磨盘形制多一端圆一端尖，多有四足或三足，打制石器较多。骨器有铲、凿、刀、锥、针、鱼镖、鱼钩等。房基多为圆形半地穴式，直径约 3 米，一般有台阶式或斜坡式门道，居住面一般未经加工，室内及边缘有柱洞。附近发现大量储藏粮食的窖穴，有方形或长方形，坑壁垂直或呈袋状，深 2～5 米，出土大量炭化的粟及人工驯养狗、猪、鸡的骨骼。距今 8 000～7 000 年。

老官台文化（大地湾文化或北首岭下层类型）。1959 年在陕西华县老官台发现并发掘，分布于渭水流域及陕西南部、甘肃东部。典型遗址有甘肃秦安县五营乡邵店村大地湾，陕西宝鸡市陈仓区北首岭、华县老官台和元君庙等。所出陶器以夹砂红褐陶为主，火候较低，质地疏松，多手制，胎壁厚薄不均，口沿部位常见红、黑彩绘带状装饰，器类有三足罐、平底罐、三足钵、圈足碗等，口沿多作锯齿状，通体饰交错绳纹，还有附加堆纹和篦纹等，特征鲜明。石器有磨制、打制和细石器三种，石刀多半月形，少见石磨盘、磨棒，另有骨器、蚌器和绿松石、骨环、蚌环、穿孔兽牙等小饰件。房基多为圆形半地穴式，一般有斜坡式门道，居住面一般不经加工，有灶坑、柱洞。大地湾和北首岭都有比较集中的墓葬区，均为长方形土坑竖穴墓，以仰身直肢葬为主，有多人合葬和二次葬。随葬品一般为三四件，少数达十数件，大地湾有随葬猪下颌骨的现象。距今7 800～6 800年。大地湾遗址2014年发掘揭示出从旧石器时代向新石器时代过渡的地层，发现旧石器时代遗迹火塘一处，发现细石器打制工作区。发掘房址4座，独立火塘1处，灰坑9个，灰沟1条。房址中3座可判断为半地穴式，仅保留地面以下部分，墙体以黑黄两层草拌泥涂抹，地面由2～5层草拌泥夯筑而成。两座房址为方形，面积30～40平方米，房址内及周边多发现柱洞；一座房址保存较完整，有门道与灶，朝向北偏东，灶为直壁平底，有火种洞，直径80厘米，高50厘米，灶壁与底均有三层草拌泥涂抹，内壁与底经多次烧烤呈红色、青灰色。房址填土及地面出土物较少，主要为陶片与石制品，未见完整陶器，石制品约500件，主要为石英质打制石片、碎片、玉髓质细石叶及碎屑，骨锥3件，表面光滑，前段尖锐，有明显使用痕迹。

3. 新石器时代中期文化

仰韶文化。1921年发现于河南渑池仰韶村，主要分布于陕西大部、甘肃东部、河南西部及山西西南部。分布广，延续时间长，可以划分为前后相继的早、中、晚三期，或分别称之为“半坡类型”“庙底沟类型”“西王村类型”。不少学者鉴于仰韶文化概念的庞大，建议将过去归为仰韶文化之下的多种文化类型分别以文化来命名。

半坡类型以西安半坡遗址的早期遗存、临潼姜寨遗址一期为代表，集中分布在渭水中下游。同时期在太行山以东分布着后岗类型，在河南、晋南分布着下王岗类型，在内蒙古中南部、陕北、晋中北分布着鲁家坡类型。1954—1957年发掘的半坡是一处规模较大的仰韶村落遗址，分居住区、窑场、墓地三部分。村落的中心是居住区，面积约3万平方米，以一座面积100多平方米的半地穴式大型房址为中心，周围分布着几十座中小型房址，外围是一条深宽各5～6米的环壕，壕沟外北为墓地，东为陶窑场，陶窑普遍不封顶。姜寨聚落遗址居住区由五组建筑群组成，每一组皆由一座大房子和周围的多座中小房子组成，所有房子的门都朝向村落中央的广场，周围有环壕，外围为手工业作坊区和墓葬区（见图4－1）。陶器以红陶为主，器形多为尖底、平底和凹圜底，其中小口尖底瓶、蒜头细颈壶、红顶钵、红顶碗、人面鱼纹彩陶盆最具特色。彩陶多为黑彩，少量红彩，流行几何纹和动物纹，图案有宽带纹、三角纹、菱形纹、直线纹、网格纹、曲折纹以及人面、鱼、鹿、蛙、鸟、渔网等，风格写实。制法为泥条盘筑、慢轮修整，在陶器上发现有50余种刻划文字符号。庙底沟类型因 1956 年发现河南陕县庙底沟遗址而得名，重要遗址有山西夏县西阴村和陕西华县太平庄、扶风案板、临潼姜寨、宝鸡北首岭和福临堡等，属于仰韶文化繁荣时期。分布地区很广，以关中、晋南、豫西为中心，北到河套，南达江汉北部，西至洮河，东抵郑州附近。器形继承半坡类型，红陶减少，灰陶增加，器表常饰以绳纹、篮纹、附加堆纹、弦纹、指甲纹等，尖底瓶流行双唇口，出现少量三足器和圈足器，曲腹碗、曲腹钵、釜灶极具特色。彩陶纹饰流行圆点、勾叶、弧线三角构成的花瓣和鸟纹，增加白衣彩陶。西王村类型（半坡晚期类型），发现于山西芮城西王村，主要遗址有陕西华县泉护村、临潼姜寨、商县紫荆第三期、西乡李家村等，已进入铜石并用时代早期。陶窑开始封顶，红陶减少，黑、灰陶增加，篮纹、附加堆纹增加，彩陶衰落，典型器物是凿形足鼎、喇叭口束腰尖底瓶、折腹盆、小口高领瓮、带流罐和镂孔豆等。1976 年在陕西渭南市史家村发现的史家类型可能介于半坡类型与庙底沟类型之间，小口尖底瓶腹部变粗，数量减少，出现葫芦瓶，细颈壶变得粗矮，钵多见敛口，彩陶纹饰既有直线、鱼纹，又有弧线、三角和鸟纹。仰韶文化早期打制石器较多，中晚期以磨制石器为主，有铲、镰、锄、斧、锛、穿孔石刀、凿、磨盘、磨棒等，通体磨光，加工较精致。骨器较多，有铲、镞、锥、针、鱼叉、鱼钩等，蚌器有刀、镰等。常出土猪、牛、狗、鸡的骨骼及粟壳、芥菜籽、白菜籽等。姜寨、半坡和北首岭的大型村落遗址均有一定的规划。房基有地穴式、半地穴式、地面建筑三类，平面呈圆形、椭圆形、方形或长方形等，小者仅几平方米，多为圆形；大者达 50～100 平方米，多为方形。早期房基多为单间或连间，中晚期出现结构复杂的大型公共活动建筑，面积近 200 平方米，居住面多经过简单加工，晚期出现料姜石铺垫和白灰地面，正对门道的房屋正中有一个灶坑，灶坑一端放置小罐或挖一小坑以保存火种，居址墙壁早期多为木骨泥墙并用火烘烤加固，中晚期出现夯筑土墙。居址附近常见形制各异的窖穴、灰坑。陶窑多为横穴窑，长 2～3 米，一次最多可烧制 10 余件陶器。成人墓葬为长方形竖穴土坑墓，分布在公共墓地，少数有木棺，单人葬多为一次葬，合葬墓多为二次葬，少则两人，多则上百人，有同性合葬，也有不分男女老幼的异性合葬。还见一种大坑套小坑的多人二次合葬。葬式多为仰身直肢，少数俯身葬、屈肢葬、割体葬。儿童用瓮棺葬，常见于居址周围，葬具多为瓮、钵、盆，有些钵、盆底部凿一圆孔。随葬品少者几件，多者几十件。仰韶文化距今 7 000～5 000 年，其中半坡类型距今 7 000～6 000 年，庙底沟类型距今 6 000～5 400 年，西王村类型距今 5 400～5 000 年。

杨官寨遗址。位于陕西西安高陵泾渭交汇处西北约 4 千米的泾河北岸一级阶地上，是关中地区仰韶文化中晚期的一处特大型中心聚落遗址，2015—2017 年揭露一处与环壕聚落同时期的大型墓地。墓地位于环壕聚落东部，总面积近 9 万平方米，墓葬分布密集，总数超 2 000 座，目前确认庙底沟文化时期墓葬 336 座。墓葬平面一般呈长方形，东西向，以偏洞室墓为主，有少量竖穴土坑墓、半洞室墓。墓地经

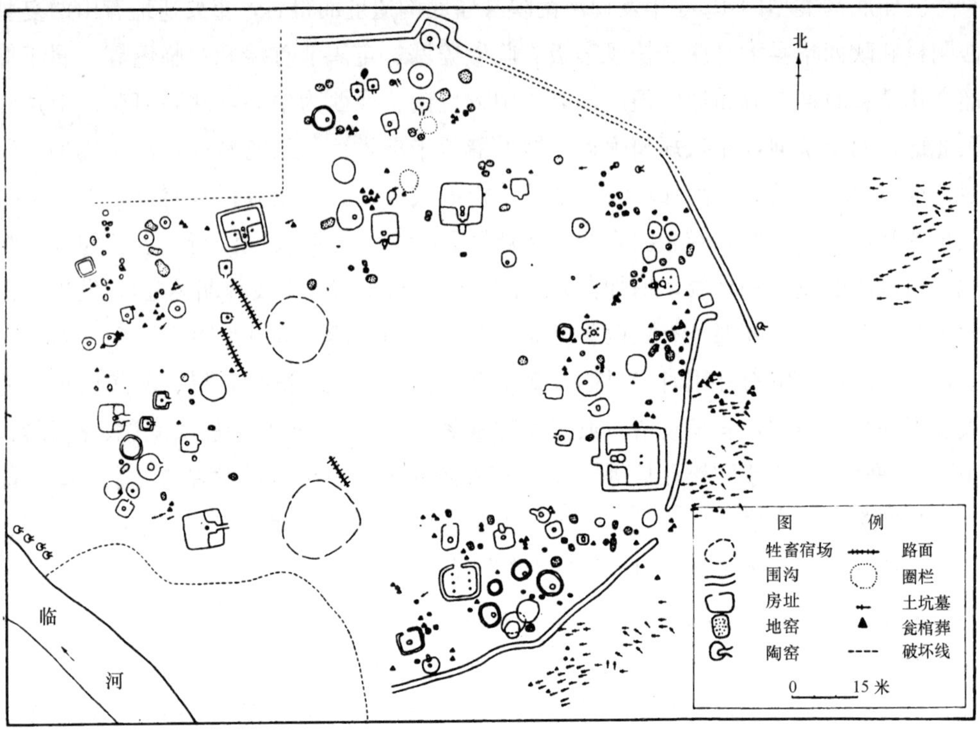

图 4-1 陕西临潼姜寨遗址半坡类型聚落布局图

过整体规划，墓向基本一致，无一例叠压打破关系，均为单人一次葬，骨骼保存较完整，葬式均为仰身直肢，头朝西，面向上，左右臂贴近躯干骨，足部大多并拢。个别墓葬发现有手指骨移位现象，有些摆放在头骨附近，有些被发现于墓葬填土内，疑似割体葬仪或非正常死亡现象。随葬品较少，仅在极个别墓葬中出土有彩陶盆、彩陶壶、夹砂罐、陶钵、陶杯、石璧、骨珠等。有些随葬品破损，发现于墓室或墓道的填土内。部分人骨佩戴有骨簪、石环或陶环等装饰品，个别墓葬中还出土颜料和龟甲。在部分墓葬开口平面的东端或西端发现有圆形的疑似柱洞遗迹，推测有可能为“幡”类墓上建筑遗存，个别人骨周围发现有疑似织物包裹的痕迹。据随葬品与测年数据推断，墓地应属庙底沟类型。

大河村文化。1964年发现于郑州大河村，或称仰韶文化“大河村类型”，后段也有人称为“秦王寨类型”。分布于河南中、西部，典型遗址还有荥阳秦王寨、洛阳王湾、临汝中山寨、孟津小潘沟等。陶器以红陶为主，灰陶次之，有少量白陶，泥条盘筑法制作，以小口尖底瓶、折腹鼎、釜形鼎、红顶直口钵、蒜头细颈壶、高圈足豆等较典型。器表常见细绳纹、刺点纹、刻划纹、弦纹、附加堆纹、乳丁纹等，彩陶较发达，有红、黑、棕彩以及白衣彩陶，图案多为几何形，如网纹、月牙形纹、锯齿纹、太阳纹、弧形三角纹等。石器以磨制为主，以两侧带缺口的石刀和穿孔石刀最为常见。还发现骨器、蚌器和少量陶、石、玉质装饰品。房基有地面建筑、半地穴式两类，以地面建筑为主，多方形或长方形，少数为圆形，面积 20～40 平方米，较大的房屋常用夯土墙隔为套间，中、晚段较常见长方形连间排房建筑，大河村 F1—F4 即为分间并列的四间房屋。墙壁为涂抹草拌泥的木骨泥墙，地面铺有料姜石、细砂石和黏土，经夯打并用火烘烤，室内有长方形烧火台与陶炊器。陶窑一般为横穴窑，窑室呈馒头状。墓葬有竖穴土坑墓与瓮棺葬两种，土坑墓多为成人的仰身直肢葬，无葬具，随葬品较少，瓮棺葬多为儿童，少数为成人二次葬，葬具多为小口尖底瓶、大口尖底缸、鼎、瓮等器类与盆、罐、钵、器盖等组合。距今 7 000～5 000 年。此时已产生聚落等级分化，出现较大规模的遗址，甚至有城垣建筑，如 1993 年发掘的郑州西山古城，相当于仰韶文化晚期，平面为圆形，直径约 180 米，城墙为版筑，城内中心地带发现大型夯土建筑，另有两组朝向聚落中心的房屋建筑，两处墓地，一处在城外西部，多单人葬，另一处在城内北部，多合葬。西山古城距今 5 300～4 800 年。

后岗一大司空村类型。以 1931 年发掘的河南安阳后岗遗址和 1958 年发掘的安阳大司空村遗址命名。分布于豫北、冀中南地区，典型遗址还有河南濮阳西水坡、河北武安赵窑等。后岗类型年代早于大司空村类型，且二者之间存在缺环。后岗类型陶器以红陶为主，次为灰黑陶，器表多饰以划纹、弦纹、附加堆纹等，彩陶数量不多，多为红、黑彩，图案多几何形，如宽带、竖线、菱形、曲折纹等，典型器类有柱足鼎、曲腹盆、鼓腹罐、小口细颈壶、红顶碗、红顶钵等。大司空村类型陶器继承后岗类型发展而来，灰陶增多，红陶较少，器表多经磨光，纹饰有篮纹、划纹、绳纹、附加堆纹等，彩陶较少，常见红彩几何形纹，如三角、水波、曲折、人字、同心圆、平行线纹等。器类常见假圈足碗、平底敛口钵、折腹盆、高领罐等。还发现有磨制石器、骨器、蚌器及石环和彩陶环等装饰品。房基有半地穴式和地面建筑两种，圆形或方形，半地穴式建筑一般带有斜坡门道，居住面用细泥抹平并用火烘烤，有灶、柱洞。大司空村类型发现有陶窑，窑室为圆形，火道分两条主火道和六条支火道，窑室外设置烟道。灰坑和窖穴形式多样，有些窖穴里出土多个完整的猪骨架。墓葬多长方形竖穴土坑墓，葬式多仰身直肢，少数为侧身、俯身葬，有单人葬与合葬墓两类，多无随葬品。濮阳西水坡遗址属于后岗类型，M45 墓主两侧发现有蚌壳摆塑的龙、虎、鹿等图案，附近发现几座同时期墓葬和灰坑，可能与原始社会的祭祀和宗教活动有关。后岗类型距今 7 000～6 000 年，大司空村类型距今 5 400～5 000 年。

双槐树遗址。位于河南省郑州市巩义市黄河南岸以南 2 公里、伊洛河东 4 公里处。遗址东西长约 1 500 米，南北宽约 780 米，残存面积达 117 万平方米，发现有仰韶文化中晚期三重大型环壕，具有最早瓮城结构的围墙，封闭式排状布局的大型中心居址、大型夯土基址、采用版筑法夯筑而成的大型连片块状夯土遗迹。还有 3 处夯土祭祀台遗迹，3 处围绕中心夯土祭台周边共 1 700 余座经过严格规划的大型公共墓地。还有与重要人物居住的大型建筑融合的用九个陶罐模拟的北斗九星天文遗迹，20多处人祭或动物祭的礼祀遗迹、制陶作坊区、储水区、道路系统等，并出土了一大批仰韶文化时期遗物。双槐树遗址是迄今为止在黄河流域仰韶文化中晚期发现的规格最高的具有都邑性质的中心聚落，被学者称为“早期中华文明的胚胎”“河洛古国”“不排除是黄帝时代都邑所在”。填补了中华文明起源的关键时期、关键地区的关键材料。距今5 300年左右。

师村遗址。位于山西运城，2019—2022年发掘，发现房屋、灰坑、灰沟、灰堆以及墓葬、瓮棺葬、窑址等遗存，出土大量陶器、石器、玉石器、骨器、蚌器，年代分布于仰韶时代早期和中期，以及东周、汉代等几个时期。其中最引人瞩目的发现是6 000多年前石雕和陶制的蚕蛹，出土石雕蚕蛹6枚、土陶制蚕蛹1枚、石制蚕茧2枚，形象生动，应与当地流传甚广的嫘祖传说有关，传说嫘祖是黄帝之妻，发明了养蚕缫丝。

4. 新石器时代晚期文化

庙底沟二期文化。发现于河南陕县庙底沟遗址的第二期文化，具有仰韶文化向龙山文化过渡的特点，主要分布于关中、豫西和晋南。陶器以粗灰陶为主，泥条盘筑，口沿轮修，流行罐形鼎、斝、灶、刻槽盆（澄滤器）以及尖底瓶等，纹饰以篮纹、绳纹为主，器形多大型厚重，有的周壁饰有条带式附加堆纹。房屋以半地穴式圆形、椭圆形单室、双室为主，居住面上常铺白灰面。陶窑由火膛、火道、窑室构成，横穴窑向竖穴窑发展，可密封。墓葬均为长方形竖穴土坑墓，单人仰身直肢葬，头向南，大多无随葬品。碳十四测年为公元前2 780±145年。

芦山峁遗址。位于陕西省延安市宝塔区芦山峁村北，属庙底沟二期文化至龙山时代大型遗址，总面积超过200万平方米。1981年调查发现，2014年通过勘探在遗址核心区确认四座大型夯土台基，由北向南依次为寨子峁、小营盘梁、二营盘梁、大营盘梁。每座台基上坐落着规划有序的围墙院落与建筑群，相当于四座相对独立而联系密切的夯土台城遗址。其中，大营盘梁人工台基南北长约160米，东西宽约100米，是由坡状的自然山梁经人工垫土夯筑而成的夯土大台基，边缘地带垫土厚度5～10米不等。大营盘梁台城顶部分布着三座院落，分别为一座宫殿院落和两座门塾院落，宫殿院落房址内出土上百件筒瓦和槽型板瓦，夯土内出土大量精美玉器。核心区周边山坡上分布着数以百计的小型窑洞式房址和居址葬。大营盘梁台基及顶部建筑始建于庙底沟二期晚段，陶器以单耳罐、圜底瓮等器类为代表，属庙底沟二期文化的区域类型。房址地层出土的生产工具较少，主要有石质纺轮、斧、刀、矛、镞、凿、锤以及骨锥等。另出土较多的陶质泥抹子。遗址发现了大量玉器，出土于台基、房屋墙体、房屋基址、墓葬、奠基坑等遗迹内，多为礼器。

河南龙山文化（或称三里桥二期文化）。“龙山文化”因1928年发现的山东历城县龙山镇城子崖遗址而得名，以灰、黑色陶器群为典型特征，学术界最初将中原诸省发现的同类遗存皆名之为“龙山文化”，随着研究的进展发现各地龙山时代遗存其实有较大差异，且各有不同的文化来源，因此分别冠以行政区划以相区别，或另行命名新的文化。河南龙山文化主要分布在河南省境内，不同区域文化面貌仍存在一定区别，可区分为不同类型：（1）豫西、豫中地区的王湾类型；（2）豫北地区的后岗类型；（3）豫东地区的造律台类型；（4）豫晋陕交界地区的三里桥类型等。陶器以灰陶为主，轮制虽占一定的比例，但不如山东龙山文化发达，陶色比山东龙山文化浅（越西越浅），绳纹成为主要纹饰，有一定数量的拍印篮纹和方格纹，素面和磨光陶器也大量存在。以敛口深腹小平底罐为主，流行鬲、甗、斝、甑、双腹釜等器形，还有单耳或双耳浅腹杯等。鬲多而鬶少，有甗少斝，少鼎、豆。流行平面呈“日”字形的龙山建筑，由仰韶文化发展而来。

王湾类型。因1959年发掘洛阳王湾遗址而得名，主要分布于伊、洛、颍、汝河流域，重要遗址有禹州瓦店、临汝煤山、洛阳锉李、登封王城岗、密县新砦等。陶器以灰陶为主，有少量褐、黑陶，基本不见彩陶，纹饰多见篮纹、方格纹等，典型器类有折腹斝、鼓腹罐、斜腹碗、双腹盆、高领瓮、澄滤器、罐形鼎、高圈足盘、白陶盉等。发现少量铜块、铜渣和青铜器残片。石器磨制精致。另见骨器、蚌器等工具。房基有半地穴式和地面建筑两类，有圆形、方形，有单间、双间，居住面经过加工修整，有白灰面或红烧土面、夯土面，地面建筑多为木骨泥墙，墙体厚二三十厘米，有方形或圆形灶坑或灶台。墓葬有长方形竖穴土坑墓和瓮棺葬，土坑墓多仰身直肢葬，一般无随葬品，少数随葬几件生活用品，此外一些灰坑中发现有凌乱的人骨架。王湾类型遗址分布密集，多见大型聚落和早期城垣建筑，主要有登封王城岗、新密古城寨、密县新砦、郾城郝家台等古城址，其中王城岗古城规模较大，外城面积达30万平方米，内城为东西并列的两座小城，面积约2万平方米，东城被冲毁，有大型夯土台基建筑遗存，西城内发现夯土、祭祀坑、墓葬、灰坑等遗迹，曾出土一件青铜容器残片。新密古城寨城址平面呈长方形，现存三面城墙，面积约17.6万平方米，城外有护城河，城墙最高达16米，最宽处40多米，城址东南部发现大面积龙山时代夯筑建筑群，已发掘一座大型宫殿基址及廊庑式建筑。密县新砦古城也发现有大型宫殿建筑群，为研究中国文明起源和国家起源问题提供了重要资料。王湾类型距今4 600～4 000年。

后岗类型。1931年发现于安阳后岗，也称“后岗二期文化”。分布于豫北、冀南，重要遗址有河南安阳大寒南岗、汤阴白营，河北磁县下潘汪、邯郸涧沟和龟台寺等。陶器群中灰陶最多，次为黑陶，少见红陶，器表多饰绳纹、篮纹、方格纹。典型器类有鬲、甑、甗、罐形鼎、折腹斝、高领瓮、折腹盆、鼓腹罐、大圈足盘、瓦足盆等。出土磨制石器、细石器、骨器、蚌器。房屋盛行圆形地面建筑，直径3～5米，夯筑地基，地面多为涂抹白灰面，有夯土墙、土坯墙和木骨泥墙三种，室内常见圆形灶坑和陶炊器，房基外侧有散水。建筑基址下常见婴儿墓，涧沟遗址房基内发现4具人头骨，有砍痕和剥头皮痕迹。水井位于房屋附近，口呈圆形或方形，汤阴白营方形水井的井壁用榫卯结构木框架加固。墓葬发现较少，多土坑墓，葬式多仰身直肢，瓮棺葬多在房基之下，邯郸涧沟遗址还发现乱葬坑，五层人骨架叠放于废弃的水井中。发现两座城址，安阳后岗古城和辉县孟庄古城，后者面积10万平方米，城内有大型夯土台基及小型房基、灰坑。距今4 600～4 000年。

造律台类型。因1936年发掘河南商丘永城造律台遗址而得名。该类型分布于豫东和鲁西南，重要遗址有河南永城王油坊、淮阳平粮台、鹿邑栾台及山东曹县莘冢集等。以灰陶为主，有少量黑陶，纹饰多方格纹、篮纹、绳纹等，典型器类有袋足甗、高领瓮、折沿罐、罐形鼎、大圈足盘、斜腹平底碗、双腹盆、带钮器盖等。出土磨制石器、骨器、蚌器。房基多长方形连间排房建筑，一般多为三四间，每间10～15平方米，平地起建，少数为台基式建筑，地面涂草拌泥并用火烘烤，有圆形灶坑，墙壁为夯土墙或土坯墙，墙基外有散水，另有少数圆形单体地面房屋建筑。灰坑、窖穴盛行圆形或椭圆形的锅底状，水井口为圆形。距今4 600～4 000年。淮阳平粮台发现古城址一座，平面略呈正方形，边长约185米，城墙为版筑，南、北各发现城门一座，南门还带有门房，城内发现土台式连间排房建筑、陶窑、灰坑，H15底部发现一块铜渣，南门门道下的陶质排水管道为龙山时代所罕见。平粮台古城距今4 500～4 200年。

三里桥类型。发现于河南陕县三里桥，由庙底沟二期文化发展而来。陶器以灰陶为主，流行绳纹，器形以单把鬲、双耳斝、双耳罐、双腹盆、矮圈足豆等最具特色，特殊的地理位置使得三里桥类型兼具周围各文化类型的因素。墓葬为单人仰身直肢葬，多无随葬品，发现乱葬坑。

郝家台遗址。位于漯河市郾城区孙庄乡石槽赵村，面积约5万平方米，遗址核心是一座龙山古城。1986—1987年发掘，2015—2016年发掘清理城墙2段、城壕4段、陶窑1座、水井9眼、墓葬25座、房址15座、灰坑205座、灰沟7条等。城址平面近长方形，南北长约200米，东西宽约140米，城内面积约2.8万平方米。城墙剖面为上窄下宽的梯形，无护坡，均为生土夯筑，宽约12米，残高1～1.7米。城墙外发现两重城壕，内壕被外壕打破，残存部分较窄而浅。外壕整体较宽，宽30～100米，深3.2～3.5米。城址历经龙山时期至新砦时期。

平粮台遗址。位于河南省周口市淮阳区大连乡大朱庄村西南，1980年发现并发掘，2014—2019年系统勘探、调查与发掘。城址平面呈正方形，长、宽大致310米，面积近10万平方米。城墙的南、北、西面中部各有一门，城内中轴线位置发现一条南北向干道，对应南、北城门，宽6～7米。城内布局以南北道路为中轴，确认多排东西向的高台式排房。单排房屋东西延续60余米，接近中轴线止，后期排房逐渐向南北两侧扩展，每排房屋由3～4组多间房组成，所有单间规模均较为一致，门向朝南，布局规整。房屋建于生土之上，一般先垫筑纯净的垫土，再以土坯为原料平地起建，排房前后间距15米左右，室外活动面基本串通相连。高台排房与道路外缘均分布有纵、横向的排水沟。2019 年在长排房址西部发现一组原址保存的陶排水管，南城门附近发现两组龙山时期的陶排水管道，节节套扣，纵向穿过城墙基础，每组排水管道皆有一定坡度，城内高于城外，陶排水管与纵横连通的沟渠共同构成了国内已知年代最早、最为完备的城市排水系统。在南城门内早期道路上还发现了车辙痕迹，车辙宽 0.1～0.15 米，深 0.12 米，最明显的一条长达 3.3 米，其中一组平行车辙间距 0.8 米，为“双轮车”的辙印，车辙痕迹的绝对年代不晚于距今 4 200 年。南城门附近第二期道路垫土中发现玉冠饰残片，城内发现有用于祭祀的黄牛。年代为龙山时期中晚段。

客省庄二期文化（或称陕西龙山文化）。1955 年发现于陕西省长安县客省庄，分布于关中东部地区，重要遗址有陕西华阴横阵村、武功赵家来、临潼康家、旬邑下魏洛、宝鸡石嘴头等。以灰陶为主，大型器物多采用泥条盘筑法制作，轮制很少。纹饰以绳纹、篮纹与附加堆纹最为显著，素面和磨光不多见，口沿多饰锯齿形花边。典型器类有单把陶鬲、双耳罐形斝、单耳或双耳罐、小口高领瓮、高圈足豆、高领罐、带钮器盖等，鬶、盉比较少见，鼎极少，鬲、罐与河南龙山文化近似，双耳或三耳罐则接近齐家文化。石器以磨制为主，以长方形单孔石刀较典型。发现有骨器、少数蚌器及石环、玉璧、绿松石等装饰品。居址分半地穴式、地面建筑、窑洞式建筑三类，其中半地穴式与地面建筑多为圆形或圆角方形单体建筑，出现少量“吕”字形双室建筑，居住面多经夯打、涂抹白灰或用火烘烤，有土坯墙和夯土墙两种，多有圆形灶坑；窑洞多依崖坡地势掏挖，方形或长方形，面积 10 余平方米。陶窑为横穴。墓葬以长方竖穴土坑墓为主，葬式复杂，直肢葬、屈肢葬、俯身葬均有发现，一般无葬具，仅随葬少量陶器和装饰品，华阴横阵村发现一座成年男女合葬墓。在灰坑和窖穴中发现有人骨与兽骨共存的现象。距今 4 600～4 000 年。

寨峁梁遗址。位于陕西省榆林市榆阳区安崖镇房崖村，面积逾 3 万平方米，2014—2015 年发掘，揭露一座保存较好且遗存丰富的龙山时代小型石城聚落。遗迹包括城墙、房址、灰坑等，城墙由砂岩石块垒砌而成，主要发现于遗址南侧山体马鞍部和西侧山坡处，现存断续长度约 200 米。2014 年清理南侧山体马鞍部长约 40 米的一段，呈东西向，位于整个山峁较高处，南侧山坡下即为寨峁梁连通其他山峁的唯一道路，该段城墙残高 0.8 米，宽约 1 米，以石块平砌而成，这段城墙外侧用石块砌筑了一道护坡墙，与城墙基本平行。共计清理房址 109 座，绕寨峁梁山体东、北、西三侧呈圆弧状排列，高低错落，排列有序，大致可分为上下四至五排，门道均开向山坡低处，除未见门道南向者外，其余方向均有发现。灰坑发现 14 座，多圆形筒状或袋状坑，均位于房址内，打破地面，当为屋内的储藏窖穴。另在房址外围附近发现 2 座长方形坑，特别是位于 F20、F21 南部的 K1，出土丰富的陶片、碎骨，当是与房址关系密切的屋外储藏窖穴。遗址出土陶、骨、石等小件器物数量逾 300 件。距今 4 500～4 300 年。

府谷寨山遗址。位于陕西榆林府谷县田家寨镇王沙峁村寨山村，是一处龙山时代早期石城聚落，面积约130万平方米，沿用至夏代中晚期。2016年勘探发掘，除城址南端和北端局部墙体保存完好外，大部分墙体因水土流失而遭损毁。石墙体残高2～4米，宽2米左右，石墙内侧筑有一道5～8米的夯土墙体。城址中部偏北发掘的4座墓葬打破龙山时代早期居址，墓葬多为边长1.7米、宽0.7米左右的竖穴浅坑墓，常有壁龛，随葬品均位于壁龛内，以陶器为主，器物组合为斝、盉、高领壶、大双耳罐、大口尊、折肩罐等，个别墓葬随葬细石器。最大的墓葬M5长4米、宽3米，残存深度超过5米，棺椁痕迹明显。这批墓葬与内蒙古伊金霍洛旗朱开沟遗址的同时期墓葬内涵相似。

案板三期文化。1987年发掘陕西扶风案板村遗址，主要分布于关中西部，早于客省庄二期文化，属于龙山文化早期阶段。有学者认为庙底沟二期文化在向关中地区西进的过程中，与渭水上游仰韶时代晚期常山下层类型在武功、扶风一带相遇，形成了案板三期和浒西庄类型，案板三期晚段出现罐形斝、单耳罐、釜形灶，它们是客省庄文化系统单把斝式鬲、单把鬲的祖型。向东扩展而形成客省庄二期文化。

石峁城址。位于陕西省神木市高家堡镇，城址面积逾400万平方米。整个布局以“皇城台”为中心，内、外城建筑石砌城垣，皇城台位于城址中部偏西，为一处四围石砌护墙的台地，台顶发现一处大型高台建筑基址——大台基，四边呈长度相当的圆角方形，总面积约16 000平方米。以夯土修筑台芯，四周以石砌护墙包砌，其上分布着房址、石砌院墙、“池苑”等遗迹。门址在皇城台东侧偏南，自下而上依次由广场、外瓮城、南北墩台、铺石坡道、内瓮城、主门道等组成，沿门址内坡道向上攀登，可达皇城台台顶。广场平面呈长方形，面积超过2 000平方米，外瓮城平面呈折角“U”形，在其外侧墙根处墙面发现两件玉钺，系铺设广场地面时有意埋入。内瓮城平面呈“L”形，下连南墩台、上接主门道，主门道为横“U”形的“回廊”，由两侧石墙上发现的对称分布的壁柱槽推测，主门道应系一覆顶封闭空间。大台基南护墙共发现70件石雕，其中21件砌筑于南护墙墙面上，1件矗立在夹道地面上，其余均出土于夹道内的南护墙倒塌堆积中。依其形制可分为平面型、塑像型、立柱型三类，雕刻技法以减地浮雕为主，有少量阴刻与圆雕，图像内容可分为人物、动物、神兽、符号等。发掘出土陶、骨、石、玉、铜等各类标本4万余件，还有一些纺织品和漆皮残片。这些遗物大部分是皇城台在使用期间的生活垃圾，其中骨针数量超过1万枚，较为重要的是出土的20余件口簧、成层分布的100余片卜骨、造型生动的20余件陶鹰、数量可观的建筑用瓦等，玉器有牙璋、琮、钺、环等，铜器有锥、刀、环等，另发现海贝、象牙、丝织品，以及大量的鬲、瓶、豆、瓮等龙山时期典型器物。城址使用年代约为龙山文化晚期。

陶寺文化。20世纪50年代发现于山西襄汾县东北陶寺村，1978年发掘。分布于晋南汾水流域，典型遗址还有山西太谷白燕、忻州游邀等。所出陶器以灰陶为主，泥条盘筑法制作，陶胎厚重，常见绳纹、篮纹、附加堆纹等，器形以大袋足鬲、单把鬲、盆形斝、折沿罐、高足浅盘豆、平底盆、釜灶、扁壶等最典型。晚期的炊器主要是陶鬲，其次是斝、甗，不见釜灶、鼎、缸。铜器发现有铃，玉器有瑗、璧、琮、钺等。出土较多磨制的长方形单孔石刀、骨器和少量蚌器，晚期出现蚌刀和有肩石铲。房基有半地穴式、地面建筑、窑洞式建筑三类，多呈圆角方形，约 10 平方米，窑洞式建筑顶部原作弧形，地面经过加工或涂白灰，有灶坑。陶窑以横穴窑为主，火道结构复杂。水井口部呈圆形或方形，并有方框形木结构井圈加固。陶寺遗址居住地东南发现大规模的龙山时期墓地，面积约 3 万平方米以上，有墓葬几千座，已发掘 1 300 多座。这些墓葬明显分为大、中、小型，大墓随葬品可达一二百件，有彩绘龙纹陶盘、彩绘木盘、用鳄鱼皮制成的鼍鼓、大型石磬、玉钺等礼器及猪骨架，玉器、漆器、彩绘陶器和猪骨在大型墓葬随葬品中常见，小墓一般无随葬品，在两座晚期灰坑中发现有人骨。陶寺遗址发现大型古城，有多重城垣建筑，城墙均为夯土版筑，平面呈圆角长方形，内外城总面积达 200 万平方米以上，城内发现宫殿区、墓葬区、祭祀区及观象台遗迹，出土大量珍贵文物，一件陶扁壶上有朱书“文”字等符号。距今 4 600～4 000年。有学者认为陶寺遗址早期为尧都平阳，下限已入夏纪年，晋南素有夏墟之称，或与夏禹有关。

五、黄河下游地区的新石器时代文化

黄河下游地区包括今山东大部、河南东部、江苏北部及安徽北部。这一地区古气候温暖湿润，境内川泽湖泊众多，适于农业和渔猎。该区考古活动始于 1928 年对山东龙山文化的发掘，历年的发现使新石器时代文化发展的脉络日渐清晰。新石器时代早期后段以北辛文化为代表，中期以大汶口文化为代表，晚期以山东龙山文化为代表。需要指出的是，黄河下游地区新石器时代各时期典型文化的分布范围并不一致，大体上北辛文化时期实力较弱，仅局限于山东省大部分地区，大汶口文化时期势力扩张，覆盖豫东、皖北，至龙山时代则退缩回山东省境内。此外，山东章丘附近的“西河类型文化”和山东淄博后李官庄遗址发现的“后李文化”较北辛文化年代略早，可能是北辛文化的源头；胶东地区发现的“白石文化”与北辛文化大体同时，可能代表了黄河下游地区新石器时代早期后段的另一文化类型。这一地区新石器时代文化谱系是：后李文化→北辛文化→大汶口文化→山东龙山文化。

1. *新石器时代早期后段文化*

后李文化。因发现于山东临淄后李官庄而得名。分布于泰沂山脉以北。重要遗址有山东章丘龙山镇西河、小景山等。陶器多为红褐、灰褐色，不经过淘洗，含细沙，手制，火候不高，颜色不匀，以圜底器为主，常见对称的横鋬耳，器形有深腹圜底釜、缸、钵、碗等。多素面，纹饰主要为附加堆纹、压印纹和绳纹。发现石磨盘、石磨棒、石支脚、石斧、石凿以及骨器、蚌器。房址均为半地穴式圆角长方形，面积30～50平方米，地面经修整，有的地面和墙壁经火烤。墓葬有竖穴土坑和竖穴侧室墓，单人仰身直肢葬，东西向，随葬品极少。距今7 900～7 200年。

北辛文化。因1978年发掘的山东滕县北辛遗址而得名。分布于山东大部及苏北，重要遗址有山东泰安大汶口、江苏淮安青莲岗等。陶器以夹砂黄褐陶和泥质红陶为主，采用泥条盘筑法或捏塑法，以素面为主，纹饰多见附加堆纹、篦纹、刻划纹、锥刺纹等，有少量彩陶。典型器类有三足带盖钵、红顶钵、釜形鼎、钵形鼎、小口蒜头细颈壶、小口双耳壶、假圈足碗、平底盘、猪嘴形支脚等。打制石器较多，磨制不发达，多数仅刃部磨光。另有较多骨、角、牙、蚌器。房基多椭圆形、圆形的浅穴或半地穴。灰坑、窖穴有圆形、椭圆形和不规则形。墓葬盛行长方竖穴土坑墓，多单人葬，晚期出现二次葬与合葬墓，随葬品较少，无明显差别。一些陶器底部印有粟壳痕迹，发现有家猪和野生的牛、梅花鹿、獐、獾等动物骨骼。近海地区遗址常见渔猎工具、鱼骨、兽骨及贝丘堆积。其经济形态以农业为主，畜牧、渔猎也占一定比重。距今7 500～6 200年。

2. 新石器时代中期文化

大汶口文化。1959年发现于山东泰安大汶口，分布范围以泰山地区为中心，东抵黄海，西到豫东，北至渤海南岸，南及皖北、苏北淮河沿岸。重要遗址有山东诸城呈子、曲阜西夏侯、胶县三里河、茌平尚庄，江苏邳县刘林、大墩子、新沂花厅，安徽蒙城尉迟寺、萧县花家寺等。该文化分为刘林期、花厅期和西夏侯期三期。早期以红陶为主，灰、黑陶较少，器表多素面，纹饰多弦纹、附加堆纹，有少量彩陶，多黑、红彩，偏晚阶段出现白衣彩陶，图案有八角星、菱形、弧边三角、钩叶纹，器形以各种形制的鼎最为典型，如釜形鼎、罐形鼎、盆形鼎、钵形鼎等，还有三足钵、带把钵、高圈足杯、彩陶盆、高圈足豆、双耳罐、觚形高柄杯等；中期红陶减少，灰、黑陶大量增加，装饰弦纹、划纹、陶索纹、乳丁纹及鸡冠耳等，由圆形、菱形、三角形组成的“大编织纹镂孔”装饰较为典型，彩陶分单彩、多彩以及白衣彩陶，色彩对比强烈，图案有弧边三角形、毛边菱形等，新出网格纹、波折纹、辐射线纹等，典型器类有罐形鼎、长颈壶、背壶、圈足觚形杯、大编织镂孔豆、彩陶钵形鼎、彩陶平底盉、尊形器等；晚期灰、黑陶占主导地位，可烧制出薄胎磨光黑陶、白陶和黄陶器，轮制流行。纹饰以镂孔、弦纹、篮纹、附加堆纹最典型，镂孔多为简单的圆形、三角形和菱形，彩陶减少，典型器类有盂形鼎、袋足鬶、薄胎高柄杯、觚形杯、背壶、双系壶、平底盉、高圈足镂孔豆、带流盆、平底盆、尊形器等。大汶口文化陶尊上发现有刻划的文字符号。石器早期保留较多打制痕迹，中晚期磨制加工非常精细，常用切割、管钻、抛光等技法，尤以石钺、玉钺最精，扁平石斧、有段石锛较为典型。骨、角、牙器数量较多，骨梳、象牙梳和獐牙钩形器十分独特。还发现蚌器和少量石质、玉质的环、镯、璧、璜、坠饰等。房基包括半地穴式与地面建筑两类，圆形或方形，面积为 10～20 平方米，地面多经修整加工。房屋附近发现窖穴、灰坑，出土炭化的粟及动物骨骼等。有成片分布的公共墓地，每墓地墓主头向一致，以单人一次葬为主，二次葬与合葬墓占一定比例，少则 2 人，多则 20 余人，葬式多仰身直肢，少见屈肢，晚期木棺葬具增多，一对成年男女合葬墓增加，早期随葬品较少，晚期随葬品较为悬殊，并出现殉人墓。墓地之间也有分化，大汶口墓地最大。墓群之间区分明显，如大汶口墓地（后期）有 133 座墓，分若干墓区，可能代表家族。成年男女有拔牙（60%～70%拔去上颌两个侧门齿，即《山海经》《淮南子》所记“凿齿”）及枕骨人工变形的风俗，男性平均身高 1.73 米（仰韶文化男性平均身高 1.68 米），口含石子，并多随葬生产工具和獐牙或獐牙钩形器、猪下颌骨。安徽蒙城尉迟寺遗址发现一处较完整的大汶口文化晚期大型聚落遗址，平面呈圆形，总面积 10 万平方米，居址周围有壕沟围绕，已发掘房屋 40 多座，墓葬 200 多座，北部有长达 11 间的长排房主体建筑群，最长的排房可达 100 米左右，东、西、南三面也有短排房建筑，房屋为方形浅穴式，房屋建筑前有活动的广场。在山东中南部滕州市西康留、山东西部阳谷县王家庄遗址发现有大汶口文化晚期古城址。距今 6 100～4 400 年。

焦家遗址。位于济南市章丘区西北，分布于焦家、苏官、董家和河阳店等村，总面积逾 100 万平方米。时代主要为大汶口文化中晚期，包括少量龙山文化、岳石文化、汉代灰坑。2016—2017 年发掘，发现较为丰富的大汶口文化遗存，遗迹有夯土墙、壕沟、墓葬、房址等。南区中南部发现夯土版筑城墙，现存宽度 10～15 米，外有壕沟，壕沟平面形状近椭圆形，外围东西长 425～435 米，南北宽 250～360 米，总面积约为 12.25 万平方米，壕沟东北角有近 80 米宽的缺口，在缺口以北约 80 米处，有东西向长约 300 米的壕沟。大汶口文化早期居住址 47 座，多见分布较有规律的半地穴式房屋，面积为 5～15 平方米，形状有椭圆形、圆形、圆角方形等，门道方向不固定，房屋有分群分组的现象。大汶口文化晚期房址 69 座，其中早段的房屋均为单间，结构为基槽式的地面建筑，中段为基槽式的东西向两或三间的地面式排房，晚段为柱坑套柱洞式的地面建筑，多是东西向两或三间的排房。大汶口文化墓葬成排成列分布，均为竖穴土坑墓，葬式多为单人仰身直肢，少数为俯身直肢、侧身直肢和侧身屈肢等，发现 20 多座重椁一棺和一椁一棺的大型墓葬。从墓室面积、葬具、随葬品等情况来看已经表现出明显的社会分化。大型墓棺椁俱全，面积为6～11 平方米，随葬品数量最多可达 70 件，常见玉钺、玉镯、骨雕筒、陶高柄杯、白陶鬶、白陶背壶、白陶杯和彩陶等，南区大墓附近还发现集中分布的祭祀坑；中型墓数量较多，葬具为一棺，在墓主头端和脚端放置陶鼎、陶罐、陶杯等，随身佩戴小件的玉石、蚌饰；小型墓多无葬具，无随葬品或仅见少量陶器、骨器和蚌器等。出土玉器可分为礼器、装饰品两类，礼器多见玉钺，装饰品则多见玉镯、玉指环、玉环、玉串饰和玉耳坠等，此外还有双人合葬、拔牙、手握獐牙，以及随葬龟甲、贝类、彩绘陶及白陶等现象。

3. 新石器时代晚期文化

山东龙山文化。1928 年发现于山东历城县龙山镇城子崖，亦称“典型龙山文化”或“海岱龙山文化”。龙山文化主要分布于山东和苏北，辽东半岛也受其强烈影响。重要遗址有山东日照两城镇、胶县三里河、诸城呈子、临朐朱村、茌平尚庄、泗水尹家城等。一般分为两个类型：东部的两城类型和西部的城子崖类型。龙山文化陶器以黑陶为主，灰陶次之，少量褐、红和白陶，陶质细腻坚硬，器形规整，特别是蛋壳黑陶胎厚 0.5～1 毫米，代表了我国史前制陶工艺的最高水平。以素面为主，打磨光滑而素雅大方。纹饰有弦纹、附加堆纹和镂孔，陶器多子母口造型，以蛋壳黑陶高柄杯、斜流袋足鬶、鬼脸式足鼎等较为典型，常见鼎、鬶、壶、豆、盘、罐、盆、甗、盉等。城子崖类型灰陶较多，黑陶所占比例较小，纹饰有篮纹、方格纹和少量绳纹，鬲、斝、深腹罐不见于两城类型；两城类型蛋壳黑陶盛行，篮纹较少，不见方格纹和绳纹，鬶、甗、鼎等三足器比较典型，管流盉、黑陶罍、黑陶盒等器形在城子崖类型中少见。由早到晚，鬼脸式足鼎呈增加趋势，陶鬶由颈腹分界到颈腹不分通体瘦长，晚期流行鸟嘴形长流，高柄杯杯体由深到浅，中晚期杯身陷入柄体上部，甗出现于中晚期。晚期常见陶片上的刻划符号，邹平丁公遗址出土的一件残陶盆底部整齐刻 11 字。石器磨制精细，玉礼器制作达到专业化水准，有少量黄铜器，较多骨器、獐牙钩形器、蚌器，发现有卜骨，多为牛、鹿、羊肩胛骨，一般有钻有灼。房屋建筑有半地穴式、地面建筑和土台建筑三类，有圆形和方形，各遗址在房屋的形式和结构上存在一定差别，如土台建筑主要见于龙山古城内，为聚落中心的主体建筑，地面建筑和半地穴式建筑多见于城址内的一般居住区和中小型龙山文化遗址。墓葬分布不集中，以中小型墓为多，均为长方竖穴土坑墓，部分有二层台，少数墓葬有木棺、木椁，葬式多仰身直肢，屈肢葬和侧身葬较少，墓主有头骨变形和拔牙的风俗，当是继承大汶口文化发展而来。多数墓没有随葬品，少数随葬陶器、猪下颌骨、獐牙等遗物。临朐朱村遗址发现三座龙山文化中晚期大墓，其中一座墓主为一中年女性，仰身直肢，葬具有两椁一棺，并设置有边箱、脚箱，放置随葬品 50 多件，墓主戴有绿松石耳坠，胸部有管状玉组佩饰，手握獐牙，等级较高。龙山文化时期黄河下游地区聚落众多，并出现很多大型城堡，目前山东境内已发现龙山文化城址 10 余座，包括城子崖古城、寿光县边线王古城、邹平县丁公古城、阳谷县景阳冈古城、茌平县教场铺古城等。距今 4 400～4 000 年。

六、长江中上游地区的新石器时代文化

长江中游地区包括今湖南、湖北两省大部及四川东部。该地区古气候炎热而多

雨，境内川泽密布，地理环境复杂，新石器时代经济形态多种多样，总体来看，湖北江汉平原地区、湖南澧水流域及环洞庭湖地区农业经济较为发达，三峡及鄂西南即峡江地区，盛行渔猎经济。目前长江中游地区新石器时代文化序列基本清晰，新石器时代早期前段以湖南道县玉蟾岩遗址为代表，早期后段以彭头山文化、城背溪文化、皂市文化为代表，中期以大溪文化为代表，晚期以屈家岭文化、石家河文化为代表。峡江地区文化序列为：城背溪文化→大溪文化→屈家岭文化；江汉平原：大溪文化（仰韶文化）→屈家岭文化→石家河文化。

长江上游地区主要指四川盆地西部，成都平原。地势平坦开阔，河网密布，气候温和，土质肥沃。近年发现新津县宝墩古城等一批新石器时代晚期遗址。

1. 新石器时代早期前段文化

湖南道县玉蟾岩遗址。发现于 1988 年，1993 年首次发掘。该遗址位于湖南省道县西北 20 公里的寿雁镇，当地人称“蛤蟆洞”，面积为 100 多平方米。文化堆积厚 1.2～1.8 米，出土石、骨、角、牙、蚌器及动物骨骼、植物种子等，石器均为打制，伴出丰富的鹿、鸟、鱼类和海生软体动物，说明采集渔猎经济仍占主要地位。其中出土的 4 粒水稻经鉴定为人工栽培，尚保留野生稻、籼稻及粳稻的综合特征，这是目前世界上发现最早的人工栽培稻标本，刷新了人类栽培水稻的历史纪录。出土陶片可复原为敞口的釜形器，复原后高 29 厘米，属炊器，火候很低，质地疏松，呈黑褐色，是中国已知较早的陶制品之一。距今 14 000～12 000 年。

2. 新石器时代早期后段文化

彭头山文化。以 1988 年发掘的湖南澧县彭头山遗址命名，分布于环洞庭湖地区和澧水流域，重要遗址还有澧县八十垱、李家岗。陶器以夹砂红褐陶为主，因陶土掺有大量的稻壳和有机物，胎呈黑灰色，器表涂红色陶衣，多贴塑法手制，烧制温度较低，陶胎厚薄不一，陶色不匀，以交错绳纹为主，有指甲纹、戳印纹、划纹等，流行圜底器，典型器类有罐形釜、盆形釜、敞口圜底盆、敛口钵、浅腹盘、小口双耳壶等。打制石器较为丰富，磨制石器较少，常见石斧。还发现小型穿孔石管等装饰品。彭头山文化距今 8 400～7 600 年。在澧水北岸的八十垱发现彭头山文化聚落遗址，大致呈长方形，南北最长 200 米，东西最宽 160 米，外有环壕和围墙，内有大量半地穴式、地面式和干栏式建筑，面积一般较小。出土大量炭化稻米、稻壳和稻草等。墓葬多为浅土坑墓，形状不一，以二次葬为主，随葬品较少，仅有少量陶器和装饰品。八十垱聚落遗址距今 8 000～7 000 年。2010—2013 年发掘的江苏泗洪顺山集遗址，经三次发掘，发现距今 8 300～7 000 年的环壕聚落、圆形地面式房址和 92 座墓葬。出土石磨盘、炭化稻和有固定组合的陶器。可分为三期，其中一、二期与彭头山文化、后岗文化、裴李岗文化有一定联系，三期则具有跨湖桥、城背溪、皂市下层的因素。

皂市文化。1977 年发现于湖南石门县皂市。该文化分布于湖南西部及洞庭湖地区。陶器以夹砂红褐陶为主，贴塑法手制，厚薄不均，陶色不一，多饰以交错绳纹、刻划纹，还有指甲纹、压印纹及镂孔，盛行圜底器，典型器类有圜底钵、平底钵、高领圜底罐、大圈足盘、亚腰形罐、支架等。出土打制石器、磨制石器和大量的动物骨骼。距今 7 700～7 500 年。

城背溪文化。以 1983 年发掘的湖北枝江市城背溪遗址而得名，分布于三峡及湖北西南部。陶器以红褐、灰褐色为主，多夹砂、夹炭或含有稻秆、稻壳等，全系手制，泥条盘筑或泥片贴塑，烧成温度低，陶质松软，饰以粗绳纹、锥刺纹、划纹和镂孔，少数陶器施有红、黄、白色陶衣，少数白衣陶有彩绘，盛行圜底器和圈足器，有罐、釜、碗、钵、盘、支座等。石器以打制为主，有些经过粗磨。距今 7 600～7 400年。

3. 新石器时代中期文化

大溪文化。1925 年发现于今重庆东部巫山的大溪，1959 年发掘定名。主要分布于川东、鄂西南和湘北，重要遗址还有湖北枝江关庙山，宜都荆南寺、红花套，京山油子岭、屈家岭，湖南澧县三元宫、安乡划城岗等。分为三个类型：峡江地区的“红花套类型”或“关庙山类型”，环洞庭湖地区的“三元宫类型”或“汤家岗类型”，江汉平原的“边畈类型”或“油子岭类型”。早期陶器多夹炭红陶（陶土中夹稻壳）、泥质红陶，灰陶较少，部分器物外表红色而内壁灰黑；晚期红陶减少，黑灰陶增多，以素面为主，纹饰以戳印纹最具特色，还有瓦棱纹、刻划纹等，彩陶多见于中期，纹饰常见弧线勾叶和花瓣纹、绞索纹、“人”字纹以及块状图案，圈足器较发达，典型器类有折沿釜、罐形鼎、圜底钵、折腹碗、直领罐、三足盘、盘形豆、曲腹杯、筒形瓶及彩绘陶杯等。玉器有璧、璜、玦、玉人面等。石器多粗磨，有骨、木、蚌器和一些小饰品。房基多方形或长方形地面建筑，少数为圆形半地穴式建筑，房基垫土层层夯筑，室内地面抹草拌泥，墙壁为木骨泥墙，均用火烘烤防潮，有圆形或瓢形灶。室外建有散水。墓葬多头南足北的单人葬，少见二次葬，葬式有仰身、侧身和俯身葬，有一定数量的屈肢葬，随葬品女性墓较男性墓丰富，早期多随葬生产工具，晚期以陶器为主，有些陶器有钻孔或打碎的现象，常见在死者胸腹或头骨下放置石器，将鱼置于墓主身上或两臂之下，或鱼尾衔于墓主口中，也有将象牙枕于头部的，以及随葬龟甲、装饰品和狗的现象。儿童与成人埋在一个公共墓地，一些墓地儿童使用瓮棺葬。出现较大规模的聚落和城邑，如湖南澧县城头山古城面积 8 万平方米，平面呈圆形，墙垣外径 325 米，墙底宽约 20 米，城外有护城河，城墙现高 5～6 米，四面有门，东门发现一条宽 5 米的卵石路通向城外。始建于 6 000 多年前，经多次修筑，废弃于石家河文化中期。城内揭露一座面积 250 平方米的黄土夯筑祭坛及数十个祭祀坑，一处大型墓地，已发掘 200 多座墓葬，发现有陶窑及制陶作坊和一处 100 余平方米的早期稻田和灌溉遗址。距今 6 400～5 300 年。

4. 新石器时代晚期文化

屈家岭文化。1954年发现于湖北京山屈家岭，次年发掘。该文化分布于江汉平原、湘北、鄂西及豫西南，重要遗址还有湖北枝江关庙山、天门邓家湾、罗家柏岭，湖南安乡划城岗等。一般分为四个类型：江汉平原地区的屈家岭类型，环洞庭湖地区的划城岗类型，峡江地区的关庙山类型，鄂西北、豫西南地区的青龙泉类型。早期以黑陶为主，晚期以灰陶为主，红陶较少，多素面，装饰多弦纹、篮纹或镂孔，彩陶占一定比例，内外通体彩绘，多红、黑彩，或白色陶衣，以黑彩绘制圆点、网格、三角形花纹；彩绘是烧成后上彩，为红底黑彩或紫黑、橙黄底红彩或紫黑彩。以圈足器、三足器较为发达，典型器类有双腹碗、高圈足杯、圈足碗、双腹豆、双腹鼎、罐形鼎、细颈壶、壶形器、带钮器盖、彩陶纺轮等，以黄底红褐彩陶纺轮、蛋壳彩陶杯和碗最具特色。石器全系磨制，以长方形石刀、梯形石斧、弯背直刃石镰等较为典型，与大汶口文化相似。还有骨器、少量玉器、象牙器。水稻广为种植，屈家岭出土的炭化水稻约合10万斤。房屋均地面起建，方形、长方形或圆形，有单室也有多室和分间，出现“品”字形结构的分间住房，流行方形夯打地面或红烧土铺垫的连间排房。单室面积约10平方米，木骨泥墙，地面都用火烘烤或涂抹白灰，有灶坑或灶台。墓葬有土坑墓和瓮棺葬两类，早中期发现就地堆土掩埋的墓葬，土坑墓一般为成人墓，以仰身直肢为多，侧身葬、屈肢葬较少，一般无随葬品或仅随葬数件陶器。该文化居民也有拔牙习俗。瓮棺葬一般为儿童，葬具多为陶罐、鼎等，有些瓮棺葬与成人墓合葬。此时已出现聚落分化，两湖地区发现若干中心聚落和城垣建筑，如湖北石首走马岭古城、江陵阴湘城、荆门马家垸古城、天门市石家河古城等均建于屈家岭文化时期，城头山古城在屈家岭文化时期继续存在。其中石家河古城面积达120万平方米。屈家岭文化距今5 000～4 500年。

沙洋城河遗址。位于湖北省荆门市沙洋县后港镇，城址面积约70万平方米。1983年发现，2012—2017年发掘，年代为屈家岭至石家河文化时期。发现城垣、人工水系、大型建筑、祭祀遗存，以及棺具明确、葬俗独特、随葬品丰富、等级鲜明的屈家岭时期墓葬。大型墓葬分别位于城址的中部、西南、西北、东北四个位置，大型墓葬周围分布数量不等的中型、次中型、小型墓葬，多数墓葬可见葬具，葬具以独木棺为主，也有长方形板棺。独木棺体量大小不一，有的直径达1.5米，有的仅0.4米，独木棺盖板均为弧顶，底板则向下凹弧，棺侧壁有的斜直，有的外弧，两端的挡板，有的与底板浑然一体，有的与底板组合拼接成同穴多“室”合葬墓。葬式以仰身直肢葬为主，另有四例墓葬发现人骨移位或变形现象，原始葬式不明。随葬品丰富，少则数件，多则60余件。陶器以泥质磨光黑陶居多，器形包括细颈壶、豆、罐、罐形鼎、壶形鼎、直壁圈足杯、盂形器、器盖、盆、瓮、缸等，随葬品除陶器外，亦有玉钺、石钺、象牙器、竹编器物、猪下颌骨、漆器及木器等。其中M202是一座同穴双室合葬墓，长方竖穴土坑，墓口长4.38米，宽3.95米，墓底距墓口 2.5 米。东、北侧有生土二层台，墓底有两个平行的南北向墓室，中间以宽 0.5 米、高 0.8 米的生土梁相隔，生土梁顶部距墓口深 1.7 米。东、西两墓室均发现直壁弧底独木棺，棺内外随葬 60 余件磨光黑陶，棺外发现漆盘、竹编器物等。墓葬填土出土瓮、罐、缸等数件大型带盖容器。M155 亦为南北向同穴双室墓，墓圹长 4.68 米、宽 3.2 米，中间留有生土隔梁，将墓葬分为东、西两室，独木棺保存完整、结构清晰，东室棺内、外随葬漆器和大量磨光黑陶，墓主右股骨附近有玉钺及红色漆柄痕迹，钺长 25 厘米、刃宽 13 厘米，柄长 60 厘米。M112 为同穴三室墓，东西长 5.95 米，南北宽 4.1 米，深 125 厘米处发现三座平行的南北向墓室，以生土梁隔开，墓室形制均为长方形竖穴土坑。中墓室较大，两侧墓室较小，各有一具独木棺，中室棺内可见石钺、象牙器、漆器以及大量磨光黑陶，棺外随葬暗红色大漆盘。

石家河文化。以 1955 年发掘的湖北天门市石家河遗址命名，曾被称为“湖北龙山文化”或“青龙泉三期文化”，分布于湖北大部及湖南中南部。重要遗址有湖南澧县邓家湾、肖家屋脊，湖北房县七里河、当阳季家湖、枝江关庙山、江陵荆南寺等。石家河遗址群在 8 平方公里的范围内集中分布 30 多处遗址，其中以邓家湾、罗家北岭、肖家屋脊规模较大。所出陶器以泥质灰陶、灰褐陶为主，有少量红陶，早期有少量彩陶。多轮制和素面，纹饰有篮纹、方格纹、弦纹和镂孔，圈足器、三足器较发达，典型器类有盆形鼎、袋足高裆鬶、高领罐、深腹缸、壶形器、大圈足盘、高足鬲、浅盘豆、圈足杯、双腹碗、长颈壶、觚形杯等。玉器数量多、种类丰富，有人面形佩、鸟形佩、璜、璧等。石器以磨制较多，另有骨器，在邓家湾遗址发现了铜块和炼铜原料孔雀石，标志着冶铜业的出现。房基发现较少，有长方形地面建筑，保存状况较差。墓葬以长方形土坑墓为主，部分墓室有二层台，胶泥封填，多无葬具，少数发现有木质棺椁，以仰身直肢葬为主，有多人合葬的二次葬。随葬品少者数件，多者可达上百件，晚期大小墓葬差别极大。肖家屋脊 M7 为一座大型土坑墓，长 3 米多，随葬品 106 件，包括一件石钺；另一座成人瓮棺中有小型玉器 56 件。石家河城址始建于屈家岭文化中期，主要使用于石家河文化早期，墙垣堆筑，近圆角方形，面积 120 万平方米，外有护城河，内有宫殿区、墓葬区、宗教区等，有一定规划。城西北邓家湾西侧为墓葬区和宗教场所，发现 80 多座墓葬，出土大量小型泥塑人像和动物像，有的一坑中出土数千件，有鸟、鸡、猪、狗、羊、虎、象、猴、龟、鳖以及抱鱼跪坐的人物等，可能供原始巫术、祭祀活动之用。2015—2016 年发掘的谭家岭遗址，位于湖北省天门市石家河镇北，石家河文化城址平面呈圆角方形，城垣东西长 440 米、南北宽 390 米，总面积 17 万平方米。城垣用较为纯净的黄土堆筑，底宽 15～18 米，残高 0.8～2 米，北城壕宽 20～30 米，东城壕与西城壕宽30～70 米，南城壕直接利用宽逾 120 米的自然河道，城垣普遍高出城壕底部 4～5 米。谭家岭堆积状况与形成年代不晚于屈家岭文化早期，废弃于屈家岭文化晚期，发掘出西长 35 米、南北宽 12 米、高 1.1 米夯土台基，发现瓮棺、灰坑等遗迹。三房湾遗址东台地发掘出土数以千计的厚胎红陶杯残件，发现的遗迹多属与制陶有关的窑、黄土坑等，初步判断这里是一处石家河文化晚期至后石家河文化时期以烧制红陶杯为主的专业窑场。严家山南端东侧主要发掘有后石家河文化时期的瓮棺、石块堆积等，其中 2 座瓮棺中共计出土 30 余件玉器废料，2 处石块堆积分别开口在第 2 层和第 5 层下，大致呈南北向条状分布，石块属极易破碎的灰白色白云岩，部分石块可见敲打、磨平、钻孔等痕迹，同出的遗物有小石刀、箭镞等，推测这里是一处石家河文化晚期至后石家河文化时期制作石器的小型加工场所，而墙体的年代不晚于石家河文化晚期。另外，城头山古城等在石家河文化时期仍继续存在。一般认为石家河文化已处于原始社会瓦解阶段，距今 4 500～4 200 年。

宝墩文化。因 1995 年发现四川新津县宝墩古城而得名，分布于长江上游成都平原。重要遗址还有郫县三道堰古城、都江堰芒城村、崇州双河村和紫竹村、温江鱼凫村等，以郫县三道堰古城为中心构成一个史前遗址群。均建在成都平原上河流间的台地上，城墙的长边往往与河流及台地的走向一致，城址均呈长方形或近方形，既有利于防洪也便于设防。宝墩古城最大，城墙南北 1 000 米，东西 600 米。面积约 60 万平方米，墙垣采用“双向堆土、斜向拍夯”方式修筑；鱼凫城似乎近于六边形，约 40 万平方米，保存较差；郫县三道堰古城为长方形，西北—东南走向，约 32 万平方米。成都平原西北边缘近山地带的城址较小，防卫功能更突出，如紫竹古城的城墙圈面积近 20 万平方米；芒城和下芒城各约 10 万平方米左右，而且这三座城均有内外两道城墙，呈“回”字形。城中心部位都发现大型建筑基址。如宝墩古城址中部有一处高出周围地面 1 米、面积约 3 000 平方米的台地，有房子基槽和密集的柱洞；在郫县古城城址的中心位置也发掘出特大型建筑，5 号建筑与城墙走向一致，长约 50 米、宽约 11 米，面积约 550 平方米。在房子里基本等距离地分布着 5 个用竹编围成的卵石台基。房址内未发现生活设施，仅有 5 个卵石台基，当为大型礼仪性建筑。出土遗物具有共同特征，陶器有泥质和夹砂，以灰陶、褐陶为主，有少量黑皮陶，手制，慢轮修整，典型器形有敞口或盘口的圈足尊、圈足罐以及喇叭口的高领罐等，流行花边口沿、绳纹、划纹、戳印纹、瓦楞纹等装饰。石器较小，磨制十分精细，有斧、锛、凿等，圭形凿等可能用作礼器。房屋均为地面建筑，方形或长方形，木骨泥墙经火烧烤。墓葬为长方形竖穴土坑，单人仰身直肢，无随葬品。有学者推测宝墩文化可能是由营盘山文化发展而来，与长江中游的屈家岭文化联系密切，可能是古史传说中的“窜三苗于三危”，即三苗在中原集团的打击下迁徙岷山之南的遗存。宝墩文化可分为四期，距今 4 500～3 700 年。

高山古城遗址。位于四川省大邑县高山乡古城村古城埂，现属大邑县三岔镇赵庵村，属于宝墩文化古城址。采用粘土筑墙，西面为双重城墙，中间有壕沟，年代约 4 600 年前。2003 年调查发现，2012—2014 年发掘，发现墓葬、人祭坑、奠基坑、灰坑、水井、灰沟等。遗址中部偏南地带清理的墓葬及人祭坑为宝墩文化时期墓地，葬式包括仰身直肢葬、俯身葬、侧身屈肢葬等，成人墓及儿童墓均有，以儿童墓葬居多，多数人骨架保存状况较好，未发现随葬品与葬具，在城墙西南的转角处外墙附近发现了一座使用儿童进行奠基活动的人牲坑。发掘出土石器、陶器较为丰富，其中石器分打制、磨制两类，磨制石器包括斧、锛、凿、刀等，以穿孔石刀、有肩石斧、打制的燧石器较有特色。陶器以泥质陶居多，烧成温度较高，器类包括花边口罐、壶、尊、豆、盆、钵等，纹饰丰富且精美，并且发现了一些属于宝墩文化的新器形，如宽大耳器、直口壶形器等。发掘地点遗址年代处于宝墩文化的偏早阶段，还发现一些略早于宝墩文化第一期的线索。此外在高山古城遗址的西部、东部的台地上新发现祝坟园、高山城东、成功村等三处新石器时代及商周时期遗址，这些不同时期遗址点的发现，对于高山古城遗址聚落结构体系与聚落历时演变的研究等有着重要意义。

七、长江下游地区的新石器时代文化

长江下游地区包括今安徽和浙江两省大部、江苏南部、江西北部、上海几个地区，属亚热带气候，雨量充足，河湖密布，土壤肥沃，适于农业和渔猎。新石器时代文化发展序列较为清晰，新石器时代早期前段以江西万年仙人洞、吊桶环遗址为代表，早期后段以河姆渡遗址下层和罗家角类型为代表，中期以河姆渡遗址中层、马家浜文化、崧泽文化为代表，晚期以良渚文化为代表。太湖流域文化谱系：马家浜文化→崧泽文化→良渚文化；宁绍平原：河姆渡文化→马家浜文化→良渚文化。

1. 新石器时代早期前段文化

江西万年仙人洞、吊桶环遗址。均位于江西省万年县大源乡，两地相距不到1公里。仙人洞遗址早在1962年就曾发掘，20世纪90年代以来再次发掘，洞穴内文化层堆积丰富，上层发现水稻遗迹，土壤植硅石样品分析表明，这一时期稻作农业已有相当程度的发展。出土陶、石、骨、蚌器及大量动物骨骼。陶片为夹砂红褐、灰褐色，为泥条叠筑法制作，烧制温度低，陶质疏松，纹饰多见条状纹。遗址下层发现距今约2万年的陶器。吊桶环遗址1995年发掘，应属仙人洞居民狩猎的临时性营地和屠宰场。下层距今20 000～15 000年，上层距今14 000～11 000年。

上山遗址。2000年发现于浙江省浦江县黄宅镇，2001—2006年发掘。遗址面积约2万平方米，发现结构比较完整的木构建筑基址，出土较多陶器和石球、石磨盘、石磨棒等工具。陶器有大口盆、平底盘、双耳罐等。发现早期稻米遗存，在夹炭陶片的表面发现较多的稻壳印痕，胎土中夹杂大量的稻壳、稻叶。距今11 400～8 600年。2005年在浙江嵊州小黄山发现同类遗存，有类似的建筑遗迹，在中层发现距今1万年的稻属植物硅酸体。

2. 新石器时代早期后段文化

河姆渡文化。1973 年发现于浙江余姚河姆渡村，分布于长江下游钱塘江以南的宁绍平原。河姆渡遗址地层堆积较厚，分为四层，其中第四层、第三层大体属新石器时代早期后段，第二层、第一层属新石器时代中期，前后衔接，承袭关系明显。出土遗物非常丰富。其中陶器以夹炭黑陶为主，少量夹砂灰黑陶，采用泥条盘筑法制作，陶胎厚重，器形简单不规整，质地疏松，盛行绳纹、刻划纹及几何形花纹，有少量彩绘陶，颜料厚重，有凸出感，典型器类有敛口釜、筒腹釜、盘口釜、小口罐、双耳罐、贮火器、单耳钵、多角沿盘、釜支架等，不见三足器。骨器是主要的生产工具，多达数千件，有耜、凿、镞、匕、锥、鱼镖、针、哨等，最典型的农具是以动物肩胛骨制作的骨耜，骨镞发现千余件。木器数量较多，有铲、槌、矛、镞、桨、器柄、纺轮等，还发现漆木碗和桶，表面涂一层有光泽的生漆，这是迄今我国发现的年代最早的漆器，另有很多保存较好的骨木器复合工具，及大量带有榫卯结构的木质房屋建筑构件等。石器数量较少，以磨制为主，发现石玉质的璜、玦、管、珠，以及牙雕、泥塑和木雕的动物像等。出土炭化稻壳总量达 150 吨，堆积最厚达到 0.7 米多。房屋建筑为干栏式。在河姆渡遗址第四层发现很多木构架房屋建筑遗迹，成排的木桩，有圆桩木、方桩木、板桩木，下半部插入泥土之中，形成排桩以支撑上半部的木构房屋，木构件之间有榫卯结构相连接，有的用木质梢钉固定，还有密接拼板的企口板，结构十分复杂，这种居住形式适宜于南方湿润的气候及河网密布的地理环境。墓葬在河姆渡遗址第三层发现 13 座，皆不见墓坑和葬具，葬式流行侧身屈肢单人葬，头向东，绝大多数无随葬品。河姆渡文化晚期石器数量增加，陶器以夹砂红陶为主，鼎、盉类三足器出现，距今 7 200～5 300 年。

施岙遗址。位于浙江省宁波市余姚市三七市镇施岙自然村西侧的山谷，东南距田螺山遗址约 400 米，地表海拔 1.4～4.2 米。史前古稻田堆积分布面积约 8 万平方米。由河道、水渠和田埂中的灌排水口组成的灌溉系统，属于明确叠压的三期古稻田：第一期（⑪层）河姆渡文化早期，公元前 4800—前 4500 年；第二期（⑧层）河姆渡文化晚期，公元前 3700—前 3300 年；第三期（⑦、⑥层）良渚文化时期，公元前 3300—前 2600 年。为探索长江下游史前稻作农业的发展和农耕方式的演变提供了重要依据。

罗家角类型。1979 年发现于浙江桐乡罗家角，分布于环太湖地区。遗址分四层，其中第三、四层为年代较早的罗家角类型文化，第一、二层为年代稍晚的马家浜文化。陶器以夹砂、夹蚌红褐陶为主，有少量黑、灰陶，多素面，纹饰有绳纹、刻划纹、弦纹，典型器类有双耳罐、带脊釜、长流盉、多角沿釜、圈足碗、双耳钵、筒腹钵、单耳钵、平底盆等。发现磨制石器、骨耜及带榫卯结构的房屋建筑构件。炭化稻谷分籼、粳二种。距今 7 200～6 750 年。

跨湖桥遗址。位于浙江萧山跨湖桥，文化面貌近似湖南皂市下层，可能属于文化的迁移。陶釜与河姆渡文化同类器有相似处，接肩颈双耳罐、大宽沿直腹豆、直腹圜底钵均为其他遗址所未见，饰彩绘、刻划、镂孔等。骨器有耜、镖、镞、哨、针、匕、簪、双尖叉形器及一些功能不明的复合工具；还出土有独木舟。在跨湖桥和下孙遗址中都出土了稻粒。距今约 8 000 年。

3. 新石器时代中期文化

马家浜文化。1959 年发现于浙江嘉兴马家浜，分布于环太湖地区。重要遗址有浙江桐乡罗家角，江苏吴兴邱城、吴县草鞋山、常州圩墩等。所出陶器以夹砂、泥质红褐陶为主，有少量灰、黑陶，器表以素面为主，纹饰常见弦纹、附加堆纹和镂孔，罕见彩陶，釜形器数量很多，造型较为复杂，典型器类有罐形鼎、釜形鼎、筒形釜、弧腹釜、宽沿盆、高柄浅盘豆、双耳罐、单耳罐、带流钵、小口长颈壶等。玉器有璜、玦、管等。石器以磨制为主，较粗糙，以舌形刃石斧和有段石锛较为典型。发现有木铲、竹矛等竹木器，以及大量骨器、动物骨骼等。以农业经济为主，主要农作物是水稻，手工业有制陶、纺织、竹木器加工等。江苏吴县草鞋山遗址发现三块炭化织物残片，经鉴定是以野生葛为原料的纤维织成，有山形和菱形花纹，这是我国已知年代最早的纺织品之一。居址发现较少，有地面建筑、木构干栏式建筑两类，地面建筑平面呈长方形或圆形，以木板做柱础，居住面经过铺垫夯打火烤以防潮。有的房址外发现排水沟。墓葬分布集中有序，一般无墓坑和葬具，就地堆土掩埋，墓主头向多为西北，俯身葬是马家浜文化墓葬较为显著的特征，多俯身直肢，有部分俯身屈肢葬，仰身直肢葬较少，多为单人葬，有少量同性合葬墓，一般随葬品较少，2～10 余件不等，常州圩墩和吴县草鞋山发现用陶器覆盖人头骨或把人头骨置于陶器中的特殊葬俗。马家浜文化距今 6 400～5 500 年。以南京北阴阳营遗址下层墓葬为代表的遗存，陶器的质料、器形与马家浜文化有相似之处，但这里常见的彩陶和角形把手为马家浜文化所罕见。安徽潜山薛家岗遗址三期文化，与北阴阳营在文化因素和地域上都比较接近，是否属于同一文化体系，尚待研究。薛家岗三期文化距今 4 700～4 500 年，或可为北阴阳营文化的年代提供参考。

崧泽文化。因 1960 年发掘上海青浦崧泽遗址而得名，分布于环太湖地区。其他遗址还有上海青浦福泉山，江苏常州圩墩、武进寺墩、句容城头山等。陶器早期多夹砂红陶，中晚期以泥质灰陶为主，黑皮陶逐渐增加，褐陶、红陶减少，出现轮制，器形渐趋复杂。多素面，纹饰常见压印纹、弦纹、镂孔、彩绘，典型器类有釜形鼎、盆形鼎、深腹釜、平底盆、高圈足镂孔豆、罐形豆、假圈足豆、小口折沿罐、小口长颈壶等。玉器有璧、璜、环、玦、琀等。石器以磨光为主，较为精细，见犁形器等。还发现骨器及象牙镯等。居址发现少，保存状况较差，仅见灶坑。水井形制简单，发现有竹片等编织物支撑井壁。墓葬早期多俯身葬，中晚期多仰身直肢葬，早期头向多朝北，中晚期多朝东南，一般为单人葬，晚期发现部分合葬墓，有同性合葬，也有异性合葬及成人与儿童合葬，随葬品一般数量不多，少者几件，多者二三十件。吴县张陵山 M05 随葬品 31 件，人骨涂朱，有木质葬具。随葬品的组合形式开始形成，早期多釜、盘、壶，中期多鼎、豆、罐、壶，晚期多鼎、豆、罐、壶、杯。距今 5 500～5 000 年。

4. 新石器时代晚期文化

良渚文化。1936 年发现于浙江省余杭县良渚镇及周围嘉兴南、上海东、苏州、常州、南京一带，主要分布于太湖流域的江苏北部和宁镇地区。重要遗址有浙江余杭汇观山、反山、瑶山、莫角山，上海青浦福泉山，江苏吴江梅堰、昆山赵陵山及浙江嘉兴钱山漾等。良渚文化分为早、晚两个时期。陶器以泥质黑皮陶、夹砂灰黑陶为主，有少量红陶，普遍轮制，造型匀称，胎较薄，器表经过打磨，以素面为主，纹饰常见弦纹、竹节纹、刻划纹和镂孔，还有少量彩绘、漆绘陶器，纹饰中细线刻划富有特色，有鸟纹、卷云纹，构图复杂。以圈足器、三足器为主，贯耳、半环形鋬较为流行，典型器类有釜形鼎、盆形鼎、罐形鼎、实足鬶、袋足鬶、大圈足盘、小口贯耳壶、圈足盘、高柄浅盘豆、带流壶等。陶鼎形制多样，盛行鱼鳍足、丁字形足、锥形足。一些陶器上发现文字符号。玉器数量众多而制作精致，经打磨和抛光，器类有琮、璧、环、璜、玦、钺、管、镯、带钩、串饰、冠饰、兽面、冠形器、三叉形器及各种动物形佩等，多为随葬的礼器。玉琮上的微雕神人兽面纹，纤细生动，与商代青铜器上的饕餮纹有着某些联系。石器多为磨制，精致规整，种类复杂，有斧、钺、铲、刀、凿、锛、镞、镰、犁、破土器、耘田器等，其中以三角形石犁、斜把破土器、双翼耘田器、有肩石铲、有段石锛最典型。木器有杵、桨、尖状器等。发现大量的竹编、草编、丝麻织物，有竹席、篮、篓、箩、簸箕、麻布、麻绳、绢片、丝带、丝线。有丰富的稻谷遗存和蚕豆、芝麻、花生、葫芦种子、酸枣、毛桃核等。居址有半地穴式、地面建筑、干栏式建筑三类，一般面积为 10 余平方米，形制普通，余杭庙前遗址发现两座大跨度的带有重檐和回廊的房屋建筑，可能为早期氏族社会的公共活动场所或方国首领居住的宫殿，并发现大量红烧土坯。水井出现木结构井圈。墓葬多长方形竖穴土坑墓，也有就地堆土掩埋，墓主头向多朝南或东南，多单人仰身一次葬，极少见二次葬与合葬墓，草鞋山 M198 为一男二女合葬，二女分别位于男性的头、足端，随葬品多在男性身边。早、晚两期均发现大型墓和小型墓，在规模、形制、随葬品的种类和质量上差别极大。小墓一般无葬具，仅随葬少量工具、用具和装饰品；大墓多埋葬在人工堆筑的高台之上，墓室面积较大，多有涂漆或朱砂的木棺葬具，有的有殉人。随葬大量玉器，多见琮、璧、钺等大型玉礼器。良渚莫角山西北 M20 随葬品多达 547 件，其中玉璧 52 件，玉琮 4 件，石钺 14 件；武进寺墩 M3 随葬品 124 件，其中玉琮 33 件，玉璧 24 件。良渚反山、瑶山、汇观山、上海福泉山、昆山赵陵山遗址都发现祭坛和大墓。瑶山祭坛建在高 30 余米的小山上，方形，边长 20 米，南北向，里外三重结构，为人工堆筑的五色土丘，还有石砌护坡，祭坛南部分布有 12 座墓葬，M12 随葬玉器 344 件。良渚文化距今5 100～4 000年。良渚文化时期出现大型中心聚落，与周围小型聚落构成聚落群，如以莫角山为中心，与反山、汇观山、吴家阜等构成的遗址群；以福泉山为中心，与金山坟、上海县马桥、松江县广富林等构成的遗址群；以赵陵山为中心，与少卿山、绰墩，吴县草鞋山、张陵山构成的遗址群等。2007年在浙江余杭瓶窑镇发现一座以莫角山为中心的良渚文化古城址，平面呈圆角长方形，为正南北向，南北长1 800～1 900米，东西1 500～1 700米，总面积达290多万平方米。城内发现多处大面积的夯土建筑基址，有土坯砌墙和大型梁柱等木结构宫殿建筑和贵族墓地，核心区分为三重，中心为面积约30万平方米的莫角山宫殿区，其外分别为面积约300万平方米的城墙与面积800万平方米的外郭环绕，城墙部分地段残高4米多，石筑墙基底宽达40～60米，上面黄土夯筑。古城外围分布规模宏大的水利系统。2015年，对莫角山遗址、姜家山遗址、钟家港南段进行发掘，同时对以老虎岭为代表的高坝系统、以鲤鱼山为代表的低坝系统进行试掘与勘探。在大莫角山发现成排土台房基遗迹，呈南北两排分布，建筑基址格局清楚，土台东西长约25.5米、南北宽约11.5米，土台之上房址分东西两间，每间约7.5米×7.5米，面积约56平方米，土台北坡外、东坡以及西南转角发现大型柱洞，似为房屋的檐廊，檐廊范围东西长约24米、南北宽约13米。小莫角山遗址发现4座房址，其中1座年代较早，规模较大，可分为东西两个隔间，发现有大型基槽和柱洞，另外3座年代较晚。姜家山西部发现良渚文化墓地，14座良渚文化墓葬大致呈三排分布，其中M1为贵族墓葬，棺椁俱备，随葬器物175件，其中玉器165件，包括玉琮、玉璧、石钺、锥形器、冠状饰、三叉形器以及大量管珠等，其年代与反山墓地相当。此外在莫角山东部南北向的钟家港河道西岸发现一段良渚文化的护岸遗迹，以木桩、竹片构成，安溪路以东发现台地21处，为良渚古城外围的重要聚落群。有学者认为莫角山良渚古城址已具备都城的性质，年代不晚于良渚文化晚期，即距今4 000年。

良渚古城外围大型水利系统。位于杭州市余杭区瓶窑镇境内，良渚古城的北面及西面，共由11条堤坝组成。根据形态与位置的不同，分为山前长堤、谷口高坝、平原低坝三类。其中山前长堤原称塘山或土垣遗址，位于良渚古城北侧2 000米，北靠天目山脉，全长约5 000米，呈东北西南走向，是水利系统中最大的单体；谷口高坝位于西北侧丘陵的谷口位置，包括岗公岭、老虎岭、周家畈、秋坞、石坞、蜜蜂弄等6条坝体，高坝体海拔为30～35米；平原低坝建于高坝南侧约5.5千米的平原内，由梧桐弄、官山、鲤鱼山、狮子山4条坝将平原上的孤丘连接而成，坝体海拔在10米左右。库区呈三角形，面积约8.5平方千米，库区东端与塘山长堤相接，共同组成统一的水利体系。2015年狮子山、老虎岭、鲤鱼山坝体的调查发掘，明确了良渚坝体的地层关系、结构与堆筑工艺。其中狮子山发掘证实人工堆筑体宽约123米，深度逾10米，由黄土、黄斑土、青胶泥、青粉土、黄粉土等多种土分段分层堆筑，坝体内出土良渚文化夹砂陶片 1 块。鲤鱼山坝体为先在地面下挖一个纵向凹槽，宽约 25 米，深达 3 米，坑内堆填青淤泥与草裹淤泥，其上覆黄土，在北侧迎水面位置以草裹黄土与散黄土间杂堆筑形成斜坡，黄色散土覆盖表面，坝内填土中发现崧泽文化与良渚文化中期陶片。老虎岭首先统一在谷底地面上铺筑青膏泥混杂草裹淤泥，其上堆筑青粉土，在北侧迎水面附近堆筑草裹黄土的斜坡，内部间杂使用黄色散土，其上覆黄褐散土为护坡，顶部覆盖褐色土。距今 5 100～4 700 年，属于良渚文化早中期。该系统可能具有防洪、运输、用水、灌溉等诸方面综合功能，与良渚遗址群及良渚古城的生产与生活关系密切。

蒋庄遗址。位于江苏兴化、东台二市交界处，分属兴化市张郭镇蒋庄村及东台市时堰镇五星村、双溪村。以泰东河为界，西区涵盖良渚文化、汉代及唐宋时期遗存，以良渚文化遗存为主，堆积厚度普遍达 2 米，面积近 2 万平方米，东区面积较大，以晚期遗存为主。2011—2015 年于西区揭露大面积良渚文化聚落，发现墓葬、房址、水井、灰坑、灰沟等遗迹，出土玉、石、陶、骨器等遗物一千余件。良渚文化墓地位于西区的东北部，整体呈南北走向，其东、南、西界已明确，北侧未完全揭露。墓葬分布密集，叠压打破关系复杂，墓葬等级分化严重，随葬玉璧、玉琮的高等级墓葬集中于墓地南部且排列有序，平民墓主要位于墓地中北部，但二者之间并无严格界线，不同等级墓葬随葬品的差异体现出社会分层现象。大部分墓葬头向东，少数二次葬呈南北向，个别头向西，普遍使用葬具，可辨别的均为弧底独木棺，盖板则分平板与弧形两种，个别墓葬还发现有足箱。墓室均为长方形竖穴土坑，葬式多样，一次葬与二次葬并行，后者十分普遍，大多数墓葬人骨保存较好。出土玉、石、陶、骨器等随葬品 700 余件，玉器种类有琮、璧、锥形器、镯、环、管、珠、坠饰等；石器有钺、璧、锛、凿、刀、纺轮等；陶器有鼎、双鼻壶、罐、豆、钵、圈足盘、大口尊、贯耳壶、器盖、纺轮等；骨器有锥及鱼钩等。玉、石器多出于头部及腹部以上位置，部分压于身下，陶器多见于脚端，部分置于棺外，鼎、双鼻壶、罐或豆为常见器物组合。随葬的所有陶鼎足部均残缺，大多陶豆柄及圈足、双鼻壶的口或圈足缺失，可能为毁器习俗。良渚时期房址发现 8 座，均为挖基埋柱平地起建，平面呈圆形、长方形，有多间联排式房址，房址在修建前常有大范围的浅黄色人工垫土，灰坑、水井多发现于墓地之外区域，坑内多发现草木灰烬、动物骨骼及植物种子。

樊城堆文化。1977 年发现于江西省樟树市城区偏南 24 公里的刘公庙乡庙下村东，分布于南达于都、北至长江边缘的广大地区，是江西赣江、鄱阳湖水系具有代表性的新石器时代晚期文化遗存。重要遗址有樟树筑卫城、樊城堆、新余龚门山、靖安老虎墩、乌江果树园等。樊城堆遗址南北长 124 米，东西宽 100 米，周长 380 米，面积 12 000 余平方米。高出稻田 1～3 米，为土墩型，文化堆积厚约 2～4 米，发现有房屋、灰坑、陶窑、墓葬等遗迹，出土有石器、陶器等遗物。陶器以夹砂红陶、灰陶为主，泥质红陶、灰陶较多，还有少量泥质红衣陶、黑衣陶、黄褐陶、白陶等。纹饰达40余种，有弦纹、凸棱纹、划纹、压印、剔刺等，还有少量彩陶及彩绘。主要器形有宽扁形足或管状足的鼎、豆、壶、罐、鬶、钵、簋、缸、杯、盆、盂等。玉石器磨制精细，有斧、有段锛、钺、镞、环、锥形器和个别的琮。筑卫城遗址东西宽410米，南北长360米，总面积14.76万平方米；周围土城墙最高处21.8米，最低处也有10米左右，有6个城门（其中2个水门）；城内的一条内河与外河相通，城外四周有护城河环流。发现祭祀房屋、陶窑等遗迹，出土石器有斧、刀、铲等，陶器有鼎、罐、碗、纺轮等。果树园环壕聚落遗址位于吉水县乌江镇乌江社区果树园，2019年中国人民大学与江西省考古研究所联合调查发现，遗址平面呈方形，高出周围稻田约5米，边长约120米。四周环绕土垣，高约2米，断面可见堆筑痕迹。外围四周有方形环壕，宽30～40米。遗址与环壕总面积约2.5万平方米，保存基本完好。出土有红衣陶、橙黄陶、灰陶和黑皮陶，可辨凹面卷边铲形鼎足残部。樊城堆文化距今5 000年左右，与新余拾年山文化、修水山背文化具有文化传承关系，是江西地区新石器时代晚期的重要文化遗存。

八、华南地区的新石器时代文化

华南地区包括西南云贵高原及西藏，东南福建、两广和台湾。该地区属热带亚热带气候，东南临海，长年雨量充足，地理环境复杂，新石器时代文化异彩纷呈。滨海地区以采集海生软体动物形成的“贝丘遗址”，石灰岩山区以喀斯特洞穴作为住所的“洞穴堆积”独具特色。由于考古工作开展相对较少，华南各地新石器时代文化序列尚不完备，新石器时代早期前段文化见于两广地区，早期后段与中期文化尚不清楚，晚期发现较普遍，福建闽江下游有昙石山文化，广东北部有石峡文化，青藏高原有卡若文化，台湾有卑南文化等。

1. 新石器时代早期前段文化

广东阳春独石仔遗址。1960年发现于广东省阳春县东北约30公里的独石仔洞穴遗址，洞穴高15米，宽约2～8米，深约20米，面积约200平方米。经1964—1983年先后四次发掘，出土晚期智人牙齿1枚，石器243件及少量骨制品。石器有打制、磨制及部分半成品，磨制粗糙，器形不规整，有切割器、穿孔石器等。距今16 600～14 000年。

广东封开黄岩洞遗址。位于广东省河口镇狮子岩西南麓，是一处洞穴遗址。洞口朝西南，高约15米。出土古人类头骨化石2个、石器1 000多件、部分陶片及大批古生物化石。所出石器以打制石器为主，磨制石器较少。此外，还清理新石器时代墓葬1座，发现人骨、陶器、陶片等遗物，墓葬填土中有打制和磨制石器。距今约12 000年。

广东青塘圩遗址。属广东英德市境洞穴遗址，发现大量田螺碎片、烧骨、炭屑及个别人骨。石器多打制，有个别局部磨光的锛，少量陶片，有夹砂粗陶和泥质细陶两种，饰粗绳纹。

广西大龙潭遗址。位于广西柳州市南郊，分上下两层，下层是室内烧火之地，发现有6个个体的人骨，蜷曲似蹲葬或跪葬。出土石器、骨器及少量陶片，陶片有红、黑两种，质地软，饰粗细绳纹。距今12 000～10 000年。

广西桂林甑皮岩遗址。位于广西桂林市南的独山西南麓洞穴，出土大批石器、陶器、骨器、蚌器，以及30多具人骨和上万件动物骨骼，不少猪骨应属家猪。陶器有夹砂、泥质两类，有红陶和灰陶，纹饰有划纹、席纹、篮纹等，器类有罐、釜、钵等，少数三足器。墓葬就地堆土，多屈肢蹲踞葬，也有侧身屈肢葬和二次葬。还发现赤铁矿粉末和随葬蚌刀。距今12 000～7 000年。

广西南宁豹子头贝丘遗址群。包括南宁邕江两岸的十多处贝丘遗址。螺壳堆积厚达3米，中有石器、骨器、蚌器和陶片。陶片较多，多夹砂粗陶，泥条盘筑，器物厚重，大多是直口鼓腹圜底釜和圜底钵，饰粗细绳纹。墓葬为竖穴土坑，无葬具，多单人葬，少数多人合葬。葬式有仰身屈肢、俯身屈肢和侧身屈肢，并发现蹲踞葬等，肢解葬独具特色，多数无随葬品。距今9 000年以上。

2. 新石器时代晚期文化

敢造遗址。位于广西扶绥县城西北约3公里的左江北岸台地上，地层堆积分为五期：第一期主要是介壳堆积，主体为大量的小螺壳伴有个体较大的蚌壳。遗迹有墓葬、灰坑、柱洞三种，其中墓葬共发现5座，除1座葬式不明外，其余均为侧身屈肢葬。遗物主要有陶、石、骨、蚌器四种，陶器以夹砂红褐陶为主，部分灰褐陶，纹饰以粗绳纹为主，偶见刻划纹，器形均为圜底器。石器主要是石斧、断块，主要以灰岩为原料。骨器数量较多，主要有骨锥、鱼钩与骨镞。蚌器有蚌铲、鱼头型蚌刀。距今约7 000年。第二期亦为介壳堆积，堆积中只有个体较小的贝壳，不见蚌壳。遗迹有墓葬、灰坑、柱洞三种，墓葬发现24座，其中16座为侧身屈肢葬，4座为仰身屈肢葬，其余葬式不明。墓葬中有1座幼儿墓，骨架保存完整。遗物有陶、石、骨器三种，陶器多为夹砂红褐陶或灰褐陶，不见泥质陶，纹饰以中绳纹、细绳纹为主，部分口沿及器身均饰中绳纹，可辨器形为圜底罐。石器数量较少，主要是石斧、研磨器、砍砸器。骨器数量多，发现有鱼钩、骨锥、骨镞等，本期还发现较多水生动物、哺乳动物骨骼。距今约5 000年。第三期堆积主要为不含螺壳的黑褐色黏土层。遗迹有墓葬、灰坑、柱洞三种，墓葬共31座，23座为侧身屈肢葬，2座为仰身屈肢葬，其余葬式不明。遗物主要为陶、石、骨器，其中陶器为夹砂红褐陶，纹饰以中绳纹、细绳纹为主。石器主要是斧、研磨器。发现大量水生动物及哺乳动物骨骼，种类有水牛、犀牛、象、鹿、麂、野猪、龟、鱼等。距今5 000～4 500年。第四期遗迹为灰坑、柱洞，遗物主要为陶器与石制品，陶器多为粗砂灰褐陶，纹饰以中绳纹为主，有少量细绳纹。石器共达8 000余件，包括砍砸器、刮削器、石核、石片等打制石器，还出土有大量石锤、斧、凿、研磨器、石砧、砺石、石器加工工具及原料、断块等，此外还发现大量的毛坯与半成品等。距今约4 000年。第五期遗迹发现灰坑，遗物发现大石铲与陶器。距今约3 000年。

昙石山文化。1954年发现于福建闽侯昙石山，分布于福建省闽江中下游地区。早期多细砂红陶而少灰陶，晚期以粗砂灰陶为主，红陶很少，出现少量彩绘陶，素面为主，纹饰常见条纹、交错条纹及镂孔，典型器类有折沿釜、罐形鼎、大圈足豆、长颈壶、带把壶、圈足簋、单把杯等。石器均为磨制，以扁平长方形石锛较多，并出现背部起脊的有段石锛、用于垦殖的石锄等。有少量骨质、蚌质生产工具。总体上农具较少，渔猎工具较多，遗址中有大量贝壳和动物骨骼，均表明渔猎经济占主导地位。墓葬多长方形竖穴土坑墓，均为单人葬，仅发现一座晚期的成年男女合葬墓，葬式多仰身直肢，少数为侧身葬，墓主头向朝东北或西南，半数墓葬有随葬品。儿童与成人墓葬同处一个墓地，无墓坑，多无随葬品，儿童墓葬发现有缺手指或足骨的现象。

石峡文化。因1973年发掘的广东曲江狮子山石峡遗址而得名，分布于广东省珠江上游。以灰褐陶为主，有少量红陶、白陶，轮制或模制，多素面，纹饰以压印方格纹、曲尺纹较典型，典型器类有盘形鼎、盆形鼎、釜形鼎、三足盘、大袋足鬶、高圈足镂孔豆、长颈带盖壶、器盖等，流行三足器、圈足器和子母口造型。鼎足多瓦形或凿形。玉器有璜、琮、璧、瑗等。石器磨制精细，以长身弓背的石䦆、有段石锛、有肩石锛最为典型，石镞数量大。常发现炭化的稻谷、稻秆、稻壳等，经鉴定有籼稻、粳稻两类。墓葬东西向排列，多竖穴土坑墓，墓壁多经火烘烤，部分为积石墓，分一次葬、二次葬两类。二次葬墓主骨架多残缺不全并撒有赤铁矿粉末，每座墓中常常随葬两套随葬品，一套为第一次下葬时随葬，另一套是二次迁葬时埋入，两套器物种类、型式、数量大体相同，但往往放在不同的位置或用土层分隔开，随葬品以石镞、䦆、锛、凿等为主。晚期墓葬等级分化非常明显，小型墓仅随葬少量陶器或伴以少量工具，大型墓随葬品可达上百件，并出现玉琮、玉瑗、玉璧等重器与石钺、石镞伴出。距今5 000～4 700年。

大龙潭文化。因发现于广西南宁隆安县大龙潭而得名，分布于广西南部。已发现60余个遗址，是以大石铲为特征的新石器时代晚期至青铜时代早期遗存。石铲造型复杂多样，以小柄双肩石铲最为典型，一般通体磨光，体形硕大而薄，刃缘厚钝，质脆易断，应无实用价值，多整坑出土，有固定的排列形式，多刃部朝上直立或斜立。推测可能是与农业生产有关的祭祀用具。20世纪70年代在大龙潭附近博浪屯东北约1 500米的右江西岸台地上，发现新石器时代晚期的灰坑、石铲埋藏坑、大型石铲祭祀遗存。其中灰坑共发现9个，除其中一个发现3片陶片外，大多不见遗物出土。石铲埋藏坑共15个，形状有椭圆形、不规则形、长方形和圆形几种，坑一般较小较浅，大部分坑内有意识安放完整的石铲 1～30 余件不等，有平叠放置、侧竖放置、刃部朝上直立放置及不规律散乱放置几种，大部分石铲均置于坑底，也有部分坑底和坑壁均放置有石铲的，个别坑内除有意识地安放完整石铲外，还填埋大量石铲残片，最多的一个达 856 件，另有祭祀坑未放置完整的石铲，但用石铲残片对坑壁进行镶砌。坑内填土多较纯净，除石铲外并无其他遗物。大型石铲祭祀遗存 1 处，分布范围约 80 平方米，发现石铲 113 件，除少量石铲为侧竖放置外，绝大部分刃部朝天直立放置，铲面大多朝向东北，且略向东北倾斜，具有相对明显的指向。石铲以页岩为主，体型大小不一，大者长 43 厘米，重 6.5 公斤，小者长仅 3.6 厘米，重 24 克。石铲加工程度各异，有的制作精美，有的仅做初步打磨，均未开刃，表明其不是实用工具。另外发现砺石、砍砸器、石斧等生活用具及零星陶片。

卡若文化。因发现于西藏昌都的卡若遗址而得名，分布于澜沧江上游地区。陶器均为夹砂陶，有粗砂和细砂两类，早期红陶较多，晚期灰陶较多，主要有罐、盆、碗等，纹饰常见刻划纹、绳纹、附加堆纹、压印纹、篦纹及彩绘，其中刻划纹几何图案规整，种类繁多。石器以打制为主，磨制石器较少。出土有保存较好未炭化的谷壳及炭化的稻谷，大量的石、骨质农具，表明农业经济占据主导地位。房屋形式有半地穴式和地面建筑两类，有圆形和方形，居住面一般经修整，有石块垒砌的灶和台阶，柱础为明础。距今 5 000～4 000 年。

卑南文化。1980—1988 年，因发掘于台湾台东县的卑南遗址而得名。卑南文化延续时间较长，早段为新石器时代文化，晚段为青铜文化。发现房屋建筑 50 多处，墓葬 1 500 多座，出土大量玉器，以各式玉玦和动物形玉佩为主，雕刻工艺具有明显的地方特征。居址多以天然砾石板为原料修建，有石砌墙及石铺地面。墓葬多利用板岩拼成长方形石棺，发现有棺外设椁的现象，葬式以单人仰身直肢为主，墓主头向多朝南，有拔门齿的习俗，个别用陶器覆盖面部，随葬品以玉器为主，还有陶器、石器。距今 5 300～2 300 年。

第三节　中国新石器时代考古与文明起源研究

一、中国新石器时代文化特征与地区差异

1. 新石器时代早期

中国境内新石器时代早期前段的遗存主要发现于长江中下游和华南地区，在华北地区也有少量发现。南北方之间的地域差异已显露，农业和家畜养殖首先在温暖湿润的长江中下游地区萌芽产生，原始栽培稻作多有发现，如仙人洞、吊桶环和玉

蟾岩遗址，都发现有稻的遗存，广西桂林甑皮岩遗址还发现家猪的骨骼；而北方地区虽然发现了一些可能与谷物加工有关的工具，如河北徐水南庄头、北京怀柔转年遗址发现距今9 000年左右的石磨盘、石磨棒及可能属于家畜的猪、狗骨骸[①]，出现某些农业文化的特征，但尚未发现确切的栽培农作物痕迹。采集渔猎经济仍在南北各地占主导地位，仍以打制石器和细石器为主要生产工具，但局部磨光石器已较普遍。陶器数量不多，在江西万年仙人洞和吊桶环、湖南道县玉蟾岩、广东英德青塘圩、河北徐水南庄头和阳原于家沟等遗址，均发现少量陶器。这些陶器多手制，颜色不纯，质地粗疏，但在距今1万年前南北各地普遍出现。居住仍以洞穴为主。

距今约9 000年，进入新石器时代早期后段，各地文化遗存开始普遍出现，陶器已成为日常生活的必需品，以红、褐色陶为主，陶色多不纯正，器形以圜底器、三足器居多，造型简单，鼎、钵、罐等广泛应用于日常生活，并有陶支座。除少量捏制外，多用泥条盘筑法。部分表面施篦纹、绳纹、附加堆纹、刻划纹等，底部还见编织纹。又常见在钵、碗等口沿外施一周红色彩带。磨制石器的种类和数量较前期增加，但打制石器仍多于磨制，并只限于局部磨光。其中农业工具铲、刀、镰是大宗，木工工具有锛、凿，石斧则兼而用之。石磨盘、石磨棒用于加工谷物。骨制工具有镞、锥、针、鱼镖、匕、凿等，用于狩猎、捕捞、纺织、缝纫等。聚落一般分布在背坡面水的河谷地带，分布零散，面积较小，一般为2万平方米左右，缺乏严格的布局规划，这一时期的聚落以兴隆洼遗址村落布局规划最为整齐，四周有围沟，10多排房屋排列整齐，每排10间左右。黄河上中游房屋为圆形半地穴式窝棚，面积仅5～7平方米，仅能容纳两三人，最大者11平方米。下游房屋可达30～40平方米。房内发现成套的日用陶器及生产工具，是一个相对独立的生活单位。南方地区因潮湿多雨多虫蛇，房屋为木结构干栏式建筑，河姆渡文化发现大量的榫卯结构板、桩和企口板等建筑构件，木作技术相当进步。各地经济状况已形成较为鲜明的特色，北方黄河流域种植耐旱的黍、粟，长江流域种植水稻。原始农业和畜牧业获得初步发展，已有一定规模。如磁山遗址发现300余座窖穴，可存10万斤以上粟，舞阳贾湖遗址发现最古老的酒，河姆渡文化出土炭化稻壳150吨。家畜饲养普遍，发现人工饲养的猪、狗的骨骸，及用猪随葬现象，可能已具有财富意义。同一时间不仅南北地域之间存在文化差异，各邻近区域的文化发展也不平衡。以黄河流域各文化为例，磁山文化的大口平底盂及倒靴形支座为其特有，而裴李岗文化的石铲长且两端均可使用，镰刃有细密锯齿，一般不见于其他文化；磁山石器打制尚多，石磨盘一端稍尖，而裴李岗石器以磨制为主，石磨盘为椭圆形带四足；磁山陶器绳纹常见，而裴李岗陶器则素面为主，仅10%有装饰；磁山方形灰坑内藏大量粮食，而裴李岗灰坑发现少；磁山文化未发现墓葬，而裴李岗文化发现相当规模的公共墓地，

① 徐浩生，金家广，杨永贺．河北徐水县南庄头遗址试掘简报．考古，1992（11）．

死者多为成年人，分布无规律，中心区较为密集，均竖穴土坑墓，单人仰身直肢葬，墓主头向多偏南，个别合葬，应是具有共同信仰和习俗的族群的墓地。随葬实用陶器、石器，装饰品少，已有明显的组合和数量的变化，大约已有性别的分工。北辛文化以打制石器为主，磨盘为圆角长方形或长三角形，多无足，骨角器多而复杂，陶器中有夹蚌陶，及深腹釜、鼎，上有附加堆纹。老官台文化陶器多通体绳纹，三足罐典型，几乎不出石磨盘、石磨棒及镰。

2. 新石器时代中期

一些学者称之为仰韶时代。因仰韶文化分布广泛，北到长城沿线及河套地区，南达鄂西北，东至豫东一带，西到甘、青，横跨黄河上中游各省。有数千遗址，许多经过重点发掘，是研究最为充分的文化之一。故与仰韶文化大体同时、地域上相近而文化特征上又相似的诸考古学文化，被统称作仰韶时代诸文化。它们具有某些共同的时代特征：石器以磨制为主。陶器主要采用泥条盘筑法，东部地区逐渐开始流行轮制，陶窑从不封顶且流行红陶、彩陶，逐渐发展到陶窑封顶而盛行灰陶、黑陶。村落一般由凝聚式向分散式转化。公共墓地的规模由大变小，多人二次合葬向单人葬转化。农业发达，南稻北粟。具有鲜明的地域文化传统和习俗。

仰韶文化前期以半坡类型和庙底沟类型为代表，生产工具使用石、骨、陶器。石器打制、磨制均有，磨制石器逐渐增加，种类有铲、刀、斧、锛、凿等；骨镞、锥、鱼叉、鱼钩大量发现；以陶刀（爪镰）收割谷穗，陶纺轮纺线。农业经济初具规模，狩猎、捕鱼占一定分量。农具数量多，种类全，制作精，农作物种类增加，村落密集，大型的储粮陶器、窖穴普遍发现。发现猪、狗、鸡、黄牛等家畜，及成坑的粟壳、整堆的芥菜籽或白菜籽，大河村遗址发现高粱，大汶口文化出现大量酒器。同一时期长江流域水稻的种植也有所扩大，但村落不密集，面积小。生活用具普遍用陶器。以红陶为主，以夹砂陶为炊器，泥质陶为饮食器，制法主要是泥条盘筑、慢轮修整，彩陶突出，多为黑彩，少量红彩。半坡类型流行几何纹及人面纹、动物纹等纹样，庙底沟类型流行花瓣纹和鸟纹，后岗类型则仅有简单的几何形红彩。仰韶时代聚落分布密集，数量大增，村落和房屋建筑规模扩大，技术提高，一般聚落面积达到10万平方米，小则几万平方米，大则百万平方米以上，并有一定的区划布局，居住区、作坊区和墓地互相分割，外围有壕沟环绕。已发现陕西西安半坡、临潼姜寨、宝鸡北首岭、甘肃秦安大地湾几处较完整的环壕聚落，其中有成组的房屋，分大中小型，大型房屋面积达160平方米，中型房屋面积20～30平方米，小型房屋10平方米左右。房屋一般为方形或圆形半地穴式，有门道、门槛和灶坑，出现地面上建筑，木骨泥墙，地面抹草拌泥并用火烤，还发现铺木板的现象。可以区分几级社会组织。总体上贫富分化不明显，显示出凝聚、平等、向心的结构，是这一时期社会组织和家庭形态的真实反映，具有所谓氏族社会的特点。长江中下游地区出现地面木架建筑，房屋一般为方形或长方形，单间或双间。这一时期公共墓地规模较大，墓葬排列整齐，多为长方形竖穴土坑墓，流行多人二次合葬，也有一次葬，有的一坑埋几百人，不分男女老幼上下叠压，如华县之元君庙、渭南史家、华阴横阵遗址等，也有单人葬及同性合葬，婴儿死亡率高，与成人分葬，埋于居址附近，采用瓮棺葬，葬具底部和顶部有小孔，随葬实用器和装饰品，无明显差异。

仰韶文化后期以西王村类型为代表，已进入铜石并用时代早期，使用红铜工具，已掌握铜的冶炼术，用冷锻或铸造法制作红铜器，但主要的工具仍然是石器。石器磨制精致，其中最具代表性的是梯形铲、有肩铲和穿孔扁斧，出现石镰，石铲薄而利于入土，表明农业又有所发展。陶窑开始封顶，红陶逐渐减少而黑陶、灰陶增加，彩陶逐渐减少而篮纹、附加堆纹增加。村落布局发生变化，房子成排分布或较分散，不向心，出现分间、连间式套房，如大河村遗址发现的套房建筑，每个房间功能不同，暗示家族的独立性加强。方形地面建筑增多，木骨泥墙经火烧加固，地面铺细沙和料姜石粉，有用火烤的迹象。出现中心聚落（如秦安大地湾遗址）和最早的“城”（如澧县城头山古城遗址、郑州西山古城遗址）。甘肃秦安大地湾遗址分布范围达110万平方米，中央的F901为前堂后室东西厢式建筑，地面相当于现代100号水泥的强度。墓葬多单人葬，很少见随葬品。成人与婴儿开始不分葬，婴儿瓮棺葬具多使用实用器，扣合而成，形式多样而不固定。出现特殊的厚葬现象和成年男女异性合葬以及肢体不全的割体葬等。半坡发现一座3～4岁女婴的墓葬，随葬品极其丰厚。而大汶口文化晚期墓葬已出现明显的贫富分化和地位差别，大型墓葬精美的随葬品可达200余件，小墓则常一无所有，很可能已出现阶级、私有制。甘肃省甘谷灰地儿、陕西铜川李家沟晚期遗存出土象征男性崇拜的陶祖，反映一些地区男性的社会地位开始上升。

3. 新石器时代晚期

龙山文化不仅在山东，而且在黄河、长江流域广为分布，曾有河南龙山文化、陕西龙山文化、湖北龙山文化之称，良渚文化一度也被称为龙山文化。虽然地域相连，年代相近，也都以灰陶、黑陶为主，但各地差异明显，各有渊源，应为当时互有联系的不同的考古学文化。严文明提出“龙山时代”一名，来概括这一系列考古学文化。山东及邻近地区由大汶口文化发展而来的可直接叫龙山文化或山东龙山文化。陕、晋、冀、豫大部分地区由原仰韶文化发展而来的称中原龙山文化，包括后岗二期文化、洛阳王湾三期文化、襄汾陶寺类型、长安客省庄二期文化等。湖北江汉平原为中心的由屈家岭文化发展而来的，过去叫湖北龙山文化或青龙泉三期文化，现在一般称石家河文化。东南部包括良渚文化晚期可能已进入龙山时代。甘肃齐家文化也可归入龙山时代。马家窑文化半山类型和马厂类型等也已进入龙山时代，但由于文化特征与同时代其他文化相差甚大，表现出滞后现象，故仍归入仰韶时代。龙山时代距今5 000～4 000年，其后期应已进入夏代，也有人认为尚处于夏以前。磨制石器精美且使用普遍，种类俱全，小型红铜、青铜工具开始出现，陶器群种类丰富，日用陶器数量庞大，轮制技术广泛使用，以龙山文化的黑皮陶为最高水平，鼎、鬲、甗、鬶类三足器发达。陶寺遗址还发现精美的漆木制品，木器有鼓、圈足盘、平盘、斗、豆、案、俎、匣、谷仓，饮酒器如高柄杯、漆觯、杯等，有黄、红、黑、蓝色漆。农业和畜牧业高度发展，农业生产工具和技术大大提高，北方地区农业生产规模大，村落密集，南方地区精耕细作的传统开始形成，锄、镰、刀、铲等农具普遍发现，出现石犁铧、耘田器，粮食剩余，酒器普遍发现，还发现芝麻、花生、蚕豆、甜瓜籽等。人口急剧增加，出现大规模的中心聚落和城邦，随着打井技术的发明，聚落分布范围扩大，在远离水源的高台地也出现村落。出现夯筑技术和高大的城墙、壕沟等防御设施，目前已发现龙山时代的城址60余座，小的不足10万平方米，大的如石峁古城达400万平方米、良渚古城达290万平方米。已形成中心城和周围小城之间的从属关系，如山东龙山文化晚期茌平教场铺古城与附近的大尉、乐平铺、尚庄、东阿县王集古城，前者面积达到30多万平方米，几座卫星城面积一般都在3万～4万平方米，分布在40公里的范围内。房屋多地面排房式建筑，出现土坯筑墙，墙壁和地面涂白灰面，陶寺遗址发现窑洞式房屋。仰韶时期常见的中心大房屋已不见，似乎反映了以父系家庭为单位的建筑格局。中原和长江流域首先向国家文明迈进。在葬制上表现出明显的等级差别和阶级关系的变化。朱村大墓、良渚大墓都随葬象征权力地位的斧钺或琮璧等大型玉礼器，陶寺墓地大、中、小墓从形制到随葬品相差极大，大墓的随葬品可达数百件，而小墓有的一无所有。墓葬以单人仰身直肢的竖穴土坑葬为主，有一定数量的成年男女合葬墓，黄河上游地区齐家文化出现带墓道的形制，葬具有独木棺，多屈肢葬，男女合葬或有一男二女合葬墓，常见男性居中仰身直肢，女性侧身屈肢面向男性，随葬品集中于男性身边，反映出男女地位的主从关系。出现殉葬现象，以及灰坑葬、乱葬坑，有的一坑多人，有的身首异处，有的呈挣扎状。

新石器时代各地文化发展极不平衡，以黄河流域农业文明序列最为清楚，其发展速度快，率先迈入文明门槛。东北地区新石器时代早期农业文化因素不十分明显，红山文化农业有了显著进步，出现较多形制独特的烟叶形和草履形石耜、桂叶形石刀，但狩猎经济长期占据重要地位。长江流域、华南各地农业文化的起步并不晚，一些地区早在距今12 000年前已开始栽培水稻，新石器早期文化产生很早，但在以后的发展过程中出现滞后，由于自然环境优越，采集渔猎经济长期占据主导地位，农业生产比重较小，农作物种类单一，简单的经济孕育不出复杂的文明。华南地区新石器时代中期文化序列不清，晚期文化在两广、福建、台湾以及西藏地区都已确立，从文化性质上看，昙石山文化与台湾凤鼻头文化当属于同一个系统，可见三四千年以前，中国古代的先民已跨越台湾海峡，在东南沿海一带创造了同一类型的文化遗存。它们具有相当多的共性，既与江汉地区的屈家岭文化相类似，又具有龙山文化的若干因素，表明在中国新石器时代晚期，不同来源的文化有逐步统一的趋势。

此外，长江流域几何印纹陶开始萌芽，为商周时期的广泛流行以及原始瓷器的发明奠定了基础。

二、新石器时代考古与文明、国家起源探索

1. 史前考古发现与古史传说

新石器时代中晚期某些考古学文化在时空上大致与中国古史传说时代的一些部族相当，随着新石器时代考古资料的积累和人们对其认识的逐步加深，将考古学文化的分布与古史传说时代的部族文化区相联系来加以阐释和讨论，不能不说是一种研究方法上的进步。然而由于传说时代久远，文字缺失，传说的失真、放大与夸张，以及人们对传说本身的可信程度在认识上存在很大分歧，这种研究的深入无疑是困难重重的。

虽然目前的认识还十分浅显，但毕竟是在考古材料与传说史料结合上的一种尝试性的突破。较为统一的认识是：中原广大地区仰韶时代文化相当于传说中的炎黄时期，龙山文化前期相当于尧舜时期，龙山文化后期相当于大禹以后（夏前期）。中原龙山文化，包括安阳后岗二期文化、洛阳王湾三期文化、襄汾陶寺类型、长安客省庄二期文化、内蒙古凉城老虎山文化等，大致对应古史传说中的华夏集团。古史传说东方有东夷集团，崇拜鸟和太阳，大约大汶口文化与太昊、少昊、蚩尤、颛顼等相当，山东龙山文化与帝喾时期相当。它曾与河南龙山文化并存，而当中原地区进入商代之后，山东龙山文化则还延续了一个时期。两城镇黑陶上的云雷纹和玉锛上的兽面纹、牟平照格庄的青铜锥等，都表明它与中原的青铜文明有某些联系。湖北以江汉平原为中心的屈家岭文化与后期的石家河文化，可能同属苗蛮集团，大约受东夷（大汶口）南迁的影响而形成苗蛮族，文化特征表现出与大汶口文化较多的相似性。至龙山文化后期，被中原龙山文化取代，恰与古史“禹征三苗”之事相印证。东南部的良渚文化则与山东龙山文化有更密切的联系，2007年发现的面积达290万平方米的良渚晚期大型城址和发达的玉文化折射出这里也曾是东南地区黎明前的文明中心，一些学者认为良渚古城已具备了都城的性质，大量出土的玉礼器如玉钺、玉璧、玉璜及刻划神人兽面神徽的玉琮，都十分精美，一般认为玉钺象征军事统帅权的权杖，玉琮为贯通天地的礼器，是巫术与王权结合的象征，玉璧为墓主生前所拥有的财富的象征，玉三叉形器是良渚文化社会集行政、军事和宗教大权于一身的统治者顶戴的皇冠。显然这一文化已具备了酋邦社会的某些因素①，约当龙山文化后期，良渚文化基本消失。20世纪90年代以来四川成都平原发现的宝墩文化诸城址，文化特征与长江中游的屈家岭文化有相似处，可能是古史传说中的“窜

① 白云翔，顾智界．中国文明起源座谈纪要．考古，1989（12）．

三苗于三危”即三苗在中原集团的打击下迁徙岷山之南的遗存。以上诸多考古学文化都有明确分布地域，某些特征又能与古史传说中分布于该地区的原始部落相联系，还原“天下万国”林立的社会状况。

2. 中国新石器时代的文明成就与国家的形成

文明的起源与国家的形成是新石器时代晚期至夏商时代考古的重大课题。关于文明概念的理解，普遍认为文明因素远在文明时代（或文明社会）诞生之前就存在。文明起源的时限，是一个时间较长的历史过程。“国家是文明社会的概括”，而城市、宫殿建筑、庙宇、冶金术、文字和制度化的社会分层等是标志文明的普遍表现。但表象背后，世界各地的文明本质是有差异的。中国古代文明有其自身的特点，建立在农耕基础之上，贸易不发达，注重占卜、巫觋，最早的文字用于占卜，而非商品生产与交换，最早的城市是政治中心，而非经济中心，青铜技术用于礼器和武器，而非农业生产。张光直认为是政治而非技术和贸易，成为推动中国文明形成这一社会变革的主要动力。基德炜、刘莉等学者认为中国文明特征的地理环境因素决定了早期中国文化的根基是农耕，市场的作用似乎很不重要。中国境内主要大河的流向都是自西向东，这种自然环境很难激发地区间贸易的发展，因为它们流经的纬度相同，故而自然资源基本相似。中国缺乏大范围贸易网络也可以用自然资源分布的广泛性来解释，各地日常生活都可自给自足，没有进行贸易的必要性。

目前比较普遍的认识是仰韶文化末期即已进入文明时代，文明因素远在文明时代诞生之前就存在；龙山时代早期文明正式形成，早期国家（古国或方国）形成于这一时期；夏代已进入成熟文明阶段，实现了以中原王朝为中心的大范围的政治统一。但因为对于文明概念的理解和文明诸要素与国家产生条件有不同认识，在这一课题上的分歧仍然很大。一些学者认为中国古代国家形成于龙山时代以前，在具体年代上限上又有不同认识，多以公元前 3500 年为上限，甚或早到仰韶文化早期。还有观点认为“国家是文明社会的概括”，文明的形成就是国家的出现，夏代是文明社会的开始，龙山时代是由原始社会向文明社会过渡的时期。20 世纪 80 年代末期以来，考古学界形成较为一致的意见，把文字、城市、青铜铸造、礼仪建筑、礼制、国家的出现等作为中国文明起源的要素。关于文明起源地的认识，多元论的观点得到了普遍的赞同，但同时也认为中原地区在中国文明形成过程中处于核心地位。关于国家形成的标志，恩格斯认为主要有两点：一是按地区划分其国民，二是公共权力的设立。一些学者将早期国家政治权力的物化特征概括为象征王权的玉钺、铜钺和王陵，成批的武器，与宫殿官署有关的大型夯土建筑基址和都邑（国邑、城邑）的出现。[①] 他们认为至少龙山文化、陶寺类型、王湾三期文化、石家河文化和良渚文化等几个先进的考古学文化，不晚于公元前 2500 年左右，出现众多占据一定地

① 《考古》编辑部．中国文明起源研讨会纪要．考古，1992（6）．

域范围的政治实体，初步建立起了强制性权力系统，已形成初级文明社会，可称其为邦国型国家。

考古资料显示，新石器时代短短数千年所取得的物质文明成就，超过了旧石器时代300万年的总和，为数千年来的文明奠定了重要的物质基础。进入铜石并用时代，随着生产力水平的不断提高，人类在农业、家畜饲养、建筑、制陶、玉石加工等方面取得了前所未有的成就，初步掌握了青铜冶炼与铸造技术，修筑了具有高大城墙等防御设施的城邑，创造了最早的雏形文字——刻划符号，在宗教、艺术等原始文化方面取得了重要进展。生产的增长、社会的分工必然导致生产关系发生巨大变革。新石器时代中晚期，中心聚落与大型城堡出现，墓葬规模进一步分化，大量礼器出现，标志着礼制初步形成，婚姻关系与私有财产、阶级的出现，频繁的集团战争与军权的强化、首领“王”的产生等等，都预示着国家即将产生。

世界上最早的铜器发现于今伊朗前陶新石器时代。约公元前4000年初，今伊拉克和土耳其一带出现青铜器，但当时的铜很可能被当作特殊的石头来使用，人们并未掌握其金属性能，在以后的几千年也没有发展传承下来。公元前4000年的欧洲和公元前3000年的印度先后进入青铜时代。中国西北地区的甘肃、青海及新疆是早期铜器发现最多的地区，甘肃东乡马家窑文化遗址出土了年代最早的铜器，齐家文化发现了50多件铜器，包括刀、匕、凿、锥、钻头、指环、带銎斧、铜镜等，主要是小型装饰品、工具和宗教仪仗用品。几乎在同一时期，新疆哈密林雅墓地也发现不少青铜器，其成分中含有较多的砷，可能标示着其来源与西方有关。黄河中下游地区临潼姜寨、山西榆次仰韶文化遗存以及山东泰安大汶口文化1号墓均发现铜器的痕迹，但资料零星，尚存疑。龙山时代铜器在黄河、长江流域多有发现，如山东胶县三里河、诸城呈子、栖霞县杨家圈、长岛县店子、日照县尧王城，山西陶寺，河北唐山大城山，河南郑州董寨、临汝煤山、登封王城岗，甘肃武威皇娘娘台、永靖大河庄、秦魏家、广河县西坪，青海尕马台，湖南澧县邓家湾等遗址。内蒙古东部和辽西地区最早的合金铜器可追溯到红山文化，牛河梁第Ⅱ地点4号积石冢的1号墓中随葬1件铜耳环，1987年在敖汉旗西台遗址红山文化的房址中出土2件陶质合范，被认为是我国已知最早的铸范。这一时期铜器从成分看大多为红铜，即纯铜，有些含杂质较多，包括锡、铅、锌、铁等，表现为青铜或黄铜的性状，但大多不是有意识加工的合金，而是矿石本身不纯所致。铜和许多金属一样有美丽的光泽，富于延展性，又可回炉重铸或重锻，这都是石器无法比拟的。但铜原料少，纯铜熔点高，需达到1 084℃，所以它是烧陶发展到一定阶段的产物。铜器出现之初大多用于制作小件工具和装饰品，并未代替石器在生产领域的地位，故这一阶段称作铜石并用时代。

磨制技术从旧石器时代末期开始出现，从局部磨光到新石器时代出现通体磨光，钻孔和切割技术也同时发展起来，直到新石器时代晚期，石器仍然是主要的生产工具，几乎均为磨制，切割法和管钻法运用更加广泛，石器种类更加多样化。过去广泛使用的骨角器、蚌器和陶器等作为工具已不占重要地位。长江流域良渚文化犁耕出现，石镞、石钺等工具逐渐发展为专门的战争武器。仰韶文化开始出现大量打磨精细的石制装饰品和绿松石饰品，在此基础上，玉器加工产生并发展起来，红山文化、大汶口文化、龙山文化、良渚文化都发现风格迥异的精美玉器。其中红山文化以玉龙、猪龙、龟、鸟、蝉、虎、豹等动物及云纹、几何纹等形象为主；大汶口文化则出土镂雕精致并具有特殊象征意义的玉铲、玉锛以及玉臂环、指环等装饰品；龙山文化出土的双面兽面纹玉斧具有礼器性质；良渚文化墓葬大量随葬玉琮、玉璧等大型玉礼器及玉璜、玉玦、玉管、玉环等饰品。

约 1 万年前，陶器在各地出现，在一些地区可早到 2 万年前。早期陶窑不密封，烧成温度不高，以红褐陶为主，形制简单粗糙，用泥条盘筑法手制，纹饰以压印、刻划纹为主。仰韶时代出现慢轮修整口沿，温度达到 900℃以上，胎质坚硬，仍以红陶为主，但灰陶增加，种类繁多，纹饰以绳纹为主，常见附加堆纹、镂空等装饰，彩陶盛行，色彩有黑、白、红、黄、紫、棕、赭等。龙山时代制陶业进步表现在两个方面，一是广泛使用快轮拉坯，使得器身变圆、胎壁厚薄均匀；二是陶窑结构的改进，用竖穴窑，密封，火膛较深，燃烧充分，烧成温度达 1 000℃以上。以灰黑陶为主，流行表面磨光。山东龙山文化轻巧薄胎的蛋壳黑陶是最具代表性的产品，器壁厚度不超过 3 毫米，最薄的仅 0.5 毫米。

新石器时代的另一重要成就是纺织技术。旧石器时代末期发现有骨针、锥等缝纫工具，但未发现纺织工具。河姆渡文化、仰韶时代出土大量纺轮、骨梭等工具，前者发现骨器上有蚕纹图案，后者常见陶器底部有织物印痕。最早的纺织品实物是见于大溪文化湖南澧县城头山遗址的一块麻布和马家浜文化浙江吴兴草鞋山遗址的三块炭化织物残片，后者以野生葛为原料纤维织成，并有山形和菱形花纹。在山西夏县西阴村和河北省正定县南阳庄遗址都发现过相当于仰韶时代的蚕茧。到龙山时代，纺织技术进步，良渚文化杭州钱山漾、吴县草鞋山等遗址发现平纹织法的丝织品，经纬线由仰韶文化的每平方厘米 6 根×9 根至 12 根×15 根，发展到 20 根×30 根。

聚落与复杂社会的兴起。最早的聚落出现在旧石器时代晚期，如哈尔滨阎家岗遗址发现宿营地性质的人工居住建筑 2 座，以动物骨骼围砌成半圆形矮墙。新石器时代随着农业的发展，定居成为必需，聚落大量出现，且规模不断增大，内部分工日益明确，防卫设施逐渐加强，无壕→环壕→环壕不断加宽加深→城墙，出现具有防御功能的城堡，平面形状由圆形或自然形状向方形发展。新石器时代早期聚落规模小，结构简单，如仙人洞、甑皮岩遗址均为无壕聚落，居住区与墓地没有严格区分。早期后段聚落数量和规模明显增加，聚落面积在 1 万平方米以上，普遍发现环壕聚落，内部结构也趋于复杂，如兴隆洼遗址内部可能存在两个不同的氏族组织。

仰韶时代聚落规模继续扩大，半坡、姜寨、北首岭遗址面积在5万平方米左右，庙底沟遗址聚落多超过10万平方米，多有环壕，且环壕的宽度不断扩大，如半坡的壕沟宽6～8米，深5～6米；濮阳西水坡遗址的壕沟宽约8米；安徽蒙城县尉迟寺的大汶口文化晚期的壕沟宽达29.5～31.1米；陕西合阳吴家营遗址半坡类型后段聚落则发现有两条基本平行的壕沟，间距1～5米。壕沟的主要功能是防御外敌入侵、抵御洪涝灾害、阻挡猛兽侵袭。聚落内部结构日益复杂，如姜寨聚落可能存在着五个氏族，同时墓葬等级分化明显，意味着复杂社会的兴起，等级化的形成。大房子和大型广场（建筑与使用的组织化）表明其领导范围超出了本聚落的社群，农耕聚落的扩张，可能标志着区域社会一体化的形成。一些地区如红山文化牛河梁遗址（祭坛、积石冢、"女神庙"）周围100平方公里范围内没有发现居住遗址，说明其为专门的礼仪活动圣地，参与礼仪活动的单位从家庭扩展到了一个较大区域族群。玉料的获取、玉器的加工和使用，说明了专业分工与复杂社会的出现。龙山时期出现土坯或砖房，如淮阳平粮台、永城王油坊、汤阴白营、余杭大官山果园等遗址，有的用错缝法砌墙。石灰广泛应用，北方地区房屋多在地面抹一层白灰，在安阳后岗遗址发现白灰渣坑，出现开采石灰石、烧石灰技术。水井较多出现，在汤阴白营遗址发现深11米的水井，余杭庙前遗址发现木质井圈。人们摆脱了对天然水源的依赖，解决了城市的用水问题。聚落之间出现分化，中心聚落或特大型聚落出现，它们可能对周围其他聚落有一定的控制作用，形成"聚落群同盟"。仰韶时代出现了史前最早的城，如湖南澧县城头山、郑州西山城址。龙山时代，在黄河、长江流域迄今发现60多处城址，主要有河南登封王城岗、淮阳平粮台、郾城郝家台、辉县孟庄、新密古城寨、新密新砦、平顶山蒲城店、方城平高台、安阳后岗；山东章丘城子崖、寿光边线王、邹平丁公、阳谷王家庄、景阳冈；山西襄汾陶寺、佳县石摞摞山，内蒙古凉城老虎山等；长江流域的湖北天门石家河、石首走马岭、公安鸡鸣城，湖南澧县城头山、鸡叫城，四川新津宝墩、都江堰芒城等。分布地域大致相当于传说时代至历史早期华夏、东夷、巴蜀、荆楚、吴越等部族集团及其先民的活动区。大型城址面积20万～30万平方米，石家河城达120万平方米，良渚古城达290万平方米，石峁古城达400万平方米，中心城址都修筑高大的城墙、宽阔的城壕、大型高台建筑与祭坛。以王城岗遗址为中心，多个中心遗址彼此之间接近等距离的分布，暗示政体之间存在竞争关系，而非自然形成。由于夯筑技术的发明，房基、城墙多采用夯筑。北方地区发现石头城，如陕西石峁、内蒙古凉城县老虎山、清水河县后城咀石城等。后城咀石城由瓮城、外城、内城构成，东西长约1 200米、南北宽约1 150米，面积约138万平方米，由双壕沟、内外瓮城以及城墙构成的半月形防御建筑，是中国北方已知最早的较为完整的城防体系，是内蒙古中南部已知规模最大、等级最高的史前时期石城址。南方的木作技术发达，木建筑构件结构精巧复杂。有学者提出龙山时期的城有双重性质：一方面是适应部落之间的掠夺战争而修筑的防御工程，是保护部落共同体的防卫设施；另一方面又是政治、经济和文化的中心，是商品交换的产物，而城市的出现宣告了氏族制的最后崩溃和国家雏形的出现。[①]

城的出现是部族之间冲突对抗的产物，高大的城墙与专门的战争武器的出现通常被看作国家政权的物化特征。龙山时代发现较多的灰坑葬、乱葬坑，有的一坑埋数十人，身首异处，其身份很可能为战俘。与此同时，一些考古发现说明石斧、镞、矛以及大型石刀等杀伤力较强的复合工具逐渐演变为专门的武器，如 1963 年江苏邳县大墩子大汶口文化墓葬 M316 中年男性墓主的左股骨被射入骨镞，河北邯郸涧沟龙山时代两座房屋基址中各发现 3 具人头骨，每具人头骨上都有若干长条状斧砍痕迹，并被剥去了头皮。[②] 云南元谋大墩子新石器时代一些墓葬的人骨上发现有数量甚多的石镞，其中 M3 墓主缺少左上肢骨，胸、腹部发现 12 枚石镞，右颧骨和尾椎骨各射入 1 枚石镞。[③] 这些现象反映了龙山时代战争的激烈与频繁。

新石器时代早中期氏族公共墓地的规模很大，墓葬形制与随葬品没有明显差别，合葬墓多为同性合葬、母子合葬或男女老幼多人混合葬，如半坡 M38 为女性 4 人合葬墓，元君庙 M457 为母子合葬墓，史家类型多为男女老幼合葬。但一些地方已出现墓葬的分化，大汶口墓地明显存在几个不同的墓区，随葬品最为丰富的墓葬集中于最北的墓区，墓坑最小且随葬品最贫乏的墓葬则集中于最南端。从墓葬规模到随葬品的种类和数量都差异极大，大墓如 M10 有“井”字形木椁和棺，墓主为一年轻女子，随葬玉钺、玉铲、镶嵌绿松石的象牙雕筒、象牙梳、珠子、项链、耳坠、80 余块鳄鱼鳞板、猪头、陶器等共 200 余件；中型墓少数有棺，随葬品 30～50 件；小墓无葬具，仅一两件随葬品甚或一无所有。大汶口文化中晚期成年男女合葬墓以男性仰身直肢居主体地位，女性侧身屈肢面向男性，随葬品均置于男性身边，墓葬中男性比例远远大于女性，可能存在溺杀女婴现象，男性已占据社会主导地位，仰韶文化河南濮阳西水坡遗址 M45 男性墓主左右两侧以蚌壳摆塑的龙虎图案表明其身份非同一般。龙山时代的墓地多数小于仰韶时代的墓地，似更多以大家族或家庭为单位，多为单人葬，也有一定数量的成年男女合葬墓，一男二女以及父子合葬现象有所增加，齐家文化的甘肃武威皇娘娘台遗址 M24 为成年一男二女合葬墓。良渚文化晚期的吴县草鞋山遗址 M198 为一男祔葬二女的墓葬，男性居于墓穴中央，随葬品最多，包括有玉斧、琮、璧等，两个女性为二次葬。这些变化都反映出社会组织与家庭婚姻的变革，父权制产生，以男子为主体的较为稳定的家庭出现。在龙山时代，墓葬的差异进一步扩大。山东临朐朱村、浙江良渚、山西陶寺遗址贵族大墓随葬品可达数百件，盛行用玉礼器随葬。良渚文化反山遗址 M20，长 4 米，宽 2 米，随葬

① 日知．农业起源与文明起源．史前研究，1983（2）．

② 严文明．涧沟的头盖杯和剥头皮习俗．考古与文物，1982（2）．

③ 阚勇．元谋大墩子新石器时代遗址．考古学报，1977（1）．

品共547件，仅玉器就有170组511件。陶寺墓地已发掘的1 000余座墓葬中，大墓仅占1%，中型墓不及12%，小墓占87%左右。大型墓一般长约3.2米，有木棺、木椁葬具，随葬品可达一二百件，有彩绘蟠龙纹陶器、彩绘木盘、大型石磬、用鳄鱼皮制成的鼍鼓、陶鼓、玉钺、石钺、玉瑗、玉琮等礼器及铜铃、猪骨架等；中型墓长2～2.5米，多有木棺，随葬较多彩绘陶器、玉器、猪下颌骨等；小型墓长约2米，一般无葬具，没有随葬品或仅随葬少量陶器、骨器。在两座晚期灰坑中发现有人骨架。甘肃武威皇娘娘台遗址M48墓出土有83件石璧，远超出装饰的需要，应是显示地位、权势的礼器。少数大墓发现人殉现象，一些房屋及城墙下的奠基坑中用人牲，同时出现较多灰坑葬、乱葬坑，反映出初级的礼制已经形成。龙山时代墓葬中明显的等级差异充分说明，社会内部组织与等级分化已相当复杂。象征身份、地位、等级的礼仪性用品石钺或玉钺（斧）、玉琮、玉璧等在大墓中的普遍出现，标志着军事和政教合一，表明大墓主人是执掌祭祀和军事的部落首领或显贵。但从墓区的形态与结构上说，龙山时代除个别地区如良渚文化反山和瑶山贵族墓地与一般社会成员实行分葬，大多数贵族与平民共用公共墓地，反映出氏族社会血缘纽带仍然牢固存在，贵族并没有凌驾于氏族之上，虽然氏族制度濒临瓦解，但其“平等”的社会关系外壳依然被保留着。

文字雏形——刻划符号在新石器时代普遍出现。最早的刻划符号发现于河南舞阳贾湖裴李岗文化遗址出土的龟甲上，仅以单个符号出现。7 000多年前的安徽蚌埠双墩遗址发现607个刻划在陶、石、骨、蚌器上的刻划符号，是迄今发现最多的新石器时代刻划符号，不仅是单体符号，还出现了不少组合符号，且同样的刻划符号在多个地方出现，说明其具有一定的表形、表意和记事功能，有学者认为这是淮夷族创造的文字。仰韶时代发现较多在陶器口沿部位刻划类似字母形状的符号，半坡、姜寨、北首岭遗址发现的刻符种类达50多种，有的在不同地点不同器物上重复出现。马家窑文化彩陶也发现有简单刻划符号，柳湾遗址出土画符达130余种。大汶口文化发现类似穿孔石斧、木锄和山峦日出的图形标记（见图4-2），有的学者解读为“戊”“斤”“旦”字，也有学者认为这种符号还不是文字，而属于图画记事的范畴，是“代表个人或氏族的形象化的图形标记”，主张某些符号与祭祀或器主的身份有关，无疑已具备一定的表意功能。龙山时代的象形符号更加成熟，已具备了原始文字的基本特点。山东龙山、河南龙山、陶寺、石家河、齐家、良渚等文化中都发现了原始文字符号。湖北石家河遗址印信台套缸遗迹发现文字符号，十组套缸由形制特征相近的红陶缸首尾相接有序排列，除套缸1、2破坏严重外，其余均可见其大致的走向或套接方式。部分套缸之间存在明显的叠压关系，如套缸3叠压套缸4、套缸4叠压套缸6。陶缸均为夹粗砂红陶，器形以宽折沿、深腹、小平底缸为主，纹饰以横向宽篮纹居多，另有少量拍印大方格纹或菱形纹，一些陶缸中部加饰一周白色的宽带箍，部分陶缸有牛角形、圆形等刻划符号。龙山时代原始文字单个字体已经超越了仰韶时代写实、图形化的初始阶段，会意、抽象化程度提高，笔画工整，与商代象形文字越来越接近，并且出现了多字成行的文句，在从单个符号向记事文字发展的道路上完成了关键的一步。山东邹平丁公遗址一块龙山陶片上发现11个原始文字，列为三排，是龙山时代象形文字的重要发现。在良渚文化出土的黑陶器上发现过不少刻划符号，吴县澄湖遗址出土的一件黑陶贯耳壶腹部有4个并列的符号，有学者释读为“巫戌五俞”；有学者将一件黑陶盘上刻的十几个符号与甲骨文、金文中的符号对照，发现其中7个符号在甲骨文中有同形字，3个在金文中有同形字。内蒙古敖汉旗小河沿遗址发现有结构复杂的刻划符号，并有一定的组合形式。而山西陶寺遗址出土的一件陶扁壶上有“文□”字符号，完全与甲骨文无异。说明甲骨文早在商代之前已经产生，这些文字资料是中国文明的重要表征。

图4-2 大汶口发现的部分刻划符号

史前艺术与宗教在岩画、彩陶和雕塑以及装饰品上得以反映。旧石器时代晚期以来世界各地出现大量岩画，中国境内各时期岩画集中发现于内蒙古阴山、巴丹吉林沙漠、宁夏贺兰山、甘肃黑山、新疆皮山县、巴里坤、昭苏、广西花山、云南沧源、江苏连云港，以及黑龙江、贵州等地，以表现狩猎与各种动物以及人形、天象、战争、舞蹈、巫术、生育、村寨和符号等为题材，用颜料绘制或刻划、凿磨而成，成为史前艺术及宗教的普遍表现形式。新石器时代，彩陶纹饰、陶塑、木雕、骨雕、玉石雕刻、象牙雕刻等造型艺术逐步丰富起来。采用的艺术手法有浮雕、圆雕、透雕、线刻等，表现的题材涉及人物、动物、几何图案和幻想形象。其中，彩陶以仰韶文化、马家窑文化以及大汶口文化最为发达。陶塑艺术早在新石器时代早期后段已经大量发现，裴李岗文化发现陶塑的猪、羊和人头，宝鸡北首岭遗址发现陶塑人像，河姆渡遗址出土较多捏塑的猪、牛、狗、鸟、虫类动物形象，还发现一件刻划猪图案的陶钵，牛河梁红山文化女神庙遗址出土大量裸体人物雕塑，大型泥塑像超过真人一倍以上，小的与真人相若。仰韶文化、马家窑文化都出土局部捏塑的人或动物形象的陶器，甘肃秦安大地湾遗址出土的人头形器口彩陶瓶、天水柴家坪遗址出土的陶塑人面像，形象十分逼真，也有器物整体被塑造成动物形象，如陕西华县太平庄仰韶文化遗址出土的鹰鼎以及大汶口文化所见的陶猪鬶、狗鬶等，它们既是实用器又是艺术品。石家河文化邓家湾遗址一坑中出土数千件小型泥塑动物像和人像，有鸟、鸡、猪、狗、羊、虎、象、猴、龟、鳖以及抱鱼跪坐的人物等。早在山顶洞文化中就已发现最早的刻划纹的小骨管。新石器时代，骨雕艺术品发现较多，河姆渡遗址出土刻划双鸟纹图案的骨匕，大汶口文化出土有镶嵌绿松石的骨雕筒，陕西西乡何家湾仰韶文化遗址出土完整的骨雕人头像等。精美的象牙雕刻在河姆渡遗址即出土20余件，大汶口遗址出土透雕“S”形花纹的象牙梳、象牙筒和琮等。玉石雕刻发源于磨制石器技术的进步，河北武安磁山遗址出土一件石雕人头，红山文化、良渚文化都发现大量精美的玉雕作品。石峁遗址出土大型人面石雕、壁画残块。

从岩画和彩陶纹饰中可以窥见原始舞蹈艺术的存在，马家窑文化青海大通县上孙家寨遗址出土舞蹈纹彩陶盆，内壁绘3组舞者，每组5人，头上编辫，带有尾饰，动作一律手拉手，腿高抬。与此相应，原始的乐器也有发现，最早的乐器是1986年在河南舞阳贾湖裴李岗文化遗址出土的16支完整的具备七声音阶的骨笛，是用鹤类长肢骨管制成，一般长20多厘米，直径1厘米左右，圆形钻孔都分布在同一侧，多为7孔，且分布均匀，制作规范，有的骨笛上刻划有等分记号，个别主音孔旁还钻有小孔，可能是调音孔。河姆渡遗址出土有骨哨和漆木筒，后者可能属打击乐器。仰韶文化时期发现大量陶埙，有一音孔和二音孔。石峁遗址出土20余件骨制口弦琴、哨等乐器。陶寺遗址出土大型的乐器石磬和用鳄鱼皮蒙鼓面的鼍鼓。事实上，原始的造型艺术与音乐舞蹈的产生可能都与原始崇拜有密切的关系。许多早期艺术形式兼具浓厚的宗教意味，甚至就是原始宗教的产物。如岩画形象就含有浓厚的巫术与自然崇拜意味，泥塑人像与动物形象很多可能是供原始巫术、祭祀活动之用。而各地出现的龙、虎等动物图案往往代表族群的图腾标志，或是王权、神权的象征。红山文化的玉猪龙，河南濮阳西水坡45号墓人骨旁摆放的蚌塑龙、虎图案，湖南省洪江市高庙遗址白陶罐上刻划的凤凰，河姆渡出土的双鸟朝阳牙雕上的凤凰图案，良渚文化玉琮上普遍装饰的兽面神徽，陶寺文化彩绘陶盘上的蟠龙纹等，均当为原始宗教与图腾崇拜的产物。在河南舞阳贾湖墓葬中还出土直接用于巫术的刻符龟甲和占卜用石子，卜骨的发现更为普遍，用牛、鹿、猪、羊的肩胛骨，有钻灼痕迹。与宗教有关的祭祀遗址也多有发现，如牛河梁红山文化女神庙、东山嘴的积石冢，良渚文化瑶山、反山等大型祭坛遗址。旧石器时代晚期出现的对死者的埋葬仪式以及在死者周围撒赤铁矿粉末等原始宗教现象，新石器时代中晚期以来出现的人殉、用动物祭埋、用人奠基以及在瓮棺葬具上穿孔的现象等，均是原始宗教信仰适应社会发展的表现。

本章要点

中石器时代及其特点；新石器时代的特征与分期；中国新石器时代考古的重要

发现与研究成果；新石器时代的物质文明成就；国家与文明起源的探讨。

推荐阅读书目

1. 向绪成，编著．中国新石器时代考古．武汉：武汉大学出版社，1993
2. 张江凯，魏峻．新石器时代考古．北京：文物出版社，2004
3. 尹达．新石器时代．北京：三联书店，1955
4. 张之恒．中国新石器时代考古．南京：南京大学出版社，2004
5. 张宏彦．中国史前考古学导论．北京：高等教育出版社，2003
6. 夏鼐．中国文明的起源．北京：文物出版社，1985
7. 中国大百科全书·考古学．北京：中国大百科全书出版社，1986

第五章

夏商周考古

第一节　夏商周考古的特征与分期

一、夏商周考古简史

19 世纪末 20 世纪初，殷墟甲骨文的发现，揭开了商代考古的序幕。对殷墟的正式发掘始于 1928 年，是年中央研究院历史语言研究所考古组成立，董作宾主持对安阳小屯进行发掘，至 1937 年止，共发掘 15 次，发现 50 多座夯土建筑基址、2 万多片有字甲骨、10 座商代大墓。1931 年梁思永等在安阳后岗遗址发现“后岗三叠层”，即仰韶文化、龙山文化和商代文化的地层叠压关系，第一次从地层上确定了它们之间的时代先后。1931—1933 年，郭宝钧主持调查和发掘河南浚县辛村西周至春秋初卫国墓地，发掘墓葬、车马坑和马坑 80 余座。1934—1937 年，宝鸡斗鸡台墓地发掘周墓 36 座。1935 年、1937 年，在辉县琉璃阁发掘一批东周墓葬。此外，1923 年，新郑李家楼春秋墓地被盗掘，出土一批重要文物。1928—1930 年，洛阳金村大墓出土一批战国铜器。

新中国成立之初，恢复了对安阳殷墟的发掘，并清理了武官大墓。从 1959 年开始“夏墟”调查，对夏文化的探索就此起步。半个世纪以来，在豫西、晋南开展了一系列考古调查和发掘工作，使夏文化探索的目标逐渐明朗。以偃师二里头遗址命名的“二里头文化”（包括二里头类型和东下冯类型）和豫西地区的“龙山文化”是探索夏文化的主要对象，并对夏文化的概念形成了多种意见。20 世纪 50—70 年代，商周考古发现和发掘的遗址有二里头遗址、郑州商城遗址、丰镐遗址、洛阳东周城址、侯马晋城遗址、北京琉璃河遗址、易县燕下都、秦咸阳城、雍城、栎阳城、新郑郑韩故城、齐临淄城、曲阜鲁城、赵邯郸城、楚纪南城、三门峡虢国墓地、寿县蔡侯墓地、信阳楚墓、江陵楚墓等。“文化大革命”后，夏商周考古取得了突破性进展，二里头宫殿基址、偃师商城遗址、小屯南地甲骨遗址、琉璃河燕国墓地、盘龙城遗址、周原遗址、三星堆遗址、大洋洲墓葬、殷墟妇好墓、曾侯乙墓、包山楚墓、淅川楚墓、平山中山王墓等发现举世瞩目。田野考古积累了丰富的资料，促进了研究的深入，使夏商周历史逐渐清晰，学界对夏商周考古的分期和文化性质的探讨十分热烈。

20 世纪 80 年代以来，高科技手段的应用和多学科综合性考古研究的展开，使夏商周考古不断出现新进展，研究不断深化。夏商周断代工程、探源工程先后展开，使夏文化的探索、夏商分界逐渐明晰，先商、中商以及先周时期的缺环得以弥补，对商周春秋战国时期中原王朝以及各方国和边疆地区的文明成就，包括城市、宫殿建筑、墓葬制度、手工业、文字、艺术，文化分区与分期，文化性质和相互间的关系以及考古学文化与文献记载的衔接问题等都进行了全方位的深入探讨，取得了丰硕的成果，提出了关于中华文明起源模式的“汇聚”与“辐射”概念，即商以前指向中原的“汇聚”与商以后指向四周的“辐射”。

二、夏商周考古的特征与分期

夏商周考古在时间上约始于公元前 21 世纪，止于公元前 3 世纪末，跨夏、商、西周、东周诸王朝。这一阶段特别是商代后期因出现了比较完备的文字制度，使考古研究体现出不同于史前的新特点。殷墟已发现成熟的文字——甲骨文，加之传世和出土的陶文、金文、石鼓文、玺印、封泥、盟书、帛书、竹简，传世文献如《诗经》《周易》《尚书》《春秋》《左传》《国语》《竹书纪年》《战国策》《周礼》《仪礼》《礼记》《史记》《尔雅》《说文解字》等对当时情况有记载，因而对遗存的阐释很多时候依赖于文字资料所提供的文化背景，在文献所记录的框架下去分析、比对和印证，有名有姓的王取代了无名的贵族阶层，仅凭科学、逻辑和材料去推论和发挥的方法受到文献资料的制约。夏商周时期是一个社会巨大变革的转折时期，跨越了铜石并用时代、青铜时代和早期铁器时代。二里头文化阶段人们掌握了青铜合金的冶炼和铸造技术，铸铜技术明显改进，器形也日益复杂化。进入青铜时代，青铜合金的大型容器和兵器普遍发现，数量和器类明显增多。到商代和西周，青铜器发展到鼎盛时期，成为当时物质文化高度发达的标志。从商代早期出现第一件铁刃铜钺，到战国晚期铁器逐渐普及，完成了由青铜时代向早期铁器时代的过渡。铸铜和采矿进一步发展，江西九江荞麦岭商代早期铸铜遗址、瑞昌铜岭商至战国铜矿遗址、湖北大冶铜绿山古矿冶遗址、山西侯马铸铜遗址、内蒙古林西大井古铜矿是这一时期的重大发现。青铜器继续发展，失蜡法、熔模法、金属镶嵌工艺发达，铭文内容更加丰富。随着生产力水平的提高，这一时期经历了两次社会制度的大变革：石器时代末期到夏代原始公社制演变为奴隶制，东周时期奴隶制演变为封建制。较为普遍的观点是：春秋是封建关系发生的时期，战国是封建制确立的时期。夏商周时期，大型城市普遍兴起，在中国古代城市发展史上占有极重要的地位。已发现早商城址6处，有郑州商城、偃师商城、盘龙城商城、东下冯商城、垣曲商城和府城商城，宫殿建筑、城垣都比此前大得多，表明此时社会和经济各方面都有重大发展。东周列国城市的发展达到了空前的程度，已发现大型城址30余处，主要有东周洛阳城、侯马晋新田古城、赵邯郸故城、曲阜鲁城、齐临淄城、易县燕下都、新郑郑韩故城、魏安邑城、平山县中山国灵寿城、楚纪南城、凤翔秦雍城、临潼秦栎阳城等。城市作为政治、经济、文化中心的地位逐步确立。各国金属货币产生，奴隶制走向衰落。

夏商周考古的具体的分期方案争论不一，对照历史分期可划分为四个阶段。2000年，夏商周断代工程公布了夏商周年表（见表5-1），依靠传统文献、典型遗址和墓葬分期研究以及碳十四测年，并与甲骨文和西周铜器铭文中对王世系的记录结合进行推算，中国历史确切纪年的开始从公元前841年提前了1 200年。

表5-1　夏商周年表

世系	夏	商前期	盘庚等三王	武丁等九王	武王	成王	康王	昭王	穆王	共王	懿王	孝王	夷王	厉王	共和	宣王	幽王
年（公元前）	2070—1600	1600—1300	1300—1251	1250—1046	1046—1043	1042—1021	1020—996	995—977	976—922	922—900	899—892	891—886	885—878	877—841	841—828	827—782	781—771

（1）夏（公元前2070—前1600年），是我国历史上第一个奴隶制王朝，此时已进入青铜时代。以二里头、东下冯遗址为代表，新砦遗存代表了夏代早期，是由河南龙山文化王湾三期向二里头文化过渡的形态。周边有岳石文化、夏家店下层文化等。出现青铜工具、武器、容器、礼器以及大规模的宫殿建筑，存在祭祀和占卜，农业和手工业产生了一定的分工，商品生产以及作为货币使用的贝币开始出现。

（2）商（公元前1600—前1046年），以公元前1300年为界分为商前期和商后期，主要遗址有河南郑州二里岗、偃师商城、辉县琉璃阁、安阳殷墟，河北藁城台西，湖北黄陂盘龙城等，以河南安阳洹北商城、郑州小双桥为代表的商中期遗存也逐渐清晰。周边地区有巴蜀文化、吴城文化等。商代进入青铜时代繁荣期，后期青铜器制作达到高峰，出土成套的礼器和各类专门武器，人殉、人祭现象普遍，突出特征是出现四周围有夯土墙的大型城邑，已有成熟文字。

（3）西周（公元前1046—前771年），典型遗址有陕西周原、西安沣西、沣东，河南三门峡虢国墓地，北京琉璃河，山东曲阜鲁城，山西天马—曲村等。青铜器由盛而衰，铭文大量增加，宗法等级制度成熟，礼制完备，中轴线对称布局的四合院式宫殿建筑形成，发现较多瓦和瓦当等建筑材料①，建筑技术发展到一个新的阶段。

（4）东周（公元前 771—前 221 年），分为春秋时期（公元前 771—前 476 年）和战国时期（公元前 475—前 221 年）两个阶段，重要遗址有：河南洛阳王城、洛阳中州路墓地、新郑郑韩故城，山东临淄齐国故城和郎家庄大墓、曲阜鲁城，山西侯马新田遗址、侯马铸铜和盟誓遗址，河北邯郸赵国都城、易县燕下都、平山县中山国灵寿城和中山王墓，湖北江陵楚纪南城和楚墓、随州曾侯墓地，陕西凤翔秦雍城和秦公大墓，安徽寿县蔡侯墓等。进入早期铁器时代，青铜器衰落，列国新兴城市开始繁荣，金属铸币产生，礼崩乐坏。

张光直认为三代古史研究中需要修正两个旧识，一是对三代的直的关系的强调，如《论语·为政》中“殷因于夏礼……周因于殷礼”的看法需要修正；二是将三代一脉相承的文明发展看作在中国古代野蛮社会里的一个文明孤岛上孤立发展，如《孟子·公孙丑上》说“夏后殷周之盛，地未有过千里者也”，《史记·封禅书》说“三代之君，皆在河洛之间”，也需要修正。考古发现结合新旧史料研究表明，三代之间横的关系，才是了解中国古代国家形成过程的关键。从时间上看，夏商与商周在时代上都有相当的重叠，换句话说，商是夏代列国之一，周是商代列国之一。夏商周三代的关系，不仅是前赴后继的朝代继承关系，而且一直是同时代的列国之间的关系，而后者是三国之间的主要关系，朝代的更替只代表三国之间势力强弱的浮沉而已。从地域上看，夏商周三国的列国并立关系，在地理上重叠甚少，可能代表朝代持续期间控制范围的变化。三代在政治制度即王制上，在国家的政治构筑形态上，属于同一发展阶段，即介于部落（史前时代）与帝国（秦汉）之间的王国阶段。

第二节　夏文化探索

关于中国历史上的第一个奴隶制王朝——夏代的史迹在早期文献如《尚书》《诗经》以及春秋中叶的《叔夷钟》《秦公簋》等青铜器铭文中都有述及，司马迁在《史记·夏本纪》中较为详细地记载了夏代的起源、王世、年代、活动地域及重大史实。按《史记》记载，有夏一代共经历“十四世十七王”。东晋时出土的古本《竹书纪

① 据报道，2016 年在陕西省西安市雁塔区等驾坡街道马腾空村属于仰韶文化晚期的遗存 F139 中发现了 3 件筒瓦形状的陶制品，被认为是迄今发现的最早的瓦当，到龙山时代在延安芦山峁遗址、石峁遗址、宝鸡陈仓区桥镇遗址中发现了槽形板瓦和筒瓦等。

年》也记载，夏代“自禹至桀十七世，有王与无王，用岁四百七十一年”。夏商周断代工程将其纪年范围确定在公元前2070—前1600年。古史学家依据文献资料和传说，提出可能是夏人活动范围的两个地区：一是河南西部伊河、洛河与颍水上游嵩山附近的登封、禹县和洛阳平原，一是山西南部的汾水下游地区。

新中国成立以来，考古工作者在位于河南省偃师县的二里头遗址进行了长期发掘，发现了象征王权的宫殿宗庙遗址、青铜冶铸作坊、贵族墓葬，以及大批青铜器、玉器等文化遗物。以二里头遗址为代表的“二里头文化”广泛分布于豫西、晋南地区，据碳十四年代测定距今3 900～3 500年。从其年代范围、分布地域和文化内涵来看，与文献记载中的夏代历史是契合的，确认其为夏王朝遗迹即“夏文化”是较为可信的。此前的仰韶文化夏文化说、龙山文化夏文化说逐渐动摇。但关于夏文化的探索还存在许多分歧，如二里头文化一至四期是否与夏代相始终，夏文化始自龙山文化或新砦文化抑或二里头文化一期，二里头文化后段是否已进入商代纪年，夏商的分界在何时等，争论的焦点在于二里头文化整体还是部分属于夏文化。

考古学上探索的“夏文化”是指夏王朝时期夏民族所创造的文化，在时间上指夏王朝统治时期，早于和晚于夏王朝者都不包括在内；在空间上即夏王朝统治范围内，文化的创造主体是夏民族。它既不包括夏王朝建立前的“先夏文化”，也不包括夏王朝覆灭后的“夏遗民文化”，当然也不包括夏王朝同时期周边各民族的文化。

一、新砦遗址的发现与研究

新砦遗址。1979年发现于河南省新密市东南18.6公里的刘寨镇新砦村，是介于河南龙山文化晚期和二里头文化一期之间的过渡形态。主要分布范围在河南中西部的嵩山周围伊、洛、颍、汝诸河流域，已发掘的重要遗址还有巩义花地嘴遗址。1999年以来先后发现了新砦城址和城墙、护城壕沟以及大型建筑等遗存，城址面积70万～100万平方米，由大、小城组成，夯土城垣，转角呈圆弧形，并有三重护城壕，城内发现大面积的夯土基址，大型建筑位于中心区即内城的中部偏北处，为浅穴式，有门道，总面积达1 000多平方米。开口于二里头文化层之下，其建筑和使用年代为新砦期晚段，废弃于二里头文化早期。出土青铜器、玉器和具有祭祀意义的大型朱砂饰彩绘陶瓮等数百件，南墙外地面上发现有一具完整的猪骨架和埋有兽骨的小坑，可能与祭祀有关。典型陶器有深腹罐、罐形鼎、甑、刻槽盆、深腹盆、高领瓮、高柄豆、平底盆、鬶、盉、觚等，流行篮纹、方格纹，缺少王湾三期的斝和双腹盆以及二里头的大口尊，罕见青铜容器和兵器。三组遗物反映了从龙山文化晚期到新砦文化再到二里头文化早期三个阶段的嬗变关系。根据多组新砦遗存叠压和打破龙山文化王湾三期遗存以及二里头文化早期遗存叠压新砦遗存的地层关系断代，新砦文化晚于王湾三期文化而早于二里头文化。其碳十四测年资料有7个，绝对年代应在公元前 2050—前 1900 年。有学者提出包括二里头文化一期在内的“新砦文化”的概念，其分布范围与古文献中关于夏人活动区域的记载相符，新砦城址被认为属于都邑性城址，与《水经注》所云夏启之居的地望吻合，夏文化应包括新砦文化和二里头文化。

二、二里头文化的发现与研究

二里头文化。1959 年徐旭生在豫西调查夏墟时发现，后经长期发掘并以该遗址为代表确立了“二里头文化”。此前于 1953 年曾在登封玉村发现同类遗存。迄今发现二里头文化遗址计 300 多处，经过发掘的约有 60 处。其中较为重要的有河南偃师二里头、洛阳东干沟、巩义稍柴、密县新砦、登封王城岗、禹州瓦店、陕县七里铺、巩义花地嘴、杞县鹿台岗、淅川下王岗、郑州洛达庙、郑州大师姑城址以及山西夏县东下冯遗址等。基本明确了二里头文化的年代、分布地域、文化类型与文化性质等问题。其分布中心在河南中西部的郑州、洛阳及山西西南部的运城、临汾地区，西至陕西关中东部、丹江上游，南及豫鄂交界地带，东至豫东开封地区，北抵沁水流域。从文化面貌来看，二里头文化至少可以划分为两个类型：以豫西二里头遗址为代表的“二里头类型”；以晋南东下冯遗址为代表的“东下冯类型”；也有学者另外分出“牛角岗类型”“杨庄类型”“下王岗类型”等。已发掘的二里头都城遗址面积达 300 万平方米，是当时最大的城市。二里头遗址不仅出土了数量较为丰富的青铜礼器和青铜工具，并且发现有大规模的青铜冶铸作坊，证明二里头文化已经是较为成熟的青铜文化。

1. 大型遗址与宫殿宗庙建筑

偃师二里头遗址。1959 年发现于河南省偃师县西南 9 公里的二里头村。遗址北依邙山，南临洛河，西距汉魏洛阳故城 5 公里，东距偃师商城 6 公里，沿古伊、洛河北岸呈西北—东南向分布，东西最长约 2 400 米，南北最宽约 1 900 米，北部为今洛河冲毁，现存面积约 300 万平方米。遗址中部偏北为宫殿区，一、二号宫殿建筑是始建于二里头文化三期的成熟的宫殿式建筑。近年发现的四号基址与之同时，六号建筑建于二里头文化四期，三号夯土基址始建于二里头文化二期，早于一、二号宫殿，是迄今所知中国最早的宫殿建筑。近年在宫殿区内发现成组贵族墓，并在宫殿区外围发现宫城城墙，始建于二里头文化二、三期之交，一直延续使用至二里头文化四期晚段或稍晚。宫城东墙长约 378 米，西墙长 359 米，南墙长 295 米，北墙长 292 米，面积达 10.8 万平方米。城外发现交错的道路遗迹，2004 年发现迄今最早的战车车辙遗迹。遗址中部偏南为青铜冶铸作坊区，四周为一般居民区、制陶作坊区和墓葬区。揭露遗迹有宫殿宗庙建筑、各类房屋建筑、墓葬、陶窑、窖穴，以及铸铜、制陶、制骨作坊等。出土数量丰富的青铜器、玉器及大量陶、石、骨、蚌器等遗物。二里头文化的房屋建筑有大、中、小型的差别，有半地穴式房子、地面建筑，平面呈方形、长方形或圆形，多数面积在 10 平方米以下，少数面积较大，可达数十平方米，室内发现有居住面、烧土面与生活用品。据遗址地层堆积可将二里头文化分为四期，年代约为公元前 1 900—前 1 500 年。

二里头一号宫殿基址。位于遗址中部，略呈方形，东西长 108 米，南北宽 100 米，面积约 1 万平方米。基址中央偏北处有一长方形台基，东西长约 30.4 米，南北宽约 11.4 米，其上有一周排列整齐的柱洞和柱础石，东西各 9 个，南北各 4 个，每个柱洞前侧各有两个小柱洞（见图 5－1）。据此复原一号宫殿基址中央原建筑为面阔 8 间、进深 3 间的“四阿重屋式”大型殿堂。殿堂前面为庭院，四周围绕一面坡或两面坡式的廊庑建筑。南边中央为正门，分布一排 9 个柱洞，可复原为面阔 8 间的牌坊式建筑。东北角有可以出入的小门（见图 5－2）。

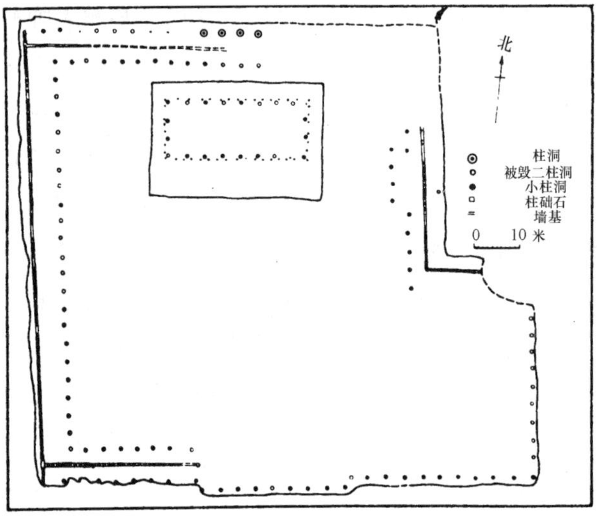

图 5－1　二里头一号宫殿遗址平面图

图 5－2　二里头一号宫殿遗址复原图

二里头二号宫殿基址。位于一号宫殿东北约 150 米，平面呈长方形，南北长

72.8 米，东西宽 58 米，总面积约 4 200 平方米。基址中央偏北处有一长方形台基，东西长约 26.5 米，南北宽约 7 米，上有一周排列整齐的柱洞，东西各 10 个，南北各 4 个，柱洞内侧 2 米处发现长方形木骨泥墙，中有两道隔墙分为三间。可复原为面阔三大间、进深一大间四周带有回廊的“四阿重屋式”殿堂。殿前为庭院，四周有围墙和廊庑，南墙偏东处为大门，大门中央有门道，两侧有门塾。在基址东廊下发现有陶质排水管道，应有较为完备的给排水设施。两座宫殿始建并使用于二里头文化三期，四期废弃。

二里头三号宫殿基址。叠压于二号基址下，破坏严重。南北窄长，方向大致与二号基址相同，主体部分至少由三重庭院组成，北院内发现大型坑状（池苑）遗迹，中院南北宽约 20 米，主殿夯土台基宽 6 米多，其上发现连间房屋遗址，有前廊而无后廊，中院和南院内发现墓葬和石砌水井。已发掘的西庑经过统一规划，探明基址长 150 米，宽 50 米。三号基址平地起建，不设基槽，夯土厚薄不均，柱础为夯土磉墩而无础石，在建筑技术上较为原始，但规模庞大，结构复杂。始建于二里头文化二期，是迄今发现的二里头文化最早的大型夯土基址。其西的五号基址为同时期的大型夯土建筑。二里头宫殿均由殿堂、廊庑、庭院、大门等单位建筑组成，布局严谨，沿中轴线左右对称，主次分明，首开中国古典宫殿建筑之先河，奠定了以中庭为主体空间的单元组合形制，创立了主体殿堂前堂后室的建筑布局结构，是夏王朝都城和王权的象征。

东下冯遗址。1959 年发现于山西夏县东下冯村东北，1974—1980 年发掘，地处涑水流域运城盆地东北部，面积约 25 万平方米。文化内涵总体上与二里头类型接近，堆积延续时间长，并有明显的地域特征。揭露遗迹有壕沟、房屋建筑、墓葬、陶窑、窖穴、灰坑、水井等。壕沟为内外两重“回”字形，周长分别为 542 米和 668 米。房址分窑洞式、半地穴式和地面式三种，平面有圆形、半圆形、椭圆形和长方形等多种。窑洞式居址最具代表性，系在沟壁生土断崖上掏成，由门道和居室组成，有的地面经火烧，室内有壁龛，近门处有灶坑，灶坑上方有圆形烟孔通向室外，部分房子还发现有装门的痕迹。在居室的旁边或对面沟壁上，往往还挖有小型窑洞，可能为储藏室。灰坑形制多样，有的有台阶或坡道，底部残留有炭化的粟，应为窖穴。水井多长方形，有脚窝可供上下。陶窑分窑室和火膛，均为圆形，有操作坑或连有地洞式储藏室。出土遗物包括青铜器、陶器、石器、骨器和蚌器。其中青铜工具、容器、铜炼渣和石范等遗物的出土，证明东下冯类型有自己的青铜冶铸业。据地层关系和典型器物群特征变化可分为四期，碳十四测年为公元前 1900—前 1500 年。晋南是夏文化的另一中心地区，这里是文献中所记“夏墟”所在，自陶寺文化起已显露出重要的地位。

大师姑城址。1984 年发现于郑州市西北郊荥阳县广武镇大师姑村附近，西距二里头遗址约 70 公里，北依邙山，临近黄河。2002 年发现城墙，经发掘和钻探知城垣建筑基本为东西长方形，城外有护城壕。城墙大部分埋藏于地表1米以下，部分凸出于地表以上，现存南墙西段480米，西墙北段80米，北墙西段220米，推测城址面积约为51万平方米。城垣底宽约16米，顶宽7米，残高3.75米。内外两侧均被二里头文化地层叠压，城垣外侧有相互平行的两道壕沟，间距约6米，外侧壕沟时代属二里头文化时期，是城址的护城壕沟。所发现的二里头文化遗存全部集中在城垣和城壕以内，包括房基、灰坑、墓葬、壕沟等遗迹，出土大量二里头文化陶器、少量青铜器和玉器。据城内地层堆积推测城址始建于二里头文化第二期晚段，沿用至二里头文化四期晚段至二里岗下层之间。该城址是我国目前发现的唯一一座年代和文化性质都十分明确的夏代城址，关于其性质主要有两种说法：一认为是方国都城，二认为是夏王朝在东境的军事重镇。

蒲城店城址。2004年发现于河南省平顶山市东约9公里。发现龙山时代城址和二里头时代早期城址，后者为东西向长方形，东西260米，南北204米，面积约5.2万平方米，夯筑城墙，城外有护城壕，城内发现20座地面居住建筑，大多是多间相连，东西成排，排列有序，应是专门规划的聚居区。

2. 墓葬与葬制

迄今在偃师二里头、伊川南寨、洛阳东干沟、渑池郑窑、荥阳西史村、陕县七里铺、巩义稍柴、登封王城岗、郑州洛达庙、夏县东下冯、垣曲商城等遗址，共发现二里头文化墓葬400余座，可分为大、中、小型墓，多为小型墓，以长方形竖穴土坑墓为主，还有无圹穴瓮棺葬和横穴窑洞式乱葬墓等。多南北向，东西向很少。人骨多保存不好，葬式一般为仰身直肢，还有少量仰身屈肢葬、俯身葬、侧身葬和蹲坐式葬等。竖穴土坑墓一般为单人葬，发现数座双人合葬墓。目前大型墓仅发现一座，墓室面积20多平方米，位于二里头遗址二号宫殿基址主殿堂后面与北墙之间，与宫殿南门处于一条直线上。墓口长约5.35米，宽约4.25米，深6.1米，填土经过夯打，随葬品被盗，仅在填土中发现狗骨架一具，残存一些朱砂、漆皮、蚌饰片和涂朱陶龙头等，从其规模和位置来看墓主地位较高。中型墓发现20多座，见于偃师二里头三号基址和郑州大师姑等遗址，在三号基址的中、南庭院内发现成组中型墓，已清理5座。一般墓室面积约2平方米，有的有二层台或腰坑，有漆木棺葬具，较大的墓中普遍铺撒大量朱砂，最厚的可达7～8厘米。随葬品种类有陶器、铜器、玉石器、骨器、漆器以及绿松石饰、海贝、骨贝、石贝、象牙簪、涂朱圆陶片、斗笠状白陶器等，推测墓主应为中小贵族。小型墓葬数量多，墓口长不及2米，宽仅0.6～0.7米。少数有木棺葬具并撒朱砂，多数无葬具，随葬少量陶器。不见铜器、漆器和海贝，玉器和涂朱圆陶片也较少见，应为平民墓葬。此外，在二里头、东下冯等遗址还发现尸骨弃置在灰坑或灰层中的乱葬墓，散见30多具人骨架，有的捆绑双手，有的身首异处，有的和兽骨同埋，多无随葬品，可能是被杀害的奴隶或与祭祀有关。东下冯的窑洞式墓较有特色，利用废弃的窑洞埋葬死者，无固定葬式，或单人、或两三人合葬，有的仅见头骨，部分有陶器或动物肢骨。不同的埋葬方式，说明死者生前的社会地位存在等级差别。

3. 手工业与经济文化的发展

二里头文化青铜器的发现较为普遍，不仅制造小件工具，还能铸造大型容器。据测定，二里头铜爵的合金成分为铜 92%、锡 7%，属锡青铜。由于青铜熔点低，硬度高，易于铸造，因而一出现就以迅猛速度发展起来。二里头文化青铜容器发现 20 多件，包括鼎、盉、斝、爵、觚等，采用范铸法，但合范技术尚不成熟，器身可见明显的范缝，纹饰较为简单，青铜爵一般胎壁较薄，表面较粗，无装饰纹样，表现出早期青铜器的特点，青铜鼎饰以网格纹，青铜盉饰以凸弦纹。工具和兵器都用单范铸造，已发现刀、镞、凿、锥等工具四五十件，青铜兵器 20 多件，包括钺、戈、矛、镞等，另见乐器铜铃 3 件，装饰品有铜牌饰 6 件，饰以兽面纹，采用绿松石镶嵌，技术较为进步。而在同一时期黄河上游地区的甘肃和青海，青铜器已非常普遍，数量和种类十分丰富，在玉门火烧沟、瓜州鹰窝树、民乐东灰山、酒泉干骨沟等四坝文化遗存中已出土铜器 270 余件。种类有刀、削、锥、锛、矛、匕首、镞、耳环、指环、手镯、扣、泡、联珠饰、四羊首权杖头等，还发现可铸两个箭头的石范。在二里头和东下冯遗址均发现青铜冶铸作坊。二里头遗址中心区一号宫殿基址南侧的一处铸铜作坊，面积近万平方米，发现有青铜铸造场地、铜渣层、红烧土面，以及冶铸工匠居住的房屋等遗迹，出土大量的陶范、石范、铜渣、熔炉碎块、铜矿石、小件铜器等相关遗存。始建于二里头文化二期，三期沿用，废弃于四期。东下冯遗址出土 7 块石范和大量铜炼渣等与青铜冶铸有关的遗存。

二里头文化时期，陶器是最主要的生活用品，使用量巨大。陶器普遍采用轮制、模制，少量手制，包括夹砂、泥质两大类，以灰陶为主，还有白陶、黑陶、红陶、褐陶等。炊器包括深腹罐、圆腹罐、甑、鼎；酒器包括觚、爵、盉、鬶；食器包括豆、簋、三足盘、圈足盘；盛储器包括大口尊、小口尊、敛口尊、高领尊、矮领尊、瓮、缸、盆等。装饰方法以绳纹为主，一、二期绳纹、篮纹并重，有少量的方格纹，三、四期不见篮纹、方格纹。此外还有磨光、拍印、刻划、堆塑等手法，图案有动植物纹、几何纹等。陶窑的发现较为普遍，偃师二里头、夏县东下冯、郑州洛达庙等遗址都有发现。平面有圆形和方形两类，窑顶多呈馒头状，窑体一般由窑室、窑柱、窑箅、火膛等部分组成，窑柱位于窑室中间并起支撑作用，窑箅位于窑室与火膛之间，其上有圆形或者长条形火眼，窑箅下为火膛，多遗留草木灰等痕迹。当已出现专业的制陶手工业作坊和专业的制陶工匠。

玉器在礼器中占据较重要的地位，用以标志夏代贵族的身份和地位。主要出土于偃师二里头和郑州大师姑等遗址，包括刀、璋、圭、戚、钺、戈、柄形器、铃舌、镞、铲、凿、环、镯、纺轮、坠饰，以及绿松石坠饰和串饰等。其中玉刀、玉柄形器上刻划有精美的细线纹，体现出这一时期发达的制玉手工业水平。石器主要为生产工具，包括铲、镰、斧、锛、刀、凿、镞、砺石等，多磨制精细。另外发现有大型打制石器——石磬，是级别较高的乐器。东下冯遗址发现铸造石范。近年二里头贵族墓葬出土的绿松石龙，总长70.2厘米，由2 000余片形状各异的绿松石片组合而成，每片大小仅0.2～0.9厘米，厚仅0.1厘米左右。其制作之精、体量之大，在中国早期龙形文物中十分罕见。二里头遗址发掘一座绿松石料坑，出土原料、毛坯、破损品及废料，料坑附近及以南约1 000平方米范围内集中见有绿松石料，应是一处绿松石器作坊。其主要产品是绿松石管、珠及嵌片之类装饰品。作坊至少从二里头文化三期即已存在，一直使用至四期末。

骨器的使用也非常普遍，包括生产工具有铲、锥、凿、锛、刀、鱼钩、鱼镖、镞等，生活用具有匕、叉、簪、针等。有的骨器上还雕刻有花纹。还发现有占卜用的卜骨，以及少量蚌器，多为铲、镰等生产工具。

漆器早在距今7 000年前已出现在南方的河姆渡文化中，在长江流域新石器时代发现较多，而北方地区则较为少见。二里头墓葬中出土数十件漆器，主要有觚、匣、豆、盒、钵、匕、勺、瓢状器等，与青铜器、陶器组成较为固定的组合，有些漆器上绘有精美的花纹，是夏代南北方文化交流与融合的有力见证。

手工业是在农业发展的基础上出现的，没有足够的粮食是无法保证大量人员从事手工业生产的。二里头文化居民的经济生活以农业为主。石制农具铲、镰的数量较多，斧、锛、凿等也有出土，另外还有蚌铲、蚌镰、骨铲等，并发现木质耒耜一类的工具。农业生产已能提供较多的剩余产品，饮酒之风比较普遍，一般平民墓中也多随葬觚、爵等酒器。饲养的家畜有猪、狗、鸡、马、牛、羊等。

在二里头文化一些遗址的陶器上发现20多种刻划符号，有的可能就是原始文字，尚待进一步研究。这时期的乐器有陶埙、石磬、陶铃、铜铃。青铜器、石器和陶器的造型和装饰艺术也有一定成就。宗教活动表现在卜骨的使用，大多用猪、牛等动物的肩胛骨，上有灼痕。

三、二里头文化的分期、特征与性质

二里头文化分为前后相继的四期，各期特征表现在一组富有特色的器物群上。包括炊器：鼎、圆腹罐；食器：豆、三足盘；酒器：盉、爵、鬶、觚；容器：大口尊、瓮、罍、深腹盆、平底盆、高柄豆、刻槽盆、器盖等，鬲、甗少见。早期流行折沿小平底器，鼎、甑、盆常见，晚期新出现了鬲、斝、大口尊、高领瓮、圜底盆等，盛行卷沿圜底器，多手制。一、二期以灰褐陶为主，但泥质磨光黑陶仍占一定比例，三、四期灰陶占绝大多数，颜色变浅；一、二期以篮纹、细绳纹为主，有部分方格纹，三、四期以粗绳纹为主，篮纹和方格纹少见。总体而言，一、二期接近龙山文化晚期风格，三、四期与商代二里岗文化更为相似。较多的青铜工具、兵器和容器爵、鼎的发现显示出其比龙山时代进步，另发现精美的用绿松石镶嵌而成的大型铜牌饰，近万平方米的铸铜作坊和铸造铜的坩埚、陶范、铜渣。石器与龙山文化相似，并发现精美玉器，如琮、圭、璋、钺、柄形饰等。

东下冯类型也可分为与二里头文化对应的四期，陶器特征与二里头类型大体一致，都有深腹罐、花边罐、单耳罐、大口尊、敛口瓮、甑、盆、豆、鼎、爵、盉和器盖等，以罐为主要炊器。纹饰都以绳纹为主，都有堆纹和鸡冠状鋬等。东下冯类型器形更为丰富，鬲、斝、甗等三足器的数量较多，敛口三足瓮、蛋形瓮、敛口斝不见或少见于二里头类型，而后者的瓦足簋、刻槽盆、觚等基本不见于东下冯类型。早期以灰陶为主，有一定数量的棕褐色陶和黑陶，多手制，胎厚，火候较低，质地粗疏；中期灰陶增加；晚期灰陶占大宗。绳纹十分流行，早期约占一半，中期比例增多，晚期占绝大多数，其他纹饰很少。青铜器、石范和大量铜炼渣的出土说明东下冯类型已有青铜冶铸业。

因缺乏文字等直接证据，学界对二里头文化的年代、分期与性质还没有形成共识。分歧集中在夏代起始于中原龙山文化还是二里头文化，二里头文化后期是否已进入商代。代表性的观点大致有三种：第一种观点认为二里头文化包含了夏商两种文化，即二里头文化偏早部分属于夏文化，偏晚部分属于商文化，至于二者的分界则有多种意见。一些学者主张夏商文化界限应在二里头一、二期之间；一期的二里头遗址当属夏末的一般聚落，二、三期应是商的都城，四期迁都他处。或主张夏商文化年代分界在二里头文化二、三期之间，认定二里头文化在二、三期之际的大规模向外传播，应是夏朝灭亡后夏遗民四散迁徙的结果。还有认为夏商界限应在三、四期之间。另有学者提出四期后段才进入商代纪年。第二种观点认为二里头文化四期与夏代相始终，都是夏文化，邹衡认为夏文化不包括此前中原龙山文化或任何其他文化。第三种观点认为二里头文化一至四期均属夏文化，但也只是夏文化偏晚阶段，夏文化最早部分应到河南龙山文化王湾三期以及新砦文化去寻找，有学者提出新砦遗址可能是夏代早期文化中心，或为夏启之居。根据碳十四测年，二里头文化最早年代为公元前 1920 年左右，确已属于夏代中后期，而中原龙山文化后期年代始于大约公元前 22 世纪初，在此前后该文化南下代替石家河文化，恰与文献中“禹征三苗”的时间吻合，此后应已进入夏代。

关于二里头宫殿遗址的性质，一种意见认为二里头晚期属早商文化，应是成汤之亳都，这一观点因偃师尸乡沟早商都城的发现而被否定。以邹衡为代表的另一种意见则认为二里头遗址不是亳都，郑州商城才是亳都。其根据是二里头文化一至四期的碳十四测年为公元前 1920—前 1625 年，均在夏纪年之内，上下限亦大致符合。夏朝与二里头文化的起始年代相差约百年，他认为可能与夏初太康失邦、穷寒代夏的复杂历史有关。二里头文化一至四期在器物群和器物特征上是一脉相承的，均属夏文化，其分布中心是豫西和晋南，这与文献记载夏人的活动范围一致。“下洛之阳”是夏王朝的都邑所在地，以二里头遗址为代表的聚落群恰好处在这一区域的中心位置。考古发掘表明，二里头遗址是公元前2000年前后中国乃至东亚地区最大的聚落，它拥有目前所知中国最早的宫殿建筑群、最早的青铜礼器群及青铜冶铸作坊，二里头宫殿应是夏代的都城遗址，邹衡推测为太康所居斟鄩。

四、夏代周边地区文化遗存

在以豫西、晋南为中心的夏人主要活动区域周围，分布着同时期的一些地方文化。在夏王朝的东方，山东和苏北分布有岳石文化，应属东夷文化。豫北、冀南分布的下七垣文化（漳河类型），属先商文化。晋中地区有白燕文化，燕山以南有大坨头文化，北方长城一带有朱开沟文化，内蒙古东南和辽西一带有夏家店下层文化，应属早期戎狄文化。东南的上海有马桥文化。西北有河西走廊地区的四坝文化等，齐家文化晚期也已进入中原地区的夏代纪年。

先商文化。即成汤灭夏以前的商族或以商族为主体的人群所创造的文化。文献记载，商的始祖契曾辅佐大禹治水，商族先王先公自契至汤14世，与夏自禹至桀14世大致同时。先商文化应与二里头文化时代相当，其分布范围有冀中南、豫北说和鲁西、豫东说。目前倾向于认为分布在冀中南和豫北地区的下七垣文化及鹤壁刘庄遗址是探索先商文化的重要线索。下七垣文化发现于河北磁县下七垣，从北往南依次分为漳河类型、辉卫类型和南关外类型三个类型，近年又提出岳各庄类型、鹿台岗类型。以漳河型为主体，分布范围北自涞水，南到杞县，东以濮阳为界，西到太行山东麓。其来源是豫北的后岗二期文化和晋中地区龙山文化。洛达庙三期文化属先商向早商过渡阶段遗存，是二里岗文化的前身。下七垣文化的陶器以灰陶为主，褐陶、黑陶占一定比例，夹砂陶多，泥质陶少；流行平底器、三足器，器形有鬲、甗、鼎、盆、豆、爵、杯、盘、瓮等。炊具以深腹罐、鬲、甗为主，盛器中盆类器可分为深腹、中腹、浅腹三种，瓮类器又可分为小口瓮、平口瓮和蛋形瓮三种。纹饰主要是绳纹，从早到晚由粗变细，弦纹、楔形点纹颇具特色。2005年在鹤壁市大赉店镇刘庄村南，发掘了大规模的先商文化公共墓地，在东西110米、南北55米的范围内分布有338座墓葬，排列有序，出土随葬品400余件（套），以卷沿鼓腹陶鬲为主体特征，同时表现出先商文化吸取周边文化因素的多元特点。尤其引人瞩目的是一座由13块自然片石组成的石棺墓和近20座仅在头足部位放置两块石头的简化石棺墓，这是黄河中下游地区前所未见的现象，为探索商族起源提供了重要的新线索。

岳石文化。以山东平度东岳石遗址命名，主要分布在鲁西南和豫东一带。典型遗址还有泗水尹家城、菏泽安丘堌堆、青州郝家庄、牟平照格庄等。在龙山文化基础上，吸收其他文化因素发展而成。岳石文化特征有别于二里头文化，典型陶器有甗、鼎、鬲、浅盘豆、罐、尊，以褐陶为主，陶质较差，多素面。发现有城墙、房屋、青铜器等，可分为四期，约相当于二里头二期至二里岗上层时期。该文化族属是以东夷族为主体的东方部族，之后部分融入商文化，如大辛庄类型；另一部分发展为珍珠门文化。

老牛坡类型。首先发现于陕西西安老牛坡，分布于夏王朝的西部边缘到西安以东即关中东部地区，已发掘的遗址还有华县南沙村、元君庙、横镇村、蓝田洩湖、大荔赵庄等，主要遗迹为墓葬和灰坑。墓葬为小型墓，单人仰身直肢葬，随葬品以陶罐为主，有单耳或双耳小口罐、花边或带錾的圆腹小罐、大口尊、鼎，随葬石璧的现象不见于二里头文化。文化特征部分与二里头文化三、四期接近，同时与齐家文化和客省庄文化关系密切。这说明从二里头三期开始，关中东部就属于二里头文化的分布区，夏王朝的势力已扩展到陕西境内。

夏家店下层文化。20 世纪 30 年代发现，60 年代以内蒙古赤峰夏家店遗址命名，主要分布在内蒙古东南部和辽宁西部。已发掘的主要遗址有内蒙古赤峰药王庙、蜘蛛山、宁城南山根、三座店、喀喇沁旗大山前、敖汉旗大甸子、小河沿、范仗子，辽宁北票丰下、康家屯、凌源三官甸子、建平水泉等。在宁城三座店、北票康家屯石城址发现了城垣、城门、马面和城壕等。康家屯石城经过多次修补和改建，应使用了较长时间。2021 年发掘的小塘山遗址，位于赤峰市宁城县三座店镇小塘土沟村，发现房址 40 余座、窖穴与灰坑 32 座、墓葬 6 座、陶窑 1 座，另外还发现“马面”式建筑、道路等，出土陶器、石器、骨器、青铜器、蚌器等各类器物标本 750 余件，是夏家店下层文化时期一处重要的聚落遗址。水泉遗址位于辽宁省朝阳市建平县朱碌科镇刘杖子村，发现夏家店下层文化的城址及壕沟，以及房屋、灰坑和墓葬，文化堆积以夏家店下层文化为主，城外发掘出夏家店下层文化之上的魏营子类型的墓地。发达的具有防御设施的石城址群和具有鲜明等级差别的土坯、石筑房屋建筑以及石棺墓等构成该文化的典型特征，尊形鬲和无腰隔甗以及精美的红白黄颜色的彩绘云雷纹和饕餮纹陶礼器不见于其他文化，陶器以灰陶为主，青铜器少。年代距今 4 200～3 500 年，相当于中原地区的夏代至商代早期。有学者认为夏家店下层文化极有可能组成了统一的地区性国家，并已经脱离“国家的雏形”。

大坨头文化。以河北大厂大坨头遗址命名，分布于燕山南麓海河北系区，包括京、津、冀北地区。最初以为属于夏家店下层文化。典型遗址包括河北唐山小官庄、大城山，天津蓟州区张家园、围坊等。典型器物有鼓腹鬲、折沿鬲、甗、尊、瓮、深腹盆等，以绳纹为主，流行倒“U”形、喇叭形搭茬环形金（铜）耳环，青铜器发现较多，晚期接近中原商文化。年代为夏至早商时期。

朱开沟文化。以伊金霍洛旗纳林塔乡朱开沟村命名，分布于内蒙古中南部鄂尔多斯地区。朱开沟文化主要指该遗址二至五期为代表的遗存，年代相当于龙山晚期至二里岗上层。朱开沟文化的一至四期都是以农业经济为主的遗存，陶器有鬲、甗、三足瓮、单耳和双耳罐。到五期开始出现代表畜牧业经济的砂质罐、蛇纹鬲和青铜短剑、护牌、戈、刀以及绿松石、蚌珠、项饰等，出土的动物和家畜种类、数量大增。在墓葬中随葬随身佩带的兵器、工具及装饰品，这种埋葬习俗与春秋战国时期代表典型游牧经济的鄂尔多斯式青铜器墓葬一致，反映出农业经济向畜牧业经济的转变。晚商阶段商王朝的势力逐渐退出该区，北方民族登上历史舞台。

白燕遗址。位于山西太谷白燕西乌马河岸，相似的遗存分布于晋中地区，如忻州游邀、太原狄村、东太堡等。时代跨越新石器时代的仰韶文化、龙山文化，延续到夏、商、西周晚期。白燕遗址的夏商文化和豫北、晋南的二里头文化和东下冯类型关系比较密切，典型陶器有鬲、瓮、簋、鼎、敛口三足瓮等，其五期遗存中含有较多特征鲜明的商文化器物，如典型的商式鬲、商式斝、商式真腹豆和假腹豆等。

四坝文化。1956 年以甘肃山丹县城南约 5 公里处的四坝滩遗址命名，主要分布于河西走廊的中西部，西至安西以及新疆哈密一带。已发现遗址有玉门火烧沟、沙锅梁、民乐东灰山、西灰山、酒泉干骨崖、西河滩及安西鹰窝树等。墓葬为长方形竖穴偏洞室墓、土坑墓和积石墓，有单人葬、乱骨葬和多人合葬。在酒泉西河滩发现大型聚落遗址，房址为长方形半地穴式和地面式两种，周围有储藏坑和烧烤坑、陶窑等。陶器以夹砂粗红陶为主，质地较粗，多彩陶，均施紫红色陶衣，黑彩居多，彩绘浓重且凸起于器表，典型器物有四耳罐、腹耳壶、彩陶豆、方鼎、陶埙，具有浓郁的地方风格。铜器有武器、工具和装饰品，既有锡青铜和铅锡青铜，又有砷青铜以及其他合金制品，已发明分铸技术。还发现有精致加工的金、银耳环以及玉器等，出土了我国境内最早的完整饱满的小麦标本。四坝文化某些器形与彩绘图案受到马家窑文化马厂类型、齐家文化的强烈影响，但三角形器盖、砷青铜制品的大量存在，显示出与中亚、北非、南欧文化的密切关系。年代距今 3 900～3 400 年，相当于夏晚期至早商。

马桥文化。1982 年以上海闵行区马桥遗址第四层文化遗存命名，分布于环太湖地区的上海、浙江一带，是在继承良渚文化因素的基础上吸收了二里头文化、岳石文化、湖熟文化等多种因素而产生的早期青铜文化，年代相当于夏至早商。但陶器粗糙简陋，不见良渚文化有线刻图案的陶器和精美的玉器、象牙器，原始文字也较良渚文化简单，文化特征表现出某种与良渚文化传统渊源断裂甚至一定程度的倒退现象。有学者认为造成这一现象的原因可能与新石器时代晚期气候变暖、海平面上升有关，大规模海浸的发生，迫使沿海先民不得不远走他乡。

第三节　商代考古

商王朝年代在公元前 17—前 11 世纪。有关商王朝史迹的文献记载较为丰富，见于先秦时期的《尚书》《诗经》，以及诸子百家的著述等。据西汉司马迁《史记·

殷本纪》载：有商一代共经历“十七世三十一王”。古本《竹书纪年》记载：“汤灭夏以至于纣，二十九王，用岁四百九十六年。”《史记·殷本纪》《竹书纪年》《尚书序》都记载商都的迁徙，内容大致相同。在成汤以前的所谓“先公”时期凡八迁，汤立国后至盘庚迁殷前五迁，汤都亳，仲丁迁隞（嚣），河亶甲迁相，祖乙迁鹿（耿/邢），南庚居奄，活跃于黄河中下游地区，势力范围逐步扩大，盘庚时迁都于殷。《史记·殷本纪》正义引古本《竹书纪年》曰：“自盘庚徙殷，至纣之灭，二百七十三年更不徙都。”殷墟甲骨文的发现使商代历史成为信史。

从 1928 年起，通过对安阳殷墟几十年的考古发掘和对甲骨文的研究，商代晚期考古学文化得以确立。安阳市洹河两岸发现晚商时期的宫殿、宗庙、王陵，出土大批青铜器、玉器、陶器等珍贵遗物，与文献记载结合，确定了安阳小屯是商代后期的王都。殷墟甲骨文所包含的绝对年代，一般都认为从武丁开始，直到商纣灭亡，考古学文化通常称之为商代后期文化或晚商文化。武丁以前，上溯至商汤，为商代前期文化或早商文化。在商汤灭夏以前，商王朝尚未建立，可称为先商文化。新中国成立后，先后在河南郑州、偃师、辉县琉璃阁、焦作府城及河北邢台曹演庄、东先贤、藁城台西村，湖北黄陂盘龙城，山东济南大辛庄、青州苏阜屯、滕州前掌大，山西夏县东下冯、垣曲古城镇，陕西西安老牛坡、耀县北村，安徽含山，江西新干大洋州、清江吴城，四川广汉三星堆等地，都发现了丰富的商文化遗存。以郑州商城、偃师商城、二里岗文化为代表的早商文化，以安阳洹北商城和郑州小双桥遗址为代表的中商文化先后确立，豫北、冀南一带的下七垣文化被认为属于先商遗存。

一、商代前期文化

二里岗文化。1950 年在郑州老城东南 1 公里的二里岗遗址首次发现，1952—1954 年正式发掘。主要分布在河南、河北、山东、陕西、湖北、安徽等地，已进入青铜文化兴盛期。陶器以夹砂和泥质灰陶为主，有少量褐陶、釉陶以及几何印纹硬陶和原始瓷器；流行绳纹、弦纹、压印纹和附加堆纹；主要器形有斜腹薄胎的鬲、甗、斝（鬲式斝）、大口尊、深腹盆、簋、豆（真腹豆和假腹豆）、罐、爵，少见盉。早期多薄胎、卷沿，装饰细绳纹；晚期多折沿，装饰粗绳纹及同心圆印纹。早期大口尊体形粗短，晚期瘦长；早期鬲、甗实足根瘦长，裆较高，晚期实足根粗短；早期斝作敞口，晚期内敛；早期真腹豆多，晚期假腹豆多；晚期青铜器数量和种类增多。出现了许多新的容器及戈、钺等兵器，铸造技术较高。出现杀牲、杀人为建筑物奠基；卜骨以牛骨为主，有灼有钻，但无凿。墓葬为土坑竖穴墓，流行腰坑，有的墓葬有殉人和殉狗现象。大致分为南关外期（先商文化）、二里岗下层、二里岗上层、白家庄期。二里岗文化晚于二里头文化而早于殷墟文化，绝对年代为公元前 16—前 13 世纪，相当于成汤至盘庚迁殷前的商代前期。

1. 城址与宫殿宗庙建筑

偃师商城。1983年发现于河南省偃师市西南约7公里处，距夏都二里头遗址仅6公里。坐落于洛阳盆地东部，北依邙山，南临洛河。城垣建筑包括大城、小城、宫城三部分。大城平面呈“刀把形”，北宽南窄，方向7度，东、西和北三面城墙保存较好，墙体顶宽16～18米，基宽18～19米，东墙长约1 770米，西墙长约1 710米，北墙长约1 240米，南墙长约740米，面积190万平方米。大城已发现城门5座，其中东、西城墙门各2座，北城墙门1座。大城外有护城壕，城内外发现多条道路，连接城门和重要的建筑。大城内发现铸铜作坊遗址、制陶作坊遗址、武库、居址、墓葬、灰坑等遗迹。出土大批早商陶器、青铜器、玉器。小城位于大城南半部，平面呈长方形，墙宽6～7米，南北长约1 100米，东西宽约740米，面积80多万平方米。宫城位于小城南部正中，夯土围墙，近方形，边长200多米，周长约855米。南墙正中开一大门，有一条大道通向城南。自北向南，可以分为三个区域，分别为池苑区、祭祀遗存区和建筑基址区，总面积达4.5万平方米。宫城经过扩建，宫殿分三期：早期，一、四、七、九、十号；中期，二、四、六、七、八号；晚期，二、三、四、五、八号。宫殿均有围墙环绕，它们各为自成一体的建筑群。偃师商城第二期宫城首次扩建，宫殿区依旧维持封闭状态，建筑格局未发生改变。九号、十号建筑废弃，四号、七号建筑继续使用，在四号建筑南面建成六号建筑，一号建筑在二期晚段也废弃，在原十号建筑北面新建八号建筑，在九号基址上向西扩建二号基址，宫城西墙相应西移。偃师商城三期早、中段，宫殿区又经历了大规模的改建。四号、八号宫殿建筑继续使用，二号建筑局部改建，六号、七号建筑废弃，新建三号、五号建筑，五号建筑位于四号建筑之南侧，叠压在原六号基址之上，三号建筑叠压在原七号建筑之上，同五号建筑东西并列。目前偃师商城已发现10座宫殿建筑和帝王苑囿，其中宫城内有5座建筑，编号为四、五、六号的建筑基址规模宏大，由正殿、庭院、大门、廊庑、围墙等部分组成，布局严整，属于封闭式的宫殿建筑。四号宫殿基址位于宫城东部，台基残存夯土厚度约2米，平面呈长方形，东西长约51米，南北宽约32米，总面积约1 600平方米，主殿坐北朝南，东西长约36.5米，南北宽约11.8米，主殿前面为庭院，东、西、南三面有廊庑，南庑正中为正门，西庑偏北有侧门，基址上发现有水井和排水沟。始建和使用年代约相当于二里岗上层时期。五号宫殿基址位于宫城东南部，平面呈长方形，东西长约107米，南北宽约91.3米，总面积近1万平方米。主殿坐北朝南，东西长约54米，南北宽约14.6米，结构同于四号宫殿，南庑正门发现有门塾。六号宫殿叠压于五号宫殿基址下，平面呈正方形，南北长约42米，东西宽38～39米，面积约1 600平方米。基址北面为主殿，中央为正方形庭院，庭院四周有廊庑，南庑正中为大门，东庑为大型立柱建筑，分南北两部分，东庑中间有宽约2米的东西向门道，门道东部发现有一组门柱，每边门柱由三个柱子构成，在门道中央发现有水道穿过，水道分早晚两期，晚期水道用石块砌成，水道南侧的庭院内发现一口水井，年代早于六号宫殿。六号宫殿始建和使用年代大体相当于二里岗下层时期。八号宫殿基址东西长 72 米，南北宽 8 米，夯土保存厚度约 70 厘米。房屋面阔约 70.5 米，南北进深约 6 米，分 8 间，木骨泥墙，从建筑形制和布局特征分析，八号宫殿是商王居住的寝宫。

宫殿区北部发现祭祀遗址，其主体部分自西向东可分为三区：一区由若干祭祀坑与祭祀场组成，祭祀内容多样；二区与三区东西并列，规模庞大，均呈长方形斗状、四周有围墙，门道位于南墙中部，门道外有宽阔的广场，这两区的祭祀以猪为主。偃师商城一、二期时祭祀活动主要集中在二、三两区，到三期早段时祭祀遗存在三区广泛分布，到三期中段时由于二、三区饱和，祭祀活动已转移到一区。池苑区位于宫城最北部，池苑中央是一长方形斗状水池，池边以石块围护，池壁用石块垒起，水池的东、西两侧各有一条石砌水道，渠上有石桥，西水渠做引水用，东水渠做排水用（见图 5－3）。

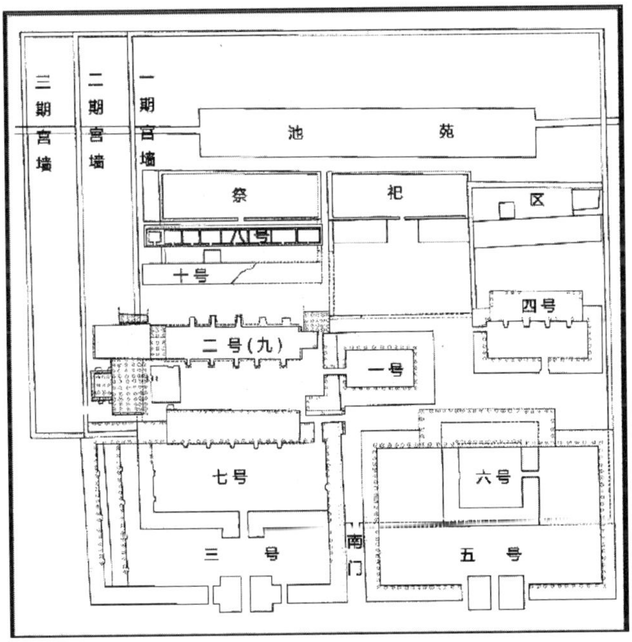

图 5－3 偃师商城宫殿建筑平面示意图

偃师商城始建于二里岗下层一期，废弃于二里岗上层二期。商代前期的二里岗文化墓葬打破了城墙和路土，因此根据地层关系，确定小城为商代初期都城，始建时代与郑州商城相当，都在公元前 1610—前 1560 年，大城为晚商时期扩建。关于其性质学术界主要有四说：（1）汤都“西亳”说。《汉书·地理志》载殷汤在“尸乡”建都，即西晋皇甫谧《帝王世纪》所称的“西亳”。其主要依据是中国社科院考古研究所最新公布的对不同地层系列抽样的碳十四测年资料，数据显示偃师商城比郑州商城建都年代要早，认为偃师商城是商汤灭夏后建立的第一个都城，也是夏商两代划分的重要界标。商初定都于夏王朝的腹心地区可以起到镇抚夏朝残余势力、巩固新政权的作用。而以郑州商城为成汤所居之亳的学者，对偃师商城的性质又有不同意见。（2）商初的陪都说。（3）伊尹放太甲的“桐宫”说。（4）军事重镇说。

郑州商城。1955 年发现于郑州市区东部白家庄，1956—1973 年钻探和试掘。包括内外两重城垣。外城面积约 16 平方公里，东南两侧城墙呈曲尺形，北半部无城墙而仅有城壕。内城垣平面略呈长方形（东北角缺，或曰不规则的五边形），边长 1 700米左右，周长 7 195 米，面积约 300 万平方米。城墙四周共发现缺口 11 处，可能为城门所在。城墙是用土分段版筑而成，墙体现存高度 1～9 米，墙基最宽 32 米，夯窝密集，并有护城坡，是迄今所知规模仅次于殷墟的商代遗址（见图 5－4）。土方约 87 万平方米，工程浩大，说明商王朝已具备强大的组织能力。郑州商城宫殿区位于内城东北部，已发现数十处夯土基址，面积最大者 2 000 多平方米，宫殿区曾经发现一段夯土墙，推测原来可能有宫城建筑。由于地处郑州市区中心，多数宫殿建筑基址叠压于现代建筑之下，难以揭露其全貌，就目前所知，其中 C8G15、C8G16 两座宫殿规模较大，保存情况相对较好。

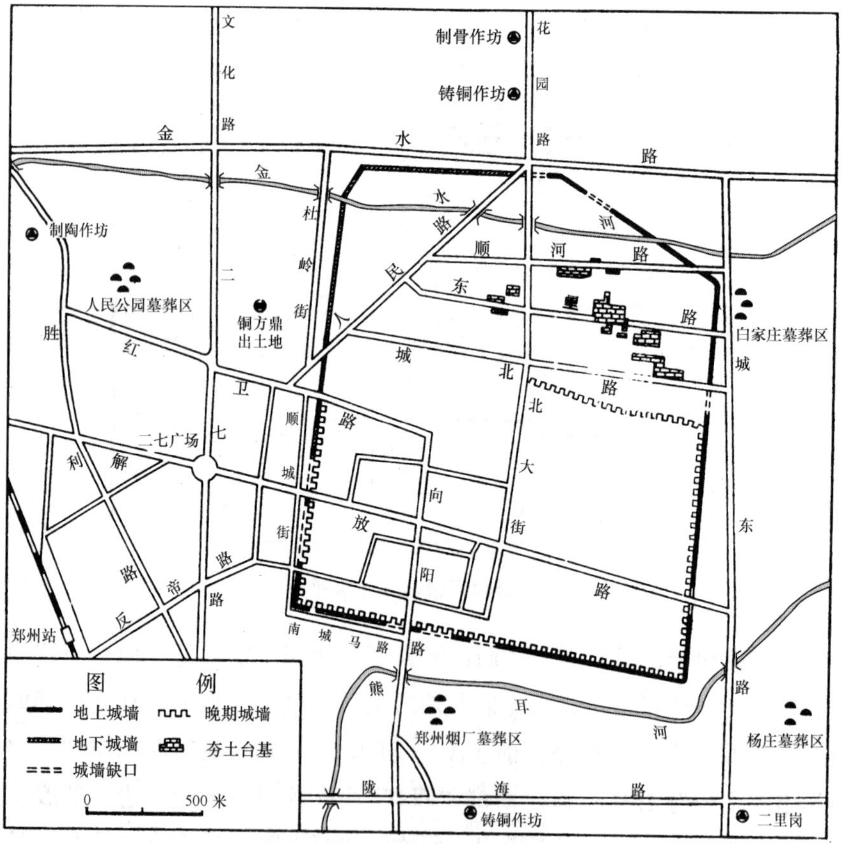

图 5－4　郑州商城遗址图

C8G15：夯土基址东西长 65 米余，南北宽约 13.6 米，面积在 900 平方米以上，其上清理出两排整齐的柱洞，北排 27 个，南排残存 10 个，少数柱洞残存有柱础石，应是一座带有回廊的狭长宫殿建筑，出土铜簪、玉簪等。东北发现一个长 100 米、宽 20 米的蓄水池。据地层关系推测其始建年代可能早至二里岗下层时期。

C8G16：基址南北长 38.4 米，东西宽 31.2 米，面积约 1 200 平方米，台基上发现内、中、外三排圆形柱洞共约 50 个，三排之间柱距为 2.05～2.5 米，同一排之间柱距为 1.6～2.45 米，有些柱洞内残存柱础石，应为一座重屋式宫殿，或为早商时期的“明堂”。据地层关系推测其始建年代可能早至二里岗下层时期，沿用至二里岗上层阶段。

在宫殿区附近还发现一条同时期的大型壕沟，壕沟内堆积了近百个人头骨，有一些头骨带有明显的锯痕。经鉴定大部分是男性青壮年，很可能是战争中的俘虏。在郑州商城内外城之间，分布着重要的手工业作坊遗址，包括南关外铸铜作坊、紫荆山北铸铜作坊和制骨作坊、铭功路制陶作坊。紫荆山制骨作坊中一半骨料为人骨，又有殉人墓葬。郑州商城的墓葬主要分布在内外城之间的白家庄、杨庄、北二七路、人民公园和铭功路等地。多为单人竖穴土坑墓，少数规模较大，随葬青铜器、玉器、陶器、骨器等；多数较小，仅随葬少量陶器或无随葬品；另有部分灰坑葬。在内外城之间的杜岭街、向阳回族食品厂、南顺城街曾发现三个青铜器窖藏，出土青铜礼器和兵器数十件，其中包括早商时期最大的杜岭方鼎等八件王室重器。半个世纪以来郑州商城出土数以万计的青铜器、玉器、陶器、石器等遗物，并有少量的金器、原始瓷器、陶瓦和年代最早的习刻甲骨出土。城址还发现有蓄水池、排水沟、祭祀坑、夯土水井等，城址内东北角一个祭祀坑内出土一件夔龙纹金箔，十分罕见。以郑州二里岗遗址为代表可以把郑州商城文化分为四期：二里岗下层一期、二里岗下层二期、二里岗上层一期、二里岗上层二期。郑州商城始建于二里岗下层一期，繁荣于二里岗下层二期和二里岗上层一期，使用至二里岗上层二期废弃。郑州商城文化内涵丰富而且级别较高，可以肯定为商代都邑遗址。关于其性质学术界主要有两种说法：其一，认为郑州商城为仲丁所迁“隞都”；其二，认为郑州商城为成汤所居之“亳都”，即所谓“郑亳说”，其依据主要是郑州发现有东周“亳”字陶文。从规模上看，郑州商城比偃师商城大 100 万平方米，即后者仅是前者的三分之二，一般情况下国都应该大于离宫或陪都；从时间上看，郑州商城和偃师商城都始建于二里岗下层，年代相当。故认为偃师商城为放太甲之桐宫。伊尹既相汤，又在汤死之后流放太甲，说明汤之亳与太甲之桐在建筑年代上大致属同一时期，都属早商之最早期。

垣曲商城。位于山西垣曲古城镇南关，地处亳清河与黄河交汇处的台地上。城址平面呈不规则方形，南北约 400 米，东西约 350 米，总面积约 13 万平方米。仅北城墙在今地表尚可见。四面城墙建筑方式不同，西墙南段与南墙西段为双道夹墙，北墙、东墙为单墙，西墙外有护城河。北、西、南三面城墙发现缺口，可能为城门，并发现由城门通向城内建筑的道路。城内中部发现大型建筑群，包括夯土台基6座，城东南为手工业作坊区和一般居住区。垣曲商城始建于二里岗下层二期，沿用至二里岗上层二期。一般认为是商王朝设于西北境的军事重镇。

焦作府城。位于河南省焦作市西南郊，北依太行山脉，南临沁水。城址平面呈方形，城墙为夯土版筑，东、西、北三面城墙残高2～3米，残长280～284米，南墙仅存地下基槽。城内发现4处大型夯土基址，其中一号基址位于城内东北部，长方形，南北70米，东西约55米，由前后三进殿堂和两座庭院组成，前殿基址南北进深7.5米，西侧的配殿南北20米，东西7.75米。正殿位于南北两进院之间，南北向进深14.8米。一号基址始建年代不晚于二里岗下层二期。二号基址是一座坐北朝南的长方形地面建筑。另见小型房屋和灰坑等遗迹，出土大量早商时期的陶片。城内东部分布有路土、夯土、烧土、灰坑，推测该区域为居民区，此外还发现石料、石器半成品集中堆放的场所，似为石器作坊。东城墙内侧发现分布较为密集的灰坑，出土陶制器皿、制陶工具、骨镞等。城垣始建于二里岗下层，废弃于二里岗上层二期。推测为早商王朝在西北太行要冲设立的军事重镇。

湖北盘龙城。1954年发现，1974年发掘。位于湖北省黄陂县（现为武汉市黄陂区），东、西、南三面为盘龙湖围绕。城垣平面呈平行四边形，北偏东20度，南北290米，东西260米，总面积75 400平方米。城墙夯土分段版筑，厚约20米，西墙、南墙东段残高1～3米，其余仅存基槽部分，四面城墙中部皆有一缺口，应为城门所在。城内东北部揭露大型宫殿建筑基址两座，为前朝后室、内分四室、外绕回廊的“四阿重屋式”建筑，在回廊外侧阶下设有散水。其中一号建筑基址东西长约39.8米，宽约12.3米；其南13米为二号建筑基址，东西长27.5米，宽10.5米。城南部有作坊址，南部低洼地可能为水塘。城外发现有小型房基、制陶和铸铜作坊遗址及贵族墓葬，其中城东的李家嘴墓地M2规模最大，墓室面积12平方米，有棺椁，随葬器物77件，底有腰坑，原有殉人或殉狗，但骨骼尽朽，出土被打成三截的大玉戈。漆绘木椁之外另殉3人，其一被肢解；一为小孩；另一成人随葬有刀、锛、锯、凿等青铜工具和铜镞，大概是手工奴隶。盘龙湖底淤泥层下发现青灰色硬泥层，包含商文化陶片，可能与商代盘龙城地区的水稻种植等活动有关。小嘴遗址发现铸铜作坊遗迹，东西宽约35米，南北长达40米，局部区域内发现集中分布的陶范块以及数量众多的青铜碎屑，此外还发现灰沟、房屋等遗迹。杨家湾地区发现大面积人工堆筑的积石遗迹，分布在掺杂大量陶片的商代文化层，石块不规则东西向排列，有些地点石块分布密集，部分可见打制痕迹，推测可能为一大型建筑。盘龙城历年发掘出土大量早商陶器、青铜器、玉器等。始建于二里岗下层，废弃于二里岗上层二期。关于盘龙城的性质主要有两种观点：其一，盘龙城是早商时期长江流域的方国都城；其二，盘龙城是早商王朝在南境设置的军事重镇。

东下冯商城。位于山西夏县东下冯村东北，坐落在青龙河畔的台地上。城址平面形状不规则，城墙夯筑而成，墙体宽约 8 米，东墙残长约 52 米，西墙南段残长 140 米，南墙残长约 213 米，南端东西最宽处为 370 米，北部不明。城外有城壕。城内西南部发现一组四五十座圆形建筑基址，直径 8.5～9.5 米，并纵横成行，排列整齐。出土陶器总体风格与二里岗类型较为接近，但也带有一些地方因素，东下冯商城出土的蛋形瓮、大口罐、甗式斝、三足杯等器类均罕见或不见于二里岗类型。推测东下冯商城始建于二里岗下层时期，二里岗上层时期仍沿用，其性质应为商王朝西北地区的一个中心聚落。

2. 大型遗址

辉县琉璃阁。1950 年发掘河南辉县琉璃阁而得名，位于豫北地区沁水北岸，太行山东侧。遗迹主要为早商墓葬群，共发掘 53 座墓，多为长方竖穴土坑墓，其中 1 座带有墓道，葬式多仰身直肢，约一半墓葬带有腰坑，3 座墓发现殉人。随葬品种类丰富，包括陶器、青铜器、玉器、金器、石器、骨器、蚌器等，其中青铜器包括鼎、鬲、觚、爵、斝、戈、刀、镞等，玉器有柄形器、玦等。早期阶段相当于二里岗下层二期，晚期阶段相当于二里岗上层一期。

藁城台西村。1965 年发现于河北石家庄市东侧藁城县台西村，滹沱河南岸。属北方地区商代早期至中晚期大型聚落遗址，面积约 10 万平方米。1973—1974 年发掘，揭露地面和半地穴式居住建筑、墓葬、灰坑、水井等遗迹，共发掘 14 座保存完好的房址，其中 F6 完好地保存了一堵高 3.38 米的隔墙，墙的上部有一长 45 厘米、宽 23 厘米的风窗，为迄今商代考古绝无仅有的发现，一些房址还存有门道、木制门槛、柱洞及柱础。大部分墙壁是下半部夯土筑成，上半部用土坯相间压缝垒砌，中间填以草泥黏合，内外涂抹厚约 3 厘米的草泥，再用火烘干。F2 发现墙基下使用家畜和人牲奠基。墓葬多为中小型长方形竖穴土坑墓，以仰身直肢葬为主，部分墓葬底部有腰坑，少数有殉人，随葬品多为陶器，少量青铜器和玉器等。遗址出土 3 000 余件遗物，包括青铜器、玉器、陶器、石器、骨器、蚌器、漆木器、丝麻织品、植物种子等。陶器以灰陶为主，器类丰富，部分陶器上有刻划符号和文字；青铜器包括容器、工具、武器三类；漆器有盒、盘等。M112 出土铁刃铜钺一件，铁刃是经过热加工锻打而成的，是我国目前发现年代最早的一件铁器。遗址可分四期，最早阶段约相当于二里岗上层二期，最晚阶段约相当于殷墟一期。

含山大城墩。皖南新石器时代至商周时期遗址，位于安徽省含山县仙踪镇南约 2 公里，遗址为高台形，文化层厚达四五米，面积约 2 万平方米。1979—1984 年先后四次发掘，商代遗迹有灰坑、陶窑、墓葬等，出土陶器、青铜器、石器、骨器等。其中陶器以灰陶为主，夹砂陶较多，包括锥足鬲、深腹罐、斝、大口尊、盆、假腹豆、坩埚、印纹陶尊等，与郑州二里岗陶器风格接近，又有一定的地区特色。大城墩遗址年代跨度较大，其中商代地层早期约相当于二里岗上层一期，晚期约相当于殷墟一期。

耀县北村。1980年发现于陕西省耀县（现为铜川市耀州区）北村东的原地上，1984年发掘。遗址东西约50米，南北约300米，总面积约1.5万平方米。地层堆积包括仰韶、龙山、商、东周等不同时期文化遗存，其中商代遗存较为丰富，包括灰坑、陶窑、墓葬等遗迹，出土陶器、石器、骨器、蚌器等。陶器以泥质和夹砂灰陶为主，有少量的黑陶，三足器较常见，纹饰以绳纹为主，素面次之，并有少量弦纹、附加堆纹等。商文化堆积可以分为三期，第一期约相当于二里岗下层，第二期约相当于二里岗上层或稍晚，第三期约相当于殷墟二期或偏早。

3. 墓葬与葬制

迄今为止共发掘早商墓葬数百座，主要分布在郑州商城、偃师商城、湖北盘龙城、夏县东下冯等城址内外，以及偃师二里头、辉县琉璃阁、荥阳西史村、陕县七里铺、藁城台西村、含山大城墩、耀县北村等大型聚落遗址范围内。形制均为长方形竖穴土坑墓，以仰身直肢葬为主，并有少量俯身葬和屈肢葬，俯身葬多属于小型墓。其中约三分之一的墓有腰坑，坑内有狗。有腰坑的墓主要见于二里岗上层，多数较大，墓内铺撒朱砂的现象较普遍，较大者多有一棺一椁和殉人。墓向以北、南、东向为主，数量大约相等，仅发现4座西向墓。较大的墓中随葬青铜器和玉器，以觚、爵、斝为基本组合，身份的高低与套数成正比，铜鼎、铜钺一般只见于稍大的墓中；随葬工具在北方地区不多，但见于各类墓中。小墓随葬陶器1～5件，有鬲、盆、爵、斝、豆、簋（仅见于上层）、罐等。墓葬等级分化较为明显，依据墓葬规模、葬式葬具、随葬品数量，分为三类：

大型墓：墓室面积在10平方米以上，有棺有椁，随葬较多青铜器和玉器。以湖北盘龙城遗址李家嘴M2为代表。长方形竖穴土坑墓，口小底大，墓口长3.67米，宽3.24米，墓底长3.77米，宽3.40米。有棺椁、腰坑和殉人，椁板有漆绘图案，随葬品丰富，包括青铜容器、武器、工具以及玉器、漆器、陶器等77件，年代约当二里岗上层时期。

中型墓：墓室面积4～5平方米，有棺或无棺，随葬少量青铜器和玉器。以偃师商城83ⅢM1为代表，南北长2.45米，东西宽1.05米，有木棺，墓底有腰坑，随葬少量青铜容器、工具和武器，及玉器、陶器、蚌器、骨器等。

小型墓：墓室面积在2平方米以下，一般没有棺椁，随葬品较少，少见铜器和玉器，一般多陶器。如郑州铭功路M150，长约2.04米，宽约0.62米，墓底铺朱砂，随葬铜斝、玉柄形器各1件，还有陶鬲、陶斝和纺轮等。

此外，在早商遗址中还常见灰坑葬，无墓穴，无随葬品，常与动物骨骼同出，或与早商时期的祭礼、战争等有关。

4. 早商手工业与社会经济

早商时期已经有了较为发达的手工业，大体包括青铜冶铸、制陶、制玉、制骨等种类。在郑州商城、偃师商城、湖北盘龙城等遗址都发现有早商时期的手工业作坊遗址。

早商青铜器主要出土于郑州商城、偃师商城、盘龙城、辉县琉璃阁、藁城台西村等遗址，其中以郑州商城、盘龙城出土青铜器数量较多，种类较为丰富，器物形制较为典型。20世纪50年代至今，在郑州商城的发掘中共出土各类青铜器300多件，其中容器12类：鼎、鬲、簋、盉、斝、爵、觚、尊、罍、卣、盘、盂；兵器3类：戈、钺、镞；工具7类：镬、刀、凿、钻、锥、锯、鱼钩；还有装饰品及生活用具簪、针、铜泡、铜管等。盘龙城遗址自60年代以来共出土青铜器36类350余件，其中容器13类：鼎、鬲、甗、簋、斝、爵、觚、盉、尊、罍、卣、盘、瓿；兵器9类：戈、矛、钺、刀、铍、戣、镞、镈、镦；工具10类：锸、镬、锛、戕、斧、凿、刀、锯、鱼钩、菱形器；此外还有少量装饰品。早商青铜冶铸技术已经较为成熟，器物造型规整，合范技术熟练，一般范铸缝经过打磨，器壁较薄，器表光洁，礼器的器形有的直接仿自陶器，花纹简单质朴，多为单层，一般为饕餮纹、云雷纹、圆圈纹、夔纹、龙纹、虎纹等。早商青铜器一般没有铭文，或铭文字很少。至早商较晚阶段，兽面纹向双层花纹甚至三层花纹的趋势演变，图案逐渐繁缛。商代铜器合金并不一致，有铜铅、铜锡和铜铅锡，也有纯铜，成色也不相同。目前已发现早商时期铸铜作坊多处。南关外铸铜遗址位于郑州商城内城南墙外侧，总面积约8 000平方米，发现铸铜场地、烘范窑、房屋、灰坑、窖穴等遗迹，出土铜炼渣、铜矿石、冶铜坩埚、炭屑、陶范、青铜器、陶器、石器、骨器、蚌器等遗物，其中铸铜场地长45米，宽2.5米，地面平坦，其上分布粘有铜锈的硬面和红烧土面。从陶范统计情况来看，主要铸造工具、武器、容器三类青铜器。始建年代可能早到二里岗下层一期，并一直沿用至二里岗上层二期，与郑州商城相始终。紫荆山北铸铜遗址位于郑州商城内城北墙外侧，发现铸铜场地、房基、窖穴等遗迹，出土冶铜坩埚、铜炼渣、铜矿石、铜块、木炭、陶范，以及青铜器、陶器、石器、骨器、蚌器等遗物，主要铸造工具、武器、容器、车马器等四大类，始建年代大体在二里岗上层一期，沿用至二里岗上层二期。1996年在偃师商城大城东北隅城墙内发现3个圆形锅底状灰坑，坑内堆积夹杂铜炼渣、陶范、木炭，附近发现红烧土面。在湖北盘龙城遗址范围内的杨家湾、楼子湾，江西九江县荞麦岭等多个地点也出土铜炼渣、铸铜陶范、炼炉等与青铜冶铸有关的遗物。专业作坊遗址的发现反映出当时同一行业内部也有了分工。特别值得一提的是，藁城台西M112出土一件铁刃铜钺，是用陨铁锻造，说明那时已初步认识了铁。

陶器是早商时期最常见的生活用品，制陶业是最主要的手工业门类之一。以夹砂和泥质灰陶为主，此外还有少量夹砂红陶、泥质黑陶及白陶、硬陶等，包括炊食器：鬲、鼎、甗、簋；酒器：斝、爵、觚、盉；盛器：盆、大口尊、瓮、罐等。纹饰有绳纹、弦纹、方格纹、拍印弦纹、划纹等。在郑州商城、偃师商城、盘龙城都发现有陶窑遗址，其中以郑州商城内城西墙外制陶作坊遗址规模较大、保存情况较好，面积约1 400平方米，揭露陶窑14座、房基17座、墓葬29座，还发现灰坑、白灰面等遗迹，出土大量陶坯、陶器废品、陶拍、陶器等有关遗物。其始建年代可能早至二里岗下层时期，并沿用至二里岗上层时期。郑州商城西墙外一座商代墓内出土一件完整的原始青釉瓷尊，高27厘米，轮制，饰席纹和篮纹，胎质呈灰白色，细腻坚硬，器表遍施光亮晶莹的黄绿色釉，这件原始瓷尊的出土把我国的制瓷历史上溯到3 000年前。

制骨手工业十分发达，骨器包括生活用品、生产工具、装饰品、卜骨、骨料等，种类有簪、针、锥、铲、匕、凿、圆形串饰、牌形装饰品等，在墓葬中还出土制作精致的象牙觚和象牙梳。卜骨未经修整，有钻有灼，无凿。1954年发现的紫荆山北制骨作坊遗址，位于郑州商城内城北墙外，揭露一座骨料坑，出土骨器成品、半成品、骨料、废料等计1 000余件，一半以上骨料是人的肢骨和肋骨，还出土砺石、铜刀等工具。使用年代约相当于二里岗下层至二里岗上层时期。在偃师商城宫殿区附近也发现有堆积大量骨制品及动物骨骼原料的骨料坑，推测附近也应有制骨作坊。分工明确的作坊生产反映出产品商品化的特点。与此同时，货币产生，在二里岗遗址发现一墓出土460余枚穿孔海贝，可能具备了货币的职能。

玉器集中发现于郑州商城、偃师商城、盘龙城等遗址，其中郑州商城出土100多件，有柄形器、戈、簪、玦、璧、琮、璜、坠饰等装饰和礼仪用器，玉器制作简单，多小型片雕，纹饰多直线纹。这一时期制玉业尚不发达，玉的使用只限于贵族阶层及重大礼仪活动。

早商时期虽然已经进入中国青铜时代的发展期，但青铜工具仍远少于石制工具的数量，石器、骨器、蚌器仍然是最主要的生产工具。无论是在大型城址，还是在小型聚落遗址，都有大量的石制、骨制、蚌制农具出土。磨制精致的刀、斧、铲、镰、锛、凿、纺轮以及蚌刀、蚌镰发现较为普遍，还有少量用蚌壳制作的串饰，一些石柄形器可能作为礼仪用器。

商代是一个以农业为主的社会。考古发现的商文化遗址基本是定居的农业遗址。酒器的盛行说明农业生产已达到相当水平。在偃师商城的早商文化层中发现大量稻谷遗存。在二里岗遗址发现了质地粗糙、器形很大的陶罐，有可能是一处制酒作坊遗址。藁城台西遗址房址中还发现桃、李、枣等植物种仁。农业生产工具主要是木、石、骨、蚌做成的镰、锄、铲、镢、锸和耒耜等，郑州市木材公司发现的一个陶罐中有18件大型石镰和1件小镰。青铜农具很少发现，一方面由于青铜农具使用后可回收和重铸，另一方面显示出商代青铜主要用于铸造礼器和兵器，所谓“国之大事，在祀与戎”，普通农民估计是很难得到铸铜原料的。郑州商城遗址出土大量牛、羊、马、猪、狗等家畜骨骼，表明畜牧业也有一定发展。郑州商城出土的乐器石埙、陶埙，以及陶塑的人、虎、猪、鸟、龟、牛、鱼等形象，代表了早商时期的音乐和造型艺术成就。

二、商代中期文化

商代中期文化遗存最重要的发现是位于安阳殷墟遗址附近、洹水北岸的早于殷墟而晚于二里岗文化的洹北商城遗址。此外郑州小双桥、邢台曹演庄、济南大辛庄等遗址都包含中商时期文化遗存。目前虽然这一时期的考古资料还不甚丰富，研究尚处于起步阶段，但为辨别中商文化提供了重要参照和断代标尺，补充了商代考古的空白和缺环。

1. 城址与宫殿建筑

洹北商城。1999 年发现于河南省安阳市西北郊洹水北岸约 3 公里处，殷墟遗址保护区东北外缘。据初步钻探和试掘，城址深埋于今地表 2.5 米以下，平面呈正方形，方向北偏东 13 度，南北长 2 200 米，东西宽 2 150 米，总面积 4.7 平方公里（见图 5－5）。城墙系夯筑而成，宽约 10 米，残存基槽部分，少数高出原地表不足 10 厘米。夯土密结坚硬，局部可见“棍夯”痕迹。墙外未见护城河遗迹。在城内中部偏南发现大范围的夯土建筑基址群，范围南北不少于 500 米，东西 200 米以上，包括 30 多座排列有序的大型夯土台基建筑，普遍毁于大火。其中一号宫殿基址位于洹北商城南北中轴线偏南部，为一组平面呈“回”字形的封闭性宫殿建筑，东西 173 米，南北85～91.5 米，基址现高于地面 0.6 米，总面积 1.6 万平方米，是迄今发现的面积最大的商代单体建筑基址。整组宫殿建筑由北面的主殿、东西南三面的配殿及庭院、门塾、门道等部分组成，在主、配殿台基上均发现纵横成行的大型柱洞，柱洞底部发现大块河卵石柱础，主配殿台基朝向中心庭院的一侧发现有斜坡台阶，有些宫殿基址上可见倒塌的土坯墙痕迹，宫殿基址台阶附近发现有人祭坑，庭院内发现有灰坑等遗迹。出土陶器多见折沿方唇鬲、浅盘假腹豆、长颈大口尊等，推测一号宫殿建筑使用并废弃于中商阶段，是洹北商城使用时期的宫殿或宗庙。宫殿区以北近 200 万平方米的范围内分布有密集的房基、铜器窖藏、水井、灰坑、墓葬等遗迹，城内文化层堆积较厚，出土大量铜、陶、玉、漆、石、骨、蚌器。城内东北部发现的三家村铜器窖藏出土青铜器 8 件，整齐地叠放在一起，包括鼎 4、甗 1、斝 1、鑁 1、戈 1。近年洹北商城宫城以北发现大面积的商代中期青铜冶铸作坊遗迹，出土残铜器、炼渣、陶范块、青铜工具等遗物。发掘者断定洹北商城范围内主体遗存的年代略晚于郑州二里岗上层偏晚阶段，年代介于郑州二里岗期与殷墟大司空村一期之间。关于洹北商城的性质，主要有三种观点：其一认为是盘庚所迁之“殷”，其二认为属河亶甲所居之“相”，其三认为其先为“相”，后为“殷”。

2. 大型遗址与建筑

郑州小双桥遗址。1990 年发现于郑州市西北约 20 公里的荥阳县石佛乡小双桥村西南，总面积约 144 万平方米。发现夯土建筑基址 4 处，以及青铜冶铸遗迹、祭

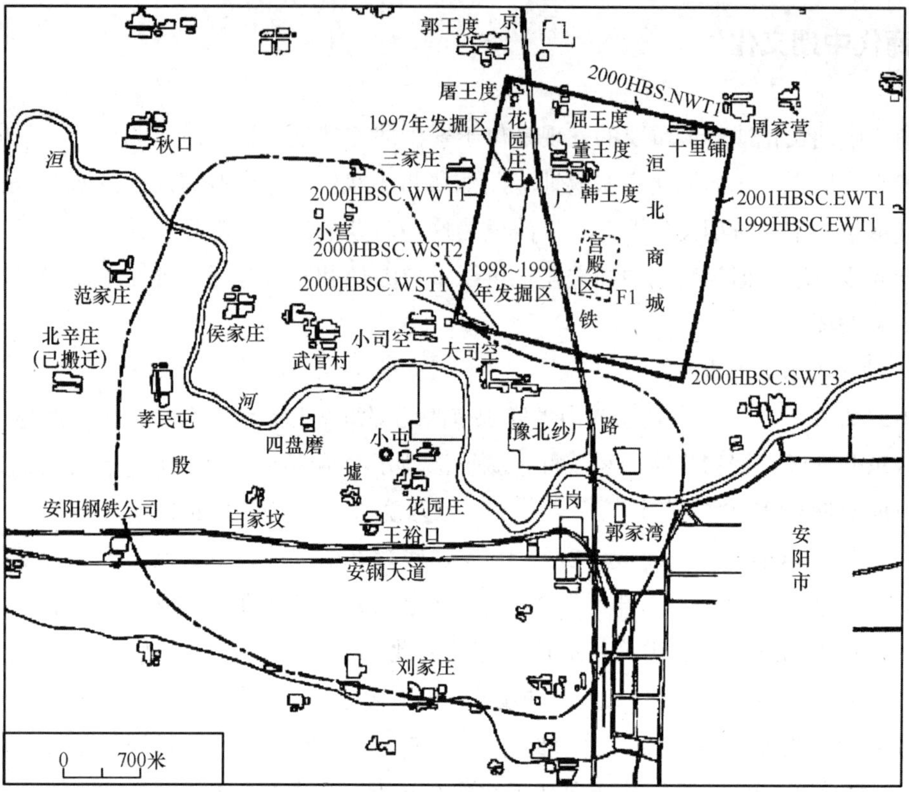

图5-5 洹北商城平面图

祀坑、窖穴、灰坑等。大型夯土建筑95ZXIVHJ1残存东西约50米、南北约10米，总面积达500平方米以上，在夯土台基上发现有纵横排列的柱洞，有些柱洞底部有圆形河卵石或扁平方形柱础石，基址附近也有大量扰动过的石柱础和两件大型青铜建筑饰件，推测为中商时期的一座规模宏大的宫殿或宗庙建筑。祭祀坑发现数量较多，有人祭坑和牲祭坑，其中一座祭祀坑内出土牛头、牛角近百个。铸铜遗址内发现大量陶范、孔雀石、炼渣、烧土颗粒，以及橘红色粘有铜汁的熔炉壁残片。出土陶器以夹砂和泥质灰陶为主，有少量的黑皮陶，多饰以粗绳纹，少数陶器上发现刻划符号和朱书文字，青铜器以大型青铜建筑构件较为典型，石器有涂抹朱砂的长方形穿孔石铲。遗址延续时间短，商文化因素单纯，大体相当于郑州白家庄期或稍晚。遗址中心区的“周勃墓”台基，现存东西长约50米，南北宽约40米，顶部高约12米，在夯土台基顶部发现有建筑物的柱基及大片红烧土堆积，遗址发现有铜容器残件、玉璜形器、大型卜骨等重要遗物。在出土的一件陶大口尊内部发现2个刻划的文字，双冢南地出土一件陶豆，盘内刻有“天”字族徽，陶文“天”字的写法与甲骨文相同，表明商代白家庄期已经出现较为成熟的文字。此外遗址还发现一眼构造方式复杂、规模较大的水井，井内填土有大量朽化木块，井壁发现规则的木头痕迹，推测为榫卯结构叠搭而成的井字形方框，井内暴露人骨及动物骨骼。关于小双桥遗址的性质，主要有三种观点：其一认为是商王仲丁所迁之“隞”，其二认为是郑州商城时期的一处离宫别馆，其三认为是郑州商城末期的祭祀或宗庙遗址。

邢台曹演庄遗址。1954 年发现于河北邢台市区内，包括曹演庄、葛庄、东先贤、南大郭庄、尹郭村等分布密集的中商遗址群。其中以曹演庄遗址较为典型，1956 年、1957 年发掘，商文化堆积可以分为两层，下层属于中商文化。出土遗物包括长方体锥足鬲、浅盘高柄豆、假腹豆、平底盘、圆腹罐等陶器，卜骨只有钻而无凿。年代介于郑州白家庄期和殷墟大司空村一期之间，学术界普遍认为邢台地区丰富的中商文化遗存可能与商代历史上的“祖乙迁邢”有关。

济南大辛庄遗址。位于山东省济南市东郊大辛庄村附近，面积约 30 万平方米，揭露房基、灰坑、墓葬等遗迹。多数墓葬有腰坑，墓底铺朱砂，腰坑多见殉狗，且时代越晚殉狗之风越普遍，凡随葬青铜礼器的高等级墓葬均有殉人，常见随葬品组合为鬲、豆、盆。出土青铜器、玉器、陶器、骨器等遗物，另外有少量原始瓷器和印纹硬陶。该遗址晚商阶段还出土一批甲骨文，甲骨卜辞年代介于殷墟二、三期之间，不论其甲骨修整、钻凿形态还是字形文法，都与殷墟甲骨卜辞属于同一系统，这是郑州商城与安阳殷墟之外首次发现商代地方性甲骨卜辞。大辛庄遗址延续时间较长，商文化可以分为七期，其中一期约相当于早商二里岗上层二期，二至四期为中商文化，五至七期约当晚商文化殷墟大司空村一、二期。

曲阜西陈遗址。发掘清理大量的灰坑、房址、水井、灰沟、墓葬等，最为重要的是发现祭祀遗迹 25 处，殉祭种类有马、牛、羊、猪、狗、人。墓葬多为单人葬，仰身直肢，无葬具与随葬品。出土遗物有陶器、石器、铜器、骨器。时代属商代中晚期。

阜南台家寺遗址。位于阜阳市阜南县朱寨镇三河村白庄南部 1 000 米处，遗址现为高墩状，平面形状为不规则椭圆形。发掘房屋、灰坑等，灰坑多为圜底，窖穴为直壁平底，小型房屋一般有基槽、柱洞。其中商代堆积涵盖二里岗上层、白家庄期至花园庄期。从出土陶器器类与形态看，接近郑州、安阳同时期的商文化，同时含少量本地因素。

此外，藁城台西遗址、含山大城墩遗址、耀县北村遗址均包含中商时期遗存。

3. 墓葬与葬制

目前中商时期墓葬的发掘资料并不丰富，仅在小双桥、洹北商城、藁城台西、济南大辛庄等遗址发现中商墓葬近百座，多为中小型墓葬，缺乏大型墓葬资料。中商时期墓葬形制及葬俗与早商墓葬略同，一般为长方形竖穴土坑墓，多仰身直肢葬，少数为屈肢葬，部分墓葬有木质棺椁，少数有腰坑和殉人，随葬品为青铜器、玉器、陶器、骨器等，并且有较为明显的随葬器物组合，炊器常见鼎、鬲等，食器常见盆、豆等，酒器常见觚、爵、斝等。依据葬式、葬具和随葬品类别，墓葬大致可分为两类：

铜器墓：墓室面积稍大，长约 2 米，宽约 1 米，一般有木质棺椁，墓底多见腰坑和殉狗，随葬品多见青铜器、玉器、陶器等，但青铜器数量和种类较少。见于洹北商城与藁城台西诸遗址。

陶器墓：墓室面积较小，一般长不足2米，宽不足1米，多数无葬具，墓底或见腰坑，仅随葬少量陶器或无随葬品。见于小双桥、洹北商城、藁城台西诸遗址。

此外在小双桥遗址还发现灰坑葬，墓主周围未见明显的墓室结构和随葬品，人骨弃置于灰坑或灰层中，属非正常埋葬，或与中商时期的祭祀活动有关。

4. 手工业与经济文化生活

中商时期由于文化的衰落，青铜冶铸业也呈现出衰退的趋势。青铜器数量明显减少，迄今仅在小双桥、洹北商城、济南大辛庄、藁城台西等遗址出土少量中商时期的青铜器，包括容器、兵器、工具、生活用品、装饰品、建筑构件六大类。容器有鼎、鬲、甗、觚、爵、斝等，鼎为深腹空锥足，觚有粗体和细体两类，爵长流尖尾，卵形底，菌形柱，斝为束腰平底，斝足剖面为“T”形；兵器有钺、戈、戣、矛、镞等；生活用具和装饰品有簪、铜泡等。小双桥遗址出土2件青铜建筑构件，形制皆为立方形，其中一件重6.5公斤，高18.5厘米，宽18.8厘米，厚16.5厘米，两侧中部各有一个长方形孔，正面饰单线饕餮纹，侧面各饰一组龙虎搏象图案，造型奇特，纹饰繁缛，为迄今商代遗址所仅见。青铜冶铸遗存目前仅在小双桥遗址发现，出土粘有铜液的熔炉残块、冶铜坩埚残片、残陶范、铜炼渣、铜矿石、红烧土块、小件青铜器等，其中出土冶铜矿石孔雀石百余块，重约5公斤。推测应有大型青铜冶铸作坊存在。

中商时期日常生活用具仍是陶器，各地都出土大批陶器，以夹砂和泥质灰陶为大宗，有少量红褐陶、黑陶等，纹饰多见绳纹、弦纹、附加堆纹，还有圜络纹、划纹、方格纹、云雷纹等。器类较为丰富，其中酒器有爵、斝、觚，炊器有鬲、甗、甑、鼎，食器有豆、簋、盘，水器有尊、壶、杯，盛器有盆、罐、瓮、大口尊、大口缸及器盖、箕形器等，此外还有少量印纹硬陶尊、壶、罐等。中商陶鬲多为长方体或方体，折沿方唇，鬲裆较高，实足跟外撇；陶盆分深腹、浅腹两种；陶豆多尖圆唇，浅斜腹，高圈足；陶爵多有流无尾，束腰平底，高锥足；大口尊多敞口，深腹，平底，口径大于肩径。中商陶器群承袭早商陶器风格而略有变化，制作不及早商精致，缺少级别较高的大型陶礼器，呈现衰落的趋势。与制陶有关的遗存，如陶印模、陶拍、陶器废品等也有发现，虽然迄今未发现陶窑遗址及制陶手工业场地，但可以肯定这一时期制陶手工业仍较为发达。

玉器较前减少，仅在洹北商城、藁城台西等遗址的中小型墓葬中少量出土，包括璧、璜、矛、镞、槌、鸟、龙及玉柄形饰等，多为小型装饰品，造型简单，多饰以阴刻细线纹，材质较为普通。石器、骨器和蚌器仍然作为主要的农具和兵器使用。石器有刀、斧、铲、镰等工具，石臼、磨石、柄形器等生活用品，戈、矛、钺等兵器，一般都为磨制，生产工具制作较为简单，石兵器及柄形器为仿玉器制作，较精细。小双桥遗址还出土大量长方形方孔石铲，为山东岳石文化地区常见器类，可见文化交流的痕迹。骨器有铲、锥、镞以及簪、锥、匕等，蚌器数量不多，有蚌镰、蚌刀等农具，以及用于装饰的贝壳和圆形蚌片。家畜饲养和渔猎经济也占有一定比例，洹北花园庄中商遗址中，发现黄牛、水牛、绵羊、猪、狗、鸡等家畜骨骼。遗址中还常见鹿、鱼、龟等野生动物骨骼，以及镞、鱼镖、鱼钩、弹丸、网坠等渔猎工具。

此外，还发现有少量卜骨，为牛、羊肩胛骨以及龟腹甲，肩胛骨多经整治，有钻有灼，少数有凿，钻孔排列无规律，卜甲则钻、凿、灼皆有，排列规则。在小双桥遗址发现陶片上有朱书文字。

三、商代晚期文化

商代后期文化以安阳殷墟为代表，经罗振玉、王国维考证殷墟小屯甲骨卜辞上的先王先公名字，确定小屯村附近为商后期王都遗址。1928—1937 年经过 15 次发掘，新中国成立后又多次发掘，基本搞清了遗址的形制布局，在大约 30 平方公里的范围内，发现 110 座宫殿宗庙建筑、12 座王陵、2 500 多座祭祀坑和众多族邑聚落遗址、家族墓地群、手工业作坊遗址、甲骨窖穴等遗存。出土 15 万余片甲骨刻辞，数以万计的青铜器、玉器、陶器、骨器等精美文物，全面系统地展现了晚商都城的风貌。陶器以灰陶为主，晚期红陶有渐增的趋势，流行绳纹，越到晚期粗绳纹越普遍，并开始流行三角划纹，器形以鬲、甗为主，盛器有簋、豆、盆、罍，酒器有觚、爵等，形制越来越简化，此外有高岭土烧制的硬胎仿青铜器的白陶，是殷墟文化陶器中的珍品。青铜铸造技术达到顶峰，容器厚重端庄，种类繁多，纹饰精美。盛行占卜，墓葬中人殉、人祭极为普遍，数量大，随葬品由早期的实用器而逐步矮小化。殷墟文化相对年代晚于二里岗文化而早于西周文化；绝对年代为公元前 1300—前 1046 年，即盘庚至帝辛的商代后期。一般将殷墟文化分为四期，第一期为盘庚、小辛、小乙时代，第二期为武丁、祖庚、祖甲时代，第三期为廪辛、康丁、武乙、文丁时代，第四期为帝乙、帝辛时代，但个别遗存的年代也可能晚到西周初年。其分布中心是豫北、冀南地区，即滹沱河以南、黄河以北、太行山以东、京广线以西。

1. 殷墟与宫殿宗庙建筑

安阳殷墟遗址。位于今河南省安阳市市区西北部，以洹河南岸的小屯宫殿区和洹河北岸的侯家庄西北岗王陵区为中心，分布范围东西长约 6 公里，南北宽约 5 公里，总面积近 30 平方公里。自 1928 年开始发掘以来，已揭露一大批重要的晚商文化遗存，包括小屯、花园庄宫殿宗庙建筑、侯家庄西北岗殷商王室陵墓、祭祀坑、车马坑、大型族墓地、青铜冶铸作坊遗址、制陶作坊遗址、洹河两侧的居住遗址等，出土数量巨大的青铜器、玉器、陶器、石器、骨器、蚌器等，出土甲骨刻辞 15 万余片。考古发掘表明殷墟遗址布局严整，宫殿、宗庙区已发现夯土建筑基址 110 余座，宗庙宫殿区东、北有洹河环绕，西、南围以人工壕沟，形成相对封闭的格局，总面积约70万平方米。王陵区已发掘大墓12座，另有一座未建成的假大墓，发掘1 400多个人祭坑，有大量殉人和人牲。在宫殿区和王陵区外围分布着手工业作坊区、一般居民区、墓葬区，其中包括苗圃北地铸铜作坊、孝民屯铸铜作坊、北辛庄制骨作坊，大司空村、孝民屯一般居民区，殷墟西区及大司空村、梅园庄、后岗、六家庄、戚家庄、王裕口等地分布着大批墓葬（见图5－6），已发掘墓葬7 000余座。其中殷墟西区已发掘的1 500多座墓，包括大、中、小型各等级墓葬，从铜器铭文可知分为8个不同族的墓区，反映了商代的“族墓地”埋葬制度。殷墟遗址规模宏大，出土遗物级别高，结合文献记载及甲骨文考证，基本可肯定为晚商时期的都城遗址。

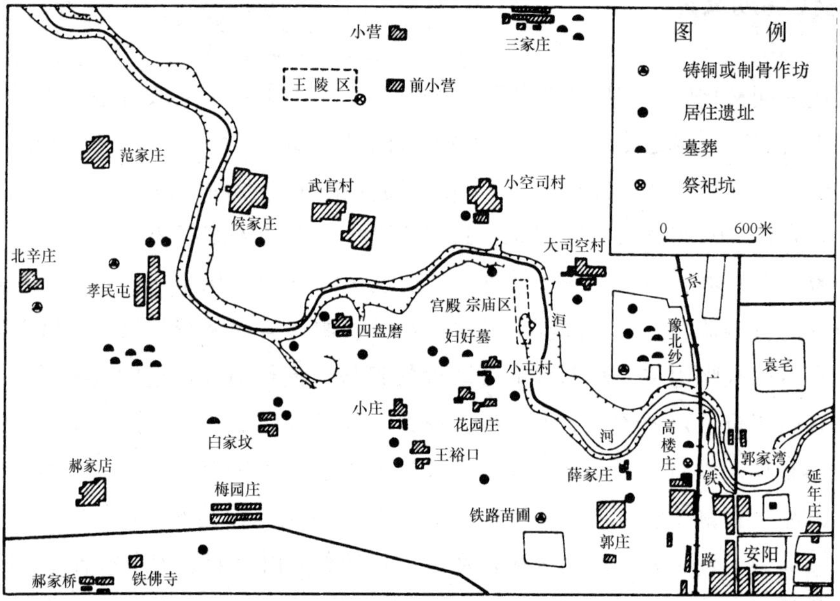

图5－6　殷墟遗址墓葬分布图

大规模宫殿与宗庙建筑群分布在小屯村以北及小屯村南、花园庄以北地区。在约70万平方米范围内已发现大型建筑110多座。20世纪30年代在小屯村北发掘出53座夯土建筑基址，自北向南分为甲、乙、丙三组，并初步认为甲组基址为宫殿建筑，乙组基址为宗庙建筑，丙组基址为祭坛类建筑。其中乙八最大，南北85米，东西14.5米，基址分布有153个柱础石，但是东西向布局，可能不是中心。周围有很多祭祀坑，使用人祭，南北向排列者为青年男子，砍头葬，东西向排列者为女子和小孩，未砍头，共葬546人，还有15匹马、6条狗、12只羊，大概是一个宗教中心，即宗庙。70—90年代，小屯村北地又陆续发现夯土建筑基址50余座，其中一座平面呈“凹”字形的建筑基址已经发掘，占地5 000平方米。研究表明殷墟宫殿宗庙建筑平面形状各不相同，一般皆建于夯土台基之上，台基边缘有台阶，台基之上立有纵横排列的梁柱和檐柱，屋顶或为单檐或为重檐，并覆盖茅草，墙体为夯土，未使用砖瓦（见图5－7）。宫殿区内除建筑基址外，还发现有高规格的墓葬如妇好墓、M18、M54等，以及刻辞甲骨坑和贮粮用的窖穴。出土大量陶器、青铜器、玉器等遗物。小屯宫殿宗庙遗址群始建于殷墟文化一期，沿用至殷墟文化四期。大司空村是殷墟遗址的重要区域，该区域发现大量的晚商房基，其中有三座房屋相连的四合院建筑结构，并带有陶水管等设施，房基发掘出土陶罐、鬲、盆等。在建筑基址附近有水井、灰坑、墓葬、瓮棺葬、车马坑等，车马坑为两马一车，并出土有铜泡、铜铃等。

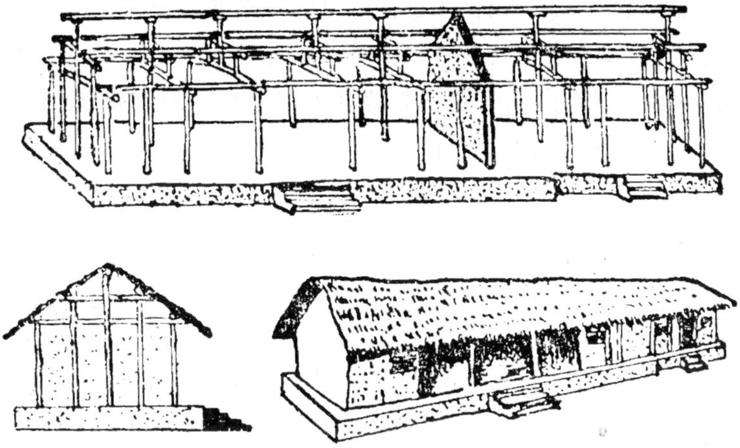

图5－7 殷墟甲四基址复原图

2. 大型遗址与墓地

青州苏埠屯商代墓地。位于山东益都县（现为青州市）东北20公里的苏埠屯村，1965—1966年发掘4座商代大型墓葬和1座车马坑，其中1号大墓有4条墓道，墓室呈长方形，墓口南北长15米，东西宽11米，深8米，墓室中部有木板筑成的椁室，墓底有腰坑和奠基坑各1个，墓内有殉人48个。虽早年被盗，仍残留大量青铜器、陶器、玉器、石器等随葬品，其中一件大型青铜钺，装饰有人面形镂孔，并有铭文“亚丑”。其墓葬形制、随葬品组合皆与安阳殷墟相同，出土陶鬲、簋、豆等器物形制与安阳殷墟陶器基本一致，同时大量存在的素面陶器、厚胎褐陶则具有较为明显的地方特色。苏埠屯商代墓地年代大致相当于殷墟文化三、四期，结合文献可知山东和苏北在殷商时为东夷之地，苏埠屯商代墓地应为商末周初薄姑氏之墓地。

滕州前掌大商代墓地。位于山东省滕州市前掌大村，1981—1999年共发掘商代墓葬120余座、车马坑5座、马坑5座。其中11座为有墓道的大墓。前掌大商墓多长方形竖穴土坑墓，有的有墓上建筑，随葬品包括鼎、簋、觚、角、觯等青铜器，以及鬲、罍、罐、壶、盘等陶器。其墓葬形制、随葬品组合及器物特征基本与安阳殷墟晚商文化一致，而素面陶器则具有地方特色，此外还可见到东方岳石文化及南方印纹硬陶文化的影响痕迹。研究表明，前掌大商代墓地可能为商末周初东方的方国君主及其族人的墓地。

信阳罗山天湖商代墓地。位于河南省罗山县蟒张乡天湖村，1979—1985年共发掘晚商墓葬20多座。多为长方形竖穴土坑墓，部分有木椁、木棺，多数有腰坑，少数有殉人，随葬品包括陶、铜、玉、石、漆器，其中青铜容器有鼎、斝、觚、爵、卣、尊等，青铜工具有刀、锛、凿、铲、锸等，青铜兵器有戈、矛、钺等，陶器有鬲、簋、罐等。已有明显的等级分化，大型贵族墓以随葬各类青铜礼器为主，中小型墓随葬一定数量的青铜器与陶器，小型墓仅随葬陶器。随葬器物大多与安阳殷墟同类器形制相近，与商有着密切联系，同时又有自身的地域特点。年代大体相当于殷墟文化三、四期，应为商代晚期南方地区方国墓地。因该墓地出土铜器中多有“息”字族徽铭文，学者考订其为晚商息国贵族墓地。据文献记载，西周所封息国地望即今河南信阳地区，今仍有息县，县城西南约5公里处有一座古城，时代为春秋或更早，很可能即商周时息国故地。该墓地距息县30余公里，当属息国的范围。

济源柴庄遗址。位于河南济源市柴庄村的台地之上，地势西北高，东南低，商代晚期堆积集中在遗址中心部位，主要为贵族墓葬、夯土基址和祭祀遗存。墓葬13座，方向一致，排列有序，分为南北两区，北区为殷墟二期，南区为殷墟三、四期。其中南区M50为甲字形斜坡墓道，二层台上有殉人、殉狗，以及陶簋一件，内置牛骨。夯土基址发现5座，北区4座，其中三座呈“品”字形分布，一座平面呈“凹”字形，左右对称。围绕夯土基址分布有牛祭坑、人祭坑、燎祭坑。柴庄遗址是豫西北地区首次发现的晚商与西周早期文化遗存的大型聚落。

西安老牛坡商代遗址。位于西安市东20多公里的灞河北岸，面积约50万平方米，1985—1989年西北大学考古专业先后六次发掘。该遗址以晚商地层堆积为主。发现多座大型夯土基址、墓葬、车马坑、马坑、灰坑和冶铜作坊遗址等，出土陶器、石器、骨器、蚌器。其中2号夯土基址规模较大，南北约23米，东西约12米，夯土厚1.2～1.9米，台基上分布有5行8排柱洞，似为宫殿建筑。墓葬多为长方形竖穴土坑墓，葬式以仰身直肢为主，此外有俯身葬和屈肢葬，多数有腰坑和殉人，随葬青铜器有鼎、斝、觚、爵等，陶器有鬲、罐等。青铜器受殷墟商文化影响较为明显，陶器则带有一定的地域特征。早期约当郑州二里岗上层，晚期当安阳殷墟商文化一、二期。晚商时期已形成了自身独特风格，发掘者推测为晚商“崇”国所在。

新干大洋洲商墓。1989年发现于江西新干县大洋洲程家村涝背沙丘，是一座有巨大沙土冢的大墓，年代相当于商代后期早段，属吴城文化的鼎盛期。封土堆高3～4米，东西径约40米，南北径约20米。墓室东西向，一棺一椁，随葬器物1 900多件，其中玉器多达754件，有礼器、仪仗器、装饰器和饰件四大类；青铜器有475件，种类齐全，器形繁复，既有浓厚中原文化特色的青铜礼器和兵器，也有属于地方吴城文化的青铜工具及陶器。纹饰中的兽面纹属中原文化系统，虎则是吴城文化中最具地域特色的标识。大洋洲商墓是目前所知商代南方地区最大的墓葬，墓主很可能就是该文化的最高统治者，或为商王朝的方国首领，或为商王朝镇守南方的军事首领。吴城附近的牛头城遗址所出青铜器与新干商墓青铜器造型和纹饰一致。文献记载，商时在长江中下游地区有名为“虎方”的边远方国，商王朝曾多次出兵征伐“南国之南”，有学者认为，大洋洲商墓和牛头城遗址的发现为吴城文化属于商代“虎方”提供了证据。

河北定州北庄子墓地。1991 年发掘 42 座商墓，墓葬分东西二区，排列有序，西区多口小底大的覆斗式土坑竖穴墓，东区墓壁大多竖直，皆有棺椁和二层台。大型墓占四分之一，且常有一两个殉人。出土铜器上普遍有相同的徽识“又”字，应是“又”族或“又”国的族墓地。

临城西古鲁营遗址。位于河北省邢台市临城县东镇的西古鲁营村西 870 米，地处太行山东麓的海河流域，遗址面积 1 万平方米。遗址分三期。第一期为商代晚期，主要发现灰坑，出土陶器、石器等，陶器分夹砂、泥质两种，泥质陶多为灰陶，纹饰多为绳纹、素面、磨光素面等，器形主要有鬲、盆、瓮，石器以石铲为主，骨器多为骨笄，年代相当于殷墟文化三期。第二期、第三期为西周晚期遗存。

山西浮山桥北商周墓地。2003 年，在山西浮山县城东北约 7 公里处的桥北发掘商周墓 31 座，其中有墓道的“甲”字形商代大墓 5 座（下限可能到周初）。该墓地 2001 年曾被盗，在缴获的铜器中有族徽“先”字。这是迄今为止山西境内唯一一处和晚商甲骨文中方国可以对应的方国墓地，从其墓葬规模可知，墓主应是“先”国国君。

此外，济南大辛庄遗址从早商延续到商代晚期。

3. 墓葬分类与族葬制

晚商墓葬考古资料非常丰富，除河南安阳、郑州地区的殷商墓地外，在河南信阳，山东滕州、青州、济南，陕西西安、城固，山西灵石等地还发现大量晚商时期方国墓葬。从墓葬形制、葬俗等方面看，一方面，基本延续早商墓葬的风格，如盛行长方形竖穴土坑墓，墓主多仰身直肢，部分为侧身、俯身或屈肢葬，墓底常铺有朱砂，有腰坑及殉人、殉狗，随葬品以青铜或陶质炊食器、酒器为主等；另一方面，晚商墓葬也出现了不少新文化因素，如墓葬等级分化明显，大型墓葬规模宏大，一般有多条墓道，并有陪葬坑及车马坑，随葬品组合形式更为丰富，体现出更多的礼制特点，族葬制基本形成，族墓地多以氏族和家族为单位分布，其随葬品种类和族徽往往一致。根据墓葬规模形制和随葬品种类与数量，晚商墓葬可划分为六类。

第一类：面积在 100 平方米以上，有四条斜坡式或台阶式墓道，墓口呈“亞”字形或方形，有附属的陪葬坑、车马坑与祭祀坑。墓室内有木椁、木棺、腰坑和耳室，有大量的殉人、人牲，随葬数量众多的青铜器、玉器、陶器、石器、骨器等，其中青铜器包括大型礼器、兵器、车马器等。这类墓数量较少，仅见于安阳殷墟王陵区及青州苏埠屯商代墓地，墓主应属商王或方国君主。

第二类：面积多在50～100平方米，一般墓室南北两侧分布两条斜坡或台阶式墓道，墓口呈长方形或正方形，有附属的陪葬坑、车马坑与祭祀坑。有木椁、木棺、腰坑和耳室，有殉人、人牲，随葬较多青铜器、玉器、陶器、石器、骨器等。此类墓数量较多，目前发现于安阳殷墟、滕州前掌大、青州苏埠屯等地，墓主可能为商代王室成员或方国高级贵族。

第三类：面积多在20平方米以上，一般墓室南侧有一条斜坡或台阶式墓道，墓口呈长方形或正方形，或有陪葬坑、车马坑与祭祀坑。有木椁、木棺、腰坑、殉人与人牲，随葬青铜器、玉器、陶器、石器、骨器等。此类墓葬发现数量较多，主要见于安阳殷墟王陵区、大司空村、后岗、殷墟西区等地，及信阳罗山天湖、滕州前掌大、青州苏埠屯墓地，墓主可能为商代王室成员或方国高级贵族。

第四类：竖穴土坑墓，无墓道，墓室面积多在10平方米以上，墓口近方形或长方形。有木椁、木棺、腰坑、殉人、人牲等，随葬青铜器、玉器、陶器、石器、骨器等。此类墓数量很多，目前发现于安阳殷墟、信阳罗山天湖、滕州前掌大、青州苏埠屯、西安老牛坡等遗址，墓主可能为王室成员或高级贵族。

第五类：长方形竖穴土坑墓，无墓道，墓室面积多在3～10平方米，有木棺、腰坑，以及少量殉人，随葬部分青铜器、玉器、陶器、石器、骨器等。此类墓数量很多，发现于殷墟多个地点，以及信阳罗山天湖、滕州前掌大、青州苏埠屯、西安老牛坡等地，墓主为商代一般中小贵族。

第六类：长方形竖穴土坑墓，无墓道，墓室面积在3平方米以下，有木棺、腰坑，一般无殉人，随葬品以陶器、石器为主，青铜器较少见。陶器主要为鬲、簋、罐、觚、爵等。此类墓数量众多，见于晚商文化分布范围内的很多地点，墓主可能为商代的一般平民。

此外，商代遗址中还发现有灰坑或灰坑中有非正常埋葬以及瓮棺葬等等。墓主为晚商社会最底层成员。

安阳王陵以第一、二、三类墓为主，分布于洹河以北侯家庄（见图5-8）、西北岗、前小营和武官村北。与其他已发掘的墓地既有贵族墓又有平民墓不同，商王陵是单独设区埋葬的。2022年在商王陵区外围发现隍壕围沟，殷墟王陵区陵墓隍壕的确认，将此规制上推到商代晚期。陵区范围东西约560米，南北约280米，分为东西二区，相隔百余米。共发掘带墓道的大墓12座，另有一座空墓M1567。带四条墓道的“亞”字形大墓有8座，其中7座在西区，1座在东区，另有“中”字形、“甲”字形墓。如M1001呈“亞”字形，墓室长18.9米，宽13.75米，深10.5米，墓道长达30米，面积712.75平方米，被盗，但发现大量玉器、青铜器、象牙器等。墓内人殉分等级，在主人四周跪四人并有随葬品，可能为亲属亲信；砍头等人殉共164人；室外祭祀坑中68人。商王陵大体可以和商晚期王对应，但尚不确定。最大的一座是 M1217，南北全长 120 余米，东西宽 70 余米，总面积达 1 803.4 平方米。

贵族墓多为第四类长方形竖穴土坑墓，个别为“中”字形或“甲”字形，如武官村大墓为南北二墓道的“中”字形墓葬，墓室面积 168 平方米，总面积 340 平方米，椁室四周有二层台，墓底中心有腰坑。腰坑、填土、二层台、墓道都有殉人，总计殉人 79 个，马、猴、鹿等动物 40 多个，腰坑内还有一件青铜戈，曾经被盗，棺木不存。1976 年在小屯村北宫殿区内发掘的妇好墓（小屯 M5），保存完好，为长方形竖穴墓，南北长 5.6 米，东西宽 4 米，深 7.5～8 米，仅为中型墓，面积不足 23 平方米。墓内有壁龛、二层台和腰坑，有内外木椁、木棺。墓内殉人 16，殉狗 6（1 在腰坑中）。随葬品置于棺椁之间和填土中，包括青铜器、玉石器、骨器、象牙器、蚌器等共 1 928 件，海贝 6 800 余枚。其中玉器 755 件，有用作礼器的装饰品琮、簋、璧、环、璜、玦等，用作仪仗的戈、矛、戚、钺等，以及蹲坐玉人和虎、熊、鸟、马、牛、羊、猴等动物形象；铜器 468 件，分礼器、武器、杂器、乐器。礼器占一半，三联甗、偶方彝、鼎等异常精美，其中六七十件有“妇好”铭文。根据铜器铭文“妇好”“司母辛”，推断墓主可能为武丁配偶妇好。“妇好”在甲骨文中多有记载，她曾率三千人伐羌并主持祭祀，是卜辞中地位相当显赫的一位女性。妇好作为王室成员，没有埋在王陵区而埋在宫室附近，东距丙组基址仅 200 多米，墓室上部发现与墓口大小相似的夯土房基，应是用于祭祀的享堂。这对探讨殷墟布局以及商代埋葬制度等具有重要意义。

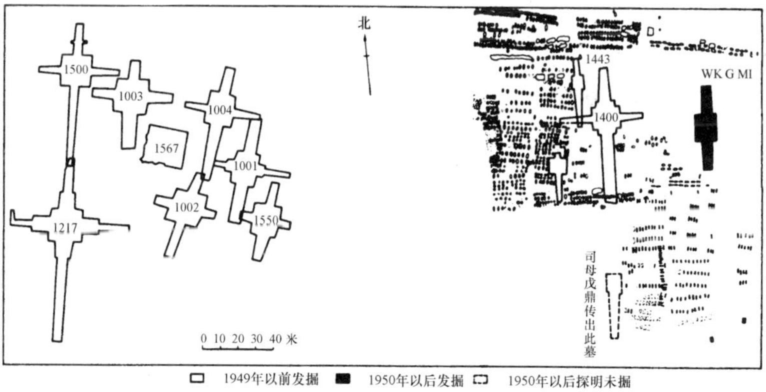

图 5-8　侯家庄商王陵区平面图

商代流行聚族而葬的埋葬制度——族葬制，同一墓地的成员间往往由血缘关系相维系。新石器时代以来的公共墓地或氏族墓地，逐渐分化产生家族墓区和家族墓地。商代前期族墓地发现少，后期渐多。在殷墟西区、大司空村、后岗、苗圃北地、信阳罗山天湖和藁城台西都有发现。天湖墓地发掘 20 多座，殷墟西区发掘 1 500 余座。除王陵有独立的兆域外，一般墓地的布局多以一片空地分隔成一个个相对独立的墓区，如殷墟西区墓地可分为八区，后岗墓地可分为三区，大司空村商墓可分为四区。每区又分若干小区，各小区之间以空地分隔，每小区又分若干墓群，每群包括几座至几十座墓葬。同一墓区族徽相同，随葬品组合也基本相同；不同墓区之间随葬品组合和族徽往往不同。以血缘和亲属关系为纽带而形成的同一族系下不同族的族墓地，不同的墓区可能是不同的宗族，每个大区中的若干小区则可能是大氏族下的小氏族或家族墓地，同一墓区中的墓群则可能是家族墓群。墓地内的墓葬有不同等级，其中有较大的贵族墓，带墓道，有殉人且随葬较多的青铜礼器，这类墓数量不多。大部分是平民墓，只随葬陶器，如簋、鬲、盘、豆等。这说明商代社会血缘关系仍牢固存在，同一族中有共同血缘关系的族人，不分地位高低贵贱，都埋入族墓地内，这种现象体现在殷墟的不同墓地。族墓地是研究商代宗族关系、宗法制度以及社会组织结构和阶级关系的重要材料。商代的专制主义统治建立在政权和族权相结合的基础上。

4. 车马坑与祭祀坑

中国最早的马车可能出现于夏代，近年在二里头遗址发现了车辙痕迹。晚商时期车马制度已经成为礼乐制度的一部分，已发现的晚商车马坑多位于宗庙建筑或王室贵族陵墓附近，殷墟遗址发现的39座车马坑主要分布在小屯宫殿区、西北岗王陵区，以及后岗、大司空村、孝民屯等地，其他还见于西安老牛坡、青州苏埠屯、滕州前掌大、山西灵石旌介等商代墓地。各地商代车马坑的埋藏形式基本一致，多数车马坑为整驾车马同时埋葬，有些成组车马坑排列有序，部分车马坑则将马车拆卸以后埋葬，还有些车马坑内发现殉人。晚商时期宗庙附近的车马坑可能与祭祀活动有关，陵墓区车马坑则可能是以陪葬的形式出现。

商代祭祀活动频繁，人牲或人祭是在祭祀时将人像牛羊一样供奉给祖先或山川神祇，被杀者应为战俘和奴隶。早商时期郑州商城和偃师商城就发现不少祭祀遗存；商中期的郑州小双桥遗址发现大量祭祀坑，有人祭坑和牲祭坑，其中一座祭祀坑内出土牛头、牛角近百个，不少学者认为是商王朝的宗庙或祭祀场所；晚商时期祭祀活动更为普遍，殷墟的大量祭祀坑集中分布于宫殿宗庙区、王陵区和宗族墓地。宫殿宗庙区祭祀坑主要发现于乙组建筑基址附近，如乙七基址南部发现大批排列规则的排葬坑，在基址夯土、柱下、门廊处都有。发掘者将其划分为北、中、南三组，其中北组54座，中组80座，南组1座，这些排葬坑一般埋有殉人、牛、羊、狗的骨架，以及青铜礼器、兵器等，乙七基址共有人牲600个左右。殷墟西北王陵区东区大墓附近发现祭祀坑2 500座以上，发掘1 400多座，形制一般为长方形或方形，密集有序地分组排列，有人祭坑、牲祭坑和器祭坑三类。人祭坑多长方形竖穴土坑，身首俱全者每坑1～10人，有活埋呈捆绑挣扎状者，无头躯体一般每坑10人，埋头者每坑3～39人。男性多15～20岁，少数30～35岁，女性均22～28岁，儿童为6～10岁。殷墟后岗、大司空村等族墓地附近也发现了一些方形或圆形的人祭坑与牲祭坑。刘家庄出土青铜甗内有烹煮的女性人头骨。据统计，卜辞中商王祭祀共用人牲1.4万余，仅武丁一代就用了9 000多，以后逐渐减少。

人殉是特权阶层死后以亲信侍从陪葬侍奉的行为。殉葬对象有陪臣、妻妾、亲信、侍者等。早期资料较少，后期盛行，大墓均有人殉，部分有人牲，中型墓半数有人殉，小墓个别也有人殉。如 M1001 共有殉人 164 个，其中全躯者 91 个，无头躯体 61 个，头骨 73 个；武官大墓殉人 79 个；妇好墓殉人 16 个。人殉分等级或有不同的葬具及随葬品。

5. 晚商社会经济与文化艺术

晚商是中国青铜时代最为繁荣鼎盛的时期。青铜器包括容器、工具、兵器、乐器、车马器及装饰品。其中容器有鼎、鬲、甗、簋、爵、觚、斝、觯、觥、盉、尊、壶、卣、方彝、罍、盆、盂、瓿、盘等；兵器有戈、钺、刀、矛、镞等；乐器有铙、鼓、铃；工具有斧、锛、凿、锥、钻、锯、刀、铲、锸、鱼钩等；生活用具有簪、镜、匕、勺等；车马器有軎、轭、辖、辕饰、马镳、节约、铜泡、弓形器等；装饰品有面具等。无论种类、数量都有大规模增长。商代青铜礼器以酒器为核心，妇好墓中出土各类青铜器 468 件，包括礼器 210 件，其中觚 53 件、爵 40 件、斝 12 件，酒器占礼器的一半。晚商铜器器壁较厚，体形高大，方形器流行，纹饰繁缛精细，形式多样，并盛行三层花纹，装饰以夔龙、兽面、凤鸟、蝉纹等为主题，以云雷纹衬底和修饰，使青铜器装饰华美而富有层次。晚商时期青铜器铭文开始出现，早段多为单一的族徽，晚段出现长达 20 多字的长篇铭文，为青铜器及商代历史研究提供了十分珍贵的资料。在殷墟小屯东北地、苗圃北地、孝民屯西地和薛家庄附近已发现四处青铜冶铸作坊遗址。其中小屯东北地青铜冶铸遗址位于殷墟宫殿区范围之内，可能为王室的铸铜场所，从发现的大量陶范、陶模形制来看，主要铸造鼎、爵、觚、簋、壶、卣等以及兵器戈、镞、矛和车马器。殷墟南部的苗圃北地铸铜遗址，总面积达 1 万平方米以上，是目前发现的晚商时期最大的青铜冶铸作坊，发现青铜浇铸场地、陶范陶模制作场地、冶铜熔炉，以及铸铜工匠居住房屋等遗迹，出土大量陶范、冶铜坩埚、铜炼渣、铜矿石、小件青铜器及陶器，铸造青铜器以容器为主，发现的四五千块范无一重复，说明范都是一次性的，使用的时间从殷墟文化一期延续至四期。孝民屯铸铜遗址位于殷墟西区，主要铸造青铜兵器和工具，出土一批陶模、陶范、冶铜熔炉、铜炼渣等，从殷墟文化二期延续至四期。薛家庄铸铜遗址位于殷墟东部，出土大量陶范，其年代大约从殷墟文化二期延续到四期。这些作坊已有较细的专业化分工，需经制模、翻范、浇铸三道工序，冶铸技术已达到相当成熟的程度，可用数十块外范铸造出复杂的器物，如 1939 年殷墟王陵区出土的“后母戊”大方鼎用 30 多块范合范浇铸而成，重达 875 公斤，是目前已发现的中国古代形体最大和最重的青铜器。商人不仅熟练掌握了合范浇铸技术，能够利用结构复杂的泥范制作精巧的器物及大型王室重器，而且已经注意到青铜合金配比的问题，能够根据铸造器物的用途适当改变青铜合金的配比，有铜铅、铜锡和铜铅锡，也有纯铜，成色也不相同。在江西省瑞昌市铜陵铜矿遗址发现我国商周时期一处集采矿、选矿、冶炼于一体的大型矿山遗址，发现炉壁残片、炼渣等，出土陶鬲、豆等，为商代器物类型，根据合连山北坡的商代遗址出土陶器判断，时代介于吴城一期、二期之间，年代上限为商代中期，延续至春秋晚期至战国早期。山西绛县西吴壁村冶铜遗址，面积40万平方米，包含从新石器时代至二里岗时期遗存，其中以二里头、二里岗时代遗存最为丰富。二里岗时期冶铜遗址发现有房址、窖穴、炉渣等遗物，房址分为里外间，里间有经灼烧的壁龛，房址内出土炉渣、炉壁等冶铜遗存。此外发现数量众多的冶铜工具，还发现一件二里岗时期的磨制石磬，与冶铜遗存共出的还有二里岗时期的鬲、豆、盆、大口尊等陶器。西吴壁遗址的发现为早期冶铜手工业技术研究提供了直接证据。

晚商陶器出土数量非常庞大，在日常生活中仍是主要用具，还出现用瓷土烧制的白陶、硬陶和原始瓷器。普通陶器以泥质灰陶、夹砂灰陶为主，另有褐陶、红陶等，纹饰以绳纹为主，有弦纹、划纹、三角纹、附加堆纹等。炊器有鬲、甗、甑，食器有簋、豆、盆，酒器有觚、爵、斝、尊、罍、卣、觯，盛器有罐、瓮、大口尊等。其中鬲、簋、豆等陶器演变的时代特征较为明显。早期陶鬲形体较高，晚期变得低矮，鬲裆和实足跟由高变低甚至消失，绳纹逐渐变粗；早期陶簋多为侈口斜腹矮圈足，晚期腹部内收，圈足加高，早期多素面或仅饰以弦纹，晚期腹部多饰以三角形划纹；早期陶豆有真腹、假腹两类，晚期仅见真腹豆，豆盘由深变浅，圈足由粗矮变得细高，至殷墟文化四期陶豆逐渐消失。此外殷墟墓葬中常见陶觚、爵、豆的随葬组合，早期近似实用器，晚期则向明器化发展，制作越来越简单粗糙，器物形体较小，失去了实用的意义。白陶、硬陶、原始瓷器皆为高岭土烧制，烧成温度在1 000℃以上，质地细密坚硬，陶胎呈灰白色，器表呈紫褐、橙黄、蓝灰和灰白色，商代白陶只发现于安阳地区，多见于大中型墓葬，花纹似铜器花纹，大约仿自铜器，甚至比铜器更珍贵。原始瓷器釉质光亮，呈青绿、黄绿色，器类有豆、罐、壶、簋、瓿等。纹饰多为陶模印制，有饕餮纹、夔纹、龙纹、蝉纹、云纹、雷纹、三角纹、方格纹、乳钉纹、涡纹、弦纹、绳纹、篮纹、附加堆纹等，制作精致。安阳殷墟、藁城台西、隆尧双碑等遗址都发现有晚商制陶作坊或陶窑遗址。其中殷墟小屯南地、苗圃北地、薛家庄等多个地点都有发现，陶窑一般呈馒头形，由火门、火膛、火道、窑箅、窑室等构成，苗圃北地以西约300米处，还发现大量制陶工具和烧制变形的陶器，可能都属于都城范围内的制陶作坊。河北隆尧双碑遗址也发现晚商陶窑、房基、窖穴、灰坑等遗迹，陶窑形制与安阳一致，出土大批陶器半成品、烧制变形的陶器以及陶坯等。

玉器常用于祭祀礼仪活动，其地位仅次于青铜礼器，同时大量用作生活用品及装饰品。安阳殷墟、信阳罗山天湖、滕州前掌大、青州苏埠屯商代墓地都有大量玉器出土，仅妇好墓就随葬755件玉器。晚商玉器材质较为广泛，有新疆和田玉、辽宁岫岩玉、河南独山玉，以及绿松石、孔雀石等。和田玉属于透闪石类软玉，青、白、黄、碧、墨等色彩丰富，晚商和田玉大规模输入中原，商人利用玉料颜色不纯巧妙地设计制作出“俏色”玉器，器形种类繁多，创作出很多新的造型和品种，在玉礼器大量增加的同时，玉器世俗化、生活化的倾向也越来越明显。其中礼仪用器有簋、豆、盘、琮、璧、牙璋、钺、戚、矛等；装饰品有璧、环、璜、玦、觿、韘（扳指）、璇玑、玉人以及大量动物的形象，包括走兽类、禽类、鱼类、昆虫类以及神兽类；生产工具有铲、斧、凿、锯、刀、镰、纺轮；生活用具有杵、臼、调色盘、挖耳勺、梳等。一般来说，小型片雕多为装饰品，大型片雕多为礼仪用器，圆雕多为人物或动物形象。纹饰极为丰富，包括直线纹、菱形纹、圆圈纹、云雷纹、兽面纹等。1975 年殷墟小屯西北宫殿区内发现一处制玉作坊遗址，在两座方形房址内出土大量磨石、玉石制品及制玉青铜工具，年代大约相当于殷墟文化四期，可能是专门为商王室加工玉器的场所。这时期玉器加工已有专门的生产部门，加工工艺复杂，工序包括选料、切割、设计、雕刻、打磨、抛光等，采用线刻、镂雕、圆雕、管钻、镶嵌、俏色等技术，已开始使用专门的制玉工具——铊具。石器也有不少发现，在生产工具中仍占大宗，有铲、镰、斧、锛、凿、钻、刀、镞、杵、纺轮、网坠、磨石、调色器等，一般属于实用器，加工简单，多局部磨光。所见石容器觯、簋、豆、罐、罍、壶和石俎以及少量戈、钺等兵器，一般没有使用痕迹，并非实用器，而是用于墓葬及各种礼仪活动的礼器，因此取材较精，加工细致，多通体磨光。此外还见装饰品，有璧、琮、璜、管、人和各类动物形雕像等，多见玛瑙、水晶制品，制作精美。晚商还发现磨制精美的大型乐器石磬。晚商玉石制作的发达不仅是社会经济发展的表现，也是生产力水平提高与青铜工具普及的产物。

骨器在生产生活中仍占据一席之地，数量众多。如妇好墓就出土骨笄 499 件，出土的骨质生产工具有刻刀、铲、锥、凿等，生活用具有豆、杯、匕、勺、笄、锥、梳、针及兵器镞等，装饰品有各种动物形雕像。晚商占卜之风盛行，用于占卜的卜骨数量庞大，仅安阳殷墟遗址出土卜骨数量就在 15 万片以上，一般选材为牛、羊、猪等动物的肩胛骨及龟腹甲，占卜之前卜骨多经过修整，动物肩胛骨要将脊根削平，再加以磨制，龟甲主要修整边缘部分。卜骨上的钻、凿、灼皆为占卜留下的痕迹，一般来说殷墟文化早期卜骨上多有钻无凿，或有钻有凿，钻凿排列无规律，殷墟文化晚期卜骨一般钻、凿皆有，并且排列规整。在殷墟大司空村、北辛庄、花园庄和苗圃北地发现多处制骨作坊遗址。大司空村制骨作坊总面积达 1 300 多平方米，发现加工骨器的场地，以及堆积骨器原料和半成品的骨料坑，并出土大量骨器成品，其年代从殷墟文化二期延续至四期。在制作骨器过程中有较为明确的分工，包括切割、刮削、钻孔、雕刻、打磨等多种工序。

此外，商代晚期发达的手工业还体现在商人能够制作出精美的角器、蚌器、象牙器、漆器和丝麻织物。商晚期蚌器仍在使用，生产工具有铲、镰、刀、锯、镞等，多为实用器，其刃部常常发现有使用痕迹，蚌质的鱼形、蛙形、圆形、柄形、葵花形、长条形饰件，可能是其他器物上的镶嵌装饰，制作较为精致。夏商时期墓葬中出土大量穿孔海贝，如二里岗一墓中最多出460枚，妇好墓出土6 800余枚，苏埠屯M1出土2 700多枚，并有仿制的骨贝以及铜贝出现，说明商代已有通行的货币，并开始产生金属铸币。漆器数量不多，在安阳殷墟、信阳罗山天湖墓地曾有发现，器类有豆、盘等，殷墟西北岗王陵区M1001大墓出土漆盘1件、漆豆7件，信阳罗山天湖墓地出土漆豆8件。晚商时期王室贵族墓葬中常见髹漆木棺，车马坑中也曾出土髹漆马车。商代漆器一般有红、黑、黄、白四种颜色，漆器装饰常以白地红彩、黑地红彩或红地黑彩的形式表现。商代早中期已出现丝麻织品，商代晚期丝麻织品的发现更为普遍，商代墓葬随葬青铜器常常用织物包裹，出土时器表可见丝麻织品的痕迹。商代丝麻织品有三类：第一类是普通平纹织，经纬线大致相等；第二类是畦纹的平纹织，经线比纬线多出一倍；第三类是文绮织，地纹是平纹组织，花纹是三上一下的斜纹组织。甲骨文中亦有“桑”“蚕”“丝”“帛”等字出现。

晚商农业生产规模很大，在殷墟白家坟东及孝民屯晚商文化层中，发现炭化的粟、小麦和黍等农作物，黍粒较现代黍小。在甲骨文中也能见到有关农作物、农业生产工具以及耕作方式的象形文字，如“禾”“麦”“来”“稻”“豆”和“力”“刀”“耒”“藉”“协田”等。粟、黍和麦是当时普遍种植的作物，卜辞中屡见“受黍年”“观黍”“告麦”的记载。商代酒器制造登峰造极，也从一个侧面反映了农业的发展。但青铜农具数量始终不多。此前在郑州商城南关外铸铜遗址发现镢范，在藁城台西商墓中随葬铜镢，晚商有所增加，如妇好墓中有7件铜铲，罗山天湖墓葬中出土1件铜锸。但农业生产中仍大量使用木、石、骨、蚌制成的镰、锄、铲、镢、锸和耒耜等农具。藁城台西出土石铲65件，骨铲17件，蚌铲40件，石镰和蚌镰使用最多，在1929—1932年发掘的殷墟七处灰坑中出土石镰3 640把，其中一个灰坑即出444件。石刀和蚌刀数量不多，但也有发现，殷墟西北岗M260墓室填土中，发现8把木锨，遗址或墓葬中还经常发现木耒、木耜或石铲的痕迹。

商晚期畜牧业得到了长足发展，狩猎和渔猎业也很活跃，在甲骨文中常见祭祀大量用牲，猪、牛、羊动辄数十、数百甚至上千头。在殷墟西北岗王陵区一些祭祀坑中以狗、马、牛、羊等动物为殉牲。殷墟带腰坑的墓葬绝大多数都在腰坑中埋狗。大墓用马坑陪葬者也很多见，墓中常随葬盛在器物中的羊、猪、鸡等肉食。从妇好墓等出土的鹅、鸭形玉石圆雕亦可推测当时可能饲养此类家禽，大量出土的卜骨、骨制品，以及制骨作坊出土的半成品、骨料及废料，多采用牛、猪骨骼，也有用马、羊、狗骨。在卜辞中六畜齐全，记述商王和贵族的狩猎活动十分频繁，狩猎的对象有虎、犀、鹿、狐、兔和麋等。殷墟出土的哺乳类动物骨骼达29种。1978年殷墟西北岗王陵区发现的一头亚洲幼象的身旁有一件铜铃，说明此象是经过驯养的。

商代的文字已发现陶文、玉石文、甲骨文和金文。甲骨文是晚商时期刻在龟甲兽骨上的占卜记事文字，故亦称“卜辞”。1899年由王懿荣首先发现，其后在殷墟大量出土，目前已发现有文字的甲骨15万片以上。甲骨文已是成熟文字，又有原始特征。大约有4 500个单字，已识者1 723字，已具备象形、会意、形声、假借多种造字方法。受材料和刻写方式的制约，文字一般笔画硬直，大多呈方块或长方形。所记内容大到国家之间的战争、祭祀、农事、狩猎，小到商王牙疼及其家事，事事占卜记录。在甲骨卜辞中已出现商人对天文历法的最早记录，有关于日食、月食、星辰以及使用天干地支记日方法的记载。

商人的文化艺术创作反映在大量的出土文物上，几乎所有的日常实用器物都被丰富的装饰手法赋予很高的艺术观赏价值。商人在雕塑、绘画、书法上都取得了很高的成就，礼乐制度的形成也促进了音乐、舞蹈的发展。商代雕塑品包括陶、玉、石、青铜、骨、角、牙、蚌等各类材质，而以青铜器、玉器成就最高。艺术题材广泛，有幻想中的动物如饕餮、夔龙、怪鸟等，还有虎、象、熊、鹿等几十种写实动物形象。装饰纹样多以饕餮纹、夔纹或其他动物纹样为主体花纹，繁缛细密的花纹布满全身，传达出商人神秘、凝重、肃穆、庄严的审美取向和对"神秘的威力"和"狞厉之美"的崇尚，鬼神观念贯穿其中。但也有一些铜器花纹表现的是轻松的生活情趣，如殷墟出土的一件铜盆，内壁铸有四条游鱼，盛水后仿佛有一种鱼在水中游动的感觉。晚商时期青铜造型艺术成就达到顶峰，妇好墓出土的铜鸮尊、湖南醴陵出土的象尊、湖南宁乡出土的四羊方尊、安化出土的虎食人卣、山西石楼出土的兕觥，都是极具艺术价值的精品。殷墟出土的玉石圆雕人像，多作跪姿，神态各异，在装饰手法上印、刻、镂、镶嵌、浮雕、圆雕多种装饰形式并存，讲究图案的均衡、对称、连续、变形与夸张。

乐器与礼器在商周社会具有同样重要的地位。晚商出土的乐器有鼓、磬、铙、铃、钟、埙等。殷墟大墓中出土的鼍鼓、特磬应是王室专用的礼乐重器。鼍鼓为木质鼓腔，鳄鱼皮鼓面，4根木柱为鼓架；磬由石、玉制成，一般3件或5件成套；钟、铙、铃铜铸，商代的编钟一般3件或5件一套，妇好墓出土一套5件编钟，铙多数为3件一套。

青铜礼器、占卜祭祀、文字与中国早期国家的形成和发展几乎同步，而推动中国文明形成这一社会变革的主要动力，是政治而非技术和贸易，商朝就是一个突出的例证。青铜技术以礼器和武器的形式用于政治目的，而非施之于食物生产，从新石器时代到青铜时代，农业生产工具一直都是石器；中国现存最早的文字，即晚商的甲骨卜辞，主要与占卜有关；最早的城市都是政治中心，而非经济中心。这些特点与古代美索不达米亚文明判然有别。后者的显著特点是经济和技术的发展，例如修建灌溉系统，使用金属工具从事农业生产，为了经济贸易活动而创造文字，重视交易场所而逐步形成城市。

四、商代地方文化与方国

商王朝统辖地区分为畿内和畿外两大部分，王畿以外分布之国，商称其为"方"

或“邦方”。文献记载商代有许多方国，武丁时期有御方、井方、危方等三十几个方国。在商西北方有土方、𢀛方、鬼方、羌方，在商之南有人方、虎方。某些方国是商的劲敌，多数比较弱小，臣服于商，渐渐为商所吞灭。在甲骨文和铜器铭文中对方国的战争屡有所见。

山东青州苏埠屯、滕州前掌大，山西浮山县，河南信阳罗山，陕西西安老牛坡，江西新干县大洋洲，河北定州北庄子等地的考古发现基本确定为晚商的方国遗存。此外，有商一代，周边地区还发现很多地方文化，伴随着商代从兴起到灭亡，自成体系又与商文化相互影响。北方地区有河北藁城台西村遗址，燕山一带有围坊三期文化，陕北地区有李家崖文化，长城沿线有朱开文化晚期，西北地区有甘肃东南部的辛店文化和青海东部的卡约文化，东北的辽河流域有高台山文化，辽东半岛有羊头洼类型，千山山地有庙后山文化。东部有珍珠门文化，南方地区有湖北黄陂盘龙城、江西樟树吴城、江苏江宁湖熟文化、福建黄土仑类型等，西南地区有三星堆文化等，其中有的可能也是商代的方国。

江西樟树吴城。1973年发现并命名为“吴城文化”，分布于环鄱阳湖和赣江中下游地区，已发现200余处遗址，瑞昌铜岭、新干大洋洲大墓即属吴城文化。吴城城址平面近圆角方形，城墙周长2 860米，面积61.3万平方米，发现11个城门。城内有大型宗教祭祀场所、居住区、铸铜及制陶和原始瓷器的作坊区等，出土各类文物3 000余件，城内出土青铜器很少，但在新干大洋洲墓内随葬铜器达475件，制作极其精美。陶器有鬲、罐、豆、盆、碗、尊、大口尊，陶瓷器和石范上发现刻划文字、符号200多个，有的与甲骨文相似，有的更为原始。2002年在一段近10平方米的外城壕内发掘出近20具人头骨及肢骨，可能与奠基或猎头仪式有关。文化遗存可分为三期，一期相当于商代中期，二期相当于殷墟早中期，三期相当于商末周初。吴城文化最盛时期相当于殷墟早中期，应是在商文化影响之下兴起的一种地方文化，有人认为属于商代“虎方”，或可能是南方古越族的一支即扬越。

湖熟文化。1951年发现，以江苏江宁湖熟镇命名。分布于长江下游江苏、安徽一带，典型遗址有湖熟老鼠墩、南京北阴阳营、丹徒团山等，大都位于土墩之上，有房屋、陶窑等遗迹，陶器以带角状把手的鬲、鼎最富特色，出土有小件青铜器和卜甲、卜骨。该文化是在点将台文化的基础上，吸收中原商文化及岳石文化、马桥文化部分因素而形成的。大体与中原地区商、周初同时。近年发掘的秣陵中庄遗址，位于南京市江宁区秣陵街道中庄村，文化堆积主要为湖熟文化，发掘墙基槽1个、灰坑1个、柱洞20个，墙基开凿于生土层，挖掘较深，未见夯筑痕迹，柱洞大而深，分布有一定规律。遗址出土大量陶器，有鬲、鼎、甗、瓮、罐、盆、簋、器盖等。其中鬲有低裆和高裆之分，鼎据足部分为圆锥足鼎、扁锥足鼎、圆柱足鼎。

浙江地区主要发现以印纹硬陶为代表的文化遗存，陶胎中含有高岭土，质地坚硬，器类有尊、罐、豆、瓮、钵、盆等，器表拍印各种几何图案，与中原地区差异较大。东南沿海地区夏商时期发现大量的以黑衣陶器为代表的文化遗存，分布范围以闽、浙、赣地区最为集中。近年在福建浦城县下洋村猫耳弄山发现商代窑群，在250平方米的范围内共发掘窑炉6座，圆形、椭圆形、龙窑三种窑炉并存，以生产黑衣陶器为主。其中长条形窑炉大概可一次烧成近百件陶器，应是迄今为止所知年代最早、保存最完好的龙窑。

三星堆文化。1929年发现于四川广汉城西南兴镇三星堆遗址，1934年第一次发掘，80年代以后多次发掘。主要分布于成都平原，典型遗址还有成都十二桥。三星堆遗址面积达12万平方米，发现一座东西1 800米、南北1 400米的古城，夯筑城墙，始筑年代相当于早商。三星堆早期的月亮湾小城，由西城墙北段、青关山—真武宫北城墙、东侧月亮湾城墙和南侧马牧河合围而成。在月亮湾小城的基础之上，后来逐渐扩建起来三星堆大城，平面呈北窄南宽的不规则梯形，东西城墙外均有壕沟，城墙由主墙体和内外护城坡组成。城内重要遗存有北部月亮湾玉石器坑、三星堆器物坑8座、西北角的青关山大型建筑、东北角的仓包包小城，城址以西发现三星堆早期墓地。三星堆遗址西北的鸭子河两岸还发现有呈线性分布的中小型聚落，时间与城址相同，构成以三星堆城址为中心的超大型聚落。清理出房屋基址、灰坑、墓葬、祭祀坑等，排列有序。房基有圆形、方形、长方形，多为地面木构建筑，大者200平方米、小者15～30平方米。1986年在城址南墙内发掘2座大型祭祀坑，2021年新发现6个祭祀坑。出土青铜、玉石、象牙、陶、贝、骨、金等质地的珍贵文物数千件。陶器以褐陶为主，典型器有小平底罐、高领罐、高柄豆、圈足盘、鸟头把勺等，具有浓郁的地方风格；两组不同风格的青铜器共存，一组为具有中原文化风格的铜礼器罍、尊、瓿、盘、戈等，一组为数量众多的土著文化青铜人像、面具、神像及神树等，人物形象夸张，瞳孔凸出，面容狰狞，衣冠怪异，神树高3.84米，树上九枝，挂有蟠龙、立鸟、硕果、铃，应是巫术或祭祀专用的神器。还有制作精美的金面具和象征权力的金杖。关于三星堆文化的来源、性质、年代的探讨目前都还存在分歧，一般认为三星堆可能是古蜀国的政治中心。三星堆文化是与外来文化彼此融合的产物，是多种文化交互影响的结果。其主要遗存年代距今4 500～2 800年，从夏晚期延续到商末周初。2001年发现的成都金沙商晚期至西周时期遗存可能是三星堆衰亡后古蜀国兴起的另一个都邑，出土近一吨象牙，2 000余件金、玉、铜、石、陶器等珍贵文物，其中金器30多件，有反映太阳崇拜的太阳鸟金饰、金面具、金带等，金面具和小型铜立人像与三星堆遗址风格一致。

在陕西汉中城固、洋县出土的晚商青铜器，特别是兵器、工具、面具和铺首等，具有某些四川地区青铜文化的特点，而其礼器则与殷墟基本相似，被认为属古代羌人的遗存。

浮滨文化。1974年发现于广东省潮州市饶平县浮滨塔仔金山。广泛分布于粤东、闽南区域，已发现遗址近百处，在闽南漳州、漳浦、南靖、平和、南安、云霄、泉州、惠安、莆田，粤东潮汕地区的潮阳、潮安、普宁、揭阳、揭西、大埔、丰顺、南澳，香港马湾东湾等地均有分布。流行竖穴土坑墓，随葬品以长颈大口尊、圈足折腹豆、带流壶等为陶器组合，陶器多施褐色釉，腹部或肩部刻有符号或文字。石器多见直内戈、三角矛、凹刃锛等，有少量小型青铜器，如戈、戚、矛、匕首、斧、有肩斧、刀、铜铃。是闽粤东南沿海地区受到商文化强烈影响而产生的早期青铜文化，大致年代在商代中晚期至西周前期。

珍珠门文化。20世纪80年代发现于山东烟台长岛珍珠门遗址。主要分布于胶东沿海及部分岛屿，经发掘的还有烟台芝水遗址。所出陶器以夹砂素面褐陶为主，器形有鬲、甗、鼎、簋、盆、罐、碗、瓮、器盖等。承袭岳石文化而来，被认为是商代晚期至西周早期的夷人文化。

李家崖文化。20世纪60年代发现于陕西榆林清涧高杰村乡李家崖。典型遗址还有绥德薛家渠、甘泉县闫家沟、山西柳林高红等。铜器群包括中原式礼器和北方草原风格的工具、武器。年代约相当于商代晚期至西周初期。1981年发现李家崖商代城址，为不规整的长方形，面积6.7万平方米。现存东、西城墙，为土石结构。东城墙保存较好，长约130米，残高0.5～3米。南、北以深百余米的河道悬崖为屏障。城内有半地穴式房子、夯土围墙的房子、外有围墙的殿庙式大型建筑及墓葬。陶器有鬲、豆、簋、盆、甗、缸、三足瓮等，铜器有戈、钺、斧、戚、蛇首匕、马首匕、镞等，骨器有镞、锥、匕等，石器有斧、刀等，还发现石刻骷髅形人像、卜骨。推测与商周时代活动在该地区的鬼方、土方、𢀛方等方国文化有关。清涧辛庄发现大型建筑遗址，遗址的东、西、南三面临沟，北面有一条环壕，将遗址围成一个独立区域。发现大、中、小三类建筑，在老爷盖山顶发现的大型礼仪建筑，由主体建筑与两级回廊组成，主体建筑F1位于遗址最高处，呈长方形下沉式院落，回廊见于主体建筑的东、南、北三面，其中南北回廊与F1的南北两壁和门道平行，东回廊与主体建筑东壁平行与门道垂直，整组建筑外观呈三重环围式楼宇，中间为夯土台基围成的长方形庭院，院落中间西部保存有一处主体夯土建筑和门房等设施。小型建筑也是下沉式，呈“日”字形，中间为夯土台基，将小型居住遗址分成南北两个院落，每个院落各有一排居住房址，居住址沿墙基呈L状分布，南边10间，坐北朝南，东边5间，坐西朝东。房址可以分为单间、一堂一室、一堂三室和开放型。中型礼仪建筑为下沉式“甲”字形布局。出土陶器、铜器、骨器、石器、卜骨等。遗址为晚商文化的李家崖类型。甘泉县闫家沟村发现的一批商代青铜器也具有北方草原风格，其中出土的2件铜马是国内所见最早的马雕塑。

北方系青铜器最早出现于河套一带的朱开沟文化第五期（早商），以青铜短剑、刀为代表，商代晚期传布到整个长城沿线广大地区，形成具有共同青铜工艺风格的北方青铜文化系统，并影响到东北地区的夏家店下层（晚期相当于商早期）、高台山文化和西北地区的卡约文化，乃至新疆东部的青铜文化。

围坊三期文化。以天津蓟州区围坊遗址第三期文化遗存命名。分布地域与大坨头文化基本重合。典型遗址有河北宣化李大人庄、涞水渐村等。商代中期，大坨头文化与来自长城地带以花边鬲为代表的文化融合而产生围坊三期文化。典型器物为高领鼓腹鬲，口沿带一周附加堆纹，俗称“花边鬲”。年代相当于晚商。进入西周后，该文化发展为张家园上层文化。

辛店文化。1924 年安特生在甘肃临洮县辛店村发现。分布于黄河上游甘青地区，典型遗址有甘肃永靖张家嘴、临夏姬家川、马路塬、甘谷毛家坪、东乡唐汪川山神庙遗址，青海民和山家头等。按从早到晚的时间顺序，划分为山家头类型、姬家川类型即典型的辛店遗存、张家嘴类型，包括唐汪式陶器。按分布地域由东渐西，彩陶由少到多。房址多为长方形半地穴式，斜坡门道在西，中有圆形灶。墓葬有长方形竖穴土坑墓、偏洞墓和不规则形墓。葬式有仰身直肢葬、屈肢葬、侧身直肢葬、俯身葬、二次葬等。随葬品以陶器为主，还有铜器、装饰品等，流行用牛、羊的部分躯体随葬，置于人的头部上方，还发现有殉葬墓。陶器以夹砂红褐陶为主，质地较粗，器表普遍施彩绘，多见鬲、双耳罐、四耳罐、盆、杯、鼎、豆、盘等，铜器有锥、矛、匕、凿、铜泡等。辛店文化是在齐家文化晚期的基础上，接受马厂类型彩陶文化因素发展而来。其经济生活以畜牧业为主，兼营农业。时代上限不晚于距今约 3 400 年，从商代一直延续到西周晚期。

寺洼文化。因发现于甘肃临洮寺洼山而得名。分布于甘肃中南部的洮河、白龙江，东部的泾河上游地区。聚落已具相当规模，墓葬多竖穴土坑墓，葬具有棺或棺椁，有单人葬、合葬和火葬。少数墓中发现殉人和陪葬车马。随葬品有陶器、青铜器、装饰品及马、牛、羊的骨骼。陶器多素面夹砂红褐陶，彩绘极少，发现有刻划符号。典型器物为马鞍形口双耳罐、罐形扁足鼎、扁足袋状鬲等。青铜器有戈、矛、镞、刀和铃等。年代约公元前 14—前 11 世纪，当商末周初，其族属为羌人或曰戎狄。

先周文化。夏商之时，周人先祖的史迹已见于文献记载，大约从相当于商代早期前后的公刘居豳，到古公亶父迁岐、文王迁丰、武王灭商，这段历史与商王朝相始终。“先周文化”是指武王克商以前周人或以周族为核心的群体创造和使用的文化。依据文献记载，先周的活动范围主要集中于秦岭以北的泾渭地区，关中西北部、西部及陇东一带、周原地区。1933—1937 年，苏秉琦发掘宝鸡斗鸡台墓葬，通过对瓦鬲的类型学研究，提出斗鸡台瓦鬲墓初期以袋状锥足鬲为特点的周文化遗存早于西周早期周文化，即先周文化。此后发现多处地层叠压关系，特别是沣西马王村上下叠压的灰坑 10、灰坑 11 及其出土的西周早期陶鬲与袋状锥足鬲，确立了划分先周和周界限的标尺。目前先周时期考古学文化遗址已发现多处，主要有宝鸡斗鸡台墓地、扶风刘家墓地、北吕墓地、武功郑家坡墓地、黄家河墓地、长武碾子坡墓地、西安老牛坡遗址、凤翔南指挥西村墓地、宝鸡纸坊头遗址、高家村墓地等。居住遗址有地面式、半地穴式和窑洞式三种。有的房子废弃后成为灰坑。灰坑形制多样，陶窑均为竖穴式，由窑室、窑箅、火膛组成。墓葬分布密集，但很少有打破关系，以中小型墓为主，一般为竖穴土坑，也有偏洞室墓和极少数石棺墓，单棺，葬式存在地区差异，并且随着时间的演变从早到晚具有不同特征，如早期男性多仰身直肢葬，女性多俯身直肢葬，而晚期却是女性仰身葬，男性俯身葬等。有的墓还发现有壁龛。多随葬陶器、装饰品或大量的青铜兵器，典型陶器是联裆鬲和袋状锥足鬲，流行双耳或横鋬，陶器口部常见压有石块，墓室内也普遍随葬大石块。目前对于先周文化的来源、分期都缺乏统一认识，一般认为其渊源主要来自客省庄二期文化，或是多种文化因素融合而成，如殷墟商文化、山西一带的光社文化分化出的姬周文化、甘青地区的辛店文化和寺洼文化等姜炎文化。

第四节　西周文化

一、西周考古的特征与分期

先秦文献和铜器铭文中关于西周的记载已较为丰富，但共和元年（公元前841年）以前缺乏确切的纪年。按夏商周断代工程，公元前1046年武王克商，西周立国，分封70个诸侯国。文献记载从古公亶父迁岐，到文王作丰，武王都镐，成王营建洛邑等西周史迹，基本可以与考古发现相印证。西周文化以陕西泾渭地区为中心，主要分布在陕西中部和甘肃东部地区。陕西岐山周原早期都邑遗址、长安县丰镐遗址的发掘都取得重大突破。20世纪50—60年代发掘丰镐遗址大批墓葬，为西周考古文化分期建立了标尺，普渡村长甶墓出土了一批周穆王时期的标准铜器。70年代以后相继在周原地区发现凤雏、召陈、强家等宫殿宗庙建筑基址。1984年在丰镐遗址发掘了花子楼5号宫室建筑。西周时期的一些诸侯国都城也有重要发现，如三门峡李家窑虢国上阳城、琉璃河西周燕国都城遗址、曲阜鲁城等。

近百年来，周原发现青铜器窖藏达70多处，出土铜器千件以上，应是西周晚期国人暴动或犬戎入侵贵族仓皇出逃留下的遗存。1975年岐山董家村窖藏出土包括裘卫四器在内的37件青铜器。1976年在扶风县庄白1号窖藏出土青铜重器103件，有铭文的74件，属于微史家族的铜器55件，著名的史墙盘有铭文284字，记述周初诸王和微史家族的历史。同年陕西临潼零口出土包括记录武王征商事的利簋在内的60件青铜器。2003年眉县杨家村出土青铜器27件且均有铭文，铭文总字数达4 045字，内容涉及西周11代12王，其中一件逨盘铭文长达372字，历述文王至宣王各代单氏家族的祖考和作器人的事迹。2006 年扶风城关镇五郡村窖藏出土 26 件铜器，其中 2 件琱生尊，铭文相同，各 113 字，记载了召氏家族内部关于土地仆佣再分配之事。著名的盂鼎、大丰簋、毛公鼎、大克鼎、史墙盘等均出土于周原。这些铜器铭文内容涉及奴隶赏赐、土地交换、征伐夷方、册命赏赐、诉讼判决等。年代多属西周中晚期。此外，在沣河西岸的张家坡、马王村、新旺村、下泉村等均有铜器窖藏发现，不仅为研究西周社会制度提供了重要史料，同时提供了一批王世明确的标准器，大大推进了西周铜器的断代研究。

西周文化可分为早、中、晚三期。晚期与春秋早期文化内涵相近，可以合并为一期。

（1）西周早期。约公元前 11 世纪至前 10 世纪中叶，西周初到康昭时期。以沣东遗址早期、沣西遗址早期、沣西墓葬第一期为代表。流行灰陶，器形有瘪裆鬲、矮圈足簋、粗柄豆、罐。饰以细密而深的绳纹，鬲、罐常有抹去颈部绳纹的习惯。青铜器有鼎、簋、甗、罐、鬲、觚、爵、觯、尊、卣、瓿、罍、觥、壶、盘等。鼎多圆腹垂耳，柱足中间稍细。簋的双耳下有一小珥，开始流行圈足下带方座。常见云雷纹、饕餮纹、鸟纹，铭文少，也有二三百字的，一般都用肥笔。《利簋》32 字，记载武王伐纣，康王时器；《何尊》122 字，记载王营成周，成王时器。

（2）西周中期。公元前 10 世纪中叶至前 9 世纪中叶，周厉王以前。包括沣东遗址中期、沣西遗址早期的一部分、沣西墓葬第二期、宝鸡茹家庄西周墓、长安普渡村长甶墓等。泥质陶增加，流行联裆鬲、素面盆，簋的圈足较高，豆柄有的变细，罐饰弦纹和泥饼，盂开始流行。青铜器以饮食器为主的礼器增多，酒器如觚、爵、斝等大为减少甚至绝迹，新出现簠、盨、杯、匜。鼎腹变浅，出现腹耳鼎，兽形足，带盖簋增多，盖的捉手呈喇叭状，始见轻薄草率之风。饕餮纹减少，简化的变体夔纹流行，出现瓦纹、窃曲纹、重环纹，铭文较长，字体细长，末尾常有“子子孙孙永宝用”语。《大克鼎》290 字，内容为歌颂祖先美德和接受册命封赏，孝王时器。

（3）西周晚期—春秋早期。公元前 9 世纪中叶至前 7 世纪中叶，厉、宣、幽时期。以沣东遗址、沣西遗址晚期，沣西第三、四、五期墓葬，三门峡上村岭虢国墓地，郏县铜器群为代表。灰陶占大宗，陶鬲减少，多仿铜鬲，足底近平，柱状根，圈足簋绝迹，细柄豆、素面平底盂流行，纹饰有绳纹、弦纹、划纹，素面大量增加。铜器中酒器绝迹，以鼎、簋组合为主，水器盘、匜、壶常见，编钟增至一套 7～9 件。鼎流行大口浅腹，腹耳多见，马蹄形足，腹部纹饰简化，有的仅见一道弦纹，簋多鼓腹带盖，有的圈足下另加三个小兽蹄足。夔纹、鸟纹逐渐绝迹，饕餮纹变小作为器足上的装饰，而盛行窃曲纹、重环纹、变形夔纹。长篇铭文增多，最长者如《毛公鼎》达 497 字，记宣王时册命褒赏毛公之事。字体长方、规整，不用肥笔，末尾仍为“子子孙孙永宝用”语。

二、西周考古发现与研究

1. 都城与宫殿建筑

周原遗址。周人的发祥地。自古公亶父由西迁徙至周原，直到文王晚年迁居丰，周原一直是早周都邑，氏族贵族的聚居区。武王灭商后，将周原分封给周、召二公作采邑。直到犬戎入侵，岐邑毁于战火而废弃。周原遗址位于岐山与扶风两县北部，包括扶风的法门、黄堆乡和岐山京当乡，东西约 3 公里，南北约 5 公里，遗址分布密集。1989 年在岐山贺家村遥感探测发现大型夯土基址群，面积约 94.5 万平方米，推测为岐邑的可能性很大。岐山京当乡凤雏村和扶风召陈、云塘发现多处城墙遗迹、大型宫殿基址，并发现铸铜、制陶、制骨、玉石作坊和普通半地穴式、深土窑式房址。发现有大量青铜器窖藏。墓葬一般都是中小型竖穴土坑墓，少数为洞室墓，近年在周公庙一带发现四个墓道的大墓。周原遗址时代从先周至西周末年。

凤雏甲组宫殿。1976 年在岐山京当乡凤雏村发现规划非常整齐的西周宫殿建筑。宫殿坐北朝南，前后两进院落。南北 45.2 米，东西 32.6 米，最南为影壁，其北有门、东西门房、中院、前堂、东西小院及后室五间，两边为各八间对称的东西厢房，以回廊相连，形成南北中轴对称的封闭式建筑（见图 5－9)。前堂是主体建筑，台基上纵横排列柱洞，可复原为面阔六间、进深三间的大型建筑。建筑方法为夯筑台基，挖沟作基槽，挖去院子和门道夯土，刮平墙壁。墙厚 60 厘米，壁里插柱子，中间柱子承重。地面涂抹由细沙、白灰、黄土混合而成的三合土。有陶质下水管道。发现较多瓦，长 60～70 厘米，有瓦钉或瓦环可固定位置，大约当时只在部分部位用瓦。发现深 31 米的水井，近底部井壁外扩，堆满陶片，可能具有过滤功能。在基址西厢南边第 2 号小房内的 H11、H31 窖穴中出土 1.75 万多片甲骨，有字甲骨 293 片 600 多字，多有方形凿，字体较殷墟甲骨文细小，内容主要为有关祭、告、年、出入、田猎、征伐和杂卜等占卜刻辞，涉及殷周关系、周人与方国关系以及周初重臣人名、地名和月相等。从层位关系看，凤雏甲组基址年代上限应不晚于西周早期即文王前后，因发现祭祀殷王帝乙与太甲及记载殷王来田猎的卜辞，故这组建筑的始建年代当在武王克商前，属先周晚期遗存。废弃于西周晚期。在基址南北各有一道东西向夯土墙遗迹，长 700 余米，宽约 8 米，外有护城河，城墙年代不早于西周中期，不晚于战国时期。凤雏甲组宫殿“前朝后寝”“前堂后室东西厢”对称的布局体现了中国古典建筑的突出特点，是类似于四合院式的封闭性高台建筑。关于凤雏甲组宫殿遗址的性质，一种意见认为属贵族的宅第或行宫，一种意见认为属宗庙。《尔雅·释宫》曰：“室有东西厢曰庙。”该遗址有东西厢，并在西厢的 H11 放置卜龟，当为庙所专有的“龟室”。

凤雏 6 号夯土基址。位于甲组东侧，现存与西周地面齐平的散水以及地面以下的黄土建筑，复原其为有北、东、南、西四座夯土基址围绕中间庭院而成的一座四合院式建筑，面积约 1 400 平方米，始建于西周早期，废弃于西周晚期。

凤雏西周社祭遗存。与凤雏基址相距数十米，为两座独立的夯土建筑基址，其中一座呈“回”字形，总面积约 2 600 平方米，是目前所见规模最大的西周时期单体建筑，中部为长方形院落。西周社祭遗存发现于院落中部，主体是一巨型社柱石，其上部残缺，仅存基座，埋入地下部分 1.68 米，社柱石正南方是一方形石坛，用自然石块垒砌而成，在社柱石和祭坛东侧发现多座祭祀坑。时代为西周早期到中期。

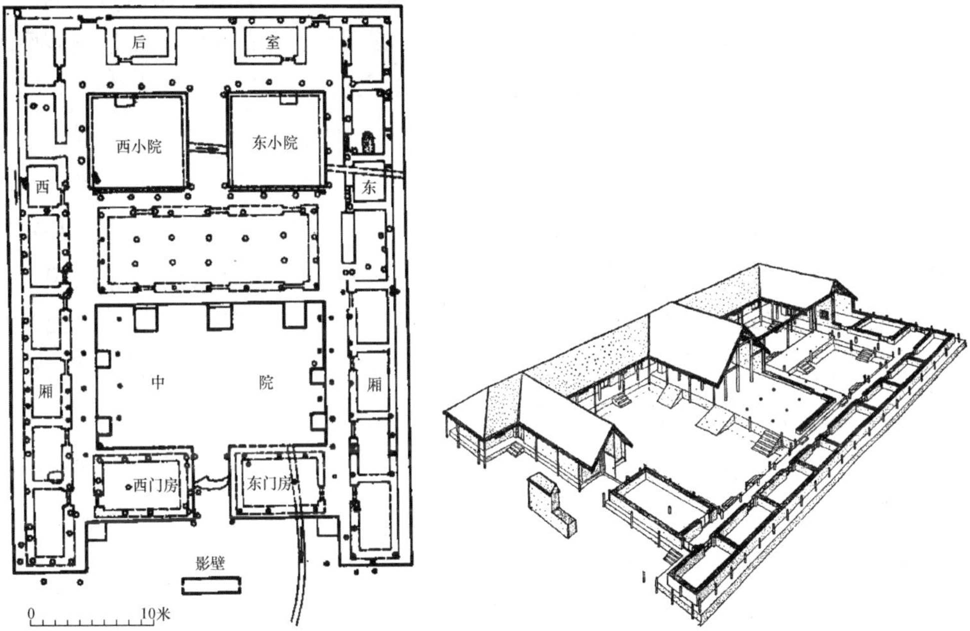

图 5-9　岐山凤雏甲组建筑基址平面图及复原图

召陈建筑基址群。扶风县召陈大型建筑基址群面积达 6 375 平方米，已发掘 15 座夯土基址。分上下两层，下层 2 座，F7、F9 时代较早，始建于西周早期，为高大的“四阿重屋式”建筑；上层 13 座，大约始建于西周中期前后，废弃于西周晚期，其中 F3、F5 和 F8 规模较大，保存较好。3 号台基长 24 米，宽 15 米，发现有整齐的柱础石，直径 0.9～1 米，台基四周用卵石铺设散水，发现大量板瓦、筒瓦、半瓦当等建筑材料，表明瓦的使用已经比较普遍。从平面布局看，中间为堂，两侧为厢房，厅堂与厢房间设有隔墙。未发现自成院落的迹象，各建筑物之间的关系也不明确。

扶风云塘、齐镇建筑基址群。共发现大型夯基十余座。西部的一组由 F1、F2、F3、F8 四座建筑和围墙组成，呈“品”字形，围墙外有筒瓦和板瓦扣合的排水管道。F1 为主体建筑，位于中部偏北，平面为“凹”字形，上有柱础坑，中为厅堂，周围有房间及台阶五处。屋前中央有左右两个门道，门道有三级台阶，各有一条用卵石铺砌成三角形纹的石子路，延伸向正南的F8即门塾后面，相连呈“U”形，F2和F3分别位于主体建筑的东南和西南，为附属建筑。云塘发现大规模制骨作坊，出土大量的骨笄及半成品、废骨料，并有铜锯、刀、钻和砺石等工具。齐镇村东发现的夯土基址较小，每间约12平方米，有内外间，居住面及四面墙壁抹成红色，时代为西周中期，村北发现铸铜和玉石加工作坊。

丰镐遗址。文王为商之西伯，移都丰，武王灭商，建都镐，合称宗周。至平王东迁毁于战火，镐是西周三百年间的政治文化中心。丰都位于沣河西岸，范围约6平方公里，镐京位于沣水东岸，面积约4平方公里，合称为丰镐遗址。大体范围在今西安市西南25公里的长安区客省庄、马王村、花园村、斗门镇一带，发现多座大型夯土台基。1955—1957年在沣西的客省庄、张家坡发掘出宫殿和墓葬。1981—1984年在客省庄西南、马王村北一带，发现14座大型夯土建筑基址，有陶质排水管和道路，在马王村一带发现3处较大的残夯土基址、墓葬和窖藏坑等遗迹，斗门镇以北的花园村和洛水村探出夯土基址11座。其中客省庄F4，台基呈“T”形，面积约1 826.96平方米，规模比凤雏甲组宫殿大，发现一段残长200米、宽10～15米的道路，附近发现陶水管、板瓦、白灰面、大型石柱础等。1984年在花子楼发掘F5，宫室平面呈“工”字形，坐落在高1.5～1.8米的大型夯土台基上，总面积达1 357平方米，由主体建筑和两翼的附属建筑组成，主体宫室面积851平方米，高达5米。基址内发现有32条残墙、柱洞和大量建筑材料。在F5东南600米处发现一段形成于西周初期的壕沟，附近出土五角形陶排水管道，建于西周中期偏晚，废弃于西周晚期，被认为是毁于西周末期国人暴动或犬戎之乱。它与F4西边的宫殿同处东西并行线上，推测F5为天子寝宫、F4为朝宫。在张家坡一带发掘了上千座墓葬，建立了西周文化分期标尺，其中较重要的是西周中晚期几代井叔的家族墓地，1984—1985年发掘，M157为“中”字形大墓，墓室长5.5米，宽4米，一椁重棺，南北墓道发现车轮26个，是迄今丰镐所见最大的西周墓，其东西两侧的M163、M161均为女性，可能为左右对称的夫妇异穴合葬墓，附近还发现祔葬的马坑。1997年，为配合夏商周断代工程在丰镐遗址的沣西毛纺厂一带进行发掘，发现分属西周中期—西周早期—西周初期—先周晚期的地层堆积，其中后两层属连续堆积，以H18及其出土遗物为代表的遗存属先周文化晚期，即文王迁丰之后至武王伐纣之前，其绝对年代为公元前1050—前1020年，限定了武王克商的年代范围。

洛邑。成周洛邑始建于周成王时。《尚书·洛诰》记述其位置在涧水东、瀍水（谷水）西和洛水之滨，成周建成后，迁殷顽民于成周，以便监控殷遗民和防御东夷人。公元前770年，周平王从镐京东迁洛邑，居于王城。西周成周与东周王城是一城还是两城历来争议不断。东周王城遗址位于洛阳洛河和瀍河交汇处，城址为不规则的方形，城中北部、东南部以及城外为墓区。几十年来，在洛阳瀍河两岸近 6 平方公里的范围内发现了大量的西周墓葬，包括邙山南麓庞家沟的西周贵族墓和瀍河以东到塔湾一带的殷遗民墓，以及铸铜遗址、祭祀遗址、房屋和道路遗迹，但西周城址的情况尚不清楚。庞家沟西周墓地、北窑西周墓地和铸铜作坊址及老城内的车马坑，或为寻找西周成周提供了线索。1984 年在汉魏洛阳城遗址下发现了位于城中部的西周时期所筑的方形城圈，或可为洛邑“王城”和“成周”两城说提供一些根据。

曲阜鲁国故城。位于曲阜洙河和小沂水之间，至迟建于西周晚期，1977—1978 年发掘。文化内涵主要以西周晚期和春秋时期为主。平面略呈圆角长方形，除南垣较直外，其余三面均向外凸出。东西最宽处 3 700 米，南北最宽处 2 700 米，基宽 40 米，面积约 10 平方公里（见图 5－10）。至今部分城垣仍耸立地面，垣墙是直接在地面上起筑，夯筑技术不精。四周有宽约 30 米的城壕，与西、北的洙河相连。城门共发现 11 座，其中东、北、西三垣各 3 门，南垣 2 门。城内发现纵横道路各 5 条，分别通向城门或大型夯土建筑。宫城位于郭城中央及偏南部，东西近 1 000 米，南北约 2 000 米，以中部偏东处的周公庙一带的大型夯土建筑最为密集，最高处达 10 米左右。手工业作坊和一些居住遗址围绕在宫殿区的东、西、北三面。发现有冶铜作坊 2 处，制骨作坊 2 处，制陶作坊 3 处，冶铁作坊 2 处，其中只有 1 处制陶作坊在城外，其余均在城内，发现居住址 11 处和墓地 5 处。居址在西周前期主要分布在城内西、北部，一般靠近城门和道路，西周后期则可能遍及全城，北部盛果寺一带是最大的一处居住区。墓葬区全部在城内西部，有的墓内有腰坑，内殉狗，应为商人遗俗。西周初，周公封于鲁，长子伯禽就国，严格实行周礼，直到战国末年灭于楚，建都 800 年。鲁国故城的布局是列国都城中较规整的，主要建筑按中轴线对称原则，遵守《周礼・考工记》的设计思想，可能在一定程度上反映了西周城址的雏形。

琉璃河遗址。1962 年发现于北京市西南 43 公里的房山琉璃河镇东北，今董家林、黄土坡村。东西 3 500 米、南北约 1 000 米，发现商周城址和大型墓地（见图 5－11）。城址位于董家林村，呈长方形，东西 829 米，南北残长 300 多米，城垣包括主墙和内外护城坡，夯筑，城外东、西、北三面都有护城壕沟，东墙北端发现一条鹅卵石铺成的排水沟。宫殿区位于城的北部中心，发现多处大型夯土台基，其西南分布祭祀遗迹，埋葬牛马，出土带有“成周”的刻字甲骨，城东有手工业作坊区，东南发现西周早期燕侯墓地，有周初墓葬打破城基，故其始建年代不晚于商末。已发掘城址东南的西周早中期墓葬 200 多座，其中大型墓 10 余座，均为长方形竖穴土坑墓，大多有墓道，无封土，仰身直肢，头向北，有的有腰坑，内埋狗、戈，一些较大的墓有殉人，一般大中型墓都有车马陪葬，最大者埋车 5 辆、马 14 匹，晚期出现车体拆散、马具卸掉的形式。随葬青铜礼器、兵器、工具和车马器，或有成套的漆礼器，陶器组合为鬲、簋、

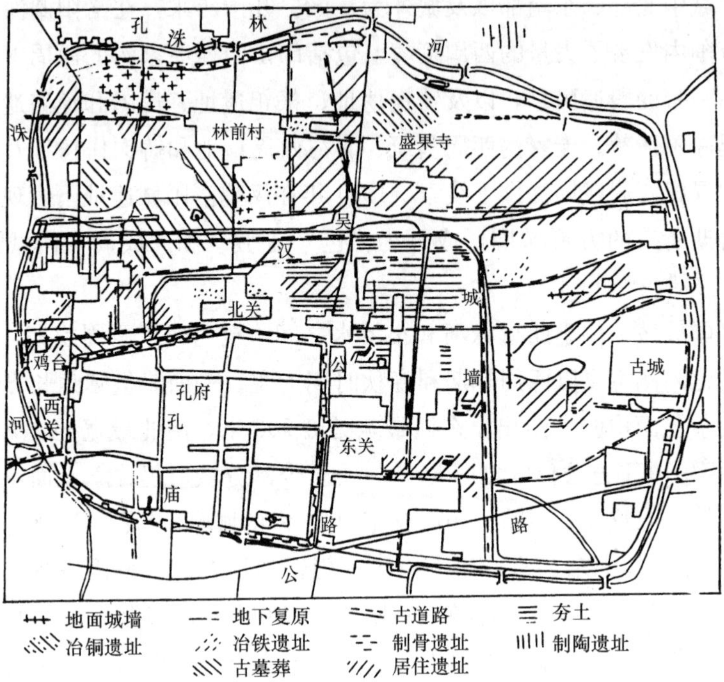

图 5-10　曲阜鲁国故城平面图

资料来源：赵丛苍，郭妍利．两周考古．北京：文物出版社，2004.

罐。M1193是一座四个墓道的大墓，墓道位于四角，墓室南北7.68米，东西5.54米，深10.25米，椁室为长方形木椁，二层台上出折断的兵器，墓被盗，但出土有“匽侯”铭的青铜罍、盉，推测是西周初年第一代燕侯之墓。

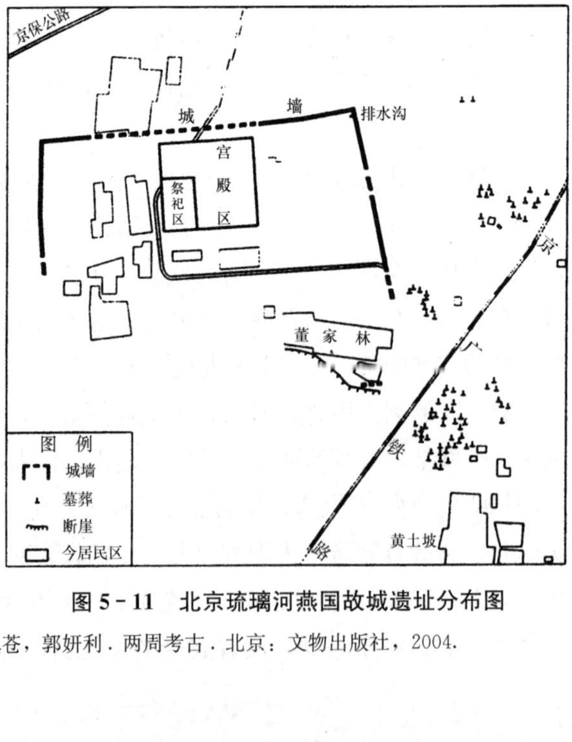

图 5-11　北京琉璃河燕国故城遗址分布图

资料来源：赵丛苍，郭妍利．两周考古．北京：文物出版社，2004.

西周晋都。位于山西翼城天马与曲沃曲村之间，西临汾水，南面浍河。1979 年调查试掘，初步确定该遗址范围为东西 3 800 米，南北 2 800 米，总面积达 8.75 平方公里，尚未发现城垣和大型夯土建筑，但从其规模看，约与西周镐都和鲁城相当。80 年代以来，在此发掘了大面积的周代居址和 500 余座西周初至春秋初的中小型墓葬，最重要的发现是晋侯墓地。延续时间长，规模大，文化内涵主要属西周初期至春秋时期，到春秋晚期战国之际衰落。周成王弟太叔封"唐"，燮父时改为"晋"。天马—曲村遗址出土的大量铜器上都有"晋"，推断为晋国的早期都邑，为晋国始封之地。在该遗址以东数里至今仍有名为"南唐城""北唐城"的村庄。其衰落与晋国晚期迁都至今侯马新田前后相继。

虢国都城。2001 年在河南三门峡市东南李家窑发掘，北距虢国墓地 2 000 米。城址近长方形，东西 1 000～1 050 米，南北残存 560～610 米，其中东墙较完整，墙基宽 4.5～6 米，残高 0.5～1.8 米。城外平行环绕两道城壕，较为罕见。南墙被青龙涧河冲毁。宫城位于城内西南，长方形，东西 310～405 米，南北 315 米，外侧环绕一道城壕。宫城内发现大面积夯土基址，其中一座面积 478 平方米，下埋一成年男子为奠基，发现直径近 1 米的柱础石。横贯宫城中部发现东西长 160 米的陶水管道，宫城外西北发现排列整齐的圆形粮窖，内外城之间发现各种手工业作坊、陶窑等遗迹。周初文王之弟虢仲、虢叔分别封于东虢（河南荥阳）和西虢（陕西宝鸡），周平王东迁时，西虢迁于上阳即今三门峡，公元前 687 年被秦灭。该城建筑和使用年代在西周晚期到春秋前期，应属虢国都城上阳城。

2. 大型遗址与墓地

周公庙遗址。位于陕西岐山县北，范围达数平方公里，已探明夯土建筑基址数十处，其中一处面积 500 余平方米，由三组建筑组成，保存较好的一组建筑长约 20 米，宽约 8 米，在其周围发现大量的先周和西周时期空心砖、条砖、板瓦等建筑构件，应为贵族宫室区。附近还发现铸铜作坊和大量陶范，所铸器物有礼器、兵器、车马器、工具等，时代属商周之际。已探明三处大型墓地：一处是位于五爪梁东一爪的 36 座大型贵族墓，是迄今所知最高等级的西周墓，墓地外有陵垣。内有四条墓道的大墓 10 座，三条墓道、两条墓道和一条墓道的墓葬各 4 座，无墓道的墓葬 14 座，有的可能是车马坑。第二处为东三爪的中小型墓 192 座，多是贵族墓。第三处是樊村北的西周平民墓 200 余座。发现三处甲骨坑，其中一处出土 740 余片甲骨，有刻辞者 82 片计 400 余字，五次出现"周公"之名。关于周公庙的性质尚有分歧：其一认为，是以先周遗存为主的、具有都邑性质的遗址，四墓道大墓可能是周王陵；其二认为，是周公采邑，墓地应是周公旦的家族墓。

強国墓地。分布于宝鸡茹家庄、竹园沟和纸坊头一带，已发掘 27 座墓、2 座车马坑和 4 座马坑，时代均为西周早中期。其中茹家庄墓地规格最高，BRM1 是一座"甲"字形大墓，墓室长 8.48 米，宽 5.2 米，墓道口和二层台上殉 7 人，腰坑殉 1

狗，椁室一分为二，头南足北，墓主居东，双棺，随葬青铜礼器42件，铭文多有“𢐗伯自作”字样，西部殉妾，随葬五鼎四簋，有“儿”字铭文。该墓东侧的BRM2打破M1，应为𢐗伯夫人井姬墓。𢐗国墓地器物群既有反映关中周文化特征的青铜礼器，又有马鞍形双耳罐、单鋬双联罐等寺洼文化因素，还有尖底罐等早期巴蜀文化器物，而以各类平底罐为组合的器物群则反映了𢐗国文化自身的因素。史籍失载的𢐗国是属于古代氐人、巴族，还是另有来历，尚难定论，该文化在西周中期突然衰落，中期以后的墓葬至今尚未发现。

天马—曲村晋侯墓地。位于山西翼城天马与曲沃曲村之间，1992—2000年发掘大墓9组共19座，其中11座完整。布局规整，坐北朝南，南北三排，两两并列，为九代晋侯及夫人墓。“中”字形墓2座，“甲”字形墓16座，“口”字形墓1座。各组墓的东侧有车马坑，墓道内和西侧有祭祀坑，多埋马、狗或少量的牛、羊和玉器。仅M114一座墓发现殉人1个。棺椁之间随葬大量的礼乐器、兵器、车马器、原始瓷器、漆器，棺内主要随葬玉器。周围发现大量陪葬墓。未被盗扰的M64及西侧的M62、M63是晋穆侯及其两位夫人的并穴合葬墓，M64为“甲”字形大墓，墓道内和西侧有近20个祭祀坑，东有1座车马坑。墓室内积石积炭，一椁重棺，随葬五鼎、四簋、尊、盘、壶、匜、甗、爵、簠、编钟及石磬、玉覆面、玉佩饰、金带饰等，使用殓玉的葬制比较特殊。M8为晋献侯墓，出土苏钟铭文中之“三十三年”为厉王纪年，其夫人墓M31出土一件刻字玉环，据此考证其地为古唐国，晋国初封之地。该墓地延续时间可分为八段：第一段西周初年，下限不晚于成王；第二段西周早期，成王至昭王时期；第三段约西周中晚期之间；第四、五段在西周晚期或两周之际，下限不晚于春秋早期；第六段下限应在春秋中期；第七、八段约春秋中期至春秋战国之交。

曲沃曲村墓葬。发现于山西曲沃县的曲村北，时代为西周中期。两墓皆为南北向土坑竖穴墓，东西并列，其中M1口小底大，墓口南北长3.2米，北宽2.14米，南宽1.9米，墓底南北长3.5米，东西宽2.5米，葬具为一棺一椁，墓主头向北，仰身直肢，为一成年男性。西南角二层台上有殉狗一只，东北角二层台上有陶鬲一件，棺椁之间东、北、西三面有铜鼎、铜盆，此外还发现大量车马器、兵器、工具、铜饰件等共400余件，墓主头顶有铜环一件，头下有玉饰一件，口中含有碎玉片，墓主生前可能是军队中的官员。M2口小底大，葬具为一棺一椁，经判断墓主为女性，头向北，仰身直肢，西侧二层台有陶鬲一件，随葬陶大口尊、盉、三足瓮各一件，另有海贝、毛蚶、玉圭、车軎一件。

霸国墓地。2007年因被盗而展开大规模发掘。位于山西省临汾市翼城县东约6公里处大河口村北，面积约为4万平方米，分布1 500余座墓葬和数以百计的灰坑，已揭露面积1.5万余平方米，发掘600多座墓，22座车马坑，出土各类随葬品万余件。墓葬均为长方形竖穴土圹，多口小底大，东西向为主，大多仰身直肢，头向西，多单棺。墓葬之间无打破关系，深度 3 米，发现腰坑殉狗的现象较多，未见殉人。随葬品多为陶鬲、陶罐，陶器多出土于二层台上。车马坑均位于大中型墓葬的东侧，多为东西向。其中 M1 和 M1017 规模较大，应为诸侯王一级墓葬。M1 墓口长 4.25 米、宽 3.22 米，墓底长 4.6 米、宽 3.78 米、深 9.75 米，一棺一椁，随葬有铜鼎 24、簋 9、鬲 7、甗 1、盘 1、盉 1、觚 1、爵 6、觯 8 、尊 2、卣 4、罍 1、单耳罐 1、斗 1，乐器有铜钟和铙 3 组 8 件，发现木盾牌青铜饰昜、兵器戈、戟、矛、钺等 30 余件。从铜器铭文“霸伯作宝尊彝”“霸中作旅彝”等可知墓主为“霸伯”，霸国应属史料失载的西周小诸侯国，也有学者认为应即《左传》记载的“柏国”。大墓中除出土大量精美的青铜礼乐器和兵器外，还随葬一批保存较好的漆木器，有俑、俎、罍、豆、壶、牺尊、坐屏、杯、案、盾牌、方彝等。漆木俑高 1 米余，立于龟座上，为中原地区首见。另有原始瓷器、玉器、石器、骨器、蚌器、贝和串饰以及少量锡器和金器。铭文显示霸国与晋国、倗国、燕国、周王室有往来，与倗国文化性质相近，可能属于媿姓狄人族群的一支。年代贯穿西周至春秋早期。

倗国墓地。2004 年发现于山西运城市绛县横水镇，墓地南北约 200 米，东西约 150 米，面积约 3 万平方米，共发现墓葬 300 余座。2005 年发掘 191 座，俯身葬是其突出特征，墓道在西，死者头向西，大墓有殉人，出土青铜器、玉器、陶器等 2 000余件。其中 M1、M2 为一组带斜坡墓道并穴排列的土坑木椁墓。共发现带铭文铜器 16 件，由铭文可知 M2 墓主为“倗伯”，青铜礼器为三鼎配置，M1 墓主是其夫人，使用五鼎。在 M1 棺椁之间发现红色纺织品，刺绣精美的凤鸟图案，是现存年代最早、保存最好、最大的棺罩实物——“荒帷”，与荒帷同出的其他饰棺、束棺和下棺等遗物痕迹也是首次揭示。该墓地属西周中期大约穆王后期。

绛县雎村墓地。位于山西运城绛县雎村北的台塬地上。墓葬均为东西向的长方形竖穴土坑墓，口小底大，葬具多为一棺一椁或单棺，墓主多为仰身直肢。出土青铜器、陶器、漆器、海贝等，其中青铜器有鼎、簋、戈、铃及车马器等。陶器组合为鬲、鬲罐、鬲簋、鬲簋罐、鬲豆罐、鬲壶罐六种，车马坑位于墓葬东侧。该墓地为西周时期贵族墓地，是晋南在倗、霸之外的地区中心。

长子县呈村墓地。墓地位于山西长治长子县呈村西南部的台地上，共发现小型墓葬 14 座，大型墓葬 1 座。M1—M14 呈条带状横列于墓地中部，均为小型土坑竖穴墓，墓葬均有熟土二层台，无腰坑，葬具为一棺一椁，葬式多仰身直肢，头多向北，随葬品以陶罐、陶鬲为主。M15 为一带斜坡墓道的“甲”字形大墓，该墓葬早年被盗，墓主除头骨外，其余骨骼不见，西南角有殉狗一只，随葬车 14 辆，发现有车轮痕迹、纺织品、拆卸车零件等。此外椁底发现棺椁饰件、石磬残块等。年代为西周中期至西周晚期。

虢国墓地。位于河南三门峡上村岭，发现墓葬 500 余座，无墓道。高等级墓葬分布于墓地北区，东部墓葬级别最高，其中 M2009 墓口长 5.6 米，宽 4.4 米，单椁重棺，外加大型棺罩，其东、北、西三面都分布与之相关的车马坑、祭祀坑。随葬青铜礼器200多件，仅鼎就有30余件，以九鼎八簋八鬲配置，铭文常出现“虢仲”。出土玉器达800多件，有10余片用毛笔墨书的玉遣策。4件铁刃铜器中的1件属于人工冶铁，是我国最早的人工冶铁制品之一。此外，还出土一套完整的麻织衣物。墓主虢仲为西周晚期宣王时的虢国国君。西部的M2001为单椁重棺，出土随葬品3 200余件，其中铜鼎10件，包括一套7件列鼎，随葬大量玉器，以玉片制成人体各部分器官缝缀于丝织物衬底上做成的“玉瞑目”，应是汉代“玉衣”的祖型，出土的玉茎铜芯柄铁剑亦为人工冶铁。铜器铭文中“虢季”多次出现，墓主虢季应是西周晚期虢国国君。该墓东侧祔葬大型车马坑，有16辆车和70匹马。与之相邻的M2012形制葬具相同，使用五鼎四簋，根据铭文应是虢季夫人“梁姬”墓。M1052是规模最大的一座墓，长近6米，墓主为春秋早期虢太子元，以七鼎六簋配置，车马坑埋车10辆，马20匹。该墓地还出土太子身份而采用九鼎或七鼎、大夫采用五鼎的墓葬，都属礼制僭越现象。

应国墓地。发现于平顶山薛庄乡滍阳岭，已发掘40多座西周早期到春秋初期墓葬。由南向北大型墓葬列为一线，中小型墓位于东西两侧，延续时间长但几乎不见打破现象。多为竖穴土坑墓，大墓有墓道，葬具大多一棺一椁，也有少数单棺，底铺朱砂，墓主头向北。随葬青铜礼器、乐器、兵器、车马器、玉石器以及陶瓷、金、锡、骨、蚌器等，有大量与“应侯”和应氏家族有关的铭文。西周早期大墓墓道在南，随葬青铜礼器中酒器占相当比例；中期如M84属于恭王后期应侯墓，青铜礼器组合中酒器所占比例下降；晚期墓葬多有北墓道，随葬列鼎列簋等礼器，及编钟、石磬、铃等乐器，制作较粗糙，礼制僭越现象常见，如M1为长方形竖穴土坑墓，属西周晚期宣王时的下大夫一级贵族墓，出土五鼎六簋组合的青铜礼器和各类随葬品共1 052件，M38、M45都是西周晚期女性贵族墓，出土有“应姚”“应申姜”铭文的青铜礼乐器、铠甲、车马器等。

淇县杨晋庄卫国墓地。位于河南新乡淇县高村镇晋庄村村西，其东北与辛村卫国墓地隔河相望，直线距离1.3公里。发掘清理出西周中小型墓葬224座，马坑1座，房址1座，出土各类型随葬品400件。墓葬均为长方形竖穴土坑墓，多为一棺或无棺，少数为一棺一椁，葬式多为仰身直肢葬，少数墓葬有腰坑，内有殉狗。随葬品为陶器、铜器两类，陶器以鬲、罐为大宗，组合为：单鬲、单罐、鬲罐，未见簋、豆等商周时期豫北流行的器物。鬲罐组合为商末周初周人的典型风格，在关中流行。由于多被盗掘，青铜器仅出现1件西周早期鼎，其余为车马器、兵器，兵器多数破损，或因毁器葬习俗。墓地年代为西周早期至西周中期，墓葬之间无打破关系，应是经过规划的邦墓地。

河南鹿邑太清宫长子□墓。为“中”字形大墓，墓室底长8.1米，宽5.6米，一椁重棺，墓道埋车马，有殉人，出土铜器、玉器、陶器、原始瓷器、骨器、蚌器等 2 000 多件，其中铜礼器中食器 29 件，酒器 48 件，54 件有铭文，多出“长子□”铭。墓主为 60 岁左右男性，为商末周初殷遗民贵族墓。

曾国墓地。发现于湖北随州叶家山和文峰塔、义地岗、擂鼓墩一带。时代从西周早期到春秋战国。2011—2013 年，在淅河镇叶家山发掘西周早期墓葬 140 座、车马坑 7 座，出土文物 2 100 件。其中 M65、M2 出土多件“曾侯谏”铭文铜器，墓主应为曾侯谏及夫人媿氏；M111 随葬铜鼎 20 件、簋 12 件，墓主为国君“曾侯犺”。据 M111 所出“曾侯犺乍剌（烈）考南公宝尊彝”，有学者推测曾国即西周初年南宫适的封国。叶家山西周早期墓地规模宏大，这里当是曾国早期政治中心，东周以后则转移到文峰塔一带。2021 年发掘的枣阳市郭家庙曹门湾墓区为曾国公墓，共发掘西周晚期至春秋早期墓葬 29 座、车马坑 4 座，出土青铜、漆、玉石、金、银、陶器等千余件，出土铜鼎带有“曾子泽”“曾子寿”字样铭文。该墓区以位于岗地最高处的国君墓 M1 及陪葬车马坑为中心，其余中、小型墓葬有序分布于 M1 的西、南侧。M1 为带斜坡墓道的岩坑墓，东西向，一椁二棺，椁室保存较好，未发现分室现象，器物摆放有序：椁室内西北部为车马器，北部为礼乐器，南部为兵器，东部为豆、盉等漆木器。出土乐器有钟、磬、鼓、瑟及钟架、磬架、鼓架。此外出土迄今最早的成套的弋射用具，以及人工书写材料用墨。出土的大量金银首饰，采用鎏金工艺，是我国最早的鎏金实物。M1 陪葬车马坑，边沿发现柱洞，推测有车棚建筑。中型墓稍大，葬具为一椁二棺，附葬有车马坑。另有一棺一椁墓。

中墩遗址。位于安徽省庐江县丁家畈，时代以西周中晚期为主。遗址位于两条河围成的三角地带，文化因素有明显的群舒风格，遗址处于群舒族群的中心区域，且时代越早，这种风格越明显。发现遗迹有灰坑、灰沟、房、墓葬等，出土陶鬲、豆、三足盘、圈足盘、簋、钵等，以及原始瓷器、印文硬陶。出土的铜锭、鼓风管等证实此地或是“金道锡行”的重要据点。

3. 墓葬等级与礼制

迄今已发掘西周墓葬大约 3 000 座，主要有沣西西周墓地、宝鸡斗鸡台西周墓地、宝鸡弶国墓地、洛阳地区西周周人与殷遗民墓地、浚县辛村卫国墓地、房山琉璃河和昌平白浮村燕国墓地、三门峡虢国墓地、平顶山应国墓地、天马—曲村晋侯墓地、甘肃灵台白草坡㴱国墓地、河北邢台邢国墓地、陕西泾阳戈国墓地、山西绛县横水倗国墓地、郑州洼刘西周早期管国墓地以及安徽屯溪、江苏句容、金坛等地的土墩墓等。墓葬排列有序，常见数座墓葬聚葬、相邻两墓头对头、足对足或两两并列现象，应是依照昭穆制度排列的家族墓地，或是夫妻祔葬。西周时期江南地区独特的土墩墓，是在平地铺河卵石放置死者和随葬品，堆土起坟，有的一墩一墓，有的一墩十几座墓，有的属于祭祀器物坑，多出土原始青瓷。

西周王陵至今未发现，对于周公庙四个墓道的大墓的认识存在分歧，认为属西周王陵的理由，一是 10 座四条墓道大墓，是已知西周墓葬中规格最高的，诸侯级墓葬一般都只有两条或一条墓道，如燕侯墓、晋侯墓、卫侯墓、邢侯墓、应侯墓、“长子□”宋君墓、井叔墓等，个别无墓道，如虢国虢仲、虢季墓等。二是已知有四条墓道的墓多为国君墓葬，如商王陵和秦王陵，故四条墓道的墓应该是王一级的规格，为周王之墓。另一种意见认为可能是周公旦的家族墓而非王陵，因已发掘2座四条墓道的大墓墓室规模远远小于殷墟商王陵，最大的M1墓室还没有西周诸侯墓辛村M1墓室大，后者全长56.9米，是已知西周最大的墓。以非王的身份用四条墓道的先例商代就存在，如山东益都苏埠屯商代方国国君墓也是四条墓道。故这两座墓葬的墓主身份应与诸侯相当。依文献记载，周公庙一带可能是周公采邑，周公和召公共同辅佐周王，地位特殊。再者，先秦墓地一般与居址相距不远，而周公庙距都城镐京太远。

西周墓葬一般为竖穴土坑，无封土，个别有墓上建筑，可分为四条墓道、三条墓道（仅见于周公庙）、两条墓道和一条墓道以及无墓道。有墓道的墓均为诸侯及其夫人一级墓葬。西周早期墓壁多口小底大，中晚期多为直壁。东周时尤其是战国时期，多变成口大底小，最深者可达20多米。有生土二层台和熟土二层台，前者为建墓时有意预留，后者属葬具外填土，周原地区和洛阳殷遗民墓中流行熟土二层台。壁龛少见。殷遗民墓底腰坑内多埋狗，姬姓周人墓中则少见。殷遗民墓常见殉人，但远比商代为少，姬姓周人墓中少见。葬具为木质棺椁，最多者一椁三棺，但等级与文献所记不合。大小墓都用席子。西周中期出现大墓中积石积炭用以防潮，其渊源见于陶寺M3015棺底铺一层0.5厘米厚的木炭渣，昌平白浮木椁墓椁室四周和墓底填白膏泥，浚县辛村的西周卫侯墓椁外积碎石，洛阳个别西周墓椁外也有积石现象，东周流行积石积沙墓。葬式一般为仰身直肢，个别为俯身。随葬品包括铜、陶、玉、石、骨、漆、木、金器等。车马坑和墓中葬车马均为三鼎以上大墓，西周前期多见，后期少见，男多用大车，女用小车。殉牲以狗为多，或有鹿、鱼等，还常见牛、羊、猪肢体等。按墓室的规模，分为如下四等：

（1）大型墓：在周公庙、张家坡、洛阳北窑、晋侯墓地、卫国墓地、燕国墓地等都发现有墓室面积较大的墓葬，多数有墓道。有多重棺椁。墓内填土或墓道中有车随葬，多有殉人。随葬品比较丰富，没有腰坑。墓主地位比较显赫。

（2）中型墓：发现较多，墓室面积10～30平方米。墓室多为长方形竖穴结构，少数近方形，有的有墓道，或有腰坑，内有殉狗。有的有二层台、头箱、壁龛或天井等。都有椁有棺，有的重椁，一般都随葬铜礼器和车马器，有的殉葬车马，或祔车马坑，有的还有殉人。

（3）中小型墓：数量较多，面积5～10平方米，无墓道，长方形竖穴土坑，有二层台，墓底有朱砂，多数有腰坑，坑内埋狗。多有棺椁，少数有棺无椁，棺木有的有漆皮。多仰身直肢，少数双手相交置于腹部，个别为俯身葬。随葬成套铜礼器和较多兵器，少数仅随葬陶器，有的随葬车马器。墓主身份比较复杂，有下层贵族或没落的贵族，还有比较富裕的平民。

（4）小型墓：数量较多，面积小，有的不足 2 平方米。有棺无椁者居多，有的连棺也没有，而以席裹尸。均为长方形竖穴，有的口小底大，少数有腰坑。随葬器物集中放置在墓主头部，均为陶器，常见鬲、簋、罐、豆组合。墓主身份多为自由民，也可能有极个别为小奴隶主，其中最贫穷者可能已接近奴隶。洛阳北窑还发现 50 多座无墓圹的西周墓，多数肢体不全，一般无随葬品或仅有一两件陶器、海贝、石饰，地位更为低下。

西周墓葬制度是宗法等级制度的直接体现。宗法制是周代在父权家长制基础上，以血缘关系为纽带建立的阶梯式的等级制度，采用嫡长子继承制，嫡为大宗，庶为小宗，分成周天子、诸侯、卿大夫、士等不同等级，共尊周天子为大宗，构成层层相属的宗法关系。这种尊卑等级在族墓地、墓葬的棺椁制度和随葬品组合中均有反映。

族葬制度。西周时期仍实行族葬制度，但一些诸侯国的国君及王室成员脱离族墓地而专辟陵区，故周代的族墓地有“公墓”和“邦墓”之分。公墓是国君和王室贵族及其子孙的墓地，邦墓是普通平民墓地。《周礼·春官》记载公墓由“冢人”掌管，依宗法关系区分尊卑次序，排定墓位，中心是历代国君的墓，以最早葬入的先王为准，以下各代国君依左昭右穆的次序依次葬入。在国君墓的左右，属大小贵族的墓位，贵者居前，贱者居后。已发掘的公墓有浚县辛村卫国墓地、三门峡上村岭虢国墓地、天马—曲村晋侯墓地、房山琉璃河燕国墓地等。邦墓是由“墓大夫”掌管，“凡邦中之墓地，万民所葬地”。依生前的地位排列昭穆葬次，规格亦各不同。长安张家坡墓地、洛阳中州路墓地、侯马上马墓地、临猗县程村墓地等均属于邦墓。每一族墓地均包括若干墓组，各组皆以居于尊位的大墓为核心排列，中小型墓往往处于陪衬的位置。如上村岭虢太子墓和一般无葬品的平民墓同葬一地，以大墓为主，平民墓错落其中。族葬制度是原始公共墓地的延续，说明西周时期以血缘关系为纽带的族葬制度仍然牢固存在，成为宗法等级制度的一部分。而同一墓地布局上的地位尊卑，个别贵族墓居于族墓地之外，并出现有单纯的平民墓的现象，反映出贵族已凌驾于族的观念之上。

棺椁制度。西周时形成不同等级的棺椁葬具使用数目的规定。《礼记·檀弓》载周代棺椁制度为“天子之棺四重”，郑玄注：“诸公三重，诸侯再重，大夫一重，士不重。”《荀子·礼论》有“天子棺椁七重，诸侯五重，大夫三重，士再重”的说法，参照《礼记·檀弓》的记载，天子当是五棺二椁，诸侯为四棺一椁或三棺二椁，大夫为二棺一椁，士为一棺一椁。考古发现的实物与之相似，但似少于记载，天子级别的墓葬未见实物。一般在葬具棺或套棺之外隔较大的空隙再加一层椁，棺椁之间的空隙用以放置随葬品。这种制度延续到战国秦汉，大型墓葬所用木椁，具有象征地上建筑的性质，不仅规模巨大，而且同墓室一样，可称之为椁室，状如方井，故文献中又称井椁。椁室内用板壁分割成若干块，分别为棺箱、头箱、边箱、足箱等，棺木放在棺箱内，其余部分填满随葬品。如战国时期湖北随县擂鼓墩曾侯乙墓，椁室高3.1～3.5米，由171根长条方木组成，所用木料多达380立方米。汉代以后椁室制度渐废。

列鼎列簋制度。西周中期以后，礼器组合较之商发生了较大的变化。青铜礼器中食器的比重逐渐加大，以鼎、簋、盘、匜、壶等为基本组合，鬲、甗、豆次之，酒器减少。西周中期随葬鼎、簋等礼器的数量形成定制，用鼎多半以奇数，簋为偶数，“三礼”等记载的用鼎制度是：天子九鼎八簋、诸侯七鼎六簋、大夫五鼎四簋、士三鼎二簋。或有不同的记载，周天子和诸侯用九鼎，上大夫（卿）用七鼎，下大夫用五鼎，士用三鼎。一套礼器由形制纹饰相同、大小依次递减的鼎、簋组成，鬲则随鼎、簋之数而增减，壶为两件，甗、豆、盘、匜多为一件，而乐器则是周天子用四套编钟，诸侯可用三套，大夫可用二套，士可用一套。对使用礼器的严格规定，是西周宗法等级制度在墓葬制度方面的体现。目前的考古发掘未见周天子墓，其余发掘出的西周和春秋早期墓葬中的葬器大抵如记载。上村岭虢季墓随葬七鼎六簋，与诸侯王身份相吻合。到春秋战国“礼崩乐坏”，僭越现象越来越严重，以较低的身份而用天子、诸侯礼者多有发现，贫穷的贵族以陶鼎代替，富裕的平民也有用铜鼎者。九鼎墓如燕下都“九女台”M16、汲县山彪镇M1、信阳长台关M1、寿县朱家集楚幽王墓，同出乐器编钟（镈）四或五套。七鼎墓如长治分水岭M14、陕县后川M2040，同出编钟（镈）二至三套。五鼎墓如长治分水岭M25、辉县赵固M1、江陵藤店M1、江陵望山M1等，编钟一至三套或不出，如洛阳中州路M2717即无乐器出土。三鼎或二鼎墓，如邯郸百家村M40、长沙伍家岭M260等，不出乐器。

4. 西周的手工业与经济文化

西周时期的手工业种类包括铸铜、制陶、制骨、制玉、制砖瓦等，纺织和漆器也有一定的发展。众多具有一技之长的工匠集中在王室和诸侯的手工业作坊，被官府掌管，号称“百工”，大多集中发现于都城和大型聚落遗址。

西周青铜铸造业在礼制的推动下，技术上有进一步突破，一模翻制数范，发明了焊接技术，在虢国墓地还发现两件人工冶炼的铜铁合金制品，周原窖藏出土大量青铜礼器反映了西周铸铜业的兴盛。但较之商代，西周青铜铸造工艺不精，造型和纹饰趋于简化，西周中期以后青铜酒器大大减少，晚期几近绝迹，食器、水器多见，新出现簠、盨、杯、匜，形成西周青铜礼器以鼎、簋为核心的“重食”组合。早期常见的云雷纹、饕餮纹、鸟纹等逐渐减少，简约、疏朗的瓦文、窃曲纹、重环纹流行，趋于几何图案化，轻薄草率之风开始出现。但有铭铜器增多，铭文字数篇幅不断增加。所记内容大多是反映现实的祭祀、典礼、征伐、纪功、册命、赏赐、土地和奴隶买卖以及诉讼纠纷判词等，体现出周人思想观念中朴素务实、注重现实秩序和世俗权力的倾向。在艺术表现上，一改商代艺术的神秘、庄严与恐怖气氛，表现出缺乏想象力、漠视神权的简洁与草率。这与西周社会严密的礼法制度对人的精神束缚不无关系。作为礼制的象征物，青铜器的需求量在周代是极大的，青铜冶铸遗址也多有发现。周原遗址的祁家村北、齐镇村南、庄白李家均发现铸铜作坊，2003年李家村一处西周铸铜作坊发掘出土数以千计的陶范，产品包括容器、乐器、兵器、车马器等种类，时代从西周早期沿用到晚期。还发现了与铸铜遗址年代相当的手工业者的墓葬，但未发现与生产环节练泥、制范、熔炼、烘范、浇铸等活动相关的遗存。周公庙铸铜遗址发现烘范窑，是周原地区已知最早的西周铸铜作坊，上限可早至先周时期。岐山孔头沟也发现大量陶范以及熔铜炉壁、砾石、陶管道等与铸铜相关的遗存。洛阳北窑洛邑附近也发现铸铜作坊，丰镐附近马王村发现西周早期陶范。

西周时期日常生活用具仍以陶器为主，以夹砂和泥质灰陶为主，早期红、黑、褐陶所占比例较大，晚期皆灰陶。炊器以鬲为主，有分裆和弧裆之分，后者占主流，另有少量的甗、甑和鼎。盛贮器主要有罐、簋、豆、盆，另有少量折肩瓮、三足瓮和仿铜陶罐、罍等。酒器少见。流行绳纹，绳纹由细密清晰逐渐向粗疏模糊发展，素面陶比例渐增，中晚期流行简单的几何形印纹，有云雷纹、S纹等。西周早期墓葬中随葬陶器组合主要是鬲、簋、豆、罐，西周中晚期簋基本不见，而代之以盆。在周原遗址流龙嘴、齐家、任家都发现制陶作坊遗址，可能已有一定的分工，流龙嘴主要烧制日用陶器和瓦，并发现可能用作专门存放泥坯的库房，任家遗址暴露的5座陶窑南北一字排开，发现完整的陶器，以簋、罐为多。丰镐洛水村发现的西周晚期制陶作坊规模大、品种多，暴露十几座竖穴式陶窑，以草木和动物粪便为燃料，烧制日用陶器和瓦。另外周原的下樊村和丰镐的洛水村发现专门制瓦的作坊，客省庄也出土未经烧制的瓦坯。这些瓦窑均位于都邑附近，可能属官营的手工业窑址。

原始瓷器的制作也有新的发展，南北各地多有出土，有簋、罍、豆、尊、罐、盘、碗、盂、盉等，数量和种类大大超过商代，釉色有姜黄、绿色和灰青，胎质致密，已相当成熟。位于福建德化县与永春县之间的辽田尖山原始青瓷窑址，揭露4座有相互叠压打破关系的龙窑，其中1号窑址的窑炉残长3.92米，窑炉分火塘、窑室，火塘较宽，窑室较窄，出土遗物除小部分为陶器外，绝大部分为原始瓷器，技法主要有刻划、拍印、戳印、堆贴等，纹饰有弦纹、绳纹、戳点纹、几何纹、云雷纹、水波纹等，年代为西周中晚期至春秋战国时期。武夷山市竹林坑原始青瓷窑址，发掘揭露作坊遗迹、窑炉遗迹各一，出土一批原始青瓷，少量陶器标本，其中原始青瓷以豆、罐、甗为主，纹饰以刻划弦纹、拍印席纹为主。竹林坑及其周边相关遗址揭示这里在西周时期制瓷手工业非常繁荣，存在生产区、生活墓葬区等不同功能的分区，为研究西周时期聚落形态提供了丰富的材料。

骨器在生活中仍然使用，笄、针、锥、铲、匕发现不少。在周原云塘、沣西新旺村都发现西周制骨作坊遗址，前者是一处位于边缘的弃置废骨料和垃圾的场所，出土大量骨笄和半成品以及少量的骨椎、骨针等；后者以制作骨笄、骨镞为主，主要使用于西周晚期。丰镐遗址白家庄也发现大量有锯割、锉磨、切削痕迹的骨料，以及成品的骨铲、镞、笄和骨椎的半成品，也应是一处制骨作坊。在周原的齐家村东发现专门制作卜骨的作坊，出土卜骨残片、半成品和作为原料的牛肩胛骨及下脚料。卜甲、卜骨一般用方钻方凿，刻辞细小。

西周的玉器生产规模相当大，大量的玉礼器制作精美，同时贵族日常生活用玉激增，人们赋予玉以崇高的君子品德，玉的道德化和人格化使其成为一种日常佩戴的必需品。玉璜、玉鱼等佩饰物最为常见。西周早期继承了商代制玉工艺与品种，出土璧、琮、圭、璜、玦、戈、戚、钺、人、虎、龙、兔、鱼、蝉等，中期以后，逐渐形成自身风格，出现很多新的品种，串饰、项链、丧葬玉大量出现，造型更趋向于写实和高度简化，细部装饰多省略，强调夸大对象的主要特征。如玉鱼的造型似一根细长圆棒，只简练地雕出鳍、尾。流行侧立凤鸟纹、夔纹，出现双尾相交的龙纹，线条遒劲流畅，清新自然又生动传神。中晚期玉器出土地域广，数量大，宝鸡纸坊头，泾阳高家堡，扶风齐家、黄堆村，西安市长安区斗门镇等地的遗址和墓葬中都出土有数量可观的玉器，一墓出土数百件玉器并不罕见，三门峡虢仲墓出土玉器达800多件，有10余片用毛笔墨书的玉遣策，前所未见。西周时期出现使用殓玉的葬制，晋侯墓出土玉覆面、玉佩饰，虢季墓出“玉瞑目”，应是汉代“玉衣”的祖型。西周玉器多为片状，立体玉器极少，周原出土过一件圆雕玉人头，卷发深目高鼻，很像西域人，风格写实。2002年周原遗址齐家北发掘大型玉石器作坊，出土成品和半成品35 000余件，制玦废料近900公斤，制玦的专业工具可辨者1 126件，从早到晚生产规模不断扩大，可能已具备商品化性质。作坊附近还发现相关从业者的墓葬，包括不同身份的管理者、技术人员、一般工匠，相对而言，他们有一定的自由，并拥有部分财产。在周原的下康东南、庄白西都发现玉石料以及成品和半成品。西周时石器以长方形穿孔石刀为最多，其次为斧、铲、锛、锤，磨石也较常见，另有镰、戈、臼、璧、璜、玦、琮等。蚌刀和蚌镰仍然用于农业生产中。

西周时期文字日益成熟，单字数量大增，是汉字发展的重要时期。金文中长篇铭文十分常见，内容涉及范围也有所扩大，包括：（1）祭祀典礼类；（2）征伐纪功类和铭功纪赏类；（3）盟约类；（4）训诰臣下类；（5）媵女陪嫁类；（6）物勒工名等。西周早期铭文内容简约难懂，文体风格各异，字体与晚商相似，一般多用肥笔，波磔明显，铭末多为“用作宝尊彝”。中期铭文长篇较多，文体开始有一定格式，多册命内容，章法变得齐整，字体较工整，笔道稍有波磔，铭末多在“宝尊彝”后加上“子子孙孙永宝用”。晚期长篇铭文更多，笔画匀称，文体几乎公式化，如先记时，次记地点，再记册命、赏赐，最后是祝愿之词——子子孙孙永宝用。一些铜器铭文不仅是珍贵的史料，而且本身具有很高的书法艺术价值。西周甲骨文发现不多，但在周原凤雏宫殿、山西洪赵坊堆村、长安张家坡、北京昌平白浮村、陕西扶风齐家村、北京房山琉璃河和岐山周公庙等遗址也有出土甲骨文，字体较殷墟甲骨文细小，格式简单。《尚书》和《诗经》中都保存了部分西周时期的作品，诗歌与音乐都是国家礼乐制度的组成部分，《诗经》中的风、雅、颂各有不同的格律，都能配乐演唱。西周时期的乐器种类增加，编钟、镈、编磬、鼓、铃以及琴、瑟、笙、竽都已出现，西周中晚期编钟一般增至 8 件一套，有甬钟、钮钟，可以演奏宫、商、角、徵、羽五声。

三、西周的分封与采邑

周建国初期前后，为巩固政权，防止被征服族人反抗，进行了大规模的封地建国，形成了“国野制度”。西周初期的大分封使得王畿周围分布了许多诸侯王国，它们在文化上既有周文化的特征，又有或多或少的地域特点，有的存在时间长，成为春秋战国时期的主体文化，有的则被迅速吞并。目前发现的畿内封国遗存有：西周中晚期活动于宝鸡至陇县千河沿岸的夨国遗址，西周晚期至春秋早期韩城梁带村西周芮国墓地，西周早中期的宝鸡竹园沟、茹家庄、纸坊头一带的強国墓地。其他已发掘的遗存还有晋国、倗国、霸国、虢国、应国、燕国、曾国等，西周诸侯国多为春秋战国沿用。东周列国城址中部分发现叠压于下的西周遗物。如曲阜鲁国故城、北京琉璃河商周古城遗址等。近年发现的王臣世族采邑主要有：岐山周公庙一带的周公采邑，眉县杨家村单氏家族采邑，岐山赵家台、澄城姬家河等西周高级王臣的采邑，泾阳高家堡的“戈”铭家族墓地。

此外，发现西周文化遗存的封国及周边其他遗存还有：

邢国遗存。分布于河北邢台市区、西关外、南小汪、葛家庄，时代为西周时期，发现有房址、邢侯墓地、车马坑、中小型墓以及“邢”铭青铜器，含有商遗民和周系两种不同文化因素。

邿国墓地。发现于山东长清仙人台遗址，西周晚期至春秋墓葬出土有“邿”铭青铜器，其中 M6 出土九鼎八簋，当为国君墓，M1、M4 为五鼎四簋，陶器以鬲、豆、罐为组合，或有鼎、簋。使用漆饰独木棺，内撒朱砂，还大量使用席子铺盖或包裹葬具，一般认为与东夷族有关。

莱国遗址。在山东黄县的归城发现古城址和墓地，时代为西周到春秋。城址有内外两城，外城不规则，周长约 10 公里，内城为刀把形，南北 780 米，东西 450 米。城内发现 2 座墓和 1 座车马坑，随葬品以陶器为主，组合为鬲、簋、罐，多素面和绳纹，具有典型的东夷风格，青铜器则为西周式。在附近的柳格庄发现 9 座两周墓葬，大型墓有殉人和车马坑。

偪阳故城遗址。位于山东省枣庄市，是周代小诸侯国妘姓偪阳君的封地，城址平面呈东西窄、南北长的长方形，城墙总长度 3 000 余米，共发现城门 6 座，墙体外侧发现灰沟两条，两条灰沟平行围绕城址，城内北部偏东处发现大范围夯土遗址，城内发现道路6段。城中西南部有一小山，东南缓坡处发现多处墓葬，墓葬为土坑竖穴墓，埋葬较浅，遗址年代为西周时期。

西周邻境文化多延续商代以来格局，长江下游地区有以土墩墓为代表的晚期湖熟文化，西部地区有晚期辛店、寺洼文化，西北地区有诺木洪文化，西南地区成都十二桥文化属巴蜀文化，在北方燕山一带主要有张家园文化。其他地区多不清楚或未发现。考古遗存反映出西周时期的疆域并没有扩大多少，除对东方的控制加强外，在北部、西部和南部地区，周文化的影响显得有限。

张家园文化。以天津蓟州区张家园遗址上层为代表，分布于燕山地区，典型遗址有房山镇江营、易县燕下都等。西周初期成王时“封召公奭于燕”，围坊三期受到周文化的强烈冲击，吸收大量周文化因素而发展为张家园上层文化。典型器物是深腹筒状陶鬲。年代主要在西周早中期，一些遗址延续到西周晚期。燕山以北有夏家店上层文化，主要强盛于东周。

诺木洪文化。以青海省都兰县诺木洪遗址命名，分布于柴达木盆地东南部。遗址有诺木洪、他里他里哈、巴隆他温陶亥、香日德下柴克、上柴克、察汉乌苏夏日哈、可儿沟等20余处。陶器以夹砂粗红陶和夹砂灰褐陶为主，流行单、双耳罐，彩绘发达。铜器主要是斧、刀、镞、钺等工具，以及炼铜用具残片与铜渣等。发现较多绵羊毛织品，有的经过染色。还有制作精细的骨笛、骨哨、陶牦牛等。文化遗存主要是房子、土坯围墙、牲畜圈栏和木棺墓葬。房子均为方形或圆形的木结构建筑。1959年发掘的他里他里哈有房屋11座，土坯坑9个，椭圆形大型牲畜围栏1座，瓮棺葬3座，出土数千件陶器、石器、骨器、铜器等遗物。年代约当商代—西周，与卡约文化关系较密切，是高原特殊环境下的土著文化。

第五节　春秋战国文化

一、文化分区与分期

春秋战国时期，历史文献记载逐渐丰富，由于列国势力的崛起，兼并战争频繁，铁器开始逐渐普及，封建制度处于萌芽时期。社会关系的动荡反映在考古学文化上，与商和西周文化的统一性不同，春秋战国文化的区域性更加突出，在埋葬制度和礼俗方面发生了重大的变化。一方面，传统的宗法礼乐制度还比较顽固地保留着；另一方面，僭越现象越来越严重。考古发现的诸侯国文化异彩纷呈，表现出鲜明的地方色彩和时代特色。李学勤综合文献和考古成果，将东周列国文化划分为七个文化圈：以黄河中游为核心的中原文化圈；黄河下游的齐鲁文化圈，子姓的宋国也属于此；陕甘一带的秦文化圈；长江中游的楚文化圈；淮水和长江下游的吴越文化圈，包括徐国、群舒、吴、越；北方文化圈，包括赵国北部、中山国、燕国以及北方少数民族；巴蜀滇文化圈，主要分布在四川、云南。目前对于秦文化、楚文化的研究比较深入，其他各文化面貌的识别和年代学框架的建立尚处于数据积累阶段。秦文化与东方六国差异较大，广为流行的屈肢葬、西向墓和洞室墓等，明显受到西部少数民族影响。对秦文化的渊源问题长期以来存在不同见解，一种认为来自东夷；另一种主张起于西戎；还有学者提出“东源西成”说，认为秦的族源东来，而秦文化则形成于关中西部和陇东地区。近年对西周时期的秦文化探索有所突破，在甘肃省甘谷县毛家坪遗址发掘一批墓葬和居址，分为前后相继的五期，以屈肢葬、东西向为突出特点，晚期与东周秦墓相同，早期既有西周文化特点又自成系统，应属西周时秦墓。甘谷东邻天水，后者有犬丘之说。而楚墓自西周以来谱系清楚，文化分布区逐渐从湖北西部向河南南阳一带扩张，基本用周制，但也有鲜明的自身特点，特别是春秋后期。因南方地下水位较高，为了尸体防腐的需要，多在棺椁周围填充白膏泥，常见保存完好的湿尸。大墓一般有台阶，多南向，多随葬铜剑等兵器及精美的漆器。

然而，在周礼影响下，各国文化仍然有不少共同点，这更多反映在时代特征上。

春秋早期：公元前 8 世纪—前 7 世纪中叶，以晋侯墓地、虢国墓地、曾国墓地、梁带村芮国墓地为代表。基本沿袭西周晚期礼乐制度，墓葬中棺椁制度、鼎簋制度等级较为严格。随葬陶器以实用陶器为主，中原陶器组合以鬲、罐、盆等为主，多夹砂粗陶，特征与西周晚期接近，鬲裆部变浅；南方陶器组合为鬲、钵、豆、罐，楚式鬲形似鼎而三高足。青铜器继承西周晚期风格，但出现衰落的趋势，铭文逐渐简化，多记列国关系及典章制度。吴楚一带青铜礼器盛行，多蹄足，纹饰繁缛细密，异于中原。

春秋中期：公元前 7 世纪中叶—前 6 世纪中叶。典型遗址有新郑大墓、沂水县莒国大墓、上马村 M13、长治分水岭墓地、靖安李洲坳大墓等。关中地区、楚地大中型墓开始出现仿铜陶礼器，以细泥灰陶为主，轮制，以鼎、豆、壶为组合，与日用陶器鬲、盆、豆、罐伴出，纹饰有绳纹、弦纹和暗纹。关中秦墓陶礼器多施彩绘。青铜器趋于轻巧，除鼎、簋、鬲、簠、盘、匜、豆、壶、敦之外，新出现缶、鉴、錞于、带钩等器形。铸造工艺大为进步，焊接法普遍使用，金银错工艺出现，器形以鼎、敦、盘、匜为主，纹饰呈现过渡特点，流行蟠虺纹、涡纹。秦式铜器流行鼎、簋、方甗，装饰勾连兽纹、简化窃曲纹等。铭文减少。

春秋晚期：公元前 6 世纪中叶—前 5 世纪中叶。主要有秦公 1 号大墓、寿县蔡侯墓、临淄郎家庄 M1、江苏六合程桥 M1 和 M2 等。陶器以细泥陶为主，常见素面或磨光，纹饰有绳纹、弦纹等，组合常见鼎、带盖豆、罐、盆，或以釜代鼎。秦墓同时伴出仿铜陶礼器鼎、簋、壶、甗、匜等，多彩绘。楚墓陶器组合为鬲、盆

（盂）、壶。青铜器中食器占据主导，组合为鼎、鬲、敦、簠、鉴，豆和敦大量出现，纹饰流行蟠虺纹、蟠螭纹等，失蜡法工艺出现。铁器开始多见。

战国早期：公元前5世纪上半叶—前4世纪中叶，典型墓葬有太原赵卿墓、随州曾侯乙墓、燕下都九女台M16。陶器以细泥灰陶为主，仿铜陶礼器以鼎、豆、壶为新的组合，鼎由方形立耳演变为椭圆形斜出耳。中原青铜器变化巨大，常见鼎、豆、甗、壶、盘、匜，流行较粗的蟠螭纹，新出现精美的人物画像。楚地则多见簠、敦代替豆、甗，鼎、敦器身与器盖合成球形。铭文由铸变为刻。

战国中期：公元前4世纪中叶—前3世纪上半叶，以辉县固围村魏国墓、淅川下寺楚墓、随州曾侯丙墓、平山县中山王墓为代表。各国完成变法，经济文化有很大发展。铁器使用较普遍，工商业城市兴起。普遍出现以鼎、豆、壶为组合的仿铜陶礼器，楚地则流行以鼎、簠、缶、盘、匜为组合，或以敦代替簠。青铜器组合为鼎、敦、豆、壶、盘、鉴。常见金银错铭文。

战国晚期：公元前3世纪上半叶—前221年。主要遗址有临淄齐陵镇和青州东高镇西辛齐王墓、江陵天星观楚墓等。秦国崛起，手工业生产、商品经济迅速发展。陶器基本组合为鼎、盒、壶、盘、匜，日用组合为釜、盂、罐或茧形壶。青铜器以鼎、敦、壶为基本组合，盘、匜减少，多见素面纹，有少量植物纹、几何形图案，流行镶嵌错金银等工艺。秦国多出鼎、壶、鍪、蒜头壶等，楚地则多鼎、壶、盒组合。战国末年铭文简单，流行物勒工名。

二、列国城址

战国时成书的《周礼·考工记》描绘了当时理想的都城规划，“匠人营国，方九里，旁三门，国中九经九纬，经涂九轨，左祖右社，面朝后市，市朝一夫”（见图5-12），反映出城市设计思想的逐渐成熟，对后代的城市设计有深远的影响。各诸侯国纷纷修筑城邑，仅《左传》记载的筑城事件即达68次之多。除各诸侯国的都城外，还有别都封邑、边境军事城堡、县邑等。春秋城主要是诸侯城，战国城大量出现，大夫、卿甚至家臣也有城，如齐“地方千里，有二十城”，已发现的楚城遗址即多达50余座。因地理形势和功能各异，城的平面形制规模布局各不相同，基本上可分为四个类型。第一类：宫郭毗连，如郑韩故城、齐临淄城、燕下都城，由两个分置相连的城组成，或东西并列，或大小相依，城与城之间隔一道墙，既是两个单独的城，又是不可分割的整体。第二类：宫城独立于外，如邯郸赵城、侯马晋城等，由多个小城组成，侯马城由七个小城组成，邯郸城由四个小城组成。第三类：一个方城，如洛阳东周城、中山国灵寿城、秦雍城、栎阳城。第四类：大城套小城，宫城处于郭城之中，如鲁曲阜、魏安邑、秦咸阳、楚纪南城。

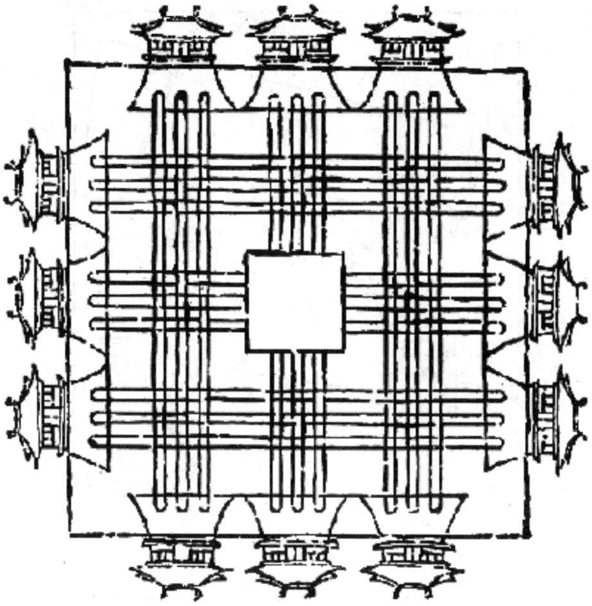

图 5-12　《三礼图》中的周王城图

1. 东周王城

公元前 770 年周室东迁，都于洛阳王城。史籍记载王城“南北九里七十步，东西六里十步”。东周王城遗址位于洛河和涧河交汇处，今洛阳市王城公园一带（见图 5-13）。城址为不规则的方形，南北约 3 700 米，东西 2 890 米，夯土版筑，最早（春秋中叶）夯土城垣宽 5 米左右，后经多次修补增筑，墙体加厚至 10 米以上。北墙保存完整，全长 2 890 米，东墙残长约 1 000 米，西墙及南墙西段尚存，转角夯土加宽。北墙之外发现两条并行的陶水管道及深约 5 米的护城壕。城内西南为宫殿区，今瞿家屯一带近涧河、洛河交汇处发现大面积夯土建筑基址，分为上下两层，下层的南北两组建筑周围出土大量瓦和瓦当。宫殿区以东临近洛河处，已探明 74 处战国时期的地下粮窖遗址。城北为手工业区，分布着北窑铸铜作坊址和玉石、骨器作坊以及密集的窑场，发现战国时期的灰坑、水井、房址和陶窑，出土大量陶器和建筑材料。城中心及西南部也发现陶窑遗址。城中北部、东南部为墓区，四郊外也分布小型墓葬，已发现有七八千座。20 世纪 50 年代发掘的洛阳中州路西工段的 260 座墓葬，自平王东迁至秦统一的整个东周时期，被分为七期，至今仍是东周墓葬的断代标尺，是成功运用考古类型学研究的典范。该城到西汉后期废弃。

2. 三晋都城

成王弟太叔封“唐”，燮父时改为“晋”，早期晋都在山西翼城天马与曲沃曲村之间，公元前 585 年晋景公迁都新田。战国时晋国分为韩、赵、魏三国，各自为都。

侯马新田古城。晋国晚期都城。位于山西侯马西北部新田，浍水北岸，距离天马—曲村遗址约 25 公里。由七座小城组成。白店、台神、牛村、平望四座连成一

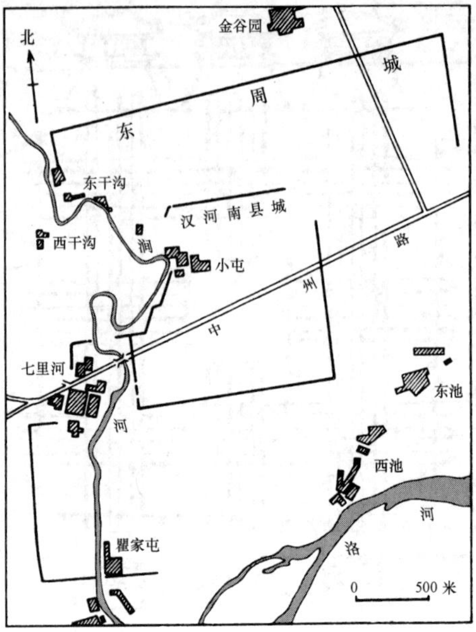

图 5－13 洛阳东周城址图

片，应为宫城，其中白店最早，而牛村最大，南北 1 650 米，东西 1 100 米，有内外两重城呈“回”字形分布，内城在外城中部偏北，面积 34.3 万平方米。发现大型夯土基址、道路、筒瓦、板瓦；东为呈王古城，东北为马庄古城、北坞古城（见图 5－14），后三座建筑年代稍晚，可能分别属于当时晋国的重臣范氏、赵氏和中行氏所有。大城的长宽 1 000 米左右，三个小城的长宽 300～500 米。城南发掘了面积达7 000平方米的铸铜遗址，内部分工细致，有专门铸造带钩、专门铸币或铸钟鼎礼器的作坊，延续时间很长。在牛村古城南部发现有专门制作石圭的作坊，另外还有制陶、制骨作坊遗址和居住遗址、祭祀遗址以及 50 万平方米的两周墓地。有学者认为城南应属郭城，但未发现城墙遗迹。东部分布着以宗庙建筑为中心的五处祭祀遗址，牛村古城东南发现盟誓遗址，发掘埋牲的坑（坎）326 个，40 个坑出土著名的侯马盟书 5 000 余片。

侯马虒祁遗址。位于山西省侯马市高村乡虒祁村西北约 1.5 公里，遗址东西长约 1 000 米、南北宽约 800 米，总面积约 80 万平方米。从东至西由夯土建筑、墓地、祭祀遗址 3 部分组成。考古发现大量的墓葬、祭祀坑，以及陶窑、夯土墙基，发掘出土铜、铁、陶、玉石、骨器等遗物。遗址时代从春秋晚期至汉，为研究晋都新田废弃前后的文化提供了珍贵资料。

邯郸故城。赵敬侯元年（公元前 386 年）赵自中牟（汤阴）徙邯郸。邯郸赵城位于渚河、沁河与滏阳河之间，总面积约 1 888 万平方米，由大小城构成。西南角由三座小城构成“品”字形宫城，人称“赵王城”，每个小城长宽各 1 000 米左右，墙基宽约 16 米。三城之内皆有大型宫殿基址，尤以西城最为密集，西城中南部的“龙台”长 296 米，宽 265 米，高达 19 米，是战国时期最大的夯土台基；其北有两

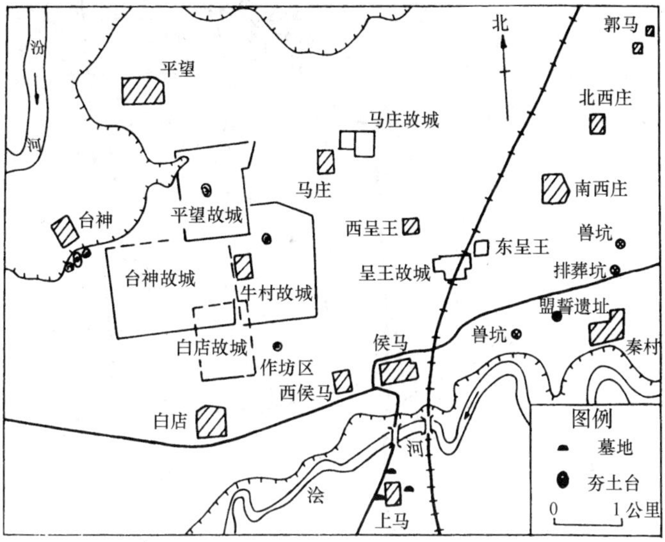

图 5-14　侯马晋城平面图

资料来源：赵丛苍，郭妍利．两周考古．北京：文物出版社，2004.

个长宽各 50～60 米的台基，等距离排成一线。东城偏西处发现“北将台”“南将台”两个大型台基及其以南的 5 处较小的夯土台基，构成南北轴线。北城西南部的台基，长宽也都有 100 米左右。有的台基还发现有柱础石。宫城的门阙已发现多处，其中西城 8 门、东城 3 门、北城 3 门，每个缺口均宽 10 米，大多通向城内主要殿址。大城位于东北，为不规则长方形，南北最长 4.8 公里，东西最宽约 3.2 公里，墙宽一般 20 米左右。大城西南隅距小城仅 60 多米。大城西北有一平面略呈梯形的小城，南北长 700 米，东西宽 290～400 米，北部和西部有高大的夯土台基，周围发现战国及汉代的柱础石和瓦，西北部转角处的“王郎城”一带地势高出 3～12 米。中部偏东发现有铸铜、冶铁、烧陶和制作石器、骨器等手工业作坊遗迹。王陵位于大城的西北方，发现五个陵台七个封土堆。大城以西的百家村发现大规模的战国墓地（见图 5-15）。城址年代为战国中期。

新郑郑韩故城。河南新郑原是春秋时的郑国都城，韩哀侯于公元前 375 年灭郑后由阳翟（禹县）迁都于此。城址位于双洎河和黄水河交汇处，依河而建，现存城垣高 15～18 米。墙基夯土残迹范围在 40～60 米，估计原城垣厚 10 米左右。城址平面不规则，东西约 5 000 米，南北 4 500 米。中部由南北向的隔墙将其分成东西两部分。西城稍小，略作长方形，西城中部今阁老坟村南，分布着东西长 500 米，南北宽 320 米的长方形宫城，中央发现大型夯土基址和大型石碑，是战国韩国宗庙建筑所在，偏北和西北处地势较高，也发现 10 余处夯土基址，西北隅的“梳妆台”长 130 米，宽约 80～90 米，现仍高出地面 7 米。中北部应是宫殿和官署区。宫城西北部发现韩国宫室的半地下冷藏室，面积约 21.24 平方米，形制为口大底小的长方形

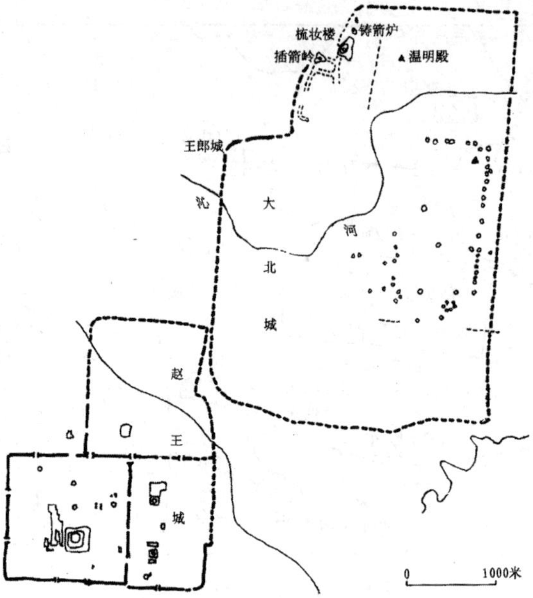

图 5-15　邯郸赵国故城平面图

竖穴，四壁夯筑，东南角有13级台阶式通道，底部东侧挖有五眼冷藏井窖，出土有建筑材料和大量的牛、猪、马、羊、鹿、鸡的骨骼。东城平面呈曲尺形，面积比西城大近一倍，分布各种手工作坊遗址，城内东部发现面积达10万余平方米的铸铜作坊、设施齐全的制陶作坊，铸铜遗址内出土"工""公"陶文。城北发现制骨作坊，东南部还发现战国晚期粮窖，其中一座出土30余片书写在牛肋骨上的仓廪账册，西南部有冶铁作坊和一处郑国的大型祭祀遗址，发掘17座埋藏348件郑国宫室青铜礼乐器的祭祀坑以及45座殉马坑；还发掘一座战国晚期铜兵器坑，出土180件兵器，铭文内容涉及地名、人名、职官和纪年。郑韩故城内有完备的蓄水和排水设施，由进水沟、暗道、陶水管道、储水井组成。城外的一条青石板砌成的壕沟内出土带有"亳"字陶文的大量战国陶器。西城的东南隅李家楼一带是墓葬区，早在1923年一座被盗的大墓中曾出土包括莲鹤方壶在内的一批"新郑彝器"。东城的西南隅后端湾村发现春秋墓葬300余座，有不少贵族墓，平民小墓在城外，王室墓可能在城西约10公里的许岗村一带（见图5-16）。

宜阳韩都故城。位于今河南省洛阳市宜阳县城以西25公里的韩城镇东侧，是战国时期三家分晋后韩国的都城。城址平面呈不规则长方形，总面积约310万平方米。考古发现城址中北部的大型防御设施，由北、中、南三部分组成，南部为地坑式平台，呈长方形，北部有防御生土挡墙，东北角发现一长方形土坑，东侧有一耳室并发现大量大小不一的青石块，耳室底部有朽木痕迹。中部为东西向活动面，底部平坦，南壁为台阶状斜坡，台阶上发现箭镞数百，大部分箭镞插入生土，北壁陡直，发现壁龛4个，口部方形。在防御设施东北区域发现人骨1具，无葬具，腰部发现

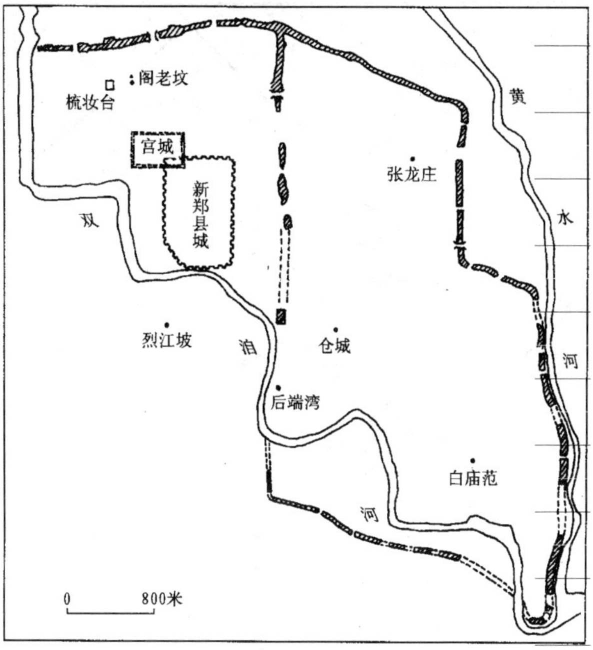

图 5-16　新郑郑韩故城平面图

带钩 1 件，肋骨发现铜镞 2 个。城内东西向道路两条，为主干道。年代为战国至两汉。

魏都安邑。从三家分晋到魏惠王迁都大梁（公元前 453—前 361 年），魏国都于安邑，在山西夏县西北约 7 公里，涑水河川小平原之东。城址分为大、中、小三部分。大城平面略呈梯形，北墙长 2 100 米，南墙长 3 565 米，西墙长 4 980 米，东墙残存 1 530 米。周长 15.5 公里，面积 13 平方公里，为手工业区。中城在大城以内的西南部，平面方形，北墙长 1 522 米，东墙是从位于东北角的小城的南墙中部向南延伸。小城在大城中部和中城的东北角，呈正方形，北墙长 855 米，西墙长 930 米，未发现宫址（见图 5-17）。

3. 齐鲁都城

齐、鲁都是周初主要封国。周武王封姜太公于营丘，齐献公元年（公元前 859 年）齐国都城由薄姑迁至临淄，公元前 221 年被秦灭，临淄作为国都长达 630 余年。战国时，临淄成为最大的城市之一。《战国策·齐策》描写齐宣王时，“临淄之途，车毂击，人肩摩，连衽成帷，举袂成幕，挥汗成雨”，繁华程度可见一斑。东周鲁国都城沿用西周曲阜城。20 世纪 60—70 年代对这两座城进行了系统调查和重点发掘。

临淄齐故城。位于淄博市临淄区辛店镇北，东临淄河，西靠系水，城由大小二城组成，总面积近 20 平方公里。小城衔接于大城的西南角，大城周长 14 公里，小城周长 7 公里，平面均作纵向长方形。大城的东、北二墙和小城的西墙因迁就河岸及地形变化，有多处曲折，不临河的南、北城外挖壕沟。小城为宫殿区，南北 2 550

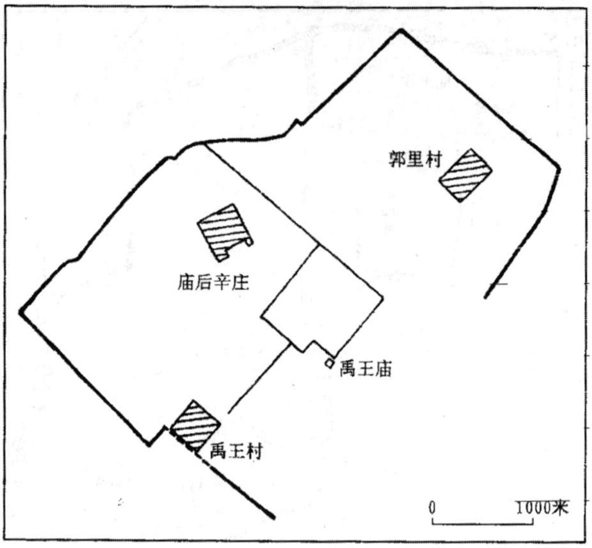

图5-17 魏都安邑平面图

米，东西1 275～1 580米，周长7 275米。共发现城门5座，其中南面2座，其余各1座，北门门道最长，达86米，其余均在25～42米。大、小城之间的门道不仅具有交通的功能，同时也具有加强小城与大城之间缓冲区的功能。城墙外四周挖有13～25米宽的护城壕，西护城河与古系水相接，东墙、北墙与大城连接的部分也有护城壕，而且比小城西、南护城壕宽出近1倍，达25米左右。可见大城与小城之间的防卫是很受重视的。一般架桥处壕沟较窄，且有夯土及石块筑成的桥墩。城内发现三条交通干道，南北向两条大路连接城门，宽6～8米。城内主体建筑处于西北部，“桓公台”是宫城制高点，椭圆形，南北长86米，东西70米，高14米。出土具有齐国特色的砖、瓦当等建筑材料，在临淄和整个齐国境内，常见树木双兽纹及树木卷云纹瓦当。其东、北两侧环绕排水沟，已发现的1号排水明渠长700米，宽20米，深约3米。周围分布有大片建筑基址，小城南部发现有铸造“齐法化”的铸币遗址，东、西、南部各有冶铁、铸铜遗址。一般认为小城是战国时代的田齐所兴建。

大城南北近4.5公里，东西约3.5公里，共有6座城门，东、西各1座，南、北各2座。有七条大道，宽10～20米。城外的护城壕宽25～30米，深3米余。城内主要是平民区，无大型建筑遗迹。市的位置在大城西南部，近宫城北门。据《左传》记载：“晏子之宅近市，景公欲易之，而婴弗更，为诫曰：‘吾生则近市，死岂易志。’乃葬故宅。”又据《水经注·淄水》条引晋的《起居注》：“北门外东北二百步，有齐相晏婴冢宅。”故市应在宫城北门东北，市与宫殿的关系形成了一种“面朝后市”的格局。在大城中、西、南、东北都发现东周时期冶铁遗址，东北部有炼铜遗址，北部和东北部发现制骨作坊，城外北边和西边发现陶窑，有的专烧瓦当，有的只烧陶豆，各有所专。全城内均有排水明渠系统，墙下用石块垒成涵洞。已探明大城西部 2 号排水系统，南北长 3 800 米，宽 20 米，北端分成两支，分别注入北城壕及淄水，东北部的 3 号排水系统，长 800 米。大城的东北部发现有西周晚期文化层和河崖头村的春秋晚期大墓。城南墙外 0.5 公里为郎家庄春秋大墓，东南 8 公里处齐陵镇和青州东高镇一带是战国时期齐王陵区，《水经注》称之为“四豪冢”，传说是田氏四王，即威王、宣王、泯王、襄王之墓（见图 5-18）。该城始建于西周时期，使用年代主要为战国时期，秦汉时沿用，至魏晋以后荒废。

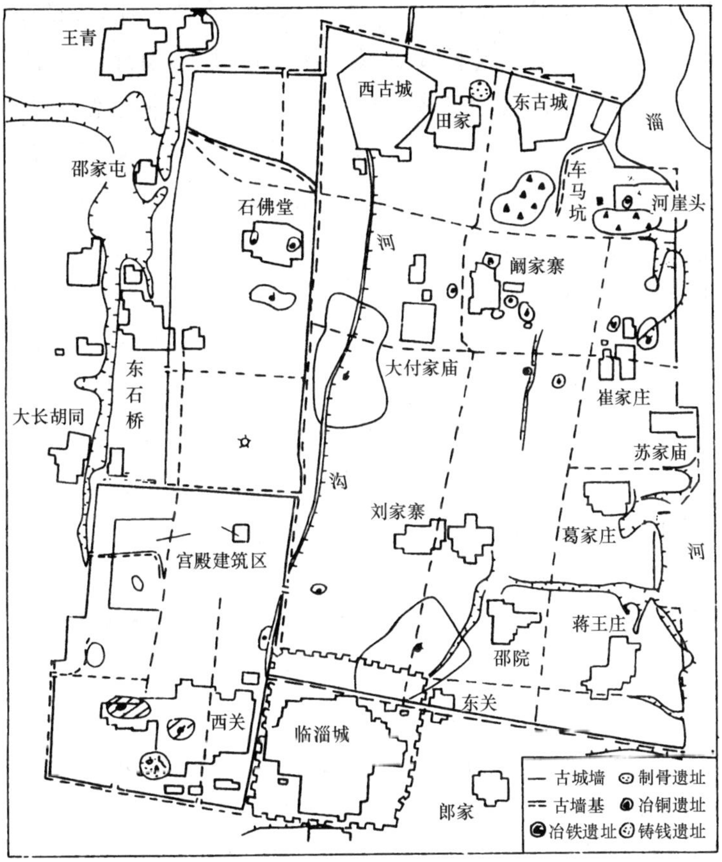

图 5-18 临淄齐故城平面图

资料来源：赵丛苍，郭妍利．两周考古．北京：文物出版社，2004.

曲阜鲁国故城。位于山东省曲阜市，沿用西周鲁国故城，东周鲁国故城为内城与外郭城两重城制。城中部全城最高处的周公庙台地上的宫殿建筑基址群为宫城，宫城总体呈长方形，西北角略内折，城内东西约 480 米，南北 220～250 米，城内面积约 12 万平方米，发现西门、南门、东门及与之相配的道路，以及排水管道、道路及东周夯土建筑等。周公庙北区东周大型夯土建筑基址 F8，东西向长方形，面阔 6 间，中部 4 大间，东西各 1 小间。宫城始建于春秋晚期，战国晚期废弃，外郭城始建于西周晚期或春秋早期（见图 5-10）。在曲阜杏坛学校，发现数量众多的东周时期墓葬，均为中小型墓葬，棺椁结构多为一棺一椁和单棺两类，随葬器物多在棺椁之间，少数置于棺内，个别墓葬有腰坑。共出土器物1 000余件，其中包括陶器700余件，彩绘陶器200余件，铜器100余件，主要以舟、戈、剑、镞为主，其余为骨器、玉石器、蚌器。该墓地墓主多属下层士级贵族和平民，对于研究鲁国的葬制葬俗有重要意义。

4. 燕下都与临易

周成王时封召公奭于燕。燕是诸封国中最北端的一个，历40余代800余年，建都三处。最初召公之子就国，建都于蓟，遗址不明。在北京琉璃河发现西周早期燕都，后迁于今河北易县，称“燕下都”。关于迁都时间，文献有“桓侯迁下都”“燕文公徙易”“燕昭王建武阳，是为下都”的不同说法。但该城繁盛时期为战国中晚期燕昭王（公元前311—前279年）以后，至公元前222年秦灭燕后废弃。

燕下都。位于易县东南2.5公里处，北易水和中易水之间。城址平面略作磬形，东西长9公里，南北宽4～6公里，墙基原厚10米左右，因增筑及坍塌形成宽40米的夯土残迹范围。由东西相连的两个方形小城组成，其间为一道墙垣和一条古河道相隔。东城自成一体，东墙长3 980米，北墙不直，长4 594米，设施完备，东、北墙各有1门，城内分为宫殿区、居民区、手工业作坊区和陵墓区。北部四分之一处横贯一道隔墙，长460米，宽20米。隔墙的两侧，北至城墙，南至古河道以北，一线排列着高大的夯土基址。其中南端的“武阳台”和北墙外的“老姆台”体积最大，武阳台东西长140米，南北宽110米，高11～12米。武阳台东北、东南、西南还有一些建筑群，形成了燕下都的宫殿区。宫殿区的周围，除原有的城垣和城壕外，由城西的运粮河又引进两条河渠，从南北两侧流过，隔墙和北城墙上，还有高台建筑，构成四周环绕的严密防御体系。武阳台以西、河道附近是手工作坊遗址，有冶铁、铸铜、制陶、制骨、造兵器等作坊，发现了大量的铁器，饰饕餮纹、双龙纹，还有双鸟纹及兽面纹瓦当、筒瓦、板瓦、圆形陶水管、井圈等建筑材料，还发现了“郾王喜”戈和“左陶尹”印文等，应属官营手工业。还出土有铁颈锁和铁镣，工人身份应为奴隶。东城南部为一般居民区。燕王陵主要分布在东城西北角隔墙南北，北有虚粮冢，南有九女台。前者有13座带有封土堆的大墓，自北向南排成四列，规模最大的55米×5.5米，高11.4米。后者有大墓10座，分三排，封土略小。西城未发现大型建筑遗存，仅有两处普通的建筑遗址和一些墓葬，可能为战国末年适应战争需要而扩建，仅南、西、北有墙，东有运粮河与东城相连（见图5-19）。二城的城门及道路尚未探明。

容城战国遗址。位于河北雄安新区的容城县遗址，面积约90万平方米，经考古发掘，发现东周时期大型夯土建筑，以及房址、墓葬、灰坑等遗迹，出土种类丰富的遗物，以陶制、骨制、铜制、铁制等种类最为常见。其中出土的东周时期铜鼎、壶、戈等，上有铭文“西宫”“匽侯载”字样，此外出土燕国刀币。在遗址中部偏北

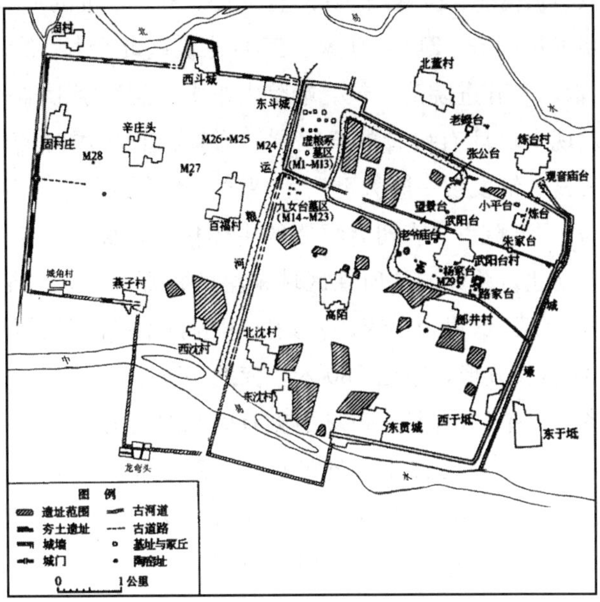

图 5-19　燕下都遗址平面图

资料来源：赵丛苍，郭妍利．两周考古．北京：文物出版社，2004.

的内城区域出土泥质灰陶内外素面筒瓦、瓦楞纹陶制板瓦、泥质灰陶高领罐等器物。据《史记》记载，燕桓侯徙都临易。据学者考证，临易之地望应在河北雄县、容城。

5. 秦都城

秦雍城。位于陕西凤翔县城南。秦德公元年（公元前 677 年）建都雍，至献公二年（公元前 383 年）迁栎阳。雍城为不规则方形，边长 3.2～3.3 公里，面积 10.56 平方公里。东凭纸坊河，南依雍水，西墙外筑护城河，构成严密的屏障。西墙保存较好，长 3.2 公里，宽 4.5～15 米，残高 1.65～2.05 米，发现 3 处城门。城内中部姚家岗、马家庄、凤尾村发现春秋时期宫殿建筑；城内北部铁沟、高工寺为战国时期宫殿区，发现铜器窖藏、作坊遗址和残瓦等建筑材料（见图 5-20）。姚家岗宫殿区位于中部偏西，约 2 万平方米，夯土台基破坏严重，发现墙、散水、瓦和瓦当等，出土三处窖藏铜质建筑构件 64 件。南部有密集的祭祀坑。有学者推测此建筑为秦初德公居雍的大郑宫。在姚家岗西部发现一座春秋时期的冰窖——“凌阴”，平面近方形，在四周夯土墙基中间是一窖穴，南北 11.4 米，东西 10 米，壁为斜坡状，四周有回廊，底铺一层砂岩，西边有通道和排水设施，外接白起河。据测算可藏冰 190 立方米。马家庄遗址群位于城中偏南，发现三处宫殿宗庙建筑。一号宗庙建筑坐北朝南，平面长方形，四周环绕围墙，东西 87 米，南北约 70 米，南墙正中是带塾的屋式大门，由大门向北，中庭、朝寝、亭台构成南北轴线，主体建筑呈“品”字形排列，布局规整，各自绕以回廊和散水，内部再以墙分隔为不同功能的区间。东西左右对称配置厢房，形似周原的封闭式宫殿建筑。中庭东西 30 米，南北

34.5米，发现有181座祭祀坑，埋有牛、羊、人、车等，坑的形成时间不一，使用时间为春秋中晚期（见图5-21）。马家庄三号建筑南北全长326.5米，北端宽86米，南端宽59.6米，为五进院落，最北端院内正中"品"字形排列三个大小相同的单体建筑，中庭发现少量埋有兽骨的祭祀坑，为春秋到战国时期的秦公寝宫建筑。雍城东南的瓦窑头村一带发现一座大型宫室建筑，系多进院落结构。该建筑结构复杂，显现出"五门""五院""前朝后寝"的主体格局，此外包括屏、门塾、厢房、回廊、阶、阙等辅助建筑单元。从所在区域采集的板瓦、筒瓦特征判断，该组建筑应早于马家庄三号建筑，这里距马家庄宫殿区很近，不排除是其组成部分。城北有露天的"市"，平面呈长方形，东西180米，南北160米，面积2万平方米，四周有夯土围墙，每面各有1座"市门"，市场西侧有南北向街道。这是迄今考古发现的首座先秦时期"市"遗址。一般居址分布在城南。雍城外西南16公里发现"蕲年宫当"，应是蕲年宫所在，南郊、西郊也发现可能属秦汉蕲年宫、棫阳宫等行宫遗址的大量建筑材料。秦公陵园和墓葬区分布在城外近郊。

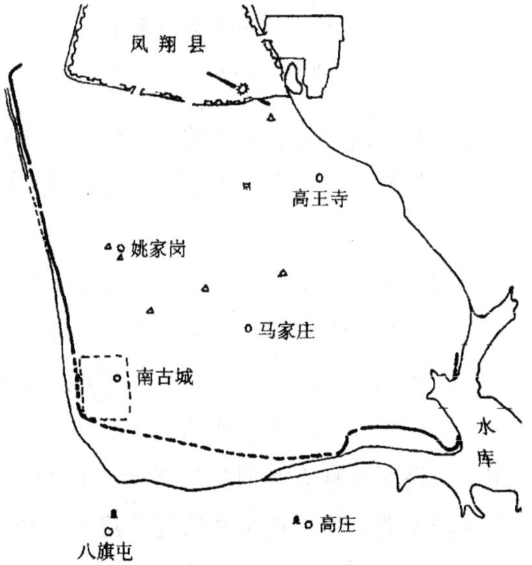

图5-20 秦都雍城平面图

秦栎阳城。秦献公二年（公元前383年）迁都栎阳，至孝公十二年（公元前350年）迁都咸阳，秦在栎阳建都共34年。栎阳故城位于西安市阎良区武屯乡关庄和御宝屯一带，城址平面为长方形，东西2 500米，南北1 600米，南墙残长1 640米，宽6米；西墙残长1 420米，宽8～16米，南宽北窄。东、北墙为石川河冲毁。夯墙未挖基槽，直接夯筑在扰土之上，出土板瓦、筒瓦、瓦当残片，瓦表饰斜细绳纹、里素面或麻点及同向涡卷纹。城门东西各3座，南北各2座，有东西向主干道3条和南北向6条。城内中部发现秦汉宫殿建筑、一般居址和手工业作坊遗址15处，其中1号遗址规模最大，范围350米×350米，遗址内有大面积夯土基址，文

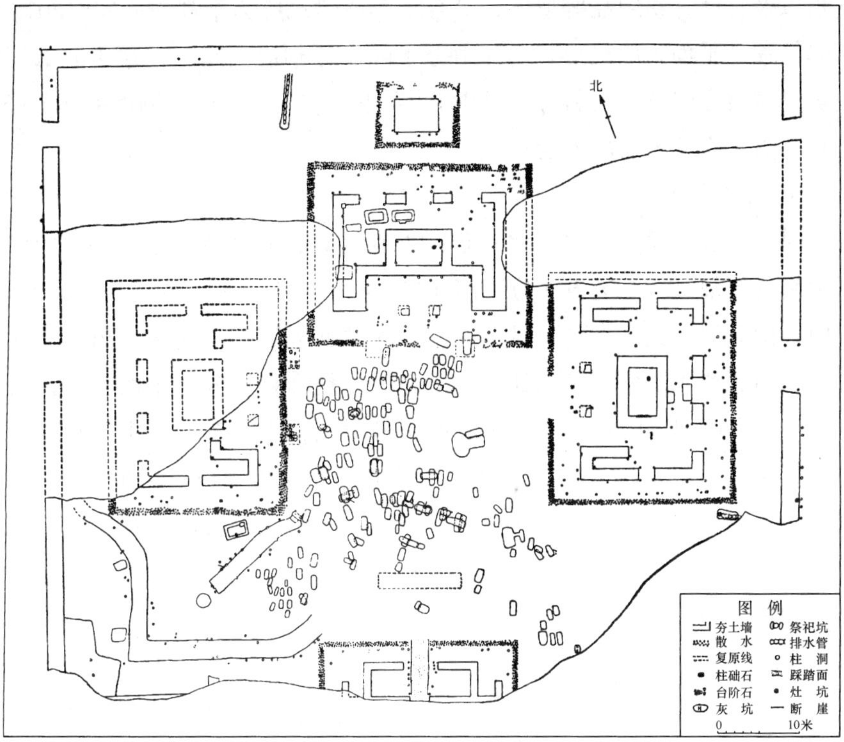

图 5-21　凤翔马家庄一号建筑群遗址平面图

资料来源：考古与文物，2008（6）.

化堆积 1～1.5 米。城址内出土鬲、釜、盂等陶器，多为战国中晚期秦文化的代表性器物。2021—2022 年在三号建筑遗址清理出半地下房屋建筑 F1，其西的 F2 发现一处距今约 2 400 年的厕类遗存，由室内厕位和房外排污坑两部分组成，陶便器的上部已毁，下面是个斜槽，连着陶弯管，可能是国内已知最早的冲水式厕所。墓葬大多分布在城址附近，城东南为战国至东汉的墓葬区，东北是秦汉大型墓葬区，西北墓区为汉太上皇和昭灵皇后墓。此外，在丹凤县近郊发现战国时期商鞅封邑遗址。

秦咸阳城。秦孝公十二年（公元前 350 年），迁都于咸阳，延至秦二世三年（公元前 207 年），秦以咸阳为都共 143 年。咸阳秦都故城位于今陕西咸阳市以东约 15 公里的窑店镇一带，地处关中平原中部的咸阳原上。自 20 世纪 50 年代末至今，该地域发现了大量与秦都咸阳相关的各类遗存。发现大、中型夯土建筑遗址共 33 处，集中分布于窑店镇以北的台塬上，由此组成了庞大的宫室建筑群。该地带中部探明一处战国时期略呈东西向长方形的夯土垣设施，周长 2 747 米，现存南、西城门各 1 处，西、北墙内外均发现与夯土墙同一走向的城壕遗迹。上述夯土建筑基址中的部分即位于夯土垣内，已发掘的 3 座时代属战国时期，其中一号高台建筑，平面呈东西向方形，分为上下两层，上层中部为主体宫室，两旁及下层南北两侧环绕功能不同侧室，其外为回廊。该建筑布局紧凑、结构独特，遗址发掘出土壁画、砖、戳印瓦、瓦当以及竹席、纺织品等遗迹，综合来看该建筑应为秦都咸阳宫。2018 年发掘的府库建筑遗址平面呈曲尺形，内部由夯土隔墙分割成五间，在建筑北部发现蓄水池、灰坑、建筑废料坑、石料堆。其中 F3 发现石磬 1 件，出土铜甬钟柄部残件，此地可能是存放国家礼乐器的库房。

6. 中山国灵寿城

春秋时期，鲜虞建国，都河北正定，春秋晚期改国号为中山，先都河北定县，桓公复国后迁新都灵寿。灵寿城位于河北平山县三汲乡，西有太行山，东有滹沱河，三面环山，两面河沟交叉，平面极不规整，大致如椭圆形，向南凸出狭长地带。东西 4 公里，南北约 4.5 公里，中部有一道南北向隔墙将城分为东西二城，西城中部偏北又有一道东西向隔墙，其北为王陵区。宫殿区集中于东城的中部和北部，以东北部的三号建筑为主体，发现 11 处大型夯土基址，对称分布。西部为作坊区，东南发现窑址，南部有铸铁作坊，北部有铸铜作坊，西南发现刀币窖藏。二城的南半部为居民区。城外西北部也分布有王陵。城外东北、西北、西南已探明 500 余座春秋至战国晚期中小型墓。

7. 楚都城

楚始都丹阳（秭归或淅川），楚文王元年（公元前 689 年）迁到郢都，亦称纪南城，至公元前 278 年，秦将白起拔郢，又相继迁于淮阳陈和寿春。

纪南城。位于湖北江陵县北 5 公里纪山之南。保存较完整，平面近长方形，东西 4 450 米，南北 3 588 米，面积达 16 平方公里。城墙底宽 30～40 米，顶宽 10～14 米，现仍高出地面 4～5 米。城垣内外都有护城坡，城外有护城壕。全城有城门 8 座，其中东、南、北各有 1 座水门，与城内朱河、龙桥河、新桥河贯通，供全城运输和饮用。水陆城门都是一门三道。东垣南门遗址表明其结构包括三门道，门道及门垛与城垣垂直，在门垛内发现柱洞、板槽类建筑遗迹，该段城垣外没有护城河，但有水井、灰坑遗迹，东垣外靠近湖边可能设置码头，便于水路交通。水门由四排 38 根大柱直立构筑而成，每排 9～11 根木柱，形成三个宽度相等的门道，凌驾于河道之上，扼守水路。陆上城门的中间门道宽于两边门道约一倍，为车马道。城门的一侧有附属建筑基址。城内已探明大小夯土台基 100 多处，纵横排列，井然有序。东南部夯土台基较密集，61 座台基排列规整，最大的松柏 30 号宫殿建筑基址，长 130 米，宽 100 米，有成排的柱洞、隔墙以及散水、下水道等，是宫殿区。在其东、北侧，探出夯筑宫墙遗迹，全长 1 300 米，宽 9 米，呈曲尺形，没有闭合。墙外有壕沟。宫城的东北发现大型建筑 15 处和大型鱼池 5 个，并分布一般居址，可能属贵族居住区。西南部是冶炼、铸造、纺织等手工业作坊区，周围堆积很厚的瓦砾层，城内外都发现有大量窑址。城北部龙桥河西段有制陶作坊遗址和数百个水井，西部和北部是密集的居民区。城内发现战国早期及以前的墓葬，春秋晚期以前遗存发现较少，根据已发掘两处城门下压有春秋晚期地层、灰坑判断，该城始建于春秋晚期，与文献记载有出入，但也可能属于多次增修。一般认为此即郢都。城址未见战国晚期楚遗存，却在附近发现秦墓，可与战国晚期郢都废弃和楚亡于秦的史实相印证。或有认为纪南城西北 35 公里处发现的当阳季家湖古城为早期郢都，早于纪南城。在纪南城东南 55 公里处还发现了春秋晚期至战国早中期的潜江龙湾遗址，可能属楚灵王所建的章华宫遗址。周围的江汉平原发现了大量楚墓，地表有封土的就达 800 余座，王墓未发掘，一些贵族墓和平民墓陆续发掘，如江陵楚墓、包山楚墓、当阳楚墓、天星观楚墓等，出土了大量珍贵文物，如越王勾践剑、战国丝织绣花物、郭店楚简等。

寿春城。位于安徽寿县。楚考烈王二十二年（公元前 241 年），楚徙都寿春，改寿春为郢，至楚王负刍五年（公元前 223 年）秦军灭楚置郡，寿春作为楚都共计 18 年。目前学术界认为寿县县城即楚都寿春所在，寿县县城附近分布有大批战国晚期楚墓，在城西南一带为中型墓葬，城北为小型墓葬，城东南为大型墓葬区。寿县故城外西南方向发现西圈墓地，清理墓葬 53 座，出土原始瓷器、印文硬陶、铜器、漆木器、玉器等 500 余件，其中以 M25 为代表的一批春秋晚期至战国早期墓葬的发现，证明该墓地为下蔡的重要墓区之一。M25 为长方形竖穴土坑墓，墓主仰身直肢，无墓道与封土，葬具为一椁重棺，东西两侧有边箱，北侧有头箱，棺内随葬青铜短剑、玉瑗、弓箭各 1 件，出土陶器均为仿铜陶礼器，铜器包括兵器、车马器，出土大量漆器、原始瓷器、印文硬陶，出土的一件双联戟有铭文“蔡侯产之用戟”。寿春城战国中期墓葬多为东西向土坑竖穴，与下蔡墓区的南北向截然不同。发掘可知西圈墓地春秋晚期至战国早期为下蔡墓地，战国中期楚灭蔡后沿用该墓地，战国晚期由于楚国迁都寿春，此处变为居址区。

列国都城的形制各异，但也有一些共同的时代特征：大多选择在平原附近，地势平坦开阔；倚山临水，一般选择河流旁边以便解决水源，便于交通运输，同时有利于军事上攻守；城墙多依地势和河流而不规则；布局讲究中轴线对称，宫殿区和居民区分开，商业初步发展。文献记载列国都城中都有市，所以列国都城既是政治中心，也是经济中心，已具有都市的性质。

夏商西周的城市大多是以宫殿、宗庙区为中心的凝聚式布局，不一定有城，如二里头、郑州商城、殷墟和丰镐遗址等。东周以后，城市多为封闭式结构，一定有城。中原各国都城一般分成大城、小城或东城、西城，如东周王城，齐、韩、赵、魏、晋都城。小城或西城是宫殿、宗庙和官署所在，宫殿建筑前堂后室的布局成为古代宫殿建筑布局的定制，占据中心位置或地势高敞处，筑于高大的夯土台基上，体现了统治者对戒严、安全和威慑作用的考虑；大城或东城是外郭城，集中安置手工业作坊，是各级官吏、平民的居住区，也起到屏障小城的作用。将宫殿区和平民区划分开的设计，体现了专制主义的特点。许多城市的主体建筑群都继承了以宫殿为中心的中轴线布局，多数城坐西朝东，重心在西。边远地区的燕国都城具有军事重镇的性质，宫殿区在北，四周修建隔墙、高台，并利用河渠环绕，形成严密的防御体系，后又在西部扩建了军事堡垒，特别突出防御功能。江南的郢都布局也比较独特，宫殿区分布于城内的东南部，与中原地区有别。中山国都城则是北方民族汉化的产物。

东周时期都城的规模相当大，一般在10平方公里以上，在选址上考虑战争和经济因素，易守难攻，依山傍水，处于交通要道。周边有山川河流，既可以凭险据守，又可以解决交通和生活用水、排污问题，城内往往有河流通过。城的功能不同于以后的以工商业及政治文化为主的城市，属于农业和手工业相结合型。高大的城墙成为突出特征，一般有宫城、郭城双重城墙；城内有大片农田，甚至王陵和墓地也在城内。居民区和手工业作坊区都缺乏统一的规划，如纪南城面积达16平方公里，比现在的荆州城还大，其居民区在城东和城北，曲阜城的居民区在城东及城西，燕下都的居民区在东城西南部和西城东南部，临淄城在大城东北部。大量从事农业和手工业的平民居于城内，可以“卜邻而居”，不受限制，这些密集的居住区应是自然形成的。宫殿区的布局由早期的以宗庙为中心向朝堂、宗庙并重发展，表现出族权地位下降、王权地位上升的趋势。在宫殿区内外，都有大量的手工业作坊，既有王室直接控制的“工商食官”的官府手工业，也有民间手工业，又有集中的工商业区“市”，说明城市已具有政治和经济中心的地位，但手工作坊区同样没有严格的规划。有学者认为战国都城在防御上宫城重于郭城，“卫君重于守民”“防内重于防外”，这与各国内部政治斗争的复杂性有关。许宏在《大都无城》中曾讨论过中国早期都城的形态，他认为从最早的广域王权国家都邑二里头到曹魏的邺城，近两千年的时间里，中国都城空间构造的主流是“宫城＋郭区”，而其中商前期和春秋战国时期是城郭布局的兴盛期，发展为“宫城＋郭城”，这是由特殊的历史背景所导致的，军事局势的高度紧张性是最突出的特点。春秋众多小国被大国吞并后，其都城也变为大国的一般城市或边防重镇。

都城的建筑技术承继了商周的夯筑及木结构建筑技术，有挖沟奠基分层夯筑城墙的，也有直接筑在生土或扰土之上的。城墙版筑，转角处加宽。在宫殿建筑中，已出现了斗拱，屋顶已普遍用瓦和瓦当。承重墙、木架和柱子结构更加复杂，加工更为精细。地下有排水设施如陶质排水管道，还发现有铜质建筑构件。宫殿和宗庙在建筑形式上出现了分化。

三、大型遗址和墓葬

长城遗迹。春秋战国时期各国之间的兼并战争持续不断，春秋时就出现为防御邻国而筑的内地长城，2008年在河南平顶山、南阳、驻马店、信阳一线调查确认了长30.5公里的春秋至战国早期的楚长城及两座关堡。战国中期以后开始大规模修筑长城，燕、赵、秦为抵御北方崛起的东胡、匈奴等游牧民族，各筑有燕北长城、赵北长城和秦西长城。楚、秦、魏、齐、中山国都在边界修有内地长城，大多利用天然的山岭、高地或河流堤防连接扩建而成。有土筑、石砌，也有土石混筑，山崖陡峭之处则直接依天险为屏障，沿线修有亭、障和烽燧。秦统一六国后，沿燕、赵、秦的外长城之旧，修缮扩建使长城绵延 5 000 公里，称万里长城。1938 年历史学家顾颉刚发现临洮一带的秦长城遗迹。新中国成立后，多次对长城遗迹开展大规模的调查。已发现的战国秦长城包括秦简公七年（公元前 408 年）防魏筑的堑洛长城、秦昭襄王三十六年（公元前 271 年）为防御匈奴修筑的夯土城墙。堑洛长城南起华山北麓，向东北过渭河，经大荔、蒲城向北到黄陵；夯土城墙起自甘肃岷县，向东北经临洮、渭源，宁夏固原，甘肃环县，陕西吴旗、靖边，北至内蒙古准格尔旗东北的十二连城。战国秦长城在陕西志丹县北、子长县、榆林南、神木西沟乡有发现。赵北长城是武灵王破林胡、楼烦后所筑，文献记载东起于代（蔚县），经雁北，入内蒙古阴山南麓至高阙。经调查确认为战国赵长城的有两段：一段西起包头市北的大庙，向东沿大青山南麓直抵呼和浩特西。除呼和乌素所见为石筑外，均为夯筑，附近散布城郭烽台数十处；另一段从包头西穿越狼山中部的石兰计山口，沿线发现有战国时期遗迹遗物。燕南长城在河北易县至保定徐水区西太行山下；燕北长城为燕昭王时筑，“自造阳至襄平，置上谷、渔阳、右北平、辽西、辽东郡以拒胡”。已查明北段起于化德县以东，经保康县、正蓝旗多伦县、围场县北，再向东沿英金河北岸经赤峰、奈曼旗土城子，利用牤牛河天堑北进 20 公里，于牤牛河东岸的牤石沟折而向东进入库伦旗南部、辽宁阜新县以东，其东端在今朝鲜的博川一带。敖汉旗至阜新段全长 120 公里，全部夯土筑造，残高 1～2 米，基宽 6～8 米；南段自化德县以东，经喀喇沁旗和赤峰南部，过老哈河、建平县北和敖汉旗南部抵达北票市。南北两段间距 40～50 公里。燕长城附近，常见战国时期燕和秦汉时期的边城、亭障、烽台遗址，出土有燕明刀、山字纹半瓦当、环纹半瓦当以及罐、盆、豆、瓮等。魏惠王十九年（公元前 352 年）为防秦筑西长城。魏西长城南起陕西华山南麓，向北越渭河，沿北洛水东岸北上，到合阳境内折而向东，过黄河入韩城；魏南长城北起河南原武县西北，向东到阳武县，向东南至开封东境，转而向西直达密县，长达 200 余公里。长城见证了烽火连天的东周时代，当时的战争形式已经发生了很大变化，步兵和骑兵代替了车战，兵器的种类和杀伤力有很大的发展，钺、戈、矛、镞、刀、剑、锥、戣（类戟）、盔、盾等各种用于钩、刺、射、伐、守的武器均有发现。

秦公陵园。秦公陵园主要有雍城秦公陵园、栎阳陵园、毕陌陵区、芷阳陵区、神禾塬陵区等。雍城秦公陵园（西陵）地处秦雍城南 10 公里处，时代为春秋，时间最长，规模最大。1976 年以来对其进行了详细的勘探。整个陵园面积约 21 平方公里，已探明大墓 49 座，平面形制有“亞”字形、“中”字形、“甲”字形、“凸”字形、“目”字形、刀把形和圆形。绝大多数陵园坐西朝东，以外隍（兆沟）、中隍、内隍重重环绕。外隍即最外侧围绕的壕沟，内以若干座陵墓为一群集中分布，形成相对独立的14处小陵园，多数小陵园也以壕沟环绕，为中隍，最大的中隍是1号陵园，南北最长823米，东西最宽532米，中隍内分布数量不等的陵墓，其中至少有一座双墓道“中”字形大墓，现已发现18座，有的大墓单独设壕沟环绕主室，即内隍，内隍宽度、深度与中隍相同，一般宽3.2～4.5米，深2.6～3.9米，外隍更宽更深，中隍、内隍都有门，外隍不明。已探明各种形状的墓葬、车马坑或殉葬坑，全部为东西向，一般东墓道比西墓道长，部分大墓东墓道有一两个耳室。均未见封土，但不少墓上有绳纹瓦，故应有墓上享堂建筑，M37上还有夯土墙，M1还发现柱础、排水管等。各陵园内，最大的墓在右边。每座大墓的右前方都有一长方形或“凸”字形车马坑或殉葬坑等。墓坑多数填泥、积炭。这种积炭积石墓是战国时期大墓流行的结构形式。栎阳陵园在城址东北郊，为献公以后至战国中期秦公陵园。毕陌陵区在咸阳西北5公里周陵中学附近，2座覆斗形封土大墓为战国时期秦陵，墓主可能为秦悼武王及其夫人，也有认为是秦惠文王和悼武王，或秦惠文王与王后。芷阳陵区（东陵）是战国晚期秦国迁都咸阳以后的王陵区，位于咸阳北40公里处，临潼斜口镇韩峪乡的骊山西麓，发现4座陵园，各以大型墓为中心，周围还发现小型国人墓。其中有四个墓道的“亞”字形和“中”字形大墓，均未经发掘，根据文献记载，葬有昭襄王与唐太后、庄襄王与秦始皇母、悼太子等人。神禾塬陵区位于西安南郊，2004年发现一座“亞”字形大墓，旁有13座条状陪葬坑，2个坑中发现六马架车。发掘者认为是秦始皇祖母夏太后陵，一些学者认为是秦二世胡亥陵或晚至西汉初期。

秦公1号大墓。雍城秦公陵园中唯一经发掘的大墓，位于1号陵园最南部，是迄今已发掘先秦诸侯陵墓中最大者，从1976年开始发掘，历时十年。“中”字形，坐西朝东，全长300米，总面积约5 334平方米，其中墓室长59.4米，宽38.45～38.8米，深24米，东墓道长156.1米，宽8.7～19.1米，西墓道长84.5米，宽6.4～14.3米。墓室正中是椁室，分主椁、副椁两部分，呈曲尺形设置。主椁室长14.4米，宽5.6米，高5.6米；副椁室紧靠主椁西南。椁室四壁及底、盖皆用长5.6米或7.3米的两端带榫头的方形柏木垒成，多达三四层，有人认为这是我国发现的最早的“黄肠题凑”实物。其外填泥和木炭。椁室四周为四阶，其上放满木箱，其中大箱72具（箱殉），小箱94具（匣殉），内殉166人，用绳索捆绑成蜷曲状，各有随葬品。墓室填土中还有人牲20具。春秋时期人殉已不多见，但在秦国还比较普遍。据《史记·秦本纪》载，秦穆公死后从死者177人，其中包括良臣子车氏三兄弟，直到战国中期秦献公“止从死”才废止。秦公1号大墓历代多次被盗，大小盗洞有247个，随葬品大部分被盗，尚存小件器物等3 500余件。其中刻文石磬之一有“天子匽喜，龚桓是嗣”等字句，据此推测墓主可能是春秋晚期偏早阶段秦景公（公元前577—前537年），“龚桓”即秦共公和秦桓公，分别是景公之祖和父。2006年在其西南侧发掘了一座“目”字形殉葬坑，葬有东西向车5组，无车轮，有屈肢葬人骨 1 具。

陕西韩城梁带村春秋墓。位于韩城市东北 7 公里黄河西岸昝村镇，共发现两周墓葬 895 座，车马坑 64 座，其中大型墓葬 7 座，主要分布在梁带村村北。2005 年发掘，墓葬均为南北向，M19 为斜坡墓道“甲”字形大墓，一椁两棺。椁室随葬大量精美的玉器、青铜礼器及各种串饰，据铜鬲上“内（芮）太子”“内（芮）公”铭文可确定属芮国贵族墓。M27、M26 东西并列，M27 为“中”字形大墓，青铜礼器以七鼎六簋配置，随葬大量制作精美的金带饰、扣饰、龙形镂空金环，乐器漆木鼓、石磬，兵器戈、钺及一柄玉剑和青铜车马器等；西侧的 M26 为“甲”字形，铜礼器配置五鼎四簋，随葬多组玉佩饰和弄器等，不见兵器，墓主应为女性，据铜器铭文“中（仲）姜作为桓公尊簋”，此二墓应是芮国国君及夫人“芮姜”墓。墓地时代在西周晚期至春秋时期。“芮”字铭铜器的出土纠正了《史记》注释中韩城境内属梁国地望之说，说明梁带村墓葬群所处应隶属春秋时期的芮国。此前发现的春秋梁国贵族墓一般为东西向，与此不同。

甘谷县毛家坪遗址。位于甘肃省甘谷县磐安镇毛家坪村渭河南岸的二级台地上，东西约 600 米，南北约 1 000 米，总面积 60 万平方米。发现墓葬、灰坑、车马坑等遗迹，出土数量丰富的青铜器、陶器约 500 件及小件器物，遗址年代从西周晚期延续至战国时期。其中大型墓葬 M2059，墓坑长 5.2 米，宽 2.8 米，墓底距地表 12.5 米，有壁龛，龛内殉人，椁室出土青铜容器 15 件，包括鼎 5、簋 4、方壶 2、盘 1、匜 1、盉 1、方甗 1，以及陶器 13 件，墓主为成年男性，头向西，仰身曲肢，随葬一件中胡三穿铜戈，胡部铭文两行 14 字“秦公作子车用……”，其余字锈蚀不清，年代为春秋中期。大型车马坑 K201，内置三辆车，均辀东舆西，1 号车在东，驾 4 马，为俯卧状，马头有络饰，车体结构清晰；2 号车居中，架 2 马，马身蒙皮制甲胄，上髹红漆，绘黑漆，饰勾连蟠螭纹，甲胄上坠有铜泡、铜饰，车体结构清晰；3 号车在西，架 4 马。此外坑西北角有一藤条筐，内置牛、羊、羊头等。铜戈铭文“秦公作子车用”印证了《史记》《左传》《诗经》等文献记载的秦穆公卒、三良从死，子车为穆公近臣等史事。

甘肃漳县墩坪东周墓地。位于漳县三岔镇三岔村北的漳河北一级台地墩坪上，发现东周墓葬 27 座，同出车马器、工具、兵器、陶器等遗物。墓葬分土坑竖穴墓、土坑竖穴偏室墓两类，有些带有二层台。已发掘墓葬均为仰身直肢葬，头向东，随葬品一般放置于墓主头部及躯体两侧，墓葬填土夯筑，填土中发现有青铜车饰及殉牲，殉牲以马、牛、羊的头和蹄为主，殉牲种类、数量与墓葬等级有密切联系。年代为春秋晚期到战国早、中期，为研究西北羌、戎文化及其与周边文化的交流提供了重要资料。

甘肃天水马家塬战国墓地。位于天水张家川回族自治县木河乡桃源村东北的马家塬上，发掘战国晚期墓葬 5 座，出土器物 40 余件。墓葬形制有竖穴阶梯墓道偏洞室墓、竖穴墓道偏洞室墓和竖穴土坑墓。墓道底部随葬数量较多的马、牛、羊的头、蹄和殉狗等。其中一座墓室在墓道北壁偏东侧，南北向，洞室内均葬1人，仰身直肢，木棺，在墓道内各随葬车一辆，出土陶罐、银箔帽饰、腰带、铜镜、铁戈、刀及马具等。另一墓葬出土有细凸弦纹铜镜，制作精致，为人为损坏后而葬。墓地北部、东部墓葬大致呈西南—东北向成排分布，局部墓葬成组分布，排列密集整齐，经过统一规划。葬制、葬俗及毁镜习俗均与秦人密切相关。

山东临淄郎家庄1号墓。该墓距临淄齐城大城南墙仅500米。据说曾有高10余米的封土，今已无存。墓口长21米，宽19.5米，深6米，用天然石块垒成椁室。椁室四周埋有17个陪葬者，可辨识的骨架均为20岁左右的女子，均有棺椁和随葬品。填土中另有6个殉人，亦多为女性。在距郎家庄不远的尧王庄，1956年还发现过一座八鼎墓（原当九鼎），出有“国氏”铭文铜器，因此，这里很可能是齐大贵族国氏墓地，国氏为田氏所灭，此墓当属春秋晚期。

山东沂水县莒国春秋墓。1977年在沂水刘家店子发现2座春秋中期墓葬和1座车马坑。M1南北12.8米，东西8米，二椁一棺，殉人40，随葬玉石、金器、青铜器、陶器等470多件。南北藏器库分别放置礼器和乐器，九鼎八簋配置，墓主可能是莒国国君。距其8.7米的M2，规模略小，出九鼎，可能是其妻。目前发现的莒国遗存分布于山东沂水县、莒县、莒南县等地，墓葬流行长方形竖穴土坑，墓道在东，盛行殉人、从死，多者数十人，有专门的藏器库，随葬礼乐器和玉佩饰等，器物组合、纹饰不合周礼。

山西太原晋国赵卿墓。1987年以来在太原南郊晋阳故城北发掘东周墓葬1 000余座，规模最大的M251坐西朝东，为竖穴土坑木椁墓，东西11米，南北9.2米，一椁三棺，墓主为老年男性。随葬品达3 000多件，包括七鼎配置礼器组合，19件一套的铜编钟和13件石磬各两套，兵器、车马器、金饰、玉饰俱全，并于东北角祔葬大型车马坑，埋有16辆车和44匹马。根据铭文判定墓主可能为春秋晚期执掌特权的晋国卿赵鞅，墓葬使用棺椁、礼乐器的僭越现象应是卿大夫专权的产物。

山西陶寺北东周墓地。位于山西省襄汾县陶寺遗址以北，该处墓地从两周之际延续到战国时期，伴随着晋国的兴盛和衰亡，是晋国一处重要墓地。2018年发掘春秋时期墓葬109座，祭祀坑31座。春秋早期大中型墓葬5座，均为竖穴土圹墓，规模最大的两座东西并列，应为夫妻墓，墓葬外围砌有与椁室同高的石块，葬具为一椁两棺。M3011为该墓地目前发掘规格最高的一座，墓口长6.4米，宽5.2米，深10米，出土大量青铜礼器，有铜鼎、鉴、壶、鬲等，乐器有编镈13件，编钟13件，此外还发现有车马器、兵器、工具等百余件，以及玉配饰、玉璜等，其中在一件甬钟上有铭文“卫侯之孙申子之子书”，可确定该编钟与卫国有关。ⅢM1为积石墓，椁盖板、墓底及椁室四周填满石块，葬具为一椁两棺，墓主为女性，腹部有胎儿，陪葬有镬鼎2件，列鼎5件，小盖鼎1件，还有盖豆、方壶、鬲、簠、舟、编钟、盉、盘、甗等青铜器，随葬的玉器多为随身饰品或葬玉，外棺四角均发现有铜铃。ⅢM2 葬具为一椁二棺，有二层台，出土器物有青铜鼎、盖豆、盘、匜、舟、编钟、车马器、石磬等，玉器为墓主随身饰品，棺椁之间的角落有铅鱼。春秋时期小型墓葬多为竖穴土圹墓，头多北向，葬式以屈肢葬为主，随葬品多为单个陶鬲。发现祭祀坑内多为完整马骨，小型祭祀坑内多为狗骨。

山西闻喜县邱家庄东周墓地。位于山西省闻喜县官庄乡邱家庄村北，该墓地南距上郭古城 1.4 公里。发现大量墓葬以及少量房址、灰坑及灶址等遗迹，其中 M5001 经发掘，该墓有墓上夯土建筑，在夯土基址下发现台阶遗存，其上发现多处半圆形凹槽，下为墓口，无墓道，墓葬为竖穴土坑墓，墓内共发现四层生土台，其下为积炭层，再下为椁室、棺室、垫木、积炭层、积石层、生土层，椁的结构由外到内依次是生土墓壁、积石墙、积炭墙、木椁壁，椁室中部有一圈石板层。该墓共出土文物 1 700 余件，因被盗不见青铜礼器，其余器物包括陶器、铜器、铁器、金器、玉器、石器等，出土器物的造型、纹饰均带有明显的晋文化风格。墓葬年代为战国早期，推测墓主为晋国高等级贵族。

河北平山县中山王墓。在中山国都城遗址内外分布 6 座中山国的陵墓。M1、M2 并列于城西 2 公里的西灵山下，M3、M4、M5、M6 四座并列在城内西北部的东灵山下。皆有封土，除 M5 无陪葬墓外，其余 5 座墓均有车马坑及陪葬墓。1974—1978 年发掘 M1、M6。M1 封土夯筑，南北 110 米，东西 29 米，高约 15 米。自上而下形成三级台阶。第一级是卵石铺的散水，第二级有壁柱和柱础，第三级则有瓦片堆积，可复原为一周围绕回廊、上覆瓦顶的三层台榭式建筑。墓葬南北向，平面呈“中”字形，椁室用石块垒砌而成，内有积炭，有四重套棺。椁室东西两侧有藏器库，东 2、西 1，西库出青铜礼器和乐器，九鼎一套，陶鼎一套，东库出五鼎。墓圹的主室部分几乎被盗空，仅出土“兆域图”铜版和小件器物，两库出土大批铜器、陶器、玉器、漆器等，其中包括铁足大鼎、方壶、圆壶即所谓“中山三器”，外表镌刻有 1 099 字长篇铭文，记述公元前 316 年、前 314 年事，表明墓主是中山王䂃。M6 略小，但石椁却厚达 3 米左右。两墓出土随葬品达 1.9 万件。铜器基本组合与三晋墓相同，主要有鼎、豆、壶、甗、盘、匜、鸟柱盘、筒形器等。而黑色磨光暗纹陶器却有明显的地方特点，多种帐幕构件以及动物造型的金银错铜饰、造型奇特的巨大“山”字形带銎孔的仪仗铜饰等反映出游牧文化特点。M1 出土的“兆域图”铜版，长 94 厘米，宽 48 厘米，用金银镶嵌出中山王陵园的规划图。图上详注陵园内王堂、王后堂、哀后堂、夫人堂和另一堂，以及三重宫垣、宫、门各部位的名称、尺度，并附关于营建陵园的王命（见图 5－22）。实地情况与“兆域图”规划完全相同，M1 和 M2 相当于图上的王堂和哀后堂。关于中山国的族属问题，一直存在不同意见。一般认为，战国时中山是春秋鲜虞的延续，是姬姓白狄建立的国家。有人则赞成鲜虞子姓的说法，并推测鲜虞应源于殷商后裔。也有人否定中山君统与鲜虞的关系，认为中山是周之同姓，时代为战国中期。属于中山国晚段遗存。

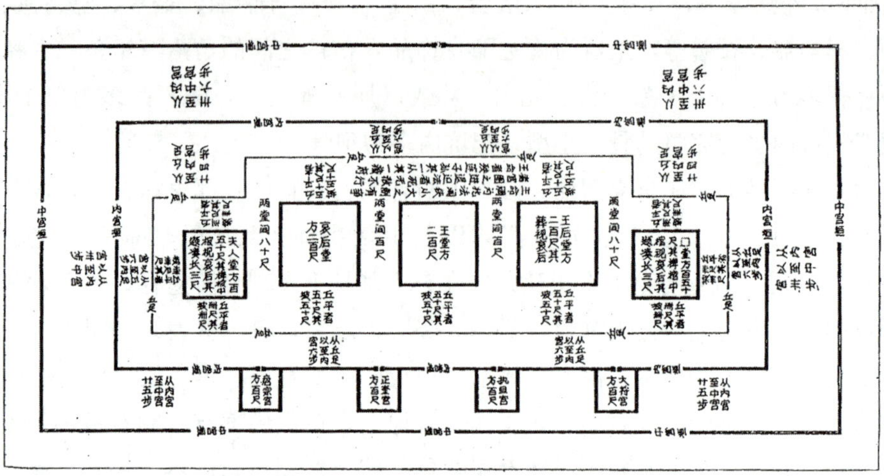

图 5-22 中山王陵“兆域图”（摹本）

河北省行唐县故郡中山国遗址。遗址北距行唐县城 10 公里，地处太行山东麓的山前冲积平原地带，东靠大沙河，主体年代为东周时期，是一处城址、墓地与居址共存的鲜虞-中山国文化遗存。其中，故郡城址为战国赵国至北魏时期行唐邑（县）治所。城内勘探确定大型环壕一周，其废弃年代不晚于战国中期。居址发掘水井、灰坑、陶窑、灶、道路等遗迹，个别灰坑有瘗埋人骨现象。出土陶器器形有鬲、罐、豆、碗、盆、釜、瓮及大型筒瓦、板瓦和云纹半瓦当等高等级建筑材料。清理墓葬 70 余座，分布较为稀疏，但存在相对集中的墓组。春秋晚期墓葬以北向土坑墓为主，葬式仰身直肢，随葬鬲、罐、豆、尊等日用陶器。战国早期墓葬以积石墓为主，墓向为东向或东北向，葬式以仰身直肢为主，随葬青铜、玉石、金及少量陶器等。普遍存有殉牲，中小型墓葬在壁龛或填土中殉牲，大型墓葬东或东北侧祔葬有车马-殉牲坑，为华夏礼制车马坑祔葬制度与北方动物“头蹄殉牲”习俗的完美结合，随葬品种类丰富，有中原式的青铜容器、车马器与兵器，北方式的青铜鍑、金弹簧式耳环、贴金虎形铜牌饰以及大量的绿松石、玛瑙、水晶饰品。战国中期墓葬以北向积石墓为主，随葬鼎、豆、壶、盘、匜等仿铜陶礼器，与中原文化趋于统一。

河南辉县固围村大墓。是战国中期魏国墓葬中规格最高者，三座“中”字形大墓一字并列，墓圹南北两端都有长墓道，通长均达 150 米以上，深至 15 米以下。规模最大的 M2 居中，属于异穴合葬墓。地面有边长 10 多米，高 2 米的方形平台。墓上都筑四角攒尖的瓦顶享堂。M2 享堂七开间，墓圹底边 11 米，底铺巨石，以木枋垒筑近方形的椁室，棺椁之间填木炭，椁室两侧和墓道以巨石砌墙，墙内充细沙、夯土，虽被盗，仍出仿铜陶礼器升鼎 9、簋 2、壶 4、盘 1、匜 1、鉴 4、鸟柱灯 1、小壶 1 等。M1 也是积石积炭墓，南墓道的南端和墓室内放两辆马车，上有五间享堂，享堂基址散水下瘗埋玉简册和玉圭等，残存陶礼器九鼎，带座豆 2、圆壶 4、鉴 4、盘 1、匜 1、鸟柱盘 1、筒形器等。墓主应是王室成员。

河南淅川下寺楚墓。位于淅川县城南50公里，1978—1979年发掘，是一处春秋中后期到晚期的楚国墓地，以9座大中型墓为中心，南北分布小墓15座，及相关的车马坑5座。分布有明显规律。位于中间的M2与分列其南北的M1、M3属于夫妇异穴合葬，墓西部的车马坑葬车6辆、马19匹。墓葬形制均为长方形竖穴土坑，M2一椁重棺，出土各类随葬品6 098件，其中青铜器551件，包括礼器52件，七鼎配置，铭文涉及“王子午”和“倗”。有主张二者属同一个人即楚国令尹子庚，也有主张墓主倗为王子午之孙，还有人认为墓主为子庚以后的继任者薳子冯。该墓出土了最早的一件失蜡法制造的云纹青铜镜。年代在公元前552—前516年。

河南潢川县余楼楚墓。与潢川县黄国故城相邻。发现墓葬13座、马坑1座、车马坑2座。墓葬皆为长方形竖穴土坑墓，单人葬，一棺一椁，多为南北向，有马车的墓葬4座，马车置于椁板上面，因椁板塌陷而陷入椁内，车舆在北，车衡在南。无车马的墓葬9座，其中M1出土有青铜匜、盆、盘等，有荒帷遗迹，北部出土两个青铜簠，上有“侯孙老”“盟姬”等铭文。填土中清理出大量青铜器残片，以簠居多，还有鼎，簠上有“黄自”“楚子”的铭文。属于春秋末年至战国时期楚系墓地。余楼墓地的发现以及传世黄国青铜器表明楚灭黄以后并未绝其祀。

安徽寿县蔡侯墓。1955年发现于寿县城西门内，平面近方形，竖穴土坑，南北8.45米，东西7.1米，深3.35米，有一殉人。随葬品丰富，主要有青铜礼乐器、车马器和装饰品等共584件，其中青铜礼器100多件，采用九鼎八簋，三套编钟，根据铭文判断墓主为春秋晚期蔡昭侯申。

浙江绍兴印山春秋晚期墓。位于距绍兴市区13公里处的印山之巅，1996年发掘，为“甲”字形岩坑墓，墓坑和长墓道系凿岩而成，结构奇特。四周挖有近方形的隍壕，长约888米，宽16～29米，深2.1～2.7米。墓上封土有内外两层，外封土堆筑，呈椭圆形，东西长72米，南北宽36米，内封土夯筑，馒头状。墓坑长46米，宽19.6米，墓道在东，长54米。墓室为狭长条形“人”字坡的木屋结构，断面呈等腰三角形，用巨大的枋木构筑，东西长34.8米，宽6.7米，自东向西分为前、中、后室，独木棺置于中室。墓坑与墓室之间包裹140层树皮，再填以青膏泥和木炭。因多次被盗，随葬品仅见玉石器、漆木器和残陶器。年代为春秋晚期，墓主为越王勾践之父允常。

浙江衢江市衢江区庙山尖土墩墓。位于衢江区云溪乡棠陵邵村，为浅坑土室墓，封土呈馒头状，墓向朝西，墓道长8米，宽3米，南、北、东三面坑壁及墓底由鹅卵石铺砌，墓室为两面坡的人字形木结构，外铺木炭，内有前后两室。随葬品以青铜器与玉器为大宗，青铜器多分布在墓室边缘，包括兵器、工具及铜泡等构件，构件表面镶嵌彩色图案，造型优美华丽；玉器以玉玦为主，玉玦成组出现，每组数量多达三四十件，玉管分散于玉玦周围；此外还出土印文硬陶、原始瓷器。该墓两面坡人字形墓室结构为绍兴越王陵墓室结构的渊源，随葬青铜构件与中原地区不同，具有显著的本土风格，推测墓主为越国早期上层贵族。

浙江省安吉县龙山107号春秋墓群。位于安吉县递铺街道古城村，由中心主墓、外围陪葬墓、隍壕组成，墓园总面积达35 000平方米。主墓位于墓园中心的小山之巅，土墩为东西向长方形覆斗状，外围分布小型土墩墓31座，最外圈为周长约630米、宽21～23米的隍壕。主墓结构最外围是在山体表面用石块铺设而成的石护坡，其与中心土墩间有石块砌成的石坎，土墩分为上、下两部分，下部为高约5米的人工夯筑土台，土台之上是夯筑的墓上封土，土台中心为甲字形主墓。墓东西向，由墓坑、墓道两部分组成，墓道两侧及底部发现木柱、竹篱笆等朽烂痕迹，墓道与长方形箱式木椁之间发现由草伴泥垒成的封门墙，椁内中部放置木棺，随葬品主要为陶瓷器、玉器。主墓外围发现一个器物坑，坑内摆放原始瓷器、印文硬陶182件，饮食器成组摆放。陪葬墓31座，东西向，有土坑石床、土坑木椁及石室墓3种类型，墓坑一端多见斜坡墓道，随葬品多摆放在墓室后部，常见印文硬陶罐，罐口上多覆盖泥质陶盆，以及原始瓷器、泥质陶壶，个别墓葬还发现有仿铜礼器，墓葬周围发现有器物坑，多位于墓葬北侧，长条形。墓群显示出强烈的吴越文化特色，为研究越国高等级墓园结构提供了重要的资料。

江西靖安李洲坳春秋墓。2006年发掘，位于靖安县水口乡，是一座结构极为奇特的一坑多棺墓。封土高12米，大型竖穴土坑，墓道在东，墓室南北14.5米，东西11.3～11.7米，出土47具杉木棺，多数保存完好，置于青膏泥上，大多东西向分布，少量南北向，排列密集。除东南角的主棺为一棺一椁外，其余均为单棺，大小基本一致，长2.4～2.8米，宽50～80厘米，以整木半剖凿空、榫卯套合而成。棺底普遍垫有一层竹席，竹席上还保存有捆绑棺木的竹绳，用青膏泥、黄土覆盖，夯打并火烤，坚固致密。棺中保存较好的22具人骨均为15～25岁的青年女性，多为侧身屈肢，少数仰身直肢，发现有保存完好的脑髓组织、头发、发髻、发带。4个棺内发现有我国最早的保存完整的服饰，多数死者仅以纺织品匹料或者竹席包裹，一些死者身上佩戴有精美的小件玉饰。随葬品650余件，主要为小型手工加工工具，如刀、削、凿等，以及木质纺织工具绕线框、梭、打纬刀、陶纺轮、漆勺等，包括漆器、玉器、金器、原始青瓷器、青铜器等，置于死者脚下的竹笥之中，其中144件竹木器大多保存完好，300余件桑蚕丝和麻纺织品，包括不同密度的纱、绢、绮、织锦、刺绣，为研究春秋时期的纺织业增加了新材料。随葬器物及组合具有浓厚的越文化因素，又深受楚文化影响，年代当在春秋中晚期，距今2 500年左右。

湖北随州东周曾侯墓。位于随州文峰塔、义地岗、擂鼓墩一带。叶家山发现西周早期曾国墓地。曾侯乙墓1978年发现于西郊擂鼓墩，是一座不规则形岩坑竖穴木椁墓，墓上曾有多边形大型封土，墓坑东西21米，南北16.5米，深约13米，无墓道，方向正南北，木椁四周及椁顶逐次填木炭、青膏泥、夯土及石板，石板之上夯筑封土。一椁二棺，木椁高3.1～3.5米，由171根长条方木垒成，椁室分为中、北、东、西四室，各室均为长方形，隔墙下部有方形小洞相通。以东室最大，主棺置于东室，分内外两层，均为木质彩绘漆棺。外棺长3.2米，宽2.1米，高2.19米，棺外镶有青铜框架。墓主为45岁左右男性，以多层丝织物包裹，殉葬21名年轻女子。出土1.5万余件随葬品，九鼎八簋配置，共计有礼器140多件、兵器4 500余件，漆器5 000多件，乐器共124件，包括编钟、编磬、鼓、瑟、琴、笙、排箫等，编钟一套65件，悬挂在曲尺形立架上，最大者重203.6公斤，钟上铭文记音符名称，每钟二音，有十二律；与编钟相对的架上悬挂编磬32件。失蜡法铸造的青铜尊盘铸出极为纤细的多层镂空附饰。出土竹简共有文字6 600字。铜器铭文多见“曾侯乙”作器，从出土的镈钟铭文可知，该墓下葬年代为公元前433年或稍后。2013年在距曾侯乙墓仅4公里的文峰塔发掘出东周曾国墓54座，出土文物千余件，大部分铜器有“曾”“曾子”“曾公子”“曾孙”“曾大司马”“曾大工尹”等铭文。其中包括规模最大的一座“亞”字形墓M18，年代略晚于曾侯乙墓，墓主为战国中期曾侯丙；M1墓主为曾侯腆，该墓出土的1件残编钟的铭文记载了公元前506年吴楚之战，铭文“吴、楚、曾”在传世文献中为“吴、楚、随”。M21还出土1件“随”铭铜器，与“曾”铭铜器伴出。随州市文峰区枣树林墓地，发掘5座带斜坡墓道的“甲”字形大型墓、19座中型墓、62座小型墓。墓葬均为东西向，为110°～120°，大、中型墓葬多为一椁重棺，小型墓均为一椁一棺。其中5座大型墓分三组由北及南排列，各墓均有成组的青铜器铭文可以确认墓主，墓主分别为曾公求及其夫人渔、曾侯宝及其夫人芈加、曾侯得，每组结构布局一致：夫人墓居最北，曾侯墓居中，附属车马坑分别在东、西两侧，中、小型墓葬分布在大墓外围，呈放射状分布。车坑、马坑分设，马坑内葬马数量不等，多者20余匹，少者仅几匹，马均为杀死后埋葬。墓地出土铜器2 000余件，其中礼器近600件。大型曾侯及夫人墓常见青铜礼器鼎、簋、鬲、壶、盘、缶等。曾侯及曾侯宝夫人芈加墓均出土编钟：曾公求编钟34件，其中镈钟4件、甬钟17件、钮钟13件；曾侯宝编钟被盗仅存15件，其中镈钟2件、甬钟13件；芈加墓编钟被盗仅剩钮钟19件；曾侯得编钟20件，其中镈钟4件、甬钟16件。4座大型墓出土88件编钟、60件编磬和1件陶埙。部分中、小墓出土5个、7个、9个、12个不同数量组合的小钮钟近70件，金、石、土、革、丝、木、匏、竹的乐器八音组合在曾国高等级墓中均有发现。2014年发掘的叶家山墓地M111中出土“犺作烈考南公宝尊彝”，“南公”首次作为曾国祖先出现。曾国于文献失载，随州在东周时期为随国据有。随是西周初年分封在汉水以北及以东地区的诸侯之一，一度颇为强盛，史称“汉东之国随为大”，战国中后期灭于楚国。随州及邻近的襄阳、枣阳、安陆、京山、河南新野等地多次出土曾国铭铜器，过去学界有曾非随、随灭曾、曾灭随的不同揣测。根据随州西周春秋战国曾国墓地的新发现，基本可以确定曾国即史籍上的随国。

湖北京山市苏家垄曾国铸铜遗址。位于湖北京山坪坝镇，是一座包括墓地、建筑基址、冶炼作坊的曾国大型城邑，考古发现曾国高级贵族墓与同时期的冶炼遗存。发掘清理灰坑、灰沟、水井、窑址遗迹，出土石器、铜器、陶器，特别是大量陶拍、纺轮、鼓风管之类冶炼遗物，以及板瓦、筒瓦等陶制建筑材料。遗址年代为两周之际至春秋中期，出土的青铜器铭文“曾侯”字样表明这是曾国春秋时期的大型居住与冶矿遗址，为研究曾国青铜器生产、周王朝经营南方以及铜矿资源的管理提供了重要的实物资料。

湖北铜绿山四方塘东周墓葬。位于大冶市泉塘村熊家湾，遗址东南部揭露两周时期岩（土）坑墓65座，包括早、晚两期，分为中型墓1座，一棺一椁，带有壁坑，出土刻槽陶鬲1件、陶豆1件，时代为西周；长方形小型墓64座，可细分为宽坑长方形小型墓10座，窄坑长方形小型墓54座。随葬鼎、鬲、豆、瓮、器盖等陶器，此外有青铜工具、武器，以及孔雀石、铁矿石等，葬具和人骨保存不完整，墓壁可见加工痕迹，底部有熟土二层台。葬俗独特，多将陶器有意打碎，下葬时将部分陶器放置在填土中，另一半放入墓葬中，或将打碎的陶器放入壁龛。随葬陶器组合以鬲、盂、豆为主，其中古扬越风格的刻槽陶鬲和鄂西楚国文化因素的陶盂同时共存，是研究扬越与楚关系的重要实物资料。

湖北枣阳九连墩战国楚墓。位于湖北枣阳市区东南约21公里处的一座土岗上，现存大中型封土堆9座，南北向排列。2002年发掘M1、M2及车马坑，均为斜坡墓道土坑墓。M1封土残高5米，墓坑平面长方形，坑口东西38.1米，南北34.8米，深12.8米，坑壁设14级台阶。葬具为二棺二椁，外椁以隔板分为五室。墓主头向东，仰身直肢。棺内出土青铜佩剑、玉璧、长颈鼓腹方形青铜壶、造型奇特的“人擎灯”、镬鼎、羞鼎、升鼎、簠等青铜礼器，编钟34件。M2残存封土高1.4米，墓坑平面长方形，墓口东西34.7米，南北32米，坑壁设14级台阶。葬具为二棺二椁，五个椁室，保存完好，椁顶封板，出土漆木礼器、编钟、瑟、竹简及炭化的板栗和红枣等。为战国中后期楚墓。

湖北江陵天星观1号墓。位于纪南城南30公里，封土残高7.1米，南北25米，东西20米，1978年发掘。墓葬平面为“甲”字形，斜坡墓道在南，长18.8米，墓口长41.2米，宽37.2米，深12.2米，墓壁设15级台阶。木椁长8.2米，宽7.5米，四周填白膏泥。椁室间用整木料垒成隔墙，分七室，中室内三棺层层套合。北室未被盗。残存陶器、青铜器、漆木器、玉器、竹简等各类遗物2 400余件，整简70余支4 500字，为遣策和卜筮记录。墓主为邸阳君番乘，年代为公元前361—前340年，其东2号墓为其夫人墓。

四、墓葬制度与礼乐制度的演化

1. 春秋墓葬制度

迄今已发现春秋战国墓葬数以万计，尤以战国时期为多，主要集中在各国都城及其他重要城址附近，各地葬俗也显示出形式多样的特点。春秋早期基本接近西周晚期，使用鼎簋数目较严格地遵守礼制，春秋中晚期，礼制发生动摇，墓葬制度发生了较明显的变化，战国时期，礼崩乐坏，僭越现象愈演愈烈，各国文化呈现出鲜明的地域特征。

春秋时期贵族墓发现甚少，特别是早中期。可确定为春秋早期的有虢国墓地M1052虢太子元墓，中期的大墓有新郑郑伯墓，辉县琉璃阁M60甲墓、乙墓、M55、M80，长治分水岭韩国贵族墓，侯马上马村晋国贵族墓，洛阳中州路春秋墓及山东滕州春秋薛国贵族墓，沂水春秋莒国国君墓等。其他春秋墓葬还有山东长清仙人台西周晚期至春秋晚期邿国贵族墓地、临沂凤凰山春秋贵族墓、临淄郎家庄1号墓、临淄城内河崖头5号春秋晚期（齐景公?）墓、安徽寿县春秋晚期蔡侯墓、浙江印山越王勾践之父允常墓、江苏六合程桥春秋墓、苏州真山春秋中晚期第一代吴王寿梦墓、丹徒大港北山春秋晚期吴王余昧墓、丹徒青龙山春秋晚期吴国墓、平顶山薛庄乡西周至春秋应国墓地、汲县山彪镇魏国墓地、陕县虢国墓地、淅川下寺春秋楚墓、南阳桐柏县月河1号春秋晚期养国贵族墓、潢川春秋黄国墓地、固始侯古堆春秋晚期勾吴夫人墓、陕西凤翔春秋秦公1号墓、宝鸡益门村春秋墓、山西闻喜上郭邱家庄东周墓地、万荣庙前村古汾阴城东周墓地，以及河北怀来、唐山贾各庄春秋墓等。贵族墓的分布更加集中，贵族脱离族墓地专辟陵园埋葬，随葬品沿袭西周晚期的礼乐制度，但使用青铜礼器的僭越现象比较多见，诸侯王甚至卿大夫也有越用天子之礼的。春秋时期墓室大多直壁或口大底小，不见西周时期的袋状墓，墓室形状从西周的长方形变为近方形，积石积炭墓在春秋时期已经出现。春秋时期不论是高级贵族墓还是中小型墓，墓室规模都比同等级的西周墓大，已发掘面积最大的墓葬属春秋晚期秦公1号大墓，墓室长59.4米，宽38.45～38.8米，而同一陵园M7规模更大。

根据规模和随葬品可将春秋墓葬分为大型墓和中小型墓。

大型墓。墓圹长度多超过10米，秦公1号大墓墓坑长度近60米，墓主应为国君或上层贵族。多有墓道及封土，一些墓开始出现积石积炭，如秦公陵园诸墓就有积炭，临淄郎家庄主墓和殉人墓都有积石。多随葬青铜礼器，器形有鼎、簋、鬲、簠、盘、匜、豆、壶、敦，新出现缶、鉴、镈、錞于、句鑃、带钩等。青铜器普遍趋于轻巧。中期以前，鼎腹较深，马蹄足，纹饰以蟠虺纹为主，铭文减少，排列整齐；晚期鼎腹加深，足细长，簋盖钮出现莲花瓣状，敦呈球形，流行蟠虺纹，铭文字体纤细。

中小型墓。占大多数，长方形竖穴土坑，最突出的变化是仿铜陶礼器的使用。中期以前陶器组合为鬲、罐、盆、豆，陶质细腻；春秋中期开始出现陶鼎，彩绘出现。到春秋晚期陶器组合几乎普遍使用鼎、豆、壶。带盖陶鼎增加，盖豆普遍，鬲减少，以釜、盆代替，一直延续到战国。春秋战国之际，下层贵族士的地位下降，士人所用礼器已与庶民很难区分，这是等级制度的一大变化。庶民墓有棺无椁，也有僭越士礼用陶礼器取代日用器者，但基本无成套的随葬品。晚期陶器制作不精。在洛阳中州路东周墓葬中这一变化体现得十分明显。第一、二、三期分别为春秋早、中、晚三期，陶器组合从鬲、盆、罐向鼎、豆、壶发展。

秦、楚两国墓葬具有区别于中原诸国的鲜明的区域特征。春秋时期的秦人墓在雍城以南的高庄、八旗屯、南指挥西村等地都有发现，大墓多有墓道，还有殉人现象，多见车马坑，位于墓主左侧或脚下。中小墓葬形制为长方形竖穴土坑，早期多直壁，已出现口略大于底者，越晚收分越大。盛行蜷曲特甚的屈肢葬，也有直肢葬。墓主头向比较一致，大多朝西或偏北，使用木质棺椁，随葬品放置在棺椁之间的头箱或头部二层台上。早期主要陶器组合是鬲、盆（盂）、大口罐；中期开始出现陶礼器鼎、豆、壶、簋、盘、匜、甗等，多施彩绘；晚期出现釜。大耳壶、大口罐、甑等陶器特征有别于关东诸国。青铜器有鼎、豆、壶、簋、盘、匜、甗、舟、盂以及兵器、车马器、生活用具等。其中的浅腹鼎、方壶等独具特色。

春秋时期楚墓数量远少于战国时期，散见于江陵、长沙，及湖北当阳赵家湖、襄阳、宜阳、鄂城、荆门，湖南的衡阳、湘乡、常德、益阳以及河南信阳、南阳等地。各地楚墓都以战国时期为多，西周至春秋时期为数甚少，且以中小型墓为主。墓葬流行长方形竖穴土坑，口大底小，大墓多有墓道和台阶式墓坑，椁室多箱，使用多重棺椁，常见用绳子绑缚椁的习俗。春秋中期以前采用周制，随葬品以实用陶器为主，组合为鬲、钵、豆、罐。春秋晚期主要为鬲、盆（盂）、壶。鬲柱状高足，壶长颈，具有地方特色。长江下游地区的吴越一带春秋时期沿袭西周以来流行的土墩墓，平地起坟，堆筑馒头状土墩。近年江苏、浙江地区均发现有土墩墓，江苏常州金坛区东周土墩墓共发现 6 座，其中 3 号墓为典型的一墩多墓的向心结构，外围墓葬层位关系不同，早晚有别，但均朝向土墩中心，埋葬方式为竖穴土坑，中心主墓为带墓道的甲字形木椁墓，年代为春秋中期至战国早期。

2. 战国墓葬制度

战国墓葬发现数量可观，尤以楚墓发现最多，各国的大型贵族墓也不少见，已发掘的重要墓葬如绍兴狮子山战国初期墓、辉县琉璃阁魏国墓、固围村韩国贵族墓、汲县山彪镇魏国墓、陕县后川魏国墓、汤阴五里岗魏国墓、河北平山中山王墓、咸阳塔儿坡战国秦墓、湖北随州擂鼓墩楚墓、江陵天星观楚墓、望山楚墓、雨花台楚墓、马山 1 号战国楚墓、荆门包山楚墓、郭店楚墓、当阳曹家巷楚墓、当阳赵家湖楚墓、江苏苏州浒关镇小真山楚国春申君墓、河南淅川下寺楚墓、淮阳马鞍冢楚墓、淮阳平粮台楚墓、信阳楚墓、新蔡葛陵楚国平夜君成墓、上蔡郭庄楚墓、湖北随州曾侯墓、成都蜀王家族墓等。

中原地区战国墓葬，早期流行竖穴土坑，口大底小，有头龛，随葬陶器组合为鼎、豆、壶、盘、匜、碗，与春秋晚期的礼乐制度没有太大的区别，大型贵族墓只用青铜礼器和乐器随葬，基本不用仿铜陶礼器。青铜礼器的组合为鼎、豆（敦）、壶、舟、盘、匜、甗，大多以带盖豆代替簋（敦）。中期仍以竖穴墓为主，有的大墓带墓道，出现洞室墓，青铜礼器与仿铜陶礼器共用，铜器组合为鼎、豆（盒）、壶。晚期大型墓减少，多有高大封土和斜坡墓道，墓口呈阶梯状内收，墓室分为多个箱，以白膏泥或木炭填充，主要使用仿铜陶礼器，组合为鼎、敦、壶、盒。殉人尚未绝迹，旧礼制残余尚存。从春秋中晚期礼崩乐坏到战国末期，用鼎制度、棺椁制度、乐器制度、车马坑制度均已破坏，中期车马坑从过去那种在墓外单独一个坑到进入墓内，晚期墓道内的车马随葬数目大大减少，这可能不仅是车马坑制度的简化，应该还有其他的意义。燕、齐与中原基本一致，都采用周制，墓葬流行竖穴土坑木椁墓，齐国流行石砌椁室，随葬品以鼎、豆、壶为组合。

大型墓：墓圹长度 5 米以上。少数有墓道，有高大封土，墓上建有享堂。往往有积石或积沙、积炭，有多重棺椁，随葬车马、成套青铜礼器或共出仿铜陶礼器，又出编钟、编磬等乐器，尚有殉人。早期只用青铜礼器和乐器随葬，中期青铜礼器和仿铜陶礼器共出，晚期随葬品以仿铜陶礼器为主。中原地区可确定的战国早期贵族墓葬有山西太原市郊赵卿墓为九鼎八豆配置、河南汲县山彪镇 M1 为九鼎墓、山西长治分水岭 M14 为七鼎墓、长子县牛家坡 M7 为五鼎墓、洛阳中州路 M2717 为五鼎墓，中期墓有河南辉县固围村 M1、M2、M3，辉县赵固村 M1 为五鼎墓，晚期墓有山西长治分水岭 M35、M36 为五鼎墓，山西万荣庙前村 M1 为战国晚期魏国贵族墓。

中小型墓：墓圹长度一般在 2～4 米，数量最多，早期为竖穴土坑木椁墓，流行头龛。洛阳中州路西工段 260 座东周墓葬的第四期和第五、六期分别为战国早期和中期墓，多见屈肢葬，中型墓有棺有椁，常见玉瞑目。几乎全部墓葬都使用了成组的仿铜陶礼器，以鼎、豆、壶（或盘、匜）为组合，或有少量兵器，少见青铜礼器和车马器。中期由小龛逐渐发展而出现洞室墓，也是地上住宅建筑的缩影。传统的棺椁制度受到冲击。其中部分墓葬有棺无椁，中州路即有近百座这类小墓，大部分无随葬品，或有少量石饰或小石圭，墓主身份应属庶民。随葬陶器组合分为四类：（1）鬲、盒、罐；（2）鼎、豆、罐；（3）鼎、豆、壶；（4）鼎、盒、壶。鬲和鼎二者有一，罐和壶不同出，豆与盒不同出（见图 5－23）。此外一些墓葬无棺椁、无随葬品，墓主应属穷困平民。战国晚期，洞室墓的数量有所增加，但仍以竖穴墓为主，郑州一带出现空心砖墓，仿铜陶礼器的组合是鼎、盒、壶。

秦墓在陕西西安、宝鸡及湖北、四川已发掘近千座。流行单人屈肢葬，蜷曲特甚，同时也存在直肢葬，墓葬东西向，头西足东。战国早期流行竖穴土坑木椁墓，有少量洞室墓。较大的墓圹近方形，有壁龛，青铜礼器小而薄，素面无纹，陶器有鼎、豆、壶等仿铜礼器和鬲、釜、盆、罐、甑等日用器，出现牛车模型。中期以后则采用洞室墓，有直洞室和偏洞室两类，随葬品以实用器为主，有釜、盆、大口罐、

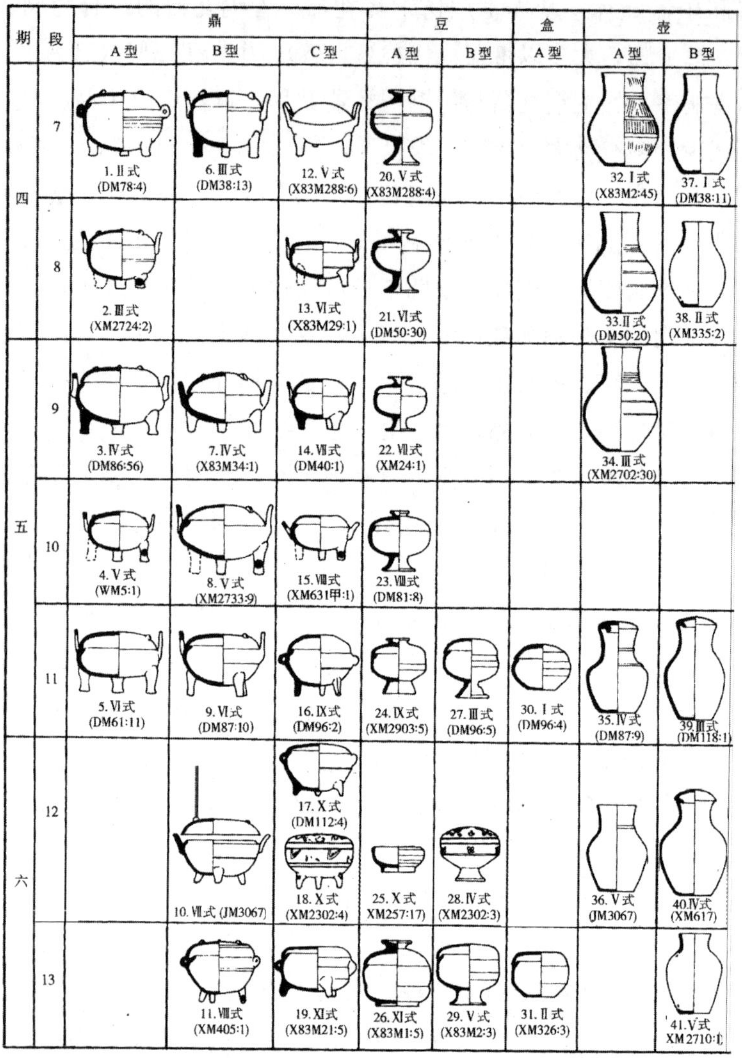

图 5－23　洛阳中州路东周墓葬典型仿铜陶礼器分期图

资料来源：张辛．中原地区东周陶器墓葬研究．北京：科学出版社，2002.

壶、甑、鸭蛋壶，鬲减少，茧形壶出现，仿铜陶礼器和青铜器出现中原式的鼎、壶，青铜器基本明器化，鼎腹浅，无簋。墓葬常出云纹瓦当、绳纹板瓦、几何纹方砖等建筑材料。战国晚期仿铜陶礼器以中原式为主，组合是鼎、豆（盒）、圈足壶，纹饰简化，日用陶器中普遍出现釜，秦式鬲基本消失，出现陶灶、缶；青铜器亦为中原式，出现蒜头壶、鍪和圆甗等。春秋时期出现的囷、釜与战国时期流行的茧形壶、蒜头壶、鍪等是秦文化最具特色的器物。

战国楚墓集中发现于湖北、湖南、河南和安徽，已发掘数千座，均为竖穴土坑木椁墓，贵族墓均有大型封土堆，墓壁有台阶，长斜坡墓道，椁多室，棺多重。按身份等级，诸侯采用九室，封君贵族或卿七室，大夫三室，士二室或一棺一椁。已发现的墓葬如天星观 M17 七室，信阳长台关战国墓七室，鄂州百子畈 M5 五室，新蔡平夜君墓五室，曾侯乙墓四室，江陵望山 M1 三室。四周填白膏泥，长形悬底弧棺独具地方特色。下层贵族和平民墓一般长不足 5 米，无封土和台阶，个别有墓道，多有壁龛，一棺一椁或单棺。一棺一椁的墓，有的留头箱或边箱放置随葬品。中小型墓棺以长形盒状为主，一般棺内有竹席裹尸，葬式为仰身直肢。随葬品以陶明器为主，包括日常生活用具鬲、钵、罐、豆、长颈壶和仿铜陶礼器，仿铜陶礼器从战国早期已较多使用，组合是鼎、簠、壶，中期除此外还出现鼎、敦、壶组合，小墓多使用一套陶礼器，等级稍高者有两套以上。晚期开始使用中原地区的鼎、豆、壶组合。战国楚墓盛行随葬青铜兵器，常见剑、戈、矛、戟、镞等，剑的数量多，制作极为精致，几乎成年男性都以剑随葬，贵族墓尤多，如天星观 M1 随葬铜剑达 32 件。随葬品中还有较多保存完好的漆木器、丝织品以及鼓、瑟、笙等乐器，漆木器品种有豆、耳杯、盒、樽、奁、梳、篦、俎、案、几等生活用具，还有木俑、镇墓兽、虎座飞鸟架鼓、漆棺等丧葬用具，其中虎座飞鸟架鼓、镇墓兽等为楚地所特有。马山 1 号墓死者衣衾保存完好，盖有覆面，双手各握一卷绢团，即所谓“手握”，葬俗具有地方特色。长江下游地区战国时期的吴越墓葬深受楚文化影响，土墩墓已不多见，流行竖穴土坑墓，多椁室，陶礼器为楚式鼎、簠、壶组合，有的使用独木棺，常见原始瓷器、印文陶，少数有青铜剑和木剑等。晚期随葬品也开始以中原式的鼎、盒、壶为组合。

3. 族葬制度与礼乐制度的演化

春秋战国时期墓葬形制与分布都发生了一系列变化，公墓与邦墓制度逐渐松弛，特别是战国时期，礼制的僭越现象十分普遍，棺椁制度、鼎簋制度遭到破坏，封土和墓上建筑、积石积炭墓开始流行，成为身份地位的象征。

与商周时期贵族平民同处一个族墓地不同，春秋时期贵族大墓分布更加集中，高级贵族脱离族墓地单独开辟墓园。如易县燕下都故城内的燕国公墓区、虚粮冢的 13 个巨大的封土堆和九女台的 10 个封土堆，两个贵族墓区紧邻宫殿区集中分布。楚纪南城外的大型封土堆也集中在若干处。即使像魏国和秦国那样范围广大的公墓区，在七八公里甚或二三十公里的范围内，都少见其他墓葬埋入，虽有小墓，其身份都是隶属于大墓的近亲仆侍一类。这反映出族际关系似乎已不如西周时严格和紧密，已经从属于政治关系和阶级关系了。公墓的这种变化越晚越明显。而邦墓制度到战国时期也逐渐松弛，同一墓地之中，整齐排列在一起的常有贫富悬殊、尊卑不同的人，或者未见打破关系，却有早、晚墓坑交错的现象，说明墓地不是单一按照宗法关系、死亡先后葬入，已有混乱现象，这也是族葬制度崩溃的一个信号。

礼制的僭越现象最早偶见于西周晚期，等级森严的用鼎制度开始被诸侯一级贵族破坏，如两周之际的上村岭虢太子墓依礼可用五鼎却用七鼎，湖北京山苏家垄曾侯墓依礼可用七鼎却用九鼎，各越一级，但这种现象当时并不普遍。自春秋中晚期以来，上层贵族越用天子之礼者更加普遍，甚至有不少专权的卿大夫僭越两级而用天子礼，春秋中期新郑郑伯墓、春秋晚期寿县蔡侯墓、春秋晚期信阳固始侯古堆M1、春秋晚期临淄姚王庄国子墓等，均越级用九鼎；而平民庶人也都纷纷越用士礼，本不能用礼器的也开始使用礼器，僭越现象更加普遍和明显。西周至春秋早期陶器的基本组合是鬲、盆、豆、罐等日用生活器，但到春秋中期，各国都不同程度地出现了以陶鼎随葬的墓，依周礼用鼎只限于士和士以上等级，所谓“礼不下庶人”到此时已经彻底破坏。到春秋晚期陶器墓的组合几乎普遍使用鼎、豆、壶，一直延续到战国。战国中期以后上层贵族墓使用青铜礼器随葬的风俗进一步衰落，青铜礼器和陶礼器并用，不仅反映出礼器制度的衰退，也反映出等级制度的松弛，宗法制度也不再严格，礼崩乐坏。诸侯权贵越用天子之礼者司空见惯，如燕下都“九女台”M16、汲县山彪镇M1、信阳长台关M1、寿县朱家集楚幽王墓，均为九鼎墓，同出乐器编钟（镈）四或五套；各级贵族也多越礼陪葬大型礼乐器，如长治分水岭M14、陕县后川M2040为七鼎墓，同出编钟（镈）二至三套；长治分水岭M25、辉县赵固M1、江陵藤店M1、江陵望山M1等为五鼎墓，编钟一至三套或不出（洛阳中州路M2717）；邯郸百家术M40、长沙伍家岭M260等为三鼎或二鼎墓，不出乐器，铜器组合中多以豆取代簋。同时奴隶制残余的殉人制度却还在不少贵族墓中存在，一直延续到战国中期之前。如春秋晚期秦公1号大墓殉186人，战国早期曾侯乙墓殉21人，少的殉1人。这些都是社会大变革时期，旧制度已被破坏，而新秩序尚未健全的表现。

关于墓上封土，最早见于记载的是《史记·周本纪》“命闳夭封比干之墓”。但春秋以前，墓上是否有封土没有确切的发现，目前所知可能出现封土的线索有：商代河南罗山县蟒张乡天湖村M41，据报告称墓口处“发现封土痕迹”；新干大洋洲商墓有巨大沙土冢，高3～4米，东西径约40米，南北径约20米；西周卫国辛村墓地最大的M1，墓口之外，夯土向外扩筑2.5米，厚1.5米，“土色与墓室内同”；春秋早期甘肃礼县永坪乡大堡子山的两座“中”字形大墓上“可能有较薄的封土”。以上是不是封土尚难确定。春秋中晚期，贵族墓葬普遍出现封土，江苏丹徒北山吴王墓、苏州真山吴王墓，河南光山县黄孟君夫妇墓、信阳固始侯古堆M1宋勾吴夫人墓等均发现封土，与《礼记·檀弓上》孔子将其父母合葬于防“封之，崇四尺”的记载在时间上相吻合，说明至迟在春秋晚期，封土已经成为符合礼制的流行了。战国时期，封土普遍发现，其规模大小已成为身份等级的标志。列国都城附近的诸侯国君墓都有高大的封土，同时墓室规模扩大，西周中期出现大墓中积石积炭，到战国晚期普遍流行。而墓上建筑供祭祀用的陵寝则起自商代晚期，妇好墓和大司空村的M311、M321三座墓发现直接建筑在墓口上面的房屋建筑，这也证明商代墓上确无封土。战国时期中山王陵、河南辉县固围村魏王陵上都发现了墓上建筑，并且中山王陵出土“兆域图”上有王堂、王后堂、哀后堂、夫人堂等称谓。关于墓上建筑的性质，有学者认为是祭祀墓主的享堂，有学者则认为是陵寝，为了便于地下的灵魂起居生活之用，而非享堂。《礼记·曲礼上》有“适墓不登垄”之说，依礼制是不适宜把享堂造到墓穴或坟墓之上的，且“古不墓祭”，所以墓地不应设享堂或祠堂建筑。从商代出现的陵寝建筑，到战国时期进一步发展，秦始皇陵加以继承和创新，改在陵侧。

五、铁器的出现与经济文化的繁荣

1. 铁器的发明

春秋战国时期我国已进入早期铁器时代。此前在商周时期已发现嵌铁的青铜兵器。如 1972 年河北藁城台西和 1977 年北京平谷刘家河先后出土 2 件商代的铁刃铜钺，1931 年河南浚县辛村西周墓中出土 1 件铁刃铜钺和 1 件铁援铜戈，属西周前期。经检测，这些兵器的刃部都是陨铁，是一种海绵铁，并未融化即还原，经过反复锻打成熟铁，韧性好而强度不大。最早的人工冶铁制品是西周晚期三门峡虢国墓出土的玉茎铜芯柄铁剑、铁刃铜戈等，以及甘肃灵台一座春秋早期墓中出土的铜柄铁剑。早期的发现比较零星且均属嵌铁的铜器。春秋晚期，铁器的发现增多，1976 年长沙杨家山春秋晚期墓 M65 中出土钢柄铁剑和铁鼎形器各 1 件，剑长 38.14 厘米。随后在窖岭口春秋战国之际的 M15 发现铁鼎 1 件，1978 年在淅川下寺春秋晚期墓中发现玉柄铁剑 1 件。此外，江苏六合程桥两座春秋晚期墓发现铁条、铁块，长沙识字岭墓中发现铁锸、铁腿铜鼎，雍城秦公 1 号大墓出土 3 件春秋晚期铁器等，迄今见于报道的战国以前铁器出土数量达到 80 余件。战国时期特别是中晚期铁器出土数量大增，目前已发现战国铁器一两千件。早期有信阳长台关楚墓中出土铁带钩 5 件，其中 2 件错金嵌玉，陕县后川 M2040 出土金质格首铁短剑 1 件，长治分水岭战国墓出土铲、斧、锤、凿等铁工具 20 件，洛阳水泥厂遗址出土铁锛、铁铲共 3 件，其中 2 件为生铁柔化处理的韧性铸铁件。战国中晚期的铁器，重要发现有河北易县燕下都 M44 出土铁兵器 50 多件，河南辉县固围村魏国墓地出土铁农具、手工工具 95 件，河北石家庄市庄村、辽宁莲花堡遗址等都出土以农具为主的一批铁器。最大的一批系洛阳东周王城 62 号战国粮仓所出的铁器计 32 种 126 件，有农具犁、镬、锸、锄、镰等，手工工具斧、锛、凿、削、锤、锥、钻等，兵器剑、矛、戟、镞、甲胄等，生活用具鼎、盆、杯、盘、带钩以及车马器和刑具等。战国中晚期铁器的出土已遍及七国，并见于北方的东胡、匈奴和南方的百越。

战国时期人们已经积累了一定的找矿和采矿经验。《管子·海王》《山海经·五藏山经》中就有相关的记载，并辑录当时秦、赵、魏、韩、楚等国分布的铁矿山有 37 处。目前经调查发掘的冶铸遗址有 30 多处。登封王城岗发现熔炉、鼓风管、烘范窑及多种器物陶范，从战国早期一直沿用到汉代以后。河南泌阳下河湾冶铁作坊遗址面积达23万平方米，发现窑址、耐火砖、炉基、炼渣、房屋、鼓风管、石范、陶范、铁板等遗存，从战国中期一直使用到西汉。郑韩故城发现面积4万平方米的战国晚期冶铁遗址，发现冶炼炉1座、烘范窑2座，出土鼓风管、炼渣、陶范、木炭、铸件等，表明还能熔铁铸造。湖北大冶铜绿山古矿冶遗址中出土采掘铁工具斧形凿、锤、四棱凿、锄等。河北兴隆燕国矿冶遗址中出土锄、镢、镰、斧、锛等工具的铁铸范48副87件。秦咸阳宫殿区、齐临淄城附近、燕下都、魏国安邑、赵国邯郸、楚国郢都发现冶铁作坊或冶炼场。战国时期铁器铸范除发现有陶范、石范外，还有金属范，可以反复使用，规格统一，并可一模多铸，形式固定。使用烘范窑，铸造前先烘范，使铁液在范腔中的流动性加强，减少了铁器的气泡和砂眼。最早的冶炼方法主要是块炼铁，即在高温下熔化铁矿石，使其炭化，在凝为固态时锻打成形。春秋战国之际已有生铁制品。最突出的成就是由块炼铁发展至块炼渗碳钢。冶金学上，将含碳量小于0.5%的合金称为熟铁，含碳量在0.5%～2%的称为钢，含碳量大于2%的称为生铁（铸铁），需要1 150℃～1 300℃的高温冶炼。战国时期铸铁柔化技术得到推广，展性铸铁制品多有发现，其性能介于生铁和钢之间，硬度和韧性高。最早的实物见于河南洛阳水泥厂战国早期灰坑所出铁锛和铁铲，战国中期技术更加成熟，如湖南长沙杨家山M65所出钢剑，含碳0.5%，系退火中碳钢，燕下都M44随葬的3件兵器已出现高碳钢并使用了淬火技术。杨家山M65出土铁鼎、左家塘M44和砂子塘M5出土铁锄，分别用“白铸铁”“亚共晶铸铁”“展性铸铁”制成。这证明铸铁及锻铁在中国基本上是同时出现的，而西方到14世纪才出现铸铁。

世界上最早的铁出现于西亚，约公元前3000年以前古埃及墓葬就出现陨铁金属块和小珠子，约公元前2000年初期，美索不达米亚地区已有人偶然熔化了铁矿石，公元前9世纪以后，欧洲国家已大规模用铁。冶铁业虽然在中国出现的时间略晚，但一经出现，便飞速发展。由于铁矿石资源丰富，铁工具质地坚硬锐利，战国中期以后，铁器在生产、生活领域得到推广普及，作为农具、手工工具基本取代了石器和青铜器，这在生产力上是一场革命，在社会生产中发挥了巨大的作用。铁器的种类主要有农具：V形铧冠、馒、锄、铲、镰、铚（爪镰）、锸、耙、锤等。同一类型的农具又有不同的形式，如镢有长方板楔形和长椭圆孔形，锄有六角形、梯形，有凹形铁口锄和五齿锄，镰有矩镰、爪镰等。手工工具：斧、锛、凿、锯、锤、锥、钻、錾、削、坩埚等。兵器：剑、矛、戟、刀、镞、殳、匕首、甲胄。生活用具：鼎、釜、鍪、盆、盘、杯、勺、灯、权、钉等。杂器：削、刀、环、管、带钩、带扣、指环等。铁农具的广泛使用，使得大面积的田野耕作和森林开垦成为可能；铁工具的大量使用，使得大规模土建工程成为可能，如筑长城及兴修水利工程邗沟、漳河渠、郑国渠、都江堰等。工具的发展使得水陆交通、造船业、航运业等随之发展起来，各国都城大都依水而建，充分利用水利资源。2004年在凤翔发现千河码头仓储建筑遗址，反映出秦国内河航运的发达。墓葬中普遍随葬的铁带钩，反映出铁器在人们日常生活中的普及。但用铁制作容器的现象发现不多，铁制兵器最初并未完全取代青铜兵器，常见铜铁复合的铁铤铜镞。铁兵器在军事上的巨大意义是随着冶铁术的进步逐渐显现的。铁器时代的开端，表现在农业和手工业生产领域中铁制工具对铜器和石器的取代，这恰与春秋战国之交社会大变革的时代同步。

2. 工商业与货币的发展

春秋战国手工业的发展不仅表现在规模大、分布广、种类多上，更表现在工艺技术的进步上，在铜器、漆器、陶瓷器和纺织业方面都有突破性的进展。与此同时，工商业的发展使得列国都城成为商品集散地，发展为功能齐全的政治、经济、文化中心。金属货币的地位确立。

春秋战国时期，青铜器作为礼器已开始走向衰落，但在日常生活中仍广泛使用，青铜冶铸业由官方垄断发展为官民并举。在铸造种类、数量和技术上仍有很大进展，礼器中食器有鼎、鬲、甗、簋、盨、簠、豆、敦等；酒器有觚、爵、斝、尊、卣、壶、觯等；水器有盘、匜、盆、鉴等；乐器有编钟、錞于、铙、鼓、铎等；兵器有钺、戈、矛、殳、戟、剑、镞、刀、锥、戣、盔等，弩已发明；车马器包括辖、镳、衔、軎、当卢、节约、辕、衡、轭、銮和铃、弓形器等。工具主要是手工业工具如斧、锛、凿、刀、削、锥、钻、锯。此外还有建筑构件、柱基和装饰等。日用器皿如灯、铜镜、带钩等大量增加。铜镜从齐家文化开始出现，商代妇好墓发现 4 面，西周也有少量发现，到战国中期以后大大增加，尤以楚国铜镜最为发达，流行蟠螭纹、山字纹、菱花纹、禽兽纹、羽鳞纹、连弧纹、金银错纹以及彩绘、透雕镜等。早期桥形钮，多蟠螭纹，钮座外缘为纹饰带；中期三弦钮，以羽纹和蟠螭纹为地纹，主纹为山字纹、花叶纹和凤鸟纹；晚期以云雷纹为地纹，种类丰富，新出现了云雷地纹蟠螭连弧纹镜、四叶蟠螭镜、蟠螭菱纹镜、蟠龙纹镜和狩猎纹镜等。后起的秦镜流行素面和简洁疏朗的弦纹镜。带钩形制各异，制作考究，上镶嵌珠玉，鎏金错银。青铜器造型由厚重向轻薄发展，造型轻巧，灵活实用。装饰花纹变化较大，由商代饕餮纹为主纹，云雷纹等为地纹的神秘、庄严、繁缛的特点，到西周中晚期开始简化草率，流行长篇铭文和带状几何图案，到春秋战国装饰风格趋于简化、生活化，素面流行，图案生动活泼，出现宴乐、祭享、田作、射猎、采桑、攻战和鸟兽等内容，分带布局，十分工整，如河南汲县山彪镇 1 号墓葬出土的装饰 40 组图案 292 个人物的水陆攻战纹铜鉴和凤翔高王寺窖藏出土的宴乐舞蹈射猎铜壶。在工艺技术方面，铜锡配比更加科学，工艺技术更加复杂精细。分铸法、焊接法、榫卯斗合法的广泛使用，方块印模法、失蜡法、镶嵌工艺和线刻工艺的发明，使青铜器产量增加，工艺更加精湛，装饰更加美观。铸造青铜器要经过塑模、翻范、烘烤、合范、浇铸、焊接等工序。合范铸造高度发达，如曾侯乙墓的编钟及支架构件，全部合范铸成。使用模印法制范，一模可用多次。春秋晚期出现的失蜡法，以黄蜡制作器物范母，于其表面反复涂抹细泥作成泥模，待晾干后烘烤，里面的蜡模熔化流出后形成泥范空腔，可以制造精细复杂的立体镂空花纹，如曾侯乙墓出土的尊盘，造型繁密曲折、奇巧剔透却又浑然一体，没有接缝。嵌错工艺是产生于夏商时代的古老工艺，有镶嵌绿松石、珠宝、错金银、错红铜和填漆，春秋战国时期盛极一时。错金银即铸出凹面，用红铜、金银镶嵌后再锉平。鎏金工艺取代了传统的包金装饰，包金以手工锤鍱成薄金片或金箔包贴器表；鎏金是利用水银加热可以溶化金银成泥，涂抹于器表，加热烘烤使水银蒸发，形成牢固的金银外饰。锻炼钢的技术也有提高，如江陵出的越王勾践剑，刃部用青铜、根部用红铜，既锋利又柔韧。

东周时期发现多处大型矿冶遗址和铸铜作坊，规模往往很大。江西瑞昌铜岭遗址集采矿、冶炼于一体，采取面积达7万平方米，冶炼区约20万平方米，已清理矿井、巷道、露采坑、探矿漕坑、选矿场、斫木场、工棚、围栏等设施，发现青铜斧、锛、凿、钺和木铲、耙、锹、瓢、槌、杵、臼、扁担等各种采矿、碎石工具，以及用于提升滑车的绳索、木钩、藤篓和竹筐，用于巷道照明的大量火烧过的竹签和松树干，并在最底层巷道铺设树干相接的排水槽。这是我国迄今发现最早的铜矿和冶炼遗址，从商代中期沿用到战国早期。湖北大冶铜绿山许多矿井保存相当好，有竖井、平巷、盲井、斜巷等设施，深及50多米，以方形木框支撑，利用井口高低不同产生的气压差形成的自然风来通风，以铺设木槽或开凿水道来排水，用短竹签做火把来照明，战国时期出现以辘轳作为提升设备代替人力，工具有斧、锛、木铲、锤、竹篓、绳子和重力选矿用的船形淘金木斗，附近还发现9座炼炉、40吨炼渣、大量矿砂，经复原2座炼炉模拟实验，矿区可出纯度94%—97%的红铜万吨。主要矿石有孔雀石、赤铜矿和自然铜，从西周沿用至两汉。侯马铸铜作坊遗址内发现居住址、窖穴、水井、道路、烘范窑、熔铜炉、鼓风管、坩埚、铜锭等，出土各种工匠使用的生活用具及工具，出土陶范达3万余块，有1万余块刻有花纹。此外在内蒙古林西大井、湖南麻阳、安徽铜陵等地也有春秋战国时期的矿冶遗址。以铜陵为中心的皖南地区铜矿址最为密集，一直沿用至宋代。

制陶技术的进步反映在轮模合制以及大量砖、瓦、瓦当等建筑材料的出现。战国时期出现大量模制的建筑用砖，素面或花纹方砖用以铺地，台阶则用大型的空心砖，长1米以上，宽0.3米以上，多装饰连续的几何图案。瓦当艺术到战国时出现第一次高峰，各诸侯国瓦当形式和花纹各不相同，颇具艺术价值。周、燕、齐流行半瓦当，赵地主要使用圆瓦当。两周地区主要流行变化多端的云纹；燕瓦当则多装饰饕餮纹以及双鸟纹、云山纹；齐瓦当最突出的特征是中间以树木纹间隔，左右对称饰以双兽纹或卷云纹等；赵国的圆瓦当饰以环绕式的三幅图案，多见三鹿纹和变形云纹等；秦瓦当纹饰种类最为丰富，圆形、半圆形俱有，早期以动物纹为主，晚期则有动物纹、植物纹和云纹。原始瓷器也进一步发展，烧成温度已达1 200℃左右，接近真正的瓷器。器物组合，春秋为鬲、簋、豆、敦，战国为鼎、豆、壶。

春秋晚期以来漆器走向繁荣，逐渐取代日常生活中的青铜器，尤以楚国为最。两湖地区常见保存较为完好的漆器。漆器胎骨一般分木胎、竹胎和夹纻胎，以木胎最多。夹纻胎出现于战国中期，用多层麻布或缯帛按照泥、木内核脱出器胎，轻巧牢固，外表漆绘鲜艳花纹。晚期夹纻胎流行，出现了以金属箍镶在漆器的口、底、耳、腹等部位的新工艺，即扣器。还见有镶嵌蚌片、铜和各种金银贴花。齐国流行金银平脱，是以金银薄片镶嵌漆器表面，通体上漆覆盖，再反复打磨平整露出金银图案的工艺。早期纹饰多仿青铜器饰蟠螭纹等，中期以后简化，多饰龙虎，常见植物纹、几何纹、云纹和舞乐、狩猎等生活场面及天文图像。颜色有黑、红、褐、赭、蓝、白、黄、绿、紫等十余种。出土漆器种类繁多，日用器有豆、耳杯、盘、盒、樽，家具有案、几、妆奁、座屏、床、箱，乐器有琴、瑟、鼓、笙、钟簴、虎座飞鸟架鼓等，交通工具有车与肩舆等，还有各类长兵器的柲、盾牌、皮甲、弓以及漆棺、镇墓兽等。江陵雨花台楚墓、河南信阳长台关楚墓、曾侯乙墓都大量出土漆器。江陵望山 M1 出土的一件漆屏，长 51.8 厘米，通高 15 厘米，上雕镂有 51 只凤、鹿、蛇、鹰和青蛙等动物追逐嬉戏，堪称艺术精品。江西靖安李洲坳春秋晚期墓出土的 12 件漆器，色彩鲜艳，保存完好。其中造型奇特的异形漆盒，长 17 厘米，高 6 厘米，表面装饰规整的凹凸弦纹，髹黑漆，在黑漆表面刻划极其精细的等距线纹，间距 1 毫米，深浅如一，为早期髹漆制品中的佳作。

东周纺织业的发展史因近年的考古新发现而不断被改写。2007 年江西靖安李洲坳春秋晚期大墓 46 个青年女性墓主都穿着完整的丝绸衣物，是中国最早的服装实物，该墓出土 300 余件精美绝伦的纺织品，包括多种复杂的纺织新品种，有桑蚕丝和麻织物两种。桑蚕丝织物有各种不同密度的纱、绢、绮、织锦、刺绣及经编织物组带。其中 11 号棺出土一件长 184 厘米、宽 133 厘米的方孔纱，是中国目前所见年代最早、面积最大的整幅拼缝织物，首次出土每厘米织物经线 240 根的高密度织锦实物，花纹有各式几何纹和动物纹样。战国时期的织锦有了更大的发展，利用不同颜色的经线起花织出花纹。江陵马山 1 号楚墓是一座战国晚期小墓，墓主为 40～45 岁的女性，出土丝制品衣物 15 件，丝衾 4 床以及棺罩、帛画、席囊、镜衣及木俑的衣服等 152 件，包括绣、锦、缣、纱、罗、绢、绦等多个品种，质地精良，保存完好。衣被上用朱红、绛红、茄紫、深赭、浅绿、茶褐、金黄、棕黄等各色丝线绣或织出对称的蟠龙、凤鸟、神兽、虎、舞人与几何纹相间的各种图案，色彩柔和，显示出楚国纺织业已达到相当高的工艺水平。

东周时期，城市成为手工业生产的聚集地，商业贸易得到前所未有的发展，商品流通促进了货币的发展。夏商时期的贝币和实物交换媒介被金属铸币所取代，铜铸贝在商墓中已有少量发现，春秋时期数量增多，侯马上马墓地 M13 出土铜贝 1 600余枚。出现固定称量单位的铸币。各国分别发展出自身系统的金属铸币，三晋、两周地区流行布币，有空首布和平首布，由农具钱、镈转化而来，形制多样，大小不等，铭文一般记地名，如“安阳”“平阴”“长子”“皮氏”“东周”“邯郸”“离石”“兹氏”等，也有少数记重的，如安邑布即有“二”“一”“半”等单位，三孔布背文有“一两”或“十二朱”之类的秦制重量单位。齐、燕、赵流行刀币，由工具铜削演化而来，春秋齐国即有“齐之法化”“节墨之法化”“安阳之法化”“谭邦之法化”等铸币，大而精美。燕刀首尖体薄，有弧背、折背和尖首、针首之分，面文均有“明”字，故称明刀。赵刀平直首圆，记地名如“甘丹”“白人”“晋阳新化”等。中山国仿铸这种小直刀，铭“成白”。秦国主要使用圜钱，圆形圆孔或方孔，钱文有“半两”“珠重一两十二”等，可能由纺轮、玉璧转化而来。这种圜钱除了楚国，其他各国都有铸造，记地名或记值，如三晋地区的“共”“共屯赤金”“垣”“蔺”，周的“安臧”“东周”，燕的“明四”“明化”“一化”，齐的“六化”“四化”“之化”“化”等。战国晚期圜钱已经全国流通，为秦代货币的统一奠定了基础。楚国有自己独立的货币体系——贝币和郢爰。贝币属于铜仿贝，椭圆形，下部穿小孔，因铭文与穿孔形似面部五官，宋以后称“鬼脸钱”或“蚁鼻钱”，“郢爰”是楚国流通的一种戳印文字的扁平的黄金块。楚国也铸行少量布币，平肩方足，形体较长，首有一穿，面文为“殊布当釿”，背文“十货”。与此同时，度量衡也发展起来。早在商周时期，度量衡器已较完善，据殷墟所出象牙尺实测，商 1 尺＝15.8 厘米左右，采用十进位制。周 1 尺＝19.91 厘米。春秋中晚期到战国时期各国度量衡器和进制名称各异。秦有斛、斗、升、合、龠，前四种单位是十进位，1 合等于 2 龠。秦的标准量器商鞅方升多有发现，据实测，秦制 1 升＝196.69 毫升；衡制为石、钧、斤、两、锱、铢，1 石＝4 钧，1 钧＝30 斤，1 斤＝16 两，1 两＝4 锱，1 锱＝6 铢，1 铢＝0.69 克；长度单位有引、丈、尺、寸、分，十进位制，秦制 1 尺＝23.1 厘米。齐的量器有钟、釜、区、豆、升，进制复杂，10 釜为 1 钟，后四种早期为四进位制后改为五进位制，大体上齐制 1 釜＝20 500 毫升，1 升＝164 毫升。楚墓曾出土天平与 10 个砝码，砝码铭“钧益”。其重量单位有石、钧、镒、间镒、两、铢，进位与秦制接近，镒相当于斤，间镒就是半斤，1 两＝24 铢，1 铢＝0.65 克；楚 1 尺＝22.5～23.15 厘米。

3. 简牍与盟书

竹简和木牍是东周到魏晋时期主要的书写材料。战国时期楚墓多有出土竹简，主要有湖南长沙五里牌楚墓 38 枚，长沙仰天湖楚墓 43 枚，长沙杨家湾楚墓 72 枚，湖南慈利楚墓 4 000 枚，河南信阳长台关 1 号楚墓 148 枚，新蔡楚墓 1 300 枚，湖北江陵望山楚墓 273 枚，江陵藤店楚墓 24 枚，随州曾侯乙墓 240 枚，江陵天星观 1 号楚墓 70 枚，江陵九店楚墓 M56、M621 共 190 枚，江陵秦家嘴楚墓 M13、M99 共 41 枚，荆门包山楚墓 448 枚，荆门郭店楚墓 804 枚。此外，上海博物馆馆藏楚简 1 200枚，2013 年在湖北益阳市兔子山遗址几座古井中发现 1.6 万枚从战国楚国到秦、陈胜张楚政权和两汉时期的简牍。内容一般为遣策、祷辞卜筮以及历法、法律、户籍、药方、儒学经典、私人书信之类，雨花台 M21 所出为音律名，九店 M56 所出竹简则近于云梦秦简中的《日书》，主要为选择吉凶日之类的记载。其中郭店楚简内容为先秦儒道两家典籍与前所未见的古代佚书共十八篇，研究价值极高。郭店 1 号楚墓是 1993 年发掘的战国中期偏晚段的一座土坑竖穴木椁墓，出土铜器、龙形玉带钩、七弦琴、漆耳环、漆盒、竹简等文物，竹简经整理，有字简约 730 枚，一种两头平齐，另一种的两头削成梯形，竹简上都有契口用以容纳编缨。形制长短不一，长的 32.5 厘米左右，短的 15～17.5 厘米，大多数长度在 26.5～30.6 厘米。郭店楚简的内容是传抄的古书，包括《老子》《太一生水》《缁衣》《五行》等。简本《老子》甲、乙、丙是迄今所见年代最早的《老子》传抄本，简本现存 2 046 字，约为今本的五分之二。《太一生水》是一篇佚失的道家著作，主要论述“太一”即“道”与天、地、四时、阴阳等的关系。《缁衣》的内容与今本《礼记·缁衣》大体相合，但二者的分章及章次却差别较大，文字亦有差别，两相校勘，可以发现今本的若干错误。《五行》曾见于马王堆汉墓帛书，文字亦有不同之处。郭店楚简的文字是典型的楚国文字，字体典雅、秀丽，是当时的书法精品。当时的书写工具毛笔在长沙左家公山楚墓中出土有实物。秦国木牍在四川青川郝家坪战国墓 M50 出土，长 46 厘米，两面修治平滑，墨书文字，内容为秦武王二年（公元前 309 年）丞相甘茂等修订《为田律》等相关记事。安徽大学藏战国早中期楚简 93 枚，经整理为最早的《诗经》抄本，纠正了《关雎》篇“窈窕淑女”实为“要翟（腰嬥）淑女”；“硕鼠”为“鼫鼠”，即昆虫蝼蛄，而非大老鼠。

盟书是春秋时期天子与诸侯或诸侯王之间以及卿大夫之间举行会盟的约信文书，《周礼》《左传》称为“载书”。盟誓在春秋时期非常盛行，见于文献记载的盟誓就有 200 多次，由于各国之间战争不断，诸侯国内部矛盾尖锐，卿大夫专权，当时各种势力为巩固内部团结、打击敌对势力而频繁举行礼仪活动，以互有制约。在仪式上掘地为坎，割牲左耳，取血为盟书，书写盟辞于策，中心是互相宣誓效忠盟主，分化瓦解敌人，限制扩充各自的奴隶队伍等，类似后世的公约。通常是用朱书或墨书，写在石或玉片、玉圭、玉玦之上，仪式结束后把牺牲和盟书埋入坑中，“杀牲歃血，告誓神明，若有背违，欲令神加殃咎，使如此牲”。先后发现的侯马盟书和温县盟书都是春秋晚期晋国的盟书，重现了当时的盟誓活动情况。

侯马盟书。1965 年以来在侯马晋国晚期都城新田遗址牛村古城东南发现祭祀和盟誓遗址，分布 400 余个长方形小坑，已发掘其中 326 个，多埋有牛、羊、马等动物骨骼，在其中 40 多个坑发现朱书或墨书的圭形玉石片 5 000 余件，字迹清楚的 656 件，一般每件书写三五十字，多者达 220 余字。字体古拙，笔画中肥末锐，近似春秋晚期青铜器铭文。内容包括宗盟、委质、纳室、卜筮、诅咒等。学术界多认为此次盟誓可能是在公元前 495 年前后，主盟人赵简子（赵鞅）为讨伐邯郸赵氏、范氏和中行氏的军事行动而发起的盟誓。

温县盟书。1979年发现，1980—1982年发掘于河南温县武洼镇西张计村“州城”古城遗址东墙外，分布124个长方形土坑，其中的16个坑出土盟誓文书1万余件，书写在石圭片、石简和少数玉片上，用墨书书写，字迹清楚的约四分之一，时代约与侯马盟书相当，即春秋晚期。1号坑出土有确切纪年的盟书，时间在晋定公十五年（公元前497年），主盟人是晋国韩氏宗主名“不信”，有人认为可能是晋卿之一的韩简子。温县盟书涉及的人名数千，是十分珍贵的史料，同时为研究晋国古文字及其演变、书法艺术提供了难得的新材料。

4. 百家争鸣的东周文化艺术

春秋战国时期，是社会制度和思想观念的大变革时期。随着社会生产力的发展，封建制取代了奴隶制，社会关系也发生了剧烈的变化，旧势力受到挑战，宗法制趋于瓦解，杀死奴隶殉葬的行为受到谴责，我国历史上出现第一次思想大解放。儒、墨、道、法、兵、阴阳、名、农、杂等学派纷纷著书立说，形成了前所未有的百家争鸣的新气象。《尚书》《诗经》《周易》《春秋》《左传》《国语》《竹书纪年》《战国策》《周礼》《仪礼》《礼记》等记载了这一时期诸子的学说。雕塑、绘画、音乐也都进入了一个崭新的飞跃时期，青铜工艺错金银、错红铜、镶嵌、线刻、浮雕、圆雕应有尽有，合范与焊接技术高度发达，使用失蜡法可以制造精细复杂的花纹，如曾侯乙墓出土的盘尊，有立体镂空的蟠虺纹附饰，由表层纹饰和内部多层次的铜梗组成。题材上现实主义与浪漫主义并驾齐驱，攻战、宴乐、采桑、田作、射猎、祭享、渔猎和日常生活等内容成为主题，装饰手法变得活泼和生活化。楚墓出土的帛画、漆器绚丽多彩，湖北荆门包山楚墓出土的漆画迎宾出行图，线描技巧流畅圆熟，比例准确，重点描绘人物服饰、车马形制等细部特征，勾线极细，有“高古游丝”之称。曾侯乙墓内棺漆画色彩浓艳，富有装饰性。1946年长沙陈家大山楚墓被盗，发现的战国中期人物御龙帛画，是我国最早的真正的绘画作品，已具备了传统卷轴画的基本特点。画长28厘米，宽20厘米，画面中女子侧身立于龙舟上，长袍曳地，广袖，细腰，发髻后梳，合掌做祈祷状，画面左右两侧一龙一凤盘旋飞舞。相似的人物御龙帛画在1973年长沙子弹库1号战国中期墓也有出土，主题人物为男性，帛画长37.5厘米，宽28厘米，画中男子佩剑侧身立于装饰华盖的龙舟之上，蓄须束发，头戴高冠，身着长袍，龙舟前部龙首上扬，尾部立鹤，前下方有游鱼。两幅帛画应是铭旌性质的墓主乘龙舟升天图，想象力丰富，充满了楚地艺术的诡谲浪漫气氛。这一时期的绘画初步形成了中国画线描人物的传统绘画语言，以白描手法，运用流畅的线条为造型基础，一些地方使用平涂，人物则略施金白粉彩，讲究比例，主次分明，这是国画中最早的渲染画法。在音乐方面，大量可以配乐演唱的诗歌得以流传，大型编钟、编磬、錞于、铙、鼓、铎数量空前，东周时期编钟多为一套9件或13件，山西侯马出土春秋编钟共9件，战国早期的曾侯乙墓出土一套由64件钟和1件镈组成的数量最多、保存最好的编钟，所出石磬共32件，分两层悬挂，同墓出土还有琴、瑟、笙、排箫等乐器总共 124 件，充分展现出战国艺术空前繁荣的时代特征。

张骞凿空西域之前，一条古老的由游牧人主导的沟通中西的草原丝路就已经存在。从铜石并用时代开始，中亚流行的金器或铜耳环、手镯、带饰、马具等就源源不断传入中原，商代玉器很大一部分原料来自新疆和田，从妇好墓出土的和田玉雕看，早在公元前 13 世纪，这条沟通西域和中原的玉石之路就已经开通了。《穆天子传》记述周穆王西游至今吉尔吉斯斯坦，这是有记载的中西文化交往的开端。东周时期，随着中国方士为寻找“不死之药”入海求仙，中外交流的海上之路开通了。来自西方的玻璃器经过新疆到达中原远至湖北的曾、楚。蜻蜓眼玻璃珠是埃及的一大发明，后传入腓尼基和波斯，公元前 5一前 3 世纪，地中海东岸和伊朗西部的吉兰多有发现，蜻蜓眼玻璃珠传入中国，深受各国贵族的青睐，常见于随葬品当中，如新疆轮台穷巴克古墓、山西长治分水岭春秋末 270 号墓、山西太原赵卿墓、山西长子牛家坡、河南固始侯古堆春秋末 1 号墓、河南洛阳中州路、郑州二里岗、湖北随州曾侯乙墓等都有发现，少则 1 颗，山西太原赵卿墓出土 17 颗，最多的曾侯乙墓出土 173 颗。其他玻璃制品有山西长治分水岭春秋末 270 号墓随葬的琉璃管、河南辉县固围村战国 1 号墓出土镶嵌玻璃珠的鎏金铜带钩、河南辉县琉璃阁所出吴王夫差剑格上镶嵌透明玻璃块、洛阳西工区战国晚期墓出土一面镶嵌有蜻蜓眼玻璃珠的山字纹铜镜、湖北江陵望山 1 号墓随葬的越王勾践剑格上镶嵌的玻璃块、云南李家山春秋晚期 22 号墓出土六棱柱形琉璃珠等。从出土地点大致可复原出它自西向东的传播路线。而在山东和东南沿海地区也较多出土此类西方的玻璃珠，如曲阜鲁国故城战国中晚期 58 号墓出土的玻璃珠，临淄郎家庄战国初 1 号墓出土的玻璃珠，广东肇庆北岭松山战国晚期墓出土的玻璃珠，广州先烈路战国晚期墓出土的玻璃珠，与希腊化时代埃及或腓尼基生产的同类玻璃珠大同小异。山东青州西辛战国齐王墓发现两个近东艺术风格的列瓣纹银盒，与伊朗地区所出完全一致，可能来自海路。据研究，战国时期出土的多件青铜和玉雕的犀牛形象，应是源于印度和苏门答腊的犀牛。

哈萨克斯坦丘雷什曼河及其支流巴什考斯河之间分布的巴泽雷克文化属于公元前 8—前 3 世纪欧亚草原的一支游牧文化，巨大的石冢中出土来自中原的四山纹铜镜、漆器和暗花斜纹绮，刺绣图案是战国时期流行的凤鸟纹。这些都是东西方文化交流的见证。

六、东周时期的封国遗存与周边地区文化

西周初期分封的诸多诸侯王国，只有少数成为春秋战国时期的主体文化，其他或被吞并，或依附大国苟延生存。目前发现并做过发掘的此类封国遗存有：山东沂

水春秋中期的莒国国君墓、滕州市西周晚期到战国初期的薛国城址和墓地、临沂相公乡王家黑墩村凤凰岭春秋晚期的禹国国君墓地、黄县归城西周到春秋时期的莱国遗址、长清仙人台西周晚期到春秋时期的邿国贵族墓地、陕西韩城西周晚期至春秋时期的芮国贵族墓地、安徽寿县春秋晚期的蔡国国君蔡昭侯申墓、河南固始侯古堆春秋晚期宋国贵族墓、平顶山薛庄乡西周至春秋时期的应国墓地、潢川县春秋早期的黄国贵族黄孟君夫妇墓、桐柏县春秋晚期养国贵族墓地、湖北随州西周至战国时期的历代曾国国君墓、江苏苏州真山与丹徒春秋中晚期吴国国君和贵族墓等。

两周时期周边地区的少数民族纷纷崛起，文化特征呈现出空前的多姿多彩景象，北方地区的戎狄文化尤为引人注目，到春秋战国时期，随着匈奴民族的崛起发展为独树一帜的游牧文化。

1. 北方地区

军都山文化。过去称为山戎文化，近来多有不同观点。分布于冀北军都山和燕山一带，主要遗址有北京延庆军都山葫芦沟、西梁垙、玉皇庙和怀来甘子堡、北辛堡，其东的隆化县三道营骆驼梁、滦平县窑上、苘子沟、梨树沟门，其西的张家口地区宣化小白阳、庞家堡白庙等三处遗存。墓葬排列整齐密集，聚族而葬，均为长方形竖穴土坑，大多无葬具，也有少数木椁或石椁，死者头向东，流行覆面，多见螺旋形铜（金）丝耳环、动物纹饰牌及各种质料的项链。男性墓随葬品丰富，一般有青铜短剑、刀、镞、带钩、带扣及马具、工具，女性墓随葬装饰品和针、锥等用具。短剑种类繁多，有圆柄或无柄的柱脊剑、銎柄剑、立兽首剑和曲刃剑。陶器有夹砂红褐陶和泥质灰陶两种，后者以轮制中原式器物为主，并有逐渐增加的趋势，器形有小口鼓腹罐以及少量鬲或鼎。殉牲数量少，以猪、狗、羊、牛的头蹄为主，马极少见，猪和狗占较大的比例。早期具有夏家店上层文化的遗风，后期在葬俗和陶器特征上受内蒙古凉城岱海地区鄂尔多斯式青铜文化的影响，但青铜器具有不同风格，内蒙古地区流行的双鸟回首剑仅见于北辛堡。冀北的削刀与齿状刀也不见于内蒙古地区。时代上限约当两周之际或春秋初期，下限为春秋晚期或春秋战国之交。其族属有“山戎”“无终戎”“代”等不同观点。

夏家店上层文化。位于内蒙古赤峰夏家店遗址上层，分布于西拉木伦河和老哈河流域，典型遗址有宁城县南山根、小黑石沟、克什克腾旗龙头山等。显示出与夏家店下层文化截然不同的特征，具有浓郁的游牧文化特色。陶器制作不精，皆为手制的夹砂陶，器形有鬲、甗、罐等。青铜短剑、头盔、戈、矛、镞等兵器常见，还有工具、车马具、生活用具、装饰品及部分礼器。青铜短剑是其典型器物，以双曲刃短剑最具特色，剑柄上常装饰家畜和食草类动物形象，如狗、鹿、马等，缺少鄂尔多斯式的猛禽、猛兽装饰。个别有作人形饰的，如“阴阳剑”剑柄两面分别为圆雕裸体男女形象。礼器中有本土的罐式豆、三联罐、四联罐之类，也有鼎、簋等中原式器类，还有用于祭祀的大型奔鹿铜饰牌等。其兽首刀、管銎战斧、镐以及多种圆雕、浮雕的动物形装饰，则表现出来自鄂尔多斯的青铜文化因素。其年代相当于西周—春秋中期。其族属过去以为东胡，近年学界多不以为然。

鄂尔多斯文化。分布于内蒙古中南部鄂尔多斯和凉城岱海周围，可分为东西两部分。西部主要包括包头西园、杭锦旗桃红巴拉、阿鲁柴登、乌拉特中后联合旗呼鲁斯太、准格尔旗西沟畔、玉隆太、速机沟等，南及陕西神木；东部主要有凉城县崞县窑子、毛庆沟、饮牛沟、和林县范家窑子、乌盟兴和县沟里头等。除较早的西园为长方形横洞室墓外，均为长方形竖穴土坑墓。西部墓葬一般为南北向，墓主头向北，无葬具，殉牲普遍，以马、羊为主；东部则包含东西向墓和南北向墓两种不同的文化因素，早期以东西向为主，后期南北向者增加。一般无葬具，仅饮牛沟个别南北向的中型墓使用木棺，殉牲仅见于东西向的墓中，以羊、牛为主，马的数量少。两地葬式均为单人仰身直肢葬，随葬较多的青铜兵器和工具，如青铜短剑、棍棒头、铜镞、鹤嘴镐、刀等，以及马镳、鞍具和铜镀、铜匙，并有大量装饰品，有兽头形饰、鸟形饰、管状饰、联珠形饰，造型小巧，有相当数量的金银制品，以阿鲁柴登出土的鹰形金冠最为精美。陶器比较粗糙单一，主要是罐。鄂尔多斯式青铜器最突出的特点是以动物纹为主题的饰牌、扣、环等。其中又以猛禽、猛兽与家畜搏斗题材最常见。战国前期流行长方形透雕铜饰牌，后期为圆雕动物造型及浮雕饰牌，带有銎孔的圆雕动物饰件通常作为仪仗竿头饰或辕头饰，常见马、牛、羊、鹿、羚羊、鹤、鸭、刺猬等。东西部在青铜工具和武器方面具有共性，但葬俗和陶器差别较大。西部表现出以马和较多的车马具、兵器为核心的具有浓郁游牧争战文化的传统；而东部则有较多的陶器，多羊、牛甚至有猪、狗等家畜，反映了半定居状态下的半农半牧生活。东部受中原文化影响比较大，而西部与中原的关系相对疏远。但战国晚期西部地区受到秦人的影响较大，西沟畔 M2 出土的 9 件金银器上有用秦小篆刻写的秦计量单位铭文，时代约春秋中晚期至战国晚期。一般认为鄂尔多斯文化与加入匈奴联盟的早期成员有关，活动于西部的可能属林胡，活动于东部的当是楼烦，秦汉之际它们成为匈奴在南部的重要别部。

和林格尔县战国墓地。位于内蒙古自治区和林格尔县上土城子村 1 千米处。发现有战国墓葬 67 座，均为方形竖穴土坑墓，分口小底大的斗状与口底同大两类，有些墓葬带有头龛和头箱，部分墓葬有棺椁，葬式均为仰身葬，有直肢、曲肢两类，随葬品有陶罐、钵、盖壶、铜带钩、贝壳、玉环等，其中钵盖罐现象较为常见。和林格尔县在历史上为古“襄”，早期属于猃狁地区，战国时期为赵国云中郡管辖。

2. 西北地区

杨郎文化。主要分布于甘肃、宁夏地区，典型遗存集中在以中宁、中卫墓葬为代表的宁夏银南地区，以杨郎、于家庄墓地为代表的固原地区，以城北葬马坑为代表的甘肃庆阳地区，甘肃天水、永登也有零星发现。其地域特征鲜明，流行具有当地传统的土坑洞室墓，人骨放在洞室中，头向东北，头低足高，大件随葬品和殉牲置于墓道。包头西园墓地的洞室墓当受此影响。殉牲普遍，多用羊头，马和牛次之，陶器以素面为主，流行大口曲壁带把的罐和杯，与新疆地区青铜文化的陶器相似。车马器最具特色，种类由少渐多，时代越晚受到内蒙古鄂尔多斯地区青铜文化的影响越强烈，二者的圆雕动物形饰极为相似，但甘宁地区是腹中空的，内蒙古地区则下面有一个銎孔或器座，继之流行的浮雕动物饰牌更为接近。但甘宁地区未发现像内蒙古地区阿鲁柴登、碾坊渠那样有大量金制品的器物群。甘宁地区的动物形象种类单一，主要是羊；内蒙古地区则种类繁多，并且更加形象生动。两地在战国中期以后逐渐趋同。值得一提的是，处于内蒙古与甘肃两地交界处的甘肃永登出土的动物圆雕饰与甘宁地区的不同，而与内蒙古地区的速机沟、瓦尔吐沟一样。这反映出两地北方系青铜文化有着十分密切的关系，春秋时期似乎在墓葬形制上反映出由西向东的传播，战国晚期器物群则表现出由东向西的传播和影响。

沙井文化。1923年首次发现于甘肃民勤县沙井墓地，1948年命名。中心区域在武威、金昌一带，向东南延及永登、兰州附近。主要遗址还有民勤柳湖墩、永昌三角城、蛤蟆墩以及西岗、柴湾岗墓地等。房屋均为地面式圆形或椭圆形，门向东或东南，房内有灶、火塘和地炉。房屋附近有圆筒状窖穴。墓葬以偏洞墓为主，竖穴土坑墓次之，多仰身直肢葬，头向东北。一般大墓位于墓地中心，小墓分散四周，排列密集。殉葬牛、马、羊，随葬品以铜牌、铜泡和铜刀等装饰品为主，陶器较少，以夹砂红褐陶为主，陶质粗糙，均为手制，器形较小，多单耳罐、筒状杯、双肩耳圜底罐、鬲。彩陶以紫红色绘制于颈、肩部，纹饰有三角纹、菱形纹、网纹、鸟纹等。常见彩绘陶、青铜器和铁器三者共存。年代距今3 000～2 500年，大体相当于西周中期至春秋晚期。关于其族属有月氏说、乌孙说。

察吾乎沟口文化。位于新疆和静县察吾乎沟口附近戈壁，主要分布于天山南麓中段山前地带。发现分布密集的墓地，有2 000余座墓，排列有序，地表有石围、石堆。石块垒砌墓壁，多呈圆角长方形或椭圆形，有的在墓口盖大石板或木头，有的在一侧有短墓道。以多人二次合葬为多，最多者一墓可达二三十人。部分为一次葬，葬式为仰身屈肢或侧身屈肢，头向西或西北。在墓室周围往往有殉葬坑，一般埋一具马头及四蹄，也有整马埋葬的。随葬品主要有陶器、铜器、木器、石器、铁器等，其中以彩陶最具特色，饰有网络纹、几何纹、三角纹、竖条纹等。流行圜底的双耳罐、单耳有流罐。年代上限距今约3 000年，下限至春秋战国时期。

小河墓地。位于新疆罗布泊地区孔雀河下游南约60公里的罗布沙漠中，东距楼兰古城遗址175公里。1934年由西北科学考察团的瑞典人贝格曼发现，墓地约2 500平方米，由5层上下叠压的墓葬构成，2002—2005年发掘了其中的160余座。葬具为特殊的船形棺，上蒙以生牛皮，尸体、服饰以及大量的随葬品保存完好，有的死者皮肤和毛发完好无损。死者均头戴毡帽，帽上缀红毛绳、伶鼬皮，插羽毛，足蹬短腰皮靴，着腰衣，身裹毛织斗篷，以木别针插别。身旁都有一个草编小篓，内有麻黄草枝、麦粒或粟粒。在船棺的东北、西南角各插一根胡杨木柱，发现棱柱形、圆柱形、船桨形的木柱 140 根，有的涂朱，柱顶变颈处用草绳悬挂牛、羊头。随葬品有木雕人像、木罐、木盘、草编篓、插有长条形青石棒的裹皮角状器等，已出现青铜饰品。在下层发现 4 具特殊的泥壳木棺，均葬女性，出土毛织斗篷、金耳环、毛线绳项链等饰物及木祖等随葬品，还发现成排布列的“木尸”墓。年代距今大约 3 000 年。

本章要点

夏商周考古分期与特征；二里头文化与夏文化的探讨；郑州商城与偃师商城年代与性质的探讨；洹北商城的发现与研究；殷墟考古的主要收获；丰镐与周原的考古发现与研究；商周族墓地的演变；列国城址的形制布局；春秋战国墓葬制度与礼乐制度的演化；方国与边疆地区的考古发现；青铜器的繁荣与铁器的出现以及各时期经济文化的发展。

推荐阅读书目

1. 王立新．早商文化研究．北京：高等教育出版社，1998

2. 陈旭．夏商考古．北京：文物出版社，2001

3. 杜金鹏，许宏，主编．偃师二里头遗址研究．北京：科学出版社，2005

4. 许宏．先秦城市考古学研究．北京：燕山出版社，2000

5. 杨鸿勋．宫殿考古通论．北京：紫禁城出版社，2001

6. 邹衡．夏商周考古学论文集．北京：文物出版社，1980

7. 李伯谦．先商文化探索//庆祝苏秉琦考古五十五年论文集．北京：文物出版社，1989

8. 刘绪．夏商文化分界探讨的思考//考古学研究（五）．北京：科学出版社，2003

9. 中国社会科学院考古研究所，编著．中国考古学·夏商卷．北京：中国社会科学出版社，2003

10. 马承源，主编．中国青铜器．上海：上海古籍出版社，1988

11. 赵丛苍，郭妍利．两周考古．北京：文物出版社，2004

第六章

秦汉三国两晋南北朝考古

本章涵盖的时间范围从公元前 221 年秦统一六国，历两汉、三国、两晋、南北朝，迄公元 589 年隋朝统一。这是中国历史上大一统的国家政权建立、巩固和多元一体的民族文化格局形成的重要时期。秦代的短暂统治从公元前 221—前 206 年仅持续了 15 年，但在中国历史上影响深远。秦的统一建立了中国历史上第一个中央集权的大帝国，版图广大，民族融合，货币、文字、度量衡各项制度空前统一，当时的一些伟大的工程如长城、都江堰、直道和驰道、运河、秦始皇陵等成为今天独步世界的人类文化遗产，秦始皇陵兵马俑被誉为 20 世纪“最壮观的考古发现”。这一阶段，列国文化趋于合流，而由于历史的原因，直到西汉早期，六国旧地的各经济文化区，依然在某种程度上保留其影响。西汉中晚期，虽然文化的交流与融合不断加强，但仍有各自的传统特点，这些特点在墓葬中表现更为突出，直到东汉时期大一统的文化格局逐步形成。关中地区，原本是秦国的中心，西汉又在此建都，这里是当时经济文化最发达的地区。关东地区，主要指函谷关以东的黄河中下游地区，文化发达，面貌近似关中。河西、河套的长城西部，主要是新辟之地，军事、屯田遗迹较多。长城东部，燕文化传统深厚。江淮流域，原有的楚文化传统明显。南方地区，在越文化基础上，江浙等地发展出具有不同特点的汉文明。川西和云贵地区，西南夷各族文化别具一格。汉与匈奴、鲜卑、西域各民族在政治、经济、文化、贸易往来的过程中吸纳了大量外来文化因素。丝绸之路的开辟使得中西方文化交流空前活跃，佛教传入中原，在物质和精神文化领域产生了巨大的影响。三国两晋南北朝时期的军阀混战、北人南下和民族大迁徙，进一步加速了少数民族文化与汉文化的融合，促进了边疆地区的开发和经济文化重心的南移。城市规划设计思想和陵墓制度都发生了重大变化，多重城垣、单一宫制、里坊制，薄葬、单室墓、神道石刻，南青北白的瓷器产业，佛教艺术等影响深远。这一时期历史文献极为丰富，这个时期的考古，如何与文献记载相衔接并利用考古材料阐释历史问题是其新特点。

自1906年起，一些外国探险家就开始了对秦汉魏晋都城、陵墓的调查，在新疆、甘肃、内蒙古一带调查发掘了楼兰、尼雅以及居延遗址等。20世纪二三十年代，西北科学考察团调查了汉晋时期西北地区的大量遗存，包括石窟寺；中国学者调查了汉魏洛阳城、云冈石窟、龙门石窟、南京和丹阳六朝陵墓等。对这一时期考古的大规模开展始于新中国成立以后，考古工作者先后调查和发掘了秦咸阳城、秦兵马俑、云梦睡虎地秦汉墓地、里耶遗址、汉长安城、汉魏洛阳城、汉阳陵、烧沟汉墓、马王堆汉墓、临沂汉墓、南越王墓、满城汉墓、大堡台汉墓、徐州汉墓、洛庄汉墓、定陶汉墓、临漳邺城、南京六朝都城、安阳曹操墓、大同和洛阳北魏墓、磁县湾漳北齐大墓、咸阳北周武帝孝陵、西安北周粟特人墓、南京和丹阳六朝陵墓等一大批重要遗址，各阶段文化特征基本清晰。

第一节 秦代城市与建筑遗址

一、秦代都城与宫殿建筑

1. 咸阳城址与宫殿建筑

秦都咸阳。位于西安市西北，今咸阳市东北约10公里外的渭河两岸之咸阳塬上，包括长陵车站、窑店镇和尚家村车站一带，东西约6公里，南北7.5公里的范围内。秦孝公十三年（公元前350年）迁都咸阳，秦统一六国后仿照六国宫室修建了大量宫殿，并扩建了原有的咸阳宫，直至秦亡毁于战火，咸阳建都140多年。1959年开始调查和试掘，70—90年代进一步调查和勘探，并清理了一、二、三号宫殿基址，作坊遗址和小型墓葬，及陶窑、水井100余口，排水管道29条，在聂家沟和刘家沟之间发现夯土墙。由于渭河改道北移对咸阳城的破坏严重，咸阳城的城墙、范围、形制和布局尚不清楚，是否存在郭城、城墙的问题目前还有争议，一种意见以刘庆柱为代表，认为应有城墙，另一种意见以王学理等为代表，认为只有宫城，未建郭城。宫殿区大致位于今咸阳城以东渭河北岸窑店镇一带，地势较高，至今残存密集的高大夯土台基，可确定20多处单元建筑。附近发现冶铁、铸铜、制陶和砖瓦作坊区，西部也发现大量陶窑和砖瓦作坊，应是咸阳的宫廷手工业区；中部为居民区，附近也发现了陶窑；较远的西南部长陵车站一带也发现作坊区和居民区，有陶窑、窖穴、水井和排水管道，可能属于私营，出土陶文约681个，其中出现40多个咸阳“里”名；西北部为墓葬区。渭河南岸也有宫殿遗址发现。近郊出土的封泥、瓦当、金文等有“望夷宫”“兰池宫”“步寿宫”“林光宫”“谷口宫”“梁山宫”等（见图6-1）。

一、二、三号宫殿。位于今咸阳市东郊窑店镇牛羊村北塬，1974—1975年发掘一号宫殿，平面呈“凹”字形，东西130米，南北40米，为一组东西对称、由飞阁相连的高台建筑，可复原为多层的大型台榭复合建筑。主体宫殿建在顶部，配殿围绕在下部四周，最下可能有回廊。地面有铺地砖、空心砖，多饰菱纹。基址中出土陶水管道和瓦当，后者装饰动物纹、夔纹等。宫墙壁面发现菱纹、璧纹等壁画，始建于战国时期。二号宫殿在其西北93米，夯土高台东西127米，南北32.8～45.5米，东西两端继续向外延伸，与一、三号宫殿回廊相连，发现竖直的陶管18处，推测为插放旗杆的设施。三号宫殿位于一号宫殿西南约百米，台基东西约117米，南北60米，过廊坍塌的壁面上发现车马出行壁画，有车马、人物、花木、建筑、几何纹饰等，是目前所知最早的人物壁画。

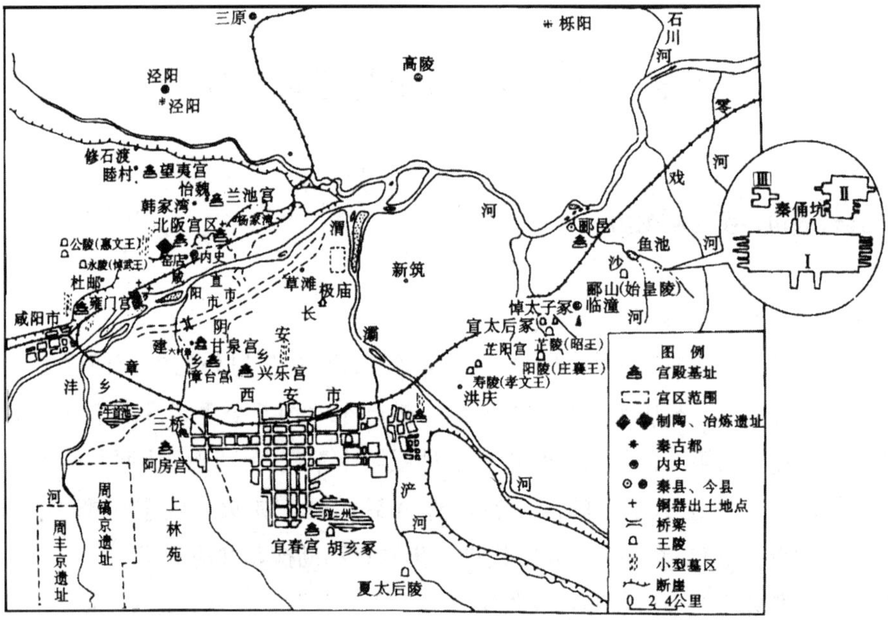

图6-1 咸阳遗址布局图

资料来源：考古与文物，2008（6）.

2. 阿房宫

《史记·秦始皇本纪》载，“三十五年（公元前212年）……乃营作朝宫渭南上林苑中。先作前殿阿房，东西五百步，南北五十丈，上可以坐万人，下可以建五丈旗”，宫前立铜人12个，各重34万斤。唐代诗人杜牧的名篇《阿房宫赋》写出了它的规模宏大与富丽奢华。阿房宫遗址位于今西安西北13公里处三桥镇西北一线，与秦都咸阳城隔水相望。2002年起对阿房宫前殿遗址进行勘探和发掘，迄今已发掘3 000平方米，勘探面积35万平方米。确认前殿遗址夯土台基东西1 270米，南北

426 米，现存高 9～12 米，夯土面积达 541 020 平方米。前殿遗址北缘为带收分的台面结构，台面最高处有宫墙，试掘发现由三段夯土墙组成，中段长 323 米，东段长 286 米，西段长 661 米。其侧有倒塌的秦汉板瓦、筒瓦及少量瓦当等建筑堆积，说明墙顶部有建筑。推测可能即文献记载的东、西、北三面有墙，南面无墙的前殿之“阿城”。“阿城”以内未发现任何秦代堆积层和建筑遗迹，更未发现红烧土，未见任何火烧的痕迹。对阿房宫前殿遗址西面的大面积勘探和试掘，亦未发现与阿房宫同时期的建筑遗址。因此，可确定阿房宫前殿原本就没有建成，只完成了夯土台基和三面墙垣，印证了《史记》《汉书》“复起阿房，未成而亡”的说法，而《阿房宫赋》“楚人一炬，可怜焦土”的说法是不成立的。此前在秦咸阳宫的发掘中，却发现了大量的红烧土，故《史记》说项羽烧“秦宫室”应指秦咸阳宫而非阿房宫。2005—2007 年，发掘上林苑 1—6 号建筑遗址，均属于战国秦时所建，沿用到汉代。在前殿夯土台基的南壁 3 米处发现一处完整的铺瓦的秦代屋面遗存，应是前殿的附属建筑，筒瓦和板瓦均紧密地连接在一起，十分完整，筒瓦通长 46～54 厘米，板瓦通长 58～62 厘米，为研究秦代建筑史提供了重要的实物材料。

3. *碣石宫与姜女石*

秦始皇统一六国后，巡游天下，遍修离宫别墅。碣石宫是秦始皇三十二年（公元前 215 年）在燕地修筑的离宫之一，规模仅次于阿房宫。遗址位于辽宁绥中东面海上“姜女石”（面向海中的三块巨石）附近，在山海关外 15 公里，曹操《观沧海》“东临碣石，以观沧海”所言即此处。1982 年发现，经调查和发掘，由 5 处遗址组成，面积约 25 平方公里。主体建筑 3 处，面海，石碑保存较好，面积最大，1993—1995 年发掘 6 000 平方米，发现大型宫殿基址，南北 487 米，东西 170～256 米，外轮廓呈曲尺形，内部以连续的围墙分隔成 10 个小区，区内建筑以中轴线对称布局，主体建筑在东南部，西部为院落。出土大量瓦当、空心砖，瓦当饰有燕地风格的树纹、简化饕餮纹，还有“千秋万岁”秦文字瓦当。北部发现由井窖、排水管道、渗水井等构成的冰窖设施。1987 年，在距绥中“姜女石”30 公里的北戴河金山嘴也发掘一处秦行宫遗址。此外，经调查可确定位置的秦代离宫别馆还有多处：泾阳的望夷宫、谷口宫，淳化县的林光宫，凤翔县的橐泉宫、蕲年宫，渭南市的步寿宫，乾县的梁山宫等。

二、大型遗址

1. *长城与直道*

秦始皇三十三年（公元前 214 年），以战国时秦、赵、燕三国长城为基础，秦朝修筑西起甘肃临洮，经宁夏固原、内蒙古包头、赤峰，东至内蒙古奈曼旗南的万里长城。秦长城位于明长城北面，经过初步调查，西段长城在平地或山坡下用夯土筑，山坡上则用石头砌。在今山西大同北、内蒙古包头北、甘肃岷县城西、宁夏彭阳县北开城等地还保留有秦长城遗迹，以包头北部一段保存较好，现存遗迹高4～5米，宽4米。长城内外修烽燧台和坞障，烽燧台一般石砌，建于山顶，四周或有方形围墙，坞障一般位于长城南侧，边长300～400米，南边有门，出土大量燕系瓦当。近年在赤峰附近发现了剑、戟、铁杈、陶器等与秦长城有关的遗物，在宁夏中卫发现了100多公里的城墙，可能是秦长城遗迹。秦立国后为了加强与地方的联系，以旧有的道路广修驰道，同时修五尺道通西南夷，修灵渠沟通岭南，修直道防御匈奴。文献所载秦直道全长“千八百里”（合今700余公里），从咸阳北之云阳（今泾阳）向北，至河套北边之九原郡（包头西），保存最好的地方路宽22米，厚1～1.5米，用细砂岩垫筑。但直道的具体走向还有待进一步的考古调查。

2. 秦代造船工厂

1974年在广州市中心禺山一带发现秦始皇统一岭南至西汉初文景期间的造船工场遗址，埋于地下5米深处，南距珠江北岸1 300米。遗址上层出有秦半两、汉初半两钱、秦汉瓦当及陶器等物。1975年试掘揭示出部分船台区和木料加工场地，规模巨大。船台区有三个东西走向平行排列的造船台，其中两个船台经局部发掘，结构相同，由枕木、滑板和木墩组成。1号船台在南，已揭露部分长29米，东端已至尽头，钻探可知总长度在100米以上。底部垫置大小两种枕木，其上由两行平行的大木板组成滑道，滑板上竖置两两相对的木墩支撑船体，间距不等，构成一个造船台。船台中宽1.8米，滑板与枕木、滑板与木墩之间没有用钉或榫固定，故宽窄可根据船只大小的需要随时调节。2号船台居中，较1号大，中宽2.8米，仅揭露出一小段。船台所用木料经鉴定，木墩用格木，滑板用樟木和格木，枕木用杉木等。格木坚硬承压，樟木耐腐，杉木有弹性。按船台现存的宽度计算，可造身宽5～8米、载重20～30吨的木船，说明秦汉之际我国造船技术设备和生产已达到很高水平。此外，秦都咸阳布局于渭河两岸，中渭桥修建以前，城内交通全靠渡船，亦可推测秦代造船业的发展程度。

3. 雍山血池秦汉祭祀遗址

位于陕西省凤翔县城西北柳林镇血池村，东南距秦雍城遗址约15公里，总面积达470万平方米。2016年发掘2 000平方米，确认相关遗迹3 200余处，由坛、壝（祭坛四周的矮墙）、场、道路、建筑、祭祀坑等各类遗迹组合而成的祭祀天地及五帝之固定场所——畤，出土各类文物共计2 401件（组）。2018年对中山梁南部的49座祭祀坑和东山梁的一处道路局部进行了发掘，共发掘1 000平方米，出土玉器、铜器、铁器、石器、骨器等454件（组），以玉人、玉璜、玉琮、车马器和部分铁器为主。出土大量砖瓦等建筑材料，筒瓦多外饰竖直粗绳纹，内壁饰布纹，板瓦外饰斜向粗绳纹，内壁素面，还有回纹铺地砖等，大多为西汉时期建筑材料，有部分建筑材料显现出战国晚期的特点，发现有“上畤”“下祠”“上”等陶文，为“秦四畤”和“汉五畤”之间的传承关系提供了依据。整个遗址区背靠一道东西向大山，分布于东西排列、南北走向的三道峁梁及阳坡一面“坛场”即夯土台及其周边场地。夯土台在最东侧山梁的小山头之上，其北侧另外有一个更高的山头，台壝圜丘状，通高 5.2 米，基座直径 23.5 米；围绕夯土台的是一个圜状壝，即环绕夯土台的围沟，整个环壝直径 31 米，口径宽 5 米，底径宽 4.1 米，深 1.5 米。在壝的外侧存在稍有落差的三重台阶平地，邻近处踩踏面坚实，其余两阶台地由于历代耕种导致踩踏面几近消失。发掘出宽 3.5～3.8 米的道路，是从山下登临山顶祭祀坛场的主通道。根据《史记·封禅书》《汉书·郊祀志》等文献记载，符合秦汉时期置畤坛选址于“高山之下，小山之上”的要求，也符合筑坛须有“封土为坛、除地为场、为坛三垓”的形制规模。该遗址是目前发现时代最早、规模最大、性质明确、持续时间最长且功能结构趋于完整的秦汉时期大型皇家祭祀遗址。发掘者认为属秦汉吴阳上畤，也有认为属于汉代北畤。“三牲献食”祭祀坑，密集分布于“坛场”南侧峁梁上，绝大部分呈现不规则形，坑内瘗埋物均为马、牛、羊三牲献食，多为 6～9 个月大的幼年马。

宝鸡市吴山祭祀遗址。2018 年发掘，距雍城遗址约 48 公里的宝鸡市陈仓区，面积达 10 万平方米，发掘遗址 106 处，其中 8 座祭祀坑形制完全一致，全部为近似方形的车马祭祀坑。每座坑长约 4.3 米，宽 3.8～4.0 米，深 0.3～2.8 米。坑内均为四马一车，马骨保存相对完整，马身佩有马衔、马镳等青铜马具，与身后的马车处于驾乘状态。在祭祀坑中还发现了农具——铁锸和祭祀用的男女玉人、玉琮等器物，以及配套的青铜车軎、马饰、马镳、马衔、箭镞等车马器。年代较血池略早，可能是祭祀炎帝的“吴阳下畤”。

三、秦墓与墓葬制度

秦代统治时间短暂，墓葬的发现和辨认存在很大困难，虽然 20 世纪 70 年代湖北云梦睡虎地 M11 纪年秦墓的发掘为秦墓分期提供了标尺，但严格区分战国晚期秦国墓和秦统一时期及汉初墓葬依然存在困难。目前发现和发掘的秦中小型墓主要集中在两个地区：一是陕西关中地区，二是江汉地区。陕西地区墓葬制度和埋葬习俗与先秦墓葬一脉相承，洞室墓、屈肢葬、随葬仿铜陶礼器和日用器被普遍认为是秦文化的典型特征；南方则更多地继承了楚文化因素，多采用仰身直肢葬，随葬漆器比较普遍。

1. 秦代墓葬的发现与研究

云梦睡虎地秦墓。1975—1976 年，在湖北云梦县城关西郊睡虎地山嘴上及大坟头嘴上清理 23 座秦汉墓，坟丘已遭破坏，无墓道，均为竖穴土坑木椁墓，一般长 3 米多，宽 2 米多，深 3 米以上。坑壁上有脚窝，有的有小龛，个别有生土二层台，椁四周夯筑青膏泥。除 M29、M30 为单棺外，其余均一棺一椁。椁室由盖、底、侧板、前后挡板垒砌而成，底板下有两根枕木。棺室、头箱、边箱分别用横梁分隔开，有的横梁下面置双扇板门，可开阖。棺为长方盒形，搭榫构造，髹漆，内红外黑。

盖板下垫芦席。葬式为仰身直肢，缺少关中地区典型的屈肢葬。丝织衣物裹尸，上覆盖草席。随葬品以漆器为主，有耳杯、圆盒、盂、壶、勺、匕、樽、卮、盘、耳杯盒等，次为竹木器、陶器、铜器、铁器和文书工具。其中有明确纪年的有 M7（秦昭王五十一年，公元前 256 年）和 M11（秦始皇三十年，公元前 217 年）。M11 墓圹长 4.16 米，宽 3 米，深 5.1 米，头箱内有随葬品 70 多件，棺内出土竹简、毛笔、漆盒等物，竹简是最重要的发现，共出 1100 多枚，堆放在墓主头、身、足、腹部。从简本《编年记》可知墓主为狱吏“喜”。其他几座墓规模相近，墓主身份应大致相同，属中下级官吏。该墓地共分三期，一期以 M7 为代表，属战国至秦统一前；二期是以 M11 为代表的秦代，属于此期的还有 M33、M47 等；三期为秦末，随葬品无大变化，新出现灶及云气纹。楚文化因素浓厚，仅见少量陶罐、蒜头壶、茧形壶、铜鍪等与关中组合一致。

咸阳附近秦墓。秦代平民墓在咸阳附近发现多处。其中面积较大的有黄家沟墓地、任家嘴墓地、塔儿坡墓地、陇县店子墓地等。1975—1984 年，在咸阳西北黄家沟一带长约4 000米、宽 3 000 米的范围内先后清理 136 座战国中晚期至秦代墓葬，其中以 M43 为代表的可能属于秦代墓。任家嘴墓地和塔儿坡墓地位于咸阳以西，前者发掘战国至秦代墓葬近 242 座，后者发掘 430 座，多为战国末期到秦代平民墓。1991—1993 年在陇县店子村 50 万平方米的范围内发掘东周至秦代墓 224 座。近年在西安郊区发掘一大批春秋战国至秦汉初的中小型墓葬，北郊董家村附近发掘 119 座、尤家庄发掘 197 座、南郊茅坡光华胶鞋厂发掘 93 座、茅坡邮电学院发掘 162 座、潘家庄世纪星城发掘 62 座，户县（今西安市鄠邑区）宋村、铜川枣庙等地也有东周至秦代墓葬发现和发掘。一般均为中小型竖穴土坑墓和直线型洞室墓，以及少量偏洞室墓，屈肢葬所占比例较高，随葬品以日用陶器鼎、盒、壶、罐、蒜头壶、茧形壶等为主，墓主身份等级不高，具有典型的秦文化特点。陕西凤翔八旗屯、高庄秦墓群的年代存在争议，一些学者认为高庄秦墓的五期延续到秦代，但也有学者认为已晚到汉初。相似的情况还包括对西安西北林学院及咸阳市杨陵区秦汉墓年代的认识。

此外，陕西汉中杨家山 M3 属于秦统一时期墓葬。河南陕县上村岭、三门峡、泌阳发现秦末汉初墓葬，甘肃天水放马滩秦墓、平凉庙庄应属战国末期到秦代墓葬，四川成都羊子山秦墓年代大致也在此前后。1975 年，内蒙古准格尔旗瓦尔土沟秦汉广衍县故城附近发掘了 18 座秦汉墓，其中 14 座墓葬具有与关中及其他地区秦墓基本相同的秦文化特征，可能属秦代在北方边郡的戍卒墓葬，反映了秦统一北方后文化的远播。

2. 秦墓的分类与特征

秦墓分为三类：长方形竖穴土坑墓、竖穴直线式土洞墓、长斜坡墓道砖室墓。常见头箱、足箱和边箱，有的还有壁龛，以青膏泥密封，死者多仰身直肢葬，或为典型的秦式屈肢葬。有人认为屈肢葬者为秦人，直肢葬者为周遗民。也有人认为屈肢葬应是秦国奴隶的葬式，或认为仿“鬼之所恶”的“窟卧”，或认为出于某种宗教信仰。墓葬方向，东西南北都有，而以西首为主，随葬器物放置在头箱或边箱。战国晚期以后，墓葬随葬品一改以往流行彩绘仿铜陶礼器的传统，而开始流行罐、盆、釜、缶、茧形壶、盒、钵、甑等日用器物，基本组合为鼎、盒、圆壶、蒜头壶、罐。较高等级者随葬木制轺车，即车厢上撑有一柄伞，由四匹马引驾，有的轺车把车篷做成船形或轿形，殉葬活马，低级者无车马。

江汉地区在湖北云梦睡虎地、龙岗、江陵岳山、荆州高台等地都发现年代相对清楚的秦统一时期墓葬，湖南长沙杜家山、左家塘皮件厂、乾塘坡地质局等都发现战国晚期至秦代墓葬。这些秦墓大多是秦灭楚之后的楚裔墓，虽然其中也包括了部分南下的秦人墓，但几乎很少见屈肢葬，流行长方形竖穴土坑墓，无墓道，椁室有头箱和边箱，葬具为长方形盒状棺，随葬器物除宽弦纹铜镜和少量的秦式蒜头壶、茧形壶及铜鍪外，其余均是楚式风格，秦文化因素在当地文化构成中不居于主体地位，墓葬形制、随葬器物、葬式基本上保存着楚人风格。

第二节　秦始皇陵及其陪葬墓

一、秦始皇陵园及地上建筑

《史记·秦始皇本纪》载："始皇初即位，穿治郦山，及并天下，天下徒送诣七十余万人，穿三泉，下铜而致椁，宫观百官奇器珍怪徙臧满之。"从开始修陵（公元前 246 年）到死葬骊山（公元前 210 年），前后历时三十七年。至秦始皇死时，陵园的修建工程并未完成，最终因农民起义而被迫于公元前 209 年 9 月停工。

1962 年开始对秦始皇陵进行勘测。秦始皇陵位于今陕西临潼东 5 公里的晏寨乡，西距都城咸阳 43 公里。南依骊山，北临渭水，陵区的文物分布范围达 56.25 平方公里。秦始皇陵园坐西朝东，为南北向的长方形，有内外两重夯土城垣，墙基宽约 8 米。2000 年经全球卫星定位系统测定，外城垣四边并不平行，西墙 2 188.378 米，北墙 971.112 米，东墙 2 185.914 米，南墙 976.186 米，占地面积 212.948 2 万平方米。外城四面各有一阙门，经发掘，西门门阙遗址瓦砾堆积厚 1～1.5 米，有各种云纹瓦当及红烧土、灰烬、柱础。内城垣南北 1 355 米，东西 580 米，面积 78.59 万平方米，内城墙垣内外有廊房和散水。内城的中部由东向西有一条长 330 米的隔墙，把内城分为南北二区。秦始皇陵墓封土位于内城南区。北区有一条南北向的道路和夹墙，把北区分成东西两部分，北区东部发现大型陪葬墓群，西部是大型建筑群。内城四面墙垣各有一门，与外城四门相对，各探出一条道路。过去以为北墙有二门，不确，据最新探测，内城北门位于北墙正中，南北向大道贯通内外墙垣北门，构成陵园北区的中轴线。内城南门门阙遗址仍高出地表2～3米，西门曾出土刻“甲百”的槛石一块。墙垣附近还发现6行并列的陶水管道。

秦始皇陵的封土位于内城南半部。据文献记载原高“五十丈”，约合今115米。而实地勘测因测点不同，所测高度有43米、46米、51.5米、71米、73米、76米等不同数据。由于秦始皇陵所处的地形南高北低，落差较大，加之经两千年风雨侵蚀和人为破坏，现存的封土已大为缩小，呈覆斗形，中腰部有两处向内收缩，形成三层阶梯，顶部为一平台。实测封土基部南北350米，东西345米；封土顶部南北10.4米，东西24米。

陵园内的地上建筑遗址，除内外城垣上的门阙基址及城垣四个转角处的角楼基址外，主要发现三处大型建筑群：一处是内城封土以北的陵寝建筑基址，约17万平方米，主要包括寝殿建筑基址和便殿建筑；西侧内外墙垣之间稍偏北约12万平方米，可能属于园寺吏舍遗址和飤官遗址；北侧内外墙垣之间有6.8万平方米的祭祀建筑。

寝殿。位于封土北侧偏西，南距封土53米。1979年钻探发现大型建筑基址，平面近似方形，南北62米，东西57米，周围有回廊，中间的台基略高。由主殿、侧殿、回廊、门道组成，发现残留的墙壁、散水及大量建筑材料堆积，即文献所谓“秦始皇出寝起居于墓侧……有起居衣冠象生之备”。

便殿。位于内城北区西半部，寝殿以北150米。在南北670米、东西250米的范围内，成组的建筑基址由南向北排列密集有序。各组建筑之间以卵石和青石板铺路相连。1977年清理南部的1—4号建筑基址，东西向并列，总面积约5 000平方米。基址内出大批铺地、镶贴壁用的青石板，以及鸱尾、瓦当、筒瓦、板瓦、铁铺首、铁拴板、陶井圈、陶灶门、残铜器，还有镭、凿、铲等工具。出土的1件夔纹瓦当直径达61厘米，是用于檩头的遮朽。便殿即《三辅黄图》所载“以象休息闲晏之处也”。

飤官。位于西侧内外城垣之间北段，在南北长约1 000米、东西宽约180米的范围内，分布三组建筑基址。1981—1982年清理了临马公路南侧残存的五座建筑基址，出土大量的砖、瓦、瓦当、陶水道管、陶井圈、石柱础、各种陶质生活用器、瓷罐、铜镞、铁剑和铁工具等，此处还曾出过错金银铜乐府钟、铜雁足灯构件、两诏铜版等。出土的陶瓷器上刻有“郦山飤官左”“丽山飤官右”“丽山飤官”“丽邑五升”“丽邑九升”“丽邑二斗半”“八厨”“六厨”等铭文。该组建筑应是掌管供奉陵寝膳食的“飤官”遗址。

二、地宫

关于地宫的规模和深度过去一直争论不休，均属推测。据2002年以来物探研究所获最新数据，地宫存在于现封土以下，墓圹当初开挖的主体东西长170米，南北宽145米，在这一范围内四周为精细夯筑的宫墙，夯墙主体范围东西长145米，南北宽 125 米，夯土墙高出地面 30 米。这是最新发现的围绕墓室修建的九级台阶式夯土建筑，推测是文献记载的“中成观游”一类的大型建筑。墓室东西长 80 米，南北宽 50 米，空间高度 15 米。地宫东边、西边各有一条墓道，南北尚未发现。①1961 年、1962 年和近年的物探测试，都发现陵墓封土中心位置有强烈的汞异常反应，面积达 12 000 平方米，略呈规则的几何形。这与《史记》所载“以水银为百川江河大海”的说法相符。关于地宫的埋藏情况，《史记·秦始皇本纪》记载：“穿三泉，下铜而致椁，宫观百官奇器珍怪徙臧满之。令匠作机弩矢，有所穿近者辄射之。以水银为百川江河大海，机相灌输，上具天文，下具地理。以人鱼膏为烛，度不灭者久之。二世曰：‘先帝后宫非有子者，出焉不宜。’皆令从死，死者甚众。”并记载，葬礼后下令将所有参与的工匠关在羡门之内，“无复出者”。2000 年在陵墓周围勘探发现一组大型地下阻排水系统，长 1 303 米。阻水渠下层为厚 17 米的青膏泥夯层，上层为厚 21 米的夯土层，围绕封土东、南、西，在铜车马坑下折向西去（见图 6-2）。

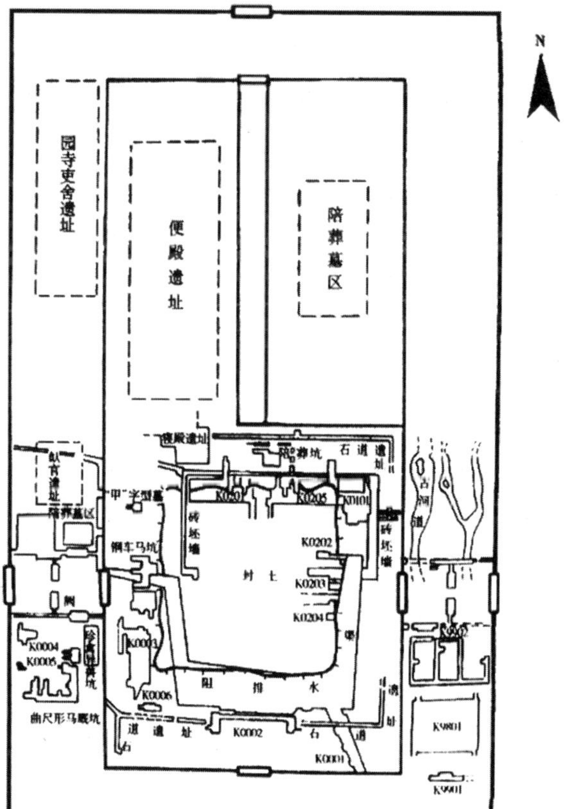

图 6-2 秦始皇陵园遗址分布示意图

资料来源：考古与文物，2008（6）.

① 陕西省考古研究院秦汉考古研究部．陕西秦汉考古五十年综述．考古与文物，2008（6）.

三、陪葬坑、陪葬墓及其他遗址

陵园内外的大量陪葬坑和陪葬墓构成秦始皇陵的外藏系统。陵园内陪葬坑主要发现有：封土西侧 4 座，包括封土西 20 米处的铜车马坑、封土西南角约 50 米的大型文吏俑坑等，封土东侧 9 座，南侧 3 座，北侧 7 座。内外墙垣间已发现陪葬坑 56 座：西侧两墙间南段有大中型马厩坑各 1 座，府藏坑 16 座，珍禽异兽坑 17 座，跽坐俑坑 14 座；东侧两墙间南段有百戏俑坑、石铠甲坑及 1 座大型府藏坑。陵园外发现包括兵马俑坑、马厩坑、动物坑等三片约 105 座陪葬坑。陪葬墓共发现 6 处。陵园内主要有 3 处：内城北区 99 座，南侧内外墙垣间 7 座，西侧内外墙垣间 74 座。陵园外 3 处：兵马俑坑西大墓、上焦村 17 座、陵西砖房移民点陪葬墓群等。此外，陵园外还发现修陵人员墓、石料加工场，以及窑址和防洪堤坝等。

1. 陪葬坑

兵马俑坑。位于陵东 1 225 米处陵园东门大道之北，是一组大型陪葬坑。1974 年农民打井时发现一号俑坑，1976 年相继发现了一号俑坑北 20～25 米处的二、三号俑坑及其之间的四号空坑（见图 6-3）。三个俑坑均为深约 5 米的地下坑道式土木结构建筑。土圹四周镶筑夯墙，中部夯筑隔墙。在四周和隔墙的两侧每隔 1.4 米立一根木柱，承托纵横的枋木构成的木柜架，上搭棚木，依次覆盖席子、胶泥土（或红土）、黄土，形成坑顶，坑顶高出原地表约 2 米。内部空间高度 3.2～3.8 米。以青色条砖铺地，立木封堵门道，形成占地面积约 2 万平方米的封闭式地下宏伟建筑，坐西朝东，应有 7 000 多个武士俑，全部面向东。一号坑最大，呈东西向的长方形。东西长 230 米，南北宽 62 米，深 4.5～6.5 米。可复原为面阔 9 间、四周有回廊的地下大厅。目前已发掘约五分之三，出土陶俑、陶马约 2 000 件，木质战车 20 乘，各种青铜兵器 4 万余件。俑坑四边各有 5 个斜坡门道，东门较宽，当为正门。四面环廊内排列步兵俑，中部以夯土墙隔成 9 条东西向的过洞（各长 180 米，宽 3.5 米），内置 36 路纵队，战车和步兵俑混合编组排列。据估算整个俑坑内约有军士俑 6 000 件，战车 40 乘，陶马 160 匹，是由前锋、后卫、侧翼组成的大型军阵。二号坑位于一号坑的东端北侧 20 米。平面为东北角突出的曲尺形，东西最长处 124 米，南北最宽 98 米，深约 5 米，面积约 6 000 平方米。据试掘情况推算，二号坑内有战车 89 乘，驾车陶马 356 匹，陶质鞍马 116 匹，各类武士俑 939 件，由四个各自独立的单元组成一个严密的整体，是蹲跪式和立射式的弩兵俑、战车、步兵、骑兵混合编组的军阵。三号坑位于一号坑的西端北侧 25 米，平面呈“凹”字形，东西 28.8 米，南北 24.57 米，深 4.8 米，面积约 520 平方米。坑的结构复杂，东边有一斜坡门道，进门后正面前庭内设驷马华盖战车 1 乘，后随 4 件甲士俑。南北两侧各有一条长廊，长廊之西各连接一厢房。入口处发现门楣朽木和悬挂帷幕的带柄铜环4件。北厢房为东西向的长方形，有武士俑22件；南厢房由门道、前室、后室三部分组成，南厢房与长廊内共有武士俑42件，共出土铜殳30件，武士俑应手执铜殳，相向夹道排列，其身份是警卫。三号坑是军队的指挥部，即军幕。兵马俑象征着守卫京城的宿卫军，是秦国军队的真实写照。

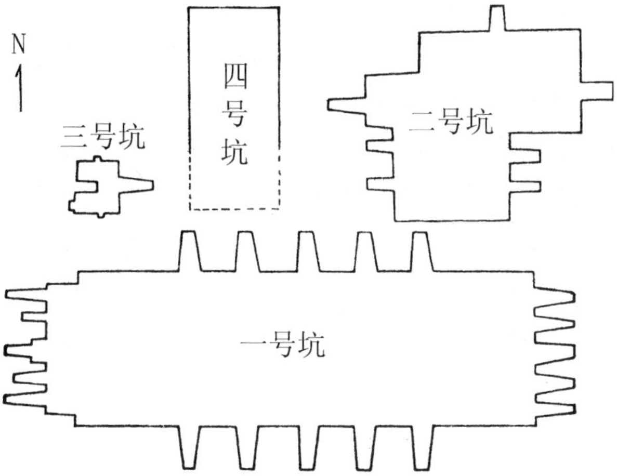

图6-3　秦始皇陵兵马俑平面分布图

文吏俑坑（K0006）。位于封土西南约50米，是秦始皇陵园内已发现的唯一未被焚毁的陪葬坑。2000年发掘，坑长40米，宽4米，由斜坡门道和前后室组成，出土12件表情各异的文官俑和大约20匹马骨。俑高约1.8米，彩绘，腰部右侧挂削（用以刮修简牍错字的工具）和印囊。还发现4件铜钺。根据出土物，这座陪葬坑应象征秦代的廷尉，是主刑罚的机构，但也有人认为属马厩坑。

铜车马坑。在封土西侧20米处，呈“巾”字形，长、宽各55米，面积3 025平方米。1978年钻探发现，1980年试掘，出土2辆大型彩绘铜车马，大小相当于真车马的二分之一，置于一个长方盒状的木椁箱内，一前一后，面西排列。车均为双轮、单辕，前架4匹铜马，马佩戴金当卢，金银络头，金银缰绳，骖马颈上戴金银项圈，镶着金银色的铜辊。车通体彩绘并以大量金银为饰，安装银质构件。车上各有1件铜御官俑。1号车为“立车”（又名高车、戎车），车上立1把高柄铜伞，并有铜弩、矢、矢匣、盾，铜御官俑立于车上，双手紧握马辔控驭车马；2号车为“安车”，有车厢，车厢两侧有窗，车后有门，顶为大于车厢的椭圆形篷盖，御官俑坐于车厢前篷盖下。近年探明封土西侧共有铜车马坑3座，封土东、南各有3座，北侧7座，未发掘。铜车马陪葬坑是秦始皇车马仪仗的象征。

石铠甲坑（K9801）和百戏俑坑（K9901）。1997年在内外墙垣之间东南角下陈村北发现石铠甲坑，1998年发掘。坑东西128米，南北105米，为土木结构坑道式建筑。出土石铠甲近90领，石胄38顶，石质马甲1领，石质马缰残件3组，发掘者认为其性质可能是“武库”。石铠甲以青灰色石灰岩片和铜条编结而成，按真人比例制作，然质脆而笨重，可能属明器。1999 年在石铠甲坑南 35 米发现百戏俑坑，平面呈“凸”字形，长 40 米，宽 12.3～16 米，出土 11 件造型各异、肢体夸张、裸露上身的百戏俑和 1 件重 212 公斤的大铜鼎。

珍禽异兽坑。在陵园西墙内外城垣之间、西门大道南侧，1977—1978 年探出陪葬坑计 31 座，分布范围南北长 80 米，东西宽 25 米，面积约 2 000 平方米，南北向分三行排列，东 6 座，西 8 座，中 17 座，东西两行为跽坐俑坑，坑内各有一件面东跽坐陶俑，俑前有残陶片。中行每坑内有一瓦棺，每棺内有珍贵动物鹿、麂或禽类的骨骼一具，陶钵、铜环各一。可能是苑囿中饲养的珍禽异兽。

马厩坑。发现两处，分别位于陵园西侧内外墙垣之间南半部分和陵园外东侧上焦村一带。前者发现 2 座大型马厩坑，近 2 300 平方米的范围里，密集排列马骨数百匹，出土大型陶俑 11 件。后者东距兵马俑坑 800 米，探得 130 座坑，有马厩坑 98 座，发掘 51 座，均为长方形竖穴土圹，面积不足 10 平方米，东西两行并列。坑的种类有三，一是马坑，二是跽坐俑坑，三是俑、马同坑。每坑一马或一俑，马头向西，一般为杀死后放在木椁内埋藏。俑和马头前都放有陶罐、陶灯（铁灯）、铁锸、铁镰等物，一些陶盆内尚存谷粒、谷草，一些器物上有“中厩”“宫厩”“左厩”“三厩”“大厩四牛三升”等铭文。说明这批陪葬坑象征宫廷的厩苑，跽坐俑是饲马人。

府藏坑。位于陵园外城垣之北 750 米处，为“甲”字形土木结构地下建筑，面积 300 平方米，残存鸡、猪、羊、狗、獾、鳖、鱼和似鹤类的动物骨骼以及陶俑残片，毁于火。似为专门存放肉食类的藏府，有学者称其为葬仪坑。

青铜水禽坑（K0007）。位于陵园外城墙东北约 900 米处，平面呈“F”形，总面积 925 平方米，由一条斜坡门道、两道南北向过洞、一道东西向过洞组成，出土青铜水禽 46 件，有天鹅、仙鹤、鸿雁，箕踞姿和跽姿陶俑 15 件，并出乐器，均为真实大小。

2. 陪葬墓

茔域内外发现 6 处附属墓葬遗存。陵园内部主要有 3 处：内城北区、西侧内外墙垣之间、南侧内外墙垣之间。内城北区已探明 99 座墓，均为南北向，多为“甲”字形中小型墓，估计墓主身份较高，可能包括秦始皇后宫嫔妃。在近年发掘的墓葬中，墓道填土内均发现有未成年女性的散乱人骨，被置于打破墓道填土的小坑内。西侧内外墙垣之间发现 74 座墓，有“甲”字形、曲尺形、刀把型和长方形等；南侧内外墙垣间 7 座墓。陵园外部也有 3 处：陵东上焦村 17 座墓、兵马俑坑西“甲”字形墓、陵西砖房村 1 处。上焦村西陪葬墓群，1976 年钻探发现 17 座墓，试掘 8 座，东西向，成南北一字形排列，间距 2～15 米。分为竖穴土圹和竖穴土圹洞室墓，“甲”字形，都带有斜坡墓道和壁龛，有的有耳室，葬具为一棺一椁。在 7 座墓中发现人骨，5 男 2 女，年龄 20～30 岁左右。6 具骨架身、首、四肢分离，其中一男性头骨上插铜镞一支。另一女性虽骨骼完整，但上下腭骨左右相错，仰身直肢，系缢死。随葬器物有金、银、铜、铁、陶、玉、贝、骨、漆器及丝绸残迹等。出土一件银蟾蜍饰件上刻“少府”二字，两枚铜印章，印文“荣禄”“阴嫚”。根据随葬品及死者年龄、尸骨状况推断，墓主可能是因胡亥上台被诛的秦公子、公主或近臣。有的学者把这批墓称为杀殉墓或殉葬墓。在兵马俑三号坑之西 90 米处发现一座“甲”字形大墓，墓道长 40 米，墓室面积达 300 平方米，是较大的陪葬墓。陵西砖房村移民点发现数十座墓，2003 年勘探发现与秦始皇陵园有关的 6 座墓葬级别较高，其中一座为“中”字形，南北向，全长 109 米；大型“甲”字形墓 5 座，墓道在北，南北全长 47～71.6 米，经勘探，墓室内常见铜锈、木炭、蚌壳、残陶片、红烧土等。均未发掘。

3. 修陵人员墓葬

1979 年在陵西侧赵背户村和姚池头村南发现修陵人员墓地两处。其中姚池头村南的一处已遭破坏，仅存宽 12 米、残长 0.5 米、深 0.5～0.7 米的一片，里面人骨层层叠压，应是修陵刑徒的乱葬坑。赵背户村墓地保存较好，在南北 180 米、东西 45 米的范围内，探出 114 座墓。分三行排列，西边两行为东西向，东边一行为南北向。排列密集，有的一个大坑内又分成若干小墓坑。清理的 32 座墓均为竖穴土坑，长 1.1～10.6 米，宽 0.56～1.1 米，一坑埋葬 1～14 人不等，一般是两三人，均为 20～30 岁青壮年男性。有的尸骨上有刀痕，有的身首异处。除四人为仰身直肢葬外，余均为蜷曲特甚的屈肢葬，无随葬品，仅见瓦棺一具。出土 18 件刻有墓志文的瓦片，记地名、服役性质、爵名、姓名等，可知其为从六国旧地征调来的修陵人员，埋葬时间当在秦始皇二十六年到秦二世元年（公元前 221—前 209 年）。2003 年在秦始皇兵马俑博物馆东北发现山任窑址和乱葬坑，在废弃的两座窑场内层层叠压 121 具人骨，多为 15～45 岁男性，伴出绳纹板瓦、筒瓦、陶片、铁锛、铁环等用具和刑具，瓦上见有“丽”“郑亭”“大水”“工”等陶文。推测陶窑当是为建陵烧制瓦和生活用具的，在废弃之后作掩埋修陵人员和刑徒之用。除以上身份特殊的修陵人员墓以外，1990 年在秦始皇陵园西北的电热元件厂发现范围达 6 万平方米的秦代墓地，分布有数百座小型墓，已发掘 19 座，规格高于刑徒墓地，可能属修陵工匠墓地。

4. 其他遗址

石料加工场遗址。位于陵园西北角郑庄村南，属于修陵时的临时设施，东西 1 500米，南北 500 米。发现大量的石材及半成品或废品、残石水道、残渗井盖、门臼等，以及打制石料的铁工具和刑具等物约 200 件。另有 5 处房屋遗址。

砖瓦窑。在陵西北的陈家沟发现窑址一处，出铁工具、刑具及瓦当、瓦等遗物。在陵园周围的赵背户村、上焦村、西横村、下河村、鱼池村、山任村等也都发现窑址，以陵西侧分布最多。

鱼池遗址。位于陵北 2 500 米处。因造陵取土积水成池，在遗址的东北角，发现一大型宫殿建筑基址，东西2 000米，南北近500米，发现夯土墙垣、房基、下水道、井、灰坑及大量的砖、瓦、瓦当、铜器、铁器、陶质生活器皿等。瓦上有许多陶文印记。年代为战国晚期至统一的秦王朝时期，推测为原秦步寿宫遗址，到秦始皇大规模修陵时用作官邸。

防洪堤遗址。从骊山北麓的大水沟西边的山脚起，至五俭与三任之间止，呈西南—东北向，全长约3 500米，现残长1 000米，宽40米，高2～8米。

四、关于秦始皇陵的研究

（1）关于秦始皇陵是否被盗的问题。长期以来这一问题因文献记载和民间传说而扑朔迷离。《史记·高祖本纪》载：项、刘在广陵（今荥阳东北）对峙时期，刘邦为争取人心，声讨项羽列其十大罪状，其四曰“项羽烧秦宫室，掘始皇帝冢，私收其财物”。《水经注》亦云：“项羽入关发之（指始皇陵），以三十万人，三十日运物不能穷。”2002年，国家863计划启动秦始皇陵考古地球物理综合探测技术项目，2003年年底在秦始皇陵封土边发现了7条墓道和2个小型盗洞，但未见地宫遭大规模盗扰的迹象，基本排除了项羽盗墓的可能。

（2）关于秦始皇陵园的方向问题。以袁仲一为代表持坐西朝东的观点，王学理等认为正门为北门，陵园朝北。从最新的探测情况看，地宫东西各有一门，南北未见门，支持了东西向的观点，从地面建筑考察，内外墙垣的东西三出阙、封土堆、司马道恰恰构成一条东西轴线。坐西朝东论的主要依据还有：陵园陪葬坑基本都是坐西朝东，如兵马俑、跽坐俑等均面向东。坐西朝东也是秦人固有的葬俗，从西周时期的毛家坪秦墓开始，头西足东就成为秦人墓的标志，雍城秦公陵园内分布的14处春秋至战国初的陵园及其内18座带东西墓道的“中”字形大墓，墓和陵园的方向均为东西向，秦始皇陵继承了这一传统。从陵园的整体布局及周围地理环境考察，陵南紧靠骊山；陵北是寝殿、便殿及陪葬墓区，陵垣外北部是挖土所致的鱼池；陵西侧内外城垣之间布满了各种陪葬坑及园寺吏舍建筑，陵垣外西部集中分布石料加工厂、砖瓦窑和刑徒墓。无论从古代阴阳五行的角度还是从现实的环境来看，这三面都不具备墓向条件，只有陵东地势开阔，符合古代选墓向“明堂要清”的要求。还有学者宏观考察秦始皇陵园的位置，正居于国都咸阳以东的正东方向，而朐县的“秦东门阙”又居于咸阳和骊山园以东的正东方向，说明秦始皇陵园位置的设计意图就是体现墓主坐镇西方、面向东方的最高尊长的地位。另有学者认为现存的两重围墙仅仅是内城垣，还应该有个外城垣，并指出在兵马俑坑的东边千余米处有个双阙夯土台基，可能是外垣的东门。此外还有学者提出，墓向和陵园方向不同，墓为东向，陵园为北向。

（3）关于秦始皇陵园的设计思想。此问题存在都邑说和宫城说。但一致认为秦始皇陵的总体规划是本着“事死如事生”的观念，将生前的地上王国，模拟复制于地下。高大的封土及地宫象征咸阳宫，内外两重夯土城垣象征宫殿和京城的内外城或大小城，封土北侧的寝殿即起居之处，陵内的便殿即休息闲晏之处，外城垣东侧的兵马俑坑象征守卫京城的卫戍部队，封土西南的文吏俑坑象征中央政府机构，封土西侧的铜车马坑象征宫廷的乘舆，东南垣墙之间的石铠甲坑象征武库，百戏俑坑则象征宫内娱乐的杂耍百戏，大小马厩坑群象征京师的宫廷厩苑，珍禽异兽和跽坐俑坑以及青铜水禽坑象征皇家苑囿、狩猎游乐之所。秦始皇陵的布局完全是依照国都咸阳设计的，把双重围墙的陵寝造在陵园的西部，陵墓造在陵园的西南角，是按照咸阳的宫城居于大城西边布局的，同时也遵从古礼“西南隅谓之隩，尊长之处也”（《尔雅》），以西南为尊。

（4）关于秦始皇陵的墓葬制度。上承春秋战国以来的坟丘式墓制，将高大的坟丘称为“山”，以别于战国时代诸王的“陵”，改夫妇同茔异穴的合葬方式为一墓独尊，在继承先公陵园东西墓向的传统葬制的同时，将两重“回”字形的隍壕改为“回”字形的城垣，将车马坑发展为多种陪葬坑，在陵园内设官吏以及附近设陵邑（丽邑）也属秦陵首创，不见于前代。中山王陵有坟丘上的享堂建筑，而秦始皇陵坟丘上未见，而将寝殿、便殿建于陵侧，蔡邕《独断》曰：“古不墓祭，至秦始皇出寝，起居于墓侧，汉因而不改，故今陵上称寝殿，有起居衣冠象生之备，皆古寝之意也。”先秦的墓上建筑，就是“寝”的性质，秦始皇陵园在继承前代陵园制度的基础上加以创新和发展，初步奠定了中国封建帝王陵园的建筑格局。汉承袭秦制，西汉诸帝的陵园制度深受影响。

第三节　秦代社会经济与文化艺术

一、手工业的发展

秦代铜器已经走向衰落，种类数量较前代大为减少，但亦不乏工艺精湛的极品。秦始皇陵园出土的大型彩绘铜车马和重达 212 公斤的大铜鼎以及咸阳宫殿遗址出土的铜构件，都是造型恢宏的庞然大物，工艺复杂。铜车马综合了铸铜、錾刻、金银嵌错等金属工艺与雕塑、线刻、绘画等多种艺术手法，真实再现了两辆二分之一大小的宫廷驷马铜车的华丽与高超的制作技艺；铜构件上雕刻夔凤纹、流云纹和几何图案，精美绝伦，代表了秦代铸铜技术的高超水平。秦代兵器仍大量使用青铜，铁兵器极少，秦兵马俑坑青铜兵器出土量庞大，且工艺极为精湛，种类有剑、铍、戈、矛、刀、殳、弩机、镞等，合金成分稳定，配比科学，许多剑、铍、戈、镞出土时仍光亮如新。经化验，其表面含有一层较致密的含铬的氧化物，表明其经过铬盐氧化处理。南方地区楚人墓还随葬较多的青铜礼器，有鼎、盒、壶、勺、匕、盘、匜、鍪以及铜镜和带钩等。秦代铜镜开始逐渐繁荣。铜镜的使用秦人最初远少于同期的楚国，大约从战国晚期至秦统一，秦镜的种类开始多样化，数量也有所增加，在造型、纹饰、制作工艺各方面均较前期有所提高。随着秦的扩张战争，秦文化与关东文化互相融合，形成了以传统的秦式素面、弦纹镜与楚式花纹镜为代表的两大流派，在此基础上，创造了独特的卷云纹、狩猎纹等新镜式。弦纹镜在秦镜中占大宗，是典型的秦文化传统镜式。弦纹数有一周、二周、三周、五周，其中一周、五周少见，二周最多，均为细凸弦纹，三周出现较晚，呈宽带状，弦与弦之间往往等距，最外弦与边缘之间的宽度往往小于钮与内弦、内弦与二弦之间的距离，布局讲求均衡。出土的绝大多数秦弦纹镜形制大小相若，直径多不超过10厘米，图案布局整齐划一，其标准化生产程度之高，佐证了秦简《工律》“为器同物者，其大小、短长、广夹亦必等”的规定。蟠螭纹镜吸收借鉴楚式镜风格，但地纹简化几乎模糊不清，制作粗率；卷云纹镜仅陕西地区出土，是秦统一过程中出现的创新镜式；连弧纹镜是秦代弦纹镜向汉连弧纹镜演化的过渡形式；云梦秦墓M9出土一面狩猎纹镜，主纹为二操剑持盾武士与凶猛的豹格斗的场面，与洛阳金村错金银狩猎纹镜及山西浑源李峪村出土的狩猎纹豆表现的主题相似，可以看作秦人尚武气质与楚人浪漫主义风格及三晋优势文化艺术的结晶。秦镜一般形制较小而薄，镜体平直，镜面略大于镜背，在关中秦人墓中出土时鲜有完整者，可能与人为的毁器习俗有关。

制陶业的发展集中体现在数以千计的真实大小的兵马俑和所谓“秦砖汉瓦”等建筑材料、构件以及日用器物的工艺上。秦瓦当延续春秋战国时期的风格，葵纹、叶纹、云纹、动物纹富有特色，秦始皇陵出土了直径达61厘米的夔纹“瓦当王”，一些空心砖、方砖上模印和线刻龙凤、几何图案，既是日常实用器，又是工艺美术作品。秦代日用陶器形体硕大厚重，质地细腻，多浅灰色，一般用泥条盘筑法手制，或轮修出弦纹装饰。关中典型的秦式陶器有茧形壶、盆、鬲、釜、盂、豆、罐、瓮、仓等。许多器皿独具特色，如茧形壶，腹部向两侧横延，因酷似蚕茧而得名。咸阳宫殿遗址出土了大型陶盆，体呈椭圆形，口大底小，口径1米，底径0.5米，高0.6米，厚实坚硬，出土时数节相套，可能为贮粮之用。明器陶仓最早出现于战国秦墓，秦始皇陵附近出土的陶仓器身较矮，正面中间开一扁方形门洞，上有斜坡式的圆形屋顶，造型简洁，是实体粮仓的缩影。

秦统治下的江汉地区延续了发达的漆器制造业。云梦秦墓出土有大量漆器，如耳杯、圆盒、长盒、盂、壶、勺、匕、樽、卮、盘、耳杯盒等。多为木胎，有挖制和卷制，少数夹纻胎，体轻巧。外黑内红髹漆，饰龙凤纹、云气纹、波折纹、几何纹、四叶纹、鸟纹、鱼纹。常见烙印、针刻和漆书的文字符号，记产地、作坊，如“咸亭”“许市”“郑亭”“阴里”“左里”“中乡”“辄里”。可见漆器来源很广，有咸阳、许县、新郑的市府辖漆器作坊，也有乡里所属的民营作坊。楚地秦墓常见随葬木器有俑、轺车、梳、篦、璧、珮、六博具等，反映了南方地区木雕工艺的水平。

二、货币与度量衡

1. 货币

秦代统一货币，是以战国秦的圆形方孔半两钱为标准。半两钱的初铸年代始于秦惠文王二年（公元前 336 年）。在秦国故都雍城附近的凤翔高庄秦墓、南指挥窖藏、咸阳黄家沟战国墓，甘肃宁县长庆桥窖藏，四川青川战国墓、巴县冬笋坝船棺葬、昭化宝轮院船棺葬、郫县战国墓，以及秦始皇陵园等，都出土有先秦半两钱，证实了秦半两的初铸年代在秦统一前。战国秦半两较大较重，一般直径 3.05 厘米以上，大多 3.2 厘米左右，重量 5.4～7.4 克，大的达到 3.7 厘米，重 10 克以上，也有个别较小者，周边不十分圆，铸口茬较宽，钱面不平，钱文高挺。秦代半两钱较战国时要轻小，周边较圆，铸口茬较窄，一般直径 2.5～3 厘米，重 4～6 克，大小不一，出现有廓半两和榆荚钱，后者初用作冥钱。

2. 秦量、秦权与秦诏版

秦代统一度量衡，是以战国时期秦国量制和衡制为标准颁行全国。秦量和秦权作为法定的标准度量衡器，外壁都刻写秦始皇二十六年（公元前 221 年）所颁发的统一度量衡的诏书，有的同时刻秦二世元年（公元前 209 年）重申法令的诏书，有的是在战国秦量上加刻诏书后重新颁发。根据考古发现的实物检测，秦代度量衡具的标准化程度相当高。秦量多为铜质、陶质，也有木质。铜量有方升和椭量，陶量则多为圆桶形。秦的量制是：1 斛＝10 斗＝100 升＝1 000 合＝2 000 龠。据实测，秦量主要有一升、二升半、三分之一斗、半斗、一斗 5 种，每升容现在的 194～216 毫升，大多在 200 毫升左右，如以每升容 200 毫升为准，发现的大部分秦量的误差均在秦简《效律》规定的 5％允差范围内。秦权大多为铜质，少数铁质或陶质，状如秤锤或作瓜棱形，以战国商鞅制定的衡制为标准：1 石＝4 钧＝120 斤；1 斤＝16 两；1 两＝4 锱＝24 铢。秦权重量单位有 1 斤、5 斤、8 斤、16 斤、20 斤、30 斤、0.5 石和 1 石，进位系列大多适应石、钧、斤制。西安高窑村所出战国末期的秦国高奴禾石铜权，自铭重量单位为“禾石”，说明大型权应主要供称粮草用；传世小型“咸阳亭半两”权，应是“称钱衡”上使用的。据实测，秦权每斤重 234.6～273.8 克。秦始皇时 1～16 斤权每斤大多在 250 克±2 克范围内，但石权的平均量值达每斤 264 克以上。据云梦出土的秦简《效律》，1 石权的允差范围为 0.4％，半石权以下为 0.8％。秦量和秦权传世品较多，秦量出土实物见于山东邹县、内蒙古赤峰市蜘蛛山、奈曼旗沙巴营子古城等，秦权在陕西咸阳、西安、宝鸡，甘肃秦安，山东文登，江苏盱眙，山西左云，河北围场，内蒙古赤峰、敖汉旗都有出土，表明秦代统一的度量衡制向全国推行的范围很广，改革成效显著。其上刻铭，除了诏书，个别还戳记“美阳”（今陕西扶风）、“平阳”（今山东邹县）等地名，标明是当地所制。

秦诏版即刻有秦始皇或秦二世统一度量衡诏书的铜版。有的镶嵌在铜权、铁权上，有的四角或边缘带孔，应是钉在木量上的。秦始皇诏版曾在陕西咸阳遗址出土，嵌于权身的秦始皇诏版曾在山西左云、山东文登等地出土。秦二世诏版仅见传世品。秦始皇的诏书为：“廿六年，皇帝尽并兼天下诸侯，黔首大安，立号为皇帝，乃诏丞相状、绾：法度量则不壹、歉疑者，皆明壹之。”秦二世的诏书是：“元年，制诏丞相斯、去疾：法度量，尽始皇帝为之，皆有刻辞焉。今袭号，而刻辞不称始皇帝，其于久远也，如后嗣为之者，不称成功盛德。刻此诏，故刻左，使毋疑。”意为秦二世诏左丞相李斯、右丞相冯去疾，重申继续袭用秦始皇统一度量衡的制度，不敢自称有功德，新加刻一个诏书在秦始皇诏书的左边，使不致有疑惑。

三、秦简与刻石

统一的秦王朝，小篆代替了六国文字。这也反映了秦在统一六国后不长的时间里，以法律形式推行“车同轨、书同文、行同伦”的改革措施取得了显著成效，这其中当然有大规模的战争、迁徙移民发挥的作用。目前发现的重要的秦文字材料包括湖北云梦睡虎地秦简 1 155 枚、龙岗秦简 150 枚、江陵杨家山秦简 75 枚、王家台秦简 800 枚、沙市周家台秦简 389 枚、甘肃天水放马滩秦简 460 枚、湖南里耶秦简 3.6 万余枚，湖南益阳兔子山秦简尚在整理中，还有秦刻石、陶文等。

云梦秦简。出土于湖北云梦睡虎地 M11 纪年秦墓，置于墓主喜的棺内。竹简一般长 23～28 厘米，宽 0.5～0.8 厘米，用三道细绳编组成册，共八组 1 155 枚。墨书秦篆，经整理内容包括：《编年记》53 枚，属编年史，所记秦之大事始于秦昭王元年（公元前 306 年），止于秦始皇三十年（公元前 217 年），共九十年，为研究秦代簿籍制度、服兵役、地方官吏制度及历法、历时制度提供了宝贵资料；《语书》14 枚，为秦始皇二十年（公元前 227 年）南郡守腾颁发所属县、道啬夫及对吏考绩的文告；《为吏之道》51 枚，讲官场处世哲学，要求官吏做到“五善”：忠信敬上、精廉毋谤、举事审当、喜为善行、恭敬多让；法律文书共 600 多枚，包括《秦律十八种》202 枚、《效律》61 枚、《秦律杂抄》42 枚、《法律答问》211 枚和《封诊式》98 枚，内容为条律、刑律解释、治狱文书等，除《效律》外基本不全，但它仍是我国时代最早、保存条目最多、内容最丰富系统的成文法典，包括刑法、诉讼法、民法、行政法、经济法等方面内容，在法制史上占有重要地位；《日书》423 枚，记预测吉凶的习俗。云梦睡虎地 M4 出土木牍 2 片，大坟头 M1 出土木方 1 片，并出土较多文书工具如墨、石砚、毛笔、铜削。

里耶秦简。2002 年发现于湖南湘西土家族苗族自治州龙山县里耶镇的里耶城址。这是一座始建于战国中晚期、使用至秦代的古城，夯筑城墙，长方形，南北210米，东西现存103～107米，南、西、北三面有护城河。城内发现有多处吊脚楼式的木构房址、作坊、道路和车辙痕迹以及数座水井。1号井是最重要的遗迹，深14.3米，成于楚国末年，废弃于秦末。井壁四周以木板榫卯套接。井内堆积物分为18层，3.6万多枚秦简即出土于此。绝大多数为木简，竹简极少。简牍形制多样，一般长23厘米，最长达46厘米，宽窄则依内容多少而定，有宽达10厘米者，以两道绳编联或无编绳。均为墨书，内容是秦王朝洞庭湖郡下辖的迁陵县的政府档案，涉及行政设置、政治制度、司法文书、官吏任免、人口登记、田地开垦、租税登记、仓储物资、军备、道路、驿站以及私人书信、通邮、算术、记事等各方面。纪年时间起自秦王政二十五年到秦二世二年（公元前222—前208年），大多在秦始皇二十六年至三十七年（公元前221—前210年），有的记事详尽到月、日。简文中关于重要的地理区域、地名、行政区划等内容，为解决秦汉时期湘西地区地理沿革的疑难问题提供了珍贵的资料，被誉为21世纪以来中国考古学上最为重要的发现。同出的还有笥牌、封泥匣和10多枚封泥。

秦刻石。秦始皇统一六国后，巡行各地勒碑刻石，称颂统一的丰功圣德。刻石为每句4字韵文，字体为小篆，相传是丞相李斯所写。刻石的内容，除《峄山刻石》和第一次《芝罘刻石》外，都见于《史记·秦始皇本纪》中。前段为始皇颂辞，后附秦二世诏。现仅存《琅琊刻石》和《泰山刻石》。《琅琊刻石》残石现藏国家博物馆，据清初拓本，仅存二世诏书13行86字。《泰山刻石》现藏泰安岱庙，据明安国藏宋拓本存146字，清以后所见《泰山刻石》“秦二世”残片，存10字。通行的芝罘、碣石、会稽、峄山刻石拓本，均后世摹刻。《东观刻石》未见流传。

四、绘画与雕塑

咸阳宫遗址一、三号宫殿出土的壁画残片是迄今我国最早的殿堂壁画。一号宫殿壁画残块可见彩绘流云纹、菱格几何纹等，三号宫殿出土长达32.4米的坍塌画廊壁画残块，有车马出行、仪仗人物、亭台楼阙、动植物、神怪、装饰性几何图案等，主要以现实生活场景为题材，动静结合，运用了黑、白、红、褐、蓝、橘黄、石青、石绿等丰富的色彩，手法自由纯熟，用笔简练有力，充分表现了宫廷建筑的富丽堂皇，使绘画与建筑达到和谐统一，展示了秦代绘画质朴、简素、写实、严谨而清新自然的现实主义风格。其中的车马图、仪仗图、建筑图、麦穗图具有代表性。但人物形象略嫌粗犷拙劣，其中的侍女图（见图6-4），“画面人物作正视直立，双手拱于胸前，面部模糊，身穿上衣下裙，衣为黑色，裙为白、浅蓝相间的花罗裙”[①]。这

① 陕西省考古研究所，编著．秦都咸阳考古报告．北京：科学出版社，2004：716.

是壁画中最早的人物形象。秦代壁画人物多着黑色衣服，是秦朝尚黑观念的反映。

图6-4　咸阳宫壁画

资料来源：陕西省考古研究所，编著．秦都咸阳考古报告．北京：科学出版社，2004.

秦始皇陵兵马俑群是秦代造型艺术的典范，以写实的手法、宏伟的规模、磅礴的气势创造了一个由左、中、右三军和一个指挥部组成的完整军队的宏大构图，具有强烈的艺术震撼力。秦俑身高均 1.8 米左右，形体高大浑厚、比例合度，体态神情、五官发型刻画得千姿百态，形神兼备而繁简自如。使用了圆雕、浮雕、线刻等技法，将堆、塑、捏、贴、刻、画融于一体，突出强调人物服饰、甲衣的细节刻画，从头上的发髻、发辫以及束发带，腰间的革带、带钩到腿部扎的行縢、胫缴等，都表现得十分细腻。透过神态、衣着，对不同身份、年龄和个性的人物形象气质把握得十分准确鲜明，如将军俑总体上显得威武镇定和气度非凡，具体到某一个将军俑，则有的温文儒雅，有的老成持重，有的勇武刚毅，士兵俑则有的天真未泯，有的憨厚木讷，有的坚定果决，个性鲜明。而所有俑的上下肢仅粗略模制，在熟练掌握人体比例结构的前提下，以洗练的手法，配以简化的大体合度的四肢，不做烦琐的雕饰。陶马的塑造亦用相同的手法，形如真马，着重表现马凸起的胸肌和浑圆的臀部、刚劲有力的四肢，昂首嘶鸣，栩栩如生。秦俑胎体为泥质灰陶，分件制造后组装黏接，先涂一层明胶打底，然后以矿物颜料敷彩。所见残存的彩绘颜色有朱红、淡红、深绿、粉绿、深紫、粉紫、蓝、粉蓝、黄、橘黄、黑、白、褐等色，色彩绚丽明快，对比强烈，如红色上衣配绿色或粉紫色下裳；绿衣配红色或粉紫色裤；赭黑色甲片配白色或朱红色甲钉、朱红色甲带，给人强烈的视觉冲击。其罕见的宏大场面、蓬勃向上的气势是时代精神的真实再现，与秦的宫殿、陵墓建筑风格以及秦始皇的个人意志是一致的。秦兵马俑代表了古典写实主义的高峰，但这种写实并非完全自然主义的模拟，而是在把握整体效果写实的同时，有突出的重点，也有精练的概括，细腻的刻画与恰当的艺术夸张完美地结合在一起，群体的一致性与个体的丰富性、动与静、形与神、虚与实相呼应，既是巨型群雕，又是个体肖像雕塑。秦俑不仅是丰富的地下军事博物馆，也是中国古代雕塑艺术的宝库，在中国古代雕塑史上具有划时代的意义。

第四节 汉魏都城遗址

一、西汉长安城

西汉长安城位于西安市西北郊3公里的渭河南岸，今西安市未央区汉城乡。这里气候温暖湿润，土地肥沃，泾、渭、灞、浐、沣、滈、涝、潏八水蜿蜒期间，农业发达，物产丰富，东有函谷关，西有散关，南有琥关，北有萧关，攻守形势极为有利。十三朝先后建都于此。西汉立国于农民战争的废墟之上，秦咸阳宫殿焚于战火，汉高祖将秦在渭河南岸的兴乐宫改建成长乐宫；高祖八年（公元前199年），萧何主持在其西兴建未央宫，建成东阙、北阙、前殿、武库，徙都长安；惠帝元年至五年（公元前194—前190年）始建城墙、西市，奠定了长安城的基本轮廓；武帝时大规模扩建，建成桂宫、明光宫和城西的建章宫，扩建北宫，扩修昆明池和上林苑；西汉末，王莽又在城南兴建明堂辟雍、宗庙、社稷等礼制建筑，直到再次毁于战火。长安城的建设几乎与整个西汉王朝相始终。汉长安城的勘探工作是1956年开始的，经多年的调查与发掘，基本究明大体的形制布局，确定了城墙、城门、宫殿、街道、东市、西市、高庙以及礼制建筑、手工业作坊等的位置和范围，纠正了对北宫地望的错误认识，先后发掘了城门、礼制建筑、武库、长乐宫、未央宫、桂宫等宫殿建筑，官署、角楼及多种手工业作坊遗址等（见图6-5）。

1. 城墙和城门

汉长安城平面略呈方形，方向基本作正南北向，东墙平直，长5 916.95米，其他三墙都有曲折，南墙长7 453.03米，西墙长4 766.46米，北墙长6 878.39米，总长约为25 015米，约合汉代60里（1汉里=417.52米），与《汉旧仪》“周六十三里”大致相符，总面积34.392平方公里。北城墙因邻近渭河，与河道走向基本平行，呈西南—东北斜向；南城墙因迁就先筑的长乐宫、高庙和未央宫，中部呈外凸状。城墙外环绕宽40～45米的护城河。城墙为夯筑土墙，上窄下宽，墙基部宽12～16米，据《三辅黄图》载，城墙“高三丈五尺”，合今8.23米。城墙每面3门，共12个城门，由东墙北端按顺时针方向依次为：东城宣平门、清明门、霸城门；南城覆盎门、安门、西安门；西城章城门、直城门、雍门；北城横门、厨城门、洛城门。已

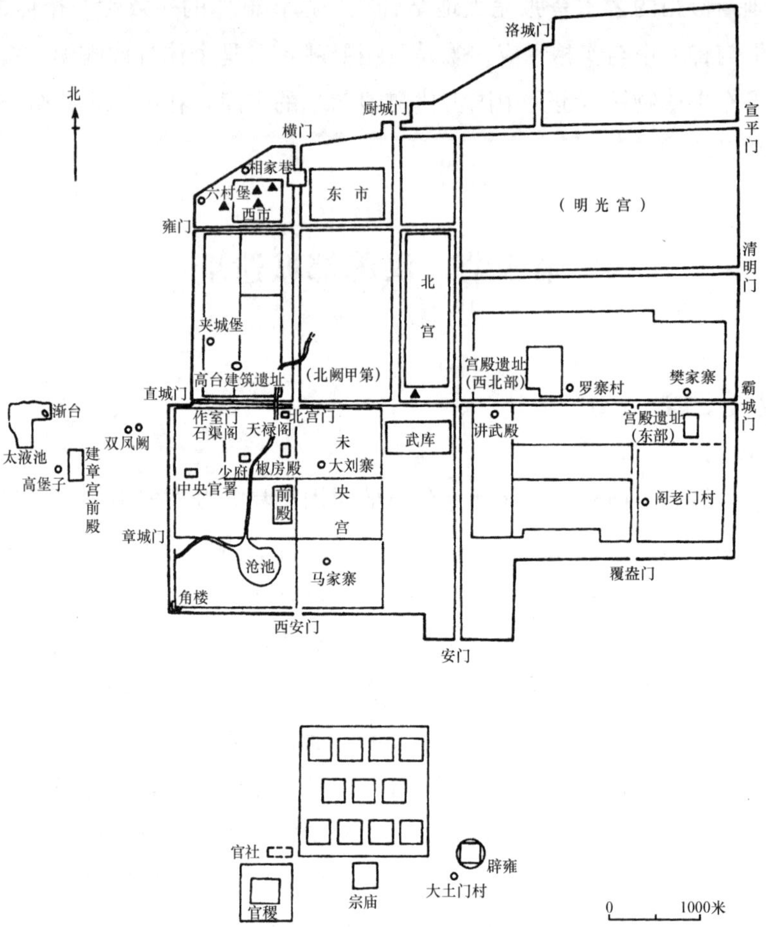

图 6-5　汉长安城布局示意图

资料来源：考古与文物，2008（6）.

发掘宣平门、霸城门、西安门、直城门和横门等遗址。各城门均为 3 个门道，各门道宽 6～8 米，相当于 4 个车轨。城门均为木构建筑，未用砖，在阙口两侧排列石础，架设木枨、立柱，上面修筑门楼。这种城门形式沿用到南宋后期才被砖石拱券结构所代替。4 座城门与宫城宫门相对，其余 8 座城门各与城内一条大街相连。城门皆有设防。

2. 宫殿区

长安城内宫殿区占三分之二，主要有长乐宫、未央宫、桂宫、北宫、明光宫和城外的建章宫。这在历史上是空前绝后的，显示出整个长安城主要是作为帝王与贵族官僚的专用城市而存在的。

长乐宫。位于汉长安城东南部，称“东宫”。汉惠帝以后为太后所居。平面略呈长方形，长宽分别为 2 900 米、2 400 米，面积 6 万平方米，约占全城的六分之一。四面各一门，称司马门，有东阙及西阙。宫城中部有一条横贯全宫的东西干道，东西分别通霸城门—直城门大街。长乐宫内的主要宫殿建筑分布在西北、西南和东南部。西北建筑群规模最大，由一号到六号建筑群组成，六号建筑是长乐宫已探明的最大的建筑，可能是长乐宫前殿，其西侧的大型建筑可能是见于文献记载的长秋殿、永寿殿、永昌殿旧址，其北的四号建筑可能是临华殿，东侧的五号建筑推测是凌室遗址。二、四号建筑发现地下室。东西干道以南，已勘探出东西分布的三组大型宫殿建筑群，见于文献记载的主要建筑还有长信宫、神仙殿、永宁殿及钟室。

未央宫。位于汉长安城西南隅，平面方形，东、西墙各 2 150 米，南、北墙各 2 250米，占长安城总面积的七分之一。墙宽约 8 米，四面各一门，并有若干座“掖门”。东门勘探发现门阙，宫城四隅筑有角楼，已发掘西南角楼（五号建筑）。宫城中部有一条南北向干道纵贯其间，两条东西干道将未央宫分成南部、中部和北部。中部有未央宫的主体建筑——前殿基址，其夯土台基至今高耸于地面之上，坐北朝南，有前、中、后三座大殿。多出“长乐未央”瓦当。北部为后宫和皇室官署所在，位于前殿以北 350 米处的二号建筑为椒房殿遗址，是后宫首殿，已全面发掘。椒房殿及配殿地下发现地下室和地下通道。后妃宫殿多出“长生无极”瓦当。少府（四号建筑）等官署遗址多在后宫之西，未央宫西北部发掘了负责官营手工业的中央官署建筑遗址（三号建筑），出土 5.7 万多枚废弃骨弓弭制作的刻字骨签，多是各地工官向中央政府“供进之器”的档案记录。后宫以北和西北部有皇室的文化性建筑，如天禄阁、石渠阁等。见于记载的还有宣室殿、温室殿、清凉殿、麒麟殿、金华殿、承明殿。

桂宫。在未央宫之北，平面长方形，南北约 1 800 米，东西约 880 米。宫墙基宽 20 米以上。已勘探出南、北、东宫门各 1 座。南、北宫门有南北向干道相连，宫城中部有东西路。宫城中南部有一高台建筑基址，台基南分布有大量建筑遗迹。已发掘桂宫南部的二号建筑遗址和西北部的三号建筑遗址，其中二号建筑应为汉武帝后妃所居，三号遗址的七座小房址应为仓储建筑遗址。

北宫。营建于西汉初，汉武帝时增修。据《三辅黄图》载：“北宫在长安城中，近桂宫，俱在未央宫北。”但在桂宫东侧勘探未发现宫城城墙遗迹，推测此处应为“北阙甲第”，其东勘察出一座长方形宫城遗址，南北 1 710 米，东西 620 米，应即北宫遗址。1994 年在北宫以南、武库以北发现了大面积西汉前期烧造砖瓦的窑址群，当用于修建长安城宫室。

明光宫。位于长乐宫之北，《三辅黄图》记载，“明光宫，武帝太初四年秋起，在长乐宫后，南与长乐宫相联属”。目前正在进行考古勘察工作。

建章宫。位于城外西侧，东面隔城与桂宫相望。汉武帝时修建，东西 2 130 米，南北 1 240 米，跨城筑飞阁辇道从未央宫直通建章宫。其主殿即前殿基址南北 320 米，东西 200 米，建章宫东门在前殿以东 700 米，宫门外二阙基址尚存，是我国地面现存最早的宫阙基址。前殿东北有北阙，是建章宫的正门。太液池在前殿西北，平面曲尺形，面积 15 万平方米。在其西岸发掘 1 号建筑，由主体建筑和南北庭院三部分组成。

武库。位于长乐、未央二宫之间，属未央宫的附属建筑，贮兵器之用。1975年起全面发掘。四周有夯筑的长方形围墙，东西710米，南北322米，墙厚15米，东墙中间有一门。围墙内中间有一夯土墙隔开东西两院，发现库房遗址7处，1～4号在东，5～7号在西。房址大小不一，平面都呈长方形，夯筑，一面有门。库房内都以夯土墙分隔成若干间，周边立木柱，房顶瓦盖，草泥墙面施粉白。1号房址东西197米，南北24.2米，正中隔墙分成东西两大间，每间南面各开2门，房外有廊道、散水，出土兵器以箭镞为主；7号房址东西190米，南北45.7米，内隔3墙，分成4间。隔墙和每间的南北壁各设2门，出土兵器多铠甲。库存的长兵器应是放在兵器架上的，以铁兵器为主，有刀、剑、矛、戟、斧、铁铠甲等1 000多件，青铜兵器有镞、戈、剑格等。一般不同库房存放的兵器种类不同，很少混杂。

3. 八街九陌

《三辅黄图》记载“长安城中八街九陌”。《长安志》卷五记载八条大街是：华阳街、香室街、章台街、夕阴街、尚冠街、太常街、藁街和前街。十二座城门中除去由霸城门、覆盎门、西安门、章城门通向城内的街道为两宫所隔形成四条短街，其余八座城门都有一条大街通往城内的长街，恰好是八条。已探明八条大街各成一直线，笔直宽阔，毫无曲折，最长的安门大街计5 400米，街宽45米，由其间的两条排水沟一分为三，中道宽约20米，乃文献所载的专供皇帝使用的“驰道”，两侧为官吏和平民行走的道路，各宽约12米。排水沟通至城门之下以砖石筑成的大型排水涵洞。此外，在城墙墙基下还发现一些断面呈五角形或圆形的陶制水管，也用以排水。九陌的争议较大。有学者认为“街”指南北纵街，“陌”指东西横街；也有说八街指城内的主干道，九陌指城内的次要街道；或说街是城中之道，而陌是郊野之道，从长安城的八条大街通往近畿三辅地区和杜、霸、五陵繁华之地，加上章城门外的便门桥大道，可能就是文献所载的九陌；还有一种观点认为九陌是指每面城墙各有三门，门辟三道，共九道。

4. 东西九市

《三辅黄图》卷二载，“长安市有九，各方二百六十六步。六市在道西，三市在道东”。文献又常见“四市”之称，一般认为四市即长安城内东、西、南、北四市，其余五市多设于城外，如柳市在长安城西、昆明池南，直市在渭桥北，交门市在渭桥北，孝里市在雍门之东，交道亭市在便桥东。有市籍的居民被称为市井小人，地位低下。也有学者认为九市可能指约数。东西市遗址在长安城西北横门大街两侧。四周夯筑围墙，各有东西、南北大街2条，相交成井字形。东市较大，东西780米，南北650～700米；西市东西550米，南北420～480米。市内及周边有分布密集的手工业作坊遗址。1990年在西北部发掘的21座陶俑窑，应为中央所辖的“官窑”。在西市西边有一些分布散乱的陶窑，产品多样化，有陶俑、罐、盆及砖瓦等建筑材料，应属民间私营。西市东北部发现多处西汉铸币遗址，出土大量“五铢”范母及

“元凤”“本始”“甘露”等纪年钱范，应为中央政府辖属的铸币遗址。当时的市不仅是贸易中心，也是工商业区。

5. 居民区

《三辅黄图》载，“长安闾里一百六十”。平民居闾左，富民居闾右，见于文献记载的有宣明里、建阳里、昌阳里、修城里、黄棘里、北焕里、南平里、大昌里、戚里、尚冠里。宣帝即位前曾居尚冠里，石奋因其姐入宫才得入居戚里，可见大多数闾里很可能是皇亲国戚和大官僚的居第。长安城内宫殿建筑已占去三分之二，仅在城的东北隅、桂宫和北宫之间的“北阙甲第”和未央宫以东、武库以南的“东阙甲第”可安置少数皇亲显宦的宅邸。一般平民百姓可能大多居住城外。考古发现长安城外东、北部分布有铸钱、制陶等作坊，文献记载也有东郊至漕渠设东郭门、北郊至渭河设北郭门，时人称为“都门”，并有市场分布于城外，城外东、北郊在西汉中期后实际上已被视为长安城外的郭区。汉初在长安城北长陵、安陵、阳陵、茂陵、平陵诸陵旁设置陵邑，将齐、楚诸国的豪富勋臣陆续迁至陵邑居住，形成人口稠密、经济发达的聚居区——五陵邑。20 世纪 80 年代以来，在汉长安城遗址东南的龙首原清理汉墓近 500 座，这里应是当时一般居民主要的墓葬区。

6. 礼制性建筑

在长安城南郊和东郊共发掘出十多处规模庞大的礼制建筑群。少数是在秦代旧址上重建的西汉初期建筑，多数属于西汉末年王莽时期的建筑。其中最重要的是南郊的明堂辟雍遗址、王莽宗庙遗址和官社官稷遗址。

明堂辟雍遗址。建于元始四年（4 年），位于城南安门以南 1.5 公里处，今西安西郊大土门村北，包括中心建筑、夯筑围墙及其周围的圜水沟三部分。中心的主体建筑可能是单坡顶的敞廊建筑，建造在直径 62 米、高 1.6 米的圆形夯土台上，正中是夯土筑造的“亞”字形的台基，台基上应是“主室”及其四隅的“类室”建筑。围墙呈正方形，每边长 235 米，正中各开一门，门道有木门槛的痕迹，两旁为土台，台上应有门楼，出土四神瓦当：东青龙、西白虎、南朱雀、北玄武。围墙四隅的曲尺形配房似为廊屋，建筑较粗陋，为守卫的居室。圜水沟直径 368 米，砖砌沟壁。明堂起源于周礼，是天子举行祭祀、诸侯朝拜、献俘、告朔、布政、庆赏等活动的地方。辟雍是太学，即培养贵族子弟的最高学府，因四周有水、形如璧环而得名。按先秦礼制，明堂辟雍应为两部分，王莽修建时合二为一。外圆内方，象征天圆地方，教化流行（见图 6－6）。

宗庙遗址。建于王莽地皇元年至三年（20—22 年），位于明堂辟雍以西。整组建筑群由 12 座形式相同的建筑组成。在边长 1 400 米的方形围墙内分布 11 座建筑，12 号建筑在围墙的南面正中 10 米处。每座建筑均由中心建筑、夯土围墙、四门和围墙四隅的曲尺形配房组成。其中 1—11 号建筑分三排，南北各 4，对称分布，中间 3 座。每座建筑围墙均为方形，轮廓呈“回”字形，边长 260～280 米。中心建筑

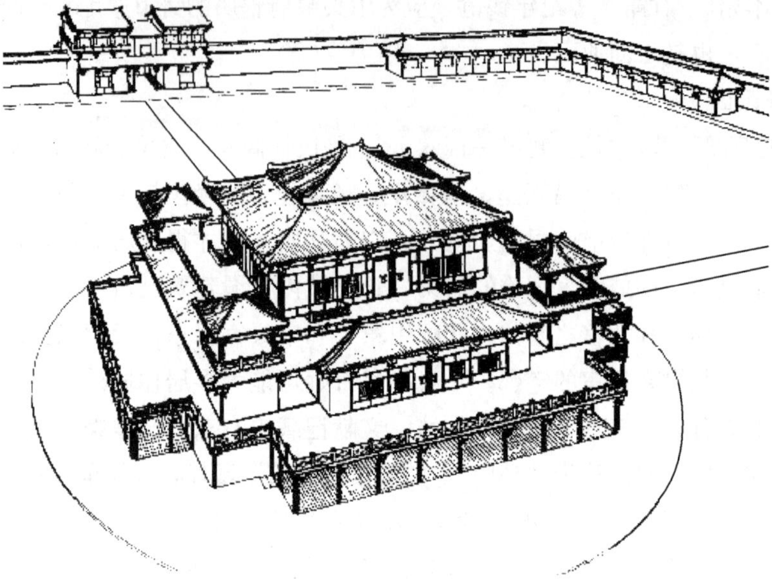

图 6-6 长安明堂辟雍复原图

在遗址的正中间，夯土台基，每边长55米，四隅有“亞”字形“类室”。12号中心建筑边长约100米，地面草泥铺墁上涂朱红色。中心建筑外环绕河卵石铺砌的散水。

官社和官稷遗址。祭祀土地神和五谷神的礼制建筑。官社遗址在王莽宗庙西南，现存夯土台基和四周廊庑遗址，主体建筑无存；官稷遗址在官社西南，现存两重城墙，平面呈“回”字形，内外墙正中各一门。

7. 上林苑

沿袭秦的旧苑。汉武帝建元三年（公元前138年）扩建至终南山下，苑中开凿昆明池象征滇河，挖掘人工湖太液池象征海水周流方丈、瀛洲、蓬莱三岛。主要建筑集中在汉长安城西南8公里的昆明池附近，有离宫别馆数十处。2006—2007年发掘上林苑三号、四号、六号建筑及好汉庙遗址，确认均为战国秦在渭河南岸所建的上林苑中的建筑群，沿用到汉代，并非旧传的阿房宫上天台、磁石门。上林苑中发现制范、藏范、铸钱遗址多处，出土大量的陶范、五铢钱阳文范祖以及“长乐未央”“上林”“延年益寿”瓦当等。

二、东汉洛阳城

东汉的都城洛阳城遗址，位于今洛阳市东约15公里。北靠邙山，南临洛河，因地处交通要冲，兼有天然屏障，西周时已在此修建成周城，东周在此建都，战国时改称洛阳，秦时为吕不韦封地，西汉在此设河南县。东汉光武帝建武元年（25年）在此建都，在西汉洛阳城的基础上加以扩建，新的城墙和城门大约建成于光武帝建武十四年（38年）前后。汉献帝初平元年（190年）迁都长安时，洛阳宫庙、民居被焚毁。对洛阳城遗址的勘察和发掘始于 1954 年，60—70 年代进一步勘察与发掘，基本上弄清了城址的布局和规模。

1. 城墙与城门

洛阳城平面略作南北长方形。南墙因洛河改道而被冲毁，其他三面城墙至今犹存地面以上 5～8 米。东墙残长 3 895 米，西墙残长 3 510 米，北墙残长约 2 820 米，三面城墙都为黄土夯筑，略有曲折，墙基厚度不一，东墙基部厚约 14 米，西墙约 20 米，北墙约 25 米，这可能是魏晋以后为了加强防御而补筑的结果。假定南城墙的位置在今洛河河道中央，则东、西墙长度各应增加 300 米，南墙的长度按现在东、西墙的南端距离计算，约 2 460 米。如此，则周长约 13 000 米，约合汉代的 31 里，与文献中的记载大体相符。《续汉书·郡国志》注引《帝王世纪》说成周曰："城东西六里十一步，南北九里一百步（一说七十步）"，故称"九六城"。东汉洛阳城有城门 12 座，东、西各 3，北 2，南 4。东墙自北而南为：上东门、中东门、秏门；西墙自北而南为：上西门、雍门、广阳门；北墙自西而东为：夏门、谷门；南面的 4 门虽已湮没于洛河之中，但可从已发现的城内四条南北向的大街分别确定其位置，自东而西依次为：开阳门、平城门、小苑门、津门。墙外护城河始建于东汉或更早，沿用至北魏（见图 6－7）。

2. 宫殿与其他建筑

洛阳城内的主要宫殿是南宫和北宫，均为西汉时建筑。光武帝建都洛阳，入居南宫却非殿，以后不断扩建，南宫的范围，南北约 1 300 米，东西约 1 000 米。建武十四年（38 年）建成前殿，直通平城门。明帝永平三年（60 年），在城北偏西处营建北宫，历时五年建成。北宫的规模比南宫更大，二宫之间复道相连。文献记载其主要宫殿德阳殿"周旋容万人，陛高二丈"，殿前的朱雀阙四十里外就可望见。

永安宫位于城内东北上东门以北。太仓、武库在城内东北角。濯龙园在城内西北角，为皇家宫苑。中央官署太尉府、司空府、司徒府位于南宫东南、近秏门一带。贵族聚居区在上东门内，文献记载有步广里、永和里（董卓住宅）等。平民居住区主要分布于城外近东门地区。城内工商业区城西有"金市"（大市），城外有"马市""南市""粟市"。

3. 街道

钻探发现的街道遗迹多属北魏时期，一般认为其基本沿袭东汉街道，仅在宫殿和城门位置变动处略加改建。文献记载"洛阳二十四街，街一亭"。已发现 4 条纵街和 4 条横街，若以每两个交叉路口之间为一街则共有 24 街。一般街宽 40 米左右，三道并行，个别有宽 20 米的。

4. 礼制建筑和太学、灵台

东汉光武帝时期在洛阳城南先后修建太学、明堂、辟雍和灵台，集中分布于城南开阳门和平城门外，上述遗址均已发现。

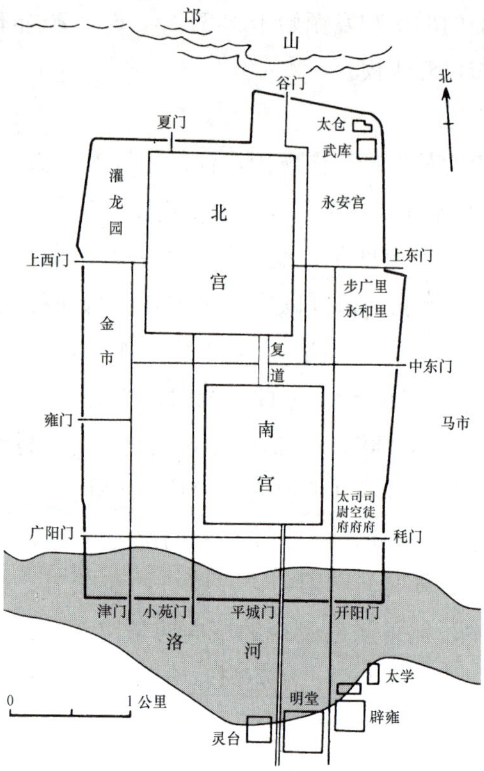

图 6-7　东汉洛阳城平面图

明堂遗址。位于开阳门大道西侧与平城门大道东侧，主体建筑位于院内正中的直径 62 米的圆形台基上，外围正方形的夯土围墙，边长约 400 米。

辟雍遗址。在开阳门大道东侧，西距明堂 150 米。平面呈方形，边长约 170 米，四周筑围墙。院内分布四组建筑物，每组由三间房屋组成。辟雍四面设圜水沟堑，其上架桥。曹魏和西晋时于原址上重建明堂辟雍。1930 年在此出土晋武帝三临辟雍碑。

太学遗址。由两部分组成，一部分在辟雍正北，略呈长方形，东西约 200 米，南北约 100 米；主体部分在其东北约 100 米处，南北 200 米，东西 150 米，四面筑有围墙。文献记载太学最盛时学生达 3 万人。汉灵帝熹平四年（175 年）在太学门前立 46 块石经，由蔡邕以隶书写成，称“熹平石经”。东汉末董卓之乱，太学被焚毁。魏文帝黄初五年（224 年），于旧址上重建太学。正始年间（240—249 年）以大篆、小篆、隶书重立石经，称“三体石经”。已出土有字残石近百块。

灵台遗址。位于平城门大街以西，东距明堂约 80 米。这是我国最早的天文观测台。方形围墙，东西 200 米，南北 220 米。其内正中为正方形高台建筑，基部边长 50 米，残高约 8 米。高台四周建上下二层房屋。下层是回廊，廊外铺河卵石散水；上层高出下层 1.86 米，有坡道相通，每面各 5 间房屋，以砖铺地。屋内四面墙壁依四神分主四方而涂以不同色彩，东青，西白，南红，北黑。西房后有密室深入土台，《晋书·天文志》记张衡“作铜浑天仪，于密室中”，灵台顶部“上平无屋”，放置天文仪器。沿用 250 年，西晋末年受到严重破坏，北魏于此修建佛塔。

三、北魏洛阳城

从东汉末年起，洛阳城几经战火，先是初平元年（190 年）董卓胁迫汉献帝迁都长安，“焚洛阳宫庙及人家”，“火三日不绝，京都为丘墟”。魏文帝黄初元年（220 年）在汉都旧址修复北宫的部分建筑，定都洛阳。青龙三年（235 年），魏明帝曹叡在东汉南宫崇德殿的旧基上建太极、昭阳诸殿，并在洛阳城的西北角修筑“金墉城”。西晋继之，至永嘉五年（311 年），洛阳城在匈奴人刘聪的铁蹄之下再一次化为灰烬。北魏太和十九年（495 年），孝文帝自平城迁都洛阳，经大规模营建，洛阳城重新成为繁华都市，形制布局亦为之一变。孝静帝天平元年（534 年）迁都邺城，大象元年（538 年）洛阳城再起战火。隋唐洛阳城往西移至今洛阳市区一带，汉魏洛阳城遂遭废弃。

北魏洛阳城的大城墙垣基本沿袭东汉，仅在西北角增筑金墉城，使北墙变得曲折，全长 3 700 米，西墙残长 4 290 米，东墙、南墙无大变化，分别为 3 895 米和 2 460米。金墉城为三座南北毗连的小城，平面呈“目”字形，南北 1 080 米，东西 255 米。南边的丙城在大城范围内，北边的甲、乙二城在大城之外，三城互有门道相通，共有 8 门，城内发现 20 余处夯筑台基及道路、水池遗迹。丙城东墙与大城北墙相交处的方形夯土基址（阿斗坟）应为文献记载的魏文帝所建“百尺楼”。过去认为三城同时修建，是曹魏明帝效仿曹操在邺城西北角所筑铜雀、冰井、金虎“三台”的军事要塞，20 世纪 90 年代发掘确认仅丙城建于曹魏时期，甲、乙二城建筑年代不早于北魏。金墉城城墙外壁增设墙垛即凸出的墩台，已发现 11 座，作用是减少防御上的死角，使攻城者三面受敌。除边塞城障外，在西汉至隋唐的城墙上都没有类似的发现，直到北宋建汴梁城时才开始被普遍采用，称为“马面”，马面的出现反映了当时战乱频仍的现实和洛阳城在军事防御上的重要性，也使得都城布局发生重大改变。北魏时期在西墙北角新开 1 门，大城城门增至 13 个，并加厚了城墙，加筑了墙垛，目前已发现 7 座，分布于西墙北段承明门和北墙广莫门的两侧。这些墙垛夯筑的部分面积不等，间距 110～120 米。大城仅仅是洛阳的内城，北魏宣武帝景明二年（501 年）兴建外郭城，“东西二十里，南北十五里”。外郭城围绕在大城的四周，已发现北、东、西郭残垣，北郭距大城北墙最近 850 米，西郭距大城最近处 3 500 米，最远处 4 250 米，东郭距大城东垣 3 500 米，并发现多处门址和 9 条大道。在北郭大夏门与广莫门外两条大道汇合处以南靠近邙山山麓的地方，探得一座大型建筑遗址，可能与北魏洛阳城“北郊兆域”有关。外郭城内划为 320 坊，各坊边长 300 步，合当时 1 里，故称“里坊”。居民区以里坊布局，不同于两汉时期（见图 6－8）。

北魏洛阳城的规划布局是中国古代都城史上一次重大的变革，废除了东汉的南北两宫制，建立了单一的宫城。宫城是在汉晋北宫基础上兴建的，南宫废弃。宫城位于洛阳城中轴线的北部，整体呈长方形，南北约 1 398 米，东西约 660 米，面积为大城的十分之一。宫城东、南、西三面城垣保存尚好，共探出4门：东、南各1，西2，北垣及门已无痕迹。南门即宫城正门，位于南垣偏西处，名阊阖门，是洛阳城中最大的城门建筑。经发掘，宫城南垣缺口两端有双阙，中为东西41.5米、南北37米的广场。广场北是阊阖门建筑台基，东西44.5米，南北24.4米，可复原为面阔7间、进深4间的殿堂式建筑，东西两侧各有独立的院落。宫城内建筑密集，已发现宫殿夯土台基二三十处，以一道“Z”形隔墙为界分为东西两部分，主体建筑分布于西部即阊阖门以北的南北中轴线上。正对阊阖门的一座长方形宫殿基址，东西约100米，南北约60米，残高4米，当地俗称“朝王殿”。东部发现水池遗迹和4座南北一线排列的夯土台基。从宫城到大城南墙宣阳门的铜驼街是全城的南北中轴，残长1 650米，宽约40米，西阳门—东阳门大街是全城的南北分界线，以北为皇家殿宇，以南铜驼街两侧分布官署、宗庙、佛寺和贵族邸宅。建春门—阊阖门大街将宫城分为南北两部分，北为寝宫，南为朝会处。

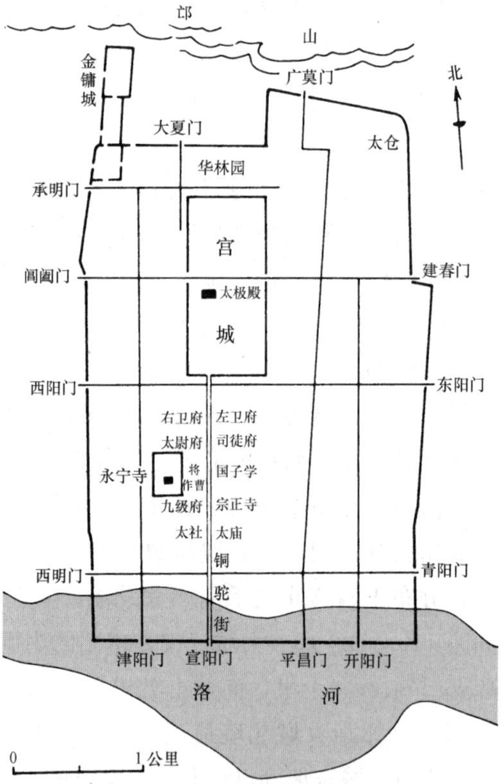

图6-8 北魏洛阳城平面图

北魏洛阳城的“市”都在外郭城内，宫城以南，西有大市，东有小市，南有四通市。东汉和魏晋时期建在城内的“金市”被废为佛寺，从而完全改变了西汉以来在宫城北面设市的所谓“面朝后市”的旧传统。

永宁寺是北魏洛阳城内最大的一座寺院。建于北魏熙平元年（516年）。遗址在宫城南门阊阖门基址西南约1公里，铜驼街以西约200米处。寺院平面呈长方形，四周有夯墙，周长 1 040 米，中心为塔基遗址。《洛阳伽蓝记》记载：永宁寺“中有九层浮图一所，架木为之，举高九十丈，上有金刹，复高十丈……去京师百里，已遥见之”。永熙三年（536 年）毁于火。

四、曹魏邺城

邺城先后作为曹魏、后赵、冉魏、前燕、东魏、北齐的都城，位于河北临漳县西南 12.5 公里处，包括南北毗连的两个城址。邺北城始建于建安九年（204 年），毁于北周大象二年（580 年）。大部位于漳河以北，平面呈长方形，东西 2 400～2 620米，南北 1 700 米，有 7 座城门，东西各 1，南 3，北 2。门接城内道路，一条横贯东西的大道将全城分作南北两区。北区中部为宫城，东部为贵族所居戚里及官署，西部为禁苑铜雀园，园内置武库、马厩、仓库，在西城垣中部偏北，依城垣自南而北筑金虎、铜雀、冰井三台；南区大部分为居民里坊，文献记载有长寿里、吉阳里、永平里、思忠里。在宫城以南全城中轴线的位置上辟南北干道，北对主要宫殿文昌殿，南通大城正南门。其两侧南北道路与东西大道形成多条“T”形街道。邺北城的建筑遗迹尚存有城西北的金虎、铜雀两座高台和城内 8 处夯土台基。金虎台在南，呈长方形，南北 120 米，东西 71 米，高 12 米。其北的铜雀台部分被毁，残基南北约 50 米，东西约 43 米，高 6 米。两台之间为长约 5 米的残城垣。台基周围砖瓦密布，其中有战国、两汉至北朝的绳纹砖瓦和莲花、文字瓦当以及石雕螭首，东魏、北齐的黑色瓦等。

东魏、北齐时营建邺南城，以邺北城之南墙为北垣，位于漳河以南，平面呈弧角长方形，东、西墙向外弧凸，东西 2 800 米，南北 3 460 米，墙宽 7～10 米，墙外筑马面 50 座，有宽约 20 米的护城河。共有城门 14 座：南、北各 3，东、西各 4，南墙正门朱明门经发掘，门墩进深 20.3 米，东西门墩之间有三个门道，由门墩向南延伸两道短墙，南端夯筑双阙，建有阙楼。朱明门大街北达宫城止南门，残长1 920米，宽 38.5 米，构成邺南城的中轴线。城市布局大体继承了北魏洛阳内城的形制，宫城位于中部偏北，南北 970 米，东西 620 米，已发现 15 处建筑遗存，以太极殿为中朝，三朝纵列，北为禁苑。城内出土东魏、北齐的大长砖、黑色板瓦和莲花瓦当。城址东侧的昭德村（今丁村）、仁寿村，当与东城垣北端昭德门和南端仁寿门地望相近。城周发现多处园林和佛教遗迹，城西开凿响堂山石窟（见图 6－9）。

五、大夏统万城

十六国之一匈奴后裔赫连勃勃建立的大夏国都城——统万城遗址，位于陕西北部靖边县无定河北岸，建于 413 年，分为外郭城、东城、西城。西北—东南向，有两重城垣，外郭城不规则，东西长 5 000 米左右，西墙保存尚好，长 2 000 米。东、

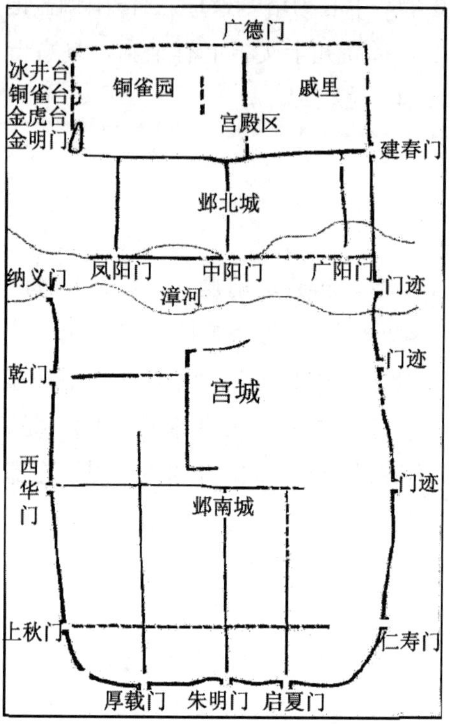

图 6-9　曹魏邺城遗址平面图

资料来源：考古，1997（8）．

西二城位于外郭城内东南部，呈“日”字形，西城为宫城，城墙夯筑，保存较好，部分高大的马面内储存粮食。西南隅现存高达 30.09 米的高台，墙外有护城壕（见图 6-10）。该城直接建于沙层之上，现被掩埋于黄沙之下。

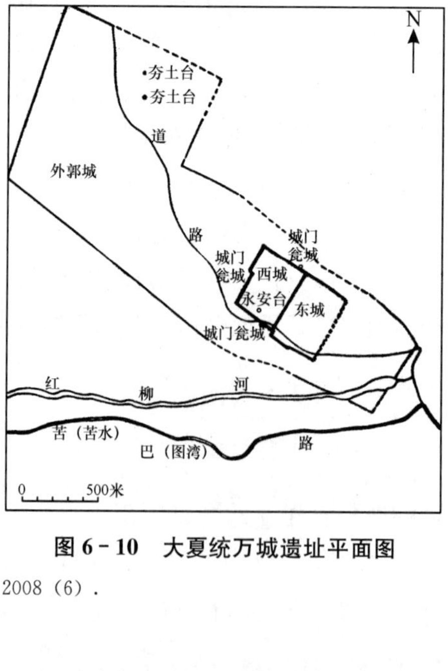

图 6-10　大夏统万城遗址平面图

资料来源：考古与文物，2008（6）．

六、六朝都城

自孙吴黄龙元年（229 年）迁都建邺，东晋南迁定都于此，改称建康，南朝宋、齐、梁、陈相继定都建康，故又称“六朝都城”，毁于隋。遗址位于今南京市区，几乎无存，长期以来学者仅根据文献及六朝水系和墓葬分布做大致推测，2001 年以来勘探和重点发掘逐步展开。全城范围约在中山路西侧、北极阁下、中山东路南侧、北太平路东侧一带。城内发现纵向道路 4 条，横向道路 1 条，路面从孙吴到南朝历代叠压，大致以南偏西 25 度的角度左右摆动。中华路东侧的南北向大道可能是贯通宣阳门和朱雀门的御道，城内还发现六朝水井、水闸、木桥、房屋和夯土台基等。宫城布局仿魏晋洛阳城建二重宫城，梁天监十年（511 年）增建三重宫城，南齐以后城墙始用砖砌，平面形制无大变化。建康宫城在今南京鸡鸣寺南之台城，北界即东南大学的北墙一带，在中山东路利济巷发现宫城外重城垣东墙的部分，在长江路南侧发现宫城第二或第三重城垣东南角转折处一段，南北向城墙的走向均为南偏西 25 度，这也应是该城南北中轴线的走向。在钟山发现祭坛遗迹，包括 1 号、2 号坛和 3 号建筑区，南北排列一线，长近 300 米，可能为刘宋时期“北郊坛”。城周围修建军事堡垒和要塞，现存石头城即建康西部军事重镇（见图 6－11）。

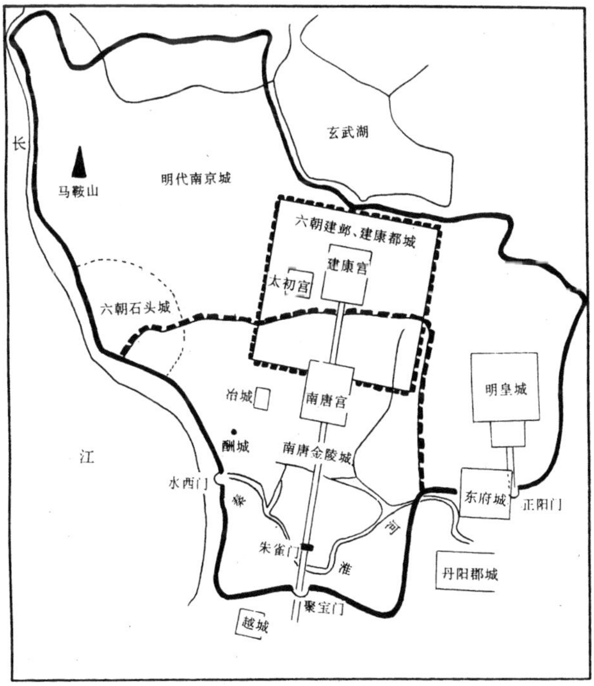

图 6－11　建邺与建康城址平面图

七、汉魏都城制度研究

西汉长安城在中国古代都城史上具有承上启下的重要地位。长安城继承先秦以来都城制度，依河而建，宫殿宗庙建筑仍采用高台建筑，皇宫、官署、富人、贫民的居处严格区分，有高大的城墙和护城河等严密的防御体系。皇帝的宫殿和官僚的甲第密布，占据全城的三分之二，是空前绝后的。若将未央宫作为“宫城”，长乐宫、桂宫、北宫、明光宫等后妃之宫可视为“亚宫城”，这种布局反映了汉帝国初期政治中皇权与外戚高度结合的特点。同时也有创新，在城内西北部设置市场和官府手工业作坊，工商业区“市”在长安城内的地位已确立；在近郊修建了礼制建筑、上林苑和许多离宫别馆，供皇室祭祀天地祖先、游乐狩猎。城市布局规划因受地形的影响，特别是西、北部因迁就渭河支流皂河而城墙多有曲折，同时因先建宫殿后筑城墙，逐步扩建，事先并无统一规划，而使城墙多不规则。魏晋以来有学者认为，秦咸阳城和汉长安城的规划布局受到当时星相学的影响，汉长安城的南北城墙的曲折象征“斗城”。也有学者认为，汉长安城的设计思想很大程度上遵从战国成书的《周礼·考工记》对都城布局的理想状态的描述：“匠人营国，方九里，旁三门，国中九经九纬，经涂九轨，左祖右社，面朝后市，市朝一夫。”有学者指出，汉长安城整体布局的崇方思想、择中观念，规整的城门、棋盘式道路网、“面朝后市”和“左祖右社”的格局等，在很大程度上符合《周礼》古制。但也有学者指出，这一格局是在西汉末期才逐渐形成的，西汉早中期的长安城是坐南朝北的，城内宫殿布局缺乏规划，没有明显的中轴线，或认为基本以安门大街为中心，与《考工记》主张的坐北朝南、择中而立的描述大相径庭。汉武帝时大规模扩建，城市中心西移，汉末王莽在城南郊建明堂辟雍、宗庙社稷，结合城北的东、西市，才形成西安门、未央宫前殿、北阙、横门大街一线的南北轴线，前朝在南，市场在北，力图使长安符合“面朝后市”“左祖右社”的理想格局。抛开中轴线来看，汉长安城兴建初期面临着严峻的社会形势，所以较少考虑礼制上的问题，更多从实用主义出发。不仅是都城建设，与之相关的皇帝陵园以及早期王朝设在都城之外的国家祭祀场所都需要考虑这一观念。

对于长安城遗址的性质，一些学者认为，已发现的长安城城墙即外郭城，部分学者认为，目前所见的长安城遗址仅是长安城的宫城，宫殿、官署以及官僚甲第密布于城内，基本没有空间容纳普通居民区，其外还应存在一个大城即外郭城。建章宫、南郊礼制建筑以及一百六十闾里、八街九陌、东西九市等都属这个大城内的建筑。

东汉洛阳城继承了长安城的某些特点，如城中只有部分官府手工业作坊和里居，居民区和私营手工业作坊基本安排在城郊，庙社礼制建筑布置在城南。但洛阳城的规模远小于西汉长安城，城门虽有12个，但不同于长安城的旁开3门，而是东西各3，北2，南4。整体规划布局也发生了重大变化。平面呈南北向长方形，与长安城的多个宫殿分散布局不同，两宫制开始形成，主要宫殿不是东西并列，而是南北相连，宫殿区重心从南部移到中部，城市总体规划更加突出“择中立极”的设计思想，宫廷、官署等政治功能区多安排在城内中心位置，以主体宫殿南宫的轴线作为全城的规划主轴线，以南面偏东的平城门为正门。各种建筑按功能左右分列布局，开创了以后我国封建社会都城中轴线对称布局的新传统。市的位置不在宫后，而在宫的西面，“金市”在城内西边，马市、南市、粟市都在城外。基本摆脱了《周礼·考工记》的古制，但新的制度尚未完全形成。

邺城在中国古代都城建筑史上具有重要的地位，其整个城市布局区划分明，多宫制向单一宫制转化，里坊制逐渐形成，街道纵横，克服了东汉洛阳城宫殿区分散、东西交通不便等缺点，形成中国古代都市规划的一种新模式，直接影响了北魏和隋唐都城规划。

北魏洛阳城由宫城、内城、外郭城三重城相套，确立了单一宫制和以宫城为中轴线对称布局的原则，体现了帝王之居建中立极、官府外设、左祖右社的设计思想，居民区为棋盘式的里坊布局，位于宫城四周，工商业区“市”分布于宫城以南，均在外郭城内。与两汉都城相比，北魏洛阳城整体形制布局发生了划时代的变革，为此后的隋大兴城、唐长安城和隋唐洛阳城开创了先例。多重城垣和封闭的里坊与市场，一方面起到了加强军事防御、保卫统治者安全、便于城市管理的作用，另一方面也加剧了阶层对立，严重阻碍了商品经济的发展，限制了城市居民的自由流动，使得原本就不开放的城市更加成为权威意志笼罩的封闭领地。

南方六朝都城的特点是防御严密，选址依山傍水，地势险要，漕运发达。增设外郭城以加强防卫，城外修建军事堡垒拱卫都城。城内宫城居于中部偏北，南部为居民区。城墙用砖砌筑，始于东晋末年和南齐之间。这在中国古代建筑史上具有重要的意义。

第五节　汉魏陵墓考古

一、两汉墓葬的分期与分类

两汉墓葬遍布全国各地，数量众多，文化特征统一，特别是东汉时期，随着大一统国家政权的巩固，在全国范围内，墓葬制度较之前代显示出空前的统一性。但这并不意味着因地理环境和民族传统造成的差异完全消失。西汉时期，列国文化传统仍在墓葬群的分布、形制特征和随葬品组合上有所表现，大体上可将汉墓分成关中、关东、两湖、两广、四川、云贵、河西、新疆等几大区域。东汉时期，中原地区、两湖地区、两广地区、河西地区、北方草原和云南滇文化墓葬之间差异仍然存在。各地区文化发展不平衡，边疆地区往往存在相对滞后现象，某些墓葬形制和随葬品在中原地区流行一段时间后，才会出现在边远地区。

西汉墓葬大体可分为三期。前期从汉初到武帝元狩五年（公元前118年），沿袭战国墓葬制度，流行长方形木椁墓，但关中地区则多单棺空心砖或单棺土洞墓。随葬品除贫困庶民墓仅出陶罐外，仍以鼎、盒（敦）、壶、钫等仿铜陶礼器为主，彩绘流行，关中地区出现仓、灶、井等明器，大型墓仍出成套的铜、漆礼器，多出半两钱和战国晚期盛行的蟠螭纹铜镜。西汉中期从武帝元狩五年（公元前118年）到宣帝末年，小砖室墓开始流行，墓葬结构完全模仿地上宅院建筑，流行前堂后室墓，用砖石构筑横穴式洞室。贵族大墓流行“黄肠题凑”或凿山为葬，随葬品以实用器为主，仿铜陶礼器继续流行，仓、灶、井等明器增多，始见铅釉陶器，多见五铢钱和星云纹（百乳）镜。但江淮地区仍延续竖穴木椁墓，少见或不见砖室墓。洛阳地区个别墓发现壁画。西汉晚期约从元帝至王莽时期，洞室墓广泛流行，且多用砖砌，洞室数目增多。中小型墓流行小砖弧顶墓，“T”形耳室，随葬品组合流行鼎、盒、壶、奁、耳杯、勺等，仓、灶、井等明器更加普遍。王莽时期中原地区出现单穹隆顶墓，随葬品中仿铜陶礼器衰退，各种明器及仿漆器的耳杯、盘、奁等则普遍出现。流行日光镜、昭明镜以及五铢钱、新莽钱等，壁画墓、画像砖墓较多出现。墓葬形制普遍从简单的长方形木椁墓向洞室墓发展，随葬品从传统仿铜礼器向模仿庄园生活的多种模型明器发展。

东汉前期，光武帝至和帝、安帝时期，基本延续西汉晚期的特点，流行单室砖墓，少数为前后室或前后两室带耳室，都有封土。少见土坑墓，一般仍有斜坡墓道或不规则的台阶式墓道，出现砖砌棺床。随葬品仍以陶器为主，流行案、耳杯、洗、勺、盘、樽等为组合的奠器，明器也占有重要地位，礼器趋于绝迹，一般仅见鼎。还流行硬陶和黄褐釉陶，铁制的生产工具和兵器占大多数，漆器、玉石器不多见。铜镜沿袭西汉时的日光镜、百乳镜、规矩鸟纹镜、神兽镜及各种铭文镜，铜钱主要是东汉五铢、西汉五铢和新莽钱。后期随着庄园经济和世家豪族的兴起，家族关系更加突出，墓葬制度也随之发生明显的变化。一家数代多人合葬的多侧室墓非常流行，如河南刘家渠M23埋6人，烧沟M1035埋6人，内蒙古托克托县闵氏墓埋5人。在黄河流域和四川地区，一些大家族茔地常常延续几代人数百年，如河北无极县甄氏墓地有封土堆36个，陕西潼关吊桥杨氏墓地有汉安帝时期太尉杨震及其子孙7座墓，安徽亳县曹氏家族墓地墓葬数量众多。东汉后期从安帝至献帝，盛行多室砖墓、多室石墓或砖石合构的多室墓，侧室增多，墓葬平面呈“凸”“中”“亞”“王”字形等。前室多为穹隆顶，高于后室的券顶。流行壁画墓和画像石（砖）墓。东汉后期基本不见仿铜陶礼器，陶质明器和铅釉陶流行，江南地区出现青瓷器。明器和家畜家禽俑种类繁多，陶质楼阁、院落、坞堡增加，山东嘉祥出土造车图等。这些反映了当时豪族势力膨胀，土地兼并导致依附农民和奴婢大量增加，地主庄园出现武装部曲的社会现实。铜钱以东汉五铢为主，铜镜以长宜子孙镜、位至三公镜、十二辰镜以及高浮雕式神兽镜最为流行。

两汉时期在“事死如事生”观念的支配下，盛行厚葬，从帝王陵墓到诸侯王和各级贵族墓葬，其规模之大、随葬之丰为历代少有，而汉朝实行的等级制度也在墓葬和葬制上打下深深的烙印。汉初的封爵制度沿袭了秦朝的军功爵制，在刘氏宗室专享的诸侯王以下，分为二十等爵。《汉律》规定不同等级墓葬形制封土大小各有差异。除帝陵外，汉墓可分为以下四类。

甲类墓。长度为十几米至几十米。西汉时期主要流行竖穴土坑木椁墓、凿山为葬的崖墓或竖穴岩坑墓，东汉时期多前、中、后三室及侧耳室的砖室墓或石室墓，黄肠石代替木椁。除崖墓外，一般都有高大的封土，有一两条墓道。西汉前期随葬有成套的铜、漆礼器，多见陶俑、木俑，种类有侍从俑、舞乐俑和兵马俑等，南越王墓还发现殉人。西汉后期以后，随葬大量的仿铜、仿漆的陶礼器及日用陶器、明器等，礼器和人俑数量减少。此类墓多有实用车马或大型偶车马随葬。葬具有金、银、铜或丝缕玉衣等。墓主为诸侯王和列侯一级。

乙类墓。长宽一般都在五六米以上，为中型的木椁墓或石室墓、砖室墓。西汉前期主要是单棺空心砖墓，后期出现双棺空心砖墓和小砖券墓，新莽前后出现单穹隆顶墓，东汉晚期流行双穹隆顶墓和横前室墓，根据埋人的多少而在后室或两侧加开侧室。单棺或二三椁箱。随葬一二套铜、漆礼器，部分玉器、木器、陶俑和偶车马等。墓主应为高级官吏和贵族。爵位大致在十九级关内侯到九级五大夫。

丙类墓。长二三米左右，西汉前期主要是空心砖墓，后期石室墓出现，始有画像石墓。东汉时期以砖室墓为主，前期流行单穹隆顶，后期流行双穹隆顶，流行家族数代多人合葬，壁画墓和画像石墓流行。西汉前期一般随葬一套仿铜陶礼器，不见铜、漆礼器。关中一带常见蒜头壶、茧形壶等秦文化因素的器物，有一两件俑和少量的车马器，明器有仓、灶。西汉后期以后则多用日用陶器，普遍使用明器仓、灶，新莽时期出现井。东汉明器种类增加，出现楼阁、猪圈、厕所、碓房等，有的墓中还出土有百戏俑。墓主应为八级公乘以下诸爵级，即具有五百石官秩以下的下层官吏及无官秩的庶民。

丁类墓。长宽仅可容身，小型土坑或土洞墓，少数为单棺单椁空心砖墓。葬具使用薄木单棺、或陶棺、或板瓦瓮棺，不出仿铜、漆的陶礼器，只有一两件日用陶器，有的有一两件俑，少数有铜镜、带钩等。墓主应为无爵的平民。

二、两汉帝陵

1. 西汉帝陵

西汉 11 座帝陵，仅文帝霸陵、宣帝杜陵在今西安东郊灞河、南郊曲江池乡，其余9座均在渭河北岸的咸阳原上，自东向西为：景帝阳陵、高祖长陵、惠帝安陵、哀帝义陵、元帝渭陵、平帝康陵、成帝延陵、昭帝平陵、武帝茂陵（见图6－12）。对帝陵的勘察始于1962年勘查茂陵，之后陆续勘查了诸陵，先后发掘了长陵的陪葬墓——杨家湾大墓及其18座陪葬坑，安陵的陪葬墓以及文帝窦后墓的部分从葬坑，20世纪90年代发掘景帝阳陵陪葬坑，近年又对宣帝杜陵做了全面钻探。

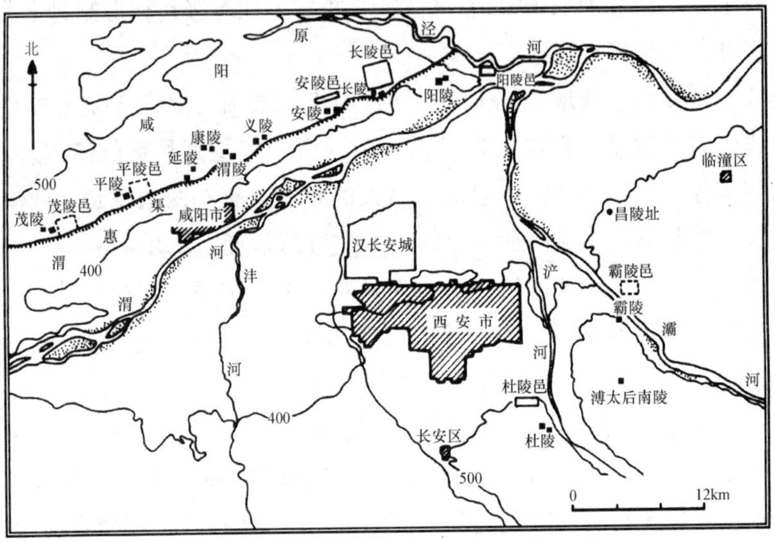

图6－12　西汉十一帝陵分布示意图

资料来源：考古与文物，2008（6）.

关于西汉帝陵的布局选址，有学者认为均遵从较为严格的昭穆制度。高、惠、文、景四帝，以高祖长陵为祖，惠帝安陵为昭，景帝阳陵为穆，文帝因与惠帝同辈而俱为昭，故另辟陵址。也有学者认为西汉元帝始有宗庙的昭穆之序，从帝陵坐西朝东，而非坐北朝南的角度看，西汉帝陵并无昭穆制度。

西汉帝陵的形式均为平地起坟，四周筑垣墙。过去以为汉文帝霸陵属于历史上第一个凿山为葬的帝陵，于山崖中开凿玄宫，不起坟冢，意在防盗。2021年12月14日公布的汉文帝霸陵准确位置在白鹿原江村大墓，北距旧传凤凰嘴霸陵2 100米，窦皇后陵和薄太后陵分布于其东北和西南。地表无封土，墓室平面为“亞”字形，边长约72米，深30余米，四周发现110多座外藏坑。外围有卵石铺砌的“石围界”，边长约390米，四面正中有门址，可能为内重陵园。江村大墓与窦皇后陵园外发现共用的大陵园，东西1 200余米，南北863米（见图6－13）。据已发掘的8座外藏坑所出“车府”“器府”“中骑千人”“府印”“仓印”“中司空印”等铜印看，当为模仿官署、府库等建筑。据《汉旧仪》等记载，西汉帝陵一般占地7顷，高12丈。地下墓室为方形，深13丈，有四门通向地面。目前所见封土均为覆斗形，基部一般150～170米见方，高20～30米，以茂陵封丘最大，边长230米，高达46.5米，陵园平面方形，边长430米，现存东、西、北三组门阙，李夫人墓位于其西北。

通过对长陵、阳陵、平陵、杜陵、渭陵及太上皇陵等陵园的勘探，可知西汉陵园均为正方形，四面夯筑墙垣，正中各有门阙。帝后陵墓位于中心，夯筑高大的覆斗形封土，个别呈二层台式，陵顶无享堂类建筑。地宫为“亞”字形，坐西朝东，方形墓室四边中央各开门，称羡门，每边各有一条墓道由羡门通往地面，称羡道。通常东墓道最长，为主墓道。由墓道分别向四周延伸出四条笔直的道路，直通陵园四周围墙正中的司马门，门外有巍峨的三出阙。陵园布局统一，规整简洁。

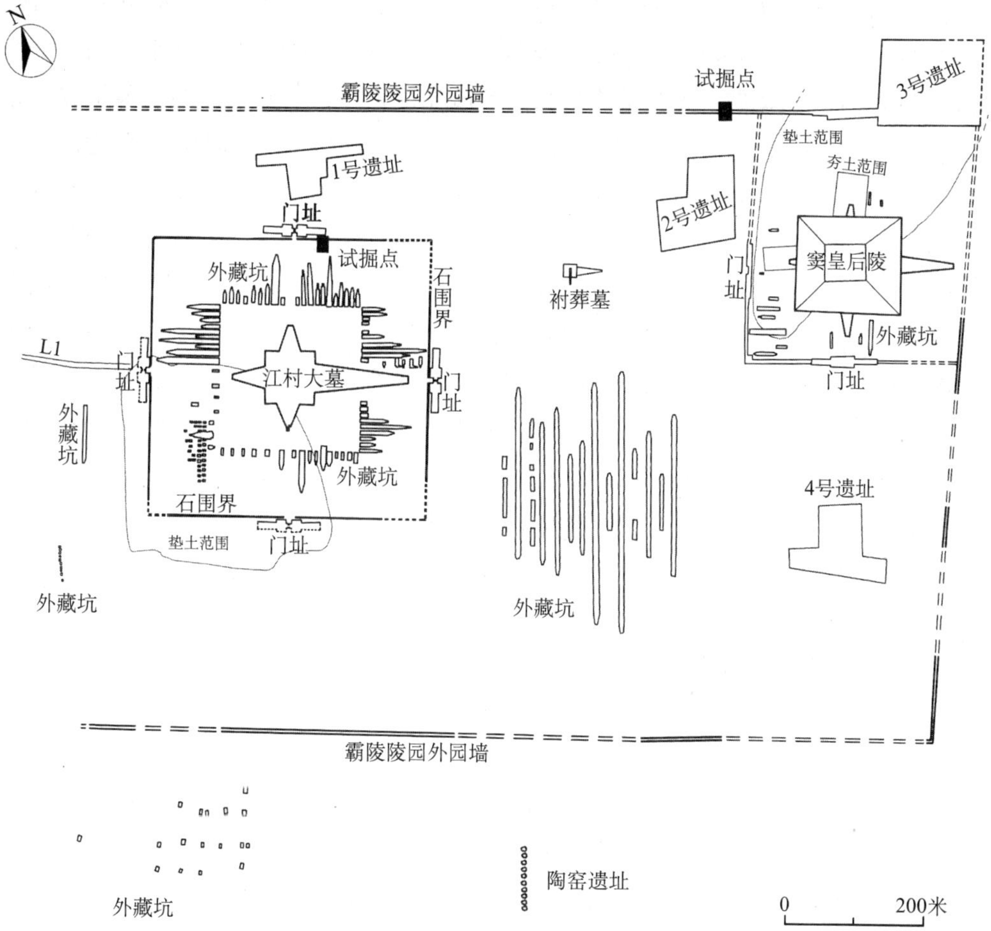

图 6－13　汉霸陵陵区遗址分布图（局部）

资料来源：陕西省考古研究院，等．汉文帝霸陵考古调查勘探简报．考古与文物，2022（3）．

西汉帝陵都应是四面斜坡墓道的竖穴木椁墓。至于木椁玄宫情况，仅可根据文献和已发掘的诸侯王墓推测，死者应身着金缕玉衣，口含蝉形玉石，《西京杂记》说：“汉帝送死，皆珠襦玉匣，匣形如铠甲，连次金缕。武帝匣上皆缕为蛟龙鸾凤龟麟之像，世谓之蛟龙玉匣。”葬具为贵重的梓木棺即梓宫。《汉书·霍光传》颜师古注云：“以梓木为之，亲身之棺也。为天子制，故亦称梓宫。”梓宫外随葬车、马、丝绸、金银、玉石、珠宝、米谷、兵器、货币、器皿等。木棺四周堆垒层层叠压的柏木枋组成框型结构，木枋的头一律向内排列，即所谓“黄肠题凑”。“黄肠题凑”最早可追溯到春秋时期秦公1号大墓，其名最初见于《汉书·霍光传》，“光薨，（汉宣帝）赐梓宫、便房、黄肠题凑各一具，枞木外藏椁十五具”。颜师古注引苏林释曰：“以柏木黄心致累椁外，故曰黄肠，木头（指木材接近根部的一端）皆向内，故曰题凑。”

帝后实行同茔异穴合葬，西汉前期帝后同处一个陵园，同陵不同冢，如长陵帝后合用一个陵园，边长780米，帝陵在西，后陵在东，封土堆边长分别为135～153米和130～150米，高度分别为32.8米和30.7米。文帝霸陵同样是帝后共用一个陵园，帝西后东。从阳陵开始形成帝后独立陵园制度，在帝后封土的四周各筑方形夯土垣墙，各开四个门阙，二者间距一般450～700米。过去有“帝西后东”之说，认为后陵皆在帝陵之东，故称“东园”。近年钻探汉昭帝平陵发现不尽如此，汉昭帝陵在东，上官皇后陵在西。太上皇万年陵、惠帝安陵、武帝茂陵、元帝渭陵均是后陵在帝陵西北。故有人提出西汉初期的埋葬制度应是“帝东后西”。对高祖长陵、成帝延陵帝后陵的位置至今存在争议。高祖长陵在西是晋人所定，学者多有怀疑，两座封土大小几乎相等。通常情况下，后陵封丘较帝陵小，陪葬墓较少。成帝许皇后被废，故延陵无后陵，一说东北一里处的大墓为后妃墓。有学者考证《汉书·百官表》注汉初“以右为尊”，西汉中期以后开始尊左。

西汉奉行“日祭于寝，月祭于庙，四时祭于便殿”的陵寝制度。寝殿一般设在陵园近旁，殿内陈设皇帝生前“衣冠、几仗、象生之具”，是灵魂起居之所，按时供奉，日上四食。便殿即别殿，为休息闲晏之处。杜陵寝园设在东南，茂陵园东南有“瓦渣沟”，出土大型青玉兽面铺首和琉璃壁，以及大批建筑材料，有白虎、玄武纹条砖和丹凤纹、龙虎纹空心砖，还有“与民世世天地相方永安中正”十二字瓦当，可能为茂陵寝殿。各陵的庙大都距陵园较远，内藏皇帝的木主牌位，每月举行两次月祭，从寝殿中取出皇帝生前的衣冠到陵庙中游祭。陵庙一年要举行二十五次祭祀，包括一次特别隆重的太牢祭祀。汉初高祖、惠帝陵庙建于长安城，文帝庙在长安城南。自景帝开始，改在陵旁立庙，各有庙号，如高祖之庙称“原庙”，景帝之庙称“德阳”，武帝之庙称“龙渊”，宣帝之庙称“乐游”。

汉初开创的陪葬制度，是统治者给予功臣贵戚的一种褒赏和恩遇，一方面体现论功行赏的恩威，另一方面从意识形态上密切臣属关系，实际上是为达到巩固内部统一而对各派势力的笼络手段。西汉诸陵的陪葬墓都在帝陵之东，因历年入葬，形成大规模的陪葬墓地。长陵陪葬墓在陵园东门外道北，20世纪60年代中期在杨家湾发掘2座西汉早期大墓，平面曲尺形，构造复杂，出土3 000多件彩绘兵马俑，银缕及200余枚玉衣片，为南北并列的夫妻合葬墓，也有人认为墓主可能是周勃、周亚夫父子。另有60余个坟丘整齐排列。陪葬墓封土的大小是由死者身份决定的，现存有覆斗形、圆锥形、山形三种形制。陪葬者的身份也不尽相同。长陵陪葬者多是开国元勋、文武功臣，安陵陪葬墓较少，茂陵陪葬者既有皇亲国戚达官显贵，又有文武功臣，西汉晚期则以皇戚和宦者为主。大多数汉陵附近发现刑徒墓地。

葬坑埋葬的各类人物俑、动物俑以及车马、兵器、生活用具，象征不同地位的百官位次和不同功能的机构设施。阳陵已发现 114 个从葬坑，其中陵园内封土周边垂直分布从葬坑 86 个，园外东西亦有分布；茂陵封土周围有从葬坑 63 个，园外 115 个。

西汉早中期诸帝陵均置有陵邑，一般在帝陵的东或北，元帝时罢置。长陵邑在长陵之北，其南墙利用了陵园北墙，长 1 245 米，西墙长 2 000 米，北墙残长 200 米，未见东墙，墙宽 7～8 米。汉代实行“内实京师，外消奸滑”的政策，汉初建都后，即开始将齐、楚诸国的高官豪富和有功之臣陆续迁到长陵邑及安陵、阳陵、茂陵、平陵诸陵邑居住，在长安城北形成人口稠密、经济发达的聚居区——五陵邑。自渭陵罢设，经东汉之世未再恢复。

汉景帝阳陵位于今咸阳市渭城区正阳乡张家湾村北原上（见图 6 - 14、图 6 - 15）。整个陵区包括帝陵、后陵、南北区从葬坑、刑徒墓地、陵庙等礼制建筑、陪葬墓及阳陵邑等，东西近 6 公里，南北 1～3 公里，面积 12 平方公里，大致呈不规则方形。景帝陵园为正方形，边长 418 米，夯土筑墙，每面墙中部均有三出阙。中心封土底边长 168 米，高 32.28 米，地宫平面为“亞”字形，坐西朝东，东墓道最长，为 69 米，南墓道 17 米，西墓道 21 米，北墓道 23.1 米。共发现从葬坑 114 个，封土四周分布条形从葬坑 86 个，一般间距 4 米，从葬坑最长的 100 多米，短的仅 4 米，宽 3～4 米，埋藏大量的骑兵俑、步兵俑、动物俑。后陵在其东北。嫔妃陪葬墓和德阳庙对称分布于帝陵南北两侧，罗经石发现于帝陵东南侧，刑徒墓地及三处建筑遗址在帝陵西侧，大型陪葬墓区和阳陵邑在东。在东区陪葬墓园区已探明 5 000 余座墓，大型陪葬墓 110 座。从西汉早中期延续到东汉中期，早期墓主级别较高；西汉中晚期以后，墓主级别较低。阳陵的陪葬墓园有完整围沟，总面积 3.5 平方公

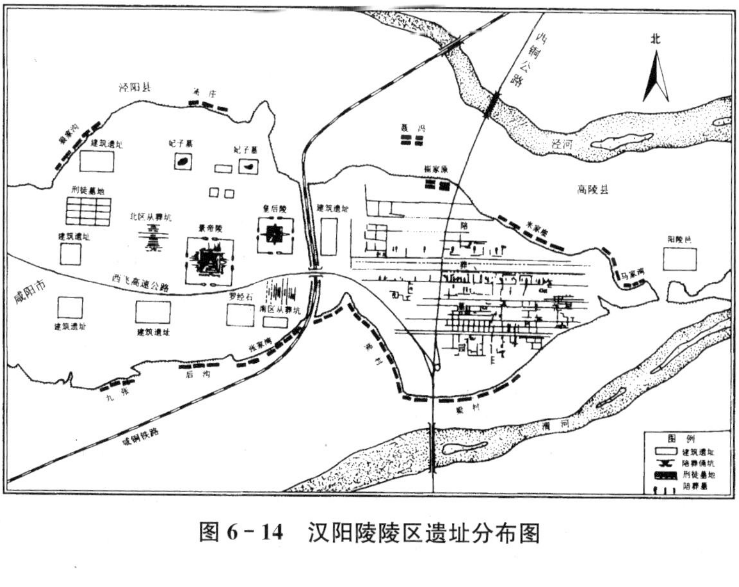

图 6 - 14　汉阳陵陵区遗址分布图

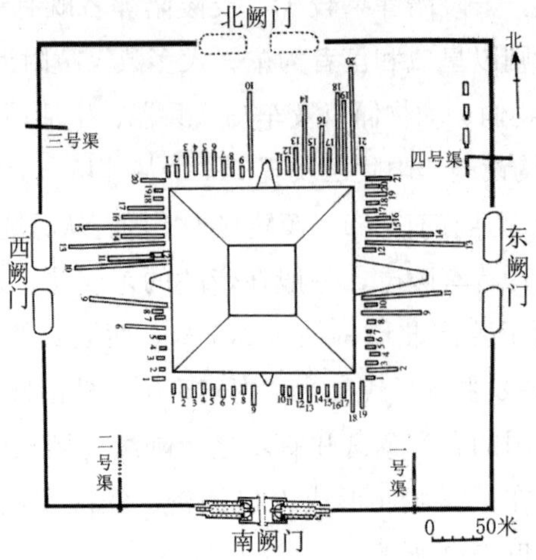

图 6-15　汉阳陵平面图

资料来源：考古与文物，2008 (6).

里，布局规整，排列有序，经过精心设计。这种墓园围沟和陵园坐西朝东的制度，显然沿袭了秦人的葬制。阳陵西北 1 500 米处发现大片刑徒墓地，面积 8 万平方米，排列无序，骨殖凌乱，有的还带有刑具。其间有垣墙或壕沟分隔。

宣帝杜陵位于西安市东南郊的三兆镇东南少陵原上。方形陵园边长 433 米，夯筑封土位于陵园正中，呈覆斗形，底边长 172 米，顶边长 50 米，现高 29 米。陵墓四面各有一条斜坡墓道，墓道内填土夯筑，大小形状基本相同，平面为梯形。陵园阙门由门道、左右塾、左右配廊、散水组成。寝园位于东南，与帝陵隔墙相邻，西侧为寝殿，东西 74.3 米，南北 37.5 米，由殿堂、回廊、散水、两门、六阶构成；东侧为便殿，南北 120 米，东西 73.5 米，东、南、北三面筑墙，西边有廊，有堂、室、院三组建筑（见图 6-16）。在陵园东北发现高台建筑，可能是陵庙遗址。杜陵陪葬坑在东侧，有 107 座，陵邑在杜陵西北，曾出土“杜邑”陶文砖。

2. 东汉帝陵

东汉帝陵，除汉献帝禅陵在今河南焦作外，其余 11 座陵都在洛阳附近。长期以来传光武帝的原陵在洛阳东北孟津县白河乡铁榭村，俗称“刘秀坟”，陵西光武庙中有北宋开宝六年（937 年）修庙碑，说明自唐以来即认为此处为原陵，现存土丘经后代培修规模庞大，松柏茂密。因其北临黄河，南接邙山，所谓“枕河蹬山”的埋葬方式还被赋予了很多神奇的传说。但考古界和史学界对光武帝陵墓的具体位置一直存有异议。其他东汉帝陵位置也都不能确认。据《帝王世纪》载，东汉帝陵分布于洛阳城西北、东南两个陵区。光武帝原陵、安帝恭陵、顺帝宪陵及祔葬宪陵的冲帝怀陵，均在东汉洛阳城西北十五里处，灵帝文陵在东汉洛阳城西北二十里处。这五座大型陵墓在东汉洛阳城的西北形成一组墓葬群。汉晋时期文献中常提到这汉氏五陵，诗词中亦有描写邙山之上“高陵有四五……恭文遥相望，原陵郁膴膴”（张载

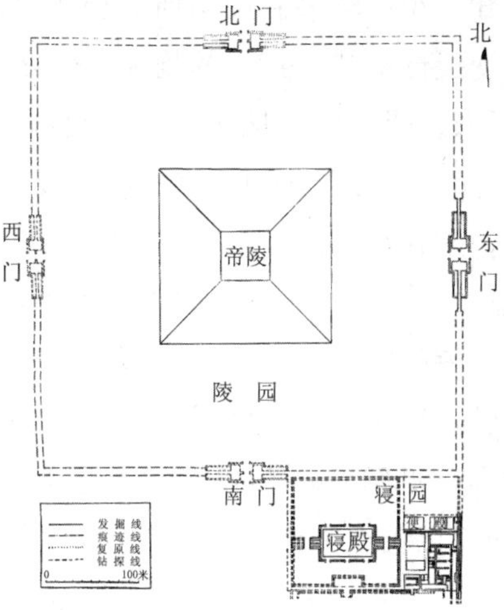

图 6-16　汉杜陵平面图

资料来源：考古与文物，2008（6）.

《七哀诗》）之句。2002年启动的邙山陵墓调查与勘探发现，邙山上唯一全部符合地理方位、里程数并具有五座皇陵规格的大型封土的东汉陵墓区只有孟津县送庄乡三十里铺及其周围地区的东汉墓群。三十里铺村俗称“大汉冢”者（陵前有清代龚松林立石，上书“汉明帝显节陵”），直径130米，位居邙山汉陵区核心位置，无论封土直径还是规模都居邙山陵墓之首，并与邻近的平乐村之二汉冢、三汉冢、刘家井大冢，以及西侧东山头村的玉冢共五座大型墓冢大致成南北一线。五座大墓封土均为圆形馒头状，规模宏大，三汉冢相对较小，其他二冢直径均在100米左右，周围大小陵墓分布密集。在大汉冢封土附近发现了规模宏大的建筑基址群，采集有“汉室中兴”字样的汉代碑刻。另据洛阳城北西吕庙村出土的北魏宋灵妃墓志“葬于城西二十里，汉原陵南七里，魏长陵东南十里”考证，原陵位置应在西吕庙村北七里，即三十里铺村附近，因此大汉冢极有可能是光武帝原陵。其余四陵被认为：玉冢为安帝恭陵、二汉冢为顺帝宪陵、三汉冢为冲帝怀陵、刘家井大冢为灵帝文陵。1984年在刘家井大冢东南十余米处调查发现了被盗出土的刻有“建宁”“熹平”年号的黄肠石，二者均属灵帝的年号，墓冢顶部还出土一块玉衣残片，其地望、规模均与文献记载大体相符。此外，北区帝陵还应包括质帝静陵，文献记载在东汉洛阳城西北三十二里，无考。而明帝显节陵、章帝敬陵、和帝慎陵以及祔葬慎陵的殇帝康陵、桓帝宣陵，据文献记载均分布在东汉洛阳城东南三十至四十八里，大致确定在洛河以南今偃师县南大口和高龙乡一带。这里六座大墓由北向南一线排列，其中白草坡M1030是目前唯一进行陵园发掘的墓葬，离汉魏洛阳城距离最近，被认为属桓帝宣陵，军屯M1038可能为明帝显节陵，郭家岭M1052、M1054可能为章帝敬陵与和帝慎陵，宁村M1097可能为殇帝康陵，李家村M1048可能为质帝静陵或某位后陵。但由于文献记载模糊，后世学者误传，东汉帝陵位置的争议仍然很大。

从目前仅有的材料可知，东汉陵墓制度与西汉相比，已经发生了许多变化，如封土堆的形制由覆斗形而变成馒头状，封土的规模亦较西汉诸陵小得多，直径只有70～130米，高度不过20米。明帝时，把每年元旦公卿百官集会朝贺和八月举行"酎祭"的仪式一并移至陵园中，陵园建制从明帝以后发生了变化。"无周垣，为行马，四出司马门。石殿、钟虡在行马内。寝殿、园省在东。园寺吏舍在殿北。"（《后汉书·礼仪下》）从明帝显节陵开始，陵园周围不筑垣墙，改用"行马"（一种成对石雕组成的屏障，一说竹木编的临时性屏篱）；园寺吏舍和寝殿在陵园东侧，并在陵前设祭殿，在陵旁悬挂大钟，以便祭祀时鸣钟；陵园不置陵邑，不建庙，将历代神主集中于一座太庙同堂供奉（见图6－17）。东汉陵墓地下建筑多用石头砌建椁室，称为"黄肠石"，改变了西汉以柏木为椁的制度，近年在东汉陵区发现大量黄肠石，石上多刻有年号、刻工名号、编号及大小尺寸。东汉帝陵也有许多陪葬墓。如大汉冢等五陵周围密布大小墓冢，位于帝陵北侧、西侧者规格较高，当是文献记载的"北陵""西陵"等后妃的墓冢；东部墓冢密集，圆形封土，直径一般在50米以下，应为帝陵的陪葬墓群。

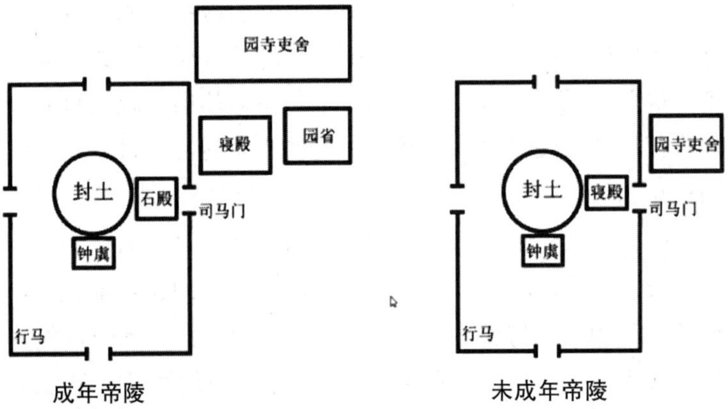

图6－17 东汉帝陵陵园建筑布局示意图

三、诸侯王墓与列侯墓

诸侯王是汉初最高的封爵，通常只有刘氏皇族专享。诸侯王以下二十等爵中，最高的是列侯（初期也称彻侯、通侯），汉初共封了140多人，都是功高权重的元勋重臣，如酂侯萧何、平阳侯曹参、绛侯周勃等，他们食采邑，自置吏，得赋敛，制同京师。诸侯王墓、列侯墓亦有两种形制：一种是竖穴土圹木椁墓，一种是凿山为葬的崖墓或竖穴岩坑墓。竖穴土圹木椁墓沿袭自秦，一般有高大的封土堆，带斜坡墓道，多见积石积炭或积沙。东汉时期以砖室墓为主，前期流行单穹隆顶，后期流行双穹隆顶，墓葬形制日益复杂，"黄肠题凑"被石材取代。崖墓因山为藏，不起坟，文景时期开始出现，西汉早期见于江苏徐州地区楚王墓、河南永城芒砀山梁王墓，已发掘的有徐州北洞山 M1，狮子山汉墓，驮篮山 M1、M2，龟山 M2，永城芒砀山保安山、柿园村两处梁王墓，僖山 M1、M2，均为凿山为藏的崖墓。北方地区西汉中期以后有河北满城中山靖王刘胜夫妇墓、山东曲阜九龙山宣帝时鲁王墓等。崖墓仿地上宅邸在山石中开凿墓室，也有一条通道，但未必是斜坡。另有竖穴岩坑墓，如广州南越王墓、山东长清双乳山 1 号墓、河南唐河大尹冯君墓。

1. 诸侯王墓

迄今已发掘的汉朝诸侯王或王后级的墓葬有 100 多座，其中西汉时的有 43 处 84 座，东汉时的有 14 处 18 座。[①] 主要有：西汉前期，河北石家庄小沿村赵王张耳墓、陕西西安赵王张敖与鲁元公主墓、山东章丘洛庄汉墓、湖南长沙象鼻嘴长沙王吴著墓、湖南长沙望城坡长沙王后渔阳墓、江苏徐州北洞山楚王墓、江苏徐州狮子山楚王墓、江苏盱眙大云山江都王刘非墓、河南永城芒砀山保安山梁孝王刘武夫妇墓、广东广州象岗山南越王墓。西汉中期，河北满城中山靖王刘胜夫妇墓、河北定县八角廊中山怀王刘修墓、山东长青双乳山西汉武帝时期济北王刘宽墓、山东曲阜九龙山鲁孝王刘庆忌墓、江苏高邮神居山广陵王刘胥夫妇墓、江苏徐州龟山西汉武帝时期楚襄王刘注夫妇墓、安徽六安双墩 1 号六安国王墓、陕西长陵 M21 齐王刘闳墓、河北获鹿高庄常山王夫妇墓、河北鹿泉北新城真定王夫妇墓、湖南长沙陡壁山吴姓长沙王后曹娎墓。西汉后期，北京丰台大葆台广阳顷王刘建夫妇墓、北京石景山区老山汉墓、河南芒砀山僖山西汉晚期梁王或王后墓、河南杞县许村岗 1 号西汉晚期诸侯王墓、山东昌乐菑川王后墓、山东菏泽定陶大李家村定陶王（后）墓、江苏徐州驮篮山楚王墓、江苏泗阳县大青墩西汉泗水国王墓、江苏邗江杨寿乡广陵王刘宝墓、湖南长沙望城风蓬岭西汉晚期刘姓长沙王墓等。江苏省扬州市邗江县甘泉公社老山大队"妾莫书"墓，为王室贵族墓，可能与山阳王刘荆家室有关。陕西咸阳秦都区摆家堡村积砂石墓，墓主可能为王莽时期济南王咸。东汉前期，河北定县北庄中山简王刘焉夫妇墓、江苏邗江双山东汉广陵王刘荆墓、江苏徐州刘楼下邳王家族墓、山东临淄金岭镇齐炀王刘石墓。东汉中期，河南淮阳北关陈顷王刘崇夫妇墓。东汉晚期，河北定县北陵头村中山穆王刘畅墓、山东济宁东汉晚期任城王墓、江苏徐州土山彭城王家族墓等。

西汉诸侯王墓大多采用土圹木椁墓，其最高等级即"黄肠题凑"墓，安徽六安双墩 M1、北京大葆台 M1、山东定陶大墓等保存了完整的"黄肠题凑"，墓葬的等级制度比较鲜明。而已发现的东汉诸侯王墓都是砖室结构，大约在东汉中期，黄河流域的诸侯王墓与列侯墓都有前、中、后三室之制，多侧室、耳室，皆砖券顶，有墓道，多重棺椁。东汉时期等级制度已经不很明显。许多二千石官秩的地方豪强墓甚至县长一类下级官吏墓、富裕地主墓也多用三室之制，诸侯王、列侯墓和地方豪

① 刘尊志．汉代诸侯王墓研究．北京：社会科学文献出版社，2012：2，14.

强墓形制相混，究其根源是大土地所有制膨胀后，豪强地主的经济实力已拟同列侯级别，厚葬成为普遍现象。诸侯王中出现崖墓约在西汉文景以后，主要发现有河南永城历代梁王墓、江苏徐州历代楚王墓以及河北满城中山靖王刘胜夫妇墓。另有山东长清双乳山汉墓和广州南越王墓等使用岩坑石室墓。

山东洛庄汉墓。2000 年在山东章丘枣园镇洛庄村西清理发掘，地表有高大的夯筑封土。墓室为方形竖穴，深 15 米以上。有东西两条墓道，通长 170 米，墓室结构被扰。周围有 13 座大型陪葬坑和 19 座祭祀坑。祭祀坑埋葬动物骨骼以及陶俑、木俑和漆器；陪葬坑内分葬马匹、车马、兵器、仓储类器具及成套的乐器。其中 14 号陪葬坑出土有 14 件钮钟和 5 件甬钟组成的编钟，107 件石磬组成的 6 架编磬和各类乐器，是汉代乐器的一次最大发现。陪葬坑的发掘，证明西汉初期已形成竖穴木椁墓、环绕墓室挖建陪葬坑作为“外藏椁”所构成的一整套天子和诸侯王埋葬制度。根据墓葬结构和出土的“吕内史印”“吕大官印”等遗物，推测此墓为西汉初年诸侯王墓，墓主可能是死于公元前 186 年的吕国第一代王吕台。

安徽六安双墩汉墓。地面为南北并列双冢，封土高 11 米，底径约 60 米。2006 年发掘其中的 M1 和西侧 3 座小型陪葬墓、西南的 1 座车马坑等。M1 平面为“中”字形，斜坡墓道，东西向，全长 48 米，墓室长 17 米，宽 12 米，深 11 米。墓室由木椁、石椁及两层木质重棺组成完整的“黄肠题凑”结构，使用 1 000 多根枋木，长 92 厘米，宽、厚都是 24 厘米。木椁内随葬弓箭、弩机、戟、剑、戈、盾等几十件兵器。“黄肠题凑”外有一周方木构筑的外藏室，宽 1.6 米，内高 1.2 米，出土 13 辆车残片、车轮、木俑、陶俑、漆器、铠甲残片以及水稻、板栗、梨等植物种子。根据出土的“共府”铭文铜壶和“六安飤丞”封泥，推测墓主为六安国第一代王共王刘庆，旁为王后墓。六安国于武帝元狩二年（公元前 121 年）封，至王莽时绝。

满城汉墓。1968 年发现于河北省满城县陵山，两座墓位于陵山主峰东坡近山顶处，南北并列，属夫妇并穴合葬。墓主为西汉中山靖王刘胜及其妻窦绾。墓室均开凿在山岩中，墓道口各以土垣和砖砌，再以铁水浇灌封门。刘胜墓长 51.7 米，最宽处 37.5 米，最高处 6.8 米，窦绾墓长 49.7 米，最宽处 65 米，最高处 7.9 米。形制结构大体相同，由墓道、甬道、南北耳室、前室、后室、侧室和回廊组成，各有一套完整的排水系统。各洞室的顶部均作拱形或穹隆形，前室内发现瓦顶木屋的坍塌物和帷幕帐钩等，放置大量随葬品；后室包括放置棺椁的主室和一个放置沐浴用具象征浴室的小侧室。刘胜为一棺一椁，置于汉白玉石棺床上。窦绾有棺无椁，棺为镶玉漆棺。夫妇均以金镂玉衣作为殓服，状如人体，刘胜的玉衣用玉 2 498 片，用金丝 1 100 克。前胸、后背放置十余件玉璧。刘胜墓南耳室和甬道放置车 6 辆、马 16 匹，北耳室放置大型陶瓮、缸和石磨，分别象征车马房和厩、厨、磨坊。窦绾墓南耳室砖砌 6 间小房，放置漆器、陶器，北耳室放置车 4 辆、马 13 匹。刘胜墓出土错金熏炉、鎏金铜钟，窦绾墓出土长信宫灯等珍贵文物。另外在陵山顶上还发现与祭祀和祠庙有关的建筑遗迹。刘胜为汉景帝之子，死于武帝元鼎四年（公元前 113 年），窦绾可能死于稍晚时候。

永城梁王墓。河南永城芒砀山的西汉历代梁王墓群，共发现王陵 8 处 14 座，与文献记载的梁国传国八代共九王的情况吻合。墓葬分布在 7 个山头上，墓顶多有覆斗状封土。一般一代梁王和王后同葬于一个山头，墓道朝东，南北并列。先入葬者占据较高的山头，后者逐次降低，规模随时间而递减，这也是西汉梁国由盛而衰的真实写照。永城梁王墓群大致分为三个区域：保安山陵区、僖山陵区和夫子山陵区。形制分为两类：一类为大型崖洞墓，在岩石中凿洞；另一类为竖穴石坑墓，在山顶凿出石坑为墓室，其上覆土。已发掘的保安山 1 号墓位于南峰，为梁孝王墓。2 号墓位于北峰，为梁孝王李后墓，相距 200 米，是目前已知最大的诸侯王墓。二者均为凿山为藏的大型崖洞墓，梁孝王墓长 96.45 米，由墓道、甬道、耳室、主室、侧室、回廊组成。李后墓较梁孝王墓规模更大，长 210 米，由东西 2 个墓道、3 个甬道、前庭、前室、后室、30 个侧室以及回廊、隧道等组成，结构仿生前的宫殿，车马厩室、宴饮的“东宫”、就寝的“西宫”、更衣室、沐浴室、厕间、贮藏室一应俱全（见图 6－18）。墓内有完备的排水系统。墓顶还发现有汉代建筑遗迹。整个陵区仿帝陵建制，外有近方形的夯筑园墙，南北约 900 米，东西约 750 米。梁孝王陵东部有大型寝园建筑遗址，发现围墙、前朝、后寝、廊庑等多组建筑，出土大批建筑用瓦，上有模印的“孝园”二字。东侧有陪葬墓群。梁孝王刘武是汉文帝之子，死于景帝中元六年（公元前 144 年），李后卒于汉武帝元朔六年（公元前 123 年）之前一两年。1995 年清理的永城僖山 2 号墓，发掘者认为是西汉晚期的梁王与王后墓。

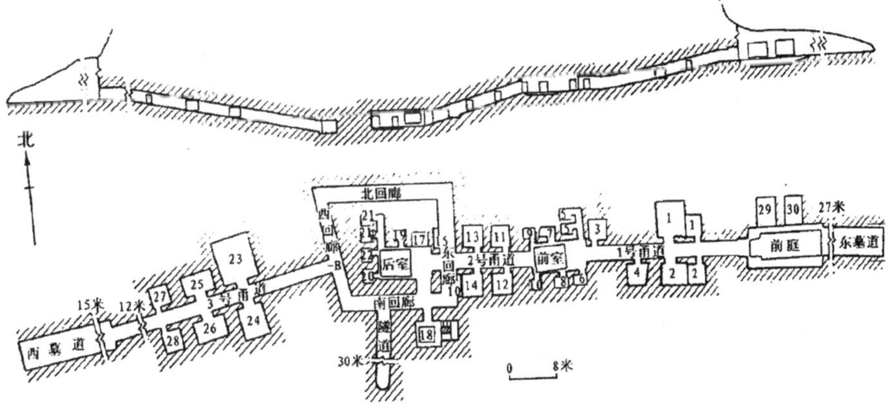

图 6－18　永城保安山 M2 平剖面图

徐州楚王墓。西汉楚王封地以彭城（今徐州）为首府，包括附近几十个县。经发掘的楚王墓有小龟山、东洞山、北洞山、驮篮山和狮子山各墓。历代楚王墓均凿山为藏，多室结构，规模宏大，早期流行异穴合葬，晚期同穴合葬。虽早年被盗，但仍出土大批珍贵文物，反映了地方王国实力的强盛和经济的发达。以狮子山楚王陵为例，陵墓外西侧有兵马俑坑，藏4 000个以上兵马俑。陵墓坐北朝南，长117米，总面积851平方米，有12个室，下葬时后室尚未完工，墓道中三个耳室未被盗，墓主使用玉棺，以金缕玉衣为殓服，使用新疆和田玉4 248片、金缕1 576克制成，是目前所见玉片数量最多、玉质最好的一件玉衣。共出土玉器、金银器、青铜器、铜铁兵器、印章封泥、钱币、陶器等文物2 000余件。包括铜兵器戟、铍、殳、戈等，首次发现完整的金扣缀贝带，玉戈、蟠龙形饰、玉卮等极其精美。印章、封泥依内容分为楚王廷官吏、军队武官、地方职官三类，根据官印反映出的楚地辖区状况和仓促下葬的痕迹，推断墓主可能是在位仅四年即暴病猝死的第二代楚王刘郢客，或是参与吴楚七国之乱被赐死的第三代楚王刘戊。北洞山汉墓结构最为复杂，有前后室及侧室、耳室、厕间等8个主体洞室和附属的11个露天石室、7个小龛，推测墓主可能是第五代楚王刘道。唯一可确定墓主的是小龟山楚墓，因出土银印，可判定为第六代楚王襄王刘注之墓。

双乳山1号墓。1995年发现于山东长清双乳山，为凿山竖穴岩坑木椁墓，平面呈“甲”字形，葬具为两椁三棺，椁室分为棺箱和东、南、西、北四个边箱。随葬品中有精美的玉覆面、玉枕、玉剑璏等，还有数量众多的车马器等。有的金饼上还有“王”“齐”“齐王”等字样。发掘者认为墓主可能是西汉最后一代济北王刘宽，葬于汉武帝天汉四年（公元前97年）。

北京大葆台汉墓。1974年发现于丰台区大葆台村，两座汉墓封土东西并列，均为土坑竖穴木椁墓，积木炭和白膏泥。1号墓居东，墓室长约23米，宽18.3米，主墓道在南，内置实用马车3辆、马11匹。虽早年被盗，但保存了完好的“黄肠题凑”结构，共用15 880根柏木堆垒成长方形的框形结构。每根长90厘米，宽、厚各10厘米，端头向内与椁板垂直，垒砌30层，高3米。外侧以立木构筑双层外回廊，放置木俑、车马、陶器和明器。内部空间分为前室、后室和内回廊，重椁和三重套棺置于后室，墓室顶部搭盖棚木。出土文物千余件。墓主为45～55岁男性，推断为西汉后期广阳顷王刘建，卒于元帝初元四年（公元前45年）。2号墓位于其西，毁于火，墓主为20～25岁女性，当为刘建妻。

中山简王刘焉夫妇墓。位于河北定县北庄，为带回廊的大型砖室墓。封土边长40米，高20米。墓葬由墓道、东耳室、甬道、前室、回廊、主室等组成。墓室以长方形、扇形砖砌成，长26.75米，宽20米，横列前室长5米，宽3.52米，高6.3米。在整个砖室的外侧，仿木黄肠的堆垒方式用4 000余石块构成一围绕砖室的墙壁，顶盖石块。残存随葬品中陶器208件，有鼎、盒、壶、罐、尊、勺、盘、碗、魁、案、耳杯和仓、灶、井、楼；铜器129件，有镜、熨斗、连灯盏和弩机、矛、戟、环首刀等；铁器8件，有镜、刀、剑等；玉石器47件，包括一件重13.8公斤的玉枕。出土分属两件鎏金铜缕玉衣的玉片。墓室顶部的“黄肠石”长宽各1米余，厚25厘米，上刻题铭174处，记地名和工匠姓名、籍贯，主要是中山国的属县名及附近的郡、国名。刘焉卒于和帝永元二年（90年）。

中山穆王刘畅墓。位于河北定县北陵头村西。封土直径40米，高12米。该墓由墓道、东西耳室、前室、中室、东西二后室等部分组成，墓室结构复杂，砖筑券顶，全长27米，最宽处13.8米。东耳室陈设车马器、箱具和饮宴器具；西耳室安置车马器和仪仗用具；前室西侧放置大量陶俑、陶灯等器物；东后室发现铜缕玉片，似是停放女墓主棺椁之地；西后室发现银缕玉衣，似是停放男墓主棺椁之地。残存陶器有炉、案、钫、壶、尊、耳杯、魁、洗、连枝灯等生活用具，有井、灶、鸡、狗、猪、楼等模型明器和陶俑，铜器甚少，铁器中有小部分错金，出有玉座屏、银盒、小件金器。刘畅卒于灵帝熹平三年（174年）。

汉代诸侯王陵墓一般都位于王都附近。以第一代王陵为中心，形成一定的王陵茔域，并仿效帝陵设置陵园和寝庙。王陵的“正藏”包括梓宫、便房、“黄肠题凑”，含“黄肠题凑”之外的回廊，组成多重封闭空间；“外藏椁”包括车马、仓储、俑等。“黄肠题凑”和梓宫、便房、外藏椁等构成了汉代帝王的专用葬制。以梓木为棺，木椁多置于回廊或隔间之内，到了东汉晚期则演变为多室的题凑石椁墓或砖石墓。目前对于“便房”的认识意见不一。《汉书》颜师古注：“便房，小曲室也。”服虔注：“藏中便坐也。”有学者认为，棺室两侧的侧室或内回廊为“便房”；也有认为，“便房”处于梓宫和“黄肠题凑”之间，是内椁和棺室的总称；还有认为，“楩”“便”通假，“便房”与梓宫、“黄肠题凑”一样，其名称源于其所用材质，内椁和棺房用“楩木”做成，故称“便（楩）房”。已发掘诸侯王、列侯墓中用“黄肠题凑”的有河北石家庄张耳墓、定县八角廊中山怀王刘修墓、咸阳杨家湾M4、长沙象鼻嘴M1、长沙陡壁山M1、望城坡长沙王后渔阳墓、安徽六安双墩汉墓、江苏高邮天山汉墓、北京大葆台汉墓、老山汉墓、山东定陶汉墓等。均见于西汉时期，题凑多用柏木，也有用楠、枫、榆、樟木等其他木材的。东汉时期出现的石凑，是由木凑演化而来的，称“黄肠石”。如定县北庄汉墓、河南孟津汉墓等。题凑形制各异，张耳墓及象鼻嘴M1的题凑平面呈凸形，还有的为方形，其用木长短也不尽一致，一般枋木长1米左右，宽、厚0.2～0.4米。“黄肠题凑”这种天子葬制固然对诸侯王、列侯级墓葬制度有影响，但并不绝对都使用题凑之制，一方面和墓主身份等级有关，皇亲国戚及高官大臣只有经过天子的特赐才可享用；另一方面也和传统习俗有关。

2. 列侯墓

西汉时期发现列侯及其夫人级别的墓有20座左右。其中西汉早期列侯墓较多，有咸阳杨家湾M4、M5，长沙马王堆西汉轪侯利苍及其家族墓，长沙徐家湾M401长沙王之子刘骄墓，沅陵县虎溪山M1西汉长沙王吴臣之子、第一代沅陵侯吴阳墓，安徽阜阳双古堆西汉文帝时期汝阴侯夏侯灶夫妇墓，山东临沂刘疵墓，广西罗泊湾

1、2号墓，西安北郊枣园西汉早期积炭墓，新安机砖厂汉初大型积炭墓（汉武帝初年利乡侯刘婴墓），西北国棉五厂M95积炭和青膏泥墓（墓主可能属关内侯），江苏徐州簸箕山西汉早期宛朐侯刘埶墓，徐州火山西汉早期墓。西汉中期的列侯墓主要有徐州市碧螺山墓、西汉昭帝时期河北邯郸郎村象氏侯墓、宣帝时期邢台南曲炀侯刘迁墓、成帝时期江苏连云港东海县尹湾汉墓等。西汉晚期的列侯墓主要有西安北郊张家堡M110、M114、M115。新莽时期贵族墓有咸阳师范学院西汉晚期积沙墓、咸阳龚家湾新莽时期大型积沙积石墓，河南南阳唐河县的郡太守冯孺人墓也属新莽时期。东汉时期的列侯墓主要有河北望都所药村2号汉墓、山东东平王陵汉墓、江苏睢宁九女墩东汉晚期玉衣墓、安徽亳县董园村曹侯墓、甘肃武威雷台M1等。

海昏侯墓。位于江西南昌新建区大塘坪乡观西村，2011—2016年发掘。以紫金城址、历代海昏侯墓园、贵族和平民墓地等为核心的海昏侯国的一系列重要遗存，共同构成了一个完整的大遗址。以西汉海昏侯及夫人墓为中心的祠堂、寝、厢房、墓园墙以及道路、排水系统等各类地面建筑基址，占地面积约4万平方米，错落有致分布着以海昏侯墓为核心的大小9座墓葬和一座车马坑，是结构最完整、功能布局最清晰、拥有最完备祭祀体系的西汉列侯墓园。刘贺墓地面是覆斗状封土，为带墓道的南北向“甲”字形木椁墓，椁室面积达400平方米，由甬道、东西车马库、回廊形藏阁、主椁室构成，布局完整。北回廊按功能区分为衣笥库、钱库、粮库、乐器库、酒具库；西回廊按功能区分为武库、文书档案库、娱乐用器库；东回廊为厨具库；南回廊甬道两侧为车马库；甬道为乐车库。此外，每个功能分区均发现有遣策一类的有字木牍和各式造型的青铜灯。大量工艺精湛的错金银、包金、鎏金车马器、乐器和图案精美的漆器。出土的整套乐器，包括两架编钟、一架编磬、琴、瑟、排箫、笙和众多的伎乐俑，形象地再现了西汉列侯的用乐制度。出土的偶车马特别是两辆偶乐车与实用安车、轺车为西汉列侯的车舆制度做了全新的诠释。该墓也是长江以南地区发现的唯一一座带有真车马陪葬坑的墓葬。车马坑作为侯墓的重要组成部分，出土了实用高等级马车5辆，马20匹，错金银装饰的精美铜车马器3 000余件，数以千计的竹简和近百版木牍。出土黄金总重量超过80公斤，包括金饼285枚、马蹄金48枚、麟趾金25枚、金板20块。文献资料中关于赏赐黄金百斤的记载屡见不鲜，例如《汉书·宣帝纪》：“夏四月戊申，立皇太子，大赦天下。赐御史大夫爵关内侯，中二千石爵右庶长，天下当为父后者爵一级。赐广陵王黄金千斤，诸侯王十五人黄金各百斤，列侯在国者八十七人黄金各二十斤。”虽然这里的度量衡“斤”与今天的“斤”并不能完全画等号，但却说明赏赐黄金在上层社会是普遍的。《汉书·惠帝纪》明确记载“近上二千石赐钱二万，此言四十金，实金也。下凡言黄金，真金也，不言黄，谓钱也”。但因此前考古所见黄金的数量与记载不相符合，有学者甚至怀疑西汉史书记载中的黄金不是真正意义上的黄金，而是其他金属替代品。

海昏侯墓的发现证明西汉国库黄金储备充足，在上层社会广为使用。

马王堆汉墓。位于湖南省长沙市东郊。1972 年发掘 1 号墓，1973—1974 年发掘了 2、3 号墓。地面原有两个大小相仿的土冢，东西并列，三座墓形制基本相同，均为北侧有墓道的长方形竖穴木椁墓。墓底和椁周围积木炭和白膏泥，层层夯实。M1 最大，墓口南北 19.5 米，东西 17.8 米，深 16 米，墓壁有四级台阶逐层内收，至墓底长 7.6 米，宽 6.7 米。松木板构筑的椁室平面呈“井”字形，一椁四箱，四重髹漆套棺居中。墓主着 9 层衣服，外包丝被并以丝带捆绑，此即“绞衾制”。棺椁、尸体及随葬器物都保存完好，女尸年 50 岁左右，身体各部位和内脏器官及肌肉组织、软骨等细微结构均相当完整，是十分罕见的湿尸。墓内出“妾辛追”名章，3 000 余件随葬品和 300 多枚竹简。M2 与之并列，出土“长沙丞相”“轪侯之印”“利苍”三枚印章，据此判断墓主即长沙国相第一代轪侯利苍，卒于吕后二年（公元前 186 年）。M3 在 M1 之南，出土记事木牍，有“十二年十二月乙巳朔戊辰”语，知其下葬年代在文帝十二年（公元前 168 年），并出“轪侯家”漆器，墓主年龄在 30 岁左右，推测应为利苍之子。M1 打破 M3 墓口的北壁，其下葬年代应晚于 M3，但墓葬形制和出土器物相近，亦应在文帝时期，墓主应是轪侯利苍的夫人辛追。女尸出土时浸泡在 80 公斤无色透明棺液中，据检测并非防腐剂，而是水。关于尸体不腐的原因，一般认为是墓葬密封良好，以 40～50 厘米厚的木炭和 1～1.3 米厚的白膏泥填充棺椁周围，使深埋地下 10 多米的椁室形成恒温恒湿、缺氧无菌环境。随葬品大多置于边箱，有满盛衣物、食品、药材等物的竹笥和漆器、木俑、乐器、陶器，并有随葬器物清单——遣策。M1、M3 的内棺上都覆盖彩色“T”形帛画，下垂的四角有穗，顶端系带可供张举。画面基本上可分为上、中、下三个部分，分别对应天上、人间、地下，M1 画面中间描绘女性墓主在三个侍女陪同下升往天国及家人的祭祀场面；M3 则画一个头带刘氏冠、腰间佩剑的男性形象。因遣策上有“非衣一，丈二尺”，故有学者认为此即“非衣”；或说此为铭旌，即送葬队伍前的招魂幡，上写死者姓名、身份等，下葬时盖于棺上。M3 还出土兵器、帛书和 200 多支竹简。帛书内容为《周易》《老子》和一些佚书及两幅古地图，竹简内容是关于养生等的医学著作。

尹湾汉墓。1993 年发现于江苏连云港东海县温泉镇，已发掘 6 座，均为东西向长方形竖穴土坑墓。M6 墓主师饶，曾任东海郡卒史、五官掾、功曹史，卒于西汉成帝元延三年（公元前 10 年）。该墓出土文物最为珍贵的是 133 枚竹简和 23 件木牍，有近 4 万字，依内容分为集簿，郡属县乡吏员定簿，长吏迁除簿，吏员考绩簿，武库永始四年（公元前 13 年）兵车器集簿、礼钱簿、六甲阴阳书、历谱、遣策、名谒，元延二年（公元前 11 年）起居记、行道吉凶、刑德行时、神乌傅（赋）等，为研究西汉中晚期历史、社会生活、东海郡建置、区域地理等问题提供了翔实的史料。此外，江苏仪征团山西汉墓当是江都王刘非的陪葬墓，江宁县湖熟汉墓可能是湖熟侯家族墓地。

东汉晚期大墓有河南亳县董园村 M1 和 M2，为桓、灵时期的曹侯墓，用三室之制。许多二千石官秩的地方豪强墓也多用三室之制，如望都 M2，墓主身份是太原太守、中山蒲阴博成里刘云；内蒙古和林格尔小板申 M1，墓主为护乌桓校尉；武威雷台 M1，墓主为某某将军。

列侯等级的墓上封土，依《汉律》："列侯坟高四丈，关内侯以下至庶人各有差。"咸阳杨家湾 M4 坟残高 4 米，长沙马王堆 M2 高 6 米、M3 高 7.8 米，广西罗泊湾 M1 高 7 米、M2 高 6 米。这些数据都是历经两千多年后发掘测量的，仍与四丈的标准基本相符。墓葬模仿地上建筑，如杨家湾汉墓墓道内设多层台阶，封土似屋顶，整个墓葬结构似一座大型宅邸。墓葬形制一般为有墓道的长方形竖穴土坑木椁墓，规模较诸侯王墓略小，有正藏、外藏系统，缺少"黄肠题凑"结构。青铜礼器、文字、印章、玉衣的有无往往成为辨别列侯墓葬的标志。东汉时期则以前、中、后三室和多侧室砖（石）室墓为特点，黄肠石取代了黄肠木。东汉时期常见越级采用这一级别墓制者，墓主身份较复杂，上至列侯、郡守，下至县长甚至一般无官爵的富裕地主，都有用列侯级葬制。

四、中小型汉墓

1. 中型墓

两汉时期可归入乙类墓的中型墓发现数量不多，其中西汉时期中型墓尚可分出爵位官秩，东汉时期已不明显。

西汉前期的中型墓见于湖北江陵凤凰山、张家山、云梦睡虎地大坟头等，一般为长斜坡墓道木椁墓，葬具为一椁二棺或单棺。有头箱、边箱或足箱。随葬铜（漆）礼器或仿铜陶礼器一套，日用漆器数十件，但同一级别随葬品差异较大。江陵凤凰山 M168 是一座纪年墓，葬于文帝十三年（公元前 167 年），根据出土告地策竹木牍可知其身份可能是江陵县令，为九级爵五大夫。规模较大，东西 4.29 米，南北 3.14 米，一椁二棺，并有斜坡墓道，出土一具保存完好的男性湿尸，年龄 55 岁左右，浸泡在偏碱性的绛红色棺液中，与马王堆女尸的弱酸性棺液不同。随葬品总共 500 多件。漆器达 160 多件，其他有木俑、木马车、牛车、船以及陶罐、缶、壶、盘、釜、甑、盂、仓、灶、文具、铜镜、钱币、玉印、玉璧、砝码、算筹、遣策、告地策等，木俑形象有骑兵、御手和各种家役、奴婢以及新出现的男女生产奴隶。凤凰山 M10 一椁一棺，无墓道，为景帝四年（公元前 153 年）墓。大坟头 M1 一椁一棺，一头箱一边箱，随葬器物 150 多件，有铜器、漆器和偶车、马俑、木俑等。江陵张家山 M247、M249、M258 均为西汉早期竖穴土坑木椁墓，一棺一椁，M247 出土 1 000 余枚竹简，内容为《汉律》和数学、日书、历谱以及遣策。随葬青铜器、漆器以及木俑、木车、木马等 160 余种器物。

西汉中期中型墓有山西浑源毕村 M1 和江苏连云港海州侍其繇夫妇墓，前者规模大，但墓葬结构简单，随葬品较少，因此级别不高；后者为中型木椁墓，均单椁，椁外附一边箱，随葬漆器、木器、铜器、玉器和遣策、银印。

西汉后期中型墓已发掘山东莱西岱野 M1、M2，长沙五家岭 M203，广西合浦望牛岭 M1 等，南北方有明显差异，长沙地区出现假二层结构，椁室前的木构器物室低于椁室底板。一般形制较大，但缺乏高级贵族特有的葬品标志。如五家岭 M203 全长 10.9 米，分为前、中、后三部分，前室分上下两层，下层再用隔板分成左右两室，一置陶器、木偶车、俑，一置木偶船、车和俑，中部应是主要的放置随葬品的地方，因被盗只残留漆器和部分铜器、陶器，后部用隔板分为左右室，当为夫妇合葬墓。出土 170 多件器物，有手持农具的劳作俑和明器仓、灶。应属官秩二千石与六百石之间的官吏或富裕的地主墓。合浦望牛岭 M1 是一座由长斜坡墓道、甬道、主室和两个耳室组成的木椁墓，墓主可能是九真郡郡守。

东汉前期中型墓有广州动物园章帝建初元年（76 年）墓，平面呈十字形，前后双室，从墓门到后室龛长约 10 米，被盗，出土纪年刻砖。东汉时期木椁墓基本为砖室墓取代，仅见于江浙、华南地区。

东汉晚期中型墓在陕西、湖南等地有发掘。潼关吊桥杨氏墓群发掘 7 座墓，有“十”字形、长方形和双主室墓，墓门都有仿木结构门楼。其中 M2 年代最早，位于墓地最东端，封土近方形，边长 21～25 米，残高 3.5 米，墓葬由甬道和前后室组成，残存少量铜器、陶器。根据明代修复的汉太尉杨先生碑记载，此地是汉太尉杨震家族墓，M2 应为杨震墓，杨震至曾孙四代都官至太尉。湖南衡阳道子坪 1 号墓为官秩二千石以上官吏墓，出土铜牵马俑，衣着姿态近似东汉晚期武威雷台汉墓。湖南常德南坪东汉安、顺之际墓，为双室砖墓，随葬较多陶器和少量铜器，出土石质“酉阳长印”，墓主身份应为武陵郡酉阳县长。

2. 小型墓

一般的小型汉墓数量最多，地域、身份、形制、大小以及随葬品差异不大，属于下层官吏和平民阶层，最能体现时代特征和流行葬制，因而对研究当时社会的风俗习惯、民间信仰、群体意识等最具价值。西安、洛阳两京地区是当时一些新的丧葬习俗风气首开之地，对周边地区影响极大，传播极广，两地汉墓发掘资料完整，脉络清晰，最具代表性。早在 20 世纪 50 年代，在洛阳地区就发掘了以烧沟汉墓群为代表的大批汉墓。烧沟汉墓地处两汉河南县城的东北边，墓地范围 27 万平方米，已探明两汉墓葬总数千座以上，大体按时间顺序自东向西分布。1953 年发掘 225 座，1957—1959 年发掘 200 多座。根据墓葬形制、随葬器物组合与器形演变，结合铜镜、钱币以及个别器物上的纪年铭文，分为前后相继的六期。关中地区 20 世纪 80 年代以后发掘汉墓已逾千座。两汉时期，具有共同特点的汉墓分布空前广泛，远及南北边疆，各地汉墓既有继承当地传统的因素，又受到两京地区的强烈影响，表现出较强的共同性以及相对滞后的特点。东汉时期地域差异进一步缩小。两京地区基本可以作为全国汉墓断代分期的重要参照和标尺。

西汉早期。关中地区主要有竖穴土坑墓和竖井洞室墓。以洛阳为中心的中原地区主要流行空心砖墓和土洞墓。关中随葬陶器组合分两组，一组是鼎、盒、壶、钫等仿铜陶礼器，一组是壶、罐、釜、甑等生活用具，随葬品中带有“秦式”因素，沿袭秦人的仓、灶等明器广泛流行，早于洛阳地区百余年，个别墓出现陶俑头（木质俑身已朽）。洛阳随葬陶器组合是鼎、敦（盒）、钫、小壶，或是鼎、敦、壶、小壶各一两件。常见陶俑头一两件，铅质小型车马饰明器一套，随葬品置于洞室一侧的耳室内。

西汉中期。关中地区以竖井墓道洞室墓为主，出现斜坡墓道洞室墓、小砖券墓，家族墓已出现，排列次序是父前子后，夫妇并穴合葬，不同于洛阳地区流行的同穴合葬，表现出京都地区旧礼制的顽固性。洛阳继续流行单棺空心砖墓，同时出现“两次造”（即葬入第二个死者时，再扩建墓室，另辟耳室）夫妇合葬的双棺空心砖墓以及“一次造”双棺空心砖墓，出现带竖井墓道的小砖券墓，夫妇同穴合葬代替异穴合葬。关中地区随葬品仍延续陶礼器和生活用具两套组合，新出现釉陶。洛阳地区的双棺墓一般在两个耳室内各置一套陶器，器物组合为鼎、敦（盒）、壶、仓、灶、罐、瓮，有的伴出洗、盆、碗等。仿铜陶礼器仍占重要地位，但已不严格配套。受关中地区影响，仓、灶明器普遍出现。

西汉晚期至王莽时期。关中盛行竖井墓道的弧顶土洞墓及小砖券、子母砖券顶的洞室墓，斜坡墓道洞室墓也占有相当比例，砖、坯封门取代木板封门，多见夫妇同穴合葬。洛阳地区盛行带竖井墓道的小砖券墓和仿小砖券墓的弧顶土洞墓。后段新出现单穹隆顶（前室穹隆顶，后室券顶）的小砖券墓，至新莽时期流行，并常见一墓三四人的夫妻妾或父子合葬墓。关中地区仿铜陶礼器开始衰退，大量流行壶、罐、仓、灶、奁等日用陶器组合，受洛阳地区影响，随葬品多放在墓室前部或两侧的耳室内。洛阳地区随葬陶器仍是每耳室各一套，除继续上期的器形外，明器中普遍出现陶井，陶壶、陶仓的数量大增。仿铜器或漆器的陶熏炉、酒樽、釜、甑、灯、盘等普遍出现。新莽前后随葬成套陶器放置在前室，新增方盒、案、耳杯、勺等奠器，无论葬多少人一般只随葬一套奠器。

东汉早期。关中盛行小砖券墓及单穹隆顶小砖券墓，流行斜坡墓道，竖井墓道趋于消失。洛阳地区继续流行前期的单穹隆顶墓。关中随葬陶器组合仍以壶、罐为主，受洛阳影响，常见案、盘、耳杯一类奠器。洛阳地区延续前期风格，明显的变化是鼎、敦等器类骤减，成套的陶礼器组合已不存在。

东汉中期。关中盛行斜坡墓道的单穹隆顶墓，土洞墓墓顶增高多呈抛物线顶，阶梯墓道仅见户县朱家堡一例。洛阳盛行阶梯墓道，出现带有长斜坡墓道的双穹隆顶墓和横前堂墓，这类新式墓形关中基本不见，土洞墓顶部亦为抛物线形，流行多人合葬，根据人数开后室和侧室，少见耳室或仅作假耳室。关中随葬品组合仍以壶、罐为主，出现家禽家畜俑，西汉晚期出现在洛阳地区的陶井开始在关中流行。洛阳地区随葬品变化不大。

东汉晚期。关中仍以穹隆顶墓为主，流行多侧室墓，合葬2～8人，始有横前堂墓，家族墓以依次排列为主，其中含有家庭合葬墓。此时洛阳已流行多室的横前堂墓，数代多人合葬。关中陶器组合仍以壶、罐为主，盛行猪俑、狗俑，仓、井常见，新出现陶斗、舞乐伎俑等。洛阳延续前期的器物组合，陶壶变为筒状颈、扁圆腹，高圈足，仓已较罕见，典型器物是书写镇墓文的扁腹大平底陶罐，新出现舞乐俑、百戏俑和酿造作坊的陶模型。

西汉时期墓葬的地区性差异尚比较明显，一方面，关中地区承袭秦文化旧礼制的因素较多，如竖穴土坑木椁墓和竖井洞室木椁墓延续时间长，沿用秦的仓、灶等明器，还有一定数量的屈肢葬，空心砖墓晚至西汉中期才出现，且仅见于咸阳地区；另一方面，作为京都，这里又成为新的风尚首开之地，如小砖券墓和釉陶的出现都早于其他地区。而洛阳地区在西汉时期表现出较多自身传统、地域性和创新性特点，如战国晚期郑州一带出现的空心砖墓在西汉时期广泛流行，陶俑和陶井出现早而且普遍，在墓葬形制和随葬品方面显示出许多自由创新因素。东汉时期，洛阳成为全国的文化中心，许多新的因素如熏炉、酒樽、釜、甑、灯、盘，奠器方盒、案、耳杯、勺、舞乐俑、百戏俑等，以及夫妇同穴合葬墓、双空心砖墓、单穹隆顶墓、双穹隆顶墓和横前堂墓、多人合葬墓等都首先出现和流行于洛阳。西汉晚期已出现的陶井，关中迟至东汉中期以后才出现，东汉时期关中墓葬呈现出仿效洛阳的特征。新莽前后是一个变化剧烈的时期，前后双室墓出现，耳室逐渐衰落，由此引起随葬制度的变化，合葬墓不再分别放置随葬品，而是合用一套，置于前室。组合为鼎、盒、罐、瓮、仓、灶、井、案、耳杯、酒樽等，猪圈、碓房、风车、作坊等陶明器和奴婢俑、武士俑、乐舞俑等开始出现。两京以外地区相对滞后，如湖北江陵汉墓较多保持秦式风格以及楚文化因素，西汉时期仍使用木椁多箱，漆器为主要随葬品，无仿铜陶礼器，而以仓、灶、釜、盂、瓮、罐等陶明器随葬。西汉晚期以后，车、船和马、牛、猪、狗等陶明器也已相当普遍。两广地区受楚文化影响较深，西汉时期一直流行土坑墓和土坑木椁墓，且有独具地方特色的泥质硬陶，西汉中期出现仿干栏式建筑的上下两层椁室，于西汉后期在其他地区广为流行。至新莽前后这里的中原文化特色渐趋浓厚，土坑墓基本绝迹，为带墓道的木椁墓和砖室墓所取代，井、圈、仓、灶、家禽家畜等明器逐渐取代地方特色的陶器。山东、江苏、长沙西汉墓葬也延续传统的木椁墓，直到西汉晚期才出现砖室墓，到新莽时期，仓、灶、井也陆续出现。中小型墓常见的铜钱和铜镜等器物因普及率高，全国通行，各地基本呈现出同步发展的趋势，具有较高的断代价值。此外，到东汉时期，中原地区仍存在一些小型土洞墓，一般随葬品很少，仅出大小陶罐各一或铜钱数枚，有的以板瓦为葬具，无随葬品，属身份更低的贫民墓。

五、魏晋南北朝陵墓

1. 曹魏帝陵与墓葬

曹魏统治者倡行薄葬。帝陵“因山为体，无为封树”。不立陵寝，不设园邑神道，地面上没有标志物，故曹魏帝陵不易勘察。据《三国志》记载，魏武帝曹操葬高陵，在西门豹祠西原上，地处河北临漳邺城之西。因高为基，不封不树。1998 年河南安阳县安丰乡西高穴村发现后赵鲁潜墓志，记其位置在“故魏武帝陵相比较西行四十三步”，据此大致可确定高陵应在漳河以西安阳县丰乐镇与安丰乡一带。2009 年在西高穴村西发掘一座东汉晚期斜坡墓道砖室大墓，未见封土，平面呈“甲”字形，前后双室带四侧室，坐西朝东，墓道长 39.5 米，应属于王侯贵族墓，墓主为 60 岁左右男性，并合葬 2 位女性，出土带有“魏武王家用”铭文的器物，59 块遗策石牌，其中“魏武王常所用挌虎大戟”等 7 块带有“魏武王”铭文。虽被盗一空，推测应为曹操高陵。魏文帝曹丕葬洛阳东首阳陵（偃师县首阳山）。曹叡高平陵在洛阳故城南的大石山。

已发现的曹魏时期墓葬多在洛阳，墓葬形制沿袭东汉晚期多室砖墓，但明显简化，由斜坡墓道、甬道、前后室和耳室组成，随葬陶俑、家畜和明器等。1956 年在洛阳涧西发现正始八年（247 年）纪年墓，长 35 米余，属于曹魏时期大型双室砖墓，出土铜器、玉杯、陶明器和带纪年铭文的铁帐钩。陈思王曹植墓发现于山东东阿县，十分简陋。徐州发现曹魏时期石室墓和画像石墓。

2. 西晋陵墓

西晋武帝、惠帝和追封的宣帝、景帝和文帝五座帝陵皆位于洛阳北邙和乾脯二山之阳，据初步勘查和墓志提供的线索，今偃师县蔡庄附近可能是西晋帝陵所在。1982 年对偃师南蔡庄北的晋武帝峻阳陵和位于后杜楼村西北的文帝崇阳陵陵园遗址进行了钻探和发掘。文帝崇阳陵即枕头山最东端的 M1，东、西、北三面发现陵园建筑遗迹，南北近 400 米，东西最宽处约 250 米。坐北向南，墓道长 46 米，宽 11 米，墓室长 4.5 米，宽 3.7 米，高 2.5 米。其西有 4 座陪葬墓，发掘 2 座，均为长斜坡墓道多台阶土洞墓。武帝峻阳陵位于其西鏊子山南最东端，编号 M1，未发现陵园，为长斜坡墓道多台阶土洞墓，墓道长 36 米，宽 10.5 米，墓室长 5.5 米，宽 3 米，高 2 米。其西分布 22 座长斜坡墓道多台阶土洞墓，按等级分前后四排入葬，1930 年曾在此出土武帝贵人左芬墓志，可能是陪葬的后宫女性墓地。惠帝太阳陵在峻阳陵之西。宣帝司马懿的高阳陵应在首阳山之阴，土葬，不坟不树。景帝峻平陵亦葬于此。

已发掘的西晋时期纪年墓有洛阳元康九年（299 年）徐美人墓，墓道长 37.36 米，墓室平面呈方形，四角砌成内凸的角柱，出碑形墓志，此外还有北京西郊永嘉元年（307 年）华芳墓、西安东郊元康四年（294 年）墓等。郑州、南阳、河北等地发现竖穴土坑的贫民墓，随葬品仅见一两件。西晋墓葬主要形制为带长斜坡墓道的土洞墓和砖室墓，墓向不定，多为家族墓地，由多室向单室过渡，随葬品沿袭东汉风格，一般有陶器、陶俑和明器，大多粗糙简陋，以镇墓兽、牛车、方形多子槅、翻口罐、高鼻深目的胡人俑等最具特色。

3. 十六国时期墓葬

十六国时期北方割据政权林立，匈奴、氐、羌、鲜卑先后在关中建立政权。由于战乱频仍，政权更迭，这一时期遗存少而地域特色、民族特色突出。墓葬形制不一，关中地区流行带斜坡墓道土洞墓，由墓道、封门、甬道、墓室组成，有单室、前后室或带侧室，以砖或土坯封门。流行多人合葬的族葬，盛行祔葬，排列有序，墓向不一，葬具为单木棺。随葬品以军事色彩浓厚的仪仗俑、武士俑、骑马俑、甲马俑最具特色，还有各种日用陶器罐、钵、虎子等，以及牛车、仓、灶、井等明器。其中男女侍仆舞乐俑、甲骑具装俑、牵马俑、胡俑、砖雕器物等具有少数民族特色。比较重要的发现有 1953 年发掘的西安草场坡 1 号墓，1986 年发掘的长安韦曲镇北原墓，20 世纪 90 年代发掘的咸阳头道塬文林路墓群、西安北郊开发区十六国墓，2001 年发掘的咸阳平陵附近十六国墓，辽阳、旅大地区多人合葬的砖、石墓，以及内蒙古乌审旗大夏国统万城附近的一批大型洞室墓。新疆吐鲁番地区在魏晋十六国时期兴起了连接中西交通的高昌古城和交河古城，周围发现大批保存完好的墓葬。20 世纪 50 年代以来在酒泉、嘉峪关、敦煌的戈壁滩上陆续发掘了一批魏晋十六国时期石堆墓冢的砖室墓，有双室、三室和单室，突出特点是墓室内壁嵌画像砖和小幅壁画，以生产场面和坞壁生活为主要题材，出现东王公、西王母、羽人、神兽、执麈尾坐榻上的墓主形象。经发掘的纪年墓数量不多，其中 1965 年发掘的辽宁北票西官营子北燕太平七年（415 年）冯素弗夫妇墓，是同坟异穴的石椁墓，椁内壁绘壁画，设漆棺，椁内殉狗，椁外小龛中有牛、鸡、鱼骨，是较为特殊的葬俗。随葬陶器、铜鍑、漆器、玉器、玻璃器、铁工具、甲胄、马具、仪仗车器、文具、印章、金饰、服章杂用等 470 余件，最引人注目的是罗马和萨珊风格的玻璃鸭形器、碗、杯等。1999 年发掘了咸阳文林小区前秦朱氏家族墓，出土铭砖刻文“建元十四年（378 年）二月十二日张氏女朱圮妇”。还发掘了新疆阿斯塔那泰始九年（273 年）墓和柔然永康十七年（480 年）墓。

4. 北朝陵墓

北魏早期皇陵“金陵”在盛乐故都即今内蒙古和林格尔附近，道武帝拓跋珪、明元帝拓跋嗣、太武帝拓跋焘、文成帝拓跋睿等均葬于此。近年在和林格尔三道营子发现北魏早期大型壁画墓，全长 22.6 米，前室和甬道两壁绘有燕居行乐、狩猎等宏大场面的壁画，为金陵的寻找提供了线索。呼和浩特及周围地区还发现一批鲜卑贵族墓葬群，聚族而葬，为砖室墓，随葬陶器、铜器、漆器等与汉墓无异，同时伴出具有草原文化特色的铜铃、铜铸的羊距骨、动物纹金属饰牌、指环、桦树皮器等。此类器物从东汉时鲜卑南迁过程中的内蒙古东部扎赉诺尔、呼伦贝尔市陈巴尔虎完工、赤峰林东南杨家营子等早期墓葬中就常见。

都平城期间，大同地区发现大批北魏贵族墓，并有著名的云冈石窟。1976年发掘的北魏文明皇太后冯氏墓——方山永固陵，位于大同北25公里西寺儿梁山南部，太和十四年（490年）入葬，封土方形，南北117米，东西124米，高约23米，为前后二室砖墓，由墓道、前室、甬道、后室组成，全长23.5米，后室为弧壁近方形，四角攒尖顶。甬道前后两端的石门雕刻朱雀衔珠和莲花童子，十分精美。陵前筑石殿（永固堂）、石阙，立石兽和石碑。以石室为宗庙的传统可以追溯到太平真君四年（443年）祭祀鲜卑先祖的旧墟石室（内蒙古鄂伦春自治旗阿里河镇嘎仙洞）。陵区还有佛教建筑，将佛堂与祠庙相结合是其首创。孝文帝虚宫“万年堂”位于其东北1公里，结构相同，规模较小。1965—1966年，大同南郊发掘北魏琅琊王司马金龙夫妇墓。司马金龙为东晋皇族后裔，母为北魏宗室女，官至吏部尚书，死于太和八年（484年），其妻姬辰死于延兴四年（474年）。墓葬为前后室砖室墓，由墓道、甬道、前室、东耳室、后室组成，全长45米多。早年被盗，但仍残存有石墓表、甲骑俑和动物俑等随葬品400多件，出土列女图漆画屏风，代表了北魏绘画艺术的最高水平。大同沙岭村北魏墓群位于大同市御河之东高地上，已发掘12座北魏墓葬，共出土文物200余件。M7地处墓群北部，为长斜坡墓道砖构单室墓，由墓道、甬道、墓室组成。保存24平方米的精美壁画且有纪年文字，是北魏建都平城时期已发现的年代最早的文字材料。墓主是鲜卑人侍中尚书主客平西大将军破多罗氏的母亲，死于太延元年（435年）。壁画中的人物群像、车马、建筑反映了拓跋贵族深刻的汉化倾向。此外，大同西郊的封和突墓（501年）出土具有波斯萨珊风格的鎏金银盘、银耳杯、高足杯等，是鲜卑民族对外文化交流的见证。

迁都洛阳后的北魏帝陵，分布于洛阳邙山、北郊瀍河一带，破坏严重。根据出土墓志可确定洛阳老城西北官庄东为孝文帝长陵及文昭皇太后陵，帝东后西，异穴合葬。封土圆形，直径分别为103米和42米，残存一对石墩（翁仲基座）、砖墩、窑址、排水沟等遗迹，封土东南方60～90米外有陵寝一类建筑基址。陵园四周夯筑墙垣，东西443米，南北390米，墙中有门，墙外有壕沟。宣武帝景陵在长陵之南5公里，位于邙山乡冢头村邙山顶，被盗，1991年清理。封土为圆形，直径110米，残高24米，陵前出土一座石翁仲，地宫全长55米，为南北向单室砖墓，有前后两段甬道，设三重封门墙和一道石门，墓室弧壁平面近方形，南北6.73米，东西6.92米，高9.3米，四角攒尖顶，地面铺石板，石棺床位于西侧壁下，出土有青瓷器、陶器、铁器等。孝明帝定陵位于洛阳郭城西北。景陵之南上砦村可能为孝庄帝静陵，发现一石翁仲。北魏皇室仍然沿袭了祖先的族葬传统，陵园内往往集中大批贵族陪葬墓，已发掘的有孝昌二年（526 年）江阳王元乂墓、正光六年（525 年）清河王元怿墓、太昌元年（532 年）安东将军王温墓、建义元年（528 年）常山王元邵墓。多数为土洞墓，少数为砖室墓，由墓道、甬道、墓室构成，发现精美壁画，随葬青瓷盘口壶、鸡头壶等，陶俑种类繁多，男女侍从增加，仍以牛车、镇墓俑、仪仗俑和武士俑等为主，军事氛围浓郁。从金陵、永固陵到邙山帝陵，鲜卑陵墓制度逐步汉化，陵园建筑基本效仿汉晋制度，方形封土演变为圆形，双室转为单室，鲜卑的旧墟石室与汉晋陵寝建筑结合形成石筑殿堂，陵前神道设立石翁仲、石像生。

各地发现的北魏族墓群比较重要的有：陕西华阴弘农杨氏家族墓群，河北景县的封氏墓群、高氏墓群、赞皇李氏墓群，山东临淄崔氏墓群等。宁夏彭阳、固原也发现有北魏墓葬。纪年墓葬有西安正光元年（520 年）邵真墓、孝昌二年（526 年）韦彧墓，华阴熙平二年（517 年）杨舒墓等。北魏墓志出土数量众多。北魏后期到北齐、北周时期，单室墓制度形成，墓葬以长墓道方形单室砖墓或洞室墓为主，山东地区多见石室墓。有少数双室墓，有大、中、小型之分。

东魏、北齐陵墓集中于河北磁县、河南安阳一带。在东西 20 公里、南北 15 公里的范围内发现大型墓葬群，经初步调查有 123 座，过去误传为曹操的“七十二疑冢”，实为聚族而葬的东魏、北齐贵族墓，布局为长辈在南，晚辈在北。一般有陵园，圆形封土，长斜坡墓道单室砖墓，青石铺地，流行大型仪仗出行、墓主生活题材的壁画，随葬品以陶俑为主。墓志常见。磁县南陵区地面现存有高大夯筑封土、宜阳王（孝静帝之兄）碑、其父文宣王元亶墓碑以及石翁仲、石羊、石虎等神道石刻遗存。东魏皇陵区位于整个墓群的西南部、邺城西郊漳水以北，现存规模最大的 35 号墓即“天子冢”，封土直径约 121.5 米，高 21.3 米，陵园围墙夯筑，边长1 140 米，推测为东魏孝静帝元善见陵。2006—2007 年发掘磁县东魏皇族元祜墓，位于墓群南部，西北距“天子冢”约 3.5 公里，未被盗掘，出土了组合完整的随葬陶俑、模型明器、陶瓷器、墓志等遗物 190 余件，以及格局新颖的墓室壁画。1978 年发掘东魏茹茹公主墓，全长 35 米，由墓道、甬道、墓室组成，彩绘壁画内容为墓主、仪仗、侍从、羽人、神兽等，随葬品丰富，虽被盗掘，仍出土千余件陶瓷器和金玉饰品以及金币。茹茹公主嫁高欢九子高湛，卒于武定八年（550 年），年仅 13 岁。北齐高氏皇陵区在东魏陵区东北，据茹茹公主墓志可确定，高欢的义平陵即位于申庄乡大冢营村西的“大冢”，东距茹茹公主墓 300 米；其北的“二冢”应为文襄帝高澄的峻成陵，其南为其叔和叔祖之墓。1987 年发掘磁县湾漳大墓，早年被盗，原有高大封土，墓前百米现存高约 3 米的石翁仲。斜坡墓道、甬道、墓室总长 52 米，墓道两壁用土坯垒砌，墓室弧壁近方形，四角攒尖顶。青石铺地。发现约 320 平方米的彩绘壁画，表现 53 人组成的宏大的出行仪仗、军乐鼓吹，手持盾、戟、幡、盖，规格极高，出土大量随葬品，其中各类陶俑达 1 800 余件。一说是北齐天保十年（559

年）文宣帝高洋之武宁陵，也有认为是东魏武定八年（550 年）文襄帝高澄的峻成陵。皇陵区周围发掘一批名门望族的陪葬墓，有湾漳大墓西北的东槐树村北齐文昭王高润墓、申庄乡刘庄村东的兰陵忠武王高肃墓、申庄乡东陈村的尧氏墓地、滏阳村司马氏墓地等。山西亦多发现北齐墓葬，经发掘的重要墓葬有：1980—1982 年发掘的太原王郭村北齐武平元年（570 年）太尉东安王娄睿墓，由墓道、甬道、墓室组成，通长 35 米，壁画面积约 200 平方米，题材为军乐鼓吹、鞍马游骑、四神、祥瑞、天象等，画功高超。残存陶俑等 600 余件，青瓷器十分精美。2000—2002 年太原迎泽区王家峰村东发掘北齐武平二年（571 年）太尉武安王徐显秀墓，总长 30 米，由墓道、过洞、天井、甬道、墓室五部分组成，墓室为砖券穹隆顶单室，上有封土堆。虽多次被盗，仍出土了墓志、陶俑、瓷器和蓝宝石金戒指等 530 余件文物。发现 300 余平方米的精美壁画，墓道两侧绘仪仗出行，墓室四壁绘墓主家居宴饮、出行备马备车的场面，以及天象祥瑞、神兽瑞禽等，是目前已知的北朝保存最为完好的壁画墓。2013 年发掘的忻州九原岗北朝晚期壁画墓，总长 40 米，残存壁画面积 200 多平方米，其中的大型长卷式狩猎图、仪仗出行图、木结构建筑图、升天图和神怪图等都是极具学术研究价值的艺术杰作。

西魏、北周陵墓均位于西安附近。西魏文帝、北周文帝陵可能在富平县境内，《关中胜迹图志》载：文帝成陵“在富平县凤凰山南”，今富平县宫里乡小学院内存一陵冢，周长 142.8 米，现高 12 米。周武帝宇文邕与阿史那皇后合葬的孝陵位于咸阳市渭城区底张镇陈马村东南约 1 000 米处，西距唐顺陵约 1 500 米。1994 年进行了抢救性清理，未见封土、陵前建筑与石刻。陵墓与已发现的北周大中型墓葬形制相同，为长斜坡墓道多天井过洞单室土洞墓，坐北朝南，全长 68.4 米，由斜坡墓道、5 个天井过洞、甬道、墓室组成。墓室方形，后部设 1 壁龛，墓道设 4 壁龛。残留随葬品数百件，其中陶俑 150 多件、陶瓷器近 40 件、玉器 8 件、十三环铜蹀躞带具 1 套、金器 21 件（包括纯金“天元皇太后玺”），还有石墓志 2 合，一为“大周高祖武皇帝孝陵”，一为“周武德皇后志铭”。武帝卒于宣政元年（578 年），年 36 岁。遗诏“丧事资用，须使俭而合礼，墓而不坟”。已发掘的西魏纪年墓葬有西安三民村西魏大统三年（537 年）残墓、咸阳胡家沟大统十年（544 年）侯义墓、蓝田元钦元年（552 年）舒史军墓，均为斜坡墓道土洞墓，出土陶俑、明器和漆器等，镇墓兽有人面、兽面，卧姿，侯义墓甬道和墓室内残存壁画痕迹。西安长安区出土西魏大统元年（535 年）东夏州刺史姬买勖墓志。北周墓葬发现较多，咸阳机场附近经发掘的北周皇室家族墓有冀国公宇文通墓、冀国太夫人乌六浑氏墓、谯王宇文俭墓、谯国公夫人步陆孤氏墓、谯国太夫人权氏墓等，均坐北朝南，形制结构和规模基本相同，均为长斜坡墓道多天井土洞墓。地面上无封土和其他附属建筑，共出土陶俑、铜器和玉器残片等数百件，在两座墓室里还发现了北周壁画。周围陪葬的贵族墓发掘有尉迟运与贺拔氏合葬墓、拓跋虎与尉迟氏合葬墓、独孤藏墓、叱罗协墓、杜欢墓、王德衡墓、高宾墓等。北周建德四年（575 年）骠骑大将军叱罗协墓，全长 71 米，由墓道、六个天井过洞及壁龛、甬道和墓室组成，出土彩绘陶俑 200 多件，多军事气氛浓厚的武士甲骑仪卫俑。宁夏固原北周上柱国李贤夫妇墓全长 35 米，墓中的壁画和造型精美的波斯萨珊王朝金银器、玻璃器是研究中西文化交流的珍贵资料。

近年在西安北郊发现数处北周时期在华的外国人墓地，主要有 2000 年发现的北周大象元年（579 年）同州萨保安伽墓、2003 年发现的大象二年（580 年）凉州萨保史君墓、2004 年发现的天和六年（571 年）康业墓，墓主均为粟特人；2005 年发掘的保定四年（564 年）李诞墓，墓主则为罽宾国人。粟特（汉魏时也称“粟弋”）人主要活动于今中亚乌兹别克斯坦阿姆河、锡尔河流域，以“善贾”著称，信仰祆教（俗称拜火教）。南北朝以后大批入华经商或侨居，其聚落首领称“萨保”，职能是管理波斯商人和主持祆教祭祀。萨保为梵语音译，原为粟特商队首领的称呼。三座粟特人墓相距不远，形制与北周贵族墓相似，均由斜坡墓道、天井、过洞、砖砌拱形甬道及穹隆顶墓室组成。安伽墓全长 35 米，5 个天井；史君墓全长 47.26 米，5 个天井。葬具使用石椁或石榻，随葬品不丰，一般只有一合墓志或在石椁上刻写生平，或有随身的铜带具、金币、金饰品、铜饰片若干，这可能与墓主的民族习惯和宗教信仰有关。但墓主所卧的石榻和围屏则精雕细刻，装饰华丽的祆教风俗画，具有浓厚的异域色彩。安伽墓的浅浮雕贴金彩绘围屏石榻，刻绘图案 60 幅，大多反映中亚粟特贵族的生活、出行、狩猎、饮酒和野营的场景，画中人物身着胡服，表现祆教圣火点燃仪式的祭祀图画非常突出，有 33 幅与祆教有关的动物图像。史君墓的歇山顶殿堂式石椁四面有守护神、祆神、狩猎、宴饮、出行、商队、升天等浮雕，人物面孔均非汉人。其中一幅画面为人首鸟身鹰足的祭司点燃圣火的仪式，人首高鼻深目，戴口罩，头系丝带向后飘扬，题材和风格具有明显的西域特色。康业墓南距安伽墓约 150 米，东距史君墓约 2 000 米。墓志记载，康业是康居国王的后裔，历任魏大天主、罗州使君、车骑大将军、雍州呼乐等职，被诏赠为甘州刺史。其围屏石榻所饰线刻画以墓主生前会客和出行为主，人物多着汉式宫服，汉文化特征浓郁。康业墓下葬的时间早于前二者，但因其先祖移民入华的时间更早，康业的汉化程度较高。李诞墓是目前我国发现的首座有明确记载的婆罗门后裔墓葬，也是第一座在华罽宾国人墓葬。位于西安北郊南康村，南距康业墓 500 米，距安伽墓 650 米，坐北朝南，为斜坡墓道穹隆顶单室砖墓，出土线刻石棺一具，内容主要为中国传统题材的伏羲、女娲、四灵（龙虎龟蛇）、星宿等，但莲花座、火坛与守护神、摩尼宝珠、火焰纹等则具异域风格。据墓志记载，李诞生平没有官职，死后被诏葬为邯州（今陕西省彬县）刺史。其祖父辈可能是来自天竺的最高贵的种姓婆罗门，李诞于北魏孝明帝正光年间（520—525 年）远游罽宾国，后到长安，59 岁卒于长安。西安北郊一带很可能是为旅居中国的外国人专辟的一处墓地，当时的长安已是一座国际化的大都市。

北朝墓葬以单室砖墓和洞室墓为主，东魏、北齐墓葬往往有高大封土堆和神道石刻，流行壁画和奢侈的随葬品。北周墓葬不见封土堆，墓葬均坐北朝南，一般由墓道、天井、过洞、甬道及墓室组成，对隋唐墓葬有很深的影响。葬具为木质棺椁，上层贵族流行精美线刻装饰的大型石棺，有的发现壁画残迹，北周统治者崇尚节俭，随葬奢侈品较少，一般为陶俑、陶器和少量铜器、瓷器。陶俑使用半模制作，前身模制，背后抹平。粟特贵族墓葬均未见陶器、陶俑等。

5. 六朝陵墓

六朝帝王，有史可查葬于南京、丹阳一带的应有三十多个，多数现已无法确认。东吴大帝孙权的“蒋陵”据文献记载在“上元县东北钟山之阳”，即紫金山南麓梅花山（古称“孙陵岗”），近年在梅花山西侧探得一处地下大型建筑遗存，有学者认为可能与孙权蒋陵有关。也有一说在紫金山西北蒋王庙。1987年在安徽马鞍山市郊的宋山发现一座孙吴大型双室砖墓，全长17.68米，原有8米高的封土，推测为“当涂县东”的吴景帝孙休定陵。其西1.5公里外马鞍山雨山区朱然家族墓地分布5座砖室墓，1984年发掘赤乌十二年（249年）左大司马右军师朱然墓，南北向，总长8.78米，有阶梯式墓道、前后室，随葬品置于后室和甬道，以绘制精美图案的漆器和瓷器为主，从出土的木刺和名谒可确定墓主身份。另在湖北鄂州西山南麓发掘了孙吴宗室都乡侯孙邻墓及其子孙述将军墓，均为前后室砖室墓。孙吴墓在南京、江宁、安徽、湖北、湖南、江西等地均有发现，有多室、双室、单室砖墓，地面前低后高，多券顶，出现四隅券进式的穹隆顶，墓内多设砖砌棺床、祭台、灯龛或灯台、排水沟，南昌一带流行墓内砌砖柱分割墓室空间。

东晋十位皇帝葬于南京，分布于“鸡笼山之阳”“钟山之阳”“幕府山之阳”，在此范围已发掘3座帝陵：1964年发掘的富贵山大墓，其东400米发现晋恭帝玄宫石碣，故推测为东晋恭帝司马德文冲平陵，或认为属安帝休平陵或孝武帝隆平陵；1972年发掘的南京大学北园陵，可能是东晋元、明、成、哀帝其中之一的陵墓；1981年发掘的幕府山大墓，为东晋穆帝司马聃永平陵。南朝帝陵大致可确认10座。南朝宋8帝，仅发掘2座：1960年发掘的南京西善桥宫山大墓为南朝宋孝武帝刘骏景宁陵，南京幕府山西麓郭家山大墓为宋明帝刘彧高宁陵。南朝齐7帝，均葬丹阳境内。1965年发掘的丹阳胡桥仙塘湾鹤仙坳大墓为齐景帝萧道生修安陵，1968年发掘的丹阳胡桥吴家村大墓为齐宣帝萧承之永安陵或高帝萧道成泰安陵，建山金家村大墓可能为齐废帝东昏侯萧宝卷墓或和帝萧宝融恭安陵。南朝梁4帝，栖霞狮子冲南朝陵墓可能为梁元帝萧绎陵，尚存2尊石兽。南朝陈5帝，1973年发掘的栖霞麒麟灵山大墓为陈文帝陈蒨永宁陵，1961年发掘的西善桥油坊村罐子山大墓为南朝陈宣帝陈顼显宁陵。上述南朝陵墓的归属尚存争议。已发掘的王侯墓有：1974—1975年发现南京栖霞山甘家巷3座南朝萧梁诸王及家族墓地，并发掘了梁安成康王萧秀墓，1979 年发掘南京尧化门梁代南平王萧伟墓，1980 年发掘南京栖霞山张家库西 2.5 公里梁桂阳王肖融夫妇墓，1988 年发掘南京刘家塘梁桂阳王萧象墓，1994 年清理南京白龙山梁临川王萧宏墓。这些王侯墓一般依山为葬，面临平原，聚族而葬，长幼尊卑有序，地势高的不起陵冢，劈山开凿墓坑。地宫单室，皆为砖石结构，券顶或穹隆顶。墓室前的甬道内设多道石门，有精美浮雕。墓室内壁多装饰大型拼砖画和壁画，以竹林七贤画像砖最为典型。多双人合葬，葬具与随葬器物精美丰富，厚葬之风未减。一般全长在 10 米左右，陵墓前开凿长排水沟，有很长的神道，半数以上有地面遗迹可考，其中一些墓上神道两侧的大型石雕尚留于地面，有成对石兽、石柱、石碑等。

东晋南朝墓葬主要发现于南京、句容、江宁、丹阳等地。世家大族多聚族而葬，依山为葬，多分布于半山腰，讲究风水。经发掘的两晋世家大族墓地，包括北方世族与江东世族。北方世族有南京老虎山东晋颜氏家族墓地、象山东晋王氏家族墓地、戚家山和铁心桥东晋谢氏家族墓地，江东世族有宜兴西晋周氏家族墓地、南京仙鹤观东晋高氏家族墓地、吴县张林山东晋张氏家族墓地。均聚族而葬，以长幼尊卑排列。象山王氏家族墓地已发掘 11 座墓葬，为东晋初尚书仆射王彬家族墓地，墓地范围约 5 万平方米，大致集中分布于四个埋葬区，依辈分长幼排列，通常北长南幼或西长东幼。六朝墓葬盛行单室砖墓，墓室平面呈“凸”字形或长方形，早期多穹隆顶，东晋中期以后券顶取代了穹隆顶，早期流行直棂假窗，砖砌棺床，晚期墓室壁面略弧，壁龛少见，设石棺床和方形祭台。大部分墓葬都有阴井、排水沟槽，随葬明器种类繁多，青瓷器早期器形肥短，东晋以后变得瘦长，常见盘口壶、唾壶、碗、盆、罐、多子槅、鸡头壶和虎子，反映地主庄园经济的磨、舂、杵、筛、箕、灶、盒、谷仓罐、家禽六畜等盛行，东晋以后多见牛车、凭几、马和喇叭状底的陶俑。多出墓志，对研究东晋北方世家门阀士族的联姻、侨置州县、墓地的选择和墓室排列规律具有重要价值。

六、汉魏墓葬相关问题

两汉时期，随着宗法制度的崩溃和土地私有制的确立，家族关系成为维系统治的重要基础。从西汉晚期始，家族墓地渐兴，东汉时期，庄园经济和世家豪族的兴起更加深化和密切了统治阶层的家族关系，一个大家族的墓地往往世代延续，数百年不绝，埋葬数代多人的合葬墓屡见不鲜。与之相适应，斜坡墓道的多室砖墓成为主要墓葬形式，注重家族关系和“事死如事生”的观念导致厚葬之风和仿宅第建筑的墓葬流行，并不惜工本地加以装饰，壁画墓、画像石墓、画像砖墓就是这一观念的产物。先秦以来的陵寝制度、门阙和享堂在两汉时期得到继承发展，墓碑、石刻、墓志、买地券等开始出现，盛行于魏晋南北朝时期。

壁画墓。早于汉代的壁画墓极少发现，仅见陕西扶风杨家堡4号西周墓内的菱形格纹痕迹、河南洛阳西郊战国1号墓内的宽带线纹。西汉早期，壁画墓仍不多见，较早的见于河南永城芒砀山梁孝王墓和广州南越王墓两座王侯级的石室墓。到西汉晚期，随着砖室墓的流行，壁画渐多，一般绘于砖室墓的墓顶、门额和后壁，内容为天象、升仙、猛禽、瑞兽、出行、骑射、始祖及神仙等。西汉晚期至东汉早期得以发展，增画于四壁和中隔墙。墓顶流行日、月、星象，祥瑞神兽仍很盛行，四壁画大傩，开始出现历史题材如二桃杀三士、鸿门宴等。新莽时期至东汉早期，盛行天象、神怪，同时新出现反映现实生活的房屋建筑、车马出行、田园耕作、山林坞壁等题材。东汉中晚期，壁画墓兴盛，绘画技法更趋成熟，多表现墓主的身份地位、仕途经历和庄园生活，按墓室功能分别绘车马出行、家居宴饮、舞乐百戏、男女侍从、农耕放牧、采桑养殖等，墓顶出现反映佛教内容的画面。壁画墓主要发现于河南、河北、陕西、甘肃、山西、山东、内蒙古、辽宁等地。西汉时期有洛阳烧沟M61、卜千秋墓，山西平陆枣园墓，陕西千阳、西安曲江、西安交大和西安理工大学校内壁画墓，山东东平后屯M12、M13等。新莽时期有咸阳龚家湾1号墓，洛阳金谷园、偃师辛村壁画墓。山东东平后屯M1壁画墓被认为属于新莽时期或晚至东汉早期。东汉中期山东梁山县后银山壁画墓。东汉晚期分布较广，远及陕北、内蒙古、辽宁一带，重要的有河北望都M1、M2，安平逯家庄熹平五年（176年）安平王墓，河南密县打虎亭汉墓，荥阳苌村壁画墓，洛阳朱村壁画墓，安徽亳州董园村汉墓，内蒙古和林格尔汉墓，霍洛柴登和托克托县东汉墓，乌审旗巴音格尔汉墓，鄂尔多斯鄂托克旗凤凰山壁画墓，米兰壕汉代壁画墓，甘肃武威五坝壁画墓，辽宁金县营城子壁画墓，辽阳北园壁画墓，棒台子屯壁画墓，三道壕壁画墓，山东济南青龙山画像石壁画墓等。魏晋时期壁画墓较少，嘉峪关地区流行小幅砖画，内容主要是反映现实生活的宴饮、庖厨、耕牧、采桑、打场、坞壁以及神话题材东王公、西王母等。北魏流行葬具壁画。北周宁夏固原李贤墓绘单人武士、伎乐、女侍。东魏北齐壁画墓发现较多且艺术价值极高，如河北磁县茹茹公主墓、元祜墓、讲武城M56、姚峻墓、高润墓、颜玉光墓、湾漳大墓，以及山西太原娄叡墓、徐显秀墓、忻州九原岗墓等，内容有墓主起居生活、出行仪仗、军乐鼓吹、鞍马游骑、门吏、侍从、仙人、四神、祥瑞、莲花、天象等，以表现现世享乐生活为主要题材，场面恢宏，艳丽华美，人物栩栩如生。

画像石墓。西汉中期至王莽时期开始出现，东汉盛行，以后不见。一般雕刻在石室墓的墓门、壁、梁柱和砖混结构的石构件上。据统计，已发现汉画像石墓200多座，主要有四个分布中心：河南南阳、鄂北地区，山东、苏北、皖北地区，四川地区，陕北、晋西北地区。此外在河南密县、永城，北京丰台，浙江海宁也有零星发现。题材内容同于壁画，主要反映墓主生活、神话故事、历史故事、天象祥瑞、装饰图案等。在雕刻技法风格上，山东周边地区以阴线刻为主，繁密厚重，古朴细腻，反映耕织生活与儒家教化的历史故事多见；南阳一带以剔地浅浮雕为主，常与彩绘结合，画面疏朗，雄浑豪放，内容多表现神异鬼怪、门吏侍卒、乐舞百戏等；陕北地区以减地平雕手法为主，剪影式构图，简练纯朴，多生产题材以及神话形象；四川汉画像石表现手法多样，阴线刻、阳线刻、浮雕与彩绘并用，动感传神，画面不留白，讲究装饰，内容丰富，有车马鼓吹、舞乐宴饮、劳作收获、闲庭荷塘、日月飞仙。比较重要的画像石墓有：西汉晚期南阳唐河针织厂汉画像石墓、山东枣庄小山西汉画像石墓；新莽时期唐河郁平大尹冯君孺人画像石墓、唐河电厂画像石墓；东汉早期河南南阳石桥画像石墓、南阳十里铺画像石墓、南阳军帐营画像石墓、南阳英庄画像石墓、南阳桑园路画像石墓、南阳陈棚彩绘画像石墓、洛阳烧沟西 14 号墓、延安安塞王家湾汉墓、南阳市麒麟岗汉画像石墓等；东汉中期河南邓县长冢店汉画像石墓、方城东关汉画像石墓；东汉晚期山东沂南画像石墓、山西离石东汉画像石墓、江苏徐州十里铺汉画像石墓、泗洪曹庙东汉画像石墓、河南密县打虎亭汉墓等。

画像砖墓。墓壁嵌入画像砖，画像为模印而成，均饰彩绘，出土时色彩大多已剥落。集中分布在四川成都平原地区，陕西、河南、江苏、江西、湖北、云南地区也偶有发现。形制大小不一，有方形和长方形，已发现不同画面的画像砖 50 余种，题材内容主要有五类：一是墓主经营的农业、副业、手工业和商业活动，如播种、收割、践碓舂米、酿造、煮盐、弋射、放牧、采桑、采莲、市集交易等。二是表现墓主身份和经历的车骑出行、尊贤敬老、讲学授经等。三是表现墓主享乐生活的楼阙、宅院、粮仓、庖厨、宴饮、乐舞百戏等。四是神话故事，如伏羲女娲、西王母、仙人，以及历史故事二桃杀三士、泗水升鼎等。五是表现社会风俗，如高禖图，描绘社日期间树下成群男女相会的原始风俗。常见莲花纹、卷草纹、云雷纹等装饰图案。有的画面复杂，形象生动，制作较精。有的图像简单呆板，制作粗糙。不同墓内所出的同一内容画像砖，往往同出一模，可见属于专门化的商品生产，供不同身份者购买使用。各类画像砖在墓室中的排列顺序，一般近门处为门阙画像，依次为车骑出行、生产活动、墓主享乐生活方面的内容，西王母等仙人一类画像砖多嵌于后室或侧室后壁较高的位置。画像砖墓在魏晋南北朝时期得到继承和发展。六朝墓葬的拼镶砖画是以木模压制而成的印砖壁画，有浮雕效果而很少彩绘。最有代表性的作品是《竹林七贤图》，在南朝帝陵和王室墓中多有发现，大幅巨制，艺术造诣很高。

享堂。古人用于祭祀祖先的建筑。享堂和宗庙性质的祠堂都不见于先秦文献，有学者认为战国中山王陵的墓上建筑以及“兆域图”所标王堂、王后堂及夫人堂等即为享堂，但也有学者反对，认为享堂即先秦的宗庙，先秦墓上建筑均为陵寝性质。汉代以后，公卿以下大官僚祭祀祖先的处所始有祠堂（享堂）或祠庙的名称。现存东汉享堂建筑有：山东长清孝堂山郭氏石祠，是我国保存于地面上的最早的一座石祠堂；嘉祥武宅山的武氏石祠包括了武梁祠、武荣祠和主人不明的左右室各一；另有江苏徐州青山泉白集石祠等。

阙和墓阙。最早的形式为宫殿门阙，称为“阙”或“观”，又称“象巍”。出现于战国时期，在大型宫室大门两侧修筑对称的高台建筑，可作登高观望、张贴告令、表门第或警戒之用。秦汉时期出现在庙宇或墓园中。早期皆为土阙，东汉时期出现石阙。现存完整的墓前石阙，以山东平邑县的皇圣卿阙最早（86年），四川雅安的高颐阙最为完好（209年）。阙有单阙、二出阙、三出阙之分。阙身内侧高大的主体部分，为母阙或正阙，阙身之下有基座，上有单檐或重檐的屋顶。正阙的外侧，如有连接较为低矮的阙，称为子阙或副阙。仅有正阙者为单阙；一正阙和一子阙组成二出阙，一正阙和二子阙组成三出阙。秦汉以阙的结构作为区分等级的标志，以三出阙等级最高，为皇室专用。墓上建有双阙者，既有中央政府官僚，又有刺史、都尉、太守或县令、县长。阙早期为木质，逐步演变为石质，现存唯有石阙20余处，主要见于四川、山东、河南等地。一般高4～6米，用石块雕凿成仿木构件垒砌而成，并雕饰各种图像或题刻，一般记墓主姓氏、身世及赞语。魏晋南北朝陵墓前很少用阙，唐代陵园南门前设三重土阙。

石像生。源自西汉霍去病墓前的石兽，陕西省城固县饶家营汉博望侯张骞墓前有一对石虎（或称石辟邪），但西汉时期资料较少。洛阳东汉晚期墓前发现“嵩聚成奴”雕刻的石辟邪，象庄东汉墓葬区发现石雕大象，大墓神道两侧出现辟邪、狮子、虎、马、骆驼、牛、羊等石刻，墓前的祠堂前设狮子和辟邪等石兽非常普遍。北魏宣武帝景陵前发现一座石翁仲，河北磁县东魏北齐墓也发现石羊、石虎、石翁仲等。南朝陵墓前神道两侧设置成对石兽、石柱、石碑。石兽形象多狮虎形，天禄一般认为是独角，居右，辟邪则是双角，居左，融入了较多波斯希腊艺术风格。

墓碑。东周时宫殿和宗庙的庭中竖碑，用来拴系祭礼用的牲或观察日影推断时间。秦始皇巡游各地留下大量刻石自颂的功德碑。墓地刻石最早见于河北中山王陵墓地的《守丘刻石》，当是守墓者的题记。西汉霍去病墓地的一石兽上发现“大司宫”题字，大石块上发现“平原乐陵宿伯牙霍巨孟”的刻字，非题名性质。新莽时期《居摄二年坟坛刻石》（两块）则是坟前祭坛建筑上的题字。这些都与后世墓碑的性质不同。真正的墓碑出现于东汉，起源于下葬时用来牵引放下棺椁的立木，后以石代之。现存东汉石碑碑额形制有圭形、半圆形、方形三种。前两种多在上部或中部有一圆形穿孔。墓前大量建筑石祠、石阙、石柱以及石碑，在东汉一时成风，不仅达官显贵墓前树碑立传，没有官职的庶民甚至幼童也立墓碑，一般书写死者姓氏生平、家世籍贯、卒年葬期和赞语颂词。墓碑有家属或族人设立的，也有弟子、门人、故吏或地方官设立的。魏晋时期一度禁止在墓前立碑，到南北朝及隋唐，不仅在墓前树立石碑，同时还流行埋在墓圹中的方形墓志。

墓志。埋入墓中的记述死者生平事迹的小型铭文碑，又称作墓志铭。一般多刻于石上，也有书写在砖上或个别用铁铸或瓷制者。墓志起源于东汉时期或更早，西汉已出现类似的题记，虽不自称为墓志，但所记内容已接近墓志。河南洛阳出土的东汉时期延平元年（106 年）贾武仲妻马姜墓志，刻有 190 余字，江苏邳县所出元嘉元年（151 年）缪宇墓后室墓壁上方所刻题记，记有姓名生平、死葬日期及韵语颂辞，为后世墓志铭之滥觞。当时由于盛行在墓前立碑，这种埋入墓中的石刻文字很少见。魏晋时期因严禁在墓前立碑，小型墓志碑开始盛行，西晋墓志多出洛阳，作小型的墓碑形状，北朝墓志出土尤多，多作方形。南方东晋后期墓志逐渐流行，多砖质，有方形和碑形两种。一般记墓主姓名、官职、籍贯、生平、世系、卒年、葬期、葬地、赞颂语等内容。南北朝后期，墓志逐渐定型，志石多呈方形，尚无志盖，均出于甬道。隋唐以后，志盖相合成为定制，志盖多呈盝顶形，也有个别呈龟形。

买地券。以地契形式置于墓中的一种随葬明器，又称“墓别”“地券”，即墓主所执的向冥界买地的所有权证书，应从土地买卖契约演变而来。最早的买地券为汉章帝建初六年（81 年）山西忻州武孟子买地券。东汉中晚期常见，隋唐宋元明清历代皆有。买地券是土地私有观念在墓葬中的反映。东汉时买地券仿简策之形，多刻于长条形铅板上，也有用玉板或陶柱的，盛行于北方地区。三国、西晋始刻于砖上，也见铅、铁、石、木、纸等质地的买地券。南方中型以上六朝墓葬中多出此类物品，以铅质为多。一般刻写立约年月日、买卖双方姓名、土地位置和范围、价值、两位证人、买主给证人沽酒数量等，其内容比墓志简单。这一时期墓地买卖现象的普遍、同一墓地常见形制大小等级相当的不同姓氏的墓葬，以及家族墓地、家庭合葬等现象的出现，都是族墓地制度进一步瓦解的反映。买地券的大量出土说明墓地的买卖已经发生，家族茔地逐渐取代了宗族墓地。六朝时期买地券比较普遍，平民中也有使用，相似的物品还发现有“衣物券”“奴婢券”，以法律契约的形式肯定了私人拥有土地、衣物、奴婢的合法性，道教迷信色彩浓厚，多有阴阳五行迷信文字，内容荒诞不经，形式上趋于程式化。还有一类买地券常书“沿途勿得留难”字样，有类似护照的性质。

镇墓文。在随葬陶器或铅券上书写的专为“安镇冢墓”的迷信文字，也称“解除文”。东汉中晚期出现于河南、陕西地区，多朱书写在内装雄黄、水晶或小铅人的陶罐或瓶上，或刻写在长条形金属板上，内容具有浓厚道教色彩，常提到天帝使者、天帝神师、黄神越章等道教仙人，以其名义告死者之家或丘丞墓伯，为死者解适，为生人除殃，死生异路，勿相忤，一般以“如律令”为结束语。大意是天帝使者发给地下吏的文告，如西安鄠邑区东汉曹氏墓出土的朱书镇墓罐，文曰：“阳嘉二年八月己巳朔六日甲戌，徐。天帝使者，谨为曹伯鲁之家移央去咎，远之千里。咎□大桃不得留，□□至之鬼所。生人得九，死人得五，生死异路，相去万里，从今以长保孙子，寿如金石，终无凶。何以为信，神葬厌坟，封黄神地章之印，如律令!”已知最早的镇墓文是写于汉章帝建初四年（79 年）的皇母序宁镇墓文。

第六节　汉魏社会经济与文化艺术

一、手工业与商业

1. 冶铁业的发展

两汉魏晋时期冶铁技术步入成熟阶段，冶铁成为当时最重要的手工业部门。西汉初期准许私营，诸侯国可设铁官，武帝以后实行盐铁官营，由国家垄断，西汉设铁官五十，遍及河南、陕西、山东、山西、河北、四川、安徽、江苏、甘肃、辽宁、内蒙古等地。私营冶铸作坊也“一家聚众或至千人”。目前已发现的冶铁遗址西汉 60 多处，东汉 100 多处。其中巩县铁生沟遗址是汉代河南郡内的一处大型冶铁综合工场，遗址总面积 2 万多平方米，可冶炼生铁、铸铁、退火脱碳钢等品种。1958 年发掘，共出炼炉 8 座、锻炉 1 座、炼钢炉 1 座、退火脱碳炉 1 座、烘范窑 11 座、多种用途的长方形排窑 5 座，发现矿石加工场、房基、熔炉耐火砖、建筑材料、废铁坑、配料池，以及大量的炼渣、陶鼓风管残段、铁质和泥质的铸范、燃料、生铁铸成的梯形铁板和各类铁产品 160 多件，冶铸工具有石杵、石砧、铁锤、铁锲等。遗址附近山区是丰富的铁矿石产地，发现多处古矿坑道遗存。其使用年代约自西汉中晚期至东汉，东汉初期最盛。1975 年发掘郑州古荥镇遗址，总面积 12 万平方米，发现炼炉 2 座，高炉为椭圆形，炉缸长轴 4 米，短轴 2.8 米，面积约 8.5 平方米，复原高 5～6 米。炉身呈直筒形，有效容积约 50 立方米。长轴两侧有 2 个风口，发现不少陶风管。燃料用木炭，并以石灰石做助熔剂，日产生铁 0.5～1 吨，使用年代在西汉中晚期至东汉。南阳瓦房庄 1959 年发掘，总面积 12 万平方米，发现熔炉 17 座，年代从西汉中晚期到东汉晚期。温县招贤村遗址 1974 年发掘，年代在西汉中晚期至东汉前期。江苏徐州利国驿遗址是 1954 年发现的东汉冶铁遗址。

汉代冶铁工场通常设在原料产地附近，从选矿、配料、入炉、熔铁到出铁形成一套冶炼工序，设备相当齐全。高炉形式多样，设计先进，郑州古荥镇的椭圆形熔炉在西方迟至 1850 年才出现。矿石入炉前先经过击碎筛选，石粒一般都在 2～5 厘米，均匀的矿石可减少炉气阻力，节省燃料并有效避免爆炸事故。使用石灰石做助熔剂，可保证炉渣与铁水快速分离。以木炭为炼铁能源和还原剂的燃料，并已使用煤，沿用革囊鼓风，使用牛、马力代替人力。出现专用的化铁炉，还有锻炉、炒钢炉、退火脱碳炉，以及供烘烤和浇铸的烘范窑，后者用于浇铸前预热，能降低金属液在型腔内的冷却速度，有利于铁水畅流注满型腔。铸范采用泥范叠铸，将多层铸范单孔装配成套，一次可浇铸几十上百个铸件，尤其适用于小型铸件。20 世纪 90 年代在长安城西市遗址发现的叠铸陶范主要铸造马衔、车軎、带扣等，一次可浇铸 70 枚。1974 年温县招贤村东汉前期冶铁遗址发现 500 多套叠铸范，可铸带扣、马镳、马衔、车销等 36 类小型铸件。可反复使用的铁范已相当普及。生铁品种包括白口铁、灰口铁、麻口铁、展性铸铁和球墨铸铁。已成熟使用柔化处理制作韧性铸铁或铸铁脱碳钢，发明生铁炒钢工艺，即把生铁在空气中加热，至半熔化状态后加以搅拌，借助空气中的氧把生铁中所含的碳氧化掉，从而降低其含碳量，以得到钢或熟铁，并可以完全氧化制成低碳熟铁，或不完全氧化制成中碳、高碳钢。锻炉、炒钢炉在铁生沟、瓦房庄遗址都有发现，锻造和淬火技术都较之前有很大提高。产品以农具和工具为主，铁农具已完全取代其他农具，西汉中晚期铁兵器基本取代了铜兵器，手工工具逐渐以熟铁制造，剪子、镊子、火钳等杂物也用熟铁或铸铁脱碳处理。东汉和帝时期，盐铁开禁，豪强大族也加入冶铁行列，铁釜、小炭炉、铁灯、铁镜和铁钱大量出土，铁制品已成为当时最先进生产力的代表，在农业和手工业领域得到普及。魏晋时期由于战争需要，铁兵器发展很快，墓葬中也常见铁质生活用品，如铁帐钩、铁尺、铁剪、铁镜、铁带具及铁马镫等，有的还错金银。

2. 铜器与铸铜业

两汉时期对礼器的需求大减，由于铁器和漆器的排挤，铜器在农业、手工业和日常生活中的地位下降，铜主要用于制造铜镜、钱币以及一些日用器皿。两汉铸钱量庞大，铜镜也普及到千家万户，官营铸铜业规模很大。汉代最著名的铜矿产地是丹阳（今安徽当涂），西汉末铜镜铭文中有“汉有善铜出丹阳”等赞语，川、滇一带亦开采铜矿。东汉魏晋时期丹阳铜矿衰落，代之而起的是徐州铜矿，铜镜铭文中有“铜出徐州，师出洛阳”语，蜀郡、广汉的官府作坊兴起。在汉长安城宣平门附近还发现长方形铜锭十块，其中一块刻“汝南富波宛里成卖”，说明政府还收购民间铜材。已发掘的河北承德汉初铜矿遗址，包括矿坑、选矿场、冶炼场、居住址等。矿井深 100 多米，中部是宽敞的采矿场，内有上下的梯子和土台，巷道增高扩大，运输、通风条件都有改善。矿井附近发现 4 处冶炼场，炼后成品是圆饼形铜锭，每个重 5～15 公斤，上刻“东五四”“东六十”“西三五”及“二年”等字，很可能是东西两个炼铜工场的标记。广西北流铜石岭也发现西汉晚期至东汉早期的冶铜遗址，发现炼炉 14 座，以及排水沟、鼓风管、灰坑遗迹和炉渣、铜锭、陶瓷器等，铜锭含铜量达 96.64%。山西运城东汉时期古铜矿遗址发现 7 处古矿洞，是含量仅有 5%的硫化铜矿，开采冶炼难度大，采矿前需要加热矿石再浇冷水使其崩裂，冶炼方法可能使用了“胆铜法”，即在胆矾水中放入铁，使之发生置换反应来取铜。战国时期发展起来的错金银、鎏金、镶嵌宝石以及失蜡法等工艺在汉代得到一定程度的继承和发展，出土了满城汉墓的鸟篆文壶和错金博山炉、鎏金的宫女持灯造型的长信宫灯，以及武威雷台的马踏飞燕一类的精品。但整体上汉代铜器崇尚简素，不重装饰，造型轻便，注重实用，西汉中期以后，铜器上复杂的花纹和装饰越来越少，素面铜器大量流行，包括宫廷御用器物也不例外，即使有装饰也主要用于小件器物或局部饰铺首、弦纹等。器类主要有鼎、钟、壶、钫、樽、鍪、釜、甑、洗、鉴、铜、盒、盘、卮、杯、镳斗、熨斗、博山炉、灯、镜、带钩、钱币等。汉代铜器特别是宫廷用器常有工官刻铭，记年号、宫名、监制和管理者名、工匠名、容积和重量等。南方的越、滇等少数民族的青铜文化则自成体系，装饰精美富丽，细线刻镂、圆雕、透雕工艺广泛运用。北方草原匈奴民族流行浮雕、透雕的动物纹青铜饰牌和圆雕饰件，别具一格。

在西汉各种铜制品中，铜镜出土数量多而种类繁，富有艺术价值。对铜镜的成分进行分析表明，战国时铜镜已加入铅以降低熔点和减少气泡，但铅与铜、锡的比例极不稳定，到西汉时期，铜镜的合金成分一般稳定在铅3.4％～6.2％，铜56.4％～69.3％，锡21.4％～25.1％，质量大大提高。铜镜的装饰日趋简化和世俗化，武帝前后出现丰富多彩的企求富贵享乐、表达相思之情的铭文镜。

西汉初期流行蟠螭纹、蟠虺纹、草叶纹镜，基本沿袭战国楚镜的特点，双重花纹，镜面平。镜钮有圆钮、弦钮和兽钮。部分镜上出现铭文，如“长相思，毋相忘，常富贵，乐未央”“乐毋事，日有熹，宜酒食，常富贵”等吉祥语。西汉中期，纹饰一改战国楚镜严谨细密的风格，地纹消失，突出主纹，风格简约朴素，由云雷地纹蟠螭纹镜发展出了简化地纹的蟠螭纹镜，流行百乳镜（星云镜）、草叶纹镜、四乳四螭纹镜等，新出现“日光”和“昭明”铭文镜，日光镜一般直径6～8厘米，铭文多为“见日之光，天下大明”，昭明镜稍大，铭文多为“内清质以昭明，光辉象夫日月，心忽扬而愿忠，然雍塞而不泄”。镜钮大都作半球形，武帝前后曾流行过连峰式钮，四叶纹钮座、十二并蒂联珠纹钮座也十分流行。内向连弧纹图案广泛采用，草叶纹镜、星云镜外缘均为内向连弧纹缘，以十六内向连弧纹居多。西汉晚期日光镜、昭明镜、“日有熹”“清白”“铜华”铭文镜、四乳四螭镜、四乳禽鸟镜盛行。新莽时期四乳四螭镜、昭明镜继续存在，日光镜少见，边缘加宽，字体由圆角变为方角，新出现四神博局纹镜和七乳鸟兽纹带镜，“尚方”铭流行，出现纪年铭文。东汉初期，流行四神博局纹镜，日光镜、昭明镜仍然存在，但数量很少，边缘更宽，新出现的云雷纹连弧纹镜、几何纹博局镜、简化博局镜、鸟兽带纹镜成为流行样式。东汉中期，镜钮变得更大更结实，这种大扁圆钮一直流行到三国时期，西晋以后不见。从西汉晚期出现在钮座旁的柿蒂纹，在东汉初期的云雷纹镜上已逐渐扩大，中期已发展成为主题花纹，形似蝙蝠。该期出现并流行直行铭文的连弧纹镜、夔凤镜等，博局镜延续使用，在长江流域浮雕式纹饰的方格环状神兽镜、人物画像镜出现并广泛流行起来，主题是神仙（东王公、西王母）、历史人物、龙虎、瑞兽及车马之属。东汉晚期，除铭文连弧纹镜、夔凤镜以及南方的神兽镜、画像镜继续流行外，龙虎纹镜也很流行，变形四叶纹镜更趋复杂化，成为一种兽首镜。铭文简短，上下直行，常见“长宜子孙”“位至三公”“君宜高官”等吉祥语，并出现七言诗，内容多提到“仙人不知老”，应与早期道教有关，而“×氏作镜”之类铭文，应属私人作坊产品。花纹线条也变得较细，素平缘。汉献帝建安时期，出现重列式神兽镜，神像自上而下分三或五层排列。东汉时期镜面呈微凸的弧面，可照范围增大，这是在长期实践中总结出来的经验。

三国两晋南北朝时期因袭汉镜的式样，少有创新。神兽镜最为多见，有重列式神兽镜、环绕式神兽镜、画文带佛兽镜；变形四叶纹镜中以变形四叶八凤纹镜居多，还有变形四叶佛像鸟凤镜、变形四叶兽首镜、双菱纹镜、瑞兽镜等。三国两晋时期，以青龙、白虎、朱雀、玄武与神兽组合成纹饰主题。孙吴镜中多发现纪年铭文，有“黄龙”“赤乌”“建兴”“五凤”“太平”“永安”“甘露”“凤凰”等年号，但铭文多不可辨。南朝主要流行外缘环绕禽兽纹的画纹带神兽镜。当时，中原地区似仍袭用汉式连弧纹镜、博局镜等旧式样，神兽镜、人物画像镜出土并不多，铜镜处于停滞衰落状态。江南绍兴一带成为浮雕式纹饰铜镜的制造中心；徐州也是魏晋时期制镜中心，日本发现的200余件三角缘铜镜不少都有“铜出徐州”铭；鄂城、四川等地铜镜业也很发达。

3. 灰陶、铅釉陶与青瓷

汉晋时期地面式陶窑普及，窑式容积大增，烧陶技术提高，出现釉陶。产品主要是砖瓦建筑材料、日用陶器、随葬陶明器和陶俑等。随着砖室墓的普及，烧砖技术提高，砖产量空前高涨，有空心砖、方砖、小砖以及画像砖。有的条砖四周有几何纹、同心圆、菱形等装饰。汉代瓦当艺术创作空前绝后，文字瓦当种类可达数百种，多见“千秋万岁”“长乐未央”“长生无极”“亿年无疆”“延年益寿”之类的吉语，还有“上林”“卫”“都司空瓦”等宫殿官署的名称，内蒙古地区还出土反映汉朝与匈奴关系的“单于和亲”“单于天降”“汉并天下”等纪事瓦当。瓦当图案多见卷云纹，新莽时期流行青龙、白虎、朱雀、玄武即四神瓦当。汉代陶器在墓葬中大量随葬，包括各种日用器皿、模型明器、陶俑和各类家禽形象，应有尽有。造型准确生动，工艺精湛，以灰陶为主，并见彩绘。陶器种类主要有罐、壶、碗、豆、盆、洗、杯、勺、盘、缸、甑、釜、小壶、扁壶、茧形壶、鼎、钵、钟、尊等，仿漆器的盒、盘、案、杯等成组奠器，明器包括仓、灶、囷、井，猪、羊、狗、鸡等家畜家禽，圈舍厕所、住宅楼阁、田地池塘、车船碓磨等，东汉时期达到几十种。各种身份的陶俑，特别是舞蹈俑、说唱俑、抚琴俑、听琴俑、侍立俑，造型生动自然，达到很高的艺术成就。六朝陶俑风格独具，数量较多，男女侍俑、文臣俑、武士俑往往成对成组出土，身涂白粉，少数面部涂朱。裙襦、深衣、袍服不分男女尊卑均可穿着。武士俑和男俑流行袴褶，上衣下裳。女俑发型丰大，从西晋的十字髻，东晋的两鬓抱面、遮蔽额眉，到齐梁时的“飞天”髻即来自佛教装饰的上耸的双环髻，是当时流行假发盘髻的直观表现。西汉中期首先在关中地区兴起铅釉陶，即在陶器表面施一层含铅量很高的釉。铅可以起到降低烧成温度的作用，这种釉陶只需 800℃左右即可烧成，质地松软，又称“低温釉陶”或“软釉陶”。宣帝至王莽时期出现了复色釉，即在一件器物上同时施黄、绿、褐色釉，成帝以后多绿釉。东汉时期釉陶制作技术成熟，北方墓葬中普遍随葬铅釉陶，武威雷台出现高达 1.05 米的铅釉碉楼等大件器物。因其质地松软，在遗址中很少出土，故有学者认为其主要用作随葬明器。

东汉晚期，基于青釉硬陶烧造技术的巨大突破，湖南、浙江一带烧成真正的青瓷。以高岭土为原料，烧成温度达 1 300℃，吸水率低，釉色光亮，胎呈灰白，半透明，叩击声清脆。仅浙江上虞就发现东汉瓷窑 37 处。六朝时期，青瓷成为南方地区最重要的生活用具，墓葬中随葬青瓷几乎取代了陶器。青瓷的烧造范围也扩大到安徽、福建、江西、湖南、四川、山东、河北、河南等地。而制瓷的中心在浙江、江苏，这里盛产高岭土，主要成分为氧化硅，含铁量高，胎与釉膨胀系数一致，瓷器烧结度良好，吸水率仅 0.5%。采用结构完善的长斜坡龙窑烧瓷，窑炉温度可达 1 300℃。并已使用匣钵、窑托等窑具。生产规模大，工艺水平高。发现的窑址众多，重要的有浙江上虞窑、萧山窑、杭嘉平原的德清窑，江苏宜兴县均山窑等。主要器形有碗、盘、钵、盆、耳杯、盘口壶、鸡头壶、羊头壶、狮头壶、虎头壶、扁壶、方壶、辟邪水注、蛙形水盂、砚台、香薰、谷仓罐、虎子、槅、俑等。以实用器为主，装饰简朴，器形的演变趋势是由低矮到高瘦、由装饰性到实用性。如鸡头壶由矮胖的钵形变成瘦长的盘口壶形，装饰性的小泥柄变成实用的曲柄。东吴、西晋时期墓葬随葬品中最典型的器物是堆塑的魂瓶（谷仓罐），器物自铭为“靁”。使用轮制主体、模制零件、模印、捏塑、刻划、镂雕、拼对粘贴等手法，将台榭楼阁、庭院仪仗、仓房门阙、庙宇佛像、飞禽走兽、丧葬场面、乐舞、杂耍、人物、飞仙等众多复杂的形象层层堆贴在罐的口沿以上。一般出于大型砖室墓中，是豪强地主庄园经济和佛、道思想融合的产物。在南京三国末期东吴墓中出土已知最早的釉下彩瓷盖罐，在青瓷底上绘制灰彩持节羽人礼佛图，比唐代长沙窑彩瓷早了二三百年。西晋末期流行青瓷底上装饰深褐色的斑痕，东晋南朝越窑瓷器趋于停滞简化。湖南湘阴窑始烧于东汉，东晋时已使用匣钵，西晋出现釉下点彩和印有“太官”铭文的最早的官窑瓷器。浙江德清窑商代已经开始烧造原始青瓷，兴于东晋至南朝初期，以烧造黑釉瓷最富特点，东晋时已开始专门的茶具生产。江西丰城窑自东汉晚期至东吴时期已使用化妆土，南朝时开始使用匣钵并发现芒口器。北朝时期，北方的山东淄博、枣庄，河北临城和内丘、磁县、曲阳出现瓷窑，早期以烧制青瓷为主，黑瓷次之，大约北齐末年烧成了白瓷。主要器形有碗、盘、杯、钵、罐、壶、瓶、盒、莲花尊等，多为生活用具，瓷胎坚硬厚重，釉层凝厚，在装饰上喜用佛教题材。

4. 漆器

汉代是漆器发展的鼎盛期。华丽而轻巧的漆器在贵族豪富生活中备受推崇，尤其在饮食器具中使用普遍。汉代漆器有木胎与夹纻胎，还有少量竹胎。品种有鼎、盒、壶、钫、盘、匣、案、耳杯、碟、碗、筐、箱、尺、唾壶、奁、梳、篦、面罩、棋盘、几、乐器等，大件的漆器有床、座屏、车舆、棺等。装饰手法有漆绘、油绘、铜扣等，西汉晚期前后，出现诸如针刻、多彩、贴金银箔或玳瑁片、镶嵌、堆漆等许多新的工艺技法。常见的花纹有龙凤、云气、花草及各种几何图案，还有近于写实的鸟兽和鱼类图案，以及龙、虎、狮、鹿、牛、羊、骆驼等图案。西汉前期风格繁缛华丽，东汉时期则简单质朴，并出现人物画。针对不同的器物，或构图细腻复杂，或线条粗率简练，或粗犷豪放，或细如毫发。今陕西、河南、河北、四川、湖南等地均是当时重要的漆器产地。汉代蜀郡和广汉郡的工官及河内郡的野王（今河南泌阳）漆器最为著名。汉初就在蜀郡设西工，负责制造铜器漆器，长沙马王堆1号汉墓出土180多件漆器，所出漆匜烙有“成市”戳记，可能是蜀郡成都市所制。蒙古的诺音乌拉匈奴贵族墓出土“上林”“蜀郡”漆器当是汉朝赐赠之物。湖北江陵凤凰山、江苏连云港及山东、安徽、广州、广西、贵州、河北等地汉墓都出土有西汉漆器。漆棺是最大的漆器，大多饰以云气纹，马王堆1号汉墓漆棺绘仙人骑鹿、仙人乐舞、仙人鼓瑟、神人操蛇、神羊牵鹤及神豹、麒麟等图案，构思巧妙，用黑红交织的艳丽色彩描绘出一个祥云流转、人神共舞的谲诡奇幻的世界，画面充满动感和张力。东汉前期四川广汉、蜀郡的工官仍在督造漆器，但规模似有所缩小。东汉后期私营手工业兴起，官营漆器也随之衰落，据文献记载，永兴元年（153年）后蜀郡不再生产官制漆器。朝鲜平壤出土较多东汉漆器。东汉前期大多标明制作年代和产地，如建武年号和“广汉工官”“蜀郡西工”等铭文，风格朴素，缺乏花纹。永平十二年（69年）铭文漆盘，绘西王母和龙虎图案，开始出现彩画人物的新风格。江苏连云港海州东汉初墓葬出土一批漆器，外黑内红，全器的口沿和转角处均镶嵌银质薄片。洛阳烧沟东汉晚期的M1035、M1036、M1038三墓所出漆器多鎏金铜扣，有的还在柿蒂形铜饰上嵌以水晶或琉璃珠。北魏时期大同、洛阳墓葬出土葬具漆画，1981年宁夏固原出土精美华丽的北魏漆棺，司马金龙墓出土列女图漆画屏风。六朝时期漆器不多见，但1984年安徽马鞍山东吴朱然墓出土漆器80件，采用红铜镶嵌、戗金锥刻、犀皮漆、描漆、雕刻、彩绘等多种工艺相结合，填补了六朝漆器的空白，从铭文可知其出自四川。隋唐以后，瓷器取代了漆器的重要地位。

5. 纺织业

两汉时期的丝织品从制造技术到染色、花纹都达到相当精美的程度，马王堆汉墓出土100多件丝麻织品，包括纱、罗、绮、绢、缣、锦、绒圈锦、刺绣等大批精美丝织品，其中的素纱单衣仅重49克。武威磨嘴子出土西汉末的绒圈锦，比马王堆所出织纹更紧密。绒圈锦是一种特殊工艺的锦，用多色经线和单色纬线，织造时要比普通的锦多出一根较粗的起绒经和一组起绒纬。起绒纬是织入绒圈内起填充作用的，织时必须打紧，织后又必须能够抽出来，才能形成绒圈。新疆地区由于气候干旱，纺织品保存较好，两汉墓葬中出土大批前所未见的精美纺织品。尼雅遗址出土

“王侯合昏千秋万岁宜子孙”锦衾、“五星出东方利中国”锦护膊、“延年益寿长保子孙”“世毋极锦宜二亲传子孙”“登高明望四海贵富寿为国庆”“金池凤”等精美华丽的织锦表明东汉时已有先进的提花织机。锦和绣代表了当时纺织业的最高水平，汉代的锦仍是用经线起花的平纹重经组织，多为二色或三色。此外还发现汉代的麻布、棉布和毛织物等。在马王堆汉墓发现用麻的纤维织成的平纹织物，经线密度在每厘米16根左右；还有用苎麻的纤维织成的“纻”布，灰色，纤维长，密度高，经纱32根，纬纱38根。棉布主要在西域和西南地区发现。新疆尼雅一座东汉夫妇合葬墓中出土的蜡染蓝底白花棉布残片和棉布裤，被认为是我国迄今所见的最早棉织物。东汉的画像石中常见采桑纺织图，并远及内蒙古、河西走廊一带，山东、江苏等地画像石还见有多幅纺织工具络车、纬车和织机的图案。南北朝时期纺织业继续发展，吐鲁番出土的前凉“富且昌，宜侯王，天延命长”丝履可见北朝丝织业的水平。

6. 货币

铸钱、冶铁和制盐是汉代三大官营手工业。西汉时期大宗贸易用黄金，形制有马蹄金、麟趾金、金饼，出土规模最大的有1999年西安北郊谭家乡发现的两处金饼窖藏坑，出土金饼219枚。金饼形制相同，仅大小、厚薄及重量略有差别，大多有戳记以及刻划文字或符号，铸造年代上可至文景时期，埋藏年代大致在王莽末年。2016年江西海昏侯墓出土金饼285枚、马蹄金48枚、麟趾金25枚、金版20块。汉初铜钱沿用“半两”，但官私铸造大小悬殊，重量几经变化，直到汉武帝元狩五年（公元前118年）开始铸造五铢钱，并统一全国铸币权，才稳定币制。五铢钱直径约为2.3厘米，重约3.6克，重如其文，成为以后历代货币的标准。五铢钱历经两汉三国两晋南北朝，沿用至隋唐，是中国货币史上铸行时间最长（共739年）的货币。汉武帝初期的五铢钱，版别繁多，有郡国五铢、赤仄五铢、上林三官五铢等，铸造技术还很不完善，“铢”字的金字旁往往模糊不清，金字头作三角形或矢镞形，“朱”字方折或下笔微圆折，“五”字交股斜直，上下端略向外撇。宣帝以后，字画清晰工整，“五”字交股两笔上下端近垂直平行，金字头小为矢镞形，“朱”字皆方折。宣帝以后出现一种直径仅1.2厘米的小五铢。西汉晚期，经济衰落，常见剪轮五铢。其间经王莽四次改革币制，光武帝建武十六年（40年）恢复五铢钱制，“五”字交股两笔微向外侈，“铢”字的金字旁头加大呈整齐的三角形，“朱”字大多圆折。东汉中期以后，五铢开始逐渐减重，轻小粗略的私铸钱涌现，“剪轮”和“綖环”钱多从3.2克到2克，汉末董卓在长安所铸无文小钱，重仅0.8克左右。其间灵帝发行的“四出五铢”重达3.6克，背面方孔四角斜出四道线纹。因铜质不好，肉面常见砂眼，五铢钱的信誉日衰。

王莽居摄二年（7年），发行大泉五十、契刀五百、一刀平五千三种货币，与五铢钱一起使用，面值分别当五铢钱50、500、5 000。始建国元年（9年），废除金错刀、契刀和五铢钱，发行“小泉直一”，与“大泉五十”并行，放任郡国私铸钱。始建国二年（10 年）第三次改革币制，把钱统称宝货，下分金、银、龟、贝、钱、布共计五物六名二十八品，又新发行了四泉、十布。地皇元年（20 年）废大、小泉，改铸“货布”和“货泉”，比值是 1 货布＝25 货泉，之后不久，又恢复“大泉五十”。由于币制混乱，王莽货币信誉很差，发行量小，但制作精美。

魏晋时期北方货币稀缺，曹魏、西晋一度恢复谷帛交易。五铢钱继续沿用，但流通范围减小，民间私铸盛行，大小不一，剪轮、綖环现象普遍，俗称鸡目钱、鹅眼钱，出现重物轻币的现象。蜀汉和东吴实行大钱。蜀币有直百五铢、直百等，吴币有大泉五百、大泉当千、大泉二千等。东晋沈充在吴兴一带铸行五铢小钱即“沈郎钱”，轻薄而小，入水不沉。十六国期间的成汉李寿改元汉兴（338 年），铸行中国最早的年号钱“汉兴”钱；大夏国真兴元年（419 年）铸行“大夏真兴”钱，国号与年号同铸一币；南朝宋孝武帝孝建年间（454—456 年）铸行粗劣薄小的孝建四铢，面文“孝建”为柳叶篆，背文“四铢”隶带篆意，其后省去背文；北魏太和十九年（495 年）铸“太和五铢”，孝庄帝永安二年（529 年）铸“永安五铢”，钱文从纪重逐步过渡到纪年。北周铸“五行大布”和“永通万国”，都极精美。

二、农业

铁农具的普及和改进，使汉代的农业开发盛况空前，远及边疆各地。农作物种类大大丰富，据已发表的资料，我国 17 个省区，包括内蒙古、甘肃、新疆、辽宁、青海、贵州、云南、四川等边远地区，都出土汉代农作物，种类包括稻、粟、小麦、大麦、黍、糜子、荞麦、高粱、青稞、薏米、豆类、麻、菠菜、芥菜、藕、甜瓜、杨梅、梅、杏、李、梨、桃、葡萄、樱桃、橄榄、红枣、酸枣、榛子、西瓜、戎芒、花椒、生姜、小茴香等。墓葬中出土的粮食一般贮存在罐、壶、粮囊、竹笥中，并发现大量与农作物有关的题记。家畜的残骨和家禽的模型在汉墓中大量出现，种类有鸡、鸭、鹅、马、牛、羊、猪、狗等。狩猎、捕鱼、植桑养蚕也是重要的农副业，出现人工开凿的陂池饲养鱼、鳖。长沙马王堆汉墓随葬的肉食品中，有野兔、梅花鹿、斑鸠、雁、竹鸡、喜鹊、雉、鹤等。农副业品种已较齐备，不同区域的农作物品种也有区别，因地制宜的农作物区的雏形正在逐步形成。粮食生产、储备和运输情况也在考古遗存中有直接反映。墓葬中发现众多的各式陶明器仓，实用的仓囷也在洛阳汉河南县城发现，20 世纪 80 年代在陕西华阴发掘了汉武帝时期著名的京师仓遗址，大致为长方形，东西 1 120 米，南北 700 米，发掘仓城 1 座，粮仓 6 座，既可储藏粮食，又担负着中转和储运的作用。2004 年在凤翔县孙家南头村西发掘 1 座西汉时期汧河大型码头仓储建筑，是关中西部重要的水上粮食转运站，出土“百万石仓”瓦当。

农业生产和加工工具在遗址、墓葬普遍出土，农耕生产场景大量出现于壁画、画像石（砖）上，随葬明器中包含大量仓、井、田池圈厕、庄园坞壁模型。秦汉时期，牛耕的重要性已经见诸法律，云梦睡虎地秦简《厩苑律》规定了耕牛饲养管理的奖惩条令。汉代铁犁铧发现数量大增，牛耕在北方地区广泛推广，甘肃武威磨嘴子M48出土木质的一牛一犁模型，表明至迟在西汉末年单牛犁耕已出现。山西平陆枣罗村新莽时期壁画墓中出现二牛抬杠的牛耕图，画中一人扶直辕犁，犁铧略似等边三角形，体大。东汉时期的牛耕图普遍使用一牛挽犁和二牛抬杠的犁耕方法。铁犁铧较战国时期有所改进，石家庄赵陵铺镇汉墓、巩县铁生沟和南阳瓦房庄等冶铁遗址出土不少西汉中期以后的铁犁铧，有长方形犁镜与“V”形铁口犁铧，上口加宽，两侧铁叶加长，铧锋角度变小，破土力更强。东汉铁犁铧实物在安徽寿县、福建崇安等地有出土，有的重达15公斤。碎土和平整土地的工具耢、耙在山东藤县黄家岭画像石中有表现，耙地场面在嘉峪关魏晋墓画像砖上有表现。曲柄铁锄、铁镰及播种的铁耧足都有实物出土，也见于陶俑和画像中，四川牧马山东汉晚期崖墓中出土把持大铡刀的陶俑。积肥粪田技术普遍使用，辽阳三道壕遗址中畜圈和厕所相距很近，东汉时期大量猪圈厕所相连的陶明器都反映了这一事实。加工粮食的践碓模型也有出土，已使用水碓。洛阳东汉末期墓葬出土的陶风车有漏斗形高栏，车厢形制、风箱穴尾和碓臼位置的设计大有改进。汉代水利灌溉在农业生产中的作用举足轻重，遗址中井的数量极大，大约春秋时期出现利用杠杆原理汲水灌溉的桔槔，战国文献中明确出现“凿井以溉田”的记载，汉代随葬陶明器中井和水塘也很常见，《洛阳烧沟汉墓》一书中收录两汉水井模型97件，在四川和两广汉墓中常见水田模型明器，都有池塘、闸门和灌溉水渠通向水田，四川新都所出“薅秧画像砖”，画面中间有一道田埂，左为水田，右为水塘，田埂中间有一“V”形缺口，示意水塘经此灌向水田。汉代的水利工程遗址也有重要发现，陕西蒲城发现西汉时期龙首渠遗址，采用井渠法和提高白渠渠口将水引向高仰之田的方法，在当时是比较先进的技术。2000年在西安灞桥区段家村灞河、浐河交汇处发现一座水上建筑，2006年在其北发现一座水坝，都是漕渠的附属工程。安徽寿县发现东汉修建的芍陂（今安丰塘）灌溉工程的水堰遗迹。今绍兴城南的鉴湖是东汉时期江南最大的蓄水塘堰工程的一小部分，当时可灌溉田地9 000顷。与此相关，桥梁建造技术也取得长足进步，1986年在咸阳秦都区钓台乡西屯村沙河河床上发现两座木桥，有说是西渭桥或沣河桥抑或沙河桥。2004年在未央区三桥镇发现一座木桥，是西汉建于泬（潏）水上的沟通长安城与上林苑的皇室御用桥梁。

东汉墓葬壁画和画像石上的常见题材是描绘豪强地主自给自足、多种经营的庄园经济的盛况，农业、牧业和手工业样样俱全。如和林格尔东汉晚期壁画墓所绘大庄园中马厩、牛圈、羊圈、猪群、鸡群、蚕桑、酿造作坊、车库等应有尽有，庄园之外田连阡陌，农夫扶犁驱牛，牧马、放牛、牧羊和农耕等内容分别绘于各室。四川出土的画像砖上见有地主宅院外的大片稻田、池塘、山林和盐井等图像。河南密县打虎亭汉墓和山东沂南画像石中还发现“收租图”题材。坞、楼、碉楼、城堡等图形也常见于画像题材及陶明器。甘肃酒泉魏晋墓葬壁画中有坞壁、养鸡植桑的画面。六朝时期，北方经济受到破坏，但对外贸易频繁起来，南方地区逐步成为农业和社会经济发展的重心。

三、文化艺术

1. 简牍与纸张

新中国成立前，汉简在内蒙古、甘肃、新疆的居延、敦煌等地烽燧遗址有出土，近几十年在湖北、湖南、安徽、山东、广西、甘肃、江苏、河北等地都发现了汉代的简牍。内容有公文档案、符契簿录、书信、书籍、日书、算书、法律乃至医书药方。居延汉简和敦煌汉简是重要的官私文书和边境屯戍档案。居延汉简最早于 1930 年出土 1 万余枚，20 世纪 70 年代陆续发现近 2 万枚。纪年上起汉武帝征和二年（公元前 91 年），下至东汉初年。包括公文文书和各种统计、登记簿籍，前者包括皇帝下发的诏书政令、官府颁发的檄书（用于征召、晓谕或声讨的文书）、牒书（公文、凭证）、律令、烽火品约（具体记录入寇人数、点火多少）等。后者包括吏卒家属、奉赋名籍、公文信件、钱粮出纳、武器装备、伤员统计、驿马、牛籍、日常工作的日迹簿等，在关卡遗址还有吏民出入关的登记簿。敦煌汉简主要内容也与屯戍公文簿籍有关，另外还有书信以及《仓颉篇》《急就篇》的断简，时代从汉武帝末年到东汉桓帝时期。1990—1992 年在甘肃敦煌市甜水井附近发掘了悬泉置遗址，是汉代建立在河西要道上的一处交通驿站，职能是传递文书、接待宾客、供应人夫车马和食宿等，面积 22 500 平方米，发现土坯墙围成方形的院坞、灰区、马厩及其附属建筑。坞院内有 27 间房屋，为坞吏办公用房和传舍用房。出土简牍、帛书、纸文书等遗物 7 万多件，其中汉简 1.8 万多枚，还发现墙壁题记等。从简牍的纪年看，最早为西汉武帝元鼎六年（公元前 111 年），最晚到东汉和帝时（89—105 年）。山东临沂银雀山西汉墓出土汉简主要是《孙子兵法》《孙膑兵法》《尉缭子》《六韬》《晏子》《守法》《守令》等古代兵书典籍。安徽阜阳双古堆西汉墓、武威磨嘴子汉墓和江陵张家山汉墓也出古书，后者还出土大量法律文书，如《汉律》《奏谳书》辑录议罪案例，以及日书、算书等。马王堆 M3 出土医书简两卷 200 支，一卷内容讲养生之道，与《黄帝内经》相似，另一卷为房中术。武威旱滩坡东汉初年墓出土一批医药简，辑录较完整的医方 30 余个，涉及内科、外科、妇科和五官科近百种药物以及针灸疗法。“遣策”是汉墓竹简中多见的内容，马王堆 M1 出 321 枚、M3 出 410 枚，逐件记录随葬物品的名称和数量，因下葬时要当众宣读，故而认为遣策所录更为准确。还有一种将随葬品清单记录在木方上的“帽方”，区别在于前者被认为记录自备的随葬品，后者记录他人赠送的随葬品。另有一种观点认为，随葬品在百种以上者记录于竹简，百种以下者记录于木方。走马楼汉简 1996 年出土于长沙五一广场一口井内，简牍总量高达14万余枚，超过中国历代出土简牍的总和，主要为三国吴国纪年简牍和西汉简牍。2003年在走马楼8号井内再次发现1万余枚西汉简牍，主要是汉武帝时期的行政文书。2019年，荆州胡家草场M12出土4 642枚汉简，内容为“岁纪”（编年史书）、律令、日书、医方、历法等。汉简一般为窄条形，长约20厘米，如居延汉简大多长23厘米左右，临沂和马王堆所出简长27.6厘米，当汉尺一尺或一尺二寸，宽0.7～1.5厘米。木牍较宽，3.5～7厘米，可写数行字，也称“方牍”。

最早的纸出现于西汉，1933年黄文弼在新疆罗布淖尔地区发现一张汉宣帝时期的原始麻纸，白色，质粗糙，纸面尚有麻筋。50年代以来，先后在西安、扶风、居延、敦煌、天水等多处发现西汉麻纸，新疆民丰、甘肃武威等地发现东汉麻纸。1957年在西安灞桥一座西汉墓中出土铜镜下面发现外观呈米黄色的纸标本，有人认为是世界上最早的植物纤维纸，年代在武帝以前，但也有人认为仅是自然堆积物。1973—1974年居延肩水金关遗址出土两片麻纸，经鉴定是由废旧麻絮、绳头、布料等原料制成，结构松弛，时代在西汉晚期。1978年扶风县中颜村西汉晚期窖藏所出铜泡内发现近似居延纸的标本，时代约在宣帝时期。1979年甘肃敦煌汉代烽燧中再次发现西汉中晚期的麻纸5件。这些发现除武威纸上残存隶体墨书，可辨“青贝”等字，其余均未见书写痕迹，故存争议。1986年甘肃天水放马滩M5（西汉景帝时期）发现黄色纸，表面光滑，上面绘制迄今发现的最早的地图。90年代以来甘肃敦煌悬泉置遗址陆续出土460多片麻纸残片，13张有墨书字迹，成为中国出土古纸最多的地方。根据同时出土的简牍和地层分析，这些古纸的年代涵盖了西汉武、昭、宣、元、成帝时期，及东汉初至西晋，用于书写文件、信件及包裹物品。以上纸的年代大都早于公元105年，至迟在西汉中期已有麻纸，这与文献记载汉武帝时“卫太子大鼻……上恶大鼻，当持纸蔽其鼻而入”在时间上是吻合的。最初的纸张质地粗糙，产量低，尚不足以代替简帛。东汉蔡伦改进了造纸术，但直到西晋时仍简、纸并用。

2. 帛书与帛画

继战国楚墓发现帛画、帛书之后，长沙马王堆汉墓出土西汉初期的帛书与帛画，M1与M3内棺上各发现1件“T”形彩绘帛画，即所谓“非衣”，全长1米许，构图基本一致，均表现天上、人间、地下场景。差别在于墓主形象，前者为女性，后者为男性。M1的保存完整，上段绘日、月、升龙及人面蛇身的始祖神，象征天界；中段绘蛟龙穿璧图案、墓主及家人、侍女，表现出行、宴乐、祭祀等人间生活；下段以鳌鱼异兽象征地下阴间。画面内容极为丰富，从人神、飞禽、走兽、水族、爬虫到日、月、云、树，作画者极富想象力地把这些繁杂的事物组织成一个整体，构图巧妙，通过穿璧的蛟龙，贯穿画面三段主题，昂扬的龙首与迎候在天门的司阍，烘托升天的气氛，既分隔画面，又将天上、人间、地下有机地连成一体。在笔法上较战国帛画又进一步，主要人物形象写实，表现手法协调多样，面部描线和衣纹表现得自然流畅，龙头及龙爪等局部刻画刚劲有力，线条粗细刚柔富于变化。采用平涂法勾勒轮廓，再着色渲染，使用了矿物、植物、动物三类颜料，色彩鲜艳。此外，山东临沂银雀山 M9 西汉墓出土长条形旌幡类帛画，采用没骨法与勾勒相结合绘成。新莽以后旌幡帛画趋于简化，甘肃武威磨嘴子新莽时期墓葬 M54、M23 出土的绢麻柩铭，上端绘金乌代替繁复的人物画面，柩铭分别为“如臧东乡利居里壶”和“平陵敬事里张伯升之柩，过所毋哭”。马王堆 M3 出土的帛书与医简一起放置在长方形漆盒中。帛书大部分写在宽 48 厘米的整幅帛上，折叠成长方形；少部分写在宽 24 厘米的半幅帛上，用木条卷起。经整理的 28 件帛书，除《周易》《老子》有今本传世外，绝大多数为古佚书，另有两幅古地图。这是中国古代典籍资料的一次重大发现。

3. 壁画、画像石、画像砖

西汉前期所见少量壁画主要是装饰性的图案，有青龙、白虎、朱雀、云气以及几何图案，西汉晚期壁画成熟定型，数量增加，题材多见神仙祥瑞及历史故事。以墨线勾勒平涂设色，以红、绿、黄、橙、紫等矿物颜料为着色剂，呈色艳丽。如卜千秋墓主室描绘墓主夫妇在持节方士和仙女导引下分别持弓乘龙、捧鸟乘三头凤升天的情景，旁有仙禽神兽护卫，构图繁而不乱，造型准确生动。烧沟汉墓 M61 壁画描绘长卷式的历史故事二桃杀三士、鸿门宴，以连环画形式将众多不同人物的性格、矛盾冲突刻画得鲜明生动，表现手法率意粗犷。东汉晚期墓葬壁画中多有精品，和林格尔汉墓、密县打虎亭汉墓壁画堪为典范。绘画题材以反映现实生活的庄园农耕、车马出行、乐舞百戏、墓主的仕途经历、幕府官邸以及升仙、天象等为主题，多情节复杂的连壁巨作，一般面积 50～200 平方米，较为熟练地运用写意法、白描法、没骨法等多种绘画语言，着色赋彩挥洒自如。和林格尔东汉护乌桓校尉墓，壁画 100 余平方米，有 57 组画面，从“举孝廉时”到“使持节护乌桓校尉”描述墓主的仕途经历，表现其显赫的车马仪仗、繁华的城池幕府、忙碌的庄园生产、农耕放牧、庖厨宴饮、乐舞百戏及书写榜题的孝子烈女故事等，场面壮丽宏大，线条刚柔相济，构图严谨，疏密有致，熟练地掌握了勾勒、平涂、敷色渲染等技法，对马的动态刻画尤其神形兼备。打虎亭 1 号汉墓表现贵族宴饮与观看百戏的场面，十分壮观，跳丸、杂耍、盘舞等图像，将瞬间的动态描绘得生动传神，细微处连席前的杯盘碗筷都被详加描摹。魏晋时期中原战乱，薄葬流行，墓葬壁画少见。北京石景山八角村晋墓、辽阳上王家村魏晋墓、朝鲜半岛东晋冬寿墓见有壁画，手持麈尾、坐于帷帐之下的墓主夫妇并坐像成为魏晋以来的流行题材。而甘肃嘉峪关一带魏晋时期墓葬中所见数百幅砖画，风格清新，简约放达，一砖一画，内容极富生活气息，表现出行、放牧、狩猎、农耕、乐舞、宴饮等现实生活场景。先在砖上平涂一层白灰，用墨线勾勒，以赭石、石黄、石绿填色，鲜艳明丽，笔法流利洒脱，具有鲜明的时代特征。甘肃酒泉丁家闸发现描绘天、地、人间三界的壁画。

北魏壁画墓很少。大同太延元年（435 年）壁画墓，墓主为平西大将军破多罗氏的母亲，壁画面积约24平方米，上下分栏绘制，上栏绘星象和神兽奇禽，象征天界，下栏绘人物车马，象征人间生活。人物众多，笔法飘逸，均为秀骨清像，风格接近东晋顾恺之画风，表现出拓跋贵族深刻的汉化倾向。迁都洛阳以后，清河王元怿墓、江阳王元乂墓、安东将军王温墓中均发现壁画，继承汉墓壁画传统题材如孝子故事、四神、墓主宴饮、牛车出行、银河星象图等，汉化色彩浓郁。北魏晚期壁画人物出现丰壮型的新风格，由南向北传播。东魏、北齐和北周墓葬流行壁画，艺术价值极高。河北磁县湾漳大墓、山西太原娄叡墓、徐显秀墓、山西忻州九原岗墓等壁画面积各达200～300平方米，题材主要是墓主画像、出行仪仗、军乐鼓吹、鞍马游骑、狩猎、杂技、四神、祥瑞、天象等。继承北魏壁画的分栏布局方式，墓道、甬道、墓室壁画分为上下栏，上栏和门墙、墓顶象征高于世俗生活的天界，绘制日月星辰、方相氏、四神羽人等与升天有关的内容；下栏依各部位功能安排画面，象征宅前门道的墓道，地面绘莲花、花草图案，两壁分别绘制与墓主身份相称的出行仪仗队列，并以屋宇作背景，茹茹公主墓和湾张大墓的仪仗队列分别由14人和53人组成，均由青龙白虎引导；象征门廊的甬道两壁绘制等待谒见的属吏和侍卫；象征内庭的墓室四壁绘墓主端坐、侍者供奉、伎乐宴享、属吏拜见等内容。宣扬现世享乐生活的内容取代了孝子、圣贤故事。在人物形象塑造上，茹茹公主墓和娄叡墓的形象已是典型的新式丰壮形象，造型准确写实，线条刚劲有力，赋色华丽典雅。而同时的关中及其以西地区，如固原北周李贤墓壁画，尚保留旧式秀骨清像风格。

北魏葬具壁画独具特色，运用线刻、浮雕、彩绘装饰棺椁、棺床、墓志和屏风等设施，大同和洛阳均有发现，题材多为孝子故事、帝王将相、高人逸士、牛车出行、侍者供奉等。绘画风格上鲜卑旧俗与汉魏传统并存，愈到后期出现愈多的汉文化因素。大同智家堡墓人物均着鲜卑服装，而司马金龙墓屏风漆画和宋绍祖墓石椁内壁画残存的舞蹈抚琴人物着中原传统的褒衣博带服装，服饰的变化真实地再现了鲜卑的汉化进程。晚期出现较多莲花、忍冬、摩尼宝珠等佛教内容。这种葬具画一直影响到北周时期，建德元年（572年）匹娄欢墓石棺棺盖刻伏羲女娲，侧面刻青龙白虎，沿袭了洛阳北魏石棺画像题材。北周墓葬装饰最为独特的是西安北郊的粟特人墓所出的具有西域粟特风格的画像石葬具。安伽墓保持较深厚的本民族特色，墓室正中的石榻上浮雕和线刻车马出行、狩猎、野宴、商旅等场面，石墓门正面浮雕祭祀图、门楣上刻兽头及缠枝葡萄，带有浓厚的祆教艺术风格。画面色彩艳丽，用黑、红、蓝等颜料晕染，并使用减地、浮雕、线刻、绘画、贴金等手法。

画像石和画像砖因受材质限制而不同于壁画。画像石通过线刻、浮雕、透雕等雕凿技法造型，画像砖则多以模印的压印方法成形，饰以彩绘，可以批量制作。画像石流行于西汉中晚期至东汉。已熟练运用阴线刻、凹面刻、减地平面阴刻、浅浮雕、高浮雕、透雕等技法。山东沂南画像石构图繁复而层次清晰，使用多种技法，表现细腻生动，胡汉征战图、车马出行图、宴饮起居、舞乐百戏等都是汉画像石的代表作；南阳画像石构图粗犷，古拙呆板；陕北画像石短小简洁，以剪影的形式表现事物的轮廓，充满生活气息。汉画像砖墓集中分布在成都平原地区，其他地区发现不多，以表现生产活动、墓主享乐生活以及仙人神话一类题材为主，是将模印与彩绘融为一体的艺术形式。六朝墓葬的拼镶印砖壁画是对汉画像砖的继承和发展。以木模压制而成，有浮雕效果而少见彩绘。代表作是常见于南朝帝陵和王室墓中的巨幅《竹林七贤图》。南京西善桥墓的竹林七贤及荣启期画像保存最好，人物席地而坐，姿态各异，旁有榜题，以各种树木作间隔，合则成巨幅壁画，分则独立成幅，风格简朴，注重表现人物的内在精神气质。丹阳胡桥仙塘湾南齐墓疑为齐景帝陵，砖印壁画有羽人戏龙虎、骑马侍从、执戟侍卫、执扇侍从等，堪称六朝艺术珍品。河南邓县南朝墓的刻印画像砖，砖面涂饰红、绿、紫等颜色，题材主要是孝子故事，如郭巨埋儿、老莱娱亲等，人物形象属于旧式的秀骨清像。襄阳贾家冲画像砖墓时代与之接近，但已露新式端倪。南朝晚期常州戚家村墓画像砖的仕女形象已非常丰满。

4. 雕塑

铁工具的应用开创了石材加工和石雕艺术的新篇章。汉代画像石与石刻艺术开始兴起并迅速发展，以陕西兴平霍去病墓上石雕为代表的西汉雕塑艺术表现出自由凝练、雄浑放达的风格，霍去病墓前现存虎、卧牛、跃马、象、马踏匈奴、力士搏熊等石刻十多件。这些石雕依石材的天然形状，通过极其粗犷的大手笔稍加雕饰，将形象的轮廓和神态刻画出来，在很大程度上保持了岩石的自然美，朴拙简约，但形神俱备，强调整体感和厚重感。其中的跃马，头上仰，后肢弯曲，前肢举起，将瞬间的跳跃姿态刻画得动感十足。而“马踏匈奴”以浪漫主义手法表现了西汉政府对霍去病远征匈奴战功的表彰和纪念，是我国最早的一件纪念碑石刻，同时把墓冢做成祁连山形状。两汉大型石雕作品留存不多，西安斗门镇常家庄村牵牛织女石雕像、城固县饶家营汉博望侯张骞墓前的一对石虎、咸阳石桥乡出土的石蹲虎等都具有西汉石刻朴拙、简略的时代特征。东汉石雕见有河南嵩山中岳庙前一对石人、山东曲阜发现的两个带有“府门之卒”“汉故乐安太守麃君亭长”篆书刻铭石人、四川省灌县都江堰出土建宁元年（168 年）雕刻的李冰石像等，仍保持简约风格，但立体感有所加强。石兽的雕刻比较生动，洛阳发现的刻有“嵩聚成奴”的石辟邪，作举步欲行的姿态，是东汉晚期墓前石雕中最优秀的作品。北魏宣武帝景陵前出土一座石翁仲，五官双手衣褶刻画细致。东魏、北齐陵墓石刻开始流行。六朝陵墓前神道一般设石兽一对、石柱一对、石碑一对，帝王陵前石刻天禄、辟邪吸收了西方波斯希腊艺术风格，浑厚有力，装饰简约，优雅生动，希腊式的直条瓜棱石柱顶部立印度式莲花圆盖柱首，处处体现着兼容并蓄的新风气，流露着六朝的繁华与颓废之气。

东汉时期佛教传入中国，南北朝佛教艺术进入繁荣期，有学者研究认为佛教在东传过程中存在南北两个系统，北传系统为犍陀罗风格，南传系统为秣菟罗风格，前者多石窟摩崖造像，后者艺术形式多样。石窟寺艺术在北方多山地区大规模兴起，新疆古龟兹石窟始凿于三四世纪，5—8 世纪达到鼎盛。克孜尔石窟、库木吐拉石窟、森木塞姆石窟、柏孜克里克石窟、土峪沟石窟等都发现早期雕塑和绘画作品，以佛像、涅槃像、降魔、说法、本生故事、因缘故事、装饰飞天、金翅鸟、日天、月天、风神、乐舞、供养人等为题材，受印度艺术的影响深厚。甘肃敦煌莫高窟、永靖炳灵寺等始凿于十六国时期，一直到隋唐宋元历代开凿不衰，留下大量彩塑造像和壁画，成为举世瞩目的艺术宝库。北魏时期开凿的天水麦积山石窟、张掖马蹄寺、武威天梯山、大同云冈石窟、洛阳龙门石窟等，一般造像形体修长，面部清秀瘦削，小眼含笑、薄唇细颈，褒衣博带。北魏石窟壁画常以浓烈的红色为地，用青、绿、赭、白敷彩，色彩热烈奔放。西魏以后，以白色为地，逐渐趋于淡雅清新。近年北朝佛教造像最重要的两批发现，一是山东青州龙兴寺 400 余尊贴金彩绘石造像，二是河北邯郸邺城遗址埋藏坑出土的 2 895 件汉白玉和石造像及残片。南方地区石窟寺相对较少，但早期佛教造像数量和年代皆不输于北方，南方的佛教雕刻、画像，装饰佛像、僧人像的陶瓷器，以及铜镜、摇钱树、柱础等在孙吴西晋时期就已相当可观，东汉三国时期发现的 21 株摇钱树上装饰 67 尊佛像，年代最早的在公元 125 年。江苏连云港发现东汉晚期的摩崖造像，南齐时开凿的南京栖霞山石窟主要是齐梁间作品，风格圆润细巧，典雅秀丽，因 1924 年寺内僧人以水泥修补，原貌已失。成都及周边的彭州、茂汶县均有南朝佛教造像发现。

汉代造型艺术的代表之作是大量的陶质人物俑、动物俑，形象生动活泼，不乏精品。洛阳出土的东汉击鼓说唱俑袒胸露腹，赤足翘起，左臂夹鼓，右手举槌，作击鼓说唱表演状，神态诙谐，动作夸张，见之令人忍俊不禁，极富艺术感染力。武威出土的铜车马俑、骑马俑，马的造型优美，比例准确，马踏飞燕铜塑更是汉代雕塑艺术的代表佳作，马昂首扬尾，向前飞驰，一后足踏在飞燕身上，寓意奔马的速度快比飞燕，显示了古代艺术家观察和捕捉动态情节的能力。

5. 乐舞和百戏

在两汉壁画、砖石画像中常有乐舞百戏图，奏乐俑、击鼓说唱俑、杂技俑、玉石舞人等也常有出土，应是当时音乐舞蹈杂技艺术的真实记录。出土乐器有钟、磬、鼓、琴、笛、箫、笙、埙等，多是中原传统乐器。据文献记载，当时西域的琵琶、箜篌，匈奴的胡笳等乐器，均已传入中原，胡乐、胡舞、胡人杂技时有所见，在辽阳壁画上见有琵琶。汉代杂技百戏成为一时风尚，在春秋战国“角抵”等技艺的基础上，吸收外来的演技，各种杂技得到极大的发展。沂南画像石上有飞剑、弄丸、走索、车戏等演出，打虎亭汉墓壁画上有跳丸、杂耍、盘舞等演出，和林格尔壁画上有飞剑、弄丸、橦技（顶竿）、叠案等演出，后者可能是从“安息五案”学来的，东汉画像砖上有倒立于十二张案上的场景。

6. 建筑

东汉的模型明器与画像提供了有关当时建筑技术的丰富资料，石祠、石阙建筑遗存更提供了最直观的建筑实物资料。东汉大墓普遍随葬的高楼模型明器，无疑是当时建造高楼的缩影。武威所出的是五层，高唐所出的是四层，但陶楼一般是三层，似乎这是当时建筑高楼的通例。中国传统木构建筑屋顶的五种基本形式庑殿式（或名四阿、五脊）、歇山式（或名九脊）、悬山式、硬山式、攒尖式，至迟在东汉时期都已出现。卷棚式的屋顶也可见到。在多层建筑中常采用重檐的技法，但翼角的风格似尚未开始。在木构架上，用斗拱承托梁的技术也较普遍得到使用，并新出现了重拱与一斗三升等技术。墓葬建筑中开始出现仿木结构的砖雕墓门以及建筑图像的壁画，在和林格尔墓壁画上有“渭水桥”图像，在水中立柱，上施斗拱，斗拱上架梁、铺板、立栏，是木构建筑。总之，在东汉时期，中国传统木构建筑特点已进一步形成。

7. 中外文化交流

汉代张骞“凿空”西域，丝绸之路开辟。我国的丝绸制品远销中亚、西亚、欧洲，西方的金银器、钱币、玻璃器皿等也传入东方。1978 年山东临淄西汉齐王刘襄墓（公元前 179 年左右）1 号随葬坑内发现一件列瓣纹银豆，是在一件来自波斯的银盒上加工改造而成，圈足和豆盖上三个卧兽是后来附加的。银盒与山东青州西辛战国齐王墓发现的 2 件列瓣纹银盒、广州南越王墓出土的列瓣纹银盒造型纹饰相同，均为舶来品。广州横枝冈西汉中晚期墓出土 3 件深蓝紫色玻璃碗，江苏邗江甘泉 2 号汉墓（67 年）红白相间搅胎玻璃钵残片，据检测均为钠钙玻璃，属于罗马帝国产品。十六国时期，关中战乱频仍，正常的东西方交流路径受到严重阻碍，另一条东起大海，横跨欧亚草原的草原丝绸之路开始繁荣。这条道路沿内蒙古阴山河套一线到达今呼和浩特和山西大同，东行经燕山、七老图山至赤峰南部和东北各地。出土的波斯萨珊银币、东罗马金币、西亚的金银器多沿这一线分布。魏晋十六国时期，连接中西交通的新疆吐鲁番地区兴起了高昌和交河古城，附近的阿斯塔那墓地出土大量保存完好的粟特文书，死者眼上、口中往往放置波斯银币。内地墓葬中也常见外来文化因素的物品，大同北魏封和突墓出土萨珊国王巴赫拉姆一世形象的鎏金银盘，河北定县塔基北魏太和五年（481 年）石函中发现萨珊银币和一批玻璃器，磁县茹茹公主墓出土 2 枚拜占庭金币，河北景县封氏墓出土 4 件玻璃碗，宁夏固原北周上柱国李贤夫妇墓出土了造型精美的表现希腊神话“帕里斯审判”“掠夺海伦”“回归”题材的萨珊波斯王朝鎏金银壶、金戒指、玻璃碗。1965 年发掘的辽宁北票北燕太平七年（415 年）冯素弗夫妇墓出土的 5 件玻璃器，晶莹剔透，色彩艳丽，经检测其成分为钠钙玻璃，造型在国内十分罕见，而在国外的玻璃制造中心多能找到类似产品，其成分也与罗马玻璃、萨珊玻璃大致相同，很可能都是舶来品。[①] 冯素弗墓出土的铜马镫、压印佛像纹步摇金珰皆体现着中西交流的印迹。湖北鄂城西

---

① 安家瑶．我国古代玻璃研究中的几个问题//中国考古学研究——夏鼐先生考古五十年纪念论文集．北京：文物出版社，1986.

晋墓出土的磨花玻璃、南京象山东晋王氏家族墓M7和南京大学北园东晋墓出土刻纹玻璃杯，南京中央门外东晋大墓出土黄色玻璃碎片、南京石门坎墓出土彩色玻璃残片，经定性分析，均属钾钠玻璃制品，是公元5世纪时从东罗马或波斯传入我国的。北周都城长安有大批粟特人往来定居形成聚落，西安北郊发现粟特人和其他外国人墓葬集中埋葬现象。六朝帝王陵前石刻天禄、辟邪、石柱体现了波斯、希腊以及印度艺术的影响，犍陀罗艺术随着佛教的传入对魏晋南北朝造型艺术产生了深刻的影响。南京象山东晋王氏家族墓M7还出土一粒金刚石嵌面的金戒指，可能来自印度。这一时期，日本、朝鲜半岛、印度、蒙古国也都发现大量中国陶瓷器、漆器、铜镜、丝绸等物。汉代大批丝织物和铜镜、漆器等物以和亲、岁贡、赏赐、贸易等方式传入匈奴等地。三国东吴朱然墓出土的漆凭几、名刺、饭盒、木屐等在日本大量发现，影响深远。高句丽、百济受到东吴、东晋的影响更深，其墓葬结构、壁画、花纹砖、铜镜等完全是南朝艺术风格的模仿。

第七节　汉魏时期少数民族考古

一、匈奴与鲜卑考古

战国晚期匈奴崛起，秦汉之际冒顿单于统一北方草原各部，建立起第一个统一的游牧帝国。其活动中心在今蒙古国中北部及外贝加尔地区，这里匈奴遗存分布最为密集，包括单于一级的大型贵族墓及规模不大的军事城堡。在匈奴政权南部边缘鄂尔多斯地区活动的林胡、楼烦、白羊河南王都成为被征服的匈奴别部，直到西汉中期以前匈奴一直在中国北方频繁掳掠，甚至在阴山一带建有幕南王庭。在匈奴退出漠南之后，这里依然是安置各时期匈奴降人的主要地域。中国境内的匈奴遗存主要集中于内蒙古、青海、宁夏、陕西、山西北部、新疆地区，已发现秦汉时期匈奴墓地10余处。相当于西汉至东汉初的匈奴墓葬有准格尔旗西沟畔M4、苏尼特右旗吉呼郎图墓地、长安客省庄M140、陕西铜川枣庙M25、宁夏同心县倒墩子和李家套子墓地等。漠南匈奴墓与漠北有着十分突出的共性，同时，春秋战国以来形成的地域差异依然存在，缺乏漠北地区典型的带有土石封丘的石砌墓和木质棺椁，但随葬品和葬俗与漠北匈奴墓没有太大的差异。以竖穴土坑墓为主，多南北向，地面无任何建筑，一般无葬具。盛行单人仰身直肢葬，头向北，普遍以马、牛、羊的头、蹄为殉牲，随葬品以动物纹和几何纹铜带饰、透雕铜环、铜铃、环首铁刀、铁带扣以及肩饰波浪纹的陶罐为代表。这种无地面标志和无葬具的墓葬在漠北早期遗存如呼尼河畔、伊沃尔加、德列斯图依墓地中也有发现，与石砌墓同处一个墓地。说明源自鄂尔多斯地区的这些别部成员在匈奴文化中占据重要的地位，与漠北匈奴关系十分密切。通过人类学鉴定，匈奴主体民族以北亚类型蒙古人种为主，而对周边诸多部众的征服使其人种成分也变得复杂。匈奴从汉初征服西域到北匈奴西迁，在新疆一带有过长期的活动。在新疆巴里坤、哈密、木垒县发掘了上百座属于西汉时期的具有匈奴因素的墓葬，有竖穴土坑墓和石砌墓两类，发现匈奴青铜、饰牌等，吐鲁番艾丁湖古墓中发现马纹铜饰牌，罗布淖尔若羌米兰汉城堡遗迹附近曾发现匈奴鎏金铜鹿。这一带原属月氏，西汉初匈奴势力扩张至此。北匈奴西迁过程中的遗存在新疆和静县察吾乎沟口 3 号墓地共发掘 20 座东汉前期墓葬，墓葬形制和随葬品与汉代匈奴接近，人骨含有欧洲人种成分。巴里坤还发现永元五年（93 年）任尚平北单于於除鞬纪功碑、永和二年（137 年）裴岑败北匈奴呼衍残部纪功碑。

可确认的南匈奴墓葬有：东汉中晚期的东胜补洞沟墓地、准格尔旗大饭铺墓地、包头张龙圪旦汉墓 M1、青海大通上孙家寨乙区墓地、东汉早期至晚期的神木大堡当墓地、山西朔县部分汉墓、东汉中晚期的西安北郊岗寨村墓、河南安阳殷墟匈奴墓等。这些墓葬在形制、埋葬礼仪和出土文物上几乎都与汉墓无异，多为砖室墓，带斜坡墓道，有木质葬具，墓向不固定，多有封土。采用家族多人合葬，仰身直肢，随葬品汉化特征十分显著，有汉式陶罐、壶、熏炉、灶、房屋等明器及铜钱、漆器、装饰品等。具有草原民族特征的马具、腰饰牌、兵器等物品很少出土，判别其为匈奴墓葬的依据主要是随葬品中有近底部钻有小孔、肩腹部饰弦纹和波浪纹的典型匈奴陶器、殉牲、体质特征区别于汉族等，上孙家寨乙区 M1 仅因发现一枚“汉匈奴归义亲汉长”铜印确定为匈奴墓。如果没有这些特征，几乎很难把它们与一般汉墓区别开来。这反映了南匈奴归汉后，民族意识迅速瓦解，传统文化特征几乎消失殆尽，尤其是匈奴上层集团汉化程度更深，平民墓葬当中还相对较多地保持了一些传统因素，如补洞沟的无葬具长方形竖穴土坑墓，是鄂尔多斯地区青铜时代以来匈奴别部的传统葬制。

鲜卑源于东胡的一支，一度受匈奴控制，西汉末至东汉初年，拓跋鲜卑首领推寅由大鲜卑山南迁大泽，传七世之后到邻，继续南迁占据匈奴故地。东汉晚期，檀石槐建立鲜卑军事大联盟，在高柳北三百里的弹汗山歠仇水设立庭帐。1980 年在大兴安岭北段鄂伦春自治旗阿里河的嘎仙洞发现了北魏“太平真君四年（443 年）”的石刻祝文 201 字，确认其即为拓跋鲜卑的发源地。鲜卑早期遗存在内蒙古、山西右玉善家堡、辽宁朝阳和北票喇嘛洞等地有发现。北魏迁都平城之前的遗存可以划分为四段：第一段有呼伦贝尔陈巴尔虎旗完工、新巴尔虎左旗伊和乌拉、额尔古纳右旗拉布达林和七卡、满洲里市扎赉诺尔等墓地；第二段包括海拉尔团结、鄂温克族自治旗伊敏河两岸的孟根楚鲁和伊敏车站、兴安盟科右中旗北玛尼吐、赤峰市林西县苏泗汰、赤峰巴林左旗南杨家营子、乌兰察布市察右后旗三道湾一期和商都县东大井墓地，属于拓跋鲜卑南迁“匈奴故地”途中留下的遗迹；第三段当东汉晚期至三国时期，是拓跋鲜卑初居“匈奴故地”时期，主要遗存发现有通辽市科左中旗六家子，科左后旗新胜屯和舍根，乌兰察布市察右后旗三道湾二期和赵家房村、二兰虎沟，乌兰察布市卓资县石家沟，锡林郭勒盟二连浩特市盐池，呼和浩特市托克托县皮条沟和包头市达茂旗百灵庙砂凹等墓地；第四段，拓跋鲜卑首领力微于公元386年建都盛乐至北魏道武帝拓跋珪迁都平城阶段，遗存有乌兰察布市察右中旗七郎山、兴和县叭沟和察右前旗下黑沟。盛乐遗址在今呼和浩特和林格尔土城子村北，平面呈不规则的多边形，东西约1 550米，南北约2 250米，面积达439万平方米，系沿用战国、汉代以来城址重建。有学者认为其南城为鲜卑盛乐故城，为长方形，长670米，宽655米，夯筑城墙，中段、北段最高处约7米，并设有马面，夯层厚15～20厘米。出土大量建筑构件、青铜短剑、带饰、陶器、铁器、带钩、铜镜，以及秦半两、汉五铢、大泉五十等钱币。

早期鲜卑墓葬构成因素相对复杂，可以划分出拓跋鲜卑、兼有匈奴文化因素的鲜卑和东部鲜卑三种因素，基本上都为土坑竖穴墓，葬具以桦木为主或无葬具，流行丛葬；第二段桦树皮棺大为减少；第三段以后文化特征统一，除竖穴土坑墓外，还出现了砖券长方形单室墓、石椁墓、洞室墓和土坑侧穴墓等，多有木棺，桦木棺偶见。早期随葬桦皮器数量多，有桦皮壶、筒、器盖（底）、箭袋等，第二段以后基本不见。早期普遍随葬骨器，骨镞、弓弭和带孔骨板最具特色，以后逐渐减少。早期有少量石镞、砺石等，以后基本不见。早期陶器以夹砂敞口长腹罐最具特色；第二段泥质陶显著增加，侈口舌状唇壶成为最具特色的器物，纹饰也趋于多样化；第三段以后，罐和壶所占比例大体相当，制作精致，陶俑、仓、灶、井、磨成为随葬品。早期铁器、铜器及金银器较少；第二段以后铁器大量出现，有铁刀、环、镞、斧、剑及甲片等，金银器增加，以金牌饰最具特色，还有金制的钗、钏、顶针、戒指，以及银钗、银戒指等，铜器有铃、带扣、带钩、镞等；第三段后铁器普遍有剑、矛、刀、斧、铲、镞、带、带扣、棺钉等，金银器数量多，有金饰牌以及金制的碗、戒指、小铃、带钩、耳坠、花饰等，铜器有铜环、铜杯，最具特色的是铜（铁）鍑。早期多用马、牛、羊的头或蹄为殉牲，以后减少，第三段基本不见。通过考古复原拓跋鲜卑的迁徙路线应为：嘎仙洞→拉布达林→扎赉诺尔→孟根楚鲁→南杨家营子→苏泗汰→和日木图→东大井→三道湾→百灵庙→西沟子村（和林格尔）①，时间大体为公元前1世纪末至公元4世纪初。拓跋鲜卑和东部鲜卑墓葬出土的人骨均属于北亚类型蒙古人种。

二、西域考古

丝绸之路的开辟，使西域诸国仰赖于中西贸易，经济文化繁荣一时，尤其是处

---

① 孙危．鲜卑考古学文化研究．北京：科学出版社，2007.

于丝绸之路古道上的楼兰（鄯善）、尼雅、龟兹等国，它们与欧洲和中原政权保持着密切的联系。

楼兰遗址。位于新疆巴音郭楞蒙古自治州若羌县罗布泊西北，是丝绸之路的南北两道分道之处，地处汉与西域诸国交通要冲。汉武帝时期开始在此驻军屯田。1901 年斯文·赫定发现楼兰并在三间房遗址发掘出土汉字文书和竹简等物，其中有驻扎楼兰的前凉西域长史李柏写给凉王张骏的书信残纸，震惊了世界。楼兰古城平面呈正方形，边长约 330 米，面积约 10.8 万平方米，东、西仍矗立夹有芦苇的夯筑墙垣，高约 4 米，宽约 8 米。城中心有两处规格最高的土坯建筑，一为建于高台之上的“三间房”遗址，坐北朝南，正中一间约 15 平方米，两边各约 10 平方米，墙厚 1.1 米，残高 2 米，似为古楼兰统治者的官衙或住所；其西为一处大型宅院，南北各有三间横排房屋，可能是官署遗迹。城东有八角形圆顶佛塔，东北角有一座汉代烽燧。居民区的院墙是用芦苇、红柳条编织成篱，两面涂泥。房屋为矮小的木结构单间房，柱、门、窗仍清晰可辨。历年出土大量佉卢文、汉文文书及简牍，以及五铢钱、丝毛织品、生活用具、木雕佛像和佛像座等。公元 4 世纪末楼兰走向衰败，约公元 630 年消亡。究其原因，有学者认为丝绸之路北道的开辟使得楼兰古道失去了往日的重要地位而被废弃；或者认为东汉以后塔里木河中游的注滨河改道，导致楼兰严重缺水而最终毁弃；此外还有瘟疫说、生物入侵、抢地征服以及人类过度开发加速罗布泊消亡等观点。在罗布泊西岸楼兰古城东六七公里处曾发现东汉墓葬区，出土大量东汉丝织品、漆木器、五铢钱及铜镜残片，丝织品中有“延年益寿大宜子孙”“长寿光明”“长乐光明”“长葆子孙”锦，以及瑞兽纹、瑞禽纹、波纹锦和来自中亚的缂毛制品等。

米兰遗址。位于若羌县城东 80 里处，是汉代鄯善（公元前 77 年楼兰改称鄯善）的伊循城，汉朝曾在这里屯田，一种有争议的说法认为这里是楼兰国迁都后的新国都。在此发现伊循城遗址、魏晋时期的古建筑群遗址、汉代屯田水利工程设施和唐代吐蕃古戍堡。在米兰城郭内发现两座佛寺，东大寺分上下两层，有高大院墙，寺内建有佛龛，尚存半浮雕的菩萨和天王造像。西大寺与东大寺相对，长方形须弥式基座，上有直径 3 米左右的圆形建筑物。佛寺附近曾发现具有印度文化特征的带翼天使壁画，是研究中西文化艺术史的珍贵实物。

尼雅遗址。位于新疆民丰县城北 150 公里，塔克拉玛干沙漠腹地，是汉晋时期精绝国遗址。1901 年斯坦因首次发现，两次发掘 53 处房址并获佉卢文木简 721 件，及汉文简牍、丝毛织物、家具和建筑构件、武器、乐器、工艺品、粮食作物。遗址南北 25 公里，东西 5～7 公里，发现房屋、场院、墓地、佛塔、佛寺、田地、果园、畜圈、灌溉渠、涝坝、陶窑、冶炼遗址等遗迹约百余处。房屋为木架结构，土坯砌墙，内有壁炉。尼雅遗址出土麦子、青稞、粟等粮食和瓜果，葡萄种植相当普遍，发现有葡萄园遗迹。以农业经济为主，并饲养牛、马、羊、骆驼、驴等家畜。1995

年在尼雅1号墓地发掘8座墓，保存完好，随葬品丰富，包括陶、木、铁、漆器，以及弓矢、纺织品、料珠等，其中大量精美华丽的丝织品，包括“五星出东方利中国”等汉字锦都是首次发现。东汉墓葬中还发现我国最早的棉布。

土墩墓。广泛分布于伊犁河流域，被认为是汉代乌孙人的墓葬。一般地面有圆形封土堆，数个或十数个一组，作南北向排列。土墩大小不等，大者底周260米以上，顶部直径和斜高都20米以上，中型底周100～150米，小土墩底周不到50米，高仅1米。但每一组内土墩大小则基本一致，顶部较平，个别顶面铺一层卵石，中间多下陷，常见马、羊、狗的骨骼。有的封土周围环绕方形或圆形壕沟。墓室为竖穴土坑，东西向，以双室墓或四室墓为主，少数单室墓。多有木椁，椁壁有毛毯，个别有木棺残迹。有夫妇同室合葬或异室合葬两种，均仰身直肢，头西足东。随葬品一般较贫乏，大型墓有丝毛织物、金饰件、骨器、铜器、漆器、陶器等。

三、南越、滇与夜郎考古

秦至汉初，南方两广地区存在赵佗建立的南越割据政权。广西贵县罗泊湾墓葬和广州南越王墓的发掘揭开了这一地方文化的面纱。1983年发现于广州市象岗山的南越王墓，劈山为陵，属大型竖穴岩坑石室墓，平面呈“早”字形，斜坡墓道在南，墓室全长10.85米，最宽12.43米，深约20米，有前后两部分共7室，以750多块红砂岩石砌成，前部有前室和东西耳室，后部分为主室、后藏室和东西侧室。主室置一棺一椁，墓主着丝缕玉衣，长1.73米，用玉2 291片，头枕丝囊，内装470颗珍珠。东侧室殉4人，并出夫人之玺，为婢妾藏室；西侧室放置厨具和牺牲，并有殉人7，属庖厨之地；后藏室放置盛猪牛骨骼和鳖甲介壳的饮食器具百余件，为宴饮场所；前室放置木车3辆和车具及殉人1，象征庭院；东耳室为乐府，随葬石编磬2套18件、青铜编钟和铙共3套27件，其中铜铙上有“文帝九年乐府工造第×”铭文；西耳室放置青铜礼器、大量兵器、工具、五色药石、生活用具、金银玉饰500余件，炭化丝织品堆积厚达20～30厘米，有来自波斯的盛放药丸的银盒、非洲大象牙、漆盒、熏炉和深蓝色玻璃片，属贮藏室。墓主身旁出土6枚玉印和2枚金印，有“赵眜”文玉印和“文帝行玺”大型龙钮金印。赵眜为第二代南越王，卒于武帝元朔至元狩年间（公元前128—前117年）。

战国中后期至西汉末，西南夷的一支——滇人活动在以云南滇池为中心，东达曲靖，西迄禄丰，南抵通海、华宁，北及东川的范围内，创造了高度发达、独具特色的青铜文化。对滇文化的探索始于1955年晋宁石寨山墓地的发掘，现已发现江川李家山、吴贡天子庙、安宁太极山、曲靖八塔台、宜良纱帽山、官渡羊甫头等数十处墓地。石寨山墓葬形制为土坑竖穴，地表未见坟丘，大墓一般长3～4米，葬具均为长方形木棺，内外髹漆彩绘，有黑、绿、朱三色。葬式为仰身直肢。随葬品以青铜器为主，多寡不等，最多达600余件。M6是唯一发现木椁痕迹的大墓，出土一枚金质“滇王之印”，为元封二年（公元前109年）汉武帝赐滇王印。羊甫头墓地已发掘800余座西汉时期滇人墓葬，均为竖穴土坑墓，多有腰坑，发现奇特的叠葬习俗，最多达五层。葬式有仰身直肢、侧身屈肢、解肢等。大中型墓有棺，随葬漆木器、青铜兵器和陶器。其中M113出土一组精美奇特的祖形漆器，祖形器的另一端雕刻成鹰爪、牛头、鹿头、猴头、兔头、猪头、人面、水鸟戏鱼等造型，反映滇人的生殖崇拜已由“感生说”发展到“性生说”观念。而大量的青铜装饰中刻画妇女监督奴隶劳动、坐肩舆出行、主持祭祀大典及供奉神龛中的祖先像，表明滇人社会尚存浓厚的母权制残余。滇文化器物群以铜鼓、贮贝器、葫芦笙、铜案、铜枕、编钟、铜俑，各种人物、动物形镂孔扣饰、杖头，以及狼牙棒、吊人矛、蛇柄剑等兵器和各种金玉饰品为代表。铜鼓数量庞大，由实用器逐步演变成礼器和权力的象征。形状各异的贮贝器及扣饰以反映滇人生产、生活、祭祀、狩猎、畜牧、纺织、舞蹈、战争和动物图像等为装饰，使用失蜡法铸造精密的饰件，工艺精湛，小至3厘米的人物饰件也能刻画得五官清晰。

战国秦汉时期，夜郎是西南夷中最大的国家，其统治的核心大致在今贵州黔西南一带，东至湖广，西及黔滇，北抵川鄂，南达东南亚各国。西汉末期夜郎被灭。1958年在赫章县可乐民族乡发现“西南夷”墓葬群，范围达3.5平方公里以上，先后9次发掘共揭露墓葬400座，半数以上发现战国、西汉、东汉时期的墓葬叠压打破关系。墓葬基本都是长方形竖穴土坑墓，无墓道和封土，长1.42～3.2米，宽0.4～1.45米。葬式多为仰身直肢葬，双手屈于胸前。“套头葬”是夜郎民族特有的葬式，以铜釜套于死者头顶，或用铜洗盖于死者脸部或垫于死者头下。还发现在死者头侧墓底斜插一件铜戈的现象。随葬品多者达百余件，通常有1戈、1剑组合或附其他铜、铁、陶、玉、漆、骨器等，少的仅一两件，许多墓空无一物。用于“套头葬”的铜釜、卷云纹茎首铜柄铁剑、无胡铜戈、“U”形双股铜发钗、璧形玉耳环、骨耳环等具有浓郁民族特色，还有一些小铜铃、铜带钩和用玛瑙管、玉珠、骨珠等穿缀成的项饰，发现成组佩戴的铜手镯，双手数量不一定对称，有的右手戴1只，左手戴3只，最多的双手各戴10只。手镯形制有窄条环形和宽带环形两种，后者有的镶嵌数列细小的绿松石片。出土陶器不多，手制，多为黄褐色，夹细砂，火候不高。器形为单耳小罐、盘口瓶、圈足单耳小杯等。出土1件正方形桥形钮铜印，印文为朱文篆书“敬事”，或释“敬吏”。赫章可乐位于贵州西北部，处乌蒙山脉中段东缘，从古文献和目前发现的资料看，应属古夜郎国范围，但可能不属夜郎国中心区。汉武帝以后属犍为郡汉阳县。东汉时期，夜郎墓的本民族特征消失，普遍流行砖室墓、石室墓和崖墓，随葬仓、井、鸡、狗等明器和釜、甑一类生活用具。

本章要点

秦始皇陵的考古收获；西汉长安城；汉魏洛阳城；云梦秦简；两汉帝陵与墓葬；手工业；汉魏艺术考古；边疆民族地区考古。

推荐阅读书目

1. 查瑞珍，编著．战国秦汉考古．南京：南京大学出版社，1990
2. 赵化成，高崇文，等．秦汉考古．北京：文物出版社，2002
3. 罗宗真．魏晋南北朝考古．北京：文物出版社，2001
4. 王学理，梁云．秦文化．北京：文物出版社，2001
5. 王仲殊．汉代考古学概说．北京：中华书局，1984
6. 洛阳区考古发掘队．洛阳烧沟汉墓．北京：科学出版社，1959
7.《云梦睡虎地秦墓》编写组．云梦睡虎地秦墓．北京：文物出版社，1981
8. 张之恒，主编．中国考古学通论．南京：南京大学出版社，1991
9. 孙英民，李友谋，主编．中国考古学通论．开封：河南大学出版社，1990

第七章

隋唐五代考古

隋唐五代考古的时间范围为公元 581—960 年。隋唐是中国封建社会的鼎盛时期，政治上统一强大，经济、文化高度繁荣。这一时期遗存数量大增，文化内涵丰富多彩。都城、宫殿建筑规模空前，离宫别馆、港口桥梁、寺庙塔刹广为分布。在周边地区，还分布着吐蕃、南诏、渤海等地方政权，他们既有独具特色的民族文化传统，又与中央政权保持密切的政治、经济和文化联系。隋唐王朝通过海陆交通，与亚洲、非洲和欧洲的一些国家，尤其是同日本、朝鲜半岛及中亚各国，进行频繁的交往和贸易，大唐盛世国际影响远播。唐亡宋兴的 54 年间（907—960 年），黄河流域在战火纷飞中先后出现后梁、后唐、后晋、后汉、后周五个朝代，战争严重破坏了社会生产；长江流域及江南地区十个政权迭起，偏安一隅，着力于发展地方经济，南方经济重心的地位进一步奠定。隋唐考古学的研究，不仅在中国考古学上占有一定的位置，在世界文化史领域也是十分令人瞩目的。

早在 19 世纪末 20 世纪初，西方人在西域和东北地区的考察已涉及隋唐文化遗存。1906—1907 年日本人关野贞、足立喜六和法国人沙畹等调查了汉唐帝陵，足立喜六还实测了隋唐长安城。20 世纪三四十年代，中央研究院历史语言研究所发掘了唐长安城中书省遗址，一些学者对唐代碑石和帝陵进行了考察和资料收集工作。50 年代以后，对隋唐遗存展开大规模的田野调查与发掘，在资料的收集整理和研究方面都取得了丰硕的成果。第一，勘察了包括两京在内的一大批隋唐城址，隋仁寿宫，唐九成宫、华清宫、玉华宫、翠微宫及隋唐灞桥遗址的发掘填补了空白，调查或发掘了南北各地的隋唐陶瓷窑址，发掘了一批隋唐居住遗址和宗教遗址。第二，对现存于地上的隋唐遗迹、遗物，如石窟寺、碑刻、栈道、佛塔、寺庙建筑等，进行了普查、清理和保护，特别是 80 年代末唐代法门寺地宫的清理获得了前所未见的重要资料。第三，对隋唐五代的陵墓进行了普查，发掘了五代南唐二陵和全国各地数千座隋唐墓葬，特别是近年一批高等级的陵墓如潼关税村隋墓，唐靖陵、惠陵、新城公主墓、惠庄太子墓、节愍太子墓，以及五代后周冯晖墓、河北曲阳田庄大墓等陵墓的发掘，填补了相关研究的空白，山西太原隋代粟特人虞弘墓的发掘与西安北周以来在华的粟特人、婆罗门后裔墓葬的屡次发现相互衔接，成为这个时期考古工作的新亮点。第四，对出土的隋唐文物，包括各类陶瓷器、金银器、铜铁器、俑类和模型明器，还有各类文书、丝毛织物、绢画、壁画、墓志以及不同质地的装饰品、工艺品等进行了较为系统的研究。关于隋唐城市、墓葬、遗物的综合研究和专题研究也开展起来。

第一节　隋唐城市遗存

一、隋大兴—唐长安城

隋灭北周，废旧都而在关中龙首原上创建新都。开皇二年（582年），历时十月的新都初具规模，因隋文帝早年曾被封为大兴公，初名大兴。隋炀帝大业九年（613年），建造外郭城，城市的总体格局基本形成。其平面呈长方形，周长约36.7公里，面积84平方公里，是现存明清西安城的7倍。建唐后，改名长安，仅做了局部整修和扩建。唐末天祐元年（904年）朱全忠迫昭宗迁都洛阳，拆毁长安。隋大兴—唐长安城作为都城历经322年，是中国历史上最繁荣时期的都城，也是当时世界上规模最大、最繁华的国际大都市。这里地处汉长安故城东南的龙首原及其六条余脉上，背依龙首原，面临终南山，灞河、浐水从其东部向北流过，沣水、渭河流经其西部和北部，又有泾、滈、涝、潏，八水蜿蜒环绕，地势北高南低，地形开阔，土地肥美，气候温暖湿润，农业发达。其东有函谷关，南有武关，西有散关，北有萧关，能攻善守，这也是隋文帝把都城选建于此的部分原因。

历代对长安城的研究著述颇丰，主要文献有盛唐韦述的《两京新记》，北宋宋敏求的《长安志》、程大昌的《雍录》、赵彦卫的《云麓漫钞》，元代李好文的《长安志图》，清代徐松的《唐两京城坊考》等，北宋的吕大防还曾将唐长安城的布局作图刻石。长安城的考古勘探始于1957年，至1962年完成了全城各主要建筑的全面勘察和实测，后陆续发掘了大明宫、兴庆宫、西市、明德门等遗址，文献中没有记录的西市内的街道、排水明沟、房屋结构，以及许多房屋建筑的焚烧等细部现象被发现。对大明宫麟德殿遗址进行了修复和保护，对三清殿、清思殿、含元殿、兴庆宫勤政务本楼、花萼相辉楼、朝堂、翰林院等遗址进行了重点发掘，1999年发掘长安南郊举行祭天大典的圜丘遗址，2000年以来发掘大明宫太液池、南门丹凤门、含元殿以南的两座桥及砖铺道路、车马道路等，对长安城基本布局和结构有了较清晰的认识。

1. 长安城的平面布局

长安城的基本形制由外郭城、宫城、皇城和里坊、市构成。宫城位于郭城北部正中，北连禁苑，南接皇城。宫城、皇城以外三面为纵横大街划分出的里坊区，其间布列 110 坊、工商业区东西两市以及众多塔寺道观、曲江池和芙蓉园等人工园林。整体设计是以宫城、皇城正南门、朱雀大街及郭城南门所在之南北线为中轴，严格按照左右对称的原则规划全城街道和坊市，结构谨严，区划整齐。7 世纪以后，相继于宫城的东北、东南兴建了大明宫和兴庆宫，但城的布局并没有因此发生根本性的改变（见图 7 - 1）。

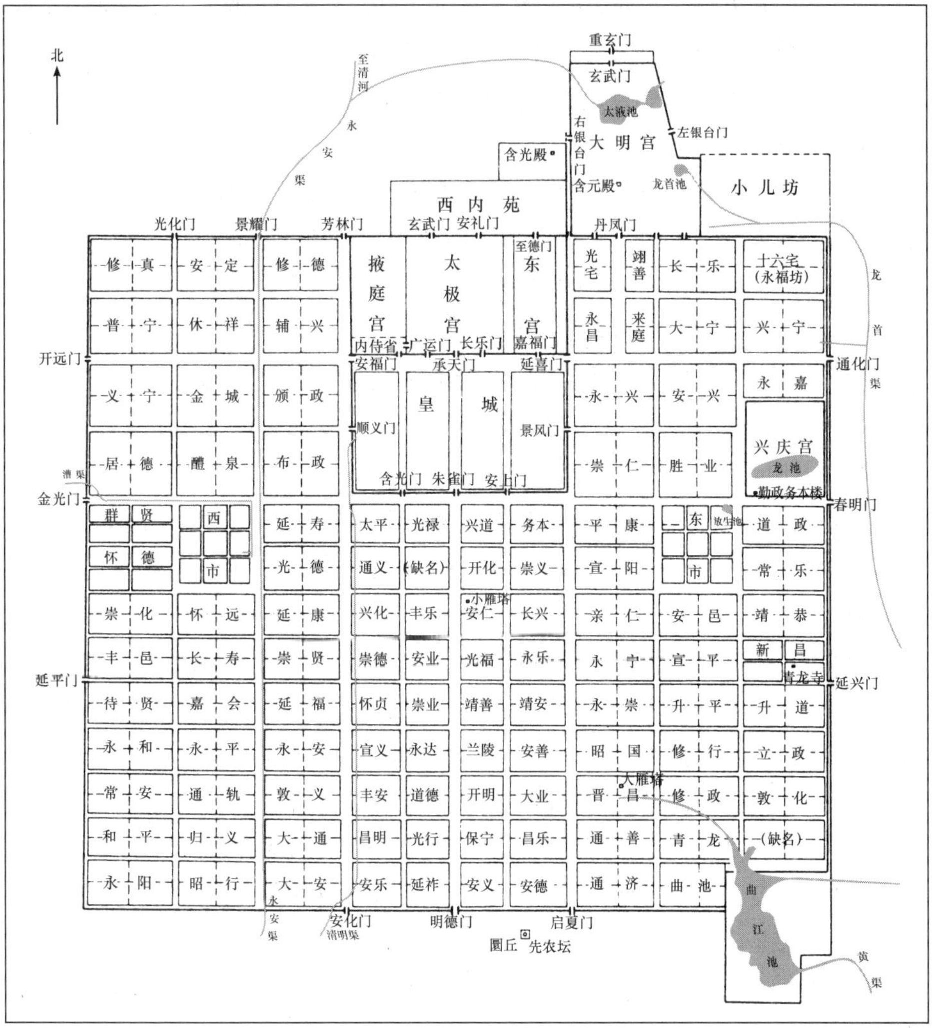

图 7 - 1　唐长安城平面复原图

外郭城。即罗城。平面长方形，东西 9 721 米，南北 8 651.7 米，周长 36.7 公里。城墙夯筑，仅城门外包砖，宽 12 米，据文献记载高 1 丈 8 尺（合 5 米多），每面3门，南面正中门唐代名为明德门，往东逆时针分别为启夏门、延兴门、春明门、通化门、芳林门、景耀门、光化门、开远门、金光门、延平门和安化门。除了正南的明德门有5个门道，其余均有3个门道。实测明德门址东西55.5米，南北17.5米，每个门道宽5米。城墙外侧有城壕，分别从城东、南引龙首渠、清明渠和永安渠，以供城内用水。郭城内有南北向街道11条，东西向街道14条。以朱雀大街为分界，东面属大兴县，西面属长安县。贯通南面3门和贯通东西6门的6条街道，是城内的主干大街，号称"六街"，宽多在100米以上，由皇城正南门朱雀门至明德门的朱雀大街宽155米。不通城门的大街，宽39～68米。街道两侧均设有排水沟，并植有槐树和榆树。城内环绕城墙的顺城街宽20～25米。

宫城。平面长方形，东西2 820米，南北1 492米。宫城南门唐代名承天门，门基铺石条或石板，其他各门未见。宫城中部为太极宫（隋大兴宫），正殿太极殿（隋大兴殿）是皇帝的正衙。东为太子居住的东宫，西部是掖庭宫，为宫女居处。据记载，掖庭宫北有太仓，南有内侍省。

皇城。即子城。位于宫城之南，中隔横街，无北墙，是军政机构和宗庙所在。平面为规整的长方形，东西与宫城等长，南北1 843米。南面正门为朱雀门，北对承天门，南对明德门，构成宽阔的中轴线。已探明皇城东西各一门。城内有东西向街道7条，南北向5条，分布着中央官署和太庙、社稷等祭祀建筑。

里坊区。共列110坊及东西两市。坊多作长方形，四周高墙环绕，朱雀大街两侧四列坊较小，仅东西各开一门，其余各坊四面各开一门，内设一横街或十字街道。在十字街划分出的四个区域内，以更小的十字街划分，形成十六个区块。在皇城东南平康坊和宣阳坊之间发掘出宽29米的道路遗迹，路土之下铺石子瓦砾，有密集的车辙迹。路两边有土挡和排水沟，沟外是坊墙。里坊内的小十字街宽6米。所见车辙痕迹轨距为1.23米。长安诸坊主要是居民区，王公贵族宅第多在东部高地近宫城、皇城附近，胡商巨贾则聚居西市附近，所谓"东贵西富"。从出土墓志看，长安西北隅应是一个胡人聚居区，除了粟特商人，还有不少中亚上层贵族。100多所寺庙道观遍布全城，城西散布有祆教祠、景教寺院、摩尼教寺院。城南空旷之地有曲江池、芙蓉园。唐中后期，历经武周革命、李唐复辟、韦后之乱、唐隆政变、消灭太平公主、安史之乱等多次政治变乱后，大量王公宅邸舍为寺观。

东西两市。各占两坊之地。周围版筑土墙，市内由井字形街道划分成9区，每条街道的宽度都是16米，各区内街巷互通。临街开店，沿街毗连的店铺规模都不大，房屋长4～10米，进深仅3米多。西市（隋代利人市）井字形主街中心部位探出铺地砖和残砖墙，应是市场管理机构市署或平准署所在地。发掘出街道及车辙痕迹，两侧有砖砌排水沟，相互贯通组成完整的排水系统。东市（隋代都会市）探出放生池及引水渠道。文献记载"（东）市内货财二百二十行"（《长安志》），有笔行、铁行、胡饼肆、酒肆、肉行、凶肆等，还有赁驴人、杂戏、琵琶名手、卖胡琴者、货锦绣彩帛者。

2. *唐朝的扩建*

大明宫。位于长安城东北，禁苑内龙首原高地上。始建于贞观八年（634年），唐太宗李世民在此修建永安宫，作为太上皇李渊的避暑之地，次年改名为“大明宫”。高宗龙朔二年（662年）扩建，次年迁入大明宫听政，成为政治中心。大明宫东西1 500米，南北2 500米，南宽北窄，面积约3.2平方公里。宫墙基宽13.5米，厚1.1米。共有11座城门，南5、北3、东1、西2。南墙中部的丹凤门是大明宫的正门，也是规模最大的一座宫门，有5个门道。大明宫的东、西、北三面宫墙之外，平行修筑了基宽4米的“夹城”。在宫门、城角和夹城拐角处包砖并向外加宽，上筑城楼、角楼等。大明宫内的建筑布局以丹凤门、含元殿、宣政殿、紫宸殿、太液池和玄武门南北建筑群为中轴，其他建筑分布于东西两侧。已探明殿堂建筑40余处。大致以太液池为分界，可分为南北两大区，南区为朝政区，含元殿、宣政殿、紫宸殿是主要建筑；北区为池苑园林区，分布着麟德殿、三清殿、大福殿、清思殿等数十座殿宇。

含元殿是大明宫的朝堂，台基高15米，东西75.9米，南北42.3米。左右各有飞廊连接殿南东西两侧的翔鸾阁、栖凤阁，整组建筑呈倒“凹”字形，大殿墙壁涂成白色，底部绘红色边线，以黑瓦覆顶，绿琉璃瓦作脊和檐口。台基周围有石栏，其上装饰螭首等。正南殿前有三条自高而下的南北向“龙尾道”，长78米，中间是皇帝的“御道”，宽25.5米，两侧各宽4.5米，为文武百官上朝的阶道。出土石柱础、螭首、素面和莲花纹方砖及供修建含元殿的21座砖瓦窑。

麟德殿位于大明宫西北部地势凸起处，主体建筑规模巨大，基址南北130米，东西80米，双层台基上建前中后毗连的三个大殿，顶覆琉璃瓦。

太液池是大明宫北部园林风景区的主体建筑。位于龙首原北侧低地，分东西两池。以西池为主池，平面呈椭圆形，面积约14万平方米；东池平面略呈圆形，面积约3.3万平方米。池中偏东有蓬莱山遗迹，南岸清理出周廊400间，及水榭、亭子、平桥、砖砌小池、叠石、卵石浅滩、假山等人造园林景观遗存多处。出土了大量建筑材料和遗物。

兴庆宫。位于外郭东城春明门内街北，今兴庆宫公园一带。原名隆庆坊，为唐玄宗李隆基旧邸，称“十王宅”。李隆基登基后，因避讳改兴庆坊，开元二年（714年）设为宫，扩修朝堂，开元十六年（728年）玄宗移此听政。天宝十三年（754年）又筑兴庆宫城与城楼。平面长方形，南北1 250米，东西1 075米，占地面积1.34平方公里。北边兴庆门是兴庆宫的正门。宫城中部有一道隔墙，将其分为南北两部分，北为宫殿区，有兴庆殿、南薰殿、长庆殿、大同殿等一组宫殿。南有龙池，平面为椭圆形，面积约18 200平方米。其南为园林风景区，皇帝游宴之地。宫城西南隅发掘17处建筑遗址，出土琉璃瓦和大量莲花纹方砖，为著名的勤政务本楼、花萼相辉楼和沉香亭等遗址。勤政务本楼位于兴庆宫南宫墙的内墙之上，南邻春明门大街，东与宫城城墙相连接，形制如同城门楼，门道设两重门，以加强防卫。门道两旁各有一大小形制相同的长方形夯土台，两处楼梯，东西对称分布于夯台两边。

复道、芙蓉园、曲江池。唐玄宗时期，在兴庆宫东侧外郭城墙之西约23米处增建一条复墙，宽约3.5米，向北贯通大明宫、兴庆宫，往南延伸至芙蓉园、曲江池，中间夹城供皇帝潜行游乐，“人莫知之”。经勘探发掘，全长7 970米，夯筑坚实。隋代在外郭城东南隅，原秦汉离宫的基础上修筑芙蓉园、曲江池。唐末不断增修扩建，成为长安城中最重要的风景区。

慈恩寺与大雁塔。位于长安城东南晋昌坊东半部。慈恩寺为唐贞观二十一年（647年）唐高宗做太子时为母亲祈福所建。大雁塔为高宗永徽三年（652年）高僧玄奘为贮藏印度取回的经像而初建，为五层楼阁式，后倒塌，武则天长安年间（701—704年）在原址上重建为十层，五代时安重霸整修为七层，明万历年间包砖，至今犹存，高64米，底边长25米。存褚遂良书《大唐三藏圣教序》和《大唐三藏圣教序记》二碑。

圜丘。天子举行祭天大典的礼仪建筑。建于隋，唐沿用。位于城外正南门明德门以外，为四层夯筑圆坛，表面涂抹黄泥和白灰，四周有十二陛。

3. 隋大兴—唐长安城的总体特征与影响

中国古代的都城营建是“建极绥猷”观念在空间上的体现。皇帝是沟通上天与百姓的桥梁，他必须居于中，中心意味着法度准则，意味着平衡天人关系，“建极绥猷”的意识从先秦到秦汉都是存在的，直到王莽时期才明确轴线建设思路。而隋唐长安城是这一建筑思想的典范，到明清北京城的兴建达到顶峰。

隋大兴城的规划布局体现出不同以往的崭新设计，充分利用自然地理条件，因地制宜，主要建筑置于地势较高处，富有层次感和立体感。都城核心的宫城和皇城安排在全城北部正中，控制了京城的制高点，以宫城、皇城、郭城的正南门构成南北中轴线，形成严谨、均衡、对称的封闭性城市布局，这种布局合乎封建统治者所崇奉的帝王之居“建中立极”的都城设计理想模式，是封建帝王的中央集权思想和森严的等级制度的形象体现，堪称中国古代都城的典范。

将宫城、皇城分开也是从隋代开始的首创。宫城、皇城与其他居民区隔开，郭城设置居民里坊，从东、南、西三面拱卫宫城与皇城，加强其防卫。全城结构严谨，区划整齐，犹如一个棋盘，是对曹魏邺城和北魏洛阳城的发展和完善。宫城、皇城和东西市的附近成为贵族和富人聚居区，皇族权贵多居东部里坊，粟特商人聚集西市周边，所谓“东贵西富”成为长安里坊居民的特点。大量佛寺道观和“三夷教”活动场所成为宗教、学术、文化、娱乐场所，扩大了长安城内的公共活动空间。寺院成为佛经收藏翻译、高僧讲经、文人雅集、科举及第庆祝和落第举子“过夏”之地，慈恩寺的“雁塔题名”“登塔赋诗”，崇圣寺佛牙阁的进士“樱桃宴”闻名一时。

曲江池、芙蓉园等风景区与都市融为一体，美化了环境，为古代城市规划的创举，“曲江流饮”为关中八景之一。

随着大明宫的修建、兴庆宫的改建，均衡对称的理想空间模式逐渐被打破，代之以适应功能需求的非均衡对称形态。唐末由于工商业的发展，城市的经济功能日益彰显，突出政治军事功能的城市格局开始动摇，里坊的严格的宵禁制度和工商业区市的封闭性逐渐受到冲击，市以外的一些坊内甚至出现了夜市、草市，为宋代都城开放式的街巷布局奠定了基础。

隋唐长安城的建制对当时和后世的中外城市产生了深远的影响。最典型的是日本平城京和平安京皆仿效隋唐长安，甚至连一些宫殿、街道和城门的名称也都仿自长安城，日本7世纪后半叶到8世纪后半叶陆续兴建的藤原京、难波京以及长冈京等均是模仿唐长安城的产物。渤海国上京龙泉府亦仿长安规划。远至葱岭以西的中亚地区的阿克彼兴古城（碎叶城）、塔拉斯城（怛逻斯城）等也受到长安城建制布局的影响。

二、隋唐洛阳城

东都洛阳位于今洛阳市区及近郊。隋大业元年（605年）修建，“往江南诸州采大木，引至东都”（《隋书·食货志》）。背倚邙山，面对伊阙，横跨洛河南北岸，扼守交通要道。规模仅次于长安。唐代皇帝暂时移居洛阳前后40余年。高宗乾封二年（667年）在东都苑东部、皇城西南隅增建了上阳宫，武则天长寿二年（693年）增高了城垣。韦述的《两京新记》和清代徐松的《唐两京城坊考》是复原洛阳城最重要的原始资料，北宋和元代的《河南志》也可供参考。20世纪50年代以后经调查发掘，基本搞清了其布局特征。

1. 洛阳城的形制布局

洛阳城平面略近长方形，南宽北窄，宫城和皇城置于城的西北隅地势高亢处。皇城前临洛河，后接宫城，从东、西、南三面将宫城围绕其中。北面有曜仪城、圆璧城。皇城、宫城之东为南北毗连的东城和含嘉仓，西为东都苑。郭城东北部及洛水南岸部分为里坊区。

外郭城。城墙夯筑。东墙长7 312米，南墙长7 290米，北墙长6 138米，西墙长6 776米，共8门，东面和南面各3门，北面2门，各有3个门道，西面无门。正南门为定鼎门，宽28米。城内街道纵横交错，形成棋盘式格局。已勘测出洛河以南南北向街道12条，东西向街道6条；洛河以北南北向街道4条，东西向街道3条。街道两旁有水沟遗迹。从郭城南门定鼎门通往皇城正南门端门和宫城正南门应天门的主干道——天门街，现存宽121米。

宫城。位于郭城的西北隅，东西宽，南北略窄，夯筑城垣，内外砌砖。南面正门为应天门（隋代为则天门），盛唐时重修，地面铺石。有3个门道，各宽5米，有连阙，相距83米，各宽17.5米。宫城中轴线上有大片夯土基址，主要宫殿区2号台基发掘确认为武则天时期的明堂，八角形夯土台基东西85米，南北残存72米，中心有直径9.8米的巨型柱洞，内有四块巨大青石构成的柱础。北部有陶光园，西北有九州池。在宫城西部发掘了大片小规模的殿亭遗址，中轴线西侧有规模宏大、有叠压关系的长方形殿址多处，可能与文献记载的佛光寺、徽猷殿、流杯殿、弘徽殿和宣政殿等相关。应天门内右侧有隋唐两代砖瓦窑群，出土印字砖瓦。

皇城。官署、馆舍所在地，围绕在宫城的东、南、西三面，东西两侧与宫城形成夹城。西墙保存较好，内外砌砖。南面西侧的右掖门有3个门道。在右掖门西内侧发现隋代储粮和盐的子罗仓。

小城。分布于宫城、皇城周围，有三部分。（1）曜仪城和圆壁城。曜仪城在宫城北面，狭长形；圆壁城在其北，矩形。（2）东城和含嘉仓城。东城在皇城之东，长方形。东城之北有含嘉仓城，长方形，东西615米，南北725～765米，四门。仓城中粮窖密集，南部已探出287座，呈口大底小的圆形袋状，直径8～18米，深6～12米，木板砌壁，底部夯打、火烧，铺设烧土石块和木炭混合的防潮层，其上铺木板或草，再铺谷糠和席子，顶为木架结构，铺草并涂厚泥层。已发掘的6座唐代粮仓中，出土刻有“调露”“长寿”“天授”“（万岁）通天”和“圣历”等年号的铭文砖，记载仓窖的位置、储粮种类数目、入窖年月日及运输管理人员的官职和姓名。其中160号窖中保存有约250吨炭化了的谷物，大部分仍保持颗粒状。（3）东西隔城。位于宫城东北角和西北角外的两座小城，平面为长方形。

里坊与市。据文献记载，洛阳城内共103坊。现已勘察出洛南有55坊，洛北有9坊。坊平面呈方形或近方形，周围有坊墙，正中开门，十字街。在东南部的履道坊西北隅发掘了白居易故居，前庭后院两进院落，出土大量瓷器和建筑构件，一件六面体石经幢刻有“开国南白居易造此佛顶尊胜大悲”等230余字。文献记载城中设三市：北市（隋代通远市）在洛北，西市（隋代大同市）、南市（隋代丰都市）在洛南，南市最大。三市因洛水冲毁遗迹无存。

禁苑。隋大业元年（605年）五月，在洛阳城西筑禁苑即皇家园林区。周200里，唐时缩小为126里。唐高宗时期在禁苑之东，皇城的西南隅，傍皇城南墙建上阳宫，高宗和武则天居此听政。发掘出土亭台水榭、假山池塘、五彩卵石小道和大量琉璃瓦、太湖石。

2. 洛阳城的总体特征

洛阳城的形制布局与长安城有显著的不同：皇城和宫城不在郭城北部正中，而位于郭城的西北隅，这种非均衡对称的布局规划是低于京城一等的；然宫城的防卫设施又远在京师之上，宫城以南置皇城，北建重城，西临禁苑，东接东城，南界以洛河，皇城、宫城本身都内外砌砖，构筑坚固，戒备森严；里坊面积缩小，是北魏洛阳旧制的恢复；市场也不像长安那样左右对称，在东部洛河两侧设南北二市，西南部设西市，洛阳城总面积比长安小，却设有三市，均可通舟船。整个城市挟洛河而建，漕运便利，发挥着漕运粮食物资西抵长安的中转站的作用，在设计意图上更多地考虑了繁荣工商业的问题。但总体上仍然继承了魏晋以来都市建设的传统，属于封闭式的封建城市，其布局的共同特点，是将居民、市场全部局限在四周设置深沟高墙的里坊之中。

三、隋唐扬州城

扬州历史上最初的开发始于春秋吴国，隋大运河的开凿促成其经济的繁荣。作为江北运河终点和江南运河起点，扬州成为隋唐时期仅次于两都的重要地方城市。隋炀帝大业六年（610 年）在蜀岗丘陵战国楚广陵城旧址基础上建江都宫，“制江都太守秩同京尹”，唐以后以其为子城向南扩展兴建扬州城，唐代扬州成为重要的商业港口城市，“富庶甲天下，时人称扬一益二”。扬州城的兴建，改变了中国古代城市以政治军事职能为主的模式，在中国城市发展史上具有深远影响。唐末五代，扬州城毁于战火，唐以后的扬州府城是在唐罗城基础上修建的，后周在罗城东南隅筑城，宋沿用。对该城的调查始于 20 世纪 40 年代的日本人安腾更生，70 年代以来多次进行局部调查发掘，2011 年进行了全面勘探。

1. 扬州城的布局

唐代扬州城南北全长 6 030 米，东西 3 120 米，总面积约 20 平方公里，是当时的第三大城市。城址分两个部分，子城位于全城西北，罗城在其南。

子城。也称“牙城”，位于大城西北角地势高亢的蜀岗上，今扬州城北郊 2 公里处。隋朝建江都宫，唐朝置大都督府，为官府衙门所在地。四面筑墙，西南起自观音山，西墙笔直，长 1 400 米，南墙向东偏北方向至铁佛寺，全长 1 900 米，北墙长 2 050 米，东墙长 1 500 米，各有两段转折。子城中间有十字街道相交。

罗城。建于蜀岗之下的平原上，低于蜀岗二三十米，是市场和里坊区。平面呈长方形，南北 4 200 米，东西 3 120 米，四面有夯筑城墙，已探明城门 7 座，西 2、东 1、南 3、北 1。城内大小街道与发达的漕渠水系相通，在城址中有东西、南北走向的古河道各两条，构成井字形交叉河道，中间的南北河道应是隋代开凿的山阳渎，又称官河。城中南北街 6 条，东西街 14 条，纵横交叉成 60 余个区域。每区东西约 500 米，南北约 300 米，内以大、小十字街分割成 16 个小区，布局整齐。河流与街道相交处密布着 24 座桥。城内密布手工业作坊遗址，子城南的冶炼遗址出土铜锭和坩埚，有烧砖窑址和带“官”字的砖井一座，罗城西缘发掘有金属熔铸作坊和制骨作坊。文化堆积以唐代中晚期最丰厚，出土大量长沙窑青瓷、越窑、巩县窑瓷器，漆器，铜器以及波斯孔雀蓝釉陶、玻璃器等外来文化遗物，城内古河道出土唐代沉船。近年来发掘的唐代住宅遗迹证实了临街设店和工商“侵衢造宅”的现象，说明扬州的兴盛主要是在中唐以后。罗城墙基叠压于唐代早中期文化层上，北墙下有唐早期墓葬群，说明罗城始建于中唐或偏晚，是以运河为中心，沿运河修筑围墙。城区开发在前，围城在后，正是商业性城市的发展模式。

2. 唐代扬州城的特点

扬州城的形制与洛阳城有相似之处：宫城置于大城的西北角，城内街道布局似棋盘形。但因地处南方，水系交错，桥梁密布，扬州又是以工商业为主的城市，是盐业产销和集散中心，工商业区已突破市和里坊的封闭体系，完全摆脱封闭的市场格局，开创了临街沿河岸设店的新的商业城市模式，这是其最突出的特点。

扬州城的地理位置得天独厚，地处长江、运河、海口的交叉点上，是大运河上的交通要冲。唐高宗以后，京城所需粮、盐和宫廷奢侈品越来越仰赖南方，扬州成为大宗货物集结装船转运的枢纽，地位关乎国家经济命脉，市场的需求使沿运输河道设店应运而生。安史之乱以后，唐与西方的陆路交通贸易受阻于西北的吐蕃势力，对外交往更加倚重东南沿海的港口。扬州成为中外贸易最大的集散地，各国船只把扬州作为海洋航运的终点。唐朝在扬州特置市舶司，专门管理外国商人和收税等事务。

扬州城风景秀丽、水美桥多成为其独特的标志，唐代诗人笔下的扬州是“园林多是宅，车马少于船”，“二十四桥明月夜，玉人何处教吹箫”。1978年发掘的一处唐中晚期的木桥遗迹，有木桥桩6排33根，桥长约34米，桥面宽约7米，水面跨度近30米，桥身共5孔，中孔最大跨度达8米，是相当宽大的河道中的主航道上的桥。

隋唐时期其他城址已发现20余处，大都做了一些地面调查。包括府城、州城、都护府或军镇的所在地，如大唐隆兴之地太原府城，今大同市区旧城的唐云州城，北京西南郊的幽州城，四川成都旧城的唐成都府，新疆境内的唐北庭都护府和交河古城、高昌古城，今甘肃敦煌的唐沙州城和寿昌城，甘肃安西的唐瓜州城，内蒙古东南部和林格尔县土城子的唐单于都护府城，准格尔旗十二连城的隋唐胜州城，乌拉特前旗阿拉奔乡北古城的唐天德军城，天德军城西南约2公里的隋大同城，天德军城西南约30公里的唐丰州城，托克托县城的“大皇城”即唐东受降城等。此外，根据当地出土墓志及实地调查推断，辽宁朝阳镇即唐营州所在，内蒙古赤峰市红柳河上大湾沟以西的城川古城，可能是唐宥州城。

第二节 隋唐五代墓葬

从20世纪四五十年代开始，对隋唐帝王陵墓进行了多次调查勘测。隋文帝和文献皇后独孤氏合葬泰陵，坐落于陕西扶风县东南五泉乡王尚村附近，现存覆斗形封土、园墙和砖石建筑残料堆积，陵园东西 756 米，南北 652 米，封土残高 27.4 米，祠庙位于东南，残存石柱础和石碑。文献记载隋炀帝被杀后初葬于江都宫流珠堂下，当年由炀帝旧部改葬于吴公台下，武德五年（622 年）李渊平定江南，将其以帝制改葬扬州雷塘，贞观二十二年（648 年）唐太宗下令将萧皇后与炀帝合葬，先后两迁三处墓地。旧传扬州邗江区槐泗镇槐二村、陕西武功和河南洛宁各有隋炀帝墓。2013 年在扬州市西湖镇曹庄发现隋炀帝和萧皇后异穴合葬墓，均为砖室墓，由墓道、甬道、主室和东西耳室组成。1 号墓全长 24.48 米，出土 2 枚牙齿，以及 1 件完整的十三环金镶玉蹀躞带和 4 件大型鎏金铜铺首等 100 余件随葬品，墓志有“随故炀帝墓志”“随大业十四年”“帝崩于扬州”等字样。2 号墓长 12.64 米，出土女性骨骸以及一套 16 件青铜编钟和 20 件编磬、凤冠、玉璋、漆棺等 200 余件文物。唐代十八陵及武则天母杨氏的顺陵均位于渭河以北关中地区。隋唐帝陵中除唐僖宗靖陵外均未发掘，昭陵、乾陵陵区内的一批陪葬墓进行了发掘。五代十国的陵墓中，成都的前蜀王建墓、后蜀孟知祥墓、南京的南唐李昪和李璟墓、广州的南汉王刘晟墓、杭州的吴越王钱氏墓都进行了发掘。

一、唐五代帝陵与陪葬墓

1. 唐代帝陵的分布与类型

唐朝共历二十一帝。除唐末昭宗李晔葬河南偃师的和陵、哀帝李柷葬山东菏泽的温陵、武则天合葬乾陵以外，唐代十八个皇帝的陵墓分布在关中渭水北岸的乾县、礼泉、泾阳、三原、富平、蒲城诸县，分别是：高祖献陵（富平）、太宗昭陵（礼泉）、高宗乾陵（乾县）、中宗定陵（富平）、睿宗桥陵（蒲城）、玄宗泰陵（蒲城）、肃宗建陵（礼泉）、代宗元陵（富平）、德宗崇陵（泾阳）、顺宗丰陵（富平）、宪宗景陵（蒲城）、穆宗光陵（蒲城）、敬宗庄陵（三原）、文宗章陵（富平）、武宗端陵（三原）、宣宗贞陵（泾阳）、懿宗简陵（富平）、僖宗靖陵（乾县）。武则天母亲杨氏的顺陵位于咸阳市东北 18 公里的陈家村南。唐代帝陵从形式上可分为两类：一类为平地起坟，积土为冢。包括高祖献陵、敬宗庄陵、武宗端陵、僖宗靖陵 4 例，均建于地势较高的土塬之上，夯筑封土，呈覆斗状。另一类为依山为陵。自太宗以下 14 陵，均于半山腰开凿墓道，至山体之中修筑墓室，以石砌筑，异常坚固。唐陵均有庞大的陵园，坐北朝南，陵台居中，其南筑献殿，两重墙垣环绕。神道在其南第一道和第二道门阙之间，陪葬区一般在帝陵东南部第二道和第三道门阙之间，以皇亲勋臣陪葬。唯昭陵因南边山体险峻，神道石刻与祭坛置于北麓。从高宗乾陵开始，陵园平面布局定形，陵墓石刻组合也大体固定。

2. 唐代帝陵的基本布局

从文献记载看，唐代帝陵的兆域范围，以昭陵、贞陵为最大，周60公里；乾陵次之，周40公里；泰陵周38公里；献陵最小，周10公里；其余13陵大多周约20公里。根据1963年对保存较好的桥陵墓道试掘和垣墙的实测，唐代陵园布局设计模仿长安城的建制，由宫城、皇城、外郭城三部分组成。陵园中心筑陵台，台南置献殿，是祭祀场所。陵台四周环筑内外两重陵垣，大致呈四方形，四面中间各辟一门。门外各筑包砖土阙一对，城之四隅各有角阙一座。东、西、北三门外，各置石狮一对。南面为正门，门外设神道，神道两侧，除置武士、石狮外，自内向外夹神道列置颂碑、文武侍臣、石马及御马者、瑞禽瑞兽、望柱等石刻，自乾陵始形成制度。陵区内还建有下宫，俗称皇城，一般在内城外的西南，可能是守陵官员和宫人住地。

献陵。唐高祖李渊之陵。位于陕西富平县。积土为冢，陵园东西781米，南北710米，四墙各辟一神门，陵台居中，呈覆斗形，夯筑，底边东西130米，南北110米，高19米。陵台南有寝宫、献殿遗址。四神门外有石虎一对，神道有石望柱、犀牛各一对。

昭陵。唐太宗李世民与长孙皇后合葬墓。位于礼泉县东北23公里的九嵕山主峰上，因山为陵。据《旧唐书·太宗本纪》记载，昭陵营建于贞观十年（636年），为埋葬长孙皇后而开凿，至贞观二十三年（649年）李世民入葬，历时13年。陵区东西12公里，南北10公里，由陵园、陵寝以及庞大的家族臣僚的陪葬墓构成。据《唐会要》记载，昭陵因山凿石为玄宫，从墓道至墓室深75丈，前后设置五道石门，在山上建有栈道，以便往来。陵园的地面建筑大都已不存，正南面山下朱雀门的门阙和门内的献殿及山北的玄武门、祭祀坛等基址尚可辨识，祭祀坛内至今保存有突厥答布可汗、吐蕃赞普弄赞（松赞干布）、高昌王麹智勇、焉耆王龙突骑支、薛延陀真珠毗伽可汗、婆罗门帝那伏帝国王阿那顺等14国蕃君长的石刻像。在献殿遗址中曾出土一件鸱吻，高1.5米，宽0.65米，底长1米，可见原献殿建筑的宏伟壮观。西南面有下宫。举世闻名的昭陵六骏浮雕，原置于北司马门内的东西两庑，2002—2003年在北司马门发掘5 100平方米，揭露唐代阶梯状长廊遗址和包括昭陵六骏及蕃君像残块在内的石刻文物。

乾陵。唐高宗李治和武则天合葬墓。位于乾县城北6公里的梁山主峰，因山为陵，规模宏大，陵园占地面积约130平方公里。设内城和外城，外城北垣长1 750米，南垣设三道门。内城西墙长1 450米，北墙长1 320米，东墙长1 582米，南墙长1 438米，城垣夯筑，宽2.1～2.5米，四面各开一门。门前各有一对土阙和一对石狮，北门有一对石马，门址宽约27米，门楼为土木结构三出阙，残存木柱和柱洞，堆积大量建筑材料和红烧土、石炭渣。城墙四角筑有角楼，残存唐代瓦当、瓦、砖、条石等。寝宫位于内城正中北部梁山山腰上。1958年调查发现了乾陵的墓门和隧道。斜坡墓道在陵墓正南，全长63.1米，宽3.9米，用39层石条砌筑，每层石条之间都用铁栓固定，并用铁浆灌注。不少填石上刻有石匠姓名。在陵前至南门之北建长方形献殿，东西有阁。南门外为神道，处于一条南北走向的岭脊上，北高南低，长约4公里。神道两侧列置石像生，由南而北依次为：八棱柱华表1对，翼马兽1对，鸵鸟1对，石马和牵马石人各5对，文臣武将10对，无字、述圣2碑，61尊王宾像（现存60尊）。陵园石刻现存114件，有学者认为蕃臣像的设置不同于北朝帝陵神道的墓仪石人，而与突厥石人的象征意义一致。1995年在乾陵南司马门外及司马道南端的东西小山上各发现两组三出阙，故有学者提出乾陵应存在高宗陵园和武则天陵园两个陵园。

至于唐陵的地宫形制，根据已发现“号墓为陵”者推测，或以为前、后双室，或以为前、中、后三室，法门寺地宫即为三室，为模仿皇陵而成；北京的史思明墓也可看作三墓室的佐证。还有四室说，根据是南唐二陵后室有两侧室。此外，曲阳田庄大墓为前后室带10个侧室。而1995年发掘的唐僖宗靖陵仅为单室土洞墓。

3. 五代十国帝陵

五代十国兴起于割据一方的唐朝藩镇，其陵墓沿用唐陵的某些制度，有积土为葬和依山为陵两种形式。其中后周皇陵和割据西南的前蜀王建墓是积土为葬，其他已发掘的五代陵墓大多是依山为陵。只是限于实力，陵墓的规模气势远不及唐陵雄伟壮观。一般全长20多米，为砖石结构多室墓，盛行耳室、壁龛，墓内最主要的随葬品是哀册、谥册、谥宝等，大都有雕刻精美的石棺床。

五代周恭帝顺陵。为后周世宗柴荣第四子柴宗训墓。位于河南新郑市北郭店镇后周皇陵区。现存4座陵墓，除顺陵外，还有周太祖郭威的嵩陵、世宗柴荣的庆陵和世宗符皇后的懿陵。顺陵经发掘，封土周长40米，高4米，单室砖墓，墓室圆形，直径6.2米，周壁砌有6处凸出墙体的叠砖，似为灯台。墓室、甬道和墓道发现彩绘仿木结构建筑和人物壁画。

前蜀王建的永陵。在成都西门外的琴台，1942—1943年发掘，圆形封土，为前、中、后三室石结构墓葬，全长23.4米，三室两侧各有耳室，前后室的两侧耳室各3个，中室两侧各5个，共22个耳室。中室中央设石棺床，浮雕精美歌舞伎乐24人，上置髹漆木棺椁，两侧列置12武士像，后室出土墓主的圆雕石坐像。后蜀孟知祥的和陵在成都北郊磨盘山，1971年发掘，由羡道和墓室两部分组成，羡道有22级台阶，墓室为三个并列的圆形穹隆顶石室。

南唐李昪的钦陵和李璟的顺陵。均在南京江宁县牛首山，二陵东西相距约50米，形制基本相同。均由前、中、后三室组成，各室设壁龛、耳室。钦陵全长21.48米，墓室为砖石混合结构，后室为石砌，共有10个侧室。顺陵全长21.9米，为砖结构，有8个侧室。南唐二陵墓室四壁影作仿木建筑的柱、枋、斗拱等，均饰彩画，富丽堂皇。棺床设于后室。随葬大量精雕细刻的男女陶俑，种类繁多，代表了内宫中各种职司的人物。

南汉刘岩的康陵和刘晟的昭陵。康陵位于广州郊区小谷围，陵园南北160米，东西80米，四周夯筑园墙，正中设门，四隅各设一组角阙，封土圆形，包砖，有基座方形。为前、中、后三室砖室墓，墓室长10.65米，台阶式墓道在南，前室近甬道处发现完好哀册文碑，棺床位于后室中部，残存随葬品以青瓷器、釉陶和玻璃器为主。昭陵在广州石马村，为前后室砖室墓，墓室长11.64米，墓道范围不清，棺椁置于后室，横前室形制独特，砌有8个长方形器物箱，前所未见，出土残存随葬品200余件。

后梁、后唐、后晋均曾建都于洛阳，今洛阳孟津县送庄乡的护庄村西南有一座覆斗形大冢，形制符合唐以来帝陵的通制，根据文献记载的地望，疑为后唐明宗徽陵。未发掘。

4. 陪葬墓

唐代继承了西汉以来皇亲功臣陪葬帝陵之侧的定制，太宗时做了明文规定，陪葬墓制度成为皇帝给予亲信勋臣及其子孙的特殊礼遇。关于陪葬墓的数目、位置与规制，文献记载多有出入，实际的勘查情况是献陵有陪葬墓52座，昭陵有陪葬墓167座及若干家族祔葬墓，1987—1989年遥感定位测得188座，乾陵有陪葬墓17座，定陵15座，桥陵12座，自泰陵以后有的仅一两座，多数一座也没有。早期陪葬墓数量大，中唐以后陪葬墓数量大减。早期尚遵守“坟高四丈以下，三丈以上”的制度，后期制度已经形同虚设，其位置也无一定之规，基本是按下葬先后由北而南排列，与文献记载的“以文武分为左右而列”不相吻合。其中“号墓为陵”的陪葬墓，规模最大，墓主身份最特殊，多是死于政治斗争的太子、公主等，后经平反改葬。地面上有陵园建筑，封土作覆斗形，砖砌双室，长斜坡墓道有多个天井、过洞，陵园布局、神道石刻、墓葬结构、壁画内容仅次于帝陵之礼，有的出土玉质哀册等。一般陪葬墓和大型墓的坟丘多作圆锥形，也有少数像山形，如陪葬昭陵的李靖墓、李勣墓。陪葬墓之南也有土阙、石人、石兽、石碑、华表等石刻。昭陵陵园内分布近200座陪葬墓和祔葬墓，其中已知墓主的有57座，1964—1973年发掘了大型墓葬13座，发现墓志、墓碑56方。从碑志看，都是唐初诸王、公主和著名臣僚的墓葬，如李勣、郑仁泰、张士贵、段简璧、尉迟敬德、阿史那忠、李寿、李承乾、房陵大长公主、临川公主、长乐公主等。1990年发掘韦贵妃墓，1994年发掘新城长公主墓。乾陵陪葬墓区在陵东南，文献记载乾陵陪葬者17人，现存土冢8座，已发掘的有永泰公主、章怀太子、懿德太子、薛元超、李谨行墓5座。陪葬墓结构基本相同，地面筑有覆斗形封土、方形围墙和土阙，前有神道及石刻。地下由长斜坡墓道、天井、过洞、前后甬道、前后室等组成双室土洞或砖墓，全长在50～100米，有3个以上的天井，一般有石门、石棺椁，石棺椁位于后室。墓道过洞为土构，甬道和墓室为砖构。流行壁画，一般墓道两侧绘出行图，甬道绘男女侍从，墓室四壁绘宫廷生活图，墓顶绘天象。棺椁形制相同，系用青石板组成房屋式样，椁内外均雕人物、动植物线刻图。墓中随葬品数量巨大，有的可达千件以上。其中包括大量的三彩陶俑，有文臣、武士、男女侍从、伎乐、骑马、牵马、马、骆驼及镇墓兽等，还有各种用器和家禽模型。人俑神态衣饰各不相同，马俑和骆驼俑造型达到炉火纯青的程度。墓主均为唐代皇室重要成员和二品以上达官贵族，如 1973 年发掘的献陵陪葬墓高祖十五子李凤墓，1995 年发掘的定陵陪葬墓节愍太子李重俊墓，1995—1996 年清理桥陵陪葬墓惠庄太子李㧑墓、"让皇帝"李宪墓、金仙公主墓，1999 年发掘的陪葬泰陵的高力士墓，出土陶俑、墓志等文物 200 余件。

章怀太子墓。章怀太子李贤是唐高宗次子，文明元年（684 年）被武则天逼令自杀，神龙二年（706 年）中宗复位后以雍王礼陪葬乾陵。景云二年（711 年）重开墓室与房妃合葬，并追赠章怀太子。1971 年发掘。该墓封土为覆斗形，周设围墙，南置土阙与石羊各一对。地下设施为斜坡墓道、5 个天井过洞、3 对小龛、前后甬道和方形前后砖室，全长 71 米。葬具置于后室，为庑殿式石椁，线刻男女侍从图。墓中壁画 50 多组，保存完好，以墓道中的马球图和前室东壁的观鸟捕蝉图最为精美，第二过洞绘象征身份的列戟图。该墓被盗，出土遗物 600 余件，其中有大型文吏和武士俑，驼、马、镇墓兽等唐三彩精品，神龙二年（706 年）与景云二年（711 年）的两块墓志。

永泰公主墓。永泰公主李仙蕙是唐中宗第七女，文献记载李仙蕙与驸马都尉武延基夫妇于大足元年（701 年）被武则天杖杀，神龙二年（706 年）陪葬乾陵，并号墓为陵。1960—1962 年发掘。封土为双层覆斗形，周有围墙，陵园南门置土阙、石狮、石人、华表等。地下设施为斜坡墓道、6 个天井过洞、4 对小龛、前后甬道、方形前后室，全长 87.5 米。葬具置于后室，为庑殿式石椁，椁内外壁雕饰精美线刻。墓道与墓室满绘壁画，其中侍女形象生动，线条流畅，为唐墓壁画中的精品。早年被盗，出土遗物 1 300 多件，其中俑类 878 件，出土永泰公主墓志一方，有研究者根据墓志认为永泰公主死于难产。

懿德太子墓。懿德太子李重润是唐中宗长子，大足元年（701 年）被武则天杖杀，神龙二年（706 年）陪葬乾陵，并号墓为陵。1971 年发掘。封土为双层覆斗形，周设围墙，南面有土阙、石狮、石人、华表等。地下由斜坡墓道、7 个天井过洞、4 对小龛、前后甬道和方形前后砖室组成，全长 100.8 米。后室置庑殿式石椁，外壁线刻头戴凤冠的女官图，墓壁满绘壁画，现存约 40 幅。墓道两壁以楼阙城墙为背景绘太子出行仪仗，过洞绘驯豹、架鹰、宫女、内侍等。第一、二天井绘列戟，为天子之制。甬道及墓室绘持物宫女、伎乐等。被盗，仍出土文物 1 000 余件，有玉质哀册、俑、三彩器和鎏金铜马饰等。

惠陵。位于渭南蒲城县西北，当地俗称"让冢"。墓主是唐睿宗嫡长子李宪。因其曾让位于其弟李隆基，追谥为"让皇帝"。惠陵是我国已发掘的盛唐时期第一座准皇帝夫妇合葬墓。陵高 10 余米，陵园地面现存石碑、石马、石狮等文物。地下设施由斜坡墓道、8个天井过洞、6个小龛、长甬道及方形墓室组成，全长60米，深12米。共出土1 000余件文物，其中以陶制品占绝大多数，另有一些银制、铜制的小件饰品。两幅哀册同时出土非常罕见。

二、普通墓葬

在隋唐中央政权直接统治的广大地域内均发现隋唐墓葬，其中以西安、洛阳地区数量最多，西安地区发掘清理4 000多座，洛阳地区数百座，在隋唐墓葬研究中具有典型意义。山西太原、辽宁朝阳、新疆吐鲁番、湖北武汉、湖南长沙、江苏扬州、广东北江流域及沿海、福建闽江下游和晋江流域，也都是隋唐墓葬发现较集中的地区。隋唐时期，国家长治久安，各地经济文化的发展水平比较接近。因此，在全国范围内隋唐墓葬呈现出基本一致的面貌，但因受自然条件和文化传统的影响，仍各自具有一些地区性的特征，大致以秦岭淮河为界表现出较明显的南北差异，江南尤为突出。

1. 北方地区隋唐墓葬

北方地区以两京隋唐墓数量最多，渭河以北主要为唐代诸陵和陪葬墓，渭河以南多中下级官吏和平民墓。不少墓葬有明确纪年，出土墓志达数百块。其中西安南郊分布最为集中，仅近年长安郭杜大学城就清理唐墓1 000余座，西郊发现宫女等内宫人员墓葬。除两京地区多土洞墓外，北方各地均以单室砖墓为主，前期流行长斜坡墓道，为取土和回填方便，往往在墓道上挖出通到地面的天井，天井之间的暗道部分称为过洞。后期墓道缩短为竖井。陕西、河南、山西、甘肃以及新疆吐鲁番等地发现的隋唐墓虽也各有一些地方性特点，但总体上都与两京地区十分相近，仿效两京地区墓葬制度，等级制度较为严格，并表现出相对滞后的特点。

除少量竖穴墓外，长斜坡墓道洞室墓是北方隋唐墓葬的主要形式，墓室有土洞和砖室两种。隋代流行土洞墓，唐代主要为砖室墓，土洞墓一般为平民或下级官吏墓，砖室墓则属高级官吏和皇室成员，太子和部分公主、王公的墓葬有前后室，一般多单室。大型墓的长斜坡墓道开凿天井和壁龛，其数量与墓主的身份官秩一致。较大的墓绘有壁画。安史之乱以后，墓葬制度简化，斜坡墓道变为竖井，天井、壁龛消失，墓室缩小，壁画罕见。葬具一般为木质，有些木棺髹漆或加饰鎏金铜帽钉。贵族官僚有的用雕刻精美的石棺、石椁。隋开皇二年（582年）李和墓、大业四年（608年）李静训墓，都使用雕刻精致纹饰的石棺，后者为歇山式。唐代上层使用石椁普遍，多为庑殿式顶，个别为歇山顶，椁壁雕刻人物、鸟兽、花草、门窗等纹饰。随葬品有陶俑、陶器、釉陶和瓷器、三彩器、铜铁器、金银器、玉石器、骨蚌器、玻璃器、漆器、钱币及墓志等，以各类陶俑为主。隋至唐初多武装仪仗俑，武周时流行三彩马俑和骆驼俑，盛唐增加家臣侍者俑、舞乐嬉戏俑，镇墓俑、天王俑脚踏伏兽或鬼魅。镇墓兽一人面、一兽面，头生角，肩附翼，或手握蛇。安史之乱以后，随葬俑减少，天王俑、镇墓俑简化。隋代出现人身禽兽首的十二时辰俑，开元天宝以后逐渐流行。

隋朝立国 37 年，墓葬制度上承北齐、北周，下启唐初，具有鲜明的过渡特点。隋墓主要见于西安、洛阳、安阳及山东、山西、河北、湖南、湖北等地，有斜坡墓道单室土洞墓或单室砖墓及长方形竖穴墓三种形制。西安地区隋墓多长方形土洞墓，北朝时期已出现的长墓道带天井的墓在隋代多见。北方其他地区则多见砖室墓。隋初墓道的长短、天井的数目尚未形成定制，似与地位不完全相当，是否砖砌也无关等级。而石门、石棺床、石棺椁的使用和随葬骑马俑的数量则与身份密切相关。贵族官僚多用石棺椁。隋开皇二年（582 年）李和墓的石棺，表面雕刻人物、四神、禽兽和花卉等纹饰，其中有波斯风格的以联珠组成边圈的圆形兽头图案。隋大业四年（608 年）九岁的皇室贵族少女李静训墓为短墓道、长方形墓室的土洞墓，墓道长 6.85 米，墓室长 5.5 米，宽 4.7 米，随葬品 200 余件，不少是稀世珍品，其石棺雕成精致的九脊殿堂形式（歇山式），外壁用阴线刻人物、龙凤、卷草等，内壁绘有壁画。

潼关税村大墓。2005 年在陕西潼关县高桥乡税村发掘，是迄今已发掘的规模最大、等级最高的隋壁画墓。为长斜坡墓道多天井的单室砖墓，平面呈“甲”字形，坐北朝南。由墓道、6 个天井过洞、4 个壁龛、砖券甬道和穹隆顶圆形墓室等组成，总长 63.8 米，深 16.6 米。墓室内设巨大石棺，刻画天界和神祇形象。虽被盗，仍在壁龛处发现 200 余件制作精细的彩绘陶俑，有镇墓兽、武士俑、甲骑具装俑、骑马鼓吹俑、笼冠立俑、风帽立俑、小冠立俑、幞头立俑、各种动物俑等，形体较大，多施粉彩，描金涂银，色彩艳丽。最有价值的发现是墓内保存了完整精美的壁画，其中出行仪仗图中绘 92 位男性人物，衣着举止神态各异，风格写实，技法纯熟；门楼图绘三开间的庑殿顶楼阁建筑；第一过洞口两侧所绘列戟图列十八杆戟，依制墓主应是太子一级的皇室成员，推测这一带可能是隋代皇族墓葬区。

山西太原虞弘墓。1999 年太原郊区发掘一座隋纪年墓，为斜坡墓道弧方形单室砖墓，全长 13.65 米，葬具为歇山顶石椁，未见棺木。椁座上的浮雕内容罕见，刻画人物皆高鼻深目，具有浓郁的粟特风格。出土一件方形墓志，边长约 73 厘米，除右下角缺失外，尚存 625 字。墓主虞弘，粟特人，卒于开皇十二年（592 年），59 岁。历北齐、北周、隋三朝为官。公元 579 年前后，虞弘曾统领代州、并州、介州三州的检校萨保府，检校萨保府是专司入华西域人事务的机构。

隋墓按等级可以分为三类：第一类，长 40 米以上长斜坡墓道土洞墓，有 3 个以上的天井过洞，初期墓道一般位于墓室中间，无小龛，隋末墓道偏东南，出现个别小龛。使用石棺床、石棺椁。随葬品至少在 70 件以上，有精美的金银青铜和玻璃器。地面有高大封土堆和石像生。墓主一般为三品以上重臣。如开皇二年（582 年）

李和墓长44.15米，3个天井；大业六年（610年）姬威墓长46.75米，7个天井；还有开皇十三年（593年）李椿墓、开皇十五年（595年）段威墓、开皇二十年（600年）独孤罗墓。第二类，长度在10米以上的斜坡墓道土洞墓，无天井或个别有一两个天井，有砖砌棺床和木棺，不见石棺床，随葬品大多在40件以上，仪仗俑减少而仆侍俑、伎乐俑增加。地面建筑和石碑不存。墓主多为三品以下普通官员。此类纪年墓有开皇三年（583年）刘伟墓，开皇六年（586年）刘穆兄弟墓，开皇九年（589年）宋循墓，开皇十二年（592年）吕武墓，开皇十五年（595年）安阳张盛墓，开皇十六年（596年）郑平墓、罗达墓，大业七年（611年）田德元墓，大业十一年（615年）冯淹墓。第三类，短墓道单室土洞墓，墓室近圆形，一般长2～2.5米，无棺床，有木棺，随葬品多寡不一，数件到20件以上，多为成组的日常生活用具，俑很少，墓主为七品以下低级官吏或庶人。此类纪年墓有开皇十年（590年）安阳404号墓、104号墓，仁寿元年（601年）宇文氏墓，仁寿三年（603年）卜仁墓，大业十一年（615年）刘世恭墓等。

唐初高祖和太宗时期基本沿用隋制，三品以上高官或开国元勋有的仍使用土洞墓，尚未形成品级制度。如太宗时期的李寿墓为砖室墓，独孤开远墓为土洞墓。高宗以后基本形成按品级分等的墓葬制度，三品、五品、九品成为区分墓葬等级的分界。除了天井、过洞与壁龛的数目，石质棺椁的使用，壁画中仪仗队伍的构成，门前列戟的数目等成为区分等级的标志。唐早中期墓葬等级制度相对严格，安史之乱以后，葬制规格总体下降，等级亦不如前期分明。按墓葬规模，大致可分为四类：

第一类，大型长斜坡墓道单室或双室砖墓或土洞墓。高宗至玄宗时期一二品高官发现有全长40米以上的特大型砖室墓，地面有封土和石像生，4个以上天井、过洞，4～8个小龛，有石门、石葬具，随葬品多在数百件以上，各种俑类俱全，有不超过100件的骑马俑。如李凤墓、李贞墓、临川公主李孟姜墓、张去奢墓、张士贵墓、尉迟敬德墓、郑仁泰墓、杨思勖墓、高元珪墓。但大多数同类品级的墓葬比其略小，一般全长在20米以上，有多个天井，有小龛，有砖棺床，随葬品50件以上，俑类齐全，如阿史那忠墓、李爽墓、鲜于庭诲墓、李思贞墓、豆卢氏墓、苏思勖墓。墓主多是三品以上高官。安史之乱以后，长斜坡墓道减少，竖井与斜坡相结合的竖井墓道增多，随葬品大为减少。骑马俑、仪仗俑少见，女俑增加，不见石门，如李文贞墓、杨玄略墓、张叔遵墓、瞿昙墓等。等级制度已较混乱，一些品级较低的宦官使用大型砖室墓，如闫志诚墓、姚存古墓、高克从墓等，墓主均为三品以下宦官。

第二类，中型斜坡墓道单室砖墓或土洞墓。全长在10米以上，有天井，不见石门、石椁，属于中品级官墓。随葬品数量随官阶地位不等。独孤思贞墓、独孤思敬墓为单室土洞墓，全长20～30米，有4个以下天井、小龛，随葬品在100件以上，其中骑马俑不超过30件，为四五品官员。正四品司马睿墓随葬品近200件。随葬品70件左右的属于五品上下官吏，如山西长治张仁墓、河南偃师杏园宋祯墓等，一般骑马俑不超过 10 件。这类墓中无天井和小龛的多数属于六至九品官吏，随葬品在 40 件左右，如李守一墓、李景由墓、洛阳的安菩夫妇墓、独孤开远墓、郑绍基墓。部分庶人墓也包括在此类墓中，如安阳杨偘墓随葬品达 70 余件。唐晚期官员比较流行这种墓葬形制，斜坡墓道变为竖井墓道，有高级别的官员采用低于所属等级的葬制，如从一品官员李良墓降级采用了这种竖井墓道。

第三类，小型单室土洞墓，全长在 10 米以下，是唐墓中最普遍的形制，晚唐尤为流行。一般有斜坡或竖井墓道，有土棺床或无棺床，个别砖棺床，个别有 1～2 个天井，随葬品较少，以日用陶瓷器为主，西安、凤翔这类墓从初唐一直流行到晚唐。纪年墓如早期的安宝墓、洛阳裴氏墓，安史之乱以后的骞绍业墓、曹景琳夫妇墓、张十八娘子墓、梁元翰墓、何楚章墓等。墓主大多为低级官员和庶人，但也有高至三品的官吏。如正三品的李文政墓采用刀形土洞墓、从三品的资州刺史师知礼墓全长仅 4.5 米，是晚唐墓葬级别下降的实例。

第四类，无墓道的竖穴土坑墓，一般长仅 2 米左右，平面呈长方形或梯形，墓主为下层平民，早晚期没有什么变化。有的有木棺，有的无葬具或仅以几片瓦掩盖，仅随葬几件日用陶瓷器甚至一无所有，基本不见纪年文字，西安出土的“咸通十五年孟元简阿娘坟墓”砖铭十分罕见。

两京隋唐墓随着时代演进，壁画风格，陶俑的类型和形象，陶瓷器、铜镜、墓志等随葬品的形制和花纹，都呈现出相应的变化。可分为三期：

第一期（6 世纪晚期至 7 世纪晚期），沿袭北朝时期的传统，流行方形或长方形单室土洞墓和砖室墓。大墓盛行长斜坡墓道多天井、多小龛的形制。隋墓一品官的天井多达 7 个，而壁龛较少，初唐时期一二品官的天井最多 5 个，壁龛有的多达 10 个。随葬陶俑分为出行仪仗俑和家内仆侍俑，青瓷和白瓷常见四系罐、凤头壶、鸡首壶、龙柄壶等大型器物，稍晚出现唐三彩。

第二期（7 世纪晚期至 8 世纪中期），流行长方形单室土洞墓和方形砖室墓。大型墓盛行刀形墓室，墓道开始缩短，天井和小龛逐渐减少，“号墓为陵”的懿德太子墓有 7 个天井，8 个壁龛。一二品官的墓，天井 5 个以上的只占少数，壁龛最多不超过 6 个。更加注重墓室构筑，多随葬家内僮仆俑和园宅、假山、建筑模型。西安、洛阳出土较多的唐三彩器物和俑。大型瓷器逐渐减少，碗、杯、盘、盒、罐、唾盂等实用器物增多。属此期的永泰公主墓、章怀太子墓、懿德太子墓等，除有长斜坡墓道、多天井、多小龛外，还有前后二墓室，墓内随葬品丰富，墓壁绘制大型出行图、狩猎图和击球图等壁画。太原唐墓壁画多绘制大幅的树下老人图。

第三期（8 世纪中期至 10 世纪初期），以安史之乱为界，唐墓的形制变化非常明显，原有丧葬制度大多废弛。大型墓的斜坡墓道更短，流行竖井墓道。天井减少，小龛移至墓室四周，最终二者消失。厚葬之风甚盛，随葬品中多见金银器和锦绣制品。陶瓷器延续第二期的品类，造型更为丰富，有的出土成套的注子、盏、盏托等实用器。元和（806—820年）以后陶俑减少，常出绢衣木身俑。表现墓主生前室内陈设的条幅式立鹤屏风画成了墓室壁画常见的内容。

2. 南方地区隋唐墓葬

南方地区的隋唐墓，一般规模小，形制简单，以砖室墓为主，也有竖穴土坑墓，无墓道。大中型墓用双层砖砌，有完善的排水设施。南方隋墓平面形制变化较多，有“古”字形、“亞”字形、“凸”字形、长方形、梯形等，单室、双室、三室都有，有的两室并列，夫妻各葬一室。随葬品多为陶瓷器，陶俑较北方少。等级没有中原地区严格，似与墓室数量相关。大型墓全长7米以上，有前后室和耳室、小龛、棺床，随葬品多达百余件，俑类齐全，品级较高；中型墓全长6米以上，有双室、三室及棺床，如开皇二十年（600年）安徽亳县王干墓、仁寿元年（601年）浙江衢州徐释山墓，属于七品以上中级官吏墓；小型墓全长4米左右，以长方形单室墓为主，少数为前后室，随葬少量日用陶瓷器，一般为七品以下低级官吏和庶人墓，如大业六年（610年）湖南湘阴陶智洪墓是无爵位的道士墓。唐墓形制沿袭隋代，在葬制和随葬品种类形制上显示出更多的共性。流行花纹砖嵌壁，砖表模印几何纹、植物纹和文字，墓壁多砌小壁龛，有的多达22个，放置十二生肖俑。随葬品多日用陶瓷器，俑类少见，墓志极少。最高等级的地方藩王和三品以上官员大墓全长8～30米，为长斜坡墓道砖室墓，有较大的耳室，装饰壁画，保存较差，随葬金银珠玉和大量陶俑，如广东韶关张九龄和张九皋墓、湖北郧县李泰和李欣墓、湖北安陆吴王妃杨氏墓等；中型墓全长5米以上，流行花纹砖嵌壁，随葬陶俑数量减少，以日用陶瓷器为主；5米以下的长方形单室砖墓或土洞墓则是低级官吏和无官职的庶人地主墓。也有合葬墓，夫妻各葬一室，随葬品多者几十件，少者几件，主要是日用陶瓷器，陶俑很少见。

3. 五代十国墓葬

五代时期发现墓葬数量不多，基本沿袭唐以来的葬制，但形制上也有变化。已发掘的纪年墓有1995年发掘的河北曲阳后梁龙德三年（923年）北平王王处直墓，王处直为唐末五代的义武军（治定州）节度使，京兆望族。该墓为前后室带耳室的方形石室墓，墓道塞满巨石，前室四壁有14个长方形壁龛，龛内残存6块生肖浮雕及少量小件文物。后室放置石棺床，东西壁发现镶嵌的奉侍、散乐汉白玉浮雕。该墓壁画基本是晚唐两京地区的风格，有侍女、山水、云鹤、屏风、花鸟、日常生活器具等，将彩绘的石雕嵌入墓壁是北宋彩色雕砖的先声。2012年发掘的河北曲阳田庄大墓为长斜坡墓道前后室带10个侧室的穹隆顶砖室墓，全长66米，规模宏大，结构复杂，墓道两侧发现大型仪卫壁画，出土汉白玉棺床、汉白玉力士和武官俑等。神道两侧自南向北发现石华表、石柱础、石虎、石羊、石人。推测墓主可能为唐末五代某藩镇节度使。后晋开运三年（946年）河南伊川李俊墓，墓室为十二面多边形，斜坡墓道在墓室之东，装饰仿木结构砖柱，壁面砌筑砖雕画，墓葬制度显示出更多新的因素。1992年在陕西彬县底店乡冯家沟发掘五代后周显德五年（958年）朔方军节度使、京城侍卫步军都指挥使兼河阳节度使冯晖墓，墓上有封土，由长斜坡墓道、仿木作砖雕彩绘门楼、石门、甬道、主室、左右后三个耳室等构成，全长44.42米，墓室高7.14米，正室长宽各6米，小龛35个，墓顶为四角券顶八卦式，结构独特，绘银河星月天象图案。甬道壁画中的乐队致辞者和54块彩绘乐舞砖雕异常精美，仿木作砖雕在北方地区十分罕见。虽被盗，仍出土文物百余件。1999—2001年在宝鸡陵塬发掘唐末五代凤翔节度使李茂贞夫妇异穴合葬墓，李茂贞墓位于陵园东北，覆斗形封土，坐北朝南，为长斜坡墓道单室石墓，全长50.7米，由墓门、封门、甬道、墓室组成；其夫人墓位于陵园西南，相距20米，全长57.1米，结构复杂，长斜坡墓道，仿木结构门楼，前室长方形石砌，后室八面体穹隆顶，庭院甬道镶嵌彩绘雕砖72块，图案有妇人启门、乘凤驾鹤西游、乐舞、牵马牵驼、抬轿等。二墓共用一个神道，位于正南方，宽12米。两侧现存石造像14尊，有武官、文官、马与控马者、狮、羊、华表。墓葬制度鲜明地体现了上承唐代、下启宋制的过渡性特点。

十国的墓葬发现较多，大型墓往往采用砖石木混合结构或砖结构双室或三室墓，全长在10米左右，个别达20米以上，多侧室，已发掘的吴越国大墓有钱氏家族墓，均在其都城临安及其附近，包括杭州施家山钱元瓘墓、唐光化三年（900年）吴越王钱镠之父钱宽和夫人水邱氏夫妇墓、临安功臣山钱元玩墓、板桥吴氏墓，苏州七子山可能为钱元璙墓；属于吴国的有邗江蔡庄大墓，葬于乾贞三年（929年），可能为杨行密之女寻阳公主墓，海州大和五年（933年）海州刺史赵思虔夫人王氏墓；闽国的墓葬较大的有福州市郊莲花峰下的闽王后刘华墓；后蜀的广政十年（947年）成都张虔钊墓、彭山宋琳墓等。随葬品多有精美的瓷器，陶俑多在40件以上，吴国、南唐墓则流行随葬木屋和木俑。钱氏墓形制近船形，后室顶部绘制或线刻天文图，多出“官”“新官”字款的白瓷金银扣器和精美的越窑秘色瓷器。刘华墓还出土伊斯兰风格的孔雀蓝釉陶罐，可能来自伊朗。中小型墓形制简陋，有竖穴土洞墓、土洞横室墓、仿木结构砖室墓，随葬日用陶瓷器数件。西安、洛阳、伊川、扬州、镇江、泉州、长沙、四川乐山等地均有发现。

第三节 隋唐五代的经济文化艺术

隋唐时期手工业和商品经济高度发展，分工更加细致，其中陶瓷、冶炼、纺织业均有长足发展。瓷器品种多样，造型浑圆饱满，几乎涵盖了茶具、餐具、酒具、玩具、文房、乐器、装饰陈设等各个门类，在日常生活中占据统治地位，唐三彩异彩纷呈，开创了制陶艺术的新辉煌。金银器、造纸业也有明显进步。官府手工业和私营手工业齐头并进，大量丝绸和陶瓷器远销海外。水陆交通空前发达，经济中心与政治中心分离的城市开始出现，海上丝路重镇扬州古城的考古充分展示了这一点。唐晚期，长安城中封闭式的里坊制度和东西两市的封闭性市场也不同程度受到开放的商业贸易的冲击，宵禁制度逐渐趋于瓦解，出现了夜市和草市。

一、陶瓷器

1. 陶俑

陶俑是富于时代特征的器物。隋唐时期墓葬中大量使用陶俑，种类有镇墓俑、仪仗俑、仆侍俑、动物俑等。隋至唐初的陶俑，造型凝重呆板，尚有北朝遗风。隋代不再使用北周的半模制法，而是前后合模，镇墓兽中人面、兽面差异明显，姿态取北齐的蹲坐式而废弃北周的俯卧式，恐怖气氛逐渐增强。武士俑由持盾演变为不持盾，造型由矮小笨拙变得高大生动。早期仪仗俑群以牛车为中心，男俑的冠帽有小冠、笼冠、风帽、幞头等，女俑发髻宽而低。盛唐时期陶俑种类丰富，形象生动，装饰华丽，尤其是三彩陶俑具有很高的艺术水平。镇墓兽更为狰狞恐怖，人面与兽面差异渐小，有的脚下踏怪兽。多见形体高大的马和骆驼俑。武士俑逐步演变为天王俑，神态威武凶猛，脚下踏怪兽或小鬼。男俑的小冠几乎绝迹，笼冠和风帽也减少，幞头增多。女俑端庄丰腴，一改之前清瘦羸弱之态。除了色彩艳丽的大型陶俑，还有小型俑和胸像俑，胸像俑的下半身可能为木质，原应身着绢衣。中晚唐的陶俑延续前期种类，但造型风格趋于纤小繁缛，与盛唐气派迥然不同。镇墓兽脚踏怪兽，人面、兽面难以区别。天王俑彩绘华丽，姿态颇生动，脚踏一两个小鬼，但形体矮小；女俑则显臃肿。

2. 瓷器

隋唐时期瓷器得到普及，在很大程度上取代了其他各类材质的日常生活器皿，并在对外贸易中占据重要地位，唐代有大量的外销瓷专供海外市场。这一时期除备受文人推崇的青瓷外，白瓷也逐渐成熟，还有黑瓷、绞胎瓷、彩瓷和早期青花瓷等。隋代在北朝的基础上已烧制出胎质洁白、釉面光润的精美白瓷，开启了唐代瓷业“南青北白”局面的先河。隋墓出土的白瓷，以西安李静训墓出土的双系螭把鸡首壶、螭首双把双身壶最为精美。从考古发现来看，隋代北方的白瓷窑系已初具规模，河南安阳窑、河北内丘和临城交界处的邢窑，在烧造青瓷、黑瓷的同时也兼烧白瓷，并已使用匣钵。唐代北方地区的邢窑、定窑、巩县窑、鹤壁窑、密县窑以及陕西耀州窑、山西平定窑、安徽萧窑均烧制白瓷。邢窑空前发展，烧制的白瓷“类银”“类雪”，壁薄质坚，器形主要是碗、盘、瓶、罐等日用器。河北曲阳的定窑从唐初开始烧瓷，中晚唐模仿邢窑烧白瓷，如玉璧底碗等，初唐白瓷釉色往往泛青，盛唐以后颜色纯正。定窑还烧制黄、绿、青、黑、紫釉瓷，因为定窑采用覆烧法，器物口沿往往露胎，称为“芒口”，为掩盖口沿缺陷常以金银镶嵌成为金扣、银扣。乾封二年

(667年）段伯阳墓中的印花贴花高足钵，造型和装饰十分别致，是难得的珍品。河南巩县窑隋时烧青瓷，唐时烧白瓷、绞胎瓷、唐青花和唐三彩，有碗、壶、瓶、罐、枕等。唐代青花瓷烧成于巩县窑，2002—2007年巩县窑址出土大量唐青花瓷器残片，地点有小黄冶、铁匠炉村、白河等地，2006年在郑州市郊上街区峡窝镇唐墓出土2件完整唐青花瓷塔式罐，分别饰“童子打曲棍球图”和“卍”字符。20世纪七八十年代在扬州、新疆等地也多有唐青花瓷碗、盘、枕残片发现，装饰梅花点、花草、椰子树、鱼藻纹等，另见菱形等几何图形中夹以散叶纹，为典型的阿拉伯风格图案，很可能是用于外销的瓷器。其产地应是巩县窑，经检测其化学成分与巩义青花瓷相同。这一发现改写了青花瓷的历史。晚唐五代邢窑出现具有商标性质的名号，内丘城关窑址出土一批“盈”字款瓷片。北方白瓷兴盛，三彩器衰落，主要窑址有邢窑、曲阳窑、黄堡窑等，定窑五代时期花口形碗、盘、杯、钵等大增，釉色纯白或略泛青，有泪痕，器物底部刻划“官”或“新官”。

历史悠久的青瓷在隋唐时期得到了长足的发展，产品种类增加，质量提高，产地扩大。浙江越窑、金华婺州窑、温州瓯窑，安徽淮南寿州窑，湖南长沙窑、湘阴岳州窑，江西丰城洪州窑、吉安吉州窑，福建建阳建窑以及陕西铜川黄堡窑（耀州窑）等窑址广布南北，但以南方成就最高。隋唐时期越窑青瓷发展到成熟期，以慈溪上林湖为中心在浙江东北部形成一个庞大的窑系，越窑青瓷胎质细腻，釉色青中带绿近于茶青色，晶莹温润如玉。典型器物有玉璧底碗、带流和曲柄的执壶、大口唾壶等，仿金银器的花口器大大增加，圈足多外撇。装饰手法主要是在素胎上刻花、划花、印花、镂雕，常见大幅的龙、水鸟、花草纹。新创的绞胎瓷以白褐或白黑两种不同颜色的瓷土拧结在一起，或以不同颜色的化妆土装饰在同一器物上，形成浑然天成的杂色混合纹理效果，有的呈现木纹、羽毛、凤尾、鹧鸪斑、兔毫等纹样，有的犹如晚霞、彩云。晚唐五代秘色瓷大为流行，江苏的吴墓、南唐墓、杭州附近的数十座吴越钱氏家族墓等出土大量精美的金银扣白瓷和秘色瓷器。1987年陕西扶风法门寺地宫出土13件秘色瓷，因有明确的碑记而首次确认了秘色瓷即越窑贡瓷精品，色泽青碧，有“千峰翠色”之誉。中晚唐五代时期，南方有荷花芯越窑址、长沙窑，景德镇也在五代时期开始烧窑。长沙、四川一带釉下彩流行。长沙窑的装饰具有强烈民间风味，多为实用器如壶碗、文房之类，流行釉下彩斑、模塑贴花以及褐绿彩彩绘，纹样有人物、动植物、墨书诗歌和谚语，常见异域风格的胡人三彩人面、舞蹈人物、联珠和亚热带植物纹样、阿拉伯文“真主伟大”等，融入了东南亚、南亚和西亚人喜好的内容，不少专门用于外销。北方的耀州窑在唐代成为烧瓷的集大成者，主烧青瓷，还烧黑瓷、白瓷和白釉绿彩、褐彩、青釉白彩、素胎黑彩等瓷器以及唐三彩。已清理瓷窑60余座，作坊100余座，出土可复原标本万余件。晚唐五代以烧制青瓷为主，使用了漏斗匣钵单件装烧，胎土细腻，釉色纯净温润，以青灰、青绿为主，壁薄而规整，多素面，五代末期则以饰满全器的剔花为特色。文献记载其“青如天，明如镜，薄如纸，声如磬”。20世纪80年代后在耀州窑发现2座五代窑炉，不仅烧制日常生活器，还有茶具、酒具、文房用具等，出土十几枚“官”字款的标本，说明其在五代可能为官府烧瓷，或认为此即后周世宗时期的“柴窑”。

3. 唐三彩

唐三彩器是一种独特的多色铅釉陶器。以烧后呈白色或微红色的黏土为主要原料，经两次低温烧制而成。第一次素烧温度约1 100℃，素胎上施以石英、铅丹为主要原料和以金属氧化物为色基的釉料，再在800℃～900℃的温度中复烧。烧成后釉色以红、绿、白三色为主，兼有蓝、黄、褐、黑、紫等色，在同一器物上各色釉渗融相间，淋漓斑驳，称为三彩。同时铅釉使釉面光亮度增强，色彩更加晶莹玉润，集雕塑、陶瓷、色彩艺术于一身。器形有碗、盘、碟、罐、杯、壶、釜、甑、扣盒、灯台等，三彩俑有镇墓俑、仪仗俑、僮仆俑、动物俑等，此外还有榻、枕、钱柜及亭、屋、假山等模型。以三彩器作为随葬品，始于初唐后期唐高宗时，盛行于盛唐开元时期，前后大约百年，主要产地在洛阳和西安。1999年在西安草阳村唐礼泉坊遗址（唐西市附近）发现4座三彩窑址，出土大量三彩残片、范和原料，时代在天宝四年（745年）前后。2001年在西安太乙路唐代东市遗址也发现烧制唐三彩的遗存，出土大量模具和残片。铜川耀州窑在中唐时期也一度烧制三彩，特点是不见蓝釉。天宝以后，三彩器逐渐消失。今印度尼西亚、伊朗、伊拉克、叙利亚、埃及、苏丹、日本、朝鲜半岛等地都有唐三彩发现。

二、金银器与铜器

金银器在唐以前多作小件装饰品及附属部分，而在匈奴、鲜卑等少数民族中较多见，多作动物纹样的牌饰或首饰。随着鲜卑民族入主中原和中西方文化交流的扩大，以及上层统治者服食丹药追求长生之术的影响，金银器的地位开始提升。鲜卑的金步摇、鹿纹金饰牌，拜占庭和萨珊波斯金银器、金银币在魏晋南北朝墓葬中屡有发现。唐代开始流行大型金银器皿，金银器的使用变得普遍，金银器窖藏和随葬品的发现种类丰富。1970年西安何家村唐代窖藏共出土文物1 000多件，其中碗、盘、盆、盒、罐、杯、锅等金银器皿271件，银铤8件，银饼22件，银板60件，金箔4袋，金银币466枚（包括金质开元通宝30枚，银质开元通宝421枚，日本元明天皇铸造的和同开珍银币4枚，波斯萨珊银币、东罗马金币各1，鎏金铜钱数枚，战国至汉唐时期的铜钱等39种），金器总重达298两（每两合今42.798克），银器总重3 900多两，金的纯度为81%～94.3%，银的纯度高达98%以上。何家村窖藏位于唐代长安城兴化坊中部偏西南处邠王李守礼王府之外，郭沫若考证这批文物“为唐玄宗李隆基天宝十五年（756年）六月因安禄山之乱逃奔四川时邠王李守礼后人所窖藏”。还有学者以出土有地方供奉的庸调银饼而认为应是唐德宗建中四年

(783 年)泾原兵变时尚书租庸使刘震仓促埋藏的唐代宫廷之物。又因其中包含整套的煎药、捣药、炼丹、储药用具以及朱砂、石乳等药材和大量钱币,也有学者认为窖藏主人是一位爱好炼丹的贵族或即爱好收藏的章怀太子及其子邠王李守礼。① 其中鎏金舞马衔杯纹仿皮囊银壶印证了唐代宫廷舞马的记载,乐工八棱金杯、刻花金碗、掐丝团花金杯、宝相花银盖碗、鸾鸟六瓣银罐、镂空银熏球等都是宫廷奢侈生活的见证。其制作工艺代表了唐代的最高水平,焊接、铆、镀、刻、凿、锤揲、镶嵌等工艺技术相当精湛,掐丝珐琅工艺开启了元明景泰蓝的先声。专家推测当时可能已经使用简单车床对材料进行切削、抛光。1987 年扶风法门寺地宫出土金银器 121 件(组),主要为生活用具、供养器和法器,许多器形为首次发现,名称、重量、制作官署、作坊等都有明确记载,为晚唐金银器分期断代提供了标尺。这两处发现展现了以长安、洛阳为中心的供应宫廷金银器的特征。中晚唐以后南方金银器商品生产发展起来。1982 年江苏丹徒丁卯桥出土窖藏金银器 956 件、浙江长兴县下莘桥出土 100 余件银器、浙江临安水邱氏墓出土 38 件银器。其中丁卯桥出土银钗达 760 件、银盒 28 件,同一产品的高重复率反映出规模化商品生产的特征,其多样化、世俗化、创新性和简洁轻薄的特点则反映了民间私营作坊和商品生产的典型特点。隋至初唐金银器多见圆口的盘、盒、高足杯、带把杯等器形,流行忍冬纹、缠枝纹、葡萄纹、宝相花、联珠纹等,满地装饰,花纹细密;中唐流行花口的盘、盒、壶,纹饰疏朗,多见折枝花、团花,分单元布局,中间留白;晚唐器类丰富多样,碗、盘、盒以花式口为主,花口浅腹斜壁碗、五曲花形带足盒、葵花形盘最为典型,新出各种茶具、香薰、波罗子、支架、温器等,装饰特点是阔叶大花,折枝花、团花与新兴的鸳鸯、鸿雁、鹦鹉、双鱼等富有生活气息的题材并见,以荷叶、绶带、叶瓣、小花作为边饰,风格清新自由。

隋唐五代时期,日常生活用具中瓷器取代了铜器的地位,这与唐代商品经济的高度发展导致钱荒和唐代实行铜禁有关。铜主要用于制作铜镜、钱币。隋唐时期铜镜形状多样,装饰繁缛,浑厚富丽,时代特征鲜明。隋至初唐铜镜多为圆形,偶见方形、葵花形。盛行四神、十二生肖、十二生肖规矩镜,四兽或六兽瑞兽类镜以及团花镜等,多见赞扬铜镜功能的诗歌体铭文。高宗时出现葡萄纹镜。武则天至玄宗前期,流行菱花形镜及葡萄、瑞兽、鸾鸟等花纹,镜身厚实的鸟兽葡萄纹成为武则天时代的标志。盛唐时期的铜镜,除圆形和方形外,菱花形和葵花形镜盛行,在造型和工艺技术方面都有重大的突破,因增加锡的成分,铜镜的质地显得银亮有光泽,既美观又实用。采用了高浮雕、金银平脱、螺钿、鎏金、鎏银、捶金、捶银以及镶嵌绿松石等工艺。纹饰也更加新颖多样,现实生活和神话传说中的人物故事及表现人们精神追求的吉祥、山水画面被应用到镜饰上。花鸟、人物、蟠龙等成为主要题

① 齐东方,申秦雁,主编. 花舞大唐春:何家村遗宝精粹. 北京:文物出版社,2003.

材，常见月宫镜、仙人镜、真子飞霜镜、打马球镜、狩猎纹镜等，双鸾衔绶镜、团花镜一直盛行。中晚唐、五代时期除沿用前期的铜镜外，人物故事镜出现孔子问荣启期、许由洗耳等新题材，流行“亞”字形镜和方形镜，装饰八卦、“卍”字等宗教色彩浓厚的纹饰，以八卦为主体的八卦十二生肖、八卦干支、八卦鸾鸟、八卦百炼、八卦星象等纹饰成为主要装饰，手法单一，镜身变薄，工艺渐趋粗劣。

随着纪年墓葬中大量钱币实物的出土，各时期钱币的形制演变特征更加明确，成为分期断代的重要参考。隋文帝开皇元年（581年）铸行统一的标准五铢钱，诏令严禁一切旧钱和私铸钱通行。开皇五铢重如其文，约为3克，直径一般为2.5厘米。字狭缘宽，“五”字交股斜直，“五”字左旁靠近方孔处有一竖划，其余三面无郭。隋炀帝大业年间（605—618年）铸行“五铢”白钱，因币材配剂中锡、铅比例增加而铜色灰白，字体细小，“五”字交股弧曲，十分精美。1957年在西安玉祥门外李静训墓出土5枚隋五铢，1959年长沙一隋墓出土93枚五铢白钱。

唐太祖武德四年（621年）铸行开元通宝，从此废除带有原始物物交换时期铜块痕迹的记重钱，统一以“通宝”（即通行货币）称谓，是一种脱离了本身价格的、作为纯粹价值尺度投入流通的抽象货币，标志着货币发展达到高级阶段。实行“宝钱”制是秦汉以来货币史上的又一个里程碑，一直沿用到清末，并远播越南、朝鲜半岛、日本和粟特等地。盛唐以后铸币铭文大都冠以当时年号。唐代铜钱计有开元通宝、乾封泉宝、乾元重宝、大历元宝、建中通宝、咸通玄宝等六七种，安史之乱期间史思明铸得壹元宝、顺天元宝，唐初新疆的高昌国铸行高昌吉利等。唐代钱币形制、尺寸、重量相沿不变。十钱为一两，千钱重六斤四两。开元通宝流通时间长，五代的后周、十国的南唐和闽也曾仿铸，铸量大，版别极其复杂。唐早期武德“开元通宝”直径2.4～2.5厘米，重4.5克左右。面背肉好轮廓规整，铜质纯净，光背。钱文传为欧阳询手书，笔画粗而深峻，疏密有致。“元”字首画短，次画长且左挑，“通”字“辶”部前三笔各不相连，呈三撇状。高宗、武则天时出现背上有隆起直画的“月纹”开元通宝。因经济过热，货币不足，民间开始私铸小钱，铜质差，背近平。大约玄宗朝开始出现用于宫廷赏赐或玩赏的金银开元通宝，西安何家村窖藏出土金质开元通宝30枚，银质开元通宝421枚，洛阳出土20枚鎏金开元通宝；唐中期“元”字首横加长，次横有左、右挑及双挑，“通”字“辶”部前三笔似连非连呈顿折状，继而演变为连续的拐折状，“宝”字较小，背部常有新月形掐纹。还见有合背、花孔和直径3厘米的开元大钱。唐后期主要流通“会昌开元”，武宗会昌五年（845年）始铸，直径一般2.3厘米，轻而薄，铜色不纯，易锈蚀，字迹模糊。背多加铸州名或钱监名，计有25种：京、洛、益、梓、昌、荆、襄、蓝、越、宣、洪、潭、兖、润、鄂、平、兴、梁、广、福、桂、丹、永、并、杨。在法门寺地宫还出土稀有的玳瑁雕刻而成的开元通宝，可能是佛教徒为供奉而特制。唐中期以后钱荒严重，一种类似汇票性质的“飞钱”出现，贵金属白银正式进入大宗贸易的流通，一般为重五十两的饼形、铤形。

五代十国各政权因币材短缺，或铸大钱，或铸铁钱、铅钱、低质合金钱，甚至史书记载幽州刘氏政权有泥钱。铸币种类达30余种，但铸量都很少。民间仍沿用唐开元旧钱。所见有后梁的开平元（通）宝，后唐的天成元宝，后晋的天福元宝，后汉的汉元通宝，后周的周元通宝，楚的天策府宝、仿乾封泉宝铜铁大钱、乾元重宝大铜钱，闽铸开元通宝背无文，或背巨星、月纹，或背“福”“闽”“殷”字等，以及永隆通宝、天德元（通）宝，南汉的乾亨重（通）宝，前蜀的永平元宝、通正元宝、天汉元宝、光天元宝、乾德元宝、咸康元宝，后蜀的广正通宝、大蜀通宝，南唐的大齐通宝、保大元宝、唐国通宝、大唐通宝、开元通宝篆隶对钱、永通泉货，割据幽州的刘氏政权铸永安一十、永安一百、永安五百、永安一千、货布背三百、铁五铢、顺天元宝、应天元宝、乾圣元宝、应圣元宝等。

三、纺织业

唐代纺织业进入空前发展的崭新阶段，产品经丝绸之路远销西方、东亚，对日本、波斯、罗马人的生活产生了深刻影响，引领了一代新风尚。西北地区由于气候干燥保存了大量隋唐丝毛织物，1959年以来在新疆吐鲁番阿斯塔那及哈拉和卓墓群、乌鲁木齐南郊唐墓、巴楚晚唐遗址均有出土。织物上的墨书表明其多产自中原，如河南、山南东、山南西、江南东、江南西和剑南诸道。吐鲁番出土麻布被上有“河南长水县印”朱色篆文，质地细致均匀紧密。吐鲁番出土唐代文书也记载来自四川地区的蜀锦“益州半臂”“梓州小练”。唐代织物质地有丝、棉、毛、麻，可以分为布、绢、纱、锦、绫、罗、纨、绮等，品种名目之多，前所未有。尤以数量众多、工艺复杂、绚丽多彩的锦最具代表性。唐人织成了两面平纹的双面锦，在西方缂毛的基础上发明了缂丝技术，即以纬线包围经线，使经线不显于织物表面。阿斯塔那唐代张雄夫妇墓出土的女舞俑的束腰为双面锦和缂丝。1987年陕西扶风法门寺地宫中发现皇室贵族供奉给法门寺的各类高级织物700余件，采用刺绣、贴金、描金、捻金、织金等工艺，其精美程度令人惊叹。唐代工匠熟练掌握了织花、印花、染花、绘花、绣花各种方法，可以织出平纹、斜纹、经线显花、纬线显花和多彩晕色提花锦，织成复杂对称和连续的华美图案，染出几十种鲜艳的色彩。蜡染、夹缬、绞缬等染色技巧广泛使用，即在设计好的留白处用上蜡、夹雕花版、针缝绑扎或打结的方法使局部不上色形成纹样，阿斯塔那唐墓和敦煌均出有绞缬和蜡缬绢。1959年在新疆巴楚脱库孜沙来晚唐遗址出土一块细密的蓝白提花棉布，出土的毛织品有精细的花罽，粗犷的斜褐，稀疏的毛罗，通经回纬的缂毛毯，如花卉缂毛毯、禽纹缂毛毯、六瓣花纹缂毛毯以及栽绒毯等。1968年阿斯塔那M4出土开元九年（721年）郧县庸调麻布，长245.6厘米，宽58.9厘米。据文献记载，唐代中央政府设有专门的织染署，机构庞大而分工精细，唐代税制允许以丝绸棉绢交纳贡赋。长安、四川、河北、江苏、浙江、新疆等地都有重要的纺织业中心，河北定州产量大，益州的蜀锦历史悠久，唐朝初年曾有窦师纶创制出章彩奇丽的“瑞锦宫绫”，成为宫廷作坊的样式，被誉为“陵阳公样”。润州贡物有“绣叶花纹绫”，越州贡物有“宝花罗”，都是新颖独特的精品。纺织品纹样也发生了巨大变化，之前织物上盛行的云气和变形云龙纹隋唐时期不再流行，连续排列的花卉、几何图形、联珠圈纹中间饰以瑞兽、祥鸟、花卉图案、彩条相间等成为主要装饰。隋和唐前期天王、狮、象、牛、马纹和佛教艺术中的化生、莲花等图案增多。唐中期流行联珠圈内饰对禽、对兽的纹样，常见孔雀、鸟、狮、羊、鸭、鸡、鹿、龙、熊头、猪头等象征吉祥如意的图案。7世纪末出现宝相花纹，盛行提花晕𦈡，还见花纹间以文字的装饰，在新疆吐鲁番和民丰的墓葬出土了“贵”“吉”“同”“胡王”等文字锦。晚期写实花鸟开始流行，法门寺地宫出土的织物构图熟练随意，流行阔叶写实性的花纹。

四、造纸与雕版印刷

隋唐五代时期，造纸业有了进一步发展，造纸原料除家麻外，还使用野麻、藤、楮皮、桑皮、木芙蓉皮、竹子等，生产麻纸、藤纸、皮纸、竹纸等，并采用各种原料混合造纸，降低了成本，纸张品种、质量、性能也有所提高。阿斯塔那出土的高宗麟德二年（665年）《卜老师借钱契》用纸，就是以麻纤维和树皮纤维混合制造。唐代纸制品广泛用于书写公私文书、契约、各种书籍、书画作品和习字等。敦煌藏经洞发现大批写本经卷文书，阿斯塔那除发现大量纸本经卷文书外，还出现纸棺、纸钱、纸糊灯笼、纸糊窗户、纸伞、纸扇以及卫生用纸和包装用纸，纸张的使用已普及到民间日常生活中。造纸业在南北各地发展起来，山东、陕西关中地区很早就盛产麻纸，新疆出土唐代文书也提供了当地造纸业的信息。今苏、浙、皖、赣、湘、川、粤、晋、豫诸省，均向朝廷贡纸。唐代出现了一些造价高昂的名贵加工纸，硬黄纸、白蜡纸、薛涛笺、洒金纸、花帘纸等名噪一时，五代时今安徽歙州产的“澄心堂纸”最负盛名。这一时期，造纸技术还传播到了东亚、东南亚和西亚各国。雕版印刷应始于唐代。现存唐代雕版印刷的实物均为佛经或日历印本。著名的有敦煌所出“咸通九年（868年）四月十五日王玠为二亲敬造”的《金刚般若波罗蜜经》（现藏英国伦敦），1944年成都东门外一晚唐墓中出土的《陀罗尼咒》。现存最早的雕版印刷品——日本神户所藏神护景云四年（770年）日本皇室雕印的《陀罗尼经》雕印古拙原始，源于中国，应属雕版印刷始创阶段的作品，宿白先生据此推测，雕版印刷始于唐玄宗时期。五代十国时雕版印刷术发展迅速，印本书籍的质量提高，出现众多的个体雕印工匠，书写和雕版两道工序分工明确，除了佛教经书图像，还广泛雕印儒家经书，出现册子形式的书籍，如敦煌出土的后晋天福年间雕印《金刚经》。

五、绘画与雕塑

1. 墓葬壁画

隋墓壁画发现不多，保存较完整的很少，在题材、布局上保持北朝遗风，同时开启了唐代壁画新题材与新风格。见于西安郊区吕武墓、刘世恭墓、李和墓、李椿夫妇墓、潼关税村隋大墓、山东嘉祥徐敏行墓、宁夏固原史勿昭墓。画面风格写实，题材以反映墓主现实生活为主，人物塑造上还可见南北朝和隋初的秀骨清像。以线勾轮廓，黑、红填色，线条简洁流畅，技法纯熟。徐敏行墓壁画绘于墓室四壁，北壁绘山水屏风为背景的墓主夫妇宴享行乐图，西壁绘仪仗、车马出行图，东壁绘徐敏行夫人出游图，南壁墓门左右绘武士，门洞内绘小吏、侍从，墓顶绘天象图。壁画内容依照墓葬结构功能安排。潼关税村大墓墓道东壁绘仪仗出行图，图中绘男性人物 92 人，身高约 1.25 米，头裹幞头，穿圆领直襟窄袖衫，足蹬靴或鞋，腰间悬挂仪刀、布袋、弓袋等物品，有的执弓，有的擎旗，排成队列。人物姿态迥异，表情生动。每一单个人物形象均可作为独立的人物画欣赏，丝毫不逊色于初唐人物画，堪称隋代绘画艺术的典范。墓道北壁绘有门楼图，为三开间的庑殿顶楼阁建筑，第一过洞口两侧绘 18 杆列戟图，这类新题材为唐墓壁画所继承。

唐壁画墓已发现百余座。反映宫廷内宅生活的仪卫、宫女侍从、客使、礼宾，游乐内容如驯豹、猎鹰、打马球，以及宫阙建筑、花鸟等成为重要题材。唐代人物画发展到盛期，人物形象生动饱满、色调明朗鲜艳、构图疏密有致。长墓道两侧成为创作中心，甬道、墓室、过洞各部位都有分布。以陕西乾县章怀太子李贤墓客使图、观鸟捕蝉图、马球图和永泰公主墓的侍女图等最具有代表性。吐鲁番阿斯塔那 M217 的墓壁上绘有一组六幅屏风画，题材为双钩填彩花鸟，禽鸟动作生动，配以不同的植物，构图完整，是早期花鸟画的重要实物资料。

初唐壁画沿袭北朝、隋的旧制，墓道、天井和墓室的画面上下分栏。长墓道描绘墓主外出游猎的场面和仪仗侍卫，天井过洞描绘列戟、侍者、楼阙，甬道、墓室描绘内宅生活及附属建筑物等。以初唐李寿墓、长乐公主墓、杨仁恭墓壁画为代表，画中人物体态清瘦，身躯挺直，显得呆板。高宗至玄宗时期是唐代壁画自身特征开始形成的时期，题材内容丰富。章怀太子墓、懿德太子墓、永泰公主墓、房陵公主墓、阿史那忠墓等壁画最具代表性。壁画讲究构图，线条流畅，人物造型准确匀称。高宗以后壁画不分栏，而以粗线条的阑额、廊柱作为界格，将壁画分成若干相对独立的画面，全墓壁画的布局趋向一元化，突出情节，前后犹如一长卷画轴。内容除出行仪卫外，还出现了影作的仿木结构，配合以男女侍从，突出了墓葬宅院化的特点。在墓道上，青龙、白虎取代飞天；之后是仪卫图，包括鞍马、牛车、步卫、属吏；以影作的仿木结构把天井、过洞装饰成宅院的过厅，其间描绘男女侍，墓室顶部绘星象图，室内出现成排高大的伫立乐舞伎形象，李爽墓壁画中的女乐高达1.44～1.47米，人物体态稍显丰腴，形象生动，初步形成自身的风格。从武则天晚期到玄宗时期，游乐内容增多，人物常常成群出现，充分展示出“盛唐气象”的宏伟瑰丽，而车马仪卫这一传统题材逐渐简化乃至消失；一些题材还表现出受中亚影响的特点，如章怀太子墓中的打马球、狩猎题材中的猎豹、长嘴细腿的波斯犬，房陵公主墓中侍女手捧短颈玻璃瓶、高足玻璃杯等。号墓为陵的懿德太子墓、永泰公主墓在墓道中青龙、白虎之后都绘山林城阙，采用透视画法，设色浓艳。城阙之后是庞大的仪卫队伍，还有架鹰、牵豹以及狗、牛车等画面。象征特权地位的列戟图单独成幅，见于甬道和过洞，据文献记载：在太庙、社祖及宫殿门可列戟24杆，太子18杆，一品16杆，二品14杆，三品12～10杆。懿德太子墓列戟24杆，而永泰公主墓仅12杆，与身份不符。列戟之后的天井过洞、甬道及前室壁画多绘男女侍，两墓的前后室左右壁都绘有两组相对伫立的宫女群。章怀太子葬时以雍王礼，墓道壁画不见山林城阙，却独有礼宾图、马球图。略晚出现以云鹤、花草为独立画面，影作木构装饰繁缛的壁画。玄宗天宝之后，墓道缩短，墓道壁画趋向衰落，墓室壁画流行墓主像和折扇式人物屏风画，后者最早见于天宝四年（745年）苏思勖墓，墓室两壁绘六扇树下人物屏风。蕴意道家羽化成仙的云、鹤、翎毛受到文人显贵的青睐。安史之乱后的中晚唐壁画墓以吴赍妻韩氏墓、唐安公主墓、郯国大长公主墓、高克从墓、杨玄略墓等为代表。晚唐屏风画以云鹤、翎毛取代了人物。

五代时期墓葬壁画出现与雕刻相结合的新形式，彩色石雕、砖雕画开启了北宋砖雕墓壁的先声。河北曲阳后梁龙德三年（923年）北平王王处直墓壁画基本是晚唐两京地区的风格，绘侍女、山水、云鹤、屏风、花鸟、日常生活器具等，首次出现墓壁嵌入彩绘石雕的现象。河南伊川后晋开运三年（946年）李俊墓，墓室和墓道装饰仿木结构砖柱，墓壁砌筑砖雕画。宝鸡陵塬的凤翔节度使李茂贞夫人墓发现72块彩绘砖雕，组成妇人启门、乘凤驾鹤西游、二人和八人抬轿、汉人牵马、胡人牵驼、鸳鸯牡丹、乐舞和指挥者等37幅图案，对宋代墓葬壁画和仿木结构砖雕墓室有深远的影响，妇人启门成为北宋砖雕的主要题材。彬县底店后周冯晖墓壁画和彩绘乐舞浮雕砖最为精美，墓顶绘银河星月天象，墓室绘制手持拂尘、蒲团、净瓶、唾盂等物的仕女6人，甬道两侧残存壁画中的男女乐队指挥，唐宋时称“致辞者”，手执竹竿制成的指挥棒，立于乐队的前部，镶嵌在壁画背景上的56块彩绘砖雕组成两支乐队和伴舞，东壁是男性，西壁是女性，各15人，人像高约70厘米，使用的乐器有方响、拍板、腰鼓、琵琶、笙、排箫、笛等，人物形象或陶醉或专注，瞬间的表情、动作被刻画得栩栩如生，舞者中还有胡人形象，舞姿夸张独特，其雕刻手法高超，彩绘鲜艳浓烈，具有极强的视觉冲击效果。冯晖墓也有妇人启门浮雕，其仿木结构砖雕彩绘门楼为北方地区五代时期所仅见。而此类彩绘砖雕和仿木结构的墓室、门楼等普遍见于南方地区五代时期陵墓，南唐二陵均有精美的仿木结构砖雕，前蜀王建墓的石棺床，浮雕精美歌舞伎乐 24 人，人物形象丰满圆润，高贵华丽，是晚唐风格的延续。

2. 佛教绘画与造像

隋唐佛教艺术登峰造极，无与伦比。龙门石窟 1 352 个石窟的 60%以上都是这一时期的作品。敦煌石窟中隋窟 95 个，唐窟达 213 个。隋唐时期随着大乘佛教的兴起，敦煌壁画题材也发生巨变，经变画取代了本生故事、因缘故事和佛传故事，画面以佛国世界为核心，烘托以故事情节，一部经一幅画，以佛教史迹、供养人画像以及穿插的世俗生活画面、装饰性极强的图案，构成繁缛、严密、复杂的画卷，结构恢宏，色彩艳丽，造型优美，内容丰富。其中初唐第 220 窟、第 217 窟，盛唐第 103 窟、第 130 窟等大幅的经变画，描绘楼台殿阁、七宝莲池、歌舞伎，折射出唐代繁荣富庶的社会经济，也展现了丰富的社会风俗，如行旅、嫁娶、宅第、农耕、收获，以及盛装艳服的豪门权贵供养人等现实生活内容。代表作如第 130 窟乐庭瓌及王氏夫人供养像，第 156 窟张议潮统军出行图。弥勒经变、法华经变、观音普门品等壁画创造了佛、菩萨、弟子、天王等栩栩如生的形象，凌空飞舞的飞天，极具浪漫主义色彩和艺术表现力，既无翅膀，也不画云彩，仅以两条飞动的飘带即能生动地表现出轻舞飞扬的动态感，给人满壁生风、出神入化的美感。随着佛教宗派的裂变，经变图的种类也逐渐增加，达 20 余种，并形成固定的形式，晚期走向公式化、图案化。即便如此，我们仍可从晚唐敦煌莫高窟第 196 窟西壁劳度叉斗圣变、第 220 窟北壁药师变等一窥其富丽辉煌的成就。五代石窟壁画见于敦煌莫高窟、安西榆林窟、洛阳广爱寺、汴梁大相国寺、成都大圣慈寺、重庆圣寿寺和青城山丈人观等佛寺道观，在师法唐代的基础上亦有创新，在表现宏大的场面、众多的人物和戏剧性的情节上不乏独特之处，整体构图的恢宏与细致灵活的细节处理融为一体，如莫高窟第 98 窟劳度叉斗圣变、第 100 窟曹议金出行图和曹夫人回鹘公主出行图等，将情节的热烈、惊险表现得十分细腻。供养人形象特别突出，有喧宾夺主之势，如第 98 窟的于阗国王李圣天像和于阗国皇后曹氏像都高达 2.8 米左右，为敦煌壁画中身形最高大者。

隋唐石窟寺艺术的辉煌还表现在其建筑和造像上。建筑结构开始模仿宫廷建筑，流行殿堂式、大佛窟；造像立体感强，突破了一佛或一佛二菩萨的组合，出现五身、七身、十一身的群像组合。佛教人物的范围大大扩展，不仅表现各种佛，文殊菩萨、普贤菩萨、观音菩萨、大势至菩萨、地藏菩萨、四大天王等也成为重要内容，中晚唐以后由于密宗兴起而加入了更多的观音像，龙门石窟则以阿弥陀佛、弥勒佛、卢舍那佛、优填王、大日佛、药师佛等为主像，逐渐取代了释迦牟尼、交脚弥勒的位置。雕塑手法向主体化、立体化发展，人物造型比例恰当，个性化和世俗化倾向鲜明。隋造像以敦煌第427窟北壁三尊、敦煌第420窟菩萨为代表，唐代雕塑的代表作如敦煌第328窟供养菩萨、敦煌第159窟菩萨像、敦煌第130窟大佛像、敦煌第194窟天王像。堪称典范的洛阳龙门奉先寺卢舍那佛头像头高4米，通高17.14米，以女性形象出现，丰满健美，雍容华贵。陕西麟游慈善寺石窟保存了从初唐到晚唐各时期的作品。这时期的造像表情和善，姿态生动，菩萨形象宛若人间宫廷仕女的翻版，天王力士则似勇武剽悍的武士化身。晚唐五代佛教造像的代表作有四川乐山大佛。

3. *石雕与碑刻*

据统计，唐代原有帝陵石刻共1 081件，现包括残件在内仅存498件，以昭陵、乾陵、桥陵保存最好。乾陵神道两侧所列石像生，包括八棱柱华表1对、翼马兽1对、鸵鸟1对、石马和牵马石人各5对、文臣武将10对，以及61尊王宾像，规模之大为过去帝王陵墓所未见。采用浮雕、半浮雕和线雕相结合的传统手法，吸收古代西亚、希腊的艺术风格加以创作而成，气势恢宏，个性张扬。最具艺术价值的唐代雕塑作品是昭陵六骏，为陕西礼泉唐太宗李世民昭陵北司马门东西两侧的六块青石浮雕骏马石刻，每块宽约2米，高约1.7米，以洗练的手法刻画了神态迥异、形象逼真的骏马形象，三匹作立状，三匹作奔驰状，分别名为“拳毛騧”“什伐赤”“白蹄乌”“特勤骠”“青骓”“飒露紫”，以纪念唐太宗一生征战中先后骑过的六匹战马。相传画稿出自著名画家阎立德和阎立本之手。六骏中的“飒露紫”“拳毛騧”于1914年被打碎装箱盗运到美国，现藏于宾夕法尼亚州立大学博物馆。其余四块残碑盗运时被截获，现陈列于西安碑林博物馆。昭陵六骏造型优美，线条流畅，刀工精细、圆润，是唐代石刻艺术珍品。五代墓葬石刻雕塑以李茂贞夫妇陵园神道石刻造像为代表，共发现残存的14尊包括华表、狮子、羊、马与控马者、文官、武官的造像，以灰色石灰岩雕凿而成，人物造像均于脚下留圆柱状短榫，插入配套的长方形石座。五代艺术对宋代影响深远。前蜀王建墓墓室中发现墓主的圆雕石坐像，十分罕见。西安碑林博物馆集中了隋唐大批著名书法家的佳作，褚遂良的《圣教序并序记碑》、颜真卿的《多宝塔碑》、柳公权的《玄秘塔碑》、建中二年（781年）《大秦景教流行中国碑》、开成二年（837年）《开成石经》为隋唐石刻的代表作。

六、丝绸之路与中外文化交流

唐代早中期，丝绸之路空前繁荣，中外客商接踵而至。唐代陶瓷器中胡人、骆驼、马的形象数量空前，制作炉火纯青，章怀太子墓壁画中出现的阿拉伯种单峰驼、波斯犬，都是丝绸之路中外文化交流频繁的直接写照。新疆作为丝绸之路的重站，外来文化因素汇聚于此，大量外国金银币在这里发现，来自西方的金银器、玻璃器源源不断地从这里输往内地。高昌、吐鲁番唐墓出土的联珠纹织物可能产自中亚，丝绸织物中的猪头纹、颈佩绶带的立鸟纹、骑士对兽球纹等图案均非中国传统纹样，很多学者认为其源于波斯锦，或为了外销需要而模仿西方流行纹样。迄今已出土隋代到盛唐时期萨珊王朝的银币数量达 2 000 枚以上，从新疆到中原，包括青海、甘肃、宁夏、山西、湖北等地都有发现，主要出土于贵族墓葬，或粟特人后裔墓。罗马金币和阿拉伯金币也有少量出土。咸阳底张湾隋独孤罗墓出土罗马金币，咸阳机场唐初贺若厥墓出土 1 枚查士丁二世（565—578 年在位）时期金币，陕西商州隋墓出土东罗马金币，新疆吐鲁番几乎每座墓都出土一两枚萨珊银币，置于口中或眼皮上，湖北安陆王子山唐吴王妃杨氏墓棺床上放置 15 枚萨珊银币，西安南郊何家村窖藏出土的 466 枚钱币中，就有日本的和同开珍银币 4 枚、波斯的萨珊银币和东罗马金币各 1 枚，以及西域高昌国的高昌吉利钱等，西安土门村唐墓出土拜占庭金币，西安窑头村唐墓出土 3 枚阿拉伯金币，西安东郊堡子村唐墓出土 1 枚仿东罗马金币，河南洛阳唐定远将军安菩墓墓主右手握 1 枚东罗马福克斯皇帝金币，宁夏固原城南郊唐代粟特人史氏家族墓中，史索岩墓出土 1 枚金币、史诃耽夫妇墓出土 1 枚金币、史铁棒墓出土 1 枚拜占庭金币仿制品、史道德墓中出土金币 1 枚、史道洛墓出土拜占庭金币 1 枚，辽宁朝阳市双塔区 3 号唐墓出土 1 枚罗马金币。隋唐玻璃器多出土于上层贵族墓、窖藏和塔基中。如李静训墓出土 24 件玻璃器，主要成分为钠钙玻璃，无模吹制成形，属于外来文物，李静训墓和丰宁公主墓出土的高足杯与东罗马的高足杯造型十分相似。法门寺地宫出土的 20 件玻璃器主要是伊斯兰玻璃器。何家村出土玻璃杯贴玻璃条的装饰手法是罗马和萨珊玻璃器皿常用的制作手法，兽首玛瑙角杯则是来自西亚地中海一带的器物，而 6 件鎏金仕女狩猎纹八瓣银杯则是多种文化碰撞、融合的产物，其形制仍保留有粟特带把杯的风格，但仕女形象已完全中国化了。南方沿海的扬州、明州、广州作为海上丝绸之路的起点和商品集散地，在唐代中晚期成为对外贸易的重镇，尤以扬州最为繁华，外来人口不断增加，外销产品和外来商品在此集散，扬州城内出土的瓷器囊括越窑、长沙窑、巩县窑的产品，以长沙窑青瓷最多，物美价廉，是外销瓷器的大宗。一些瓷器的造型和纹饰就是专门针对海外市场需求而设计的，如胡人三彩人面、舞蹈人物、联珠和亚热带植物纹样、阿拉伯文“真主伟大”等。朝鲜半岛、日本、东南亚、印度、斯里兰卡、两河流域、阿拉伯半岛及中亚等地都有长沙窑瓷器出土。20 世纪 70—80 年代扬州出土的唐代青花瓷片是来自河南巩县的外销瓷，也是最早的青花瓷，扬州还发现波斯翠绿釉大陶壶和数以百计的此类绿釉陶片，及大量的外来玻璃器残片，而唐青花瓷所用钴料即是进口的波斯釉料。海上丝绸之路的兴旺促进了扬州造船业的兴盛，大历年间（766—779 年）刘晏为盐铁转运使，在扬州设十个造船厂，造船达两千余艘。

考古发现的沉船，长达24米，可在沿海和长江中航行。

第四节　隋唐五代的边疆地区考古

一、突厥考古

突厥兴起于6世纪中叶，建国前为柔然（蠕蠕）的铁工，居住在金山（今阿尔泰山）一带。西魏时与中原和亲建立交往，木杆可汗（553—572年在位）时，突厥势力强盛。突厥墓葬广泛分布在蒙古草原、西伯利亚、中亚、内蒙古阴山以北、新疆等地。墓上往往有圆形、方形、长方形石圈和石人雕像，文献记载，突厥人"葬讫，于墓所立石建标。其石多少，依平生所杀人数"（《周书·突厥传》），但所见石雕像不仅立于墓前，也有立于祭祀遗址或单独竖立的。20世纪30年代初发现分布于阿尔泰至图瓦西部的以库德尔格墓地为代表的突厥文化，时代在5—8世纪上半叶。库德尔格墓地发现21座墓葬。墓上有椭圆形积石，长方形或椭圆形土圹，小而浅，多无葬具。葬式为单人仰身直肢，头多向南。一般殉马或随葬马具，也有只葬马匹或马具而无死者的墓葬。随葬辔头、马鞍、马镫，弓箭，装饰素面饰牌的腰带，铁长剑和短剑，青铜、红铜或银制的水滴形耳坠、戒指，包金红铜发坠，玻璃或宝石串珠等，以及绵羊腿骨等祭肉。死者衣服以毛皮或毛织物缝制，或用丝绸。出土1枚北周"五行大布"钱币。人种接近阿尔泰和东欧草原的欧罗巴人种。突厥可汗陵园多发现于蒙古国境内，《阙特勤碑》《毗伽可汗碑》《暾欲谷碑》都是研究突厥鲁尼文的重要发现。突厥遗存在我国内蒙古的锡林郭勒盟、巴彦淖尔市、乌兰察布市及新疆都有发现，发掘不多。内蒙古阿巴嘎旗巴彦图嘎苏木、四子王旗红格尔苏木、苏尼特旗达来苏木、乌拉特后旗巴音宝力格镇、乌拉特后旗霍各乞铜矿等地清理部分墓葬，一般地表有圆形石堆，墓葬内见有散乱的石块，墓坑很浅，仅二三十厘米，有的见有散乱的人骨、灰烬、木炭、马骨和马牙，有的仅见马骨，墓区附近少有遗物发现。在达尔罕茂明安联合旗的石人墓曾经出土隋唐时期的马镫等遗物，可以证实为突厥遗存。一些学者怀疑其属于祭祀建筑。突厥的祭祀性遗址发现很多，一般由方形石框、立石、石人或动物石雕组成，规模大小不一，一般2～3米见方，高度0.1～0.5米。东边排列石人，很多积石下即见生土，或埋有残木柱或石块、炭灰的浅坑，随葬羊骨、马骨，偶见刀、马衔、镞、锛等铁器。石上多刻写突厥文。新疆伊犁河上游昭苏县特克斯河流域发现西突厥尼利可汗（木杆可汗之孙）陵园，陵前石人下身刻有长篇粟特文。

二、吐蕃、吐谷浑考古

7世纪，藏族在青藏高原建立吐蕃政权，8世纪后期至9世纪初，吐蕃实力达到极盛，创造了自己的文字和独特的文化，留下了大量的建筑、墓葬、寺院、佛塔、造像等遗存，以及岩画、碑铭、木简、文书、经卷等。新疆若羌县城东80里处米兰农场的唐代吐蕃戍堡，呈不规则方形，东西约70米，南北约56米。夯筑城垣中夹有红柳枝，夯土层用土坯砌筑，西墙有两段宽达5～6米的缺口，可能是城门。城堡内北部的阶梯形大土坡分布房屋，屋为平顶，不见门洞，构造类似西藏布达拉宫；东部有一座高近13米的烽火台。古堡的东西两侧，排列着众多的佛塔和寺院遗址、吐蕃人的窑址、冶炼遗址和墓葬等。出土8—9世纪的吐蕃藏文木牍和文书300多件。吐蕃统治者通过和亲与唐王朝建立了密切联系。今拉萨大昭寺前立有823年唐与吐蕃所立“唐蕃会盟碑”。拉萨市药王山东侧的查拉鲁甫石窟是7世纪吐蕃王朝所开凿，形制为中心柱式，浮雕造像。那曲县秀塘祭祀遗址地处海拔4 589米的羌塘草原上，发掘出9—11世纪西藏原始苯教祭祀遗存，有石砌祭祀堆4座，出土陶罐、玻璃珠、铜饰牌和大量书写藏文咒语的动物骨骼。吐蕃墓葬已发现3 000余座，多为石棺葬，地面有土石封丘，平面形状有梯形、方形、长方形、平行四边形、三角形、“凸”字形、圆形、塔形等。随葬陶器、铜饰、铁镞等，有殉马习俗。在藏北安多县芒森、东巧、比如县蓬盼、孟才、白嘎、索县、那曲如宁等地均发现吐蕃时期的石棺葬。乃东普努沟吐蕃墓群规模很大，已发现大小墓葬323座，发掘6座，墓室均有竖穴石砌单棺、多棺或竖穴石片棺，随葬品有铜、铁、陶器。拉孜县查木钦墓地发现大、中、小型墓葬135座，封土形状多样，墓地中发现房屋、石狮、残碑等遗存，碑文提到吐蕃赞普赤祖德赞和修建佛堂事宜，推测是吐蕃王朝一处重要的贵族墓地。琼结县有藏王墓。

1983—1995年青海省都兰县城察汗乌苏镇发现迄今最大的吐蕃墓葬群，共计2 200余座，墓冢多呈方形，石头砌成3层石墙，每层高1米，宽3米。其中热水血渭1号大墓坐北向南，封堆呈“金”字形，东西55米，南北37米，高33米。墓堆下有用泥石混合夯成的围墙，上排列9层粗细一致的柏木，间距1米。有殉狗习俗。随葬品种类繁多，包括大量来自中原的丝绸、开元通宝钱、宝花纹铜镜、漆杯、漆碗、漆盘等，来自中亚和西亚的丝绸、金银器、玛瑙珠、玻璃珠、铜盘残片和铜香水瓶等。出土的350余件丝织品有锦、绫、罗、绢、纱、缂丝等品种，绝大部分是中原织造，部分是来自中亚、西亚的粟特锦、波斯锦等。其中的一件钵罗婆文字锦，是目前世界上仅有的一件确定无疑的8世纪波斯文字锦，其上文字译为“王中之王，伟大的，光荣的”。织金锦、缂丝、嵌合组织显花绫、素绫、素锦等均属首次发现。这些图案华美的丝织物时间跨度很大，大约从北朝晚期到唐代晚期。学者们认为属于吐蕃统治下的吐谷浑贵族墓葬。

近年在甘肃武威发现吐谷浑王族墓地，包括以慕容智墓为代表的“大可汗陵”陵区、以弘化公主和慕容忠墓为代表的“阳晖谷”陵区、以党氏墓为代表的“白杨山”陵区等三大陵区。武威岔山村慕容智墓是目前发现唯一保存完整的吐谷浑王族墓葬，清理出纺织品、彩绘陶俑、漆木器等各类随葬品 800 余件，其中木质胡床、大型床榻、六曲屏风、列戟屋模型、以铁甲胄为主的成套武备、笔墨纸砚等文房用品以及类型多样的丝织品等，为国内罕见。出土的慕容智墓志时代明确，内容丰富，首次提及武威南山区“大可汗陵”的存在。墓葬均具有唐代早中期中原地区高等级贵族墓葬的基本特征，同时兼具吐谷浑文化、吐蕃文化、北方草原文化特点。武威马场滩 M1、M2 及长岭 M1，均为长斜坡墓道的单室砖室墓，墓道内发现殉葬整马，出土彩绘木器、马具等各类器物 290 余件，其中马场滩 M2 出土《冯翊郡太夫人党氏墓志》一方，记载该处墓群为吐谷浑蓬子氏家族墓地。

三、高昌故城

高昌城最初是西汉军队屯田的高昌壁，汉、魏、晋历代均派戊己校尉在此管理屯田，故称“戊己校尉城”。327 年设高昌郡，450 年北凉残余势力灭了车师前国后，高昌城一跃而成为吐鲁番盆地的政治、经济、文化中心。460 年成为高昌国都城。5 世纪中叶至 7 世纪中叶，此地先后出现阚氏高昌、张氏高昌、马氏高昌及麹氏高昌四个独立王国。640 年唐朝统一高昌，在此设立西州，辖高昌、交河、柳州、天山、蒲昌五县。高昌城坐落在今吐鲁番市东 40 公里的哈拉和卓乡，火焰山脚下。现存主要是唐代建筑，布局与唐长安城相仿。全城平面略呈正方形，面积 220 万平方米，可分为外城、内城和宫城三部分。夯筑城墙至今高耸，部分地段用土坯修补，外有凸出的马面及护城河残迹。外城墙基厚 12 米，高 11.5 米，周长约 5.4 公里。每面大致有 2 座城门，西墙北部的城门保存最好，有瓮城。内城位于外城正中，周长约 3 公里，西、南两面城墙大部分保存完好。宫城为长方形，居外城北部，北宫墙即外城北墙，南宫墙即内城北墙。尚存多座 3～4 米高的土台，当为回鹘高昌宫廷所在。内城中偏北有一高台，上有高达 15 米余的土坯方塔，俗称“可汗堡”，其西有一座地上地下双层建筑，可能为宫殿遗址。城中房屋鳞次栉比，西南最为密集，一处大型寺院占地约 1 万平方米，大殿内尚存壁画残迹，附近作坊、市场、庙宇、佛堂、居民区和街道清晰可辨。9 世纪后这里成为回鹘高昌国的首府。1275 年蒙古贵族都哇叛乱围攻火州，高昌城毁。高昌城作为连接中原、中亚和欧洲的东西方交通枢纽，集儒、道、佛并存的多元文化为一体，并发现早已灭绝的波斯摩尼教遗迹。高昌故城北 6 公里的阿斯塔那、哈拉和卓墓群，形成于 3—8 世纪，范围东西约 5 公里，南北 2 公里，有西晋初年至唐代中期墓葬 500 余座。墓葬为斜坡墓道土洞墓，呈“甲”字形，单室或双室，深四五米，个别有天井，尸体置于土台或简易木床上，多数无棺，地表不起坟。死者头盖覆面、瞑目，双手握木。由于炎热干燥，古尸及随葬品保存完好。历年出土数万件文物，有丝绸织品、壁画、绢画、陶器、木器、钱币、各种泥俑、墓表、墓志、瓜果、饺子、面饼等，还有反映中西交流的波斯银币和少量东罗马金币。尤为珍贵的是 2 700 多件文书，纪年从西晋泰始九年（273 年）至唐大历十三年（778 年），前后历时五百余年，内容包括民间租佃、买卖、雇佣、借贷契约、籍帐、官府文书（符帖牌状，审理案件的辩词和录案，授官授勋的告身，行旅往来的过所和公验，收发文簿，收支账历）、私人信札、经籍写本、随葬衣物疏等。这些文书大多被做成葬具，如纸棺和墓主的衣装鞋帽等。

四、交河故城

交河故城始建于公元前 2 世纪，是西域三十六国之一的车师前国的都城。交河城南北朝和唐朝达到鼎盛，9 世纪以后逐渐衰落，元末废弃。城址位于今吐鲁番市西 13 公里的亚尔乡一座岛形台地上。因牙尔乃孜沟两条河水分流绕城下，故称交河。全城东南高，西北低，由于城建在 30 米高的悬崖上，崖岸壁立，形成天然屏障，不筑城垣。平面呈柳叶形，长约 1 750 米，两端窄，中间最宽处约 300 米，周长 4 100 米，总面积 37.6 万平方米，现存建筑遗迹 22 万平方米。宽阔的街道和大部分建筑都是从生土中挖掘而成的。因保存完好，被誉为“世界上最完美的废墟”。城内布局与唐长安城相仿，建筑物大部分是唐代修建，市井、官署、寺院、佛塔、作坊、民居、演兵场、藏兵壕、坊曲、街道等建筑物至今清晰可辨。一条长 350 米、宽 10 米的南北大道，把居住区分为东西两部分。东南方发现一座宏伟的地下宅院，顶上有 11 米见方的天井，设四重门栅，天井地面，有一条长 60 米、宽 3 米、高 2 米的地道，与南北大道相通。很可能是安西都护府的驻地，后为大山县的官署衙门。西部分布有许多手工作坊。大道两侧是高厚的土垣，以纵横交错的短巷垣分割成封闭的“坊”，集中分布居民区和纺织、酿酒、制鞋等手工作坊，东侧有军营。大道的北端有一座规模宏大的寺院，并以它为中心构成北部寺院区。寺院占地 5 000 平方米，有水井一口。城北有 101 座佛塔组成的塔群，可能是安葬历代高僧的塔林。交河城仅有东、南两座城门。南门地势险要，是运送军需粮草、大军出入的主要通道。东门是城内居民汲引河水的门户。城内出土唐代莲花瓦当、莲花经卷等。近年发掘的一座地下寺院和交河沟西墓地，出土海珠、舍利子等一批珍贵文物。

本章要点

隋唐长安城的形制布局；隋唐帝陵及陪葬墓；隋唐五代中小型墓葬；边疆少数

民族考古；隋唐五代金银器、瓷器、唐三彩、纺织、绘画与雕塑艺术。

推荐阅读书目

1. 齐东方．隋唐考古．北京：文物出版社，2002

2. 齐东方．唐代金银器研究．北京：中国社会科学出版社，1999

3. 秦浩．隋唐考古．南京：南京大学出版社，1992

4. 宿白．隋唐长安城和洛阳城．考古，1978（6）

5. 中国社会科学院考古研究所，编著．唐长安城郊隋唐墓．北京：文物出版社，1980

6. 中国社会科学院考古研究所．汉唐与边疆考古研究．北京：科学出版社，1994

7. 中国社会科学院考古研究所，编．新中国的考古发现和研究．北京：文物出版社，1984

8. 文物出版社，编．新中国考古五十年．北京：文物出版社，1999

9. 冉万里，编著．隋唐考古．西安：陕西人民出版社，2009

第八章

宋元明清考古

宋元明清属于历史时期考古学中时代最晚的一个阶段，是民族大融合与中华民族多元一体政治格局和中国疆域的形成阶段，涵盖北宋、南宋、辽、金、西夏、元、明、清各代，从耶律阿保机建立契丹国开始算起，则上限起自 907 年，以北宋建国始，则上限起自 960 年，下限至 1912 年中华民国建立。由于这个时期的文献、绘画等可与考古资料相印证的材料十分丰富，地面上存留的遗迹和建筑物较多，遍布全国各地，故这一阶段的考古学研究领域扩大，呈现出与以往不同的特点，但也由此使这一时期的考古工作长期以来没有得到足够的重视，地面调查活动不多。最早对北宋帝陵进行勘察的是 1918 年日本学者关野贞，但直到 70 年代正规的发掘研究才得以广泛开展，80 年代才开始系统勘探开封汴梁城。而这一时期的少数民族考古因文献资料相对较少，工作开展较早而格外突出。早在 20 世纪 20 年代外国人就已经开展了对辽金元遗址的调查发掘，20 年代法国神父闵宣化调查了辽上京，之后日本人多次勘探发掘，并考察了辽庆陵、辽祖陵、金上京、金中都、元大都、元上都。辽、金、西夏、元朝、清朝都是北方少数民族建立的政权，蒙古族和满族还建立了统治全国的政权，他们在生产方式、风俗习惯、宗教意识、审美情趣方面都各具自身传统，由于民族关系复杂，社会经济发展不平衡，在物质文化上表现出空前的民族化、地域化、多元化特点。

宋元明清时期，商品经济空前繁荣，纺织业、制瓷业、采矿与冶炼业、造船业与航海业都形成相当规模，远洋贸易开始发展，以漆器、铜镜和金银器等小商品生产为特点的民营手工业十分发达，纸币和贵金属货币在流通领域大量使用。明代南方一些地区出现资本主义萌芽。商业的繁荣表现在城市建筑特点上，北宋以来开放式的街巷取代了以前的封闭式的坊市建筑，在中国古代都城史上是一个重要的转折时期；明清时期中国传统建筑达到了最后一个高峰，官式建筑已完全定型化、标准化，形体简练与细节烦琐有机融为一体，在建筑上大量使用砖和琉璃瓦。在陵墓制度上，突破了唐宋陵寝各自独立、不讲求整体格局的特点，形成一种新的彼此关联的陵寝建筑群制度。园林艺术有较高的成就。从晚唐五代开始，桌椅等家具的出现，改变了人们的日常生活起居方式，北宋时期结束了自古以来席地而坐的习惯，居室内的陈设发生变化，日用器皿从地上移至桌几上，从造型到装饰花纹的部位都发生了变化。宋代科学技术有很大进步，产生了指南针、活字印刷术和火器等伟大的发明创造。元明以来，由于近代西方科学技术的传入，海外贸易的发展，为适应海外市场需求，一些外销产品特别是瓷器的纹饰也发生了变化。

第一节　宋元明清城市遗址

宋元时期，中原王朝和北方政权多采用主辅都制，北宋有东、西、南、北四京，辽、金各有五京，元代也有大都、上都和中都，城市建筑的民族风格与传统建筑相互之间的影响十分突出。这一时期的城市大部分延续至今，与现代城市重叠。考古实践表明，古代城市的街道布局形成以后，后期的城很难做全局性的改变。这既为复原旧城的形制布局提供了参照，又对开展考古工作提出了挑战。北宋汴梁城在今开封城市区之下，勘探只能在有限的空间内进行，加上黄河泛滥淤沙堆积厚达五六米，至今城市布局尚不清晰。元大都城址约三分之二被明清北京城沿用，钻探发掘证明，今北京内城的许多街道胡同，仍保持着元大都街道的布局。基于这一规律，充分利用文献和旧图资料，结合现存的建筑与局部钻探发掘的遗迹分布情况，排除后代改建变异，可以基本复原宋元明时期旧城的平面布局。宋元时期编纂地方志的风气渐盛，明代府、县志的编纂基本上已普及。地方志比较详细地记录了宋元明旧城的遗迹，有的还画出了相对位置比较准确的城市街巷示意图，这为复原宋元明时期的城市平面提供了重要依据。而明清时期的城市考古需要做得更多的是地面上的测绘、修复、保护工作。

一、北宋汴梁城

汴梁城位于今河南开封，在唐代为汴州城，五代后梁、后晋、后汉、后周相继在此建都。后周时筑外城，北宋加以扩建增修。1981年以后系统勘探，由于埋藏较深，且历代沿用相叠，许多问题尚有争议。结合文献记载可知，北宋汴梁城城市平面布局大致呈平行四边形，有三重或四重城墙。每重城墙之外都有护城壕。宫城（大内）居于全城的中央，大体呈长方形，东、西墙各约690米，南、北墙各约570

米，周长 2 521 米，与文献所记“周回五里”大致吻合，每面各一门，南门现存一对石狮。宫城内发现“凸”字形建筑台基，东西 80 米，南北最大进深 60 余米，残高约 6 米，应为带月台的大型宫殿，四周有廊庑。皇城（内城）包围着宫城，与宫城共用北墙，周长约 9 公里，沿用唐代汴州城墙，宋代多次扩建改筑，南、北墙向外扩出，大致呈正方形，有城门 10 座，东西各 2，南北各 3。其外再设大城，是在后周基础上扩建，周长约 29.12 公里，约合宋里 52 里，有城门 12 座，东 2，北 4，西、南各 3，另有 9 座水门。沿墙每百步设一马面，城门都设瓮城、四角建敌楼，重城式布局与每重城墙外的护城壕构成严密的防御设施。

汴梁城的街道布局多为“十”字形，宫城南门宣德门与皇城南门朱雀门和外城正南门南薰门构成南北中轴线，是城内的中心御街。衙署、寺观、王公宅邸、作坊、店铺、民宅沿中轴线两侧对称布置，并间以人工山水园林。相国寺坐落在内城中轴线的东侧。民居由封闭式的里坊制转变为开放式的街巷制。晚唐已出现突破里坊临街开门的侵街现象，北宋完全取消了有围墙的里坊和市场，民宅当街开门，自由出入，店铺和作坊临街建造，出现了“井”字形街道和斜街，街市、早市、夜市以及临时性的“勾栏”“瓦子”一类娱乐场所、集市大量出现，自由繁华的街市贸易突破了市的局限，居民区与商业区连成一片，使街巷景观、城市消防和居民生活为之大变，《清明上河图》再现了这一点，《东京梦华录》亦有记载。北宋都城开放式的街巷取代隋唐都城封闭式的坊市，这在中国古代都城发展史上是一次巨大的变革，它标志着中国封建社会进入后期阶段，适应商业的发展，都城的经济中心地位加强。汴梁城地处黄河中游大运河的枢纽，城外有汴河、蔡河、金水河、五丈河等环绕，水陆交通便利，手工业和商业发达。汴梁城的建都标志着中国政治经济中心的东移。

从汴梁城开始，宫城的位置发生了较大的改变。宫城皆居全城的中央，大城、皇城重重拱卫宫城，形成以宫城为中心的三重或四重城墙相套的重城式布局。礼制建筑和中央的军政官署集中在宫城前中轴大路两侧，严整的中轴线对称布局及其两侧建置的安排，都体现出宫城地位的突出，在都城制度上处处显示皇权至上的观念。北宋都城建制对后世影响巨大，开放式的街巷和中轴线两侧对称布局在元明清都城的建造上体现得更加鲜明，明初的南京城和中都凤阳城均为中轴线对称布局，宫城前左侧为太庙，右侧为社稷坛，皇城前左侧为中央官署，右侧为五军都督府。这些观念也直接影响了北京城的布局设计。

二、南宋临安城

南宋都城临安即今浙江杭州，沿用五代十国时期吴越国都城。20 世纪 80 年代以后进行勘探，大致探明了皇城的北、东墙和主要宫殿建筑的位置，发现了六部衙署、太庙、御道，局部发掘了宫殿、作坊及修内司官窑遗址。全城平面近不规则长方形，南北狭长曲折，因地形走势呈坐南向北的特殊布局，西临西湖，东南有钱塘江，南为丘陵，有水门5座，旱门13座。皇城位于城的南端，围绕馒头山，西墙以凤凰山为天然屏障仅局部筑墙，东墙长390米，南部是外朝的大庆殿和垂拱殿，东北是东宫所在，北部是寝殿、后宫及园囿。大内位于南端凤凰山东麓案山，不规则，尚存的宫城北墙长100米，东墙长500米，设4门，北门为和宁门，是连接大内与皇城、外城的主要通道，正南门丽正门有3条门道。因为地狭，大内仅设一个正衙，主要的建筑衙署都在皇城以北。以宫城北门和宁门为起点由南往北纵贯一条石板铺成的御街，构成临安城的中轴线，官署民居间杂，礼制建筑位于城的西北。城内外由街巷、运河、河渠构成的水陆交通网十分发达。由于南宋临安城是偏安一隅的"行在所"，临安建制规模仅如一般州城，但宫殿建筑十分讲究，假山、池苑、回廊、亭阁环绕，是典型的南方园林式建筑群。2000年在西湖东南的上城区荷花池头一带发掘临安府的衙署遗址，揭露厅堂、天井、西厢房、庭院和水井遗迹，出土大量莲花纹和联珠纹瓦当、板瓦、筒瓦及瓷器、石器等生活用具。

三、辽金都城

辽金早期都城实行胡汉分治的南北两城制，具有游牧文化特色，都实行五都制。辽上京临潢府在今内蒙古巴林左旗林东镇南，中京大定府在内蒙古宁城县大明城，东京辽阳府在辽宁辽阳市，西京大同府在山西大同市，南京析津府即今北京市。金上京会宁府在今黑龙江阿城白城子，中都大兴府在北京西城区内，南京为开封府，西京为大同府，东京为辽阳府。辽金都城的调查始于20世纪20年代，60年代进行系统勘探，90年代以来多次进行复查和航空勘探并局部试掘。

辽上京分为南北二城，北城为皇城，南城为汉城（见图8-1）。皇城分为大内和外城，是宫殿所在和契丹贵族居住区，汉城是被俘掠的工匠和汉人、渤海国人、回鹘人、西域商贩等聚居处。皇城大体呈正方形，西北和西南角缺，南北约1 600米，东西约1 720米，周长6 399米，夯筑城墙高6～9米，城墙内侧有护墙，外侧存45个马面，间距约110米，北墙外有护城壕，东、西、北三面发现门址和瓮城。城内道路三横五纵，街宽14～20米，试掘发现路面达13层之多，为辽金元相继形成。皇城内正南街两侧发现多处衙署、庙宇等中小型建筑基址。大内位于皇城中部偏北，北墙长450米，西墙残长350米，南墙范围不清。一条东西向隔墙横亘大内中部，主要宫殿建筑集中在北部高岗上，正殿位于中央纵街的西北，夯土台基残高2米，两侧对称分布8座长方形台基，为大内北部三大殿之一的开皇殿，东西偏殿在其南方两翼，四合院式布局；南部发现昭德、宣政二殿和正南门承天门遗址；东半部空旷地带推测用于搭建毡帐，部分保留了契丹人的游牧生活习俗。汉城平面大致为方形，北部白音戈洛河几乎将与皇城相隔的北墙破坏殆尽，东墙长1 290米，西墙长

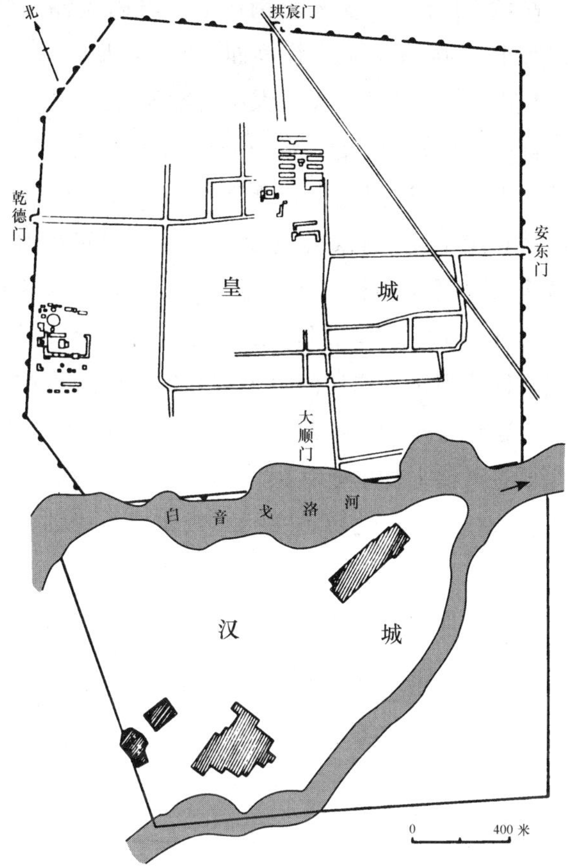

图 8－1　辽上京城址平面图

1 220米，南墙长 1 610 米，夯筑，无马面和瓮城。汉城中发现佛寺遗址 3 处。街道纵横，居址狭小，置于横街两侧，横街两端有突出地表的方形台基，可能即文献所记的“看楼”，用于监督汉城居民。辽上京是契丹统治者在汉文化影响下在北方草原修建的第一座都城，胡汉分治的城市布局是民族融合与碰撞的集中体现，影响深远。

金上京的布局和功能受到辽上京两城制的直接影响，亦分南北二城，平面呈曲尺形，略小。全城有 9 座城门，有瓮城、马面和护城壕。北城为居民和工商业作坊区，南北 1 828 米，东西 1 553 米，相当于外城，发现有冶铁、造车作坊和金银店铺。南城为女真贵族居住区，东西 2 148 米，南北 1 528 米，相当于内城，发现有窖藏铜钱、银器等。南城西北部为皇城，南北 645 米，东西 500 米，南有午门及门外土阙遗址，午门后中轴线上分布 5 处宫殿台基，平面呈“工”字形。南城东部为官署和贵族宅邸。

辽中京和金中都是仿北宋都城重城式布局而建。辽中京由外城、内城和皇城组成。外城平面呈长方形，东西 4 200 米，南北 3 500 米，东、西、南各一门，发现瓮城、角楼，城南沿中轴大街对称分布坊、市、官署、寺院、驿馆，“大明塔”为八角十三层密檐式砖塔，高约 74 米，位于外城南部近内城南墙偏东处。内城在外城中部，东西 2 000 米，南北 1 500 米，墙上设马面，城内空旷。皇城在内城中部偏北，二者共用北墙，1 公里见方，有角楼，发现大型宫殿 3 处。

金中都是北京建都的开始，金天德三年（1151 年）海陵王完颜亮在辽南京的基础上扩建并营造宫殿，1153 年迁都燕京。燕京位于明清北京城外西南，略呈正方形。其西北至今军事博物馆南黄亭子，东北至今宣武门内翠花街，东南至今北京南站四通路，西南至今丰台区凤凰嘴村。东墙长 4 510 米，南墙长 4 750 米，西墙长 4 530米，北墙长 4 900 米。共 13 个城门，北边 4 门，其余各 3 门。“井”字形街道，中轴线对称布局，居民区既保留了原辽南京范围内的封闭式里坊，又在新拓区域采用了横列的开放街巷。宫城位于中部偏西，大安殿遗址就在今广安门滨河路的金中都宫殿纪念阙下，皇城在其南，均坐落在由南向北以外城南墙中部丰宜门、皇城正南宣阳门、宫城正南应天门及外城北墙通玄门一线构成的中轴大街正中。其北端正对辽代的天宁寺塔，大街左为太庙，右为三省六部衙署，采用“对景”设计强化中轴线和安全防卫，也蕴含了崇佛和风水思想（见图 8－2）。

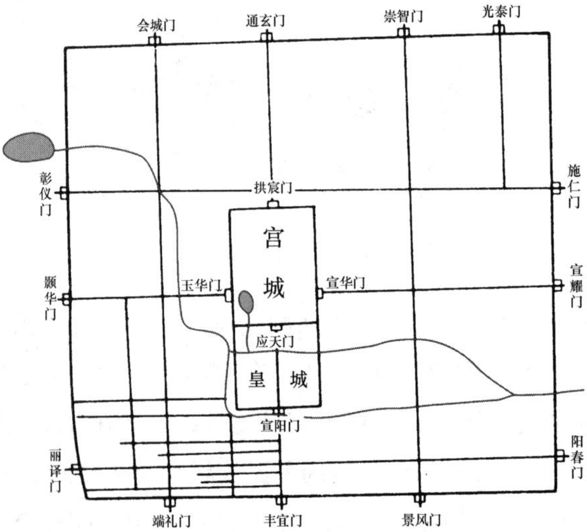

图 8－2 金中都平面示意图

四、元大都、上都和中都

1. 元大都

元世祖忽必烈至元四年（1267 年）始建大都，由刘秉忠设计并主持兴建，至元二十四年（1287 年）大体落成。鉴于金中都供水不足、毁损严重，弃之不用而在其东北另选新址，元大都位于今北京市旧城的内城及其以北地区，充分利用高梁河水系作为城市的日常供水之源。对元大都建筑史和平面布局的探讨始于 20 世纪 30 年代初，50 年代提出元大都的中轴线即明清北京城的中轴线的论点，近年又有学者提出元大都城市规划的中轴线与宫城的中轴线不同的新观点。1964—1974 年，系统勘察了元大都的城垣、街道、河湖水系等遗迹，发掘了 10 余处建筑遗存，出土大量的瓷器等生活用品。

元大都平面呈长方形，南北约 7 600 米，东西约 6 700 米，面积 50 余平方公里，南城垣在今东西长安街稍南，东、西城垣即明清北京内城的东、西垣，北城垣在今安定门小关和德胜门小关一线，夯筑城垣仍残存于地面上，基宽达 24 米，有 11 座城门和瓮城，其中北墙仅开 2 门。城墙设马面和角楼，外有护城河。皇城位于城南中央，俗称“阑马墙”，墙基宽约 3 米，东墙在今南北河沿西侧，西墙在今西皇城根，北墙在今地安门南，南墙在今东华门、西华门大街以南。太液池（今北海、中海）纵贯皇城中部偏西，太子宫、隆福宫和兴圣宫位于其西。宫城位于皇城内偏东，宫城的东、西两垣约在今故宫东、西两垣附近，明代已被拆除改建，残墙最宽处约 16 米。南门崇天门约在今故宫太和殿的位置，北门厚载门在今景山北部，其夯土基已被发现。前朝主殿大明殿在今故宫乾清宫、交泰殿、坤宁宫的位置，大明殿后是延春阁，“工”字形，为后寝，在今景山的位置。由外城正南丽正门、皇城灵星门和宫城崇天门、厚载门，至万宁寺的中心阁，一条纵贯宫城中央的南北大道构成元大都的中轴线，在景山北墙外发现路宽 28 米。这一发现证实了明清北京城的中轴线沿袭元代未变。官署衙门对称布局，太庙、社稷坛分列东西。城内大街九横九纵，将全城划分为开放的 50 坊，每坊等距设置大约 11 个东西向胡同，整齐划一。在元大都的东北部发现街道遗迹，主干大街宽约 25 米，胡同宽 6～7 米。从光熙门大街至北顺城街之间，共有 22 条东西向胡同。这与今北京内城从朝阳门（元代齐化门）至东直门（元代崇仁门）之间排列 22 条东西向胡同一致。可见今北京内城的街道和胡同大多保持了元大都街道旧貌（见图 8 - 3）。

元大都城内的河湖水系经全面勘探，分为两个系统：一是由高梁河、海子（积水潭）、通惠河构成的漕运和民用水系统；一是由金水河、太液池构成的宫苑用水系统。高梁河从和义门（今西直门）北入城，汇为积水潭，稍大于今太平湖（已被填平）和什刹海的前、后海的范围。通惠河从今地安门桥下东南流出大都南城垣，东至通州。金水河引玉泉山水从和义门南 120 余米处入城，南行再转东，至今灵境胡同西口内分为南北二支，南支入太液池南（今中海），再从崇天门南面的周桥下东流入通惠河；北支绕皇城西墙和北墙入太液池北（今北海）。在元大都的东、西垣北段和北垣西段发掘出 3 处向城外泄水的石砌水涵洞遗址，在今西四地下发现城内大街两旁以石条砌筑宽 1 米的排水明渠，经平则门内大街（即今阜内大街）时，顶部加盖了石条，渠内石壁上有当时工匠凿刻的“致和元年（1328 年）五月日，石匠刘三”等字迹。

1969 年拆除西直门箭楼时发现了压在明代箭楼之内的元大都和义门瓮城城门，

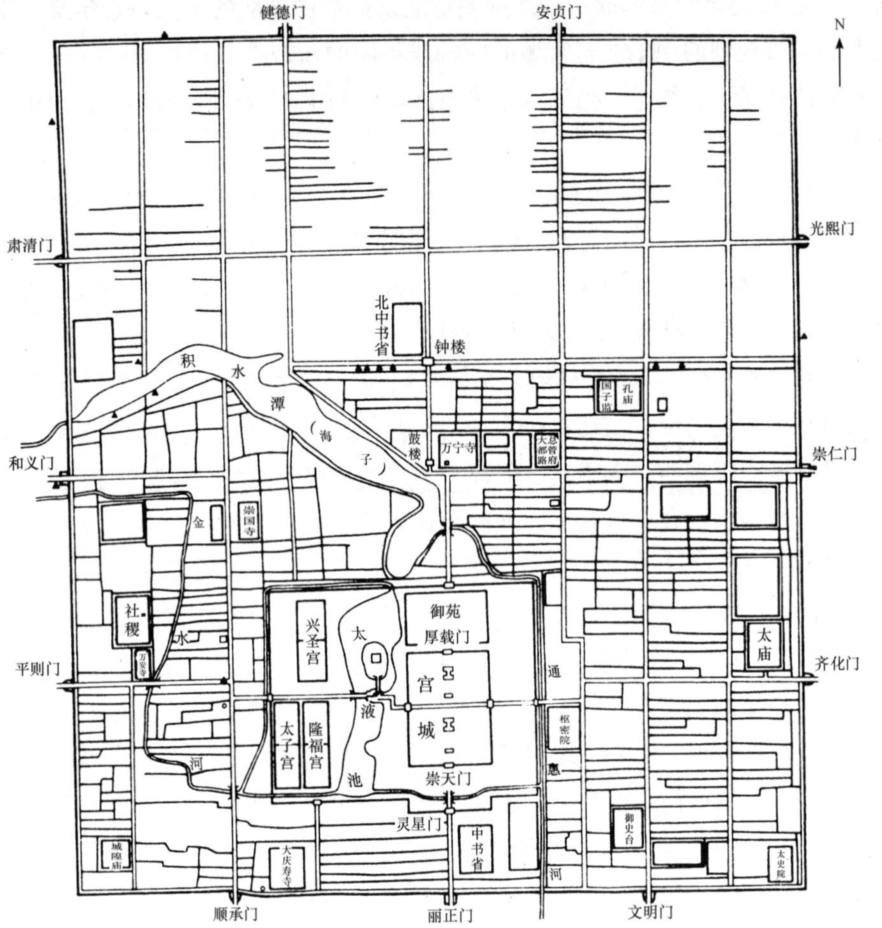

图8-3　元大都平面复原图

门洞内有至正十八年（1358年）题记，存城门墩台和门洞、承门轴的半球形铁“鹅台”和门砧石，城门残高22米，门洞长9.92米，宽4.62米，楼上尚存有向城门上灌水的石箅子等灭火设备。

已发掘元大都居住遗址十余处。后英房胡同的一处大型住宅遗址，主院的正房建于台基之上，前出轩廊，后有抱厦，正房前有东西厢房，东院的正房平面呈“工”字形，南北房之间以柱廊相连，出土大量黑（褐）白花瓷器、青花瓷器、影青瓷器、“枢府”釉瓷器、龙泉窑青瓷器、霍州窑白瓷器和钧窑瓷器等，以及贵重的螺钿漆器、水晶石、紫端砚等，还有200余颗红白色玛瑙围棋子散落在正房的砖地上。雍和宫后的一处三合院居址，院内有砖砌高露道通向正房和西厢房，从出土的“内府公用”款的漆器，及在附近发现的至正十五年（1355年）王德常去思碑推测，可能是某衙府的院落。在建华铁厂发现的简陋的“廊房”居址，是前明后暗的长方形房屋，并列成排，形式相同，两家共用一堵山墙，出土遗物多为普通瓷器和生活用具。在西绦胡同遗址中有一座类似库房的建筑，墙壁坚厚，东墙尚存3米多高，房内出土成套瓷碗碟。

规模宏伟的元大都是当时世界上著名的大都市，元世祖时期已基本定型，确立了以皇宫为中心的南北中轴线，在其两侧对称等距排列东西向的平行胡同，是目前所知最典型的开放式街巷，这些规整的街巷一直沿用至今。在城市设计上参照了《周礼·考工记》中“九经九纬”“前朝后市”“左祖右社”的思想，规划严整，在中国封建社会后期的都城发展史上占有重要地位，并直接为明清北京城所继承。

2. 元上都

元上都遗址位于内蒙古自治区正蓝旗五一牧场境内，地处滦河上游的闪电河北岸。该地蒙语名为“兆奈曼苏默”，意为一百零八座庙。始建于蒙古汗国宪宗六年（1256 年），初名开平府，忽必烈在此继大汗位；元大都建成后，上都成为帝后避暑的牙帐。明宣德五年（1430 年）废弃。20 世纪 30 年代日本人曾进行过调查挖掘。1956 年和 1973 年中国学者进行过两次调查，90 年代做了局部发掘和航空摄影。

全城由宫城、皇城、外城和关厢等部分组成，城墙用黄土夯筑，宫城城墙基部铺石，其上包砖，皇城城墙砌石。宫城位于皇城中部偏北，皇城在全城的东南部，与外城共用东、南二墙。宫城平面为长方形，南北 605 米，东西 542 米，四角建角楼，东、南、西三墙正中各设 1 门，南门御天门通向皇城。在宫城墙外 24 米处围有石砌夹城。宫殿遗址集中于西北隅，发现 43 处宫殿遗址。在城内中轴线上，通向三个城门的“T”形大道交叉处，有一方形建筑台基，出土汉白玉雕龙角柱和元代的阿拉伯文石刻，可能是上都最主要的建筑大安阁；北墙正中有一“凹”字形大型建筑台基，应为穆清阁；宫城西北部的“工”字形大殿可能为睿思殿基址；其他亭台、楼宇、池沼大多随形就势，错落布局，不讲究对称。皇城平面呈方形，边长 1 400 余米，设 24 个梯形马面，间距 150 米。有 6 门，南北各 1，东西各 2，有方形或马蹄形瓮城、角楼和登城的踏道。街道布置整齐对称，南边多官署建筑，四角设有寺院。皇城中有大片空地，可架穹庐毡帐。外城包围在皇城的西、北两面，边长 2 200 余米，北墙设 2 门，西、南墙各设 1 门。墙外四周有宽约 26 米的护城河。城内北部基本不见建筑遗迹，偏南处一座空旷的菱形院落为皇家苑囿区，西部为布局整齐的官署、民居、商肆和作坊区，西部靠近皇城西门偏北有“西内”，即离宫所在，有举行“诈马宴”的失剌斡耳朵（宫殿），也叫棕毛殿，为皇帝举行御宴之地，可容数千人。元上都四关范围广大，街道纵横交错，布局规整，官署、仓址、驿馆、大型院落、店铺、民居和兵营等各有侧重地分布。北关有规模宏大的兵营、行殿和仓址等。北门外龙岗下，有元代著名科学家郭守敬设计修筑的拦河大坝，名为铁幡竿渠，今城外西北角哈登台敖包之上仍留有铁幡竿石基座。东、南、西三面的关厢地带，官署基本位于各关的北部，粮仓建在东、西关的高阜之处，商肆店铺和酒楼客栈分布于西关的南部和南关的御道两侧，东关以大型住宅和官府、驿馆为主，南部是密集的小型民居和商业区。在城外四周的山头上，一般都建有烽火台。上都周围多伦县砧子山、正蓝旗卧牛石发现2处汉人家族墓地，一棵树和羊群庙发现2处蒙古人墓地，由此可知，蒙汉实行分葬。上都遗址内出土各种建筑材料，如黄、绿、蓝等釉色的琉璃瓦，以及石螭首和浮雕花卉的汉白玉石刻等。在皇城内还发现龙泉窑、钧窑、磁州窑的瓷器和少数青花瓷片。

元上都是一座融合了中原传统城市设计思想和草原游牧生活遗俗的离宫式城市。从其平面布局看，皇城和宫城的设计依照严谨的对称理念，而外城包筑内城西、北两面，破坏了这一对称性，因此一些考古学者认为外城为后来扩建，城内主要建筑也可能建于不同时期。皇帝、官吏居于城内，百姓的住宅和商业活动基本都在四关，等级森严。

3. 元中都

元中都遗址位于河北省张北县馒头营乡白城子村西南300米。1997年以来进行了大规模的勘测和发掘。已勘定宫城、皇城和外城三重城垣，宫城位于皇城正中略偏北，南北620米，东西560米，墙基宽约15米，残高3～4米，城墙下发现全石结构排水涵洞，四角存有方形夯土角台，边长6～7米。城墙四面正中各有一门，宫城南门经发掘内设空心红墙重门结构，采用三观制过梁式门道，门道和铺石地面至今保存较好，外有三重子母阙。主体宫殿群位于宫城的中北部，以1号基址为中心，沿南北轴线对称布局。1号基址平面呈“土”字形，南北95.4米，东西最长49米，其上建筑“工”字形宫殿，由南而北由月台、前殿、穿廊、后殿、东西夹、香阁组成，下层宽出周匝平台，有7条上殿通道。发现龙纹琉璃瓦当、走兽、滴水和花砖等建筑构件，应为大朝正殿。出土的汉白玉螭首、牡丹龙纹角柱石、宝装莲花柱础，雕刻精美，堪称元代石刻中的精品。皇城南北930米，东西770米，皇城城墙距宫城城墙东、北、西三面均为120米，南部两墙相距210米，墙基宽5～7米，残高1米左右。外城规模较大，其确切范围尚待勘探。元中都的三套城垣建制，明显继承了宋代都城的建筑风格。

五、明清北京城

明初都于南京，燕王朱棣夺得帝位后，在其封地内元大都基础上仿南京皇宫营建宫殿。永乐十八年（1420年），建成紫禁城宫殿、太庙、社稷、万岁山、太液池、十王府、皇太孙府、五府六部衙门、钟鼓楼，同时将南城墙南移0.8公里，以修建皇城。元大都城北墙在洪武元年（1368年）被明将徐达攻陷后，为便于防守而南移2.8公里，并将城墙外侧包砖。永乐十九年（1421年）正式迁都北京。此后又在南郊修建了天地坛和山川先农坛。嘉靖三十二年（1553年）修筑外城，因财力不足，只修了南郊半边，形成全城的“凸”字形结构。1644年清顺治帝迁都北京。虽几经裁撤改建，仍基本沿袭明北京城的格局。较大的变化是裁撤了皇城，将明代皇城内的大量内廷供奉机构改为民居，同时将内城的大量衙署、府第、仓库、草厂改为八旗居住区，令汉人迁往外城居住。清朝还在北京城内修建了大量王府、黄教寺庙，并在西郊修建了三山五园等皇家园林。

明代北京城为四重建制，即宫城（紫禁城）、皇城、内城、外城。整体平面呈“凸”字形，沿纵贯外城正南的永定门到北端的钟鼓楼长达 8 公里的中轴线对称布局。紫禁城为天子居处，南北长 961 米，东西宽 753 米，占地面积约 725 000 平方米。宫墙高 12 米，外有宽 52 米的护城河，四角各有角楼，四边各 1 门，东、西分别为东华门、西华门，正南为午门，北为玄武门（清代名神武门），北门面对景山，成为整个紫禁城建筑群的屏障。午门是紫禁城的正门，有 5 个门洞，当中的正门只供皇帝一人出入。其外为皇城，南北 2 750 米，东西 2 500 米，周长 18 里，四周各开 1 门，东西分别为东安门、西安门，南为大明门（清代名大清门，即今天安门），北为北安门（清代名地安门）。皇城南部有社稷坛（今中山公园）和太庙（今劳动人民文化宫），内设管理宫廷事务的各衙署及仓库。皇城外即由元大都城改建而成的内城，东西 6 650 米，南北 5 350 米，周长 45 里，开 9 门，南 3，其余各 2，正南中央为正阳门，左为崇文门，右为宣武门；东为朝阳门、东直门；西有阜成门、西直门；北是德胜门、安定门。城墙外有护城河。外城东西约 7 950 米，南北 3 100 米，周长 28 里，开 7 个城门：正南为永定门，两侧分别为左安门、右安门，西为广宁门，东为广渠门。另在北边设 2 座方便进出的东便门与西便门。外有护城河。总面积达 60 多平方公里（见图 8－4）。现存明清建筑只有正阳门城楼、箭楼，德胜门箭楼，东南角楼，内城护城河北段，及北京站和西便门两处残墙，另外永定门被重建。2021 年在前门大街北口发掘出土明代正阳门桥镇水兽石雕。

紫禁城是明清两代的皇宫，是世界上最大的宫殿群，传有宫殿 9 999 间半，据 1973 年实测，故宫内大小院落有 90 多座，房屋 980 座，以四根房柱的空间为一间，共计 8 704 间。宫殿建筑均为木结构，饰以彩画，黄琉璃瓦顶，青白石底座。以乾清门为界，前朝后寝。外朝以奉天殿（太和殿）、华盖殿（中和殿）、谨身殿（保和殿）三大殿为中心，是举行朝会、典礼和处理政务之所，保和殿也是科举考试举行殿试的地方。两翼东有文华殿、文渊阁、上驷院、南三所，西有武英殿、内务府等建筑。内廷以乾清宫、交泰殿、坤宁宫后三宫为中心，两翼为养心殿、东西六宫、斋宫、毓庆宫，后有御花园，是帝王与后妃居所。封闭的四合院是北京城典型的民居形式，院内四面房屋各自独立，都向院落方向开门，对外只有一个街门，关起门来自成天地。

北京城的设计很大程度上体现了《周礼·考工记》“左祖右社”“前朝后市”的规制，在紫禁城前部，左为太庙，右为社稷坛，前有朝廷官署，后有交易市场。宏伟的主体建筑点缀以玲珑雅致的角楼和静谧的坛庙寺观，既注重设计上的整体性和层次感，又突出局部细节的装饰性，屋顶形式多达 10 余种，琉璃瓦和各种吻兽瓦件富于装饰效果。紫禁城三大殿、后三宫、御花园都位于纵贯全城的中轴线上，南达

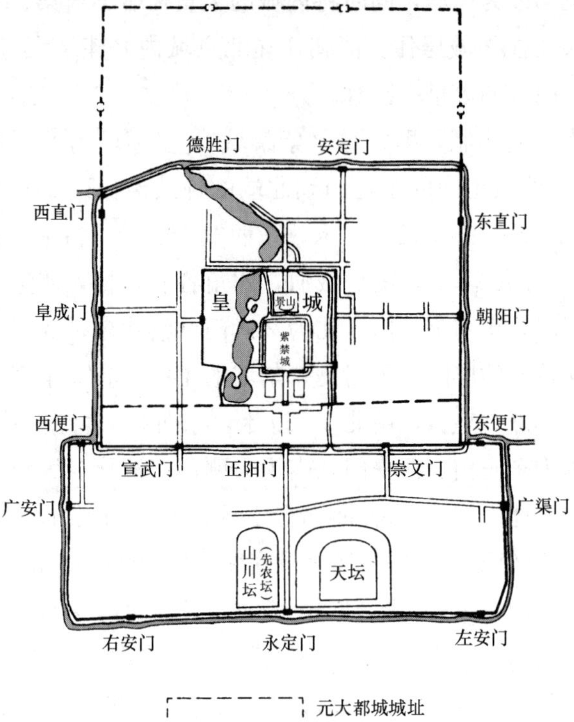

图 8－4　明北京城平面图

永定门，北到鼓楼、钟楼，充分发挥了这两座高层建筑在全城中的稳定作用。街道、胡同、建筑均沿中轴线左右对称，棋盘式布局，将封建都城皇权至上的特点发展到极点。紫禁城处在皇城、内城、外城的层层拱卫之中，以天、地、日、月四坛环绕。宫殿、御苑、池沼构成园林式的建筑群，集中体现了中国古代城市建筑的传统审美特点。

第二节　宋元明清帝陵

一、两宋帝陵

北宋帝陵位于河南省巩义市境内嵩山、洛河间的丘陵地带。陵区以芝田镇为中心，东西约13公里，南北约12公里。包括宋太祖永昌陵、太宗永熙陵、真宗永定陵、仁宗永昭陵、英宗永厚陵、神宗永裕陵、哲宗永泰陵7座帝陵，和被追尊为宣祖的赵匡胤之父赵弘殷的永安陵，以及宋徽宗的衣冠冢永佑陵、宋钦宗的永献陵、祔葬的22座后陵和上千座陪葬墓。靖康、建炎年间宋陵遭金兵破坏，至元代，地面建筑全部被毁，但陵墓石刻基本保存完好。20世纪50年代以来进行了系统调查并局部发掘，还从盗洞中深入永熙陵地宫等进行勘查，80 年代发掘了宋太宗元德李皇后陵，90 年代试掘了永定陵上宫和永定禅院。南宋帝陵在今绍兴宝山一带，毁于元。

1. 北宋帝陵

宋代皇帝死后才开始营建陵墓，规模较前朝要小得多，因受堪舆学说的影响，陵址的选择和陵寝制度亦不同于以往历代帝陵或居高临下或居山面河的传统，而是背依洛水，面对嵩山，诸陵地面皆南高北低，落差 10 米左右，中心建筑陵台置于最低处，帝后陵中轴线的方向均北偏西 6 度左右，正对嵩山主峰少室山。各陵布局基本一致，均有兆域、上宫和下宫。上宫是举行祭祀仪式之所，即以陵台为中心四面夯筑神墙以内部分；下宫为供奉墓主神像衣冠、日常奉飨之所，建于皇陵西北或后陵之前，各陵下宫地面建筑均毁，仅存永定、永昭、永厚、永裕诸后陵之北和永熙后陵之南的面南蹲狮各 1 对。兆域（茔域）以四周植棘、枳橘或堆积土围等为标记。兆域内除皇陵外，还包括祔葬的后陵及宗室重臣的陪葬墓。宋代以东南、西北为吉，故帝陵上宫均在东南，下宫在西北，后陵、陪葬墓次第向西北排列。帝陵以夯筑覆斗形封土为中心，南面置石雕宫人 1 对，四周夯筑方形围墙，边长一般 230 米左右，每边正中设 1 门，四周建角阙，南神门内土丘前为献殿，门外神道两侧列置石像生、石望柱、乳台、鹊台等。其余三门各置石狮 1 对。宋陵有陵邑，诸陵区西北都设有皇家禅院。

永定陵陵台经试掘，夯筑陵台呈三层台阶式，底部两层包砖，顶部作覆斗形，表涂红粉。陵台底边长 51～53 米，顶边长 10～11 米，高 16.4 米。东、西、北三门之外各置石雕蹲狮 1 对，南门门道内置石雕宫人 1 对，门外置石雕武士、奔狮各 1 对。南为神道，神道两侧自南而北建鹊台、乳台各 1 对。乳台以北为神道石刻，依次为望柱、象和驯象人、瑞禽、甪端各 1 对，仗马 2 对，控马官 4 对，虎 2 对，羊 2 对，客使 3 对，武臣 2 对，文臣 2 对，上马石 1 对等，共 62 件。后陵在帝陵西北，布局似帝陵而略小，石刻数量减半。北宋常见数个皇后合祔一陵，且有不按辈分祔葬的现象。如太祖王后、贺后早亡，祔葬父辈永安陵，真宗郭后祔葬太宗永熙陵。晚辈通常在上辈后陵之北。宋陵使用石刻的数目和排列顺序形成定制。一般帝陵上宫石刻 60 件，下宫 4 件；后陵上宫石刻 30 件；陪葬的亲王重臣墓前有望柱、虎、羊、文武官员、马和控马官、狮子等 14 件。近年在一些帝后陵和陪葬墓的神墙外还出土了生肖石刻。

通过 1985 年对早年被盗的宋太宗元德皇后陵的抢救性清理，大致可了解帝后陵的地宫玄室内部情况。元德皇后陵位于永熙陵三处后陵的最南端，为斜坡墓道仿木结构单室砖墓。玄室为近圆形的多边形，直径 7.95 米，高 12 米余，穹隆顶，南向，有券门，墓室内有 10 根砖砌倚柱，影作出角柱、斗拱、昂、耍头以及枋、椽、望板、檐瓦等，耍头锋面刻迦陵频伽，拱眼壁墨线勾勒盆花图案。室顶绘银河、星辰，四壁饰砖雕和彩绘，砖雕内容有门窗、桌椅、灯檠、衣架、盆架、梳妆台等，彩画可辨认出板门、直棂窗、挟屋、四注屋顶和鸱尾等。墓室后部放置棺床，前档作须弥座式，刻花卉。残存玉谥册和哀册残片、“官”字款定窑白瓷、3 件秘色瓷及石工具、铜铁器等 180 余件遗物。

根据已发掘的陪葬墓的情况可知，宋陵地宫形制和结构演变大致经历三个阶段：第一段为砖砌单室墓，包括永安、永昌、永熙及其后陵；第二段为石砌单室墓，包括永定、永昭及其后陵；第三段，墓室分为上下两层，如永厚陵的陪葬墓燕王赵颢墓，上层为砖砌圆形墓室，下层为方形石砌棺室，属于这一阶段的有永厚、永裕、永泰三陵及祔葬后陵。

2. 南宋帝陵攒宫

南宋前六帝皆葬于绍兴东南 18 公里的宝山南北，包括高宗永思陵、孝宗永阜陵、光宗永崇陵、宁宗永茂陵、理宗永穆陵、度宗永绍陵。因属暂时安厝（权攒），以备归葬巩义市祖陵，故一切从简，陵墓规模小，有的间距很小，又称“攒宫”。蒙古灭南宋后被毁，地上遗迹无存。据文献记载，亦有上宫、下宫、前殿、后殿和东西廊，不筑墓室、不设墓道封门，地表无封土、神墙和石像生。玄宫即一长方形大石匣，内置棺，铺柏木板、盖石，再铺砖与地面平齐，不起陵台，直接压在献殿之下，亦称“石藏子”。这种埋葬形式受到江南地区砖室石顶墓和浇浆墓的巨大影响。元至正二十五年（1365 年）苏州张世诚之母曹氏墓，仿南宋陵制，为石藏子制度提供了实例。曹氏墓平面为正方形，边长 3.79 米，四壁石砌，内用砖和夯土起两道厢壁，中间放置两具木质棺椁，以三合土灰浆浇注填隙，封盖石条，坚固又防潮，墓主及其衣冠、装饰品、随葬器物保存完好，出土一套阴刻填金的象牙哀册。

二、辽金西夏蒙元帝陵

1. 辽代帝陵

辽代十帝分葬在五个区域，辽太祖葬于内蒙古赤峰市巴林左旗的祖陵，辽太宗和穆宗葬于巴林右旗的怀陵，辽世宗及其被追封为帝的父亲东丹“人皇王”葬于辽宁医巫闾山的显陵，辽景宗、天祚帝葬于辽宁北镇西南的乾陵，巴林右旗索博力嘎北约 10 公里的庆陵包括：辽圣宗耶律隆绪及二皇后的永庆陵、辽兴宗耶律宗真及仁懿皇后的永兴陵、辽道宗耶律洪基和宣懿皇后的永福陵，三陵东西并列，间距约 2 公里。辽代帝陵多依山为陵，风景优美。在寝宫的地面、陵前建有享殿、陵门、围墙，组成陵园。祖陵附近还发现辽代石窟寺及供奉的佛像。在祖州城遗址西北角，还发现一座坐北朝南的石房子，由七块巨型花岗岩石板构筑而成，应是供奉先祖和辽太祖的祭祀建筑。周围有大型陪葬墓，1991 年在巴林右旗床金沟村怀陵区清理两座陪葬墓，均为四室，有长墓道。

早在 20 世纪初，一些外国人即开始着手辽墓的勘测与发掘，收集或盗取了一些陵墓壁画摹本、葬具资料、汉文和契丹文字哀册等。其中对庆陵的调查和盗掘最多，记录最详。庆陵依山为陵，东南向。三陵都有陵门、享殿和神道，设奉陵邑和守陵户，墓室均为砖砌圆形穹隆顶，由前、中、后三室和四个侧室组成。永庆陵保存最好，陵门为三门洞，两侧有角楼，四周有回廊，神道长 1 300 米，宽 3 米，两侧有望仙殿、御容殿等基址，末端为享殿。享殿后是陵墓，地宫有七室，前、中、后三正室，前、中室各有东西两侧室，后室是主室。墓室通长 21.2 米，宽 15.5 米，墓门前为长 30 余米的墓道。各室之间有甬道相通，有柏木大门，壁上有仿木结构雕砖，在墓道、前室、东西侧室、中室和甬道都有工笔彩绘壁画，内容多人物、动物、花鸟、山水、龙凤、祥云、珠宝等装饰图案，人物皆真人大小，有髡发着圆领窄袖长衫的契丹人和着汉装的大臣，旁边常有契丹小字榜题。最有特色的是春夏秋冬四季风光，描绘辽皇室四时捺钵之所的景色（见图 8－5）。

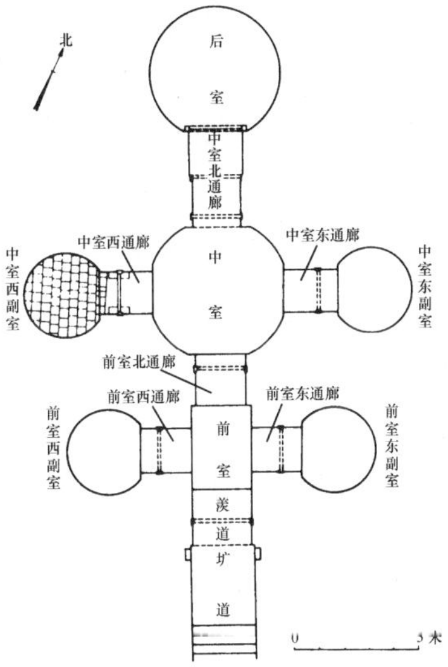

图 8－5　辽圣宗永庆陵墓室平面图

2. 金代帝陵

金代除宣宗葬于汴京（河南开封）、哀宗葬于蔡州（河南汝南县）外，金太祖的睿陵、太宗的恭陵、熙宗的思陵、德宗的顺陵、睿宗的景陵、世宗的兴陵、卫绍王的裕陵、章宗的道陵及其后妃、诸王均葬于北京西南 45 公里房山区大房山陵，共 17 座帝陵。其中太祖、太宗、德宗及始祖以下十帝为海陵王时迁葬。面积 60 余平方公里，分为帝陵陵区、埋葬妃嫔的坤厚陵、诸王兆域三部分，陵域设围墙。明天启年间全面毁坏。已探明主陵区分布在大房山东麓的九龙山、凤凰山、连泉顶东峪、三盆山鹿门峪；坤厚陵区一说在睿陵、兴陵西侧，一说在山阴大柚沟一带；始祖以下十帝陵在石门峡北峪，诸王宗室在其西峪。1974 年在房山长沟峪煤矿家属区发掘一座有 5 个石棺的“王”墓，石棺外镶银龙。2002 年清理了位于房山周口店镇龙门口村北、九龙山主陵区内中轴线上的一座巨型竖穴石坑墓，东西 13 米，南北 9～9.5 米，出土 4 具石椁，其中 2 具为汉白玉雕成，分别雕刻龙、凤纹，东西向，另 2 具为青石素椁，南北向。石凤椁内放置一具红漆木棺，四角及正中有菱形鎏金银饰，上錾刻凤鸟纹。棺内残留头骨及下肢骨，出土一件金丝凤冠和白玉饰件。地面调查发现以神道为中轴线，两侧对称分布的石桥、石踏道、台基、东西大殿、陵墙、陵寝等。初步确认为金太祖完颜阿骨打的睿陵。其西南清理 5 座陪葬墓均为竖穴石圹墓，大石条砌筑，有石棺台，年代较晚。

3. 西夏王陵

党项族建立的西夏共历十帝，王陵位于银川市西 35 公里贺兰山东麓，南北 10 公里，东西 5 公里，共分布王陵 9 座，陪葬墓 253 座。陵区内严格按辈分自南向北、左昭右穆依次分布，形成四区东西两行。最南区为李元昊追封的父祖辈，有太祖李继迁的裕陵、太宗李德明的嘉陵；其北为景宗李元昊的泰陵和毅宗李谅祚的安陵；再北为惠宗李秉常的献陵、崇宗李乾顺的显陵，显陵经过发掘；最北端为仁宗李仁孝的寿陵、桓宗李纯祐的庄陵和襄宗李安全的康陵，三陵呈“品”字形分布，寿陵居南，曾出土西夏文碑额。九个陵园形制布局基本相同，自成一体，面积均在 10 万平方米以上。平面呈纵长方形，坐北朝南，有两重墙垣，四角有角台，四周中间有门阙，南门有方形双阙，上建楼阁。往北依次为碑亭、月城、内城、献殿，塔式陵台分布在陵园西北偏离中轴线的位置，平面八角形或圆形，分为 5、7、9 级台阶，高 17～20 米，外部包砖并附有出檐，为夯土实心砖木混合密檐塔式结构。陵台和内外墙、双阙外表均涂红色细泥。墓室在陵台以南 10 米处地下，故陵台不具封土作用，墓室以南为阶梯式墓道，上有鱼脊状墓道封土，通往南面的献殿。地宫为一主室和左右耳室，穹隆顶土洞墓，面积不大，墓室四壁立护墙板，有木棺。北端有一处三进院落建筑遗址，为陵邑或宗庙，陵区东缘有砖瓦窑、石灰窑遗址。现存最大最完好的是 3 号李元昊陵，俗称“昊王坟”，茔域面积 15 万平方米，塔状陵台高约 23 米，8 面 7 级，墓道长 50 米。1987 年发掘 3 号陵园东碑亭，出土造型奇特的人像碑座 4 座、西夏文残碑 360 块。2000 年揭露面积 13 000 平方米，出土大量建筑材料。1972—1975 年发掘的 6 号陵为崇宗的显陵，为阶梯式墓道土洞墓，由墓道、甬道、主室和东西侧室组成。墓道全长 49 米，墓道、甬道两壁有壁画武士像。多次被盗。

陪葬墓在陵园的南侧或两边，有的有墓园，形制简单，仅有南门，有的只有封丘和一城一碑亭，封土有圆墩、圆柱、圆锥等不同形式。已清理 4 座，均为阶梯式墓道方形单室穹隆顶土洞墓。陵园地表遍布建筑材料、碑石、窑址。其中琉璃鸱吻高 1.52 米、屋脊蹲兽迦陵频伽、摩羯鱼、吼狮等造型独特。出土 3 000 多件石碑残片，有 5 800 多个西夏文字，有反映党项人游牧生活和市井生活的绘画，工艺精巧的葡萄纹金饰、鎏金银饰以及各类铜器、钱币、陶棋子等文物。最重要的发现是精美的人像石雕、石兽和中国迄今为止出土文物中最大的鎏金铜牛，后者出土于101号陪葬墓中，长1.2米，重达188公斤，造型逼真。石马、石狗雕刻粗放，力士碑座造型夸张，文臣头像深目高鼻、八字胡。西夏王陵仿唐宋陵而又具本民族风格，陵园内无后陵，无下宫，陵台偏离中轴线，不在地宫之上，形制为多层的八角形密檐塔式，在中国建筑史上独一无二。

4. 蒙元帝陵

文献记载元代皇帝和蒙古贵族无论死于何地，皆运其梓宫于漠北高原，葬于起辇谷，一说在克鲁伦河，一说在肯特山。《草木子》记载蒙古贵族葬俗："用梡木二片，凿空其中，类人形小大合为棺，置遗体其中，加髹漆毕，则以黄金为圈，三圈定，送至其直北园寝之地深埋之。"元朝帝后实行秘葬，无冢无碑，葬毕，以马践蹂草地，使如平地，俟青草生，无任何遗迹，无人得知。葬后，在陵地杀一骆驼子，后欲祭祀时，则以所杀骆驼母为导，视其踯躅悲鸣之处，即可知其葬所。迄今尚未发现元陵和蒙古宗室贵族墓。今内蒙古鄂尔多斯的成吉思汗陵，仅是祭祀成吉思汗的陵寝并非埋葬地。迄今为止，中、蒙、俄、日、美等各国考古学家对成吉思汗陵的寻觅依然在继续。

成吉思汗陵之谜

1227年成吉思汗南征西夏时逝于灵州（今宁夏灵武县）军中，终年65岁。《元史》记载其"葬于起辇谷"。据说，葬后出动上万马匹将墓地踏平，植木为林，并以一棵独立的树作为墓碑。造墓的工匠和参与葬礼的士兵全部被杀死，成吉思汗陵的所在遂成千古之谜。

阿乌拉格遗址位于蒙古国肯特省德力格尔汗苏木、阿乌拉格河和克鲁伦河之间的高地上，地处蒙古高原东部，这里很早就有关于"成吉思汗斡耳朵（宫殿）遗址"的传说。1992年起，日本、蒙古联合考古队多次进行调查发掘，遗址范围长约2 000米，宽约500米，沿东北—西南狭长地带分布成排的建筑基址群。2001—2002年发掘南端的"中心建筑基址"，上层为"凸"字形的石砌建筑，东西12.8米，南北8.3米，石砌墙基高约30厘米，宽约60厘米，凸出的部分在北端，南面无墙基。外侧围有二重长方形土墙。堆积内未见任何砖瓦等遗物，据其结构可复原为一直径16米左右的大型毡帐。基址的下层发现成排的柱础石，东西4排，南北2排，间距约3.7米，建筑结构应是五间三进式。经碳十四测定，下层建筑的年代为1190—1270年，上层建筑的年代为1290—1390年。推断该遗址原为成吉思汗在克鲁伦河畔的宫殿建筑，成吉思汗病逝后，这里很可能改建成了最早的成吉思汗陵寝，即供奉成吉思汗及其夫人孛儿帖及两个弟弟的"八白室"，后来迁往鄂尔多斯伊金霍洛即今成吉思汗陵。遗址下层及周围的坑穴里埋葬大量马骨及骨灰，可能即史书中为祭祀成吉思汗而烧马等"烧饭"仪式的遗迹，埋马数量之巨显示其主人地位非同寻常。

日本学者称这里可能是成吉思汗陵墓。其南侧密布大量类似遗存，依等高线呈弧形分布，其中可能存在木制的建筑物和“四合院”式的单体建筑。遗址出土有陶瓷片、龙纹香炉、绿釉琉璃瓦、陶纺轮、钱币及铁镞、钉、锅、车轴、箸子和青铜刀、石制品，及动物烧骨等。

2001年美国、蒙古联合考古队在宾得尔山北面的乌格利格其贺里木发现了距地面11米处的一个庞大的陵墓群。据《蒙古秘史》记载，宾得尔山曾经是成吉思汗祭祀、朝拜的地方，山上除了有蒙古400多个氏族的牌位外，还有用各种文字写成的碑文。据说成吉思汗的父亲就安葬于此。附近有祖辈相传了40代的守陵人。此处也被认为可能是成吉思汗陵墓。

——白石典之：《成吉思汗的宫殿——蒙古国阿乌拉格遗址发掘》

三、明代帝王陵

1. 十三陵与定陵

明朝历16位皇帝，除洪武帝朱元璋孝陵位于南京紫金山南麓玩珠峰下独龙阜，建文帝因靖难之役下落不明，景泰帝因夺门之变，英宗复辟，初以王礼葬于北京西郊金山外，余十三帝均葬于北京市昌平区天寿山南麓，称“十三陵”。安徽凤阳县西南有朱元璋父母的陵墓，湖北省钟祥市城北7.5公里的林山有明显陵，是明世宗追谥其父朱祐杬的陵墓。明代陵墓地面建筑绝大多数至今尚存。

明代陵寝制度发生重大改革。在选址上讲究传统的风水观念，遵循依山面水的原则，在陵墓群体布局上体现了一体规划、统一布局的思想，陵区入口利用天然山势形成门阙，整体设主神道和石刻，各陵不再单独设立神道石刻，依长幼尊卑按辈分排列，方向不一，但大体都背山面向大红门，既是一个整体，又自成一体。陵城从方形变为长方形，三重城垣。封土由覆斗式方形改为圆形或长圆形，称为“宝顶”，四周砌砖，称“宝城”，位于陵区最后面。撤销寝宫，扩大祭殿建筑，增设明楼。地下玄宫仿生前宫殿，分为前中后殿和左右配殿，为砖石结构多室墓。帝后同陵合葬。早期有妃嫔陪葬墓，一度曾以妃嫔和宫人殉葬，明英宗以后废止宫人殉葬，妃嫔和夭亡的亲王、公主另葬于海淀金山。

十三陵是中国现存最集中、最完整、最宏伟、埋葬皇帝最多的皇陵群。自永乐七年（1409年）迄于崇祯十七年（1644年），历时230余年。陵区面积40多平方公里（今十三陵景区范围120平方公里），包括成祖长陵、仁宗献陵、宣宗景陵、英宗裕陵、宪宗茂陵、孝宗泰陵、武宗康陵、世宗永陵、穆宗昭陵、神宗定陵、光宗庆陵、熹宗德陵、毅宗思陵。陵区东、西、北三面环山，周围20公里，利用山石、河卵石依山修建边墙，设有十口、四水门。陵区共用一条总神道，长达7.3公里，以大红门为总入口，经碑亭、总神道、石望柱、石像生、棂星门、五孔桥至七孔桥北分道入各陵园。神道以一对石望柱为起点，其北为石像生，计有石兽 24，有 4 狮子、4 獬豸、4 骆驼、4 象、4 麒麟、4 马，皆二跪二立，北为石人 12，包括 4 武臣、4 文臣、4 勋臣。每一座陵墓都由一组样式相仿的建筑组成，但方向各不相同，均背山面水，规模不一，其中以长陵的规模最大，思陵最小，由田贵妃墓改建。各陵布局形制基本一致，有神道、石桥，门前立无字碑，进入宫门，依次为祾恩门、祾恩殿（由献殿与享殿发展而来）及两侧的廊庑、棂星门、石几筵、明楼、宝城。明楼内立石碑，刻皇帝庙号、谥号，宝城是陵宫最后的部分，下为地宫。宫园围墙与宝城相接。

定陵是万历皇帝朱翊钧与孝端、孝靖二皇后的合葬墓。万历四十八年（1620 年）入葬，位于陵区中部偏西的大峪山下，1956—1958 年发掘。定陵的陵园建筑完全仿嘉靖皇帝的永陵，明楼的斗拱、额枋全用石材，陵外加筑一道外墙。地宫由五殿七门组成，总面积 1 195 平方米。五殿包括前中后殿和中殿两侧的左右配殿。前殿、中殿分别长 20 米和 32 米，皆宽 6 米，高 7.2 米，后殿横置，长 30.1 米，宽 9.1 米，高 9.5 米，是玄宫的主室，以石材砌成。各殿间的石门以整块白石制成，用“自来石”顶门封闭。后殿中央设汉白玉棺床，上置万历皇帝和二皇后的棺椁，各一棺一椁，尸体已腐烂。中殿后段呈“品”字形放置三个汉白玉石供案，案前各置石五供及长明灯。左右配殿各设棺床，其上方孔内填黄土，当为传说中的“金井”。出土器物 2 648 件，主要放置于棺内和宝床上的 26 只器物箱内，有大量精美的金器、银器、玉器、瓷器等生活用品，以及谥册、谥宝、墓志、彩绘木俑、木明器及一套制作粗略的仿生活用具的锡明器。不少金器和金银锭刻有名称、产地、重量、制作年月、工匠姓名等。瓷器有“万历”和“嘉靖”款的青花瓷和明三彩两类，造型有梅瓶、碗、炉、觚等。大批织锦匹料原封入葬，有腰封、题签，书写产地、尺寸、织造年月、织工姓名等。出土保存完好的龙袍、道袍和金冠。

2. 明代妃嫔、藩王墓

永乐时期皇陵区内设有东、西井，传为妃嫔从葬墓，均有前方后圆的园墙，享殿五间，左右庑各三间，三重门。英宗以后，仅个别权势极隆的后妃陪葬皇陵，如宪宗的万贵妃葬于昭陵西南苏山脚下，神宗的郑贵妃墓在其南 1 公里的银钱山，均有方形前寝、享殿和两庑，后寝由无字碑、石供案、圆形坟丘组成，郑贵妃墓园墙之外又建重垣，规模最大。其南约 0.5 公里有神宗四妃墓，坐北朝南，园墙二重，南北 123 米，东西 60 米，坟堆残高 3.3 米，直径约 16 米。世宗六妃二太子墓位于神宗四妃墓及悼陵（原陈皇后陵，迁葬后改葬世宗三妃）之间，无外园墙。其他妃嫔及夭折的亲王、公主单独埋葬于北京市海淀区青龙桥西北的金山附近。1951 年在董四村发掘 2 座妃嫔墓，均由宝顶、墓门、前室、主室组成。宝顶呈截圆锥形，平顶。其中 M1 为仿木结构墓门，墓室为“工”字形宫殿式，葬有天启帝的三位妃子，出土三方墓志、三具棺椁以及金银器、瓷器、玉器等随葬品；

M2墓室为砖石砌成的平房式建筑，葬万历帝的七个内嫔。1963年在镶红旗营发现成化帝的7座妃子墓，南北向并列成一排，墓室结构形制相同，都是“工”字形的前后室砖石结构的平房式建筑。2022年在香山脚下四王府村发掘万历皇帝第四女云梦公主墓。

各地就藩的诸王侯墓已发掘数十座。一些王陵区延续时间长，形成规模庞大的墓群，如广西桂林东郊尧山的靖江王陵区历时约280年有11座王陵，地面有陵垣、石像生、享殿等建筑群；宁夏同心明王陵区范围达30多平方公里，包括30余座王陵和陪葬墓。初封的近亲王墓制规格高，葬品丰富，晚期封王世系渐远，葬制规格下降。大型藩王墓制与帝陵相似，有前、中、后三室和左右室，如河南新乡潞简王墓、宁夏同心庆康王墓、湖北江陵八岭山辽简王墓、江陵太晖观湘献王墓、江西南城益端王和益庄王墓、四川成都蜀王世子朱悦燫墓也采用多室的王墓葬制，一墓出土陶俑多达500余件；有的只有双室，但随葬品极为奢华，如1970年发掘的山东邹县和曲阜交界处九龙山南麓的鲁荒王墓，出土冠冕袍服、织锦、玉器、一张古琴、三卷绢本画、七种元刻本书籍、文房用具、漆木家具、谥宝及432件彩绘木雕仪仗俑。2001年清理的湖北钟祥市梁庄王墓为双室石洞砖室墓，出土文物达5 100余件，其中金银玉器1 400余件。小型藩王墓则同于品官富豪墓，南北方基本趋同，以无装饰的长方形砖室墓为主，一般都注重密封、防腐防潮，随葬成套的釉陶俑或木俑、陶明器或铅锡明器，实用器包括金银珠宝玉器、丝织品、文房用具等。江西南昌宁靖王吴氏墓尸下垫与其寿数一致的64枚金银冥钱。明墓中礼制趋于淡漠，随葬品种类和数量似乎没有明确的制度上的差别，仅反映身份和贫富的差别。

四、清东陵和清西陵

清十二帝中除清初的关外三陵、末帝溥仪未设陵外，其他九帝分别葬于河北遵化清东陵和易县清西陵。陵墓规划建制和建筑造型均仿明朝制度，陵园与周围山川形胜的结合达到完美的程度，在陵冢上增设了月牙城，增加了石碑。清代皇陵一体化布局更加成熟，以始葬之陵为主，建主神道，以正红门为总入口，经统一的神道石像生、大碑亭及华表，然后分达各陵区。各陵分别由三个部分组成，即神路区、宫殿区和神厨库区，由南至北布局顺序为：大小石桥、龙凤门、碑亭、神厨库、东西朝房、隆恩门、东西配殿、隆恩殿、琉璃门、五供、方城明楼、月牙城、宝城、宝顶，宝顶下是地宫。方城明楼为各陵园最高的建筑物，内立石碑，以汉、满、蒙三种文字刻写墓主的谥号。宫殿区按照前朝后寝的格局营建，宫门以北部分环以围墙，前后三进院落。神厨库区位于宫殿区前左侧，其建筑有神厨（做祭品的厨房）、南北神库（储存物品的库房）、省牲亭（宰杀牛羊的场所），环以围墙，坐东朝西。围墙外建井亭。除班房覆以布瓦外，其余建筑和墙顶均以黄琉璃瓦覆顶。清陵两个陵区地形无环抱之势，各陵作平列布置。各陵前部大体仿明陵，但后部宝城限于地势建在平地而不似明陵倚山，地宫埋藏皆浅，各帝陵石像生数量不等，体量较小。皇后陵和妃园寝都建在本朝皇帝陵的旁边，有清晰的主从隶属关系。帝、后、亲王、公主、嫔妃的陵制级别相当严格，形成一套程式化的规则。清东陵在军阀混战中受损严重。乾隆裕陵、慈禧定东陵被盗。

1. 清东陵

清东陵位于河北省遵化市西北昌瑞山南麓。顺治十八年（1661 年）始建孝陵，到 1908 年慈禧定东陵告竣。包括顺治孝陵、康熙景陵、乾隆裕陵、咸丰定陵、同治惠陵，以及顺治的生母孝庄文皇后的昭西陵、慈禧的定东陵等，共有皇陵 5 座、后陵 4 座、妃园寝 5 座、公主园寝 1 座，大小 15 座陵园、217 座宫殿牌楼，共计 580 座单体建筑构成庞大的建筑群，各陵又自成一体。陵区南北 125 公里、东西 20 公里，四面环山，四周有三重界桩作为陵区标志。南面正门为大红门。诸陵园以顺治孝陵为中心，乾隆裕陵规模最大。孝陵由陵区最南端的石牌坊向北到宝顶，由一条 6 公里长的神道相连，建筑配置最为丰富，自南向北依次为石牌坊、东西下马牌、大红门、具服殿（供谒陵者更衣休息）、圣德神功碑亭、石像生、龙凤门、一孔桥、七孔桥、五孔桥、东西下马牌、三路三孔桥及平桥。孝陵的石像生达 18 对，包括石兽 12 对，石人 6 对，造型朴实浑厚。宫殿区为前朝后寝布局，主次分明。现存面阔最宽的石牌坊，为五间六柱十一楼的仿木结构，面阔 31.35 米，高 12.48 米，全部用巨大的青白石构筑而成。

乾隆裕陵位于孝陵之西，地宫由汉白玉砌成，九券堂呈“主”字形，四重石门，进深 54 米，面积 300 多平方米。从第一道石门开始，所有的平水墙、月光墙、券顶和门楼上都布满了佛教题材的雕刻，如四大天王、八大菩萨、五方佛、二十四佛、五欲供、狮子、八宝、法器及三万多字的藏文、梵文经咒，俨然一座地下佛堂。裕陵妃园寝中清理了容妃墓，据考证，容妃和卓氏即传说中著名的香妃，她是乾隆帝唯一的维吾尔族妃子，回部台吉和札赉女，乾隆五十三年（1788 年）卒，享年 55 岁。月台上有宝顶，地宫深 14 米，棺上书阿拉伯文的《古兰经》。慈禧定东陵隆恩殿及东西配殿墙体磨砖雕花贴金，图案寓意万福万寿、福寿绵长，木构架全部采用名贵的黄花梨木，梁枋彩画金龙玉玺沥粉贴金，三殿的 64 根露明柱子上全部盘绕半立体的镀金铜龙。大殿周围的石栏杆、殿前丹陛石皆高浮雕、透雕龙凤图案。三座贴金大殿金碧辉煌，在明清两代皇陵中独一无二。

2. 清西陵

清西陵位于河北省易县城西 15 公里的永宁山下。雍正八年（1730 年）在距离东陵数百里以外的易县另辟兆域，营建泰陵，止于 1915 年。清西陵占地面积约 225 平方公里，包括帝陵 4 座：雍正泰陵、嘉庆昌陵、道光慕陵、光绪崇陵，以及后陵 2 座、后妃合葬墓 1 座、嫔妃园寝 3 座、王爷公主园寝 4 座。此外，溥仪骨灰后来也移葬于此，共有402座单体建筑。泰陵规模最大，建筑布局仿孝陵。神道长5公里，通贯陵区南北，最南端仿东陵之制建大红门，门外石牌坊增为3座。神道两侧的石像生有石兽3对、文臣1对、武臣1对，雕刻手法粗放中不失精细。道光慕陵规模较小，最为简约，取消方城、明楼、圣德神功碑、华表及石像生，隆恩殿由五间改为三间，但做工十分考究，均以金丝楠木构造，不施彩绘而涂蜡，整个天花板上都用楠木高浮雕刻成向下俯视的龙头，外“俭”内“奢”，耗资巨大。崇陵地宫曾被盗掘，四重清白玉石门洞开，上有菩萨浮雕一尊，青石雕成的须弥座上面左右并排停放光绪皇帝和隆裕皇后的棺椁。在光绪皇帝棺椁下的“金井”中出土珍珠、翡翠、玉石、子母铁球等珍贵文物200多件。

第三节　宋元明清普通墓葬

一、两宋墓葬

五代十国时期墓葬中出现的仿木结构彩绘砖雕和南方地区流行的砖石混合结构直接影响了宋代墓葬。北宋初年，还有较多的土洞墓，墓室内的仿木结构比较简单，到北宋中期砖室墓流行，仿木结构砖雕壁画墓逐渐在平民中普及，而品官墓由于政府明令禁止厚葬而采用简单无装饰的砖室墓。辽中后期和金代，仿木结构砖雕更为流行。两宋墓葬以淮河为界，南北方差异较大。

1. 北方宋墓

北方地区仿木结构砖室墓盛行。墓葬极力追求仿生前阳宅的华丽居室效果，有单室、二室、三室、多室，墓室平面有长方形、船形、梯形等，穹隆顶，单室墓有方、圆、六边、八边等不同形式，墓道、甬道、前室、过道、后室几个部分一线排列。流行仿木结构的砖雕和仿木结构的壁画，有的同时以壁画和雕砖作装饰，一般在墓门、墓壁上砖雕复杂的仿木结构的柱、枋、斗拱、檐榑、门窗、桌椅家具和碗、盘、盏托、注壶、尺、剪、刀、熨斗等用具，墓内整壁有描绘墓主世俗生活的壁画，饰以桌椅家具及主仆侍从、戏剧人物等，晚期最流行的题材是夫妇对坐与伎乐、杂剧构成的“开芳宴”（也有学者认为是受祭祀灵位）、行孝图和妇人启门等。一般随葬品稀少，陶俑数量骤减。一方面是以砖雕和彩绘家具器物象征实物；另一方面是由于纸明器的出现在很大程度上取代了大型器物和俑类，纸明器于葬前焚烧。宋人对往生世界的认识和丧葬观念发生巨变。明器在阴间的实际用途淡化，汉唐以来“事死如事生”的厚葬观念被象征性的寄托追思取代。北方地区也发现少量石室墓，如河南密县冯京夫妇墓、方城范致虚家族墓、郏县苏适墓、洛阳王拱辰墓、山西左权赵武墓。一般都是地位较高的官吏及其家族墓，石室结构则是采用南方地区流行的式样，是客居的南方人对死者寄托追思的一种观念上的满足。北方地区还常见土洞墓和土坑墓，特别是早期，部分低级品官富商也有使用。宋元时期流行火葬，一则受佛教影响，再则是由于土地高度集中，贫者无葬身之地。宋徽宗以后，政府出资兴建了大量“漏泽园”安葬下层平民、罪犯和无人埋葬者，一般为火葬，用陶瓷罐为葬具，挖小坑埋葬，也有土葬的竖穴土坑墓，以陶瓮或薄皮木棺为葬具。河南三门峡漏泽园发掘面积 3 800 平方米，清理墓葬 849 座，均为土坑墓，南北向，排列整齐，近半数有青砖墓志，标明编号、姓名、年龄、籍贯、卒葬时间地点原因等信息，一般有数十字。宋元之间，火葬墓首先在汉人中流行，随后在契丹人、女真人、蒙古人中也风行开来，明初严禁火葬。

仿木建筑砖雕墓在陕西、河南、山东、河北、山西等地均有发现。河南禹县白沙镇北宋元符二年（1099 年）赵大翁家族墓是已发现的仿木建筑砖雕墓中最复杂者。赵大翁墓为前后两室砖筑仿木建筑结构，前室为扁方形，后室为六角形，全长 7.26 米。墓门正面是仿木建筑门楼，上砌斗拱、檐椽和瓦脊。墓内各壁亦砌出柱和斗拱，斗拱为单抄单昂重拱五铺作。前室和过道作宝盖式盝顶藻井，后室作宝盖式截头六瓣攒尖顶。仿木建筑上和墓室四壁均有彩绘，壁画主要表现墓主夫妇家居生活。甬道两壁画身背钱串，手持筒囊、酒瓶及牵马的侍者。前室绘持骨朵的护卫、伎乐 11 人，雕画墓主夫妇对坐像。后室雕砌妇人启门、破子棂窗，绘对镜着冠妇人和男女婢仆以及各类家居什物。后室的棺床上置迁葬的人骨两具，有元符二年（1099 年）朱书买地砖券，随葬品很少。其北部另两墓与赵大翁墓大致相同而略简化，也都是夫妇合葬墓，随葬品很少。时代较赵大翁墓稍晚，约在徽宗时期。

2006—2009 年，在陕西蓝田县五里头村发掘北宋吕氏家族五代人 29 座墓，包括著名金石学家吕大临、吕大钧兄弟墓。墓葬均为竖井墓道土洞墓，还发现三层墓穴叠置的土洞墓，即在主墓室之上挖 2 个空墓穴，是一种特殊的防盗措施。出土砖石墓志 24 块，年代从宋神宗熙宁七年（1074 年）至徽宗政和元年（1111 年），代表了北宋墓葬不重装饰的另一类特点。

2. 南方宋墓

南方地区的北宋墓，多竖穴土坑墓，并见砖室墓和砖石混筑墓，后二者各有单室和并列双室之分。南宋砖室墓增多，流行砖石混筑墓，山区常见石室墓。不重装饰，讲究坚固密封，常以糯米汁和三合土（石灰、细沙、黄土）混合成的灰浆灌注墓外，或铺设多层墓底砖，填筑泥沙、石灰和松香等以防潮，墓内或棺内注入水银以防腐。三合土浇浆墓最早见于宋仁宗至和二年（1055 年）江苏江阴夏港镇孙四娘子墓。靠近中原的湖北北部地区流行仿木结构砖室墓，但墓室多为方形，少数为多边形。以并列双室的夫妇合葬墓为多，共用一道隔墙并以小窗相通。随葬品相对较多，多为实用的瓷器、漆器及铜镜等，影青瓷增加并取代越瓷，陶器和俑数量大减，但俑的种类繁多，主要有墓主夫妇、男女侍俑、四神俑、十二辰俑、东王公、西王母、为死者升仙作导引的指路俑和引路俑、掌风水的张仙人俑、在买地券中常见的充当“知见人”与“书契人”的张坚固和李定度俑、表契俑，以及童子、金鸡、玉犬、俯听、仰观、大小二耗等代表了各种身份职司的人间和仙界人物、神煞俑。北宋后期，在浙江、江西、福建等地出现了一种堆塑的龙虎瓶逐渐取代了实物俑，南宋时堆塑日益复杂，将以上各种神煞都堆塑在瓶颈部，成为最流行的随葬器物。两广地区的陶坛和后期出现的彩绘瓷棺也用堆塑和彩绘代替神煞俑。湖广地区的“魂坛葬”即小型火葬墓独具特色，在长方形或圆形砖圹内放置骨灰罐，南宋时出现锡明器、竹木器、纸质器、少量龙泉青瓷器。川贵地区大中型墓流行砖室墓和石室墓，南宋时期开始流行浮雕仿木结构石室墓，修墓的石条浮雕精美的仿木结构建筑、武士、侍从、墓主像、四神、飞天、妇人启门等图案，常见墓志、买地券和道教色彩的敕告文、镇墓真文等。

南京江宁镇建中村的南宋秦桧家族墓发现于2004年，为大型砖石墓，有封土，南北并列两个长方形墓室，墓壁均由三重砖石砌筑，用一层三合土浇浆密封。北侧墓室略大，长6.58米，墓底平铺长方形青砖，有的砖上印有“大宋绍兴二十五年四月八日……”铭文。南侧墓室晚于北侧墓室，结构相对简陋。墓室中部放置木棺椁，棺内积透明棺液，墓主为一老年女性，骨架保存完整，甚至连头发、指甲和少量衣物亦未完全腐烂。出土800余件文物，包括成组的玉器，大量玻璃、水晶、玛瑙、琥珀器，两件极其珍贵的定窑白瓷碗。根据墓葬规模、出土的一件铁质买地券、一枚女墓主的玉质印章推测，墓主可能是秦桧夫妇。2006年南京江宁清修村清理三座呈“品”字形排列的南宋墓，坐北朝南。中间的M2被盗，M1、M3较为完好，都发现用于防腐的水银，共出土金、银、铜、漆、瓷、玻璃、铁质文物100余件。大约葬于宋孝宗淳熙五年（1178年）之后。根据墓志确认墓主为秦桧之子秦熺及其两位夫人。M3墓主曹氏的墓志为长方形条石，记载了曹氏、秦氏家族50多人的情况。引人瞩目的秦桧“政治遗嘱”书写在一块长2.2米、宽约0.5米的绸缎上，秦桧为自己的功过做了辩护并告诫子孙要远离政治。

二、辽代墓葬

辽代墓葬有契丹人和汉人之分，由于民族和葬俗的差异，在墓葬分布、形制、随葬品和葬式上都有区别。契丹贵族墓多分布在内蒙古东南部及辽宁西北部，辽治下的汉人墓集中在北京、河北东北部、山西北部和辽宁西部。契丹人墓葬等级制度森严，帝陵三室，王公双室，普通墓单室。一般为砖或石室，早期置花岗岩板壁石房，中后期内壁围柏木护墙板。墓室为方形和圆形，晚期为多角形。盛行壁画墓，有的用木棺或将尸体直接陈于尸床上，贵族中流行戴金属面具，穿金银或铜丝网络、手套，随葬马具和鸡冠壶。汉人墓多沿宋墓旧制，以圆形、方形、多角形单室或多室砖墓为主，个别为石室墓，盛行火葬，用小型石棺装骨灰，随葬小型日用陶明器、瓷器和辽三彩。契丹人墓与汉人墓均流行家族合葬。

1. 契丹人墓葬

契丹人墓葬数量众多，阶段性变化明显。早期即太祖至圣宗统和元年（907—983年），已知年代最早的纪年辽墓是1994年发掘的天赞二年（923年）阿鲁科尔沁旗宝山两座辽墓，2003年发掘的通辽市科尔沁左翼后旗吐尔基山辽墓亦属辽初。流行斜坡墓道单室砖墓或石墓，墓室平面呈方形或圆角方形，内置石房，石房内砌筑棺床，或有小帐。墓门前有庭院式天井。壁画风格接近唐代晚期，主要内容有备马、妇人启门、厅堂、花鸟屏风、人物故事等，人物丰满华丽，局部贴金箔装饰。吐尔基山辽墓随葬较多金银器、鎏金铜器、玻璃杯、嵌银的漆盒和漆盘、玛瑙器、两具包银鎏金的马鞍和大量丝织品，墓主身上佩带大量金属或玉石饰品，精美的彩绘凤棺、随葬鞭和成串的铜铃等神秘的萨满神器、墓主体内剧毒水银含量超标几十倍等，使其身份和死因显得扑朔迷离。稍晚有1953年发掘的赤峰大营子乡辽驸马赠卫国王墓、1992年清理的阿鲁科尔沁旗耶律羽之家族墓、喀喇沁旗上烧锅M1、克什克腾旗二八地M1。大型墓为斜坡墓道多室墓，以方形为主，少量圆形，葬具多用木质尸床和仿汉式木构建筑小帐，耶律羽之墓室及棺床全用绿色琉璃砖铺砌。讲究棺壁装饰，常见四神及彩绘游牧生活场景，壁画主要设于前室，多人物肖像、男女侍者和游牧场景，开始出现墓志，随葬二四成双成套的生活用具、马具、铁兵器和工具，鸡冠壶具有原始的皮囊风格。中小型墓流行竖穴土坑墓、单室砖墓或石室墓。

中期从圣宗统和年间至兴宗时期（983—1055年），1986年发掘的奈曼旗陈国公主墓、翁牛特旗解放营子辽墓、法库叶茂台M9均属这一时期。墓室多圆形，出现多角形，阶梯墓道，木护墙和天井流行，甬道出现对称的小龛，石棺和木质小帐广泛流行。不少墓出现仿木结构雕砖，壁画布局逐渐固定并程式化，以前室和甬道作为装饰重点，前室两侧对称绘男女侍卫，墓门内外绘门吏或门神，天井绘仪仗、备马、备车图，侍者并列站立面向墓主所在的主室方向。贵族墓主按等级穿戴金、银、铜丝网络和面具，陈国公主夫妇着鎏金银冠、金带具、錾花银靴，穿银丝网络，随葬品十分奢华，金、银、漆、玉、玻璃等质地的生活用具和弓箭武器、马具成套设置。马具明器化，鸡冠壶形体瘦高。

后期为道宗时期至辽亡（1055—1125年），20世纪70年代发掘的库伦旗M1、1998年清理的巴林右旗庆陵陪葬墓耶律弘世和耶律弘本墓、2000年辽宁阜新关山王坟沟发掘的9座萧和家族墓，均属辽代中晚期。盛行多角形墓，主室增大，前室缩小，天井消失或从属于墓道。墓室内壁大多镶嵌木护墙，仿木结构流行。砖砌尸床上铺木板或用木棺。中型以上墓葬中多使用网络、面具。壁画以墓道为重点，两侧对称绘备马车、驼车和仪仗侍卫，马车与驼车分别与男女主人对应而备，两壁分别绘两三套旗鼓，墓门绘门神，天井甬道绘男女侍从，墓室绘男女墓主对坐、伎乐或行孝图等。随着佛教的盛行和受北宋影响，开始流行火葬，用陶制穹庐型骨灰罐或刻有梵文经咒的小石棺盛放骨灰，也有用木雕的死者真容或遗容偶像作为骨灰葬具，随葬品以鎏金、铜、铁生活用具和瓷器为主，马具和兵器消失，鸡冠壶仅见体形高瘦的提梁壶，辽三彩流行，汉化特征鲜明。

2. 汉人墓葬

辽代汉人墓具有鲜明的地方传统因素，又受邻近地区和少数民族统治者的深刻影响，墓葬结构复杂多样，有砖室墓、石室墓、土坑墓，有单室、多室，主室有圆形、方形、多角形，或有短墓道，随葬品少，流行火葬。燕云地区大体可以分为三期：辽早期即有少数仿木结构砖室墓，如北京应历八年（958年）赵德钧墓。早期壁面装饰较简单，或用砖雕或用壁画，二者不同时出于一墓，壁画以侍女为主，砖雕多为门窗桌，分布于墓室东西壁。随葬实用的陶瓷器和近似日用器物的成组陶明器。中期壁画与砖雕同时出现，壁画以侍女为主，与花卉、衣箱、桌、画屏及马、驼等构成具有情节的画面，砖雕新出椅、灯擎。北京地区以圆形单室墓为主，随葬日用瓷器；承德及朝阳一带多土坑墓，新出砖室和石室墓，随葬瓷器和铜铁器；宣化、大同地区砖室、石室墓并行，宣化地区形成以三足器、釜、罐、盆、注子、熨斗、勺、剪刀、水斗等不足10厘米的小型陶明器组成的固定组合，并向周围传播；大同地区壁面装饰程式化，随葬品数量较少，出现木质桌椅，还发现焚化纸明器的灰烬。晚期各地墓葬形式多样化，圆形、多角形、方形、长方形并行，圆形占70%。壁画出现新的题材如行孝图，画面复杂，突出故事场景，形成宴饮、备宴、出行、伎乐等一系列程式化的固定内容和位置，如西壁绘车马，东壁绘宴饮。随葬成组的小型陶明器、少量日用瓷器，大同周边流行木质桌椅、衣架、盒、杵、刀鞘等。河北宣化张氏家族墓地历7代，时间跨越135年，其壁画堪称辽代绘画宝库。内蒙古地区也发现汉族上层人物墓葬，如2000年发掘的巴林右旗白音罕山韩匡嗣家族墓。

三、金与西夏墓葬

金代墓葬既有女真文化传统，又受到北宋、辽葬制的影响，风格多样。女真族发祥的东北地区和中原及北方地区墓葬各有特点。大体以大定（1161—1189年）为界，前期实行土葬，后期流行火葬。女真故地传统葬制为竖穴土坑木椁墓，形制不一，殉葬马、狗，随葬品较多，出土极富特点的金列鞢、金银鞍饰、桦皮桶、透雕动物纹玉牌饰等。大定以后，土坑墓逐渐被石室、砖室墓代替，因火葬流行而出现大量土坑石函、木匣墓。晚期不见木椁墓和石椁墓，出现仿木结构砖室墓，随葬品多为明器，汉化日深。女真贵族墓主要发现大定以后至卫绍王（1209年）之前这一时期。吉林舒兰小城子完颜希尹家族墓，墓前有石雕的文臣武将、石虎、石羊、石望柱和神道碑等，墓室有砖室、石室和土坑，形状有方形、长方形和八角形，葬具多用木椁、石函，随葬铁剑、铁刀、铁工具和金银玉饰等。吉林镇赉的平民墓葬、黑龙江绥滨县金墓，随葬羊距骨、羊肢骨和桦皮桶，尚保持地方民族习俗。东北、北京及河北、山西一带女真贵族墓流行“凸”字形穴土坑石椁墓和土坑石函墓，随葬较多金银玉饰品、铁器、石明器及来自中原的瓷器、丝织品、铜钱等。如黑龙江阿城巨源齐国王夫妇墓、吉林扶余西山屯墓、北京丰台区乌古论家族墓、海淀区南辛庄2号“开国男张□震”墓、北京磁器口吕恭墓等。降金的契丹贵族中流行大型多室砖墓或单室壁画墓，有的融入了女真石椁墓的葬俗。河北新城时立爱父子墓为金代初年的契丹异姓王墓，都系仿木结构多室砖墓，墓室内有契丹风格的彩绘壁画。

金代汉人墓主要流行宋末的雕砖和彩绘结合的仿木结构砖室墓，穹隆顶或攒尖顶，官吏墓仿木结构装饰较为简单而随葬品丰富，平民墓随葬品较少而注重墓室的装饰，雕砖和壁画装饰沿袭北宋后期的夫妇对坐、妇人启门和孝子故事等内容，金代中晚期流行雕砖杂剧舞台和杂剧砖俑，舞台上杂剧角色多圆雕或半浮雕，雕饰空前繁缛华丽，细腻逼真。中原地区金墓基本看不出女真文化的影响，仅近东北地区的河北、晋北一带受女真人影响随葬鸡腿瓶和六鋬铁锅等器物。金代雕砖壁画墓在山西新绛、山西侯马、河北西部、河南、山东、陕西、甘肃等地均有发现。河南、山东等地基本沿袭北宋葬制，河南焦作、武陟等地以嵌伎乐庖厨人物雕砖最具特色。晋南、关中以繁缛华丽的仿木建筑雕砖见长，山西稷山金前期墓群、山西侯马董氏墓等利用转角铺作和补间铺作的手法将墓室顶部砌成八角形，河北井陉柿庄M3、M6，雕砖和彩绘墓主夫妇对坐、人物、花卉、粮仓等。金晚期仿木结构砖雕开始简化。西安、铜川耀州区等发现金明昌年间（1190—1196年）土洞墓，随葬朱书砖墓契、铁猪、铁牛、陶器等，规模不大，但墓前竖立成组的石羊、石虎、石翁仲、龟趺和一块方砖的葬俗，在中原金墓中十分罕见。

西夏墓葬发现较少。近年在西夏王陵南约20公里处的宁夏永宁县闵宁村，发现党项贵族野利氏家族墓地，有墓葬14座。封土与西夏王陵陪葬墓相似，部分有墓园，为阶梯式墓道单室土洞墓。出土由李元昊重臣右仆射张陟奉敕撰写的汉文碑残片，为墓葬断代提供了确切依据，是已知唯一的西夏早期墓葬。在已发掘的8座墓中，2座有天井，具有明显的唐墓特征。墓中多有殉牲，有马、骆驼、绵羊。最具特色的随葬品是木俑，有骑马戴盔甲的武士、文臣、木鸡、木牛、木羊等。其中5座为火葬墓，表明西夏早期盛行火葬。1977—1998年在甘肃武威发掘西夏纪年的汉人火葬墓，单人葬5座，双人合葬2座，多为西夏后期墓葬。墓室较小，以写满梵文咒语的小木塔和棺状灵匣盛骨灰，随葬有铜器、瓷器，而以木器较具特色，有桌、椅、酒壶、供器、笔架、衣架、小木塔、木宝瓶等。1977年在武威西郊林场2座西夏墓发现墓壁以彩绘木板画代替壁画，绘有“蒿里老人”、贵妇、男女侍、童子、武士、星宿、家禽等29幅画。

四、蒙元墓葬

由于蒙古贵族实行秘葬，迄今尚未发现级别较高的蒙古贵族墓。从蒙古国及俄罗斯等地发掘的普通蒙古人墓葬看，其特点是地表一般有圆形石堆，竖穴墓坑，南北向，葬式为仰身直肢，头朝北，有木质棺椁。随葬有铁套、刀、木梳、铜镜、耳环以及骨角器等。内蒙古元上都附近的多伦县一棵树和正蓝旗羊群庙墓地，均为小型单室墓，地表堆砌石块，长梯形木棺外用三道铁箍加固。用羊骨殉葬，随葬品普遍较少，以钱币为主，另有铁剑、铁镞、铁刀、铁车辖、铁马镫、铁环、少量铜镜、铜饰件、银扁壶、银饰牌、金耳饰、鎏金银杯、鎏金铜扣饰、桦树皮器、骨器、珠饰及毛毡、丝织品等，具有浓郁的游牧民族特色，应是元上都周围普通蒙古人的墓地。同类墓葬在正镶白旗三面井、伊松敖包、镶黄旗乌兰沟、锡林浩特市的贝力克墓地有发现。出土有金马鞍饰、高足金杯、铜镯、固姑冠、金丝耳饰、桦树皮器等典型游牧文化特色的遗物，以羊肢骨殉葬，有的无葬具，有的为骨灰葬，后期蒙古各阶层都流行火葬。羊群庙元代墓群还发现祭祀天地祖先的石围墙、祭台、汉白玉石雕像和建筑基址及供祭遗存，遗址出土三尊汉白玉石雕人像，端坐在交椅上，头已失，身穿绸缎袍服，脚蹬蒙古靴，腰系蒙古刀、打火石等，右手握酒杯于胸前，左手置于膝盖上，手带镶宝石戒指。其中一尊比较瘦小的石像身穿绣龙袍，地位较高。作为与墓群共存的祭祀遗址，这类雕像在欧亚草原的东部及中蒙边境一带广泛分布，是元代墓制的新特点。

蒙元时期，与成吉思汗家族世代婚姻的汪古部信奉景教，葬俗比较特殊，在达茂旗汪古部阿伦斯木古城附近的毕其格图好来、阿伦斯木古城东北、木胡儿索卜尔嘎古城附近的墓葬群属于阿刺兀思一系汪古人的墓葬，四子王旗锡拉木伦河流域的王墓梁景教徒墓地、沙井故城附近的墓群可能是耶律氏一系汪古人的墓葬。这三处墓群都是砖砌或土坑竖穴墓，而木胡儿索卜尔嘎墓群却有土洞墓。其中毕其格图好来陵园更多保留了汪古部的固有习俗，地面墓顶堆积圆形石堆，直径约5米，并立有古叙利亚文条石；阿伦斯木古城东北墓群发现用汉、蒙、叙利亚三种文字写成的碑文，而四子王旗王墓梁耶律氏陵园在墓顶置有景教徒墓顶石，上刻十字架。

已发掘的蒙元时期墓葬主要是汉人墓和少数汉化的少数民族墓。蒙古汗国时期即成吉思汗八年（1213年）到元世祖至元八年（1271年），墓葬特征继承了金墓特点，一般为砖室墓，有石棺或木棺，内有砖雕或壁画。同时出现新的变化，如多角形墓室逐渐变为方形、长方形，出现仿蒙古包式的墓顶开天窗，仿木结构简化，砖雕衰落，石室墓增加，流行壁画，题材多为传统题材，但通常有完整的情节，墓主夫妇对坐变为正面端坐，着蒙古族装束，四壁装饰蒙古风格的垂幕，新出现狩猎、放牧、停舆等新题材，孝子故事更加普遍。这一时期的壁画墓有内蒙古赤峰三眼井、元宝山、沙子山元墓，山西大同李氏墓，北京密云太子务村墓、田各庄墓，陕西蒲城洞耳村张按答不花夫妇墓、西安东郊韩森寨壁画墓等。此外焦作老万庄宪宗八年（1258 年）冯三翁家族墓，延续金代的八角形砖墓，装饰屏风壁画。山西芮城永乐宫宪宗四年（1254 年）全真教道士宋德方墓，中统元年（1260 年）潘德冲墓，均为砖室墓，有线刻画像石棺，同于金后期墓葬装饰。中统三年（1262 年）山西稷山 5 座道姑墓，合葬 69 人，着纸衣纸鞋，使用黑陶棺。西安曲江池至元三年（1266 年）段继荣墓，平面呈方形，随葬成组的黑陶家具、家畜和俑，这些新因素为元代北方墓所继承。

元代北方墓葬继续蒙古时期的变化，流行斜坡墓道砖室或土洞墓，墓室多方形、长方形和圆形，有的有侧室，砖雕衰落简化，较重要的发现有至元二十二年（1285 年）中书左丞相耶律铸夫妇墓，为大型多室砖墓，长方形，有壁画，虽被盗，仍出瓷器、银器、铜牛、汉白玉马、陶俑等 180 余件遗物。2007 年在焦作市中站区许衡街道东王封村，发现元代忽必烈御医靳德茂墓神道碑和墓志，出土 2 辆彩绘陶车马及各类彩绘俑 80 件。到元代后期，大量出现墓壁无装饰的砖室墓、石室墓，如洛阳东郊赛因赤答忽夫妇合葬墓，墓主为元代太尉、翰林学士、承旨银青光禄大夫，墓葬形制较大，为带墓道的方形单室砖墓，墓室壁面无装饰，随葬品较丰富，计有鼎、壶、爵、簋、尊、牛尊、盘、案、灶等 50 余件。蒙古各阶层普遍流行火葬墓，包括高级品官，如北京东城区皇庆二年（1313 年）铁可父子墓、朝阳区天历二年（1329 年）耿完都秃墓，多用石椁，壁面无装饰，内置木棺或木匣，火葬。随葬品以陶瓷器、男女俑、动物俑为主。元代陶俑均泥质黑陶，着蒙古服饰，造型优美，制作精细。元代仿木结构雕砖壁画墓已接近尾声，主要见于山西等地，雕砖装饰简化，仿木结构只有示意性的栌斗等构件。壁画墓分布较广，有砖室和石室。山西孝义梁家庄、长治郝家庄、捉马村、太原瓦窑村、大同西郊壁画墓、运城西里庄元后期壁画墓及内蒙古凉城后德胜元墓、山东章丘女郎山 M71、济南柴油机厂雕砖壁画墓等，多画金银钱帛斛斗库和六畜，以及墓主夫妻妾并坐和活动场面、伎乐、侍者、五人以上表演杂剧或元曲的故事情节、孝子故事、道教隐逸等内容，在后壁绘制以厅堂、帐幕、屏风为中心对称布局的壁画是元代新出现的因素。河南伊川元墓有壁画人物 22 个，有的服饰具有鲜明的蒙古族特征，有的则保留唐宋遗风，是蒙汉文化融合的反映。

南方元墓承袭宋末旧制，变化不大，多长方形券顶砖室墓，流行并列双室和多室墓，夫妇合葬仍为双室并列的砖室墓，共用一道隔墙或开通道相连，砖室石顶或石室墓也有发现。不论土葬还是火葬，都重视墓葬的密封、防潮和防腐，用糯米汁、石灰浆和松香密封墓室，有的尸体用水银防腐。苏州至正二十五年（1365 年）张士诚母曹氏墓、浙江海宁至正十年（1350年）贾椿墓，都是仿南宋诸陵攒宫的做法，用三合土灰浆浇灌，非常坚固。元朝后期江南地区流行火葬墓，仅墓室略小，用石椁或黑釉陶装骨灰，盛行厚葬，多随葬金银器、瓷器、漆器、陶俑。常见文房四宝、金银珠宝和一套锡明器组成的祭器，以及保存完好的精美丝织品、珍贵的元青花瓷、影青瓷、定窑白瓷等。神煞俑逐渐被礼器取代，元墓厌胜用器只剩下铁牛、铁猪或铁块。云南、四川南部元代大理统辖区清理2 000余座火葬墓，时代从南诏、大理到元、明，竖穴土坑墓，墓室较小，有圆形、椭圆形、方形和长方形，放置大小套置的塔式陶瓷骨灰罐，石块封口，墓上多立梵文墓幢或墓碑，骨灰中头骨和四肢骨残片上贴金箔或朱书梵文经咒，一般无随葬品。

五、明清墓葬

明清墓葬时代较近，保存数量极大，近年来发掘数量也不少，但系统的梳理研究尚缺。因明初严禁火葬，宋元以来流行的火葬习俗衰落。长方形竖穴砖室墓和土坑墓成为普遍流行的墓葬形制，还有一些土洞墓、石室墓。也发现个别斜坡墓道带天井的土洞墓，如1987年西安南郊净水厂管氏家族3座墓均为这类罕见的形制。家族墓地、夫妻同穴合葬普遍，已发掘的如北京朝阳区明代怀柔伯施氏家族墓地、西安市南郊湖滨花园20余座明代狄氏家族墓、陕西大荔县清代李氏家族墓、北京密云区太师屯镇松树峪村明清家族墓地等。北京、成都等地还发现大规模集中的明清太监墓地，有依山凿石的石穴墓、竖穴石室或砖室墓等，形制大小不一。身份较高的大墓常有精美玉带饰、金银瓷器出土。秦大树概括明墓的特征为：南北趋同，流行长方形不带装饰的墓室，墓内装饰普遍衰落，仅见极少数有花卉、云鹤等装饰和吉祥图案；注重墓室的坚固密封，采用多重棺椁及各种防腐手段，常见保存完好的湿尸、衣物、漆木制品、书画文具。厚葬风行，随葬器物包括几类：一套数个到数百个不等的俑，质地有陶、釉陶、瓷、锡、铜，种类有侍俑、乐俑、仪仗俑、畜俑以及庄园、谷仓等模型，从数量到品质差别不明显；一套近乎实用器的明器，包括器皿和家具等，有铜、锡、石、木等质地，一般置于墓内砌筑的供台上；各类日用器具，从金银器到陶瓷器、珠宝玉石、丝绸织物、文具收藏，种类、数量、质地千差万别，反映墓主的地位和贫富差别。[①] 清代墓葬基本延续了这一特征，富豪地主墓葬见有石结构仿四合院豪宅建筑，装饰仿生前居室场景，一般墓葬多为简单的长方形土坑、砖圹或土洞墓，多出买地券、画有符咒或朱书的镇墓瓦、字石等，基本不见壁画。

明代较高等级的墓葬在北京地区多有发现，有砖室、石室和土坑墓，有的使用

---

① 秦大树．宋元明考古．北京：文物出版社，2004：272.

楠木棺，多有墓志。1957 年在北京右安门关外厢清理万贵夫妇墓，墓主为明宪宗万贵妃之父母，随葬大量精美的金银玉器，多为宫廷制品；1977 年在海淀区八里庄慈寿寺塔西北 1 公里清理明代武清侯李伟夫妇墓；2005 年在朝阳区王四营乡发掘明代高级武官怀柔伯施聚八代人家族墓地，墓志记录施氏家族连续八代谱系及部分姻亲状况，是研究明代的“世券”制度的重要资料；2008 年在北京朝阳区十八里店乡清理明宪宗第三女德清公主与驸马林岳合葬墓，规模较大，平面近“甲”字形，南北向，南北长约 22.5 米，墓室宽约 8 米，深 2.3 米，青砖砌筑，三合土封填，填土内残存半扇汉白玉墓门及二块方形墓志；北京市南苑苇子坑明代庆阳伯夏儒夫妇墓形制结构类似南宋帝王石藏子，密封甚严，出土 83 件完好的丝织品，花纹复杂，随葬金银饰品、白玉带板 20 块和大量宋钱。

明清时期的太监墓成为墓葬文化的一个特殊群体，据不完全统计，仅北京地区已发现明代太监墓 400 多座。已发掘的有潭柘寺太监田斌家族 3 座单室砖墓；北京模式口太监田义墓；海淀区白石桥地质力学研究所院内万历年间杨姓大太监墓；广安门以北、西便门以南的明太监墓塔丛葬区等。香山南麓山崖下的明代太监刘忠墓较为特殊，依山凿石，砖石混合砌筑前后室，室内彩绘、石雕保存完好，墓室绘制大量的花草树木鸟兽图案，多见云鹤图案及缠枝莲纹、卷云纹及四叶四花锦地纹，前室陈设石栏、石碑、石香、小石磨下扇各 1 件，石墩 2 件，后室陈设小石阁、石供桌、石椅各 1 件，石墩 2 件。2007 年在香山南麓奥运场馆建设工地发现 179 座明代太监墓，有 24 座青石垒砌的墓葬，出土大量明代铜钱、9 条龙凤雕饰的玉带、1 条罕见的玻璃质带饰。1979 年成都西郊出土蜀王府“藩门”太监腾英墓，官阶至五品。2003 年成都市红牌楼清理 9 座明代弘治到万历年间太监墓，按年代由北向南排列，均为较大的石室墓，由封门石、外八字墙、前室、后室以及壁龛组成，墓门都由大条石封堵，墓室石壁上雕饰盘龙，有的壁画上还饰有金粉，出土瓷器、金饰、银铗、青铜器以及玛瑙、玉器等随葬品。1966 年被破坏的清代大太监李莲英墓位于北京恩济庄六一学校内，地面有石碑、供桌、香案、汉白玉牌坊、金水桥及由三合土、砖和花岗岩混筑的宝顶，占地 20 余亩，地宫为前后室，汉白玉筑石室坚固豪华，有石棺床和描金彩绘木棺，墓内仅有头骨，发现墓志及金银珠玉器 50 余件。2005 年在恩济庄的车公庄西延大道，发现 10 处带铭文的清代太监墓碑，距李莲英墓仅 500 米，应是一处占地 200 多亩的清代太监墓园。

明清时期一般官吏、地主的墓葬，常以家族墓和合葬墓的形式出现。多为简单的长方形土坑、砖圹或土洞墓，更加讲究棺椁密封与尸体防腐措施，多以生前之物随葬，常出土贵重的瓷器、漆器、金银器以及书画。一般平民墓随葬品以陶瓷器为主，多见铜钱。2009 年在厦门发现一座万历年间墓葬，为长方形竖穴土坑墓，长 3.6 米，宽 2.6 米，三合土封顶，尸体保存完好，为身高 1.7 米的男性，穿 5 层衣物。棺内发现水银，随葬 3 枚万历钱币及衣物、书籍，一块青釉画像砖绘人物坐像及两书童，铅墓志一侧有地图，其上标明墓葬所在的位置和大小，属买地券性质。陕西大荔县八鱼村李氏家族墓是从明末延续到民国时期共约300年的富豪望族墓地，范围近400亩，其鼎盛期在清代中晚期。墓葬形制早期为土圹墓，盛期均为大型石结构，晚期为砖室墓。2001年抢救性清理5座石室墓，墓室结构仿四合院豪宅建筑，用雕花青石套合而成，400多件石构件都有精美的雕刻，内容有人物故事、山水、花草、动物、祈禳图案和博古图等，均为明清两代流行的题材，陈设布置也按现实生活的真实场景，以单体人物画、通屏画、挂轴画、镜片式、楹联等布局出现。均出有墓志。2007年张家口市姚家湾镇小辛庄村东清理3座清代墓葬，为带墓道的单室砖墓，坐东朝西，南北直线排列。中部M2是清代早期低级官员与妻妾的三人合葬墓。墓室内南北排列3具木棺椁。中棺为男墓主杨成，南棺为其夫人王氏，均为一棺一椁，北面一具为单棺。中、南棺盖上置两个灰陶镇墓板瓦，分书“镇墓”“大吉”，中部画符咒，瓦里分别楷书“□清诰封文林郎杨成之墓”“清故显妣王氏灵”，文林郎为清代正七品散官。清代墓葬多出画符咒的镇墓瓦，但写明墓主姓名身份者实为鲜见。2007年河北涉县发掘41座清代土洞墓与迁葬墓。重庆市渝北区人和镇一处清代家族墓发现4座墓葬排列规则，其中2座葬式奇特，以青花瓷碗重叠并黏合做椁室，十分罕见，附近墓碑刻“皇清诰封七品孺人显妣陈母老太君”字样。2008年北京密云县太师屯镇松树峪村发掘百余座明清墓葬，均为竖穴土坑墓，东西向，仰身直肢，头向西，头下多枕两三块板瓦，随葬品多见陶瓷罐、壶和铜钱，有些出土镇墓瓦和字石，朱砂书写“永不侵犯”“太白”等文字。

第四节　宋元明清时期的经济文化

一、冶铁、铸铜与采矿业

宋元时期金属冶铸与采矿业又有新发展，生产规模更大，分工更细，专业化程度更高。煤作为燃料的普及，大大促进了冶炼技术的发展，炼铁和铸铁高炉、鼓风设备均有改进，“灌钢”技术成熟。文献记载全国矿址、铁监广布南北，民营冶铁业增多。据美国学者郝若贝推算，北宋元丰元年（1078年）全国铁产量为7.5万～15万吨，而18世纪初整个欧洲的铁产量为14.5万～18万吨。在湖北铜绿山、河北邢台和邯郸武安、河南安阳和荥阳、山东莱芜、安徽繁昌、黑龙江阿城、福建同安、广东罗定等地调查和发掘了多处宋元时期冶铁遗址。铜绿山发现17座炼钢炉，将生铁加热到半固体状态后，通过搅拌，借助于空气中的氧把生铁中所含的碳氧化掉，得到熟铁或钢。繁昌炼铁遗址发现砖砌圆形炼炉，用栗树柴作燃料，以石灰石为助熔剂，是专业的采矿冶炼作坊，只生产铁块，不加工成品。安阳、林县等古相州地是重要的冶铁基地，林县中村遗址发现 21 座炼炉，其南分布生活区，时代跨唐、宋、元；安阳后堂坡冶铁遗址面积达 5 万平方米，从汉代延续到宋代；铜冶乡铧炉遗址发现 3 座炼炉，依断崖挖筑，省去了装料的提升设备和工序，周围五处铁渣堆积如山，时代从宋直到元明之际。在邢台纂村、朱庄冶铁作坊遗址发现炼炉 10 余处，周围散布大量铁渣、矿石、铁汁块，附近发现宣和四年（1122 年）碑记载邢州置铁官的情况，出土许多铸“丰明”二字的铁斧。宋代磁州炼钢、耒阳制钉，出土物中还有“济南刘家针铺收买上等好钢条造功夫细针”的广告雕版，表明专业化分工相当明细，铸造工艺十分熟练，太原晋祠的铁人即是代表作。宋代的铁犁铧形制多样，铁耙、弯锄、镢头、镰刀、踏犁、秧马等普遍使用，脚踏、牛拉的龙骨翻车和水力运转的高转筒车开始普及，大大促进了农业的发展。北方的辽境内也发现铁矿遗址，辽阳首山发现铁矿坑，鞍山发现炼铁遗址，辽中晚期小型墓葬中随葬铁器已很普及。据考证，“契丹”的原意就是“镔铁”或“刀剑”。金代的铁矿在上京附近有发现，黑龙江阿城五道岭铁矿冶遗址，发现矿坑 10 余处、冶炼遗址 50 余处，多见炼炉、铁锤、钳子、铁渣、木炭等，但未发现铸范和成品，说明冶铸已分工。上京城址发现厚约 25 厘米的铁渣层，面积达数千平方米。河南荥阳元代冶铸遗址，专业铸造铁农具，已使用铜模铸造。广东罗定炉下村发现明代铁矿遗址，建于山坡上，利用自然地形装料、通风、出铁，用砖和耐火砂构筑椭圆形洞穴式竖炉，以柴炭为燃料，冶炼技术更加成熟。

铸铜业的巨大进步表现在采用了当时最先进的“胆铜法”，胆水是硫酸铜溶液，将铁片溶入后发生置换反应，成为含铁的硫化物，而铜却游离出来。宋代铜产量达到历史的顶峰，铜钱、铜镜和仿古铜礼器的大量铸造就是建立在这一物质基础之上的。河南镇平县楸树湾采冶遗址发现 30 多个矿洞，几十米宽的冶炼炉，从战国、西汉一直延续到宋元。安徽铜陵铜矿遗址在 1987 年调查发现先秦到宋代的冶铸遗址近 30 处，发现历代采矿用的木铲。北宋铜钱铸量之大、用材之巨导致前所未有的严重铜荒，所铸对钱工艺精湛，书法艺术精绝。虽然宋以后铜器的铸造使用远不如商周秦汉，但仍有不少精品留存，河北正定隆兴寺北宋菩萨铜像高 23 米，衣纹、璎珞工艺精湛。明永乐年间铸造的永乐大钟至今矗立在北京城大钟寺中，通高 6.75 米，外径 3.3 米，重 46.5 吨。钟身内外铸满佛教经咒 17 种，总计 227 000 多字，字体工整端正，遒劲古朴，为世界四大钟王之首。清代云南滇铜年产千万斤以上，主要供应铸币，四川铜矿也颇为兴旺，仍不敷铸币用材，还要大量进口日本的洋铜以补不足。

宋代金属冶炼技术的进步在很大程度上有赖于煤作为燃料的普遍使用和煤矿的大量开采。河南鹤壁市发现的北宋晚期煤矿遗迹，井筒深达 46 米，定位于富煤区，10 采点之间，有长 500 余米的 4 条巷道，上窄下宽的梯形结构起到很好的支撑作用，采用先内后外逐步撤退的“跳格式”的回采方法，排水、提升、照明、运煤等设备和生活用具俱全。巷道两壁开挖小龛100多处，放置照明灯具。发现很多储油瓶和大缸以及灯碗等工具，废弃的条框、扁担、辘轳和井下记工记账用具，说明采煤工人数量不少，煤的产量当不小。

二、瓷器与瓷窑遗址

唐五代以来钱荒和铜禁政策推动着瓷器制造业的发展，加上文人士大夫的推波助澜，斗茶饮茶风气盛行，对瓷器的需求激增。宋元明清时期，制瓷业成为最欣欣向荣和最具竞争力的行业，瓷器成为对外贸易的主要商品，远销日本、朝鲜半岛、东南亚、西亚和非洲等地。新技术、新工艺层出不穷，新品种不断创烧，北宋中晚期北方使用煤作为燃料促成了制瓷业的巨大革新，覆烧法使产量大增，高温彩釉的烧成开启了此后彩釉瓷的新时代。景德镇窑的影青瓷、汝窑的青瓷、龙泉窑的梅子青瓷，使青瓷釉色达到了“如冰似玉”的境界。钧窑的乳光釉，哥窑的炒米黄色釉，定窑的紫釉、绿釉和红釉，建窑的乳浊黑釉等，也都是宋代的新创。在装饰手法上，大量运用印花、刻花、剔花、划花、画花、剪纸漏花等技术，造型多样，陈设器大量增加。宋代窑址遍布全国20个省、市、自治区的150余个县市，南青北白的格局到宋代被打破，代之以空前广泛的交流和百花齐放的局面。北宋末年，中原战乱使北方制瓷业萧条，工匠南迁促进了南方制瓷业的发展，景德镇窑和龙泉窑崛起。元以后，景德镇成为规模庞大、一枝独秀的制瓷业中心。绘画成为瓷器装饰的主要手法，元青花、釉里红、明清五彩、粉彩、斗彩、珐琅彩、素三彩以及各种颜色釉瓷的烧造达到巅峰。

1. 宋元瓷器

宋代制瓷业在各地形成独特的风格，以“五大名窑”（定窑、汝窑、官窑、哥窑、钧窑）、“六大瓷系”（定窑系、耀州窑系、钧窑系、磁州窑系、龙泉窑系、景德镇窑系）为核心的丰富多彩的瓷器取代了铜器、漆器、陶器在日常生活中的地位。一些民窑发展到相当大的规模化商品生产，产品深入庶民百姓之家，色彩和装饰热烈吉祥，讲求实用和多样化，以满足不同层次的需求；官窑、御窑产品则追求雅洁和质量的精益求精。窑场遍布全国，经详细调查或正式发掘的重要窑址有河南禹县的钧窑，陕西的耀州窑，河北的定窑、磁州窑，浙江的龙泉窑，江西的景德镇窑、吉州窑，福建的建窑、德化窑和泉州窑等。

定窑主要分布于河北曲阳涧磁村、定县一带，属定窑系的窑口在山西分布很广。始烧于唐后期，五代至金时供应官府和宫廷，北宋中期创造了覆烧法，产量提高。以薄胎白釉瓷器闻名，胎质坚致、洁白细腻，釉色白中泛黄，流行刻、印花卉图案，主要器形有碗、盘、瓶、罐、尊、执壶、盒、枕等，“芒口”金银扣器独具特色。宋晚期发现有刻“官”“尚食局”“五王府”字款的白瓷片，河北定县北宋塔基中出土了100余件定窑白瓷，其中有10余件刻有“官”字款，胎薄釉润，是定窑的上乘之作。除白定外，兼烧黑定、紫定（酱釉）、绿釉和白釉剔花瓷器。元代彩绘瓷流行开来，定窑的单色产品迅速衰落，仅山西霍州窑专烧白瓷。

耀州窑是北方著名的青瓷窑场，位于今陕西省铜川市黄堡镇，在关中、河南中西部广泛分布，两广地区也有仿制。兴于晚唐，宋代达到鼎盛，生产规模极大，产品种类有盘、碗、碟、瓶、炉、壶、罐、灯、枕、茶托、盒、执壶等，以小口短颈丰肩、通体刻划缠枝花卉的梅瓶和凤首提梁壶等最具代表性。釉色纯净，光润厚重，近似越窑秘色瓷，俗称“姜黄色”，因胎质粗，色深灰，注重釉色和装饰，早期以白色化妆土为主要装饰，盛行刻花、印花、剔花、珍珠地划花等，题材包括花鸟鱼虫、瓜果草木、婴戏、侍女、山水、佛道人物、几何图案；北宋中后期以豆青釉为主，追求素洁的雅器风格；金元时期，以钧瓷和粗糙的白地黑花为主，日趋衰落。

磁州窑在今河北邯郸市磁县观台镇，属大规模民窑，磁州窑系的窑口在中原地区分布极广，始于宋而延续至元明。宋代主烧白瓷和白地黑花瓷，器形有碗、盘、灯、大罐、盆、壶、枕之类的日用器和陈设瓷花口瓶、玉壶春瓶等。盘、碗、碟类多用叠烧法，器壁内可见五个支钉痕。产品朴素实用，采用绘制花卉禽鱼或划花、剔花、刻花、填彩等技法，色彩浓重，对比强烈，富有生活气息，常见描述民间俗语警句、生活小景或唐诗宋词等文字，以及印有“张家造”等私家商号广告性质戳记的产品。元代规模继续扩大，常见白地黑花的四系瓶、扁瓶、碗以及黑釉盘、碗等。胎呈灰白色，质较坚硬，随意点饰的简单花草灵动活泼，立体感强。酱釉粗瓷牛腿瓶、鸡腿瓶、双系尖底瓶、双耳瓶等，具有蒙古民族特色。明初衰落。

钧窑在今河南省禹县神垕镇、八卦洞一带，从北宋到金元长盛不衰，北宋晚期曾为皇家贡品。钧瓷属青瓷，着色剂是氧化亚铁和氧化铜，在烧制过程中釉水熔融流动，釉色因高温“窑变”还原而呈现出天青、月白、海棠红、玫瑰紫等变幻莫测的瑰丽色彩，所谓“入窑一色，出窑万彩”。品种有花盆、盆托、洗、炉、钵、碗、盘、出戟尊等。钧瓷釉面常有密密麻麻的斑点称“棕眼”，因釉的流动产生弯曲的细条纹，称“蚯蚓走泥纹”。元代钧窑已形成北方最大的民窑体系，产品以盘、碗、罐、香炉、瓶等日常用器为主，壁厚个大，制作技术下降，胎质粗松，釉面多棕眼，光泽较差，施釉不到底，泪痕明显，窑变呈块状的紫色大斑。偶有珍品，如元大都出土的双耳瓶、呼和浩特白塔出土的“小宋自造”香炉。

汝窑在今河南宝丰县清凉寺，因烧造时间仅限宋哲宗到徽宗前后20年，传世汝窑瓷器最少，大约不足百件。以天青釉瓷器为主，以盘、碟、洗、炉、樽为多。胎为香灰色，釉色蓝而不艳，灰而不暗，青而不翠，有玉石之感，在釉层中隐约可见丝丝浅褐色纹理，器底有芝麻粒大小的支钉痕。

北宋官窑在河南开封附近，专为宫廷烧瓷，器形有碗、瓶、洗等，支钉支烧，青釉，釉色很淡，器身有纵横交错的大块冰裂纹，胎色紫黑，有的口、足露胎，即“紫口铁足”。南宋官窑在杭州附近，有修内司官窑和郊坛下官窑。修内司官窑据记载在凤凰山下，但发现的瓷片没有官窑的特征，而1996年以来在修内司范围内发掘的九华山麓老虎洞窑址出土的厚胎青釉瓷器却与传世官窑瓷相符；郊坛下官窑在乌龟山下，出土标本釉质凝厚，有粉青、炒米黄等色，胎体较薄，呈黑、灰、黑褐、米黄色，造型多仿古代青铜器的盘、碗、碟、壶、洗等。

龙泉窑继越窑而起，在浙江南部龙泉金村、大窑一带，初兴于五代，南宋和元早期达到高峰，明中后期废弛。依山而建的龙泉窑长达数十米，最具代表性的产品是粉青釉、梅子青釉，釉薄而光亮透明，犹如青玉、翡翠。南宋龙泉瓷器釉层加厚，透明度低，颜色柔和淡雅，出现堆塑、浮雕等装饰，少有花纹装饰，器形有盘、碗、壶、瓶、炉、罐、象棋子和文房用具等。哥窑属于龙泉窑系，窑址尚未发现，传世哥窑瓷器釉色有粉青、月白、油灰、米黄等色，釉层极厚，胎色有紫黑、铁黑、深灰、浅灰、土黄等，釉面开大小各异的网状冰裂纹，俗称“金丝铁线”，口釉薄，腹部以下不施釉，形成紫口铁足，造型多为炉、瓶、洗、盘、碗、鼎等仿古式样。元代龙泉窑仍很兴盛，器形硕大，胎体厚重，器形有碗、盘、盆和高足杯等，流行宽沿小足，釉色多为青黄色，釉面发亮，玻璃感强，一些器物出现八思巴文字。

江西景德镇窑在宋代主要烧制青白瓷，又叫影青瓷，釉色近白，只在积釉处显出若有若无的湖绿色青釉，胎薄釉细，纹饰精美，产销量很大。始烧于南朝，唐时烧白瓷，宋真宗景德年间创烧青白瓷。北宋中晚期是景德镇影青瓷生产的鼎盛时期，以湖田窑产品为代表，胎质洁白细腻，器壁极薄，呈半透明状，釉色青白，光亮透明。器形有碗、盘、壶、盒、罐等，内壁常装饰刻花、印花。元代景德镇窑开始烧制御用瓷器，随着青花瓷的大量生产，成为一枝独秀的制瓷中心。青花瓷由唐代巩县窑初创，并没有得到持续发展，宋青花迄今仅在浙江发现两起，一是1957年出土于浙江龙泉北宋太平兴国二年（977年）金沙塔塔基的13片青花碗残片，青花色泽浓而发黑；二是1970年出土于绍兴市环翠塔塔基（建于南宋咸淳元年，1265年）的1片青花碗片，使用本地钴料，与唐青花并无直接的承袭关系。成熟的青花瓷出现在元代景德镇，元代中期以后产量大增，畅销国内外。因采用瓷石加高岭土的配方，减少了焙烧过程中的变形，故可烧制大件器。元青花造型饱满，使用的青料有进口料和国产料两种，进口料低锰高铁，呈色青翠浓艳，料浓处有铁锈色结晶斑痕，凹陷明显。国产料高锰低铁，呈色青蓝偏灰黑。使用透明釉，色白微青。器类有梅瓶、盘、碗、钵、罐、玉壶春瓶、象耳瓶、蒜头瓶、葫芦瓶、执壶、扁壶、高足杯（碗）、盏托、炉等等，大件器多。元青花纹饰绘满全身，层次繁密而不乱，运笔流畅有力，线条粗壮，一气呵成，主题纹饰有人物、动物、植物、少量诗文等。人物有高士、历史人物等，动物有龙凤、麒麟、鸳鸯、游鱼等，植物常见牡丹、莲花、兰花、松竹梅、灵芝、花叶、瓜果等。元代景德镇创烧了卵白釉“枢府”款的瓷器，为中央枢密院在景德镇定烧，是最具时代特征的器物，质地洁白致密，釉为失透状，色调淡雅，器形有印花炉、梅瓶、玉壶春瓶、匜等。同时创烧了釉里红、红绿彩瓷。北宋时盛极一时的青白瓷衰落，釉色混浊，花纹不清晰。胎体厚重、造型饱满是元代瓷器的共同特征。

福建制瓷业兴盛于南宋到元代，以烧造黑瓷著称的建阳建窑，产品以碗盏为主，黑釉上闪银光的“兔毫”“油滴”最受斗茶者追捧，黑釉盏一度成为宫廷贡品，底刻“供御”“进盏”等。江西吉安的吉州窑也是南宋到元代兴起的窑场，产品多仿其他名窑而又有所创新，仿定窑的白釉印花覆烧芒口器，仿耀州窑的青釉印花、绿釉印花、黑釉贴花瓷器最具特色，仿建窑的黑瓷能烧出黑、黄色混合似海龟壳的釉色，称为油滴、玳瑁釉，还运用彩绘、贴花、剔花、木叶及窑变等装饰手法，将民间剪纸花样移植到瓷器装饰上，成为吉州窑的特色。

辽金的陶瓷业在宋代北方陶瓷工艺基础上融入了本民族的特点。辽代鸡冠壶、黄釉瓷器和三彩釉陶盘碟最为典型。赤峰松山区猴头沟乡缸瓦窑是已发掘的辽代重要窑场，占地面积约 2 平方公里，以烧制粗白瓷为主，也有细白瓷、茶叶末绿釉瓷、黑釉瓷、白地黑花瓷、三彩釉陶及单色釉陶，出“官”字款窑具和器物。辽代陶瓷器造型独特，如凤首瓶、穿带壶、鸡冠壶、三彩摩羯壶、三彩鸳鸯壶、三彩龟形壶等，以象征吉祥祛邪的动物形象为造型，既是实用器又具观赏性。常见黄、绿、白、酱、褐等釉色，有的在器口描金或底部刻款。辽代三彩饮食器有长盘、圆盘、方碟、执壶、果盒、扁壶等，施黄、白、绿三色或二色，并内外兼施印花或刻花，色彩斑斓，但质地较粗。北京门头沟区的辽代龙泉务窑以烧制中原风格瓷器为主，主烧白瓷，还有酱、黑、褐彩和茶叶末釉、白地黑花及辽三彩，产品以碗、盘、瓶、罐、碟为主，还见钵、枕、炉、盒、执壶以及围棋子、象棋子、砚、玩具、埙、铃等。金代制瓷业从大定以后逐渐恢复，定窑、磁州窑、钧窑和耀州窑继续烧造。金代耀州窑生产规模不亚于宋代，2002—2004 年在铜川陈炉、立地坡、上店都发现金代窑址，规模极大，获标本 11 万余件。仍主烧青瓷，兼烧黑瓷、白瓷，以月白釉为特色，产品主要为日常用品。在内蒙古赤峰市松山区、巴林左旗白音高勒等地也发现大规模的金代瓷窑。金代墓葬所出陶瓷器有碗、钵、碟、盘、瓶、罐等，数量很大，多为粗瓷器。细瓷器多来自定窑、磁州窑、耀州窑等，多为饮食器，造型美观，碗的内壁刻满莲花缠枝草叶纹，盘内常刻水波莲花游鱼，富有特色。

西夏瓷器主要以黑（褐）、白釉为主，种类少，施釉不匀，以素面为主，纹饰单一，常采用开光装饰瓷器腹部，褐釉剔花为其主要特征，即开光内剔掉花纹以外的地，分区装饰相同的纹饰，常见牡丹、海棠一类植物纹，菱花形、连弧形图案及少量动物纹。瓷胎有粗细之分，白瓷精品较多，胎质细密，器壁略薄，主要器形为碗、盘、罐、壶、瓶、砚、灯、帐钩等生活用具及板瓦、滴水、脊饰瓦件等建筑构件，还见牛头埙、棋子、供养人、骆驼、马、鸡、鸭等。粗瓷胎土未经洗练，胎色泛红，器壁较厚，器形有瓮、缸、釜等。银川西郊贺兰山下及灵武县一带发现西夏瓷窑址，灵武窑从西夏中晚期一直沿用到清代，发现西夏窑炉 3 座，清代窑炉 1 座，西夏作坊 8 座，元代作坊 1 座，出土瓷器、工具、窑具等 3 000 余件及大量瓷片。1997 年发掘灵武窑附近的回民巷窑址，清理窑炉 2 座，灰坑 3 座，出土文物 2 000 余件，废于西夏晚期。灵武窑白瓷中有部分仿定窑，黑釉剔花器深受磁州窑影响，但在造型设计、纹饰题材、装饰手法上又独具特色。带耳扁壶、四系或多系瓶、帐钩、纺轮、牛头埙造型独特，男性供养人俑均为髡发，具有鲜明的党项族特色，一些瓷器上书写汉、西夏文纪年和姓名。

2. 明清瓷器

明清时期景德镇瓷器品种和工艺都达到空前的水平，分工明细，工艺体系基本完善。明代青花成为瓷器的主流。明初洪武时期青花采用国产料，色泽偏暗、黑，器形有大小盘、碗、梅瓶、玉壶春瓶等，装饰风格一改元代的繁密而趋向疏淡，多留白。永宣时期青花瓷进入黄金时期，所用青料为进口的苏麻离青，多见铁锈斑痕，以色彩浓艳、造型多样、纹饰优美而著称。正统、景泰、天顺三朝是所谓空白期，瓷器数量少。成化、弘治、正德青花使用国产平等青料，胎薄釉白，青色淡雅，后期则发色灰蓝，纹饰纤巧柔和。嘉万时期回青或与石子青混合使用，青花蓝中泛紫，色泽浓艳。万历后期、天启至明末采用国产浙青料，青花蓝中泛灰。釉里红烧制最盛期在洪武年间，数量多，器形大。永乐时期的甜白釉颇负盛名。永宣以后盛行釉上彩瓷，即在烧好的素器釉面彩绘，再入窑经 600℃～900℃烘成，常见的颜色有红、黄、绿、蓝、黑、紫等。创烧于成化年间的斗彩器，在釉下以青花勾勒纹样轮廓，釉上用红、黄、绿、紫等色填彩，釉上釉下争奇斗艳，纹饰疏朗。明代晚期流行青花五彩，嘉万时期的五彩以红、绿、黄为主，还常见褐、紫及釉下蓝色，浓艳华丽，但大型精品不多见。明代颜色釉瓷成就突出，在釉料中加入某种氧化金属，焙烧后各呈固有的色泽，如永宣的红釉、蓝釉，成化的孔雀绿釉，弘治的黄釉。明代的典型瓷器有：永宣时期的压手杯、双耳扁瓶、天球瓶等，成化时期的斗彩鸡缸杯、“天”字盖碗，正德、嘉庆、万历各朝的大龙缸、方斗碗、方形多角罐、葫芦瓶等。另外还有各式文房用具如笔管、瓷砚、水注、镇纸、棋子、棋盘、棋罐等。装饰手法已从元以前的刻、划、印、塑等转为以绘画为主要手法，题材更加复杂多样，植物、动物、文字、山水、人物、花鸟、鱼虫等无不入画。明早期以写意画为主，画风自由奔放；明后期吸收一些国画技法的元素，以写实为主，画面简约明快。永乐时期，在青花瓷上开始出现书写的纪年款，格式为“大明××年制”，前人将明代纪年款归纳为“永乐款少，宣德款多，成化款肥，弘治款秀，正德款恭，嘉靖款杂”。官窑款工整端庄，民窑款则多种多样，以吉祥语款为多见，纪年款很少，字体潦草。

清代官窑瓷器制作精益求精，民窑器则随意洒脱，画面写意性强。以嘉庆为界，前期青花瓷占据主导，后期粉彩大兴，青花瓷盛极而衰。清初顺治青花大多胎体厚重较粗糙，釉层稀薄，器形单一，主要有炉、觚、瓶、盘、碗、罐等，用浙青料和石子青料，发色青翠或青蓝。康熙青花使用浙青料和珠明料，前期色彩较灰暗，单线平涂花纹，气势粗犷；中期以后色彩翠蓝，清澈亮丽，勾勒、渲染、皴法并用，画工精细，以青花五彩为佳。纹饰题材多样，有山水人物、龙凤、飞禽走兽、花鸟鱼虫、诗文、博古等，其中最具时代特点的是冰梅、耕织图、刀马人、牡丹等。雍正、乾隆时期青花器多仿明永乐、宣德的苏麻离青，以笔端点染铁锈斑痕，或仿成化的淡描青花。但明代瓷胎接口是上下接，清则前后接。嘉庆以后青花工艺粗糙，胎质粗松，釉稀薄似飘浮状，色泽灰青，胎釉结合不紧密，饰以吉祥图案。光绪时青花瓷一度中兴，多仿康熙器，但胎体较轻，釉薄而发涩，多见青花加料彩器。珐琅彩创烧于康熙时，其装饰完全仿铜胎珐琅，器物以黄、蓝、豆绿、绛紫等色作地，绘缠枝牡丹、月季、菊花、莲花图案。器底有胭脂红或蓝料书写“康熙御制”楷款，个别阴文刻。雍正时期的珐琅彩装饰逐渐摆脱了仿铜胎画珐琅的风格，大多将珐琅彩直接绘于白地上，釉面晶莹洁白，具有中国传统绘画艺术特征。乾隆珐琅彩瓷器吸收西洋绘画技法，山水注重远近透视的变化，人物面部具有油画效果。除传统装饰图案外，西洋油画的纹样也出现在珐琅彩器上。康熙晚期烧成粉彩，是在五彩和珐琅彩工艺基础上创烧的釉上彩绘新品种，先在高温烧成的白瓷上勾画轮廓，以含砷的玻璃白打底，再施色于其上，由于砷的乳浊法作用，与各种色彩相融产生深浅浓淡之差，使花瓣和人物衣饰产生明暗效果，最后经低温烧成。粉彩色调粉润柔和，浓淡过渡自然，雍正时期渐趋成熟，乾隆时期走向兴盛。清代颜色釉瓷有很大突破，创烧出祭红、祭蓝、郎窑红、豇豆红、娇黄、鳝鱼黄、茄皮紫等多种精美的单色釉瓷。清康熙以后，除日用瓷器外，观赏瓷大增，有盖罐、凤尾尊、花觚、象腿瓶、笔筒等。纪年款识普遍，康、雍款多楷书，乾、嘉、道款多篆体，康熙中期以后各种堂名款、图记款、花押款流行。

福建漳州从明代起大量生产红绿彩瓷、三彩瓷和青花瓷，平和县南胜花仔楼在明晚期已使用阶级窑，生产的仿景德镇窑的砂底青花瓷也称“克拉克”瓷，是当时主要的外销瓷中心之一。德化窑生产的白瓷以乳白釉为特点，也称“中国白”和“鹅绒白”，在明清时期大量外销。

三、小商品生产

宋元时期出现大量带有广告和商标铭记的漆器、铜镜和金银器等，小商品生产空前活跃，竞争激烈。城市里的漆器行业首先发展起来，风格各异的私家商号在宋代已达到规模化生产。考古发现的宋代漆器产自温州、四明、杭州、苏州、江宁、襄州各地。温州漆器最负盛名，淮安北宋墓中出有温州开元寺东黄家、温州九三叔家的漆器，江苏武进南宋墓中所出的温州新河金念五郎家、钟念二郎家和温州丁字桥巷廨七叔家的金漆器尤为精致。出现于三国时期的“犀皮”工艺到宋元时期日臻成熟，先将不同颜色的漆料堆涂在高低不平的器胎上，待漆料干燥后再经打磨，使表面色泽光滑亮丽、自然生动。清代“犀皮”工艺达到完美的程度，广泛应用于大到家具、小至匣盒的漆器上，品种齐全，并作为贡品进奉皇家。明清时期，漆器制造达到全盛，髹漆工艺与建筑、家具、陈设相结合，并由实用转向陈设装饰艺术领域，发展出斑斓、复饰、填嵌、纹间等工艺技法，戗金、脱胎等漆器都有发展。明代嘉兴、云南的雕漆盛极一时，一度进入宫廷，明末雕漆失传，至乾隆四年（1739年）由苏州织造漆作仿制成功。扬州雕漆有螺钿、百宝嵌等品种，漆器花纹纤细，五彩缤纷。福州漆器以脱胎见长，轻巧华美。清末北京由修补雕漆发展到仿永乐、宣德和乾隆雕漆。明宣德年间传入的日本名漆——莳绘漆，富丽堂皇，清代苏州仿莳绘漆声名鹊起。明末清初出现的软螺钿则是螺钿的新品种。

在中国古代，玉器作为身份地位和财富的标志一直受到独有的钟爱，如先秦的礼乐玉器、汉代的丧葬礼玉、贵族的成组玉佩饰。至魏晋隋唐时期，随着北方民族的崛起和对金银器的崇尚，玉器受到极大冲击，魏晋隋唐是玉器沉寂的时期。宋元明清玉器逐渐走下圣坛，走出宫廷，进入市场和民间，成为社会各阶层风行之物，玉器的世俗化、平民化和商品化特征明显，玉器由之前的注重工艺性转向更近于绘画的特征。对玉的收藏、伪造和仿古一时成风，宋代盛行仿古和装饰玉器，流行龙凤吉祥主题的图案和花鸟形玉器，风格写实，花朵、花板、花茎一应俱全。宋代宫廷用玉依然盛行，专设玉作监制，见有玉束带、玉佩、玉辂、玉磬、玉圭、玉册等。传世“皇宋宣和元年冬十月修内司玉作所虔制”《般若波罗蜜多心经》勒子，在高5.9厘米、宽1.5厘米的八角管状玉饰上，阴刻经名、经文、译者、纪年、作坊等16行292字，字小若芝麻粒，笔道细若游丝，篆工纯熟，系宫廷玉作的代表作。辽金玉器融入了游牧民族特色，春水、秋山玉雕是流行的题材。元代玉器数量大增，有陈设、装饰和实用器，还出现玉帽顶和玉押等新器形。传世玉器中最大的一件是北京北海团城至元二年（1265年）完成的“渎山大玉海”，高70厘米，口径135～182厘米，最大周长493厘米，重约3 500公斤，青玉夹带黑斑点，周身碾琢隐起的海龙、海马、海羊、海猪、海犀、海蛙、海螺、海鱼、海鹿等13种瑞兽，神态生动，气势雄伟。明清宫廷和民间观玉、赏玉蔚然成风，玉器用途更加广泛，制作登峰造极，玉器用于陈设、器皿、用具、佩饰、文玩、祭器、偶像、镶嵌等。明代万历皇帝定陵所出金托玉爵、金托玉执壶、玉璧、玉坠、八角形玉饰件、玉带革、玉带钩、玉佩、玉圭等展现了明晚期宫廷玉器的水平。明中晚期形成南北玉器两大流派，北方粗犷雄浑，南方玲珑精巧，道家思想和文人色彩浓厚，商品化趋势更明显，在经济发达的大城市都开有玉肆。北京和苏州是最大的碾玉中心，嘉靖、万历年间杰出玉工陆子刚就出自苏州专诸巷。由于宫廷的推崇，清代玉器更加风行，新出现大型的山水、花鸟、玉山子、浮雕图画式的玉屏风等。扬州玉作后来居上，尤善制作数千斤的特大件玉器，运用浮雕、线刻、多层透雕等多种技艺，将人物、山水、草木、动物表现于同一作品上，构图复杂精巧，形神兼备，《大禹治水图玉山》即其代表作。

从宋代开始，铜禁极严，除大量铸造铜钱和一定数量的铜镜外，日用铜器甚少。宋以后铜镜也走向下坡路，艺术和质量都不复以往。宋辽金元铜镜更注重实用，纹饰特别流行苍树老翁、仙姑神女、云烟楼阁、山峦泉溪、婴童嬉戏、商贩赶驴的图样，具有浓郁的生活气息。宋镜含锡量少，镜面发黄，滞暗无光，质地软，即使扭曲变形也不易破碎。大多体小量轻，窄边小钮，素面为主，制作简略。纹饰以浅浮雕、阳线勾勒而成，常见八卦、花草、双龙、双鱼、双凤及山水楼台、神仙人物故事等题材。铭文常见吉祥语、梵文咒语、符策、广告性质的商标铭号等。宋镜最突出的特点是形状多样，有圆形、方形、菱花形、葵花形、长方形、钟鼎形、心形（桃形）、鬲形、盾形以及带柄镜等多种。铜镜制造业在南宋时期一度兴旺，官营产品或官府收购产品上铸“湖州铸鉴局”“临安府小作院监造官王宝”“饶州铸鉴局”“婺州官口监”等管理机构名称。私家商号的产品往往铸有州名、业主和工匠姓氏、店铺所在地，有的还明码标价如“炼铜照子（镜子）每两六十文”。已发现的有湖州石家、陆家，成都龚家、刘家，建康苑家、张家，杭州高家，越州戴家，衢州郑家，吉州胡家，婺州李家，饶州叶家、周家、许家，荆州马家等多个商号，特别是湖州石家镜，数量多，销路广，在全国各地都有出土，甚至远销日本。不少的铭文中都注明“真”“真正一色”“无比”“元本”等字样，宣传质量。金代有不少模仿汉、唐、宋各代的铜镜，但也创造了一些别开生面的新式图样，常见双鱼、童子攀枝、历史人物故事、盘龙、瑞兽、瑞花、素面镜等。元代铜镜多采用六菱花形或六葵花形，纹饰已渐粗略简陋，有缠枝牡丹、神仙、人物故事、双龙、“寿山福海”铭文、至元四年（1267 年）龙纹镜和素镜。元、明以后，铜镜制作更见衰势，有柄镜多见，图案、纹饰简略粗糙，绝少创新，多为素镜，只有纪年铭文常见于钮上，如洪武年款的龙纹镜、大明宣德年制铭文镜、明末李自成大顺三年（1645 年）镜等，少有精品。双鱼、双龙、人物故事如“柳毅传书”等是较新颖的式样。明清时期，仿造汉唐镜的风气很盛，多仿汉六博镜和唐瑞兽葡萄镜，一般形体较小，纹饰模糊不清，已失汉唐风韵。明以后，铜镜逐渐被玻璃镜取而代之。

宋代严格禁止民间使用金银器，但民间制作和墓葬随葬金银饰品一直禁而不绝，江苏吴县藏书乡、溧阳平桥、四川德阳孝泉镇、福建邵武故县村均发现宋代金银器窖藏。德阳孝泉镇一窖藏陶罐中发现 117 件银器，有瓶、注子、注碗、托、杯、壶、盒等。辽代金银器空前繁荣，前期颇有唐代遗风，并受到西方文化的熏染，后期更多接受宋文化因素，与契丹民族特色兼容并蓄，广泛用于饮食器、殡葬器、鞍马具、宗教用具、妆洗器、装饰品及日杂器七大类，品种繁多。其中殡葬器专为死者随葬，有冠、面具、枕、网络、靴、棺饰等，景宗、圣宗时期（969—1030年）盛行。宗教用具有舍利塔、经塔、舍利瓶、菩提树、法轮、碟、盘、函、盒等。鞍饰和马具、针筒、荷包、渣斗、砚盒、号角、锁、刀、锥等，以及蹀躞带和各种头饰、耳饰、手饰、腕饰等日杂和装饰品俱用金银和鎏金银制作，为历代少有。西夏的镀金或鎏金工艺十分精湛，西夏王陵出土的大至碑刻、佛像、重达188公斤的鎏金铜牛，小至帽饰、木盘边沿、鞍带饰以及附属的小巧玲珑的花瓣形镂空金饰、鎏金兽面银饰、镶绿松石鎏金莲花状银饰等，制作都极其精美。元代北方草原地区的金银器在吸收以汉文化为主的多种文化因素的基础上，日臻成熟。金银器中的杯、碗、盘、壶造型完美，大型的马鞍饰制作纯熟，小件的帽饰、簪、钗、项饰、耳坠、镯、带扣等造型大众化，更富立体感。铸、锻打、锤揲、焊接、錾刻、浮雕、包金、鎏金、镂空等工艺应用娴熟。纹饰以植物纹为主，有牡丹、莲花、忍冬、花草、椰树、石榴花、卷草、荔枝、灵芝、鸡冠花等；动物纹有龙、凤、鹿、狮等；还有扭索式、竹节式、联珠式纹饰。宋元时期的金银器，很多是由金银铺打造的商品，如四川德阳宋代窖藏的银器是由“孝泉周家打造”，无锡元墓出土的金银器为“筱桥东陈铺造”，合肥元代窖藏的金银器是“庐州丁铺造”；也有刻匠人名号的，如合肥元代窖藏金银器中有“章仲英造”，江苏吴县元墓中的银盒是“闻宣造”。小商品生产的繁荣和竞争的激烈，充分反映在这些商品的商标铭记上，它们宣传自己的产品质量可靠，并标明价钱和商铺地址，以防假冒。真正的商标即出现在此时，如济南刘家针铺的广告雕版，“以兔儿为记”标在醒目的地方。

纺织业的突破性发展基于棉花种植在全国的普及，南宋后期，棉花在内地广泛种植，棉产量和棉纺织生产突飞猛进。技术的改进和大型手工纺织机器的出现使得较大规模的生产成为可能，自宋代起纺织工场日益兴盛，出现了一批独立经营的机户，以家庭作坊的形式进行商品生产。宋代出现的麻纺大纺车和水转大纺车，以后陆续发明的多锭大纺车、束综与多综多蹑结合的花本提花机，以及清代的多锭纺纱车，都是纺织业高度发达的标志，精品织物层出不穷。北宋的丝织业仍占主要地位，丝、麻、毛等织物细密轻薄。南宋棉织业开始发展，福州黄升墓出土纺织品和衣物300余件，有平纹纱、绉纱、绢、平纹地起斜纹花绮、绞经组织花罗、异向斜纹或变化斜纹组织花绫、六枚花缎等7个品种，利用纬线的粗细和色泽的差异变化，织出闪色效果。其中宋罗近200件，是最具时代特色的流行品种，一些花罗和六枚纹纬松竹梅提花缎是前所未见的织物。多见服饰的对襟和缘边镶一条印花与彩绘相结合或彩绘的花边，还发现贴金印花等。宋代印花丝织品采用了植物染料印花、涂料印花、胶印描金和洒金印花四种镂空版印花工艺，描金和洒金印花是前所未有的印花品种。1966年在浙江兰溪宋墓出土一条完整的独幅白色棉毯，两面拉毛，长2.51米，宽1.15米，由木棉纱织成，证明当时已存在广幅布和阔幅织机。蒙古人崇尚金色，“纳石失”（织金锦）和绛丝制品是元代最具特色的纺织品，用片金织成的称为

“片金锦”，用拈金织成的叫作“拈金锦”，都是以蚕丝为经线，丝线或棉线作地纬，以片金线加彩色棉线或两根平行的拈金线加一根棉线作纹纬，金光闪烁，粗犷而华丽。传世的明清纺织品较多，尤以精美的双面丝绒、双层锦、栽绒织物工艺水平最高，图案布局丰满，设色沉稳淡雅，富于装饰效果。定陵出土的妆花缎、妆花纱、实地纱、亮地纱、暗花缎、暗花丝绒、织金锦、花绫等织物和故宫收藏的漳缎、漳绒、双层锦、栽绒、五套七色夹缬等展现了明清纺织业的成就，这些宫廷用品大多是原封的整匹、整件料子，常附有名称、织造年月和地点、织匠姓名等资料，比较罕见。定陵出土的淡褐色双面丝绒袍正反面都布满整齐的绒毛，为目前所仅见。双层锦是明清时期的新产品，采用表里换层的双层平纹提花组织，比宋锦更轻薄柔软。栽绒毯以丝、毛、棉等纱线交织，有的使用 23 种彩色绒线和金银线，极其精致华丽。

四、中外贸易与文化交流

宋元时期国内外海陆交通空前畅通，对外贸易十分繁荣，以陶瓷器、丝绸、茶叶等为主的大量物资出口海外。瓷器远销亚非各地，备受欢迎，仅宋代耀州窑系的产品就在朝鲜半岛、日本、东南亚各国、阿曼、埃及以及坦桑尼亚等地均有发现。日本的 40 多个县市都发现过宋元时代的瓷器；菲律宾出土的中国古瓷器已逾数万件，属于宋元时期的有龙泉窑和泉州附近诸窑的瓷器。同时，西方的玻璃器、金银器和钱币也大量传入我国，宋辽墓葬和塔基中曾多次发现伊斯兰玻璃器、萨珊银器等，如河北定县太平兴国二年（977 年）静志寺塔基中出土 1 件深蓝色玻璃瓶、2 件直筒杯和 2 件细颈瓶，都是典型的伊斯兰玻璃器。安徽无为景祐三年（1036 年）舍利塔基、浙江瑞安庆历三年（1043 年）仙岩寺塔基、天津蓟州区辽代白塔，也出土刻花玻璃瓶，与伊朗内沙布尔遗址出土的 10 世纪的器物相似。辽与西亚的贸易往来十分兴旺，据《辽史》记载，契丹与大食关系密切，开泰九年（1020 年）和太平元年（1021 年）大食曾两度遣使向辽求婚，辽宁朝阳辽开泰九年（1020 年）耿延毅墓中出土的绿色把杯和黄色玻璃盘，都是伊斯兰玻璃器。内蒙古奈曼旗辽陈国公主墓出土 7 件来自中亚的精美玻璃器，推测分别来自伊朗萨珊王朝、埃及或叙利亚，这些玻璃器均属纳钙玻璃，含钾量高，质量上乘。1975 年在内蒙古敖汉旗李家营子早期辽墓中发现 3 件银器，一件为鎏金银盘，盘心捶出一猞猁状兽；另一件为银执壶，口部有流，壶柄和口沿相接处饰一鎏金胡人头像，底部外缘饰一周联珠纹，具有明显的波斯萨珊式银执壶的特征；还有一件椭圆形银杯，可能也是外来物品。从已发现的地点来看，伊斯兰玻璃、金银器输入中国大概有陆路和海路两条路线。契丹文化曾受到突厥的强烈影响，克什克腾旗二八地 1 号辽墓出土的折肩银杯、阿鲁科尔沁旗耶律羽之墓出土的鎏金錾花银把杯、通辽吐尔基山辽墓出土的鎏金錾花银壶等，具有明显的突厥遗风。辽上京皇城遗址出土的大量西瓜籽和辽墓壁画中的西瓜图，证明辽代已将西方的西瓜引种到辽草原地区。宋代石刻和宋辽瓷器上常见的西域驯狮、驯象、胡旋舞等图案以及辽墓出土的玉雕饰、玉佩、琥珀、璎珞等精美装饰，都是中西交流的见证，很多精美的玉雕原料都产自西域和田。

元代的陆路国际贸易十分发达，除与钦察汗国、伊利汗国开展贸易之外，还通过它们与克里米亚、欧洲各国、阿拉伯国家进行贸易。据记载，当时仅菲律宾以南、以西沿海地区就有 97 个国家和地区与元朝有贸易关系。在西北陆路交通线上，从新疆霍城县的阿力麻里古城，到内蒙古乌兰察布市达尔罕茂明安旗（百灵庙）的阿伦斯木古城，以及北京附近，都曾发现刻有十字架标志的石刻或刻有叙利亚文的景教徒墓顶石，在内蒙古河套地区还发现过许多铜十字架。信仰景教的汪古部人与成吉思汗家族世代婚姻，驻牧于今内蒙古达茂旗一带，阿伦斯木古城为汪古部高唐王、赵王所居，平面呈长方形，城中部为王府和王傅府遗址，城西北部发现景教教堂遗址和罗马风格建筑，还发现有十字架石刻，附近发现一批景教徒墓顶石和古叙利亚文石碑。汪古部人的活动使景教远播江南诸路，在泉州发现的皇庆二年（1313 年）的“管领江南诸路明教秦教等也里可温马里失里门阿必思古八马里哈昔牙”景教徒墓碑，一半用古叙利亚文字母拼写突厥语，一半为汉文，学者们认为死者可能是到泉州为官的汪古部人。

商业和海运的繁荣造就了一批新兴的工商业城镇、船运码头和港口城市的兴起。北宋《清明上河图》展示了开封汴梁城内临街开店、商号林立的情形。元大都城中有米市、铁市、皮毛市、马牛市、骆驼市、珠子市、沙剌（珊瑚）市等。广州、杭州、泉州、明州（宁波）、扬州、上海成为重要的商贸门户。宋初于广州、杭州、明州设市舶司，后又增设于泉州、温州、江阴、密州（诸城）等地。北宋英宗时市舶收入年 63 万贯，南宋前期增至 200 万贯。元代许多外国商人侨居云集于扬州、泉州、明州、上海等地，泉州的阿拉伯人还有在元朝任官职的。1952 年发现元大德六年（1302 年）阿拉伯文赛典赤杜安沙墓碑，其父赛典赤乌马儿担任浙江省平章政事。1952 年在扬州发现至正二年（1342 年）和至正四年（1344 年）的两块拉丁文墓碑，分别刻《圣喀德邻殉教图》和《末日审判图》，两墓属于多密尼·伊利翁尼的女儿喀德邻和儿子安东尼，伊利翁尼家族是定居扬州的热那亚城商人，信奉圣方济各教派，两座墓属于扬州圣方济各会教堂的墓地。明代仍在广州、泉州设市舶司，两地仍是对外贸易的重要港口。1964 年广州发现弘治八年（1495 年）太监韦眷墓，韦眷曾任广州提举市舶司，墓中出土金版、红珊瑚和 3 枚外国银币，其中有铸于 1457—1462 年的威尼斯“格罗索”银币 1 枚，铸于 1459 年的满加国（今孟加拉国）银币 2 枚，这说明当时的广州与占城、暹罗、西洋诸国均有贸易关系。1971—1975 年先后在泉州附近的晋江安海、南安县官桥和诗山镇、惠安县北门街和泉州市浮桥街发现西班牙银币。

从水下考古的成果亦可以一窥当时内河航运、近海漕运、海上贸易的兴旺和规模的庞大，尤其与朝鲜半岛、日本的海上贸易往来频繁。1976 年在朝鲜半岛新安海底的沉船中，获中国宋元瓷器 16 792 件，主要是龙泉窑青瓷、景德镇青白釉瓷器、“枢府”瓷器，还有建窑黑釉瓷器、吉州窑仿磁州窑瓷器、少数钧窑瓷器。80 年代以后中国水下考古迅速展开，发现一大批运输外销瓷的沉船遗存和珍贵的瓷器资料。2007 年 12 月“南海Ⅰ号”在阳江海陵岛附近海域被成功打捞出水，大多数学者认为“南海Ⅰ号”是南宋初年航行于中国至印度乃至中东的海上丝绸之路的货船。初步打捞出金、银、铜、铁和瓷类等器物 6 000 多件。据 2019 年公布的数据，共出土文物 18 万余件，汇集了德化窑、磁州窑等宋代陶瓷精品 30 余种。因船上还发现大量铜钱和女性金银装饰品，有学者提出“南海Ⅰ号”可能是 720 多年前为躲避元军追剿，流亡到现江门新会崖门海口的南宋末代海上行朝的辎重船。明代郑和下西洋更是规模空前，所到包括今越南、菲律宾、马来西亚、泰国、柬埔寨、印度尼西亚、文莱、印度、孟加拉国、伊朗、也门、阿曼、沙特阿拉伯、索马里、莫桑比克和肯尼亚等十几个国家。1983 年在江苏太仓城厢公园“树萱斋”西壁内发现周闻墓志铭，记载了周闻随郑和于永乐七年（1409 年）、十一年（1413 年）、十五年（1417 年）、十九年（1421 年）和宣德五年（1430 年）五次下西洋的往返时间和所到国家。远洋贸易的开展使得亚非各国的特产、宝物纷至沓来，东西洋香料、珍珠、钻石、药材、象牙、犀角、玳瑁、铜器、漆器、贵重木材等行销中国市场。

五、货币

商品经济的发达必须有便于携带使用的货币的支撑。两宋是中国古代铸币的巅峰时期，铸钱工艺炉火纯青，铸币的数量最多，品种繁杂，质量上佳，宋徽宗赵佶的瘦金体御书钱更是精美的书法艺术品。早在十六国时期成汉李寿汉兴年间（338—343 年）铸“汉兴”钱就已采用年号作为钱铭，北宋以后，年号钱开始盛行，淳化（990—994 年）以后，几乎每更换一次年号，必铸新年号钱，一直延续到清代。同一种钱文，有铜、铁质地和大小轻重之别，又使用楷、草、行、隶、篆等多种书体，称为“对钱”。南宋孝宗淳熙七年（1180 年）停铸对钱，并在钱背出现数字纪年。大宗和远途贸易促使北宋以来货币体系日渐成熟。唐代出现可兑换的“飞钱”“便换”，属于纸币的雏形，北宋真宗年间四川地区出现了世界上最早的纸币——交子和钱引，仁宗时国家正式发行官交子。南宋除交子外，还有关子、会子。由金属货币发展到纸币，是社会经济发展的必然结果。同时，贵金属白银逐渐占据主导地位，典当、高利贷业务纷纷出现。元朝铜钱、白银与纸币通行，以使用纸钞为主，发行量大，元朝政府设有印发纸币的金融机构如户部印造宝钞库、宝钞总库、诸路宝钞提举司，中统元年（1260 年）开始发行通行全国的纸币——“中统元宝交钞”和

“中统元宝钞”两种，以金银或丝为本位，功能与现代的钞票已基本相同，还形成了一支庞大的专门从事商业和高利贷活动的色目商人。明清时期，随着资本主义萌芽和货币经济的发展，专门经营高利贷与金融事业的当铺、钱庄和票号等机构应运而生。明初钱钞兼用，以纸钞为主币、铜钱为辅币，禁止民间使用金银交易。朱元璋建明前铸行大中通宝，洪武元年（1368年）开始铸行洪武通宝，从此废除“元宝”之称。洪武八年（1375年）中书省设宝钞提举司，发行纸钞，统一称为“大明宝钞”。明代纸钞无金银储备，发行额也没有限定，导致通货膨胀，纸钞形同废纸。明中期一度停止铸钱，嘉靖以后，纸钞停用，恢复铸钱，铜钱逐渐改为黄铜铸币，钱文也以宋体代替楷书。明中后期，白银成为普遍流通的主要货币。白银真正取得价值尺度的地位，成为主要法币，是在明英宗正统十三年（1448年）折银征税。嘉靖四十一年（1562年）实行班匠征银，万历九年（1581年）一条鞭法计亩征银，兵饷、官俸、工资和商品大多以银计价。明代银锭为重约五十两的马蹄形。清代实行银、钱平行本位，以白银为主币，大额用银，小额用钱。白银有重五十两的船形元宝、十两以下的中锭、五两以下的馒头形的小锞，还有一两以下的碎银“滴珠”。乾隆时期西藏出现土法打造的银币“章卡”和政府发行的“乾隆宝藏”银币。光绪十五年（1889年）至宣统时期，政府正式铸行机制标准银圆。铜钱从清入关前就曾铸行，有满文天命汗钱、天聪汗钱。顺治以后二百多年在全国各省设局分散铸币，沿袭两千多年来的传统浇铸工艺铸造年号钱，官私铸造，种类繁多，尤以宝泉、宝源局铸量最大。清代制钱形制有五种：光背；背面用一个汉字标明铸造机关局名；背有“一厘”二字；背有两个满文，标明铸造机关局名；背有满、汉字各一，标明铸造机关局名。道光时期开始仿效国外，出现机制铜钱。光绪二十六年（1900年）铸行机制“光绪元宝”和“大清铜币”，很快取代了行用两千多年的圆形方孔钱。清初顺治曾发行纸钞，但时间很短即止，咸丰三年（1853年）一度发行户部银票和大清宝钞，光绪三十年（1904年）发行国家银行钞票，最终确立纸币发行制度。

六、绘画与雕塑

由于商品经济的繁荣，宋辽金时期墓葬建筑极其讲究，流行仿木砖雕并饰以彩绘，在一般平民中广泛使用，宋墓甚至以砖雕和壁画中的大量供器代替了部分随葬品。新的题材内容和丧葬观念同时出现。宋墓砖雕一般在墓门、甬道等处雕出倚柱、额枋、斗拱、屋檐的椽子、瓦头、屋脊等，在墓室砖雕复杂的仿木结构建筑构件、梁柱、斗拱、门窗、家具什物等。金墓砖雕艺术更加繁缛复杂，出现高浮雕、圆雕人物花卉等，所雕各种花格隔扇门尤为精细华丽。表现墓主生前生活的夫妻对坐、妇人启门以及雕出戏台、演员和墓主观看杂剧表演的场景成为宋和早期金墓流行的题材。1984年发掘的董家寺M1为方形单室仿木藻井式青砖墓，后壁设仿木双扇假门，假门左扇上雕以半侧身侍女倚门而立，掩口含笑，环状髻，花巾绕头一周，极为生动，并暗示其后还有居室。元以后雕砖简化衰落，明清罕有墓葬装饰。宋墓壁画往往与仿木结构砖雕同时使用，在墓室整壁描绘墓主的生活，最流行的题材是墓主夫妇对坐、妇人启门、孝子故事等。画中多见手持金银铤、钱贯向墓主进奉的场面，这类突出金银财宝的现象不见于隋唐壁画，白沙宋墓为此类墓葬中最奢华典型者。壁画中出现桌椅等家具，夫妇垂脚对坐在椅子上，中间设高桌，墙壁上画出衣镜架和带腿的柜子置于地上，以砖雕和壁画描绘各类生活器具，同时与伎乐、杂剧共同组成真实的生活场面，再现了北宋一般居室内部的家具陈设和人们生活方式的变化。隋唐以前室内设床，家具多置于床上；晚唐五代出现桌椅，北宋时逐渐普及，在壁画中大量出现。因室内设施的改变，人们的起居方式发生了巨大变化。

辽墓以壁画为主要装饰手法，契丹墓葬壁画融汇了契丹民族传统与唐宋艺术，对契丹人草原生活进行了广泛细致的表现。内容包括宴饮、烹饪、西瓜、点茶、车马出行、仪仗护卫、鼓乐歌舞、狩猎归来、游牧、四季山水，以及人物、鬼神、打马球等，绘画手法细腻写实，造型比例准确，线条流畅，色调和谐，以赭石、石绿、石黄、朱砂、石青、白粉为主，历经千年依然绚丽鲜艳。主要发现有：内蒙古阿鲁科尔沁旗宝山辽墓、耶律羽之墓，奈曼旗辽陈国公主墓，巴林右旗辽庆陵，克什克腾旗二八地石棺画，敖汉旗康家营子辽墓、羊山辽墓、白塔子辽墓，库伦旗奈林稿前勿力布格辽墓等壁画。早期契丹上层墓葬壁画颇有唐代遗韵，甚或是直接袭用唐代绘画粉本。如天赞二年（923 年）宝山辽墓以及会同四年（941 年）的耶律羽之墓，采用晚唐以前场面恢宏的通景壁画，宝山 M2 仕女出游图画中人物服饰和发髻均为唐代流行式样，雍容丰满，而背景芭蕉、竹林和奇石亦非辽境景物，却与河北曲阳五代王处直墓中同类形象酷似。而同时期契丹下层墓葬壁画中，表现契丹本民族的草原生活方式、风俗、服饰成为主题，多描绘游牧、迁徙、狩猎、卓帐、鞍马图景，画中契丹人物髡发、左衽，牵马的姿态娴熟。如 1978 年发掘的敖汉旗白塔子辽墓契丹人引马图中，契丹引马者髡发短须，右手执仗，左手牵枣红马，马身上配有花纹障泥、鞍、镫等马具。辽代中期以后，以墓道作为装饰重点，绘制人、马、车、驼的基本格局形成，出则以马，入则以驼。陈国公主墓的墓道两壁各绘一幅牵马图，一人一马，马夫面向墓道口站立，静候主人出行，首开辽墓墓道壁画的先声。其后在墓道两壁绘制与四时捺钵相关图像，从一人一马发展到人马群像与车驼形象，逐渐形成程式化格局。晚期壁画墓数量增多，天井和墓道壁画特别发达，题材更加广泛，布局更加程式化，墓道两壁布置以人马和车驼群像构成的捺钵图，并以伎乐、侍者、山林野兽、花石等作为配饰。大型人物画和群像画表现手法娴熟，不同民族的题材元素出现在同一壁画中。1972 年发掘的库伦旗奈林稿前勿力布格辽墓壁画，是目前发现的辽墓壁画中尺幅最大、最为精美的。M1 的出行图与归来图各长 22 米，在出行图中绘契丹和汉族人物 29 人，墓主虽偏居一隅，却成为画面的中心，表情严肃，神态高傲，随从们整装待发，拘谨肃立，恭候调遣，出行时的场面表现得十分排场；归来后，墓主入内，仆人们则有的席地而坐，有的扶车辕闲谈，衣装不整，神态懒散，表现出长途跋涉后的疲惫与松弛。作者对生活细节和人物性格身份的把握十分切恰，对细节的刻画细致入微。如画主人则髡发长眉，举止端雅，契丹猎手架鹰使犬，充满生活情趣，执贱役的下层奴隶，衣襟撩起或掖带，奔走忙碌的情态跃然壁上，契丹人多为近侍，汉人则远离车骑，亲疏之分是当时微妙的民族关系的投影。1995 年敖汉旗羊山 M1 辽墓内发现一幅西瓜图引起极大的关注，画中墓主端坐椅上，其面前的供台上放置两个大果盘，一盘盛放石榴、杏、桃等水果，另一盘里是三个碧绿的西瓜。据鉴定，这幅画是目前我国已知时代最早的西瓜图。辽代汉族壁画则以 1972 年发现的河北宣化下八里辽墓壁画最为精美，壁画总面积达 360 多平方米，被称为辽代“地下艺术殿堂”。以张氏家族壁画墓群为代表，历七代 135 年，一般前室东壁绘散乐图，西壁绘出行图，后室多表现门吏和群侍备经、温酒或进茶，内容贴近生活，是辽代市井生活、风土人情的真实再现。门吏图、出行图、散乐图、点茶图、温酒图、茶道图、备宴图、备衣图、更衣图、备经图、进餐图、书房洒扫图、飞鸟图、天文星象图、弹唱图、三教会齐图、婴戏图、小儿跳绳图、妇人挑灯图、鹤鸟图、吉祥图和西域胡人的画像，内容十分广泛，画面情节生动，人物形象栩栩如生，有汉人，也有契丹人，反映出不同民族、习俗并存交融的地方特色。并以二方连续的云纹、折枝花卉和缠枝牡丹图案为装饰，色彩绚烂华美。其中张世卿墓顶的天文图将中国传统的二十八星宿与西方古巴比伦黄道十二宫两种记星法融合在一起，属首次发现。对弈等壁画也是首次发现。后期壁画受到北宋文人画的影响，内容、布局和技法都有新的变化，画风严谨，略带写意，设色淡雅。

金代壁画墓在山东、山西、甘肃都有发掘，比较完整的有山东高唐虞寅墓、博山神头墓和山西长治安昌墓等。高唐县城西北虞寅墓室现存 12 幅壁画，每个画面相对独立又相互衔接，环绕圆形墓室构成一个整体，以甬道至墓门为中线，左右各安排三组壁画，以凸出的柱子相隔，绘有舞蹈、车马、奴仆、床帐等。西夏绘画作品主要见于敦煌莫高窟的 77 个洞窟和榆林窟的 11 个洞窟，还有一些出土于墓葬之中的木板彩画及额济纳黑城出土的西夏帛画。其中，甘肃武威西郊林场发现的两座西夏墓葬中的 29 幅彩绘木板画，描绘现实题材的驭马图、仆侍、婢女、武士及家禽家畜形象，服饰、发饰表现出民族杂居的特点，用色平涂，略有晕染，技巧类似于传世卷轴画。

元代壁画墓在内蒙古、山西、北京、河北、山东、河南、陕西等地都有发现，元早期继承宋金以来的题材风格，后期简化，并出现蒙古民族艺术特色。元墓壁画讲究情节的完整，常见五人以上表演杂剧，包含乐队和舞台，表现杂剧或元曲的故事情节，孝子故事非常普遍，墓主夫妻妾并座取代了对坐图，出现狩猎、放牧、停舆等新题材，在后壁绘制厅堂、帐幕、屏风为中心对称布局的壁画，人物有的着蒙古服饰。传统题材如备茶、备宴、伎乐、出行、杂剧、孝子故事、与道教隐逸相关的仙人、灵兽、山水花鸟等仍然流行。元代绘画最杰出的代表应属山西永济永乐宫三清殿道教壁画，众多的人物群像优美生动，衣褶流畅，玉女形象高贵典雅，美轮美奂。内蒙古鄂托克旗阿尔寨石窟被誉为“草原敦煌”，大约始建于北魏时期，元明二代最为鼎盛。据说原有石窟108眼，亦称“百眼窑”，现存49眼，在岩壁上不规则地分布为上、中、下三层。荟萃了汉地佛教和藏传佛教不同风格的壁画近千幅，以红、绿、黑、白色矿物颜料描绘草原地区的自然风貌和社会生活及佛教各流派传播史。保存较好的有成吉思汗家族图、藏传佛教密宗朱本尊拥抱明妃壁画、礼佛图等。一些画的背景光环是金箔所制。竹笔墨书的回鹘蒙古文榜题及少量梵文、藏文榜题礼佛颂诗是重要的文字资料。

明清时期，墓葬壁画衰落。明代尚有少量壁画，如河南荥阳明代朱元璋第八世孙墓，墓内彩绘佛像、神灵、乐舞等题材的壁画；北京香山明代太监刘忠墓，墓室绘制大量云鹤、缠枝莲纹、卷云纹及四叶四花锦地纹图案；邢台市临城县北街村明代李席吾夫妇合葬墓，西壁绘有山水人物图，高2.3米，宽1.7米，画中为一吹箫老者和二侍童，上书“寿域悠远”四字；山西榆次明代齐伯旺墓，四壁均有壁画；甘肃漳元明代汪世显家族墓，发现绘有白描风格的壁画。但壁画墓到清代已属罕见，少数残留的壁画已很少有宋元时期内涵丰富的题材，少有精品。

宋元明清时期的陵墓雕塑和宗教石刻艺术作品颇丰。现存北宋皇陵的石雕作品达800余件，望柱、人物、动物、上马石、生肖石刻的数目和位置都有一定的规制，这是与唐陵的不同之处，石刻数目一般比唐陵多，种类也有创新，新增了宫人、守门武士、驯象人、象、虎、羊、上马石等，更接近现实生活中的宫廷仪仗。早期约当10世纪末至11世纪初，包括永安、永昌、永熙、永定四陵，人物造型粗犷，尚有晚唐遗风；中期约当11世纪前半叶，包括永昭、永厚二陵，人物造像由粗壮逐渐变为修长，文臣静雅，武臣也颇有儒将风度；晚期约当11世纪后半叶至12世纪初，包括永裕、永泰二陵，人物皆作修长体态，瑞兽图案失去了活泼神情，腹部两侧增饰云朵及水波纹，着意渲染其神秘色彩。总体上看，宋陵石刻缺乏唐代雕塑的神态生动和气势雄浑，但表现手法细腻，重视局部的精心刻画。最受推崇的作品是永熙、永定、永裕三陵的奔狮，披鬃卷尾，昂首举步，神态豪迈而庄严。驯象人和客使也是上乘之作，人物面目、神态和装束各异，异国的风情和方物都细致地表现出来。尤以永定、永裕、永泰三陵的驯象人最具表现力，他们长发及肩，卷曲束带，额饰宝珠，戴大耳环，臂有钏，腕有镯。诸陵客使，面目服装各异，手捧宝瓶、珊瑚、莲花盘、犀角、玉函等，说明来自不同国家和地区。望柱为方基莲花座，合瓣莲花柱头，六棱或八棱形柱身，集牡丹、云龙、翔凤各种装饰花纹于一身，减地或阴线刻，线条流畅，结构严谨，也是难得的雕刻艺术珍品。

辽代陵墓地面建筑和雕刻多已毁圮无存，仅内蒙古巴林左旗辽太祖耶律阿保机陵墓残存有石人、石经幢和契丹文碑等。北京金陵地面建筑基本荒芜无存，而在东北地区的女真贵族墓前多有神道石碑、望柱、虎、羊和石人遗存，位于山西忻县韩岩村的金代文学家元好问墓，墓前所存石人石兽，艺术风格与中原唐宋陵墓雕刻相近，唯稍显粗糙朴拙。建于大定二十九年至明昌三年（1189—1192年）的北京丰台卢沟桥的140根护栏柱头共雕有480多只石狮，大狮小狮“顾抱负赘”的生动活泼形式代表了金代雕塑艺术水平。西夏陵墓雕塑作品丰富而独特，艺术形象或写实或夸张，生动活泼，各具魅力。西夏王陵2号陵和8号陵碑亭遗址出土的5座人像碑座最为奇特，座近方形，边长约60厘米，浮雕跽坐男女人像，圆脸，粗眉，目圆睁，高颧骨，獠牙外露，头与前肢粗大，下肢短小，眉与头顶齐平，女像裸体，垂双乳，腕、踝戴双环，男像腹部着兜肚。101号陪葬墓地表发现的人头像，长方脸，高颧骨，胡须微上翘，应是党项族人物形象。该墓出土一件精美的鎏金铜牛，长1.2米，高0.45米，宽0.38米，空心，重达188公斤，作伏卧之状，牛头微昂，双角弯曲，鼻梁高起，椭圆形双耳横张，双目圆睁作远眺状，造型写实，比例准确，为西夏雕塑之精品。另出圆雕石马、石狗，均为写实风格。

元代墓上祭祀遗址的石人雕塑广泛分布于欧亚草原的东部及中蒙边境一带，大多侵蚀严重，模糊不清。较完整的数内蒙古正蓝旗羊群庙元代墓群祭祀遗址出土的三尊汉白玉石雕坐式人像。一般认为属13—14世纪蒙古人的文化遗存。雕像选用石灰岩及大理石、汉白玉为原料，雕刻手法以圆雕或浮雕为主，以写实手法着力刻画细部与装饰，右侧佩饰火镰包、黄羊角、蒙古刀，细腻逼真，与突厥石人差别明显。但右手握杯于胸前的姿态与6—9世纪突厥石人有着密切的渊源关系。值得一提的是，宋以后随着纸明器的出现，俑类数量大减，而元代墓葬随葬陶瓷俑一度再绽异彩，元代陶俑有侍奉俑、侍立俑、仰卧俑、俯听俑、四神俑和牲畜俑等，以泥质黑陶为主，人物着蒙古服饰，刻画细腻，姿态生动。2007年焦作市东王封村忽必烈御医靳德茂墓出土由80件彩绘陶车马及人物俑组成的一支仪仗队，两辆装饰华丽的马车居中，四周排列着马俑、驭马俑、男女侍俑及仪仗俑。陶俑高约40厘米，通体施彩，人物俑衣着色彩艳丽，有黑、白、红、绿、粉红彩等，面、颈、手足部施粉彩，再用毛笔描绘五官细部。马缰绳和女俑手捧的元宝和花瓶涂金。蒙古装陶俑头戴无檐宝珠顶软盔，上身穿绿色半臂上衣，下身着白色褶状宽短裙，足蹬翻沿短靴，双辫搭肩，圆脸，高颧骨，络腮胡，相貌威猛。开道俑头发盘成桃状，几缕发丝垂在耳侧，是典型的元代蒙古人打扮。这些精美的陶俑大大丰富了元代的雕塑艺术。

明清陵墓石刻保存较多。安徽凤阳县城明太祖朱元璋父母的明皇陵和南京市郊钟山南麓的明孝陵已形成陵墓石刻的制度，有望柱和大量石像生，后为长陵所遵循。明十三陵整体共用一个主神道和一组神道石刻，各陵不再另设石刻。从大红门至长陵1 060米长的神道两侧布列石像生18对，以石望柱1对作为起点，石兽12对，有狮子、獬豸、骆驼、象、麒麟、马各2对，皆二跪二立，石人6对，武臣披甲持锤佩剑，文臣、勋臣执笏肃立，为皇家陵园增添了庄严肃穆之气。清东陵墓上石刻基本沿袭明代，但各陵又另设小规模的石刻，康熙帝景陵有石像生5对，乾隆帝裕陵8对，咸丰帝定陵5对。孝陵总神道的石像生最多、最具特色，共18对，狮子、狻猊、骆驼、象、麒麟、马各2对，武将、文臣各3对，另有望柱1对。所有石雕像均以整块石料雕成，注重神似，而不刻意追求形似，风格朴拙、雄浑、粗犷。清西陵石像生大为减少，有石兽3对、文臣1对、武臣1对。雍正帝泰陵石像生采用写意手法，以浓重粗略的线条勾勒人物和动物的形象，再用细如毫发的线刻表现细节和花纹，粗放中不失精细。此外，清孝陵最大的石牌坊，面阔31.35米，高12.48米，仿木结构形式，五间六柱十一楼，全部用巨大的青白石构筑而成，局部装饰圆雕麒麟、狮子、吻兽，浮雕祥云、龙、草龙、双狮戏球等图案，并有彩绘，规模宏大，刻工精湛。

宋辽金元时期的石窟和寺观造像丰富多彩，技法更加纯熟，写实化和世俗化的特征更加鲜明。晋祠圣母殿43尊彩塑仕女，人物身材颀长，比例适当，衣纹轻盈流畅，面目清秀俊俏，端庄贤淑，眉目传达的是民间女子宜动宜静的温柔含蓄之美，与唐代仕女雍容华贵的形象恰成鲜明对照，完全是现实人物的真实模拟，堪称北宋雕塑艺术的典范。重庆大足石刻群是我国封建社会晚期石刻艺术的代表作，开凿于唐永徽年间，盛于宋代，延及明清，现存摩崖石刻75处，造像5万余尊，铭文10万余字，主要表现世俗化的佛教和道教人物故事，还有孔子及十大弟子像等，集释、道、儒三教之大成，表现手法以高浮雕为主，辅以圆雕、浅浮雕、凸浮雕、阴雕等形式，塑造了佛、菩萨、罗汉、金刚，以及各种侍者像、各阶层人物和广阔的社会生活场面，人物形象内敛，衣饰华丽，很少裸露，形体美而不妖，既有唐代雕刻的丰满古朴，又具宋代造像的修长秀丽，贴近现实生活，堪称宋代民间风俗画廊。契丹人崇佛，佛教造像、砖塔浮雕等遗存甚丰，风格清新优美，不乏精品。如天津蓟州区独乐寺十一面观音及胁侍菩萨、护法金刚塑像，辽宁义县奉国寺的七佛、菩萨、天王塑像，山西大同下华严寺薄伽教藏殿的三身佛、弟子、菩萨和天王塑像群，大同观音堂的观音、四胁侍菩萨、十大明王石雕像群及山西应县佛宫寺释迦塔内各层塑像群等。独乐寺十一面观音，高达16.27米，一些胁侍菩萨，面目清秀、身材修长。辽代砖塔浮雕见于北京天宁寺塔、房山云居寺北塔、沈阳无垢净光塔、辽阳白塔、云接寺摩云塔、八棱观塔、义县嘉福寺塔、呼和浩特万部华严经塔、巴林左旗林东塔、巴林右旗古庆州白塔、宁城县大明塔等，均在塔基和一、二层塔身各面施以雕刻精美的佛、弟子、菩萨、护法天王、力士、飞天、法器、瑞兽等砖雕。内蒙古额济纳地区出土的西夏佛教彩塑，使用红绿重彩，衣饰鲜丽浓艳，佛和菩萨的形象表现出强烈的世俗化、民族化倾向，有的还留着小胡子，是党项人形象的生动缩影。

七、建筑艺术

宋元明清时期是中国古代建筑艺术的成熟时期，以木结构为特色，以群体建筑取胜，实现了建筑功能与审美要求的高度统一。在城市规划、建筑组群、单体建筑以及材料、结构等方面的艺术处理均取得辉煌的成就。布局讲究均衡、对称，沿中轴线设计，门、殿、廊、庑组成大小层次不一的庭院，最后用高大的殿阁作为结束。各种屋顶造型、飞檐翼角、斗拱彩画、朱柱金顶、内外装修及园林景观等，充分体现出中国建筑艺术的纯熟和感染力。宋代建筑从外部装修到室内陈设，都与唐以前有很大不同，在建筑组合上讲究主次递进，空间层次感加强，雕梁画栋，色彩绚丽。明代形成定型的木构架，斗拱的作用减少，梁柱构架的整体性加强，构件卷杀简化，群体布局更加成熟，注重整体环境气氛的严谨与稳重，装饰愈加华丽烦琐，官式建筑的装修、彩绘、装饰日趋定型化。清代建筑因袭明代传统，简化单体设计，提高群体布局与装修设计水平，单体建筑造型程式化，突出了梁、柱、檩的直接结合，减少了斗拱的作用，简化了结构，在节省大量木材的同时达到了扩大建筑空间的效果。在装饰、陈设、色彩、绿化等衬托性细节的处理上也达到极致，形体简练、细节烦琐成为最突出的特点。明清故宫是中国古典建筑的典范之一。以天安门为序幕，外朝三殿为高潮，景山为尾声，象征最高统治者的无上权威，森严、封闭、崇高。一些建筑中出现了中西合璧的新形象，园林里也常有西洋门面、西洋栏杆、西番花样等，成为我国建筑演进过程的一个重要阶段。同时砖石建筑的水平也达到新的高度，宋辽时期出现大量砖石建筑的佛塔、桥梁等，明清建筑中普遍以砖石砌墙，广泛使用琉璃面砖和琉璃瓦、硬木材料。明清两代佛教寺院遍及全国，现存数千座。汉化寺院一类属都市内大型的、规整对称的官式建筑，如北京广济寺、山西太原崇善寺；一类是分布于四大名山和天台山、庐山等地的山村佛刹，多因地制宜，在求规整中有变化。在寺庙建筑中广泛使用陵墓中的砖券技术，出现无梁殿，如山西五台山显通寺、南京灵谷寺、宝华山隆昌寺中都有此种殿堂建筑。藏传佛教喇嘛寺的兴盛，打破了传统佛寺的单一风格。明清佛塔形式多样，塔体高耸突出，在建筑群的总体轮廓上起到巧妙的烘托点缀作用，丰富了城市的立体构图，其实际意义超越了宗教的范畴，成为世俗生活中的一个重要审美对象。宋以后，中国古典园林艺术在秦汉苑囿的基础上发展起来，形成了皇家园林和私家园林两大主要系列。前者集中在北京、西安、洛阳一带，清康乾时期是皇家园林建造的高潮时期，颐和园、北海、圆明园、承德避暑山庄等，在结合地形、空间处理、造型变化等方面都达到很高的水平。私家园林则主要分布在南京、上海、无锡、苏州、杭州、扬州以及两广、福建等地，形成以苏州园林、岭南园林为代表的两大流派。皇家园林以规模宏大、结构严整、堂皇富丽称胜，而苏州园林则以小巧写意、舒适宜人、精致含蓄见长，晚期二者相互融合，涌现出许多优秀的园林建筑艺术作品。苏州园林鼎盛时期有200余处，现存拙政园、留园、网师园、环秀山庄、沧浪亭、狮子林、艺圃、耦园、退思园等，均是苏州古典园林的代表作，在形式上模拟唐宋文人写意山水画，朴素淡雅，曲折幽深，讲求意境美，注重文化和艺术的和谐统一。岭南园林布局自由，开放务实，既不讲究梁架规范，也不重视文联匾对，是以商家富豪和政客官僚为创作主体的远儒文化和世俗享乐文化的综合载体，如广东顺德的清晖园、东莞的可园、广西的雁园、福建的菽庄花园、台湾的四大名园、海南园林等。

本章要点

北宋、南宋、辽、金、西夏、元、明、清各代都城与陵墓调查发掘的主要成果；瓷窑与瓷器；商品经济、货币与中外海陆贸易；砖雕、石刻、壁画与园林建筑。

推荐阅读书目

1. 秦大树．宋元明考古．北京：文物出版社，2004

2. 杨宽．中国古代都城制度史研究．上海：上海古籍出版社，1993

3. 杨宽．中国古代陵寝制度史研究．上海：上海古籍出版社，1985

4. 河南省文物考古研究所，编．北宋皇陵．郑州：中州古籍出版社，1997

5. 宁夏文物考古研究所，许成，林玉冰，编著．西夏陵．北京：东方出版社，1995

6. 宿白．白沙宋墓．北京：文物出版社，1957

7. 胡汉生．明十三陵．北京：中国青年出版社，1998

8. 北京市文物研究所，编．北京考古四十年．北京：北京燕山出版社，1990

9. 元大都考古队．元大都的勘查和发掘．考古，1972（1）

10. 宋大川，夏连保．清代园寝制度研究．北京：文物出版社，2007

参考文献

1. 安金槐，主编．中国考古．上海：上海古籍出版社，1992

2. 保罗·巴恩．当代学术入门·考古学．覃方明，译．沈阳：辽宁教育出版社，1998

3. 白云翔，顾智界．中国文明起源座谈纪要．考古，1989（12）

4. 北京大学历史系．秦汉考古（考古短训班试用讲义）．1975

5. 北京市文物研究所，编．北京考古四十年．北京：北京燕山出版社，1990

6. 布鲁斯·炊格尔．时间与传统．蒋祖棣，刘英，译．北京：三联书店，1991

7. 查瑞珍，编著．战国秦汉考古．南京：南京大学出版社，1990

8. 蔡凤书，宋百川，主编．考古学通论．济南：山东大学出版社，1988

9. 陈淳．当代考古学．上海：上海社会科学院出版社，2004

10. 陈淳．“夏娃理论”与中国旧石器时代考古．中国文物报，2001-11-02

11. 陈星灿．中国史前考古学史研究（1895—1949）．北京：三联书店，1997

12. 陈旭．夏商考古．北京：文物出版社，2001

13. 戴尔俭．旧大陆的手斧与东方远古文化传统．人类学学报，1985（3）

14. 杜金鹏，许宏．偃师二里头遗址研究．北京：科学出版社，2005

15. 冯恩学，主编．田野考古学．长春：吉林大学出版社，2003

16. 格林·丹尼尔．考古学一百五十年．黄其煦，译．北京：文物出版社，1987

17. 国家文物局，主编．中国考古 60 年（1949—2009）．北京：文物出版社，2009

18. 河南省文物考古研究所，编著．郑州商城：1953—1985 年考古发掘报告

（全三册）．北京：文物出版社，2001

19. 河南省文物考古研究所，编．北宋皇陵．郑州：中州古籍出版社，1997

20. 湖北省博物馆盘龙城发掘队，北京大学考古专业盘龙城发掘队．盘龙城一九七四年度田野考古纪要．文物，1976（2）

21. 裴安平，曹传松．湖南澧县彭头山新石器时代早期遗址发掘简报．文物，1990（8）

22. 胡汉生．明十三陵．北京：中国青年出版社，1998

23. 贾兰坡．小长梁遗址的年代测定说明了什么．中国文物报，1994－06－12（3）

24. 贾兰坡，黄慰文，卫奇．三十六年来的中国旧石器考古//文物与考古论集．北京：文物出版社，1986

25. 《考古》编辑部．中国文明起源研讨会纪要．考古，1992（6）

26. 科林·伦福儒，保罗·巴恩．考古学：理论、方法与实践．中国社会科学院考古研究所，译．北京：文物出版社，2004

27. 梁思成．梁思成全集．北京：中国建筑工业出版社，2001

28. 李伯谦．先商文化探索//庆祝苏秉琦考古五十五年论文集．北京：文物出版社，1989

29. 李学勤，主编．中国古代文明与国家形成研究．昆明：云南人民出版社，1997

30. 刘绪．夏商文化分界探讨的思考//考古学研究（五）．北京：科学出版社，2003

31. 林圣龙，何乃汉．关于百色的手斧．人类学学报，1995（2）

32. 栾丰实，方辉，靳桂云．考古学理论·方法·技术．北京：文物出版社，2002

33. 罗宗真．魏晋南北朝考古．北京：文物出版社，2001

34. 洛阳区考古发掘队．洛阳烧沟汉墓．北京：科学出版社，1959

35. 马承源，主编．中国青铜器．上海：上海古籍出版社，1988

36. 马修·约翰逊．考古学理论导论．魏峻，译．长沙：岳麓书社，2005

37. 齐东方．隋唐考古．北京：文物出版社，2002

38. 齐东方．唐代金银器研究．北京：中国社会科学出版社，1999

39. 秦大树．宋元明考古．北京：文物出版社，2004

40. 秦浩．隋唐考古．南京：南京大学出版社，1992

41. 冉万里，编著．隋唐考古．西安：陕西人民出版社，2009

42. 石兴邦．中国新石器时代文化体系的问题．南京博物院集刊，1980（2）

43. 中国科学院考古研究所，陕西省西安半坡博物馆．西安半坡：原始氏族公

社聚落遗址．北京：文物出版社，1963

44. 陕西省考古研究院秦汉考古研究部．陕西秦汉考古五十年综述．考古与文物，2008（6）

45. 宋大川，夏连保．清代园寝制度研究．北京：文物出版社，2007

46. 宿白．白沙宋墓．北京：文物出版社，1957

47. 宿白．隋唐长安城和洛阳城．考古，1978（6）

48. 苏秉琦．华人·龙的传人·中国人——考古寻根记．沈阳：辽宁大学出版社，1994

49. 苏秉琦，殷玮璋．关于考古学文化的区系类型问题．文物，1981（5）

50. 苏秉琦．苏秉琦考古学论述选集．北京：文物出版社，1984

51. 孙英民，李友谋，主编．中国考古学通论．开封：河南大学出版社，1990

52. 佟柱臣．中国新石器时代文化的多中心发展论和发展不平衡论．文物，1986（2）

53. 王仲殊．汉代考古学概说．北京：中华书局，1984

54. 王昌燧，主编．科技考古论丛（第二辑）．北京：中国科学技术大学出版社，2000

55. 王幼平．旧石器时代考古．北京：文物出版社，2000

56. 王兵翔，编著．旧石器时代考古学．开封：河南大学出版社，1992

57. 王立新．早商文化研究．北京：高等教育出版社，1998

58. 王学理，梁云．秦文化．北京：文物出版社，2001

59. 卫奇，陈淳．泥河湾盆地旧石器考古展望．文物世界，1995（1）

60. 文物出版社，编．新中国考古五十年．北京：文物出版社，1999

61. 吴汝康．人类的诞生与进化．北京：清华大学出版社，2002

62. 吴汝康．古人类学．北京：文物出版社，1989

63. 吴汝康，吴新智，主编．中国古人类遗址．上海：上海科技教育出版社，1999

64. 吴新智，主编．人类进化足迹．北京：北京少年儿童出版社，北京教育出版社，2002

65. 向绪成，编著．中国新石器时代考古．武汉：武汉大学出版社，1993

66. 西安半坡博物馆，等．姜寨：新石器时代遗址发掘报告．北京：文物出版社，1988

67. 夏鼐．中国文明的起源．北京：文物出版社，1985

68. 夏鼐．关于考古学上文化的定名问题．考古，1959（4）

69. 夏正楷，编著．第四纪环境学．北京：北京大学出版社，1997

70. 许宏．先秦城市考古学研究．北京：燕山出版社，2000

71. 徐浩生，金家广，杨永贺．河北徐水县南庄头遗址试掘简报．考古，1992 (11)

72. 严文明．走向21世纪的考古学．西安：三秦出版社，1997

73. 严文明．中国史前文化的统一性和多样性．文物，1987 (3)

74. 严文明．考古遗址的发掘方法//考古学研究（二）．北京：北京大学出版社，1994

75. 严文明．涧沟的头盖杯和剥头皮习俗．考古与文物，1982 (2)

76. 杨泓．美术考古半世纪——中国美术考古发现史．北京：文物出版社，1997

77. 杨鸿勋．宫殿考古通论．北京：紫禁城出版社，2001

78. 杨宽．中国古代都城制度史研究．上海：上海古籍出版社，1993

79. 杨宽．中国古代陵寝制度史研究．上海：上海古籍出版社，1985

80. 杨建华．外国考古学史．长春：吉林大学出版社，1995

81. 尹达．新石器时代．北京：三联书店，1955

82. 俞伟超．考古学是什么．北京：中国社会科学出版社，1996

83. 俞伟超．关于“考古类型学”问题//考古类型学的理论与实践．北京：文物出版社，1989

84. 于倬云，主编．紫禁城建筑研究与保护：故宫博物院建院70周年回顾．北京：紫禁城出版社，1995

85. 元大都考古队．元大都的勘查和发掘．考古，1972 (1)

86.《云梦睡虎地秦墓》编写组．云梦睡虎地秦墓．北京：文物出版社，1981

87. 张光直．考古学：关于其若干基本概念和理论的再思考．曹兵武，译．沈阳：辽宁教育出版社，2002

88. 张光直．考古学专题六讲．北京：文物出版社，1986

89. 张忠培．中国考古学：实践·理论·方法．郑州：中州古籍出版社，1994

90. 张森水．中国旧石器文化．天津：天津科学技术出版社，1987

91. 张之恒，主编．中国考古学通论．南京：南京大学出版社，1991

92. 张之恒，吴建民．中国旧石器时代文化．南京：南京大学出版社，1991

93. 张之恒，黄建秋，吴建民．中国旧石器时代考古．南京：南京大学出版社，2003

94. 张宏彦．中国史前考古学导论．北京：高等教育出版社，2003

95. 张江凯，魏峻．新石器时代考古．北京：文物出版社，2004

96. 赵丛苍，郭妍利．两周考古．北京：文物出版社，2004

97. 赵丛苍，主编．科技考古学概论．北京：高等教育出版社，2006

98. 赵化成，高崇文，等．秦汉考古．北京：文物出版社，2002

99. 朱泓．体质人类学．北京：高等教育出版社，2004

100. 邹衡．夏商周考古学论文集．北京：文物出版社，1980

101. 中国大百科全书·考古学．北京：中国大百科全书出版社，1986

102. 中国社会科学院考古研究所，编．考古工作手册．北京：文物出版社，1982

103. 中国社会科学院考古研究所，编．新中国的考古发现和研究．北京：文物出版社，1984

104. 中国社会科学院考古研究所，编著．中国考古学·夏商卷．北京：中国社会科学出版社，2003

105. 中国社会科学院考古研究所，编著．唐长安城郊隋唐墓．北京：文物出版社，1980

106. 中国社会科学院考古研究所．汉唐与边疆考古研究．北京：科学出版社，1994

107. 中国考古学会，编．中国考古学年鉴．北京：文物出版社，历年出版

第1版后记

编撰这部教材的初衷很简单，就是希望为我的学生们提供一本能够反映最新考古发现与研究成果的参考书。从事“考古学概论”课程教学近二十年了，可供使用的教材只有20世纪80年代末90年代初出版的几部：蔡凤书、宋百川主编的《考古学通论》（山东大学出版社，1988），孙英民、李友谋主编的《中国考古学通论》（河南大学出版社，1990），张之恒主编的《中国考古学通论》（南京大学出版社，1991）。这些教材是对90年代以前中国考古学的全面总结与概括，但缺少近二十年来的最新发现与研究状况。而这二十年恰恰是中国考古学飞速发展、成果最为辉煌的黄金时期，从观念、理论到方法、技术不断更新，新的考古发现层出不穷：旧石器时代的安徽繁昌人字洞遗址、重庆巫山人化石，距今一万年前后新石器时代最初阶段的重要发现如湖南道县玉蟾岩、北京东胡林等遗址，标志文明起源的新砦遗址、陶寺遗址，夏商周三代的二里头遗址、偃师商城的新发现以及洹北商城遗址、周公庙遗址、韩城梁带村春秋墓、枣阳九连墩战国楚墓，秦代的阿房宫遗址、秦始皇陵的陪葬坑文吏俑坑、百戏俑坑，汉唐都城的新发现，两汉时期的诸多大型诸侯王陵如狮子山楚王陵、洛庄汉墓、老山汉墓以及安阳曹操墓、西安北郊北周外国人墓，隋唐五代一批高等级的陵墓如潼关税村隋墓、唐靖陵、惠陵、新城公主陵、惠庄太子陵、节愍太子陵以及五代后周冯晖墓等陵墓，此外还有晚至宋元明清时期的诸多遗存。其中许多是前所未知的填补历史空白或改写历史记录的重大发现，由此衍生出的新的研究课题、研究成果和研究热点不断修正着考古学自身认识的局限，颠覆旧的历史认识，还原历史的真相。80年代末期以来在中国考古学界掀起的理论研究热潮也在最初的引进介绍西方考古学理论的基础上，与中国的考古新发现相结合，对中国考古学从学科定位、学科结构到研究方法都产生了深刻的影响。90年代以来，先后展开的夏商周断代工程和文明探源工程取得了许多重大突破。中国考古学正发生着日新月异的变化，各种考古报告和研究专著纷纷出版，而基础性的考古学概论教材建设却远远地落后了。在大学里，这门课程通常针对历史专业以及其他非考古专业的学生开设，目的在于培养学生掌握先进的研究方法和驾驭第一手资料的能力，其重要性越来越为历史学家所认识。缺少了这部分重要内容，就无法了解当代中国考古学的完整体系。有鉴于此，笔者不揣简陋，尝试在前辈学者业已奠定的丰厚的研究基础上，增加和充实有关当代考古学的诸多新成果、新发现和新探索，试图编写出一部既系统全面又深入浅出的、面向历史专业和其他初学者的考古学入门教材。感谢中国人民大学出版社和历史学院领导、同事的鼓励与支持，使这项工作得以完成并有机会出版，如果能给更多的学生提供一些学习上的帮助，那么几年的辛劳就十分值得了。

本书内容包括考古学基本理论，考古学发展简史，田野考古调查和发掘方法，以及旧石器时代、新石器时代、夏商周、秦汉三国两晋南北朝、隋唐五代、宋元明清各时期中国考古学的发现与研究状况。为适应历史专业学生的学习和应用，本书采用传统的编年体结构。其中第三章第四节、第四章第二节、第五章第二节部分内容和第三节由首都师范大学教师朱光华撰写；第七章第一节、第三节由文物出版社编辑窦旭耀撰写，其余部分由中国人民大学教师马利清撰写。中国人民大学历史学院孙家洲、刘后滨两位院长，历史学院考古教研室主任魏坚教授，首都师范大学考古系主任袁广阔教授给予了诸多支持，硕士研究生丁利娜、昌硕、杨洋、高伟等同学帮助查阅了大量资料，在此深表感谢！本书的编写过程中，参阅了大量考古发掘报告和相关研究论著，参考和吸收了许多前辈的研究成果，特别是以往的相关教材以及文物出版社出版的“20世纪中国文物考古发现与研究丛书”。为行文方便，未能一一在文中注出，仅以参考文献和推荐阅读书目的形式列出，以致谢忱，敬请学界前辈海涵。文中线图除注明出处者，其余均采自《中国大百科全书·考古学》，在此，一并表示感谢！特别感谢中国人民大学出版社李红、谭徐锋编辑付出的辛勤劳动！

编者

2010年4月

第 2 版后记

本版《考古学概论》教材是在 2010 年版的基础上修订而成的。教材出版五年来，得到了各兄弟院校同行的热情鼓励和大力支持，在课堂教学中得以广泛应用。同时，随着日新月异的考古发现和成果不断推出，不断发现原版教材中存在着问题和错漏之处，这些都时刻敦促和鞭策编者不断查漏补缺、修改完善。此次修订，增加了近年影响重大的一些考古新材料，如山西临汾市翼城县大河口村西周霸国墓地、湖北随州叶家山和文峰塔等地的两周时期曾侯墓地、江苏扬州市西湖镇曹庄的隋炀帝和萧皇后墓、河北曲阳田庄大墓等，吸收了关于人类起源和现代人起源、陶器和青铜器起源以及中西文化交流方面等相关研究的新成果，特别是甄别、核定并纠正了一些错误的、模糊的以及被新材料修正的数据和材料，如秦始皇陵园内道路分布状况的新发现纠正了以往的错误认识，元中都发掘报告所公布的出土材料丰富了对此城址的了解。另外，书中所提地名均遵从考古发现发掘时的名称。限于篇幅和笔者的能力，书中难免有疏漏和错误，热切期待同行的批评指正。感谢修订过程中陕西师范大学朱君孝以及秦始皇兵马俑博物馆朱思红、张卫星等师友的帮助，感谢中国人民大学出版社王琬莹、李文编辑付出的辛勤劳动！

编者

2015 年 10 月

第 3 版后记

第 3 版的修订工作主要由马利清、朱光华完成，文物出版社的窦旭耀编审对全书进行了校订，河北省考古研究院张春长研究员、陕西师范大学朱均孝教授等对教材的修订给予指正和补充，一并致谢！特别感谢中国人民大学出版社王琬莹编辑不断的敦促和多年的付出，感谢库晓慧编辑付出的辛勤劳动！

编者

2023 年 10 月

图书在版编目（CIP）数据

考古学概论 / 马利清主编 ；马利清，朱光华，窦旭耀著. -- 3 版. -- 北京 ：中国人民大学出版社，2024.1
新编 21 世纪史学系列教材
ISBN 978-7-300-32291-9

Ⅰ.①考… Ⅱ.①马… ②朱… ③窦… Ⅲ.①考古学一高等学校一教材 Ⅳ.①K85

中国国家版本馆 CIP 数据核字（2023）第 210767 号

古文字与中华文明传承发展工程
普通高等教育“十一五”国家级规划教材
新编 21 世纪史学系列教材
考古学概论（第 3 版）
马利清　主编
马利清　朱光华　窦旭耀　著
Kaoguxue Gailun

出版发行	中国人民大学出版社		
社　　址	北京中关村大街 31 号	**邮政编码**	100080
电　　话	010－62511242（总编室）		010－62511770（质管部）
	010－82501766（邮购部）		010－62514148（门市部）
	010－62515195（发行公司）		010－62515275（盗版举报）
网　　址	http://www.crup.com.cn		
经　　销	新华书店		
印　　刷	北京七色印务有限公司	**版　　次**	2010 年 10 月第 1 版
开　　本	787 mm×1092 mm　1/16		2024 年 1 月第 3 版
印　　张	29.75 插页 1	**印　　次**	2024 年 1 月第 1 次印刷
字　　数	591 000	**定　　价**	59.00 元

关联课程教材推荐

ISBN	书名	作者	单价（元）
978-7-300-28245-9	世界上古史（第2版）	晏绍祥	49.00
978-7-300-28911-3	世界中世纪史（第2版）	孟广林	59.00
978-7-300-32238-4	西方文明史	孟广林 等	49.00
978-7-300-12701-9	中国近代史（1840—1949）（第2版）	王先明	79.00
978-7-300-27823-0	中国历史文献学（第2版）	黄爱平	59.00
978-7-300-27963-3	中国历史文选	李晓菊	99.00
978-7-300-28884-0	中国史学史（第2版）	乔治忠	59.00

配套教学资源下载说明

尊敬的老师：

衷心感谢您选择人大版教材！相关的配套教学资源，请到中国人民大学出版社官网（www.crup.com.cn）下载。部分教学资源需要验证教师身份后下载。请您登录出版社官网，点右上角“注册”，填写“会员中心”的“我的教师认证”项目，等待后台审核。我们将尽快为您开通下载权限。

如您急需教学资源或教材样书，也可以直接与我们的编辑联系。

联系人：刘静　　电话：010－62513587　　电子邮箱：12918646@qq.com

群名称：全国历史学专业教师群
群　号：565494899

俯仰天地　心系人文

www.crup.com.cn

欢迎您加入全国历史学专业教师群，

开展学术讨论，交流教学心得。

QQ群号：565494899